Floride

Surfeur se dirigeant vers la mer.
M. Massey/Lithium/age fotostock

Les microrégions du guide :
(voir la carte à l'intérieur de la couverture ci-contre)

Sommaire

NOS INCONTOURNABLES

ORGANISER SON VOYAGE

COMPRENDRE LA FLORIDE

DÉCOUVRIR LA FLORIDE

POUR CHAQUE SITE, RETROUVEZ NOS ADRESSES

1 MIAMI, LE SUD-EST ET LES EVERGLADES

2 LES KEYS

3 LA CÔTE SUD-OUEST

4 ORLANDO ET LA CÔTE DE L'ESPACE

5 TAMPA BAY ET LA CÔTE SAUVAGE

6 LE NORD-EST

7 LE NORD-OUEST

Nos incontournables

Promenez-vous le long d'**Ocean Drive★★ à Miami Beach** *(p. 102)*.

Visitez l'extravagante **Vizcaya House★★★** et ses jardins tropicaux *(p. 127)*.

Une sélection de nos plus beaux sites étoilés.

Plongez dans l'opulence bling-bling de **Worth Avenue**★★ **à Palm Beach** *(p. 168)*.

Descendez la **route sud des Everglades**★★★, le versant sauvage du parc *(p. 182)*.

Flânez dans la **Old Town**★★ **de Key West**, la plus grande île des Keys *(p. 210)*.

Visitez les **propriétés d'hiver★★** de l'inventeur Edison et de son ami, Ford, à **Fort Myers** *(p. 241)*.

Lézardez sur les plages de **Sanibel et Captiva★★**, face au golfe du Mexique *(p. 249)*.

Amusez-vous au parc d'attractions **Walt Disney World**★★★ *(p. 281)*.

Admirez les œuvres du maître dans le **musée Dalí de St. Petersburg**★★★ *(p. 321)*.

Découvrez les fortifications du **Castillo de San Marcos**★★★, rappellant la domination espagnole, dans la ville de **St. Augustine** *(p. 356)*.

Crédits photographiques :

page 4 : A. Cavalli/age fotostock (haut) ; SuperStock/age fotostock (bas)

Page 5 : Kord.com/age fotostock (haut gauche) ; W. Bibikow/age fotostock (haut droit) ; Kord.com/age fotostock (bas)

page 6 : J. Schwabel/age fotostock (haut) ; C. Haney/Danita Delimont Agency/age fotostock (bas)

Page 7 : P. Frilet/hemis.fr (haut gauche) ; J. Fuste Raga/age fotostock (haut droit) ; R. Kord/Photonostop (bas)

ORGANISER SON VOYAGE

Vue sur St. Petersburg depuis le port.
Jon Arnold/hemis.fr

Suggestions d'itinéraires

5 JOURS	MIAMI ET LES EVERGLADES
Programme	**Jour 1 :** Miami : découvrez Miami Beach *(p. 95)*, l'Art déco, la plage et flânez à Coconut Grove ou Coral Gables *(p. 125 et p. 118)*. **Jour 2 :** Miami : visitez Vizcaya Museum and Gardens *(p. 127)*, au sud de la ville, puis passez l'après-midi à Key Biscayne *(parc, phare et plage ; p. 130)*. **Jour 3 :** Miami : découvrez le quartier de Wynwood *(p. 114)* et le Design District *(p. 116)*, et passez l'après-midi au Pérez Art Museum Miami *(PAMM ; p. 112)* ou dans le Downtown *(p. 111)*. Soirée sur Bayside *(p. 113)*. **Jour 4 :** Everglades *(p. 181)* : partez à la découverte de la partie la plus sauvage du parc, au sud le long de la route 9336. Passez la nuit au camping, ou dans un motel de Homestead. **Jour 5 :** Everglades : Tamiami Trail *(p. 186)*, faites un tour en aéroglisseur dans les marécages.
10 JOURS	**DE MIAMI À KEY WEST**
Programme	**Jours 1 et 2** : suivez les Jours 1 et 2 du programme précédent. **Jour 3 :** Everglades : découvrez le parc en hydroglisseur *(p. 191)*. **Jour 4 :** Everglades : découvrez la partie plus sauvage du parc, au sud, le long de la route 9336. Passez la nuit à Homestead ou Florida City. **Jour 5 :** Key Largo *(p. 198)*. **Jour 6 :** Middle Keys *(p. 202)*. **Jour 7 :** Key West : visite à pied de la Old Town *(p. 210)*. **Jour 8 :** Key West : Hemingway Home *(p. 221)* et ses plages. **Jour 9 :** retour à Miami, arrêt à Coral Castle *(p. 135)* près de Homestead. **Jour 10 :** reprendre le Jour 3 du programme précédent.
20 JOURS	**LA CÔTE EST : DE SAINT AUGUSTINE À KEY WEST**
Programme	**Jour 1 :** Fort Lauderdale : Bonnet House *(p. 149)* et plage. **Jour 2 :** Fort Lauderdale : centre historique, Museum of Discovery and Science *(p. 144)*. **Jour 3 :** Palm Beach *(p. 160)*. **Jour 4 :** Boca Raton *(p. 153)*. **Jour 5 :** West Palm Beach : Norton Museum of Art *(p. 168)*, jardins, soirées à Clematis Street. **Jour 6 :** Jupiter et la Treasure Coast *(p. 171)*. **Jour 7 :** Daytona Beach *(p. 374)*. **Jour 8 :** St. Augustine : visite de la ville *(p. 356)*. **Jour 9 :** St. Augustine : plages *(p. 368)*. **Jour 10 :** retour vers le sud, route vers Miami, après-midi à Miami Beach. **Jour 11 :** Miami Beach *(p. 95)*. **Jour 12 :** Miami : matinée au Pérez Art Museum Miami *(PAMM ; p. 112)*, début d'après-midi dans le Downtown *(p. 111)*, fin d'après-midi à Wynwood *(p. 114)* et Design District *(p. 116)*. **Jour 13 :** Miami : visitez Vizcaya Museum and Gardens *(p. 127)*, dans le sud de la ville, puis passez l'après-midi à Key Biscayne *(parc, phare et plage ; p. 130)*. **Jour 14 :** Everglades *(p. 181)* ou Biscayne National Park *(p. 135)*. **Jour 15 :** Everglades : les chemins de la route du Sud *(p. 182)*. **Jour 16 :** Key Largo : plongée ou promenade en bateau *(p. 198)*. **Jour 17 :** Middle et Lower Keys : baignade avec les dauphins *(p. 197 et 204)*. **Jour 18 :** Key West : visite de la Old Town *(p. 210)*. **Jour 19 :** Key West : Hemingway Home *(p. 221)* et les plages. **Jour 20 :** retour vers le nord, passage par Bahia Honda *(p. 207)*, nuit à Homestead. **Jour 21 :** dernière journée à Miami *(p. 94)* ou à Fort Lauderdale *(p. 144)*.

2 SEMAINES	LE SUD DE LA FLORIDE
Programme	**Jour 1 :** Miami : Miami Beach *(p. 95)*. **Jour 2 :** Miami : Matinée au Pérez Art Museum Miami *(PAMM) (p. 112)*, début d'après-midi dans le Downtown *(p. 111)*, fin d'après-midi à Wynwood et Design District *(p. 116)*. **Jour 3 :** matinée à Vizcaya Museum and Gardens *(p. 127)*, départ pour les Keys *(p. 193)*. **Jour 4 :** Middle et Lower Keys *(p. 202)*. **Jour 5 :** Key West *(p. 210)*. **Jour 6 :** Key West. **Jour 7 :** retour vers le nord par Homestead, traversée des Everglades le long du Tamiami Trail *(p. 186)*. **Jour 8 :** Everglades *(p. 181)*. **Jour 9 :** Naples *(p. 255)*. **Jour 10 :** Fort Myers *(p. 241)*. **Jour 11 :** Sanibel *(p. 249)*. **Jour 12 :** St. Petersburg *(p. 318)*. **Jour 13 :** route vers l'est, arrivée à West Palm Beach *(p. 168)*. **Jour 14 :** Palm Beach *(p. 160)*. **Jour 15 :** Fort Lauderdale *(p. 144)*, et retour à Miami *(p. 94)*.
2 SEMAINES	**LA CÔTE OUEST**
Programme	**Jour 1 :** arrivée à Tampa : centre-ville *(p. 302)* et ses musées. **Jour 2 :** Tampa : Ybor City *(p. 309)* et Busch Gardens *(p. 312)*. **Jour 3 :** St. Petersburg : musée Dalí *(p. 321)* et centre-ville *(p. 318)*. **Jour 4 :** St. Petersburg : plages *(p. 323)*. **Jour 5 :** Sarasota *(p. 230)*. **Jour 6 :** Sarasota. **Jour 7 :** Boca Grande *(p. 246)*. **Jour 8 :** Fort Myers : Ford and Edison Winter House *(p. 241)*. **Jour 9 :** îles autour de Fort Myers : Sanibel et Captiva *(p. 249)*. **Jour 10 :** îles autour de Fort Myers : Sanibel et Captiva. **Jour 11 :** îles autour de Fort Myers : Sanibel et Captiva. **Jour 12 :** Koreshan State Park *(p. 245)*. **Jour 13 :** Naples : découverte de la ville *(p. 255)*, zoo *(p. 257)* et jardins botaniques *(p. 256)*. **Jour 14 :** Naples : Collier-Seminole Park *(p. 258)*, promenade en canoë dans les marécages. **Jour 15 :** Naples : plages *(p. 257)*.
5 JOURS	**AUTOUR D'ORLANDO**
Programme	**Jour 1 :** Walt Disney Wold Resort *(p. 281)*. **Jour 2 :** Walt Disney Wold Resort. **Jour 3 :** Walt Disney Wold Resort. **Jour 4 :** Universal Studios *(p. 270)*. **Jour 5 :** Seaworld *(p. 276)*.
Conseils	Prenez le pass 3 jours pour Walt Disney World.
7 JOURS	**LA ROUTE DU NORD**
Programme	**Jour 1 :** Pensacola : visite des quartiers historiques *(p. 414)*. **Jour 2 :** Grayton Beach State Park *(p. 412)*. **Jour 3 :** l'arrière-pays du Panhandle *(p. 424)*. **Jour 4 :** Florida Caverns *(p. 426)*. **Jour 5 :** Tallahasse : découverte de la ville *(p. 390)*. **Jour 6 :** Tallahasse : Canopy Roads *(p. 399)*. **Jour 7 :** Wakulla Springs *(p. 400)*.
Conseils	Cet itinéraire peut être intégré dans un voyage allant de la Louisiane à la Caroline du Sud.

Types de séjour

SÉJOUR CULTUREL	
L'Art déco	L'Art déco tropical est l'une des particularités architecturales les plus intéressantes du sud de la Floride, ne manquez pas Ocean Drive *(p. 102)* à Miami Beach, que vous pouvez découvrir lors d'une promenade guidée *(Miami Walking Tour)*. Dans le sud de la ville, les quartiers de Coconut Grove *(p. 125)* et Coral Gables *(p. 118)* présentent de beaux exemples de bâtiments des années 1920 et 1930.
Les grandes maisons	Les vacanciers viennent passer l'hiver dans le sud de la Floride depuis des décennies, et les premiers à s'être installés y ont construits de très belles résidences : à Miami, visitez Vizcaya *(p. 127)*, et le Biltmore Hotel *(p. 123)*. À Fort Lauderdale, passez un après-midi dans la Bonnet House *(p. 149)*, et à Palm Beach *(p. 160)*, faites un tour de la Flagler Museum *(p. 164)*, et tout le long de South Ocean Boulevard, jusqu'à l'hôtel des Breakers *(p. 161)*.
L'histoire cubaine	Histoire et gastronomie cubaines sont au rendez-vous le long de la Calle Ocho à Miami *(p. 117)*, et dans la Old Town de Key West, la « Conch Republic » *(p. 213)*, où le point le plus au sud des États-Unis n'est qu'à 90 miles de Cuba.
SÉJOUR POUR TOUTE LA FAMILLE	
Parcs d'attractions	Orlando est la ville des parcs d'attractions : Walt Disney World Resort *(p. 281)*, les parcs aquatiques *(p. 276)* et le parc Universal *(p. 270)*. Pour les amateurs de sensations fortes, passez sur le circuit automobile de Daytona *(p. 377)*, ou au Kennedy Space Center *(p. 294)*.
Les plus belles plages	Sur la côte est : Miami Beach *(p. 95)*, Crandon Beach à Key Biscayne *(p. 131)*, les plages de la Treasure Coast *(p. 171)*, près de Jupiter. Sur la côte ouest : profitez des couchers de soleil face au golfe du Mexique. Les plages sont recouvertes de sable fin et les coquillages sont nombreux à Naples *(p. 245)*, et dans les îles de Sanibel et Captiva *(p. 249)*.
Les animaux	Les orques à Seaworld à Orlando *(p. 276)* ; les alligators et les oiseaux dans le parc des Everglades *(p. 181)* ; plongée le long de la barrière de corail dans les Keys *(p. 198)* ou à Biscayne National Park *(p. 135)* ; nager avec les dauphins dans les Keys, et rendre visite à des tortues à l'hôpital des tortues de Marathon *(p. 204)* ; voir des lamantins au Seaquarium de Miami *(p. 132)*, et des loutres au Museum of Discovery and Science de Fort Lauderdale *(p. 144)*.
SÉJOUR FESTIF	
Spring Break	Miami Beach *(p. 95)* est réputé pour ses clubs où danser toute la nuit, et Key West *(p. 210)* est l'endroit parfait, ensoleillé et décontracté, pour faire la fête, la journée comme la nuit.

SITES OU ACTIVITÉS POUR LES FAMILLES			
Chapitre	**Nature**	**Musée**	**Loisirs**
Miami	Zoo ; aquarium	Children's Museum ; Museum of Science	Jungle Island
Fort Lauderdale	Butterfly World	Museum of Discovery and Science	
Boca Raton	Red Reef Park ; Loxahatchee National Wildlife Refuge		
Palm Beach	Lion Country Safari		DivaDuck Amphibious Tours
Fort Pierce	Manatee Observation & Education Center	Mel Fisher's Treasure Museum	

Everglades	Anhinga Trail	Miccosukee Indian Village	
Les Keys	Theater of the Sea ; Dolphin Research Center ; Turtle Hospital (Middle Keys) ; Aquarium ; Nancy Forrester's Secret Garden (Key West)	Key West Shipwreck Museum	Tour en bateau à fond de verre
Sarasota	Mote Marine Laboratory ; Myakka River State Park	Circus Museums	
Fort Myers	Lovers Key State Park		
Sanibel, Captiva	Aquarium du Sanibel-Captiva Conservation Foundation ; Cayo Costa Beach		
Naples	Zoo		
Orlando		Orlando Science Center	Les parcs d'attractions
Kennedy Space Center		Children's Play Dome	
Tampa	Busch Gardens ; Lowry Park Zoo ; Florida Aquarium	Museum of Science & Industry	Adventure Island
St. Petersburg	Les plages ; aquarium		Les attractions du Pier
Clearwater	Clearwater Marine Aquarium		
Tarpon Springs	Tarpon Springs Aquarium		
Crystal River	Ellie Schiller Homosassa Springs State Park		Buccaneer Bay à Weeki Wachee Springs State Park
Cedar Key	Manatee Springs State Park		
Jacksonville	Zoo	Museum of Science and History	
St. Augustine	St. Augustine Alligator Farm Zoological Park ; plage de St. Anastasia State Park		
Daytona Beach			Les attractions du Boardwalk et de Main Street Pier
Gainesville		Florida Museum of Natural History	
Tallahassee		Museum of History and Natural Science	Bateau à fond de verre de Wakulla Springs State Park
Apalachicola			Sortie en bateau jusqu'à St. Vincent National Wildlife Refuge
Panama City	Gulf World Marine Park		
Pensacola	Gulf Breeze Zoo	National Museum of Naval Aviation	

Aller en Floride

En avion

LIGNES RÉGULIÈRES

Toutes les grandes compagnies desservent la destination, certaines sans escale *(listées ci-dessous)*, mais les prix varient énormément de l'une à l'autre et suivant les périodes.
Le vol Paris-Miami ou Paris-Orlando sans escale dure environ 10h. Les départs de Paris se font à Roissy-Charles-de-Gaulle et à Orly.

Compagnies

Air France – ✆ 36 54 (0,34 €/mn) - www.airfrance.fr. Vols sans escale vers Miami et Orlando.
American Airlines – Agence à l'aéroport Charles-de-Gaulle (aérogare 2, terminal A) - ✆ 0 826 460 950 (0,15 €/mn) - www.americanairlines.fr. Vols sans escale pour Miami et avec correspondance pour Orlando.
Corsair – Agence à l'aéroport d'Orly (aérogare sud) - ✆ 39 17 (0,34 €/mn) - www.corsairfly.com. Vols sans escale pour Miami.
Delta – Aérogare des Invalides - 2 r. Robert-Esnault-Pelterie - 75007 Paris - ✆ 0 892 702 609 (0,34 €/mn) - www.delta.com. Vols sans escale pour Miami et Orlando.
KLM – ✆ 0 892 702 608 (0,34 €/mn) - www.klm.fr. La compagnie néerlandaise est associée avec Air France. Son point fort : elle organise des départs depuis la province. Seule contrainte : une escale à Amsterdam, donc des voyages plus longs. Néanmoins, selon les périodes, les tarifs peuvent être très compétitifs.

VOLS ET SÉJOURS DISCOUNT

Vous obtiendrez les meilleurs prix en passant par les centrales de réservation en ligne qui proposent des tarifs intéressants, des occasions de dernière minute, des vols bradés ou des packages avion + hôtels. Pratique, le site **www.voyagermoinscher.fr** fonctionne comme un moteur de recherche, faisant jouer les différents prestataires.
Airportail – www.airportail.com.
Bourse des vols – ✆ 0 892 888 849 (0,34 €/mn) - www.bourse-des-vols.com.
Ebookers – ✆ 0 892 234 235 (0,34 €/mn) - www.ebookers.fr.
Expedia – ✆ 01 57 32 49 86 - www.expedia.fr.
Kayak – www.kayak.fr.
Lastminute – ✆ 0 892 686 100. (0,34 €/mn) - www.lastminute.com.
Opodo – ✆ 0 899 653 655 (0,34 €/mn) - www.opodo.fr.

VOYAGISTES

S'il peut être plus avantageux de négocier directement un vol sec, pour les circuits et les séjours (surtout à thème), les voyagistes proposent des offres souvent intéressantes.
Directours – 9 r. de la Paix - 75002 Paris - ✆ 01 45 62 62 62 - www.directours.com.
Agence de Lyon : 7 r. de la République (1er étage) - 69001 Lyon - ✆ 04 78 30 36 80.
Go Voyages – ✆ 0899 860 860 (0,34 €/mn) - www.govoyages.com. Nombreuses agences en France.
Look Voyages – ✆ 01 45 15 31 70 - www.look-voyages.fr. Nombreuses agences en France.

Nouvelles Frontières – ✆ 0 825 000 747 (0,15 €/mn) - www.nouvelles-frontieres.fr. Nombreuses agences en France.

Thomas Cook – ✆ 0 826 826 777 (0,35 €/mn) - www.thomascook.fr. Nombreuses agences en France. Édite une brochure spéciale USA.

SPÉCIALISTES DES ÉTATS-UNIS

Back Roads – 14 pl. Denfert-Rochereau - 75014 Paris - ✆ 01 43 22 65 65 - www.backroads.fr. L'un des meilleurs spécialistes des États-Unis : voyages organisés en tout genre, circuits en voiture, 4x4 ou camping-car, séjours sportifs (VTT, rafting), etc.

Compagnie des États-Unis et du Canada – Centre d'Affaires Paris-Trocadéro, 112 av. Kléber, Hall Longchamp - 75016 Paris - ✆ 01 55 35 05 05 - www.compagniesdumonde.com. Voyages à thème ou originaux (Harley-Davidson, trekking, train).

Comptoir des États-Unis et des Bahamas – 2-18 r. St-Victor - 75005 Paris - ✆ 01 53 10 30 15 - www.comptoir.fr. Autre spécialiste organisant des circuits ou des séjours presque à la carte, combinant le vol et la location de voiture, de camping-car ou de moto. Agences à Lyon, Marseille et Toulouse.

La Maison des États-Unis – 3 r. Cassette - 75006 Paris - ✆ 01 53 63 13 43 - www.maisondesetatsunis.com. Propose également certains vols secs à tarifs avantageux.

Jet Set Voyages – 41-45 r. Galilée - 75016 Paris - ✆ 01 53 67 13 00 - www.jetset-voyages.fr. Le continent américain sous toutes les formes : séjours sur mesure, à la carte, circuits accompagnés, en toute liberté au volant, croisières, séjours golf, équitation…

Voyageurs du Monde – 55 r. Ste-Anne - 75002 Paris - ✆ 01 42 86 16 00 - www.vdm.com. Voyages et circuits sur mesure soigneusement organisés. 12 agences en région.

VOYAGES AVENTURE

Aventuria – 213 bd Raspail - 75014 Paris - ✆ 01 44 10 50 50 - www.aventuria.com. Deux autotours individuels, l'un à partir de Miami, l'autre d'Orlando. 6 agences en région.

Terres d'Aventure – 30 r. St-Augustin - 75002 Paris - ✆ 0 825 700 825 (0,15 €/mn) - www.terdav.com. Deux circuits accompagnés, dont l'un spécialement destiné aux 15-17 ans. 11 agences en région.

AÉROPORTS

Outre ses aéroports régionaux qui accueillent une grande variété de vols intérieurs, la Floride possède neuf aéroports internationaux, les plus grands étant Miami *(voir p. 136)*, Orlando *(voir p. 267)* et Tampa *(voir p. 315)*. Leurs vols desservent non seulement la Floride, mais assurent la liaison avec le reste du pays et/ou l'étranger (Amérique latine, Canada, Caraïbes, Europe).

BAGAGES

Renseignez-vous auprès de votre compagnie aérienne, car les surcharges sont facturées parfois très cher. Si vous faites une **première escale** sur le territoire américain pour prendre une correspondance, vous devrez passer à la douane, retirer vos bagages, passer au contrôle et les réenregistrer pour le vol intérieur. Au retour, vous pourrez les enregistrer pour tout le trajet.

SÉCURITÉ AÉRIENNE

Depuis le 11 septembre 2001, les mesures de sécurité pour les vols au départ ou en direction des États-Unis ont été renforcées. Les liquides, aérosols, gels et substances pâteuses (eau minérale, parfums, boissons, lotions, crèmes, gels douche, shampoings, mascaras, sirops, dentifrices, déodorants…) sont interdits en cabine. Lors des **contrôles de sûreté**, vous devrez présenter séparément, dans un sac en plastique transparent fermé d'un format d'environ 20 cm sur 20 cm (type sac de congélation), vos flacons et tubes de 100 ml maximum chacun. Mettez vos liquides dans vos bagages de soute, sauf les produits indispensables pendant le vol (médicaments liquides, comme insuline et sirops), à condition de présenter une attestation ou une ordonnance à votre nom, idéalement traduite en anglais. Les médicaments solides, en comprimés et en gélules, et les aliments pour bébé sont autorisés en cabine.

Le premier contact avec le pays s'effectue lors du **passage à l'immigration** : vos empreintes et un cliché de votre visage seront pris et vous devrez répondre aux (nombreuses) questions (en anglais) d'un fonctionnaire plus ou moins accueillant. Faites-le sérieusement même si certaines questions peuvent paraître saugrenues, comme celles concernant la profession des parents, par exemple.

Voir aussi « Formalités », p. 18.

Avant de partir

Fiche d'identité

Capitale : Tallahassee
Superficie : 155 369 km^2
Population : 19 507 369 habitants (estimation US Census 2014)
Monnaie : dollar ($)
Langue : anglais et espagnol.

Météo

CARACTÉRISTIQUES CLIMATIQUES

Grâce à son légendaire climat, l'« État du Soleil » (Sunshine State), comme on l'appelle ici, attire toute l'année un grand nombre de visiteurs. Ces derniers, venus pour beaucoup se réfugier en Floride afin d'échapper aux rigueurs de l'hiver nord-américain, sont particulièrement nombreux d'octobre à avril, quand la saison touristique bat son plein dans une grande partie de l'État.

Le climat de la Floride varie sensiblement du nord au sud, même s'il est difficile, selon la région où l'on se trouve, de distinguer le printemps, l'automne, voire l'hiver, de l'été.Seule la partie nord-ouest de l'État, où le climat est tempéré, vit véritablement au rythme des quatre saisons.

L'**hiver** se prête particulièrement bien à la visite des parcs et à l'observation de la faune, car les oiseaux migrateurs sont nombreux, les températures plus douces et les moustiques moins nuisibles. Vous risquez cependant d'être surpris par d'occasionnelles gelées, désastreuses pour les producteurs d'agrumes.

En **été**, l'humidité rend, pour certains, la chaleur difficile à supporter. Heureusement, les plongeons dans une eau délicieusement agréable, les averses de fin d'après-midi, les brises marines et… l'air conditionné apportent un répit provisoire. Attention toutefois aux ouragans *(voir ci-dessous)* qui risquent de sévir entre juin et novembre (avec un pic d'activité d'août à octobre).

Voir aussi « Le climat », p. 85.

ORAGES ET OURAGANS

Quasi quotidiens de juin à septembre, les **orages** sont généralement de courte durée. D'une effrayante violence, ils s'accompagnent d'éclairs dangereux et de fortes averses, voire de grêle et de tornades. Pour ne pas être victime de la **foudre**, gagnez un abri sûr (bâtiment ou voiture) à l'approche de nuages menaçants ; en terrain découvert, évitez le voisinage immédiat de plans d'eau (piscines, plages, etc.), d'arbres et d'objets métalliques (antennes et autres) ; en bateau, gagnez le mouillage le plus proche ; et surtout, n'utilisez jamais le téléphone pendant un orage. Perturbations atmosphériques encore plus destructrices, les **ouragans** touchent la Floride de juin à novembre. Ils se manifestent par des pluies diluviennes, des vents pouvant atteindre l'incroyable vitesse de 320 km/h, et sur la côte, par une dangereuse montée des eaux. Grâce à un système de détection sophistiqué, le National Hurricane Center, basé à Miami, suit de près l'évolution de ces tempêtes tropicales. Un **avis d'ouragan** *(hurricane watch* ou *hurricane warning)* est émis lorsque des vents de plus de 120 km/h sont attendus dans les 24 heures qui suivent. Il s'agit alors de suivre de près les bulletins météo, et de se préparer à évacuer, si nécessaire.

À l'approche d'un ouragan…

– Écoutez la radio.
– Vérifiez la batterie de votre véhicule et faites le plein.
– Munissez-vous d'une radio à piles et d'une lampe de poche.
– Préparez un kit d'évacuation : eau potable, nourriture, trousse de toilette et des vêtements de rechange.
– Prenez connaissance des itinéraires d'évacuation mis au point par les autorités locales.

Adresses utiles

OFFICES DE TOURISME

Outre le site officiel de l'office de tourisme américain *(voir p. 18)*, vous pouvez vous renseigner auprès du **Visit USA Committee** (www.office-tourisme-usa.com), qui dépend de l'ambassade américaine.

Pour les offices de tourisme en Floride, voir p. 30.

REPRÉSENTATIONS DIPLOMATIQUES

Pour organiser au mieux votre voyage, rassembler la documentation nécessaire ou vérifier certaines informations, adressez-vous en premier lieu à l'ambassade ou au consulat des États-Unis le plus proche de votre lieu de résidence.

France – Ambassade des États-Unis - 2 av. Gabriel - 75008 Paris - ✆ 01 43 12 22 22 - http://french.france.usembassy.gov.
Service des visas - 4 av. Gabriel - 75008 Paris - ✆ 0 810 26 46 26 (conseiller infos visas, 14,50 €/appel).
Il existe des consulats à Bordeaux, Lyon, Marseille, Nice, Rennes, Strasbourg et Toulouse, mais ils ne sont pas autorisés à fournir des visas (ils ne fournissent qu'une assistance aux citoyens américains).

Belgique – Ambassade des États-Unis - 27 bd du Régent - B-1000 Bruxelles - ✆ 02 811 40 00 - http://french.belgium.usembassy.gov.
Service des visas - 25 bd du Régent - B-1000 Bruxelles - ✆ 02 788 12 00

(conseiller infos visas, 15 €/appel).

Suisse – Ambassade des États-Unis - Sulgeneckstrasse 19 - CH-3007 Berne - ✆ 031 357 70 11 - http ://bern.usembassy.gov. Service des visas - ✆ 0 900 87 84 72 (2,50 €/mn).

Canada – Ambassade des États-Unis - 490 Sussex Drive - Ottawa, Ontario K1N 1G8 - ✆ 613 688 5335 - http ://canada.usembassy.gov.

Il existe par ailleurs des consulats à Calgary, Halifax, Montreal, Ottawa, Quebec City, Toronto, Vancouver et Winnipeg.

Pour les représentations diplomatiques en Floride, voir p. 28.

LIBRAIRIES SPÉCIALISÉES

France – **W.H. Smith** - 248 r. de Rivoli - 75001 Paris - ✆ 01 44 77 88 99 - www.whsmith.fr.

Bibliothèque américaine : **The American Library in Paris** - 10 r. du Gén.-Camou - 75007 Paris - ✆ 01 53 59 12 60 - www.americanlibraryinparis.org.

Belgique – **Sterling Books** - Wolvengracht - r. Fossé-aux-Loups 38 - 1000 Bruxelles - ✆ 02 223 62 23 - www.sterlingbooks.be.

Suisse – **OffTheShelf** - 15 bd Georges-Favon - 1204 Genève - ✆ 22 311 10 90 - http ://books.offtheshelf.ch.

SITES INTERNET

Plans, cartes touristiques

www.viamichelin.fr et **www.mapquest.fr** : services de cartographie et de calcul d'itinéraires mondiaux.

Sites généralistes

www.diplomatie.gouv.fr/fr/conseils-aux-voyageurs : fiches pays, formalités, santé, sécurité.

www.office-tourisme-usa.com : site officiel de l'office de tourisme américain.

http://voyageforum.com : pour poser toutes vos questions avant le départ, demander des conseils pour finaliser votre circuit.

www.virtualtourist.com : pour visualiser le lieu où vous allez, interroger la météo et trouver des informations pratiques (en anglais).

www.about.com/travel : listes d'hébergements et d'activités (en anglais).

www.citysearch.com : recense les propositions d'hébergement, restauration et loisirs des principales villes des États-Unis (en anglais).

www.nps.gov : tous les sites des parcs nationaux (en anglais).

Sites sur la Floride

www.visitflorida.com : site officiel pour la promotion du tourisme en Floride (en anglais, avec version française).

www.flheritage.com : site du département de l'État dédié aux ressources historiques, rassemblant des renseignements sur les musées, les travaux de réhabilitation ou de restauration, etc. (en anglais).

www.floridastateparks.org : portail des parcs de l'État de Floride (en anglais).

www.see-florida.com : sites touristiques, logement, restauration et loisirs (en anglais).

www.campflorida.com : campings (en anglais).

Formalités

PIÈCES D'IDENTITÉ ET VISA

Dans tous les cas, vérifiez vos pièces d'identité **AVANT de réserver votre voyage** : si elles ne sont pas conformes ou vous imposent l'obtention d'un visa, il vous faudra prévoir de très longs délais, incluant un rendez-vous en personne aux services de l'ambassade des États-Unis à Paris.

Pour entrer aux États-Unis sans visa, il faut, y compris pour les enfants, posséder un **passeport à lecture optique** en cours de validité, délivré avant le 26 octobre 2005. Les passeports délivrés du 26 octobre 2005 au 26 octobre 2006 doivent être à lecture optique et à photo numérique. Les passeports émis après le 26 octobre 2006 devront impérativement être **biométriques**, sinon leur possesseur devra se munir d'un visa. En cas de doute, renseignez-vous auprès de votre préfecture ou sur le site de l'ambassade des États-Unis (http://french.france.usembassy.gov).

Le **visa** n'est pas exigé pour les voyages touristiques inférieurs à 90 jours. Il l'est pour les étudiants et les séjours professionnels (les démarches peuvent prendre de 2 à 6 mois). En outre, tous les voyageurs, avec visa ou non, sont soumis à la prise de leurs empreintes digitales et à la numérisation de leur photographie, en application du **programme US-Visit**.

Depuis janvier 2009, il est également obligatoire, pour les voyageurs sans visa, de remplir, au moins 72h avant le départ, l'ESTA, une **demande d'autorisation électronique de voyage** payante (14 $, valable deux ans), à imprimer avant de partir, car elle peut être demandée à l'aéroport. Vous trouverez ce questionnaire sur le site https ://esta.cbp.dhs.gov.

Les Canadiens n'ont pas besoin de visa non plus, sauf s'ils sont fiancés à un ressortissant américain. Ils ne sont pas soumis aux mesures d'enregistrement de données d'identification.

Les **enfants**, quel que soit leur âge, doivent être munis d'un **passeport individuel**, car les autorités américaines ne reconnaissent pas l'inscription des enfants sur le passeport des parents.

DOUANES

Dans l'avion, on vous distribue un formulaire par famille à remplir pour la douane.

Produits alimentaires et plantes sont interdits d'entrée, de même que les armes et les munitions. Depuis novembre 2006, tous **liquides**, gels, pâtes dentifrices... sont également interdits en cabine, à part la nourriture pour bébé. Parfums et alcools achetés à la boutique hors taxes doivent vous être remis dans des sacs scellés. Certains médicaments (notamment les narcotiques) sont interdits au passage de la douane. Si vous suivez un traitement, munissez-vous de l'ordonnance, traduite en anglais, avant le départ.

La législation autorise l'**importation** de 1 l d'alcool par personne de plus de 21 ans, 200 cigarettes ou 50 cigares, ainsi que tout cadeau ne dépassant pas une valeur de 100 $. Pour connaître en détail cette réglementation, interrogez votre transporteur aérien et Infos Douane Service – ✆ 0 811 20 44 44 - www.douane.gouv.fr.

À L'ARRIVÉE

À votre arrivée, vous serez dirigé vers les comptoirs de l'immigration. Tous les membres d'une même famille peuvent s'y présenter ensemble. L'officier prendra vos empreintes digitales et un cliché de votre visage après vous avoir posé quelques questions ; certaines vous paraîtront peut-être étonnantes, mais répondez-y avec le plus grand sérieux et ayez à portée de main vos documents de voyage (billet retour, réservation d'hôtel, de voiture...). Vous récupérerez ensuite vos bagages *(bagage claim)* sur le tapis *(carrousel)* correspondant à votre vol, puis vous vous dirigerez vers la sortie *(exit)* ; en chemin, vous passerez la douane *(custom)* et donnerez le formulaire rempli dans l'avion au fonctionnaire, lequel pourra décider de vous faire ouvrir vos bagages. Toutes ces « épreuves » passées avec succès, les vacances pourront commencer !

ASSURANCES

Ne faites pas l'économie d'une véritable assurance santé, car les frais montent très vite, et se comptent en milliers de dollars, surtout si vous avez besoin de radios ou d'une hospitalisation.
Les tour-opérateurs proposent en général une police d'assurance très complète couvrant le remboursement en cas d'annulation, les frais de soin et de rapatriement, ainsi qu'un remboursement forfaitaire en cas de vol ou de détérioration de vos bagages. Renseignez-vous également auprès de votre banque, car certaines cartes bancaires, dont la **Visa Premier** ou la **Gold MasterCard**, donnent droit à une couverture à l'étranger. Les grosses compagnies mutuelles disposent aussi de ce service.
Analysez les conditions de garantie : **vous ne devez pas avoir à faire l'avance des frais** et devez demander une couverture d'au moins 150 000 €.
Sinon, vous pouvez vous adresser à titre individuel aux grandes compagnies spécialisées :
AVA – 25 r. de Maubeuge - 75009 Paris - ✆ 01 53 20 44 20 - www.ava.fr.
AVI International – 106/108 r. La Boétie - 75008 Paris - ✆ 01 44 63 51 00 - www.avi-international.com.
Europ Assistance – 01 41 85 93 65 - www.europ-assistance.fr.
Mondial Assistance – 54 r. de Londres - 75008 Paris - ✆ 01 53 05 86 00 - www.mondial-assistance.fr.

Téléphoner en Floride

Pour appeler vers la Floride depuis l'étranger, composez le 00 + 1 + numéro à 10 chiffres de votre correspondant.
Pour les appels nationaux ou de Floride vers l'étranger, voir aussi « Téléphone », p. 38.

Budget à prévoir

Les États-Unis sont une destination chère, où les coûts dépendent du cours du dollar. Les prix variant énormément d'un endroit à l'autre et en fonction de votre moyen de transport, il est difficile de fixer des budgets types. Ceux qui suivent sont établis **en pleine saison**. En semaine et hors saison – c'est-à-dire dans une grande partie de la Floride en été –, il est possible d'obtenir des réductions sur les chambres d'hôtel *(voir plus loin « Se Loger »)*. Miami et Orlando sont des villes chères, quelle que soit la période de l'année.
Pour un séjour en motel bon marché, des repas modestes et une voiture de location, vous dépenserez de **100 à 140 $** par jour et par personne (sur la base de deux personnes partageant une chambre et la location du véhicule). Pour un motel de caractère ou un *bed & breakfast* de charme, des restaurants plus raffinés et une voiture de location, comptez un minimum de **200 $** par jour et par personne (sur la base de deux personnes partageant une chambre et la location du véhicule).
Ces budgets, donnés à titre indicatif, incluent les taxes locales, une boisson de temps à autre et des visites (musées, parcs…), mais ils excluent le vol pour les États-Unis et les achats personnels.
Voir aussi tableau ci-contre.

SERVICES OU ARTICLES	PRIX MOYEN EN $
Une chambre double dans un motel de grande chaîne	80-100
Un repas simple dans un restaurant de grande chaîne ou dans un quartier populaire	10-20
Une location de voiture pour 1 semaine (catégorie A)	300
Un gallon d'essence (3,8 litres)	3,60 à 3,90
Un billet d'avion Miami-Orlando (aller simple)	150-200
Trajet aéroport de Miami à Miami Beach en taxi	32
Prix moyen d'une entrée dans un parc de loisirs d'Orlando	80
Un baptême de plongée dans les Keys	190
Une location de kayak (1h)	12
Une bouteille d'eau minérale	1,50
Une bière	5
* Selon le taux de change, le montant en euros est de - 20 à - 30 %. Cette moyenne ne prend pas en compte les localités non touristiques, nettement moins chères.	

Se loger

Pour obtenir une copie du *Guide de l'hébergement* (version française du *Florida Vacation Guide*), adressez-vous à **Visit Florida** *(voir p. 30)*.

NOTRE SÉLECTION

Retrouvez notre sélection d'hébergements dans les carnets pratiques, situés à la fin du descriptif de chaque ville ou site de la partie « Découvrir la Floride ».

Les établissements décrits dans ce guide ont été sélectionnés en fontion de leur atmosphère, leur emplacement, leur niveau de confort et leur rapport qualité-prix. Les prix figurant dans ce guide sont les prix de base, sans les taxes ni les pourboires, en **haute saison** et sur la base d'une chambre double standard *(voir tableau p. 17)*.

LES DIFFÉRENTS TYPES D'HÉBERGEMENT

Campings

Les **parcs nationaux** sont équipés de campings bien aménagés (minimarket) et relativement bon marché (de 10 à 25 $ par emplacement). Vous pouvez acheter sur place une petite tente, à un prix inférieur à ceux pratiqués en France.

Service central de réservation – ✆ 518 885 3639 ou 877 444 6777 - www.recreation.gov *(voir aussi dans les pages pratiques correspondantes)*.

Les **campings privés** sont souvent mieux équipés (douches chaudes, laverie, électricité, piscine), mais ils pratiquent des prix plus élevés (oscillant entre 60 et 120 $ dans les Keys pour une tente, suivant que l'on soit ou non au bord de l'eau !).

La plus répandue des chaînes de campings est **KOA** (Kampgrounds of America) – ✆ 406 248 7414 ou 888 562 0000 - www.koa.com.

Autres listes de campings sur : www.gocampingamerica.com.

Motels et hôtels

Le **motel**, construit pour le voyageur motorisé, s'organise autour du parking. Les chambres donnent souvent sur l'extérieur (il y a rarement plus de deux étages) et vous pouvez garer votre véhicule juste devant. Ils se situent en général en périphérie des villes ou le long des routes.

Le confort est variable, mais la plupart sont équipés d'une piscine, du Wifi, et parfois d'une laverie. Les chambres sont très grandes et l'on peut souvent y loger à quatre.

Même la première catégorie dispose du confort de base : salle de bains ou douche, air conditionné, télévision, téléphone, réfrigérateur...

L'**hôtel** est plutôt situé en centre-ville, dans des immeubles plus importants et plus hauts. Pour le confort, tout dépend de la situation : dans le centre, les chambres sont fréquemment exiguës. Le parking est souvent payant, et le petit-déjeuner n'est pas toujours compris dans le prix de la nuit.

Essayez de réserver à l'avance, par téléphone, fax ou Internet, en particulier si vous voyagez à l'occasion d'un long week-end ou du *Spring Break* (vacances scolaires de printemps), mais pas d'affolement : l'offre est suffisamment importante pour que vous ne vous retrouviez pas à dormir dans votre voiture !

Il vous faudra toujours donner votre numéro de carte bancaire pour sécuriser la réservation.

Bon à savoir – Si vous devez annuler, prévenez avant 18h, sinon la nuit vous sera débitée.

Grandes chaînes

Beaucoup de motels et d'hôtels affiliés à de grandes chaînes n'ont guère de caractère et s'alignent en bordure des routes, mais ils assurent un confort et un service standard.

Réservation centralisée par téléphone (numéro gratuit) ou par Internet. Le web permet d'ailleurs de bénéficier de rabais et d'offres spéciales, notamment dans les catégories supérieures.

Les principales chaînes sont, par ordre de prix croissant :

Motel 6 – ✆ 800 466 8356 - www.motel6.com.

Red Roof Inn – ✆ 800 733 7663 - www.redroof.com. Petit-déjeuner inclus.

Econo Lodge – ✆ 877 424 6423 - www.econolodge.com. Petit-déjeuner inclus.

Super 8 – ✆ 800 454 3213 - www.super8.com. Petit-déjeuner inclus.

Travelodge – ✆ 800 525 4055 - www.travelodge.com.

Comfort Inn – ✆ 800 267 3837 - www.comfortinn.com. Petit-déjeuner inclus.

Quality Inn – ✆ 800 267 3837 (en français) - www.qualityinn.com. Petit-déjeuner inclus.

La Quinta – ✆ 800 753 3757 - www.lq.com. Petit-déjeuner inclus.

Ramada – ✆ 800 854 9517 - www.ramada.com.

Best Western – ✆ 800 780 7234 - www.bestwestern.com. N° Vert depuis la France : ✆ 0 800 904 490.

Holiday Inn – ✆ 888 465 4329 - www.holidayinn.com. Petit-déjeuner inclus dans les Holiday Inn Express. N° Vert depuis la France : ✆ 0 800 911 617.

Bed & Breakfast et auberges de caractère

Dans un genre beaucoup plus raffiné, les *bed & breakfast* et les auberges de caractère *(inns)* se distinguent par leur taille modeste, le charme de leur accueil et de leur décoration. Ils pratiquent en général des prix élevés, mais on y est traité comme des invités : plantureux petit-déjeuner, ou souvent, en fin de journée, un verre de vin et un plateau de fromage, occasion de faire connaissance avec vos hôtes et les autres résidents.

Les *bed & breakfast* n'ont cependant pas toujours le caractère convivial de ceux d'Irlande ou de Grande-Bretagne, car ils sont souvent tenus

par une gouvernante *(innkeeper)* et les propriétaires n'y résident pas ou ne se mélangent pas aux hôtes. Ils peuvent compter plus de 20 chambres et ressembler à de petits hôtels de luxe.
Plusieurs sites Internet répertorient ces établissements : www.selectregistry.com ; www.bedandbreakfast.com ; www.bbonline.com.

LES PRIX DE L'HÉBERGEMENT

L'hébergement est sans conteste ce qui vous coûtera le plus cher. Il est cependant très difficile de donner des prix précis, car les tarifs changent quasiment tous les jours, en fonction du remplissage, de la saison, du jour de la semaine, du type de chambre. En règle générale, ceux qui sont indiqués sur le tableau ou les brochures sont les tarifs de base, pratiqués lors des réservations. En réservant par téléphone, vous ne pourrez pas obtenir de réelle baisse, mais demandez le **special rate** ou les **special offers**.
En Floride du Sud, les tarifs hôteliers sont plus avantageux de mai à octobre, alors que dans la partie nord de l'État, les réductions les plus intéressantes sont offertes de décembre à février.
Attention, le prix des chambres est systématiquement majoré d'une **taxe** de 18 % + 2 à 6 % (selon les comtés).
Dans un motel bas de gamme (équivalent 1 étoile), il faut compter de 50 à 90 $ pour deux personnes. Pour la gamme intermédiaire (2 étoiles), comptez entre 80 et 100 $ pour deux. Les *bed & breakfast* démarrent à 120 $ pour deux et peuvent dépasser 200 $. Les hôtels des grandes chaînes (3 étoiles) tournent entre 175 et 250 $, alors que le grand luxe (4 étoiles) se monnaye à plus de 250 $.
Sachez que le prix d'une chambre diffère d'environ 10 à 15 $ selon la taille du lit (ce qui peut représenter une économie certaine) et, dans certains établissements, selon le fait qu'elle soit fumeur *(smoking)* ou non.

Réductions

Bon à savoir – Mentionnez si vous êtes affilié à l'AAA *(voir p. 41)*, car cela vous donne souvent droit à une réduction.
En réservant par Internet sur des **sites de discount**, vous pouvez économiser de 20 à 70 % du prix, notamment dans les grandes villes. Plusieurs sites sont spécialisés : www.hotels.com ; www.discounthotels.com ; www.hotels-and-discounts.com ; www.ratestogo.com.
Sur place, en arrivant dans les aéroports, offices de tourisme et certains supermarchés, fast-foods et stations-service, demandez les livrets de **coupons** *(coupons*

NOS CATÉGORIES DE PRIX				
	Hébergement		Restauration	
	Grandes villes	Hors grandes villes	Grandes villes	Hors grandes villes
Premier prix	jusqu'à 75 $	jusqu'à 60 $	jusqu'à 25 $	jusqu'à 20 $
Budget moyen	de 75 $ à 120 $	de 60 $ à 110 $	de 25 $ à 40 $	de 20 $ à 35 $
Pour se faire plaisir	de 120 $ à 190 $	de 110 $ à 160 $	de 40 $ à 70 $	de 35 $ à 45 $
Une folie	plus de 190 $	plus de 160 $	plus de 70 $	plus de 45 $

guides) qui offrent des réductions sur les nuits de certains hôtels (valables surtout en semaine et hors saison).

Se restaurer

NOTRE SÉLECTION

Retrouvez notre sélection de restaurants dans les carnets pratiques, situés à la fin du descriptif de chaque ville ou site de la partie « Découvrir la Floride ».

Les établissements décrits dans ce guide ont été sélectionnés en fonction des plats, de l'ambiance, de l'emplacement et/ou du rapport qualité-prix.

Les prix figurant dans ce guide correspondent au prix moyen d'un dîner « à l'américaine », constitué le plus souvent d'un seul plat copieux ou d'une salade-repas, et accompagné d'une boisson (hors vin) *(voir tableau p. 23)*.

LES DIFFÉRENTS TYPES D'ÉTABLISSEMENTS

L'appellation « restaurant » désigne des établissements très différents, du simple **snack-bar** (type fast-food) ou de la banale **cafétéria**, aux restaurants de **grandes chaînes** (Applebee's, Chili's, TGI Friday's, Red Lobster, Olive Garden…) ou aux **tables plus raffinées**. Certains ne servent que le petit-déjeuner et le déjeuner, d'autres se limitent au dîner, certains proposent les trois.

Les **bars** et **coffee-shops** (sortes de salons de thé) servent en général des plats simples, mais copieux et bon marché.

Enfin, vous trouverez partout des **fast-foods** classiques (type McDonald's, très bon marché aux États-Unis), chinois ou mexicains.

À de rares exceptions près, les pizzerias et les **restaurants italiens** ne sont pas les moins chers.

LES REPAS

On peut manger pratiquement à toute heure et organiser son repas comme on le souhaite : personne ne s'offusquera de vous voir commander deux entrées ou une entrée et un dessert.

Le petit-déjeuner

Souvent servi dès 7h du matin et jusqu'à 11h-11h30 (voire toute la journée dans certains établissements), le **breakfast** est très copieux et offre un bon rapport qualité-prix (comptez de 5 à 15 $ selon le nombre d'ingrédients).

Il comprend le plus souvent des **œufs** au plat *(sunny side up)*, en omelette ou brouillés *(scrambled eggs)*, accompagnés de toasts, de **bacon grillé** ou de **saucisses** *(sausages)* et de **pommes de terre** cuites en galettes à la poêle *(hash browns)*.

On peut aussi manger sucré : **crêpes** *(pancakes)*, **gaufres** *(waffles)*, **pain perdu** *(french toast)*, **muffins** (gâteaux individuels aux myrtilles, aux pépites de chocolat, au citron…), **donuts** (beignets très sucrés), **bagels** (petits pains en forme d'anneau), servis avec du *cream cheese*. On accompagne le tout avec du thé ou du café, en général très léger, et du jus d'orange.

Le samedi et le dimanche matin, beaucoup de restaurants proposent un menu spécial : le **brunch**.

Le déjeuner

Le **lunch** est le repas le plus léger de la journée, servi facilement jusqu'après 15h.

Comptez de 4 à 9 $ pour un **sandwich**, chaud ou froid, souvent servi avec des frites, une salade de chou *(coleslaw)* ou de la soupe.

Autre solution : la **salade** toute préparée, souvent gargantuesque, ou celle à composer soi-même dans les *salad bars* (entre 6 et 12 $).

La plupart des restaurants et bars proposent un **lunch menu** avec des plats uniques, similaires à ceux du dîner, un peu moins copieux, mais surtout beaucoup moins chers (entre 8 et 12 $).
Autres solutions bon marché, les restaurants chinois et mexicains (la chaîne Chipotle, qui utilise des produits bio, a bonne réputation), ou les **all-you-can-eat-buffets** (buffets à volonté), autour de 10 $ le week-end, moins cher à midi, mais de qualité très variable.

Le dîner

Il se prend tôt, vers 17h-19h, sauf dans les grandes villes. C'est traditionnellement le repas le plus copieux de la journée. On retrouve les mêmes plats qu'au déjeuner (sandwichs, salades, buffets à volonté), mais ceux-ci sont plus généreux et facturés plus cher.
Pour les gastronomes, c'est le moment de choisir des restaurants plus raffinés. La carte se divise en trois grandes sections : les entrées, appelées hors-d'œuvre, *appetizers* ou *starters*, sont parfois assez copieuses pour constituer un plat (7 à 15 $) ; les plats principaux se nomment *entrees* et sont souvent servis avec une salade ou une soupe et un ou deux accompagnements *(sides)* au choix (15 à 30 $) ; les desserts sont quant à eux énormes et très sucrés (6 à 10 $).
Bon à savoir – Certains établissements proposent un *Early Bird Special* ou un *Early Bird Dinner*. Il s'agit d'un menu et/ou de tarifs réservés aux personnes qui souhaitent dîner (très) tôt généralement entre 16h et 18h.

LES BOISSONS

Beaucoup de restaurants familiaux ou populaires ne servent pas d'alcool, car les restaurants doivent pour cela avoir une **licence** spéciale (*wine license* pour les vins, *full license* pour tous les alcools).
Les établissements de qualité proposent souvent une **carte des vins** intéressante où vous retrouverez les principaux vins de Californie, mais aussi du Chili, d'Australie, d'Italie et plus rarement de France. Ils sont chers, mais il y a toujours une sélection de vins au verre (6-15 $).
D'une manière générale, à peine assis, on vous sert un immense verre d'eau du robinet, avec des glaçons, que l'on renouvelle tout au long du repas. L'eau minérale est rare et chère, car souvent importée. La plupart des Américains commandent des sodas ou de l'*iced tea*, un thé glacé, sucré ou non *(sweetened* ou *unsweetened)*. Au cours du repas, on vous proposera un *refill* : acceptez, le second verre est compris dans le prix.
Dans les bars, vous pourrez choisir parmi les nombreuses **bières** américaines *(Coors, Budweiser, Michelob…)* ou mexicaines *(Corona, Dos Equis…)*, sans compter les innombrables bières provenant de petites brasseries locales *(microbreweries)*. Pour avoir une pression, demandez une *draft beer* ou une *beer on tap*.

Sur place de A à Z

ACHATS

Retrouvez notre sélection de boutiques dans les carnets pratiques, situés à la fin du descriptif de chaque ville ou site de la partie « Découvrir la Floride ».

Les États-Unis sont un paradis pour les amateurs de shopping qui y feront réellement de bonnes affaires. Jeans, sportswear, équipement sportif sont nettement moins chers qu'en Europe, de même que les marques de cosmétiques américaines, la maroquinerie, l'optique, l'électronique et les articles pour la maison.

Assurez-vous toutefois que le matériel électronique soit compatible avec votre équipement (tension et fréquence sont différentes), et que les DVD pourront être lus de retour chez vous (les États-Unis sont en zone 1, l'Europe en zone 2).

Horaires d'ouverture

Centres commerciaux, *outlets malls* (magasins d'usine), boutiques indépendantes et solderies en tout genre : vous n'aurez que l'embarras du choix.

Les magasins ouvrent du lundi au samedi de 10h à 18h, ainsi que le dimanche avec des horaires réduits ; les centres commerciaux du lundi au samedi de 10h à 21h, et le dimanche de 12h à 18h.

Pointures et tailles

Attention, les vêtements taillent plus grand : si vous avez l'habitude d'acheter des tee-shirts Medium (M) en Europe, vous devrez sans doute prendre la taille Small (S) aux États-Unis.

Méfiez-vous également si vous devez acheter du linge de maison, car les dimensions des lits et des oreillers ne sont pas les mêmes.

Voir aussi la rubrique « Souvenirs », p. 34.

ALCOOL

Il faut avoir 21 ans pour acheter ou consommer de l'alcool. Votre passeport pourra alors vous être demandé. On trouve de l'alcool dans les boutiques spécialisées *(liquor stores)* ou dans les rayons

CONVERSION DES TAILLES DANS L'HABILLEMENT									
FEMMES				HOMMES					
Tailles		Chaussures		Costumes		Chaussures		Chemises	
USA	FR	USA	FR	USA	FR	USA	FR	USA	FR
2	36	4	35	36	46	71/2	40	14	37
4	38	5	36	38	48	81/2	41	15	38
6	40	6	37	40	50	91/2	42	151/2	39/40
8	42	7	38	42	52	101/2	43	16	41
10	44	8	39	44	54	111/2	44	161/2	42
12	46	9	40	46	56	121/2	45		

séparés des grandes surfaces et des épiceries.
D'une manière générale, ne transportez pas de bouteilles entamées dans l'habitacle de votre voiture et ne buvez pas ouvertement sur la voie publique (même si certains le font en dissimulant bouteille ou canette dans un sac en papier).

AMBASSADES ET CONSULATS

Vous trouverez à Miami les représentations diplomatiques suivantes :
Consulat de France – 1395 Brickell Ave - ✆ 305 403 4150 - www.consulfrance-miami.org.
Consulat de Belgique – 100 N Biscayne Blvd (suite 500) - ✆ 305 377 1368 - www.diplobel.us.
Consulat de Suisse – 825 Brickell Bay Dr. (suite 1450) - ✆ 305 377 6700 - www.eda.admin.ch.
Consulat du Canada – 200 S Biscayne Blvd (suite 1600) - ✆ 305 579 1600 - www.canadainternational.gc.ca.

ARGENT

Monnaie

L'unité monétaire américaine est le **dollar** ($), divisé en 100 cents.
Il existe des billets de 1, 5, 10, 20, 50 et 100 $, ainsi que des pièces de 1 *(nickel)*, 5, 10 *(dime)*, 25 *(quarter)* et 50 cents, voire de 1 $ (rares). Toutes les pièces sont de couleur argent, sauf celles de 1 cent (cuivre) et celles de 1 $ (doré).
Attention, tous les billets sont verts et de la même taille et la pièce de 10 cts est plus petite que celle de 5.

Cartes de crédit

Elles sont pratiquement toujours acceptées et sont même indispensables pour retenir une chambre d'hôtel ou louer une voiture. Le taux de change appliqué est celui du jour de la transaction et une commission est toujours facturée.
Lorsque vous utilisez votre carte de paiement dans un magasin, on vous demandera : *debit or credit?* Les cartes étrangères, même si elles ne sont pas à proprement parler des cartes de crédit, sont considérées comme telles. Il vous faudra alors signer le reçu et non pas composer votre code secret.

Banques/Change

Rien de plus facile que de retirer de l'argent dans les innombrables **distributeurs (ATM)** disponibles absolument partout, y compris dans certains magasins et restaurants. Cette opération est souvent facturée 3 $, en plus d'autres frais bancaires. Vérifiez bien avant de partir le plafond des retraits autorisés par semaine pour ne pas rester bloqués sur place.
En revanche, sauf à Miami et dans les lieux très touristiques, il sera plus difficile de trouver un **bureau de change** *(exchange)* pour changer de l'argent ou des chèques de voyage.

DÉCALAGE HORAIRE

La Floride se situe dans la zone **EST (Eastern Standard Time)**, à l'exception de la région à l'ouest de la rivière Apalachicola, qui appartient au fuseau horaire **CST (Central Standard Time)**, en retard d'une heure sur le précédent.
La majeure partie de l'année, quand il est 12h à Miami ou Montréal, il est 18h à Paris, Bruxelles ou Genève. Ce décalage varie, bien sûr, selon les différents horaires d'été et d'hiver. Les États-Unis adoptent l'**heure d'été** (pendules et horloges avancées d'une heure) du premier dimanche d'avril au dernier dimanche d'octobre.

DROGUE

La possession de drogue ou de stupéfiants est très sévèrement punie (longues peines de prison). Si vous suivez un traitement médical à base de tranquillisants ou de narcotiques, gardez votre ordonnance avec vos médicaments.

ÉLECTRICITÉ

Aux États-Unis, le courant est en **110 volts** et les prises sont différentes. Certains appareils de voyage peuvent basculer du 220 V au 110 V (vérifiez avant de partir), mais il faudra vous procurer un **adaptateur**.
Sachez que beaucoup de motels et d'hôtels fournissent sèche-cheveux et fer à repasser.

ÉTAGES

Pour les Américains, le **first floor** (1er étage) correspond à notre rez-de-chaussée, le **second floor** (2e étage) à notre 1er étage, etc. Dans ce guide, nous parlons donc de niveaux pour éviter les confusions : 1er niveau pour Rdc, 2e niveau pour 1er étage, etc.

HORAIRES D'OUVERTURE

En Floride, la majorité des **bureaux** sont ouverts du lundi au vendredi de 9h à 17h.
La plupart des **banques** opèrent quant à elles du lundi au jeudi de 9h à 16h30, et jusqu'à 17h ou 18h le vendredi ; certaines restent ouvertes le samedi matin.
La plupart des **édifices publics** fédéraux ou d'État et les hôtels de ville sont ouverts du lundi au vendredi de 8h30 à 16h30.

INTERNET

Aucun problème si vous voyagez avec votre ordinateur portable, car de nombreux établissements (hôtels, restaurants, cafés) offrent l'**accès Wifi** à leurs clients. Il n'est pas rare de pouvoir se connecter dans les musées, dans certains parcs ou lieux publics, et dans les *coffee shops* (type Starbucks).
Les cybercafés sont en revanche de moins en moins nombreux, mais les **bibliothèques municipales** *(library)* fournissent un accès souvent gratuit contre une pièce d'identité. Seule restriction : l'accès est limité entre 15mn et 1h, vous ne pouvez pas aller sur certains sites, ni faire d'achats.
Dans les hôtels de standing, il n'est pas rare de trouver un ordinateur à disposition de la clientèle.

JOURS FÉRIÉS

Nouvel An : 1er janvier.
Martin Luther King's Day : 3e lundi de janvier, pour célébrer la naissance de MLK Jr.
Presidents Day : 3e lundi de février, en l'honneur des présidents qui se sont succédé à la tête du pays.
Memorial Day : dernier lundi de mai, jour du souvenir à la mémoire des victimes de guerre.
Independence Day : 4 juillet, fête nationale.
Labor Day : 1er lundi de septembre, fête du Travail.
Columbus Day : 2e lundi d'octobre, jour où Christophe Colomb a « découvert » l'Amérique.
Veterans Day : 11 novembre, à la mémoire des vétérans de la Première Guerre mondiale.
Thanksgiving : 4e jeudi de novembre, jour d'action de grâces, en souvenir de la première récolte effectuée par les pèlerins grâce aux Indiens à l'automne 1621.
Noël : 25 décembre.

MUSÉES, MONUMENTS ET SITES

Les musées sont généralement ouverts de 10h à 17h et proposent une nocturne dans la semaine.
La plupart ferment leurs portes un ou deux jours par semaine, ainsi que pour les principaux jours fériés (Nouvel An, Thanksgiving et Noël).

Leur accès n'est pas bon marché, mais il n'est pas rare qu'ils offrent une plage horaire gratuite ou à tarif réduit. Les enfants, seniors et étudiants bénéficient d'un tarif réduit sur présentation d'un justificatif.
Tous comptent au minimum une cafétéria, ainsi qu'une boutique de souvenirs souvent bien achalandée.

OFFICE DE TOURISME

Visit Florida – ✆ 850 488 5607 - www.visitflorida.com. Visit Florida pourra envoyer aux intéressés un guide intitulé *Florida Vacation Guide* (mis à jour chaque année), ainsi qu'une carte de l'État.

PARCS NATIONAUX ET PARCS D'ÉTAT

La Floride compte un grand nombre de zones protégées : parcs, forêts, aires de loisirs, lieux d'intérêt historique, etc. Certaines sont régies par le gouvernement fédéral, d'autres par l'État. Créés pour préserver le patrimoine naturel et culturel de la Floride tout en restant accessibles au public, la plupart de ces domaines offrent aux visiteurs une grande variété d'activités de plein air (randonnée, baignade, équitation, cyclisme, pêche, canoë, camping, etc., qu'il est préférable de pratiquer en début de matinée ou en fin d'après-midi), le tout dans un cadre privilégié. Beaucoup sont équipés d'aires de pique-nique, de pistes cyclables, de sentiers d'interprétation permettant une visite libre des lieux, et de centres d'accueil (diaporamas, films vidéo, expositions) visant à faire découvrir l'environnement naturel ou l'importance historique du site en question. Certains proposent même des randonnées guidées sous la conduite d'un garde forestier, et des locations d'équipement sportif. Ces sites naturels sont particulièrement fréquentés d'octobre à avril (saison sèche) en Floride du Sud, et de Memorial Day à Labor Day dans le reste de l'État.
L'accès aux **parcs nationaux** est payant (comptez par exemple 10 $/véhicule pour l'Everglades National Park).
Certains parcs offrent des possibilités de logement à un prix modique (emplacements pour tentes ou camping-cars). Pour tout renseignement, adressez-vous au parc concerné ou consultez le site Internet **www.nps.gov**.
Les **parcs d'État** et **parcs régionaux** font partie d'un programme en constant développement portant sur des réserves naturelles et des sites historiques. Les tarifs d'entrée des parcs d'État avoisinent 5 $/véhicule ; ces parcs sont généralement ouverts de 8h au coucher du soleil. Ils disposent souvent d'emplacements de camping. Pour tout renseignement, adressez-vous au parc concerné ou reportez-vous au site Internet www.floridastateparks.org.
Pour obtenir un exemplaire gratuit du guide *Florida State Parks*, adressez-vous aux centres d'accueil ou consultez le site Internet www.myflorida.com.
Les parcs régionaux, généralement ouverts tous les jours de l'année de 8h au coucher du soleil, sont gratuits.

POSTE

Le courrier met de 6 à 15 jours pour parvenir en Europe, en fonction de la ville d'envoi. Les **timbres** *(stamps)* sont vendus dans les bureaux de poste, certains supermarchés, parfois dans les drugstores et les superettes. Comptez 1,05 $ pour une lettre de moins de 28 g.
Il est également possible d'envoyer des lettres et des colis en express par la poste, mais le service

demeure assez lent. Renseignez-vous dans un bureau de poste ou sur le site Internet de l'US Postal Service : www.usps.com.
Les bureaux des **transporteurs rapides**, comme DHL (www.dhl.com), UPS (www.ups.com) ou FedEx (www.fedex.com), sont très répandus.
Bon à savoir – Si vous ne voulez pas payer de taxes à la réception d'un colis, précisez qu'il s'agit d'effets personnels ou d'un cadeau sans valeur marchande. Pour les envois précieux, faites-vous assister par le commerçant qui vous vend l'objet.

POURBOIRE

Dans les restaurants, il est d'usage de laisser au serveur un pourboire *(tip)* de 15 à 20 % du total de la note, car le service n'est pratiquement jamais compris dans l'addition (en cas de paiement par carte de crédit, le pourboire s'ajoute sur la note, dans le montant total).
Il arrive que le pourboire soit déjà inclus dans l'addition, après le total et sous la dénomination *gratuity* accompagnée d'un pourcentage. Rien de vous empêche de rajouter encore quelque chose, mais lisez bien les notes que l'on vous présente !
Pour les chauffeurs de taxi, comptez en général 15 % du prix de la course, pour les grooms 1 $ par bagage, et pour les femmes de chambre 1 $ par jour. Pour les coiffeurs, c'est généralement au gré du client.

SANTÉ

Bien qu'il n'y ait pas de problème sanitaire particulier aux États-Unis, il est impératif de prendre une assurance avant de partir.
Voir la rubrique « Formalités » dans « Avant de partir », p. 20.

Dangers liés à la faune et à la flore

Aoûtats, mouches et moucherons, fourmis rouges, phlébotomes, cafards et autres s'ébattent gaiement au chaud soleil de la Floride. Les **moustiques** sont particulièrement voraces de juin à septembre (saison des pluies), mais le long de la côte, ils sévissent à longueur d'année. Pour faire du camping ou de la randonnée, il est prudent d'emporter avec soi un haut à manches longues et un pantalon, et de se munir d'une lotion insectifuge *(insect repellent)*, disponible dans beaucoup de supermarchés et drugstores.
La Floride est également célèbre pour ses **lovebugs**, petites mouches de la famille des Bibionidés qui s'écrasent volontiers contre les pare-brise, mais possèdent au moins l'avantage de ne pas piquer…
Vous avez donc plus de chances de vous faire tourmenter par quelque vilain insecte que de vous faire avaler par un **alligator** ! Prenez toutefois à l'égard de ce dernier quelques précautions élémentaires : ne vous en approchez pas, car cet animal plutôt timide a tendance à attaquer lorsqu'il se sent menacé ; ne le nourrissez pas (tout animal qui apprend à associer nourriture et visiteurs perd en effet sa crainte naturelle de l'homme, et peut finir par être dangereux) ; et évitez de nager dans des lacs isolés.
Attention aussi aux scorpions, et aux **serpents** venimeux : en randonnée ou en camping, il convient de porter des chaussures montantes et de bien regarder où l'on met les pieds.
La flore réserve pour sa part quelques surprises. Certaines plantes, inoffensives d'aspect, sécrètent un suc extrêmement toxique pouvant causer démangeaisons, éruptions de boutons et forte fièvre. Dans

les zones boisées, il faut tout particulièrement apprendre à repérer et éviter le **sumac** et le **mancenillier** ou « arbre-poison ». Qui s'y frotte s'y pique, assez sérieusement parfois pour nécessiter des soins médicaux.
Dans les parcs, réserves et forêts, gardez à l'esprit le nombre des visiteurs et l'impact cumulatif que peut avoir l'action apparemment anodine d'un individu. « Ne rien prendre, sauf des photos, ne rien laisser, sauf des traces de pas » est un slogan que l'on retrouve souvent sur les panneaux.
Voir aussi le chapitre « Faune et Flore » dans la partie « Comprendre », p. 87 et 89.

Soleil et mer

À cette latitude, le soleil est fort et risque de brûler, quelle que soit la saison. La réfraction sur le sable blanc et sur l'eau intensifie son rayonnement, et les rayons ultraviolets sont dangereux, même par temps couvert. Pour éviter **coups de soleil** et **insolations**, utilisez un bon écran solaire, portez un chapeau et des lunettes de soleil, buvez fréquemment et évitez tout effort physique intense aux heures les plus chaudes de la journée.
Sur la plage, respectez les différentes **consignes de sécurité** : pavillon rouge (baignade dangereuse), pavillon jaune (mer agitée) et pavillon bleu (eau calme). N'oubliez pas que de forts courants de marée ou *riptides* peuvent entraîner tout nageur vers le large, et, en l'absence de maîtres nageurs, soyez particulièrement vigilant. Les attaques de **requins**, bien que rares, sont en augmentation le long du littoral floridien, en particulier sur la côte nord-est. Une vigilance accrue s'impose ; de même, il est impératif de se conformer aux instructions des gardes-côtes.
Même en eau peu profonde se cachent des créatures susceptibles de causer quelques déboires. La piqûre des **méduses** se traduit le plus souvent par une simple irritation de la peau, soulagée par l'application d'un produit à base de papaïne. Plus douloureuse, la piqûre des **physalies** et des **raies pastenagues** nécessite des soins médicaux immédiats.
Et en période de **marée rouge** *(red tide)*, gare aux allergies respiratoires et éruptions cutanées : un micro-organisme nocif, qui donne à la mer une couleur rougeâtre peu sympathique, cause brusquement la mort de milliers de poissons. Mieux vaut alors éviter toute plage d'où se dégage une odeur assez nauséabonde.

Trousse à pharmacie

Si vous suivez un traitement particulier, emportez vos médicaments, avec l'ordonnance du médecin, originale et traduite.
Une trousse de base comporte un désinfectant ou un antiseptique, un antidiarrhéique et un antiseptique intestinal, un antihistaminique, un antalgique, des pansements, une crème solaire et une autre pour traiter les coups de soleil ou les brûlures superficielles, de quoi prévenir et traiter les piqûres de moustiques, éventuellement une crème anti-inflammatoire.
Mais il n'est pas vraiment utile de vous charger, car vous trouverez absolument tout ce dont vous pourriez avoir besoin sur place.

Pharmacies

Les médicaments sont vendus dans les **drugstores** (souvent ouverts 24h/24) et les **pharmacies**. À l'exception des médicaments délivrés sur ordonnance, tous sont en libre-service et le choix est immense. Ils sont rangés par affections (yeux, nez, gorge, oreilles, etc.).

La plupart des magasins d'alimentation et des supermarchés ont aussi un rayon petite pharmacie.

Services médicaux

Faites-vous préciser par votre assurance santé complémentaire quelle est la **marche à suivre** en cas de maladie ou d'accident, et quels sont les formulaires éventuels à remplir. Envisagez toutes les éventualités (radios, dentiste, hospitalisation, maladie…).

En cas de besoin, appelez le 911 ou rendez-vous à l'hôpital le plus proche, mais sachez que les services d'urgences constituent une solution très onéreuse. S'il n'y a pas d'urgence vitale, allez dans un **walk-ins welcome** (cabinet médical acceptant les patients sans rendez-vous), dans une **walk-in clinic** ou une **medical clinic** : il vous en coûtera au minimum 150 $ sans le traitement.

Bon à savoir – Les deux chaînes de drugstores les plus répandues en Floride proposent, dans certaines de leurs enseignes, des consultations médicales sérieuses à des prix raisonnables (50-70 $). Consultez les sites Internet de **Walgreens** (www.walgreens.com) pour trouver une *take care clinic*, ou de **CVS** (www.cvs.com) pour une *minute clinic*. Une bonne option pour obtenir, par exemple, des antibiotiques délivrés seulement sur ordonnance.

Urgences

Police, Pompiers – ☎ 911.

SAVOIR-VIVRE

À faire et à ne pas faire

Les Américains sont les champions pour faire la **queue**, dans le calme et l'ordre : il est impensable d'essayer de doubler.

Les emplacements de **parking** réservés aux personnes à mobilité réduite sont exclusivement destinés à cet usage. Ne vous y garez pas, ne serait-ce que le temps d'un bref arrêt : c'est très mal vu et vous risquez une forte amende.

Les **piétons** sont rois : laissez-les passer systématiquement si vous en croisez, même s'il n'y a pas de feux de signalisation.

Dans la plupart des **restaurants**, il ne faut pas vous présenter spontanément à une table, mais attendre qu'une hôtesse vous installe. *Wait to be seated* indique généralement un panneau à l'entrée de la salle.

De manière générale et quelle que soit la situation, **ne vous énervez pas** : les Américains sont dans l'ensemble aimables, serviables et très professionnels ; ils feront tout pour vous faire apprécier leur pays et/ou leurs services.

Les sujets qui fâchent ou pas

Le **patriotisme** étant très répandu dans la société, évitez de toucher par exemple à leur réputation de liberté, de justice et de bonté, et ne contestez pas la politique étrangère du pays.

Ne vous aventurez pas sur les thèmes de l'**avortement**, de la **peine de mort** ou du **port d'armes**, également très sensibles, sauf si vous êtes sûrs de partager les mêmes opinions que vos interlocuteurs.

La **religion** est un autre sujet très important. L'adhésion à un groupe est parfaitement acceptée et il est malvenu de critiquer la religiosité ambiante ou tout simplement la notion de foi.

En revanche, ne soyez pas surpris si l'on vous pose des questions sur votre métier et si l'on tente de mesurer votre **niveau de vie** : le travail est la valeur fondamentale des Américains, de même que la réussite sociale.

SÉCURITÉ

La Floride est une destination sans problème à condition de respecter des règles de bon sens, comme de ne pas laisser d'objets de valeur dans sa chambre d'hôtel ou dans sa voiture. En ville, mieux vaut ne pas s'attarder aux abords des gares routières qui ne se trouvent jamais dans les quartiers les mieux famés et près desquelles traîne une faune interlope. Les centres-villes *(downtown)* sont plutôt déserts en soirée, et globalement à éviter, ce qui ne veut pas dire qu'on y fasse forcément de mauvaises rencontres.

SOUVENIRS

Si vous aimez l'**artisanat amérindien**, faites un arrêt aux villages miccosukee ou séminoles des Everglades. Vous préférez les **coquillages** ? Ils sont de toute beauté le long de la côte sud-ouest, surtout dans la région de Sanibel. Autre souvenir authentique, les **éponges naturelles** se vendent sur les quais de Tarpon Springs et dans les Keys, ainsi que les **dents de requins** fossilisées, une spécialité de Venice, dans la région de Sarasota.

Dans les quartiers cubains de Miami (Little Havana) et Tampa (Ybor City), vous trouverez des **cigares** roulés à la main dans les règles de l'art.

Ne boudez pas les boutiques des **parcs d'attractions**, comme celles du Disney Village Marketplace, car elles regorgent d'articles attendus (Mickey en peluche, etc.), mais aussi de souvenirs locaux.

Pour les gourmands, les produits à base d'**agrumes** et de **noix de coco** (dont les succulents *Coconut Patties*) sont en vente partout, y compris dans les supermarchés.

SPORTS ET LOISIRS

Réputée pour ses plages, la Floride est avant tout une destination balnéaire, mais on y trouve aussi un grand nombre de lacs et de rivières, où les amateurs de sports nautiques s'en donnent à cœur joie. Comme dans le reste du pays, les activités sportives sont à l'honneur et les possibilités nombreuses.

Pour des informations complètes sur les activités sportives proposées en Floride, consultez le site Internet **www.flasports.com**.

Le Department of Environmental Protection de l'État possède un site très bien fait, riche en renseignements et de brochures à télécharger (cyclisme, équitation, canoë, randonnée) : **www.dep.state.fl.us/gwt/guide/**.

Baignade

Depuis plus d'un siècle, la Floride, bordée de longues plages de sable fin, est la destination balnéaire par excellence.

La **côte est**, balayée par les rouleaux de l'Atlantique, est propice au surf, mais on s'y baigne partout.

LES MEILLEURES PLAGES POUR...	
Voir des stars	Lummus Park, à South Beach (Miami) (p. 102)
En famille	Clearwater Beach (p. 327)
Ramasser des coquillages	Bowman's Beach, à Sanibel Island (p. 252)
Jouir de la solitude	Caladesi Island State Park, dans la région de Tampa (p. 329)
La plongée	John Pennekamp State Park, à Key Largo (p. 198)
Le snorkeling	Dry Tortugas National Park, au large de Key West (p. 223)

La **côte ouest**, mieux protégée, offre des eaux plus calmes et plus chaudes. Ses plages sont d'une telle qualité que, depuis plusieurs années, une quinzaine d'entre elles figurent au palmarès des 20 meilleures plages du pays.
Voir la rubrique « Santé », p. 32.

Canoë

La Floride compte plus de 1 500 km de parcours balisés le long de 36 rivières et voies d'eau différentes, qui forment le **Florida Canoe Trail**. Une excursion en canoë permettra aux amoureux de la nature de découvrir, dans un décor souvent luxuriant, d'indolentes rivières peuplées de créatures sauvages, et de monter leur tente sur quelque berge isolée.
Pour éviter toute mauvaise surprise, munissez-vous, bien sûr, d'un gilet de sauvetage, ainsi que d'une pagaie supplémentaire. Rappelez-vous aussi que les rivières du nord de la Floride atteignent leur niveau maximum au printemps et en été, alors que celles du centre et du Sud enregistrent la plus importante augmentation de volume en été et en automne. Et n'oubliez pas que, le long de la côte, les cours d'eau sont soumis à l'influence des marées.

Golf

La Floride est l'État américain qui totalise le plus grand nombre de terrains de golf (plus de mille) et son climat est particulièrement propice à la pratique de ce sport. Parmi les lieux incontournables : **The Breakers**, à Palm Beach, un terrain historique, en bordure de l'océan, que fréquentèrent les Vanderbilt, les Astor, les Rockfeller dès la fin du 19e s. ; **The Biltmore**, à Coral Gables, un 18 trous conçu par Donald Ross, fréquenté par les grands de ce monde, mais ouvert à tous ; **PGA Resort**, à Palm Beach, siège de l'Association des golfeurs professionnels américains ; **Reunion Resort**, près d'Orlando, dessiné notamment par Jack Nicklaus.
Quelques sites à consulter : www.pga.com (site de l'Association des golfeurs professionnels américains) ; www.visitflorida.com/golfing ; www.fgolf.com ; www.floridagolfing.com.

Plongée

La Floride du Sud et le superbe récif corallien qui s'étend au large de l'archipel des Keys se prêtent tout naturellement à la plongée, mais aussi à la découverte avec masque et tuba *(snorkeling)*.
Key Largo est la capitale américaine de la plongée sous-marine, notamment par le biais du John Pennekamp Coral Reef State Park *(voir p. 198)*. Contactez la **Key Largo Chamber of Commerce** (☎ 305 451 1414 - www.keylargochamber.org) pour connaître les différents prestataires de plongée ou de **snuba** (appareil respiratoire comprenant un tuyau de 6 m de long relié à un réservoir d'air comprimé, lui-même fixé à un radeau en surface).
Bon à savoir – Si vous voulez effectuer une plongée avec bouteille, vous devrez produire un **certificat** attestant de votre niveau, ou prendre un cours de mise à niveau *(refreshment course)*. Adressez-vous à un moniteur titulaire d'une licence délivrée par la Professional Association of Dive Instructors (PADI) ou la National Association of Underwater Instructors (NAUI).
Bon à savoir – Un pavillon rouge barré d'une diagonale blanche signale la présence dans l'eau d'un plongeur. Pour éviter tout accident, passez à 100 m au moins du signal si vous êtes en bateau.

Pêche

Rivières, lacs, étangs et cours d'eau sauvages tissent en Floride des rets qui captureront l'imagination de tout pêcheur. S'y ajoutent des kilomètres de côtes sur l'Atlantique et sur le golfe du Mexique, où évoluent d'innombrables espèces de poissons.

On peut, selon son humeur, pêcher au coup, à l'anglaise, au lancer ou à la mouche, tremper son fil depuis un pont ou une jetée, ou encore s'essayer au surf-casting ou à la pêche en eaux profondes, avec ou sans guide. Les marinas de bord de mer et les camps de pêche de l'intérieur proposent des locations de bateaux (du canoë à la péniche aménagée) à la mesure de toute bourse et de toute compétence.

Les amateurs de **pêche sportive** pourront, particulièrement au large des Keys, faire des excursions d'une demi-journée (idéal pour les débutants) ou d'une journée à bord de bateaux équipés à cet effet *(chartered boats)*.

Les prix varient généralement de 50 à 250 $ par personne. Formule coûteuse (mais avec équipement et permis de pêche inclus dans le prix), l'affrètement d'un bateau spécialisé donnera aux mordus de pêche sportive l'occasion de ramener une belle prise : pèlerin, lampris tacheté, coryphène, thazard bâtard, thon, marlin bleu ou blanc, etc.

De façon générale, les permis de **pêche en eau douce** ou de **pêche en mer** s'obtiennent auprès des négociants en articles de pêche (on peut souvent y louer le matériel nécessaire), dans les magasins d'équipement de sport ou dans les marinas.

Parmi quelques sites à consulter : www.floridasportfishing.com ; www.flaflyfish.com.

Randonnée pédestre

La Floride est dotée de nombreux sentiers traversant une nature préservée. La période la plus agréable de l'année pour partir en randonnée va de la fin de l'automne au début du printemps, quand les températures sont plus fraîches et l'humidité beaucoup plus tolérable. Les promeneurs avertis suivront les chemins balisés, et éviteront de prendre des raccourcis, ces derniers pouvant non seulement être dangereux, mais causer une érosion du terrain. Ils tiendront compte des prévisions météorologiques, surtout dans les régions marécageuses où tout orage soudain peut provoquer une crue éclair. Quant aux randonneurs solitaires, ils prendront, avant de partir, la précaution d'avertir quelqu'un de leurs projets.

La Floride possède un sentier national, le **Florida National Scenic Trail**, entretenu par l'US Forest Service (www.fs.fed.us) et la Florida Trail Association (www.floridatrail.org ; vente en ligne de guides et cartes). Il s'étend du Gulf Islands National Seashore, dans le nord-ouest de l'État, jusqu'au Big Cypress National Preserve, au nord du parc des Everglades.

Vélo et VTT

Vu la nature plate du terrain, la Floride se prête particulièrement bien à la pratique du VTT, surtout d'octobre à mai, car en été la chaleur et l'humidité rendent toute activité physique plus difficile. Notez que le port d'un casque est obligatoire pour tout cycliste de moins de 16 ans et, qu'en groupe, il est recommandé de rouler en file indienne. Les pistes des différents parcs et domaines forestiers, la région de Gainesville et d'Ocala (dans le centre), et celle de Live Oak (dans le Nord), réservent sans aucun doute les plus belles randonnées, bien que les îles de Sanibel et Captiva, ainsi que la côte est entre Fernandina Beach et Melbourne, offrent elles aussi d'agréables buts de promenade.

Deux organismes intéressants :

Rails-to-Trails – ✆ (850) 942 2379 - www.railtrails.org.

Bike Florida – ✆ 352 224 8601 - www.bikeflorida.org.

TABAC

Comme la plupart des États américains, la Floride est en guerre contre les fumeurs… mais fait preuve d'une certaine souplesse. S'il est interdit de fumer dans les lieux publics, il n'est pas rare en effet de trouver des hôtels et des motels proposant des chambres fumeurs, ainsi que des bars ou des restaurants – comme à Tampa, Miami et Jacksonville – tolérant les adeptes du tabac. La législation est appliquée localement et il n'y a pas vraiment de règle. Par prudence et par politesse, demandez toujours s'il est possible de fumer avant d'allumer votre cigarette.
Le tabac reste nettement moins cher qu'en France, même si les taxes varient selon les États. Comptez autour de 6 $ pour un paquet. Les cigarettes sont en vente dans les supermarchés, les drugstores, les stations-service.

TAXES

À l'exception des aliments non préparés, la plupart des biens ou services sont soumis à des taxes. Les prix sont toujours indiqués hors taxes. À une première taxe d'État (6 %) s'ajoutent les taxes locales, variables selon les comtés (voire les villes), et/ou une taxe de tourisme dont le montant varie aussi selon les lieux. La taxe hôtelière (2-6 %) et la taxe prélevée sur les voitures de location sont également variables. Tenez-en compte en faisant vos achats et vos réservations, et n'hésitez pas à vous faire préciser le prix *including tax*.

TÉLÉPHONE

Renseignements

Pour une aide téléphonique, faites le 0 de n'importe quelle cabine et un opérateur vous passera le numéro souhaité. Vous pouvez aussi consulter le ✆ 411.

Appels locaux et nationaux

Les numéros américains sont composés d'un indicatif régional à 3 chiffres, suivi du numéro de votre correspondant à 7 chiffres.
Pour les appels locaux (même indicatif régional), ne composez que les 7 chiffres si vous appelez d'une ligne fixe, mais ajoutez l'indicatif si vous utilisez un portable.
Pour appeler une autre région (indicatif régional différent), composez le 1 + l'indicatif régional + le numéro du correspondant.

Appels internationaux

Appels depuis les États-Unis :
– vers la France : 011 + 33 + le n° du correspondant (sans le 0 initial) ;
– vers la Belgique : 011 + 32 + n° de la zone sans le 0 + n° du correspondant ;
– vers la Suisse : 011 + 41 + n° de la zone sans le 0 + n° du correspondant ;
– vers le Canada : 011 + 1 + n° de la province + n° du correspondant.

Numéros gratuits et spéciaux

Les numéros commençant par 800, 877, 888, 866… sont gratuits (*toll free,* indiqué), et souvent utilisés par les compagnies aériennes, les hôtels, B & B et loueurs de voitures. Ils fonctionnent depuis la France mais sont alors payants. Si vous devez appeler un numéro de ce type, faites-le précéder du 1 si vous appelez d'une ligne fixe (mais pas si vous utilisez un portable). Ils se présentent souvent avec des noms ou des mots (exemple : 1-800 5 FRANCE) pour une mémorisation plus facile ; il suffit de repérer sur les touches du téléphone à quels numéros correspondent les lettres.

Comment appeler

Hôtel – Pour téléphoner à l'étranger de votre chambre, composez le 9 suivi du 011 + l'indicatif du pays + le numéro de l'abonné (sans le 0 initial en France). Le coût de l'appel sera comptabilisé sur votre facture. Si vous laissez sonner plus de cinq fois, la communication vous sera facturée même si personne ne répond.

Cabines téléphoniques – Elles fonctionnent avec des pièces de 5, 10 et 25 cents qui défilent très vite et sont très peu commodes pour les appels internationaux. Elles ne rendent ni la monnaie ni les pièces non utilisées.

Cartes téléphoniques prépayées *(prepaid phonecards)* – Elles s'achètent dans les épiceries, les gares routières, les stations-service et les bureaux de poste. Comptez de 5 à 20 $ pour l'international. Composez le Numéro Vert (1-800), le code à 16 chiffres fourni avec la carte, puis le numéro de votre correspondant. On vous indiquera alors de combien de minutes vous pouvez bénéficier.

Téléphone portable français – La communication vers la France est chère : en moyenne 2,30 €/mn et 1,50 € pour la réception d'un appel. Mieux vaut garder le contact par texto (env. 0,30 €).

Téléphone portable prépayé *(prepaid cell phone)* – Pratique pour les séjours prolongés. Tous les magasins de téléphonie en proposent (Verizon, AT & T, T-Mobile). Vous achetez une carte SIM et un temps de communication (premier prix env. 30 $), que vous alimentez ensuite par des cartes à code achetées dans les mêmes lieux que les cartes téléphoniques *(voir ci-avant)*. Attention : appels sortants comme entrants sont facturés.

TEMPÉRATURES

La température est donnée en degrés Fahrenheit, système très différent de celui des degrés centigrades (ou Celsius). On divise par 2 et on soustrait 15 pour convertir de manière approximative les degrés Fahrenheit en degrés Celsius. Inversement, pour passer des degrés Celsius aux degrés Farenheit, on ajoute 15 et on multiplie par 2.

TRANSPORTS EN COMMUN

Bon à savoir – Aussi pittoresques soient-ils, le bus comme le train ne sont ni vraiment pratiques, ni économiques. Si vous êtes deux, il est préférable de louer une voiture.

Bus

Principale compagnie d'autocars des États-Unis, **Greyhound** (800 231 2222 - www.greyhound.com) dessert la plupart des villes de Floride. Les plus grandes agglomérations urbaines possèdent pratiquement toutes une gare routière (dans des quartiers souvent peu sûrs), tandis que dans les petites communautés, l'arrêt se fait souvent dans une station-service, voire un bureau de poste, ou, dans le cas des Keys, le long de l'Overseas Highway.

Train

Le réseau ferroviaire **Amtrak**, qui dessert la Floride et le reste des États-Unis, offre au visiteur peu pressé une façon originale de voyager. Si vous êtes deux, il est préférable de louer une voiture.

TABLEAU DE CONVERSION DES TEMPÉRATURES

Fahrenheit :	14°	23°	32°	41°	50°	59°	68°	77°	86°	95°
Celsius :	-10°	-5°	0°	5°	10°	15°	20°	25°	30°	35°

Les gares et les compartiments, à l'exception des wagons transportant des véhicules, sont non fumeurs.

Le **Silver Star** et le **Silver Meteor** assurent chaque jour la liaison Miami-Orlando-New York, tandis que le **Silver Palm** relie Miami-Tampa-New York.

Exclusivement destiné aux visiteurs étrangers (citoyens canadiens exceptés), le **forfait USA RailPass** donne droit à un certain nombre de trajets pendant 15, 30 ou 45 jours (par ex. : 8 trajets en 15 j. pour 429 $).

La **formule Thruway Bus** permet même, pour certaines destinations où Amtrak ne conduit pas directement, de compléter la liaison en autocar.

Pour tout renseignement :

Amtrak – ✆ 800 872 7245 - www.amtrak.com (version française). Billets et forfaits en vente sur Internet, dans les gares ou, avant le départ, auprès de votre agence de voyages.

UNITÉS DE MESURE

Le système décimal n'a pas cours aux États-Unis, où les unités de mesure sont très différentes *(voir tableau ci-contre)*.

VOITURE

La Floride dispose d'un réseau routier bien entretenu. Quatre *interstate highways* (autoroutes nationales) la traversent. L'Interstate 10 (I-10) relie Jacksonville à Pensacola. L'Interstate 4 (I-4) permet de se rendre de Tampa à Daytona Beach. L'Interstate 75 (I-75) traverse le centre de l'État et longe la côte ouest jusqu'à Naples, avant de bifurquer vers l'est. L'Interstate 95 (I-95) suit la côte est jusqu'à Miami. Autre artère vitale, la Florida Turnpike, payante, commence au nord-ouest d'Orlando et s'achève à Florida City, au sud de Miami, après avoir traversé la Floride en diagonale (comptez moins de 20 $ pour la traverser de part en part).

Permis de conduire

Le permis national est suffisant pour un séjour inférieur à 3 mois. Ayez-le toujours sur vous lorsque vous conduisez. Idem pour le permis moto.

Location de voiture

Généralement, il est plus intéressant de louer depuis votre pays d'origine que sur place. Néanmoins, si vous étiez contraint de louer directement à votre arrivée, faites-le de préférence à l'aéroport plutôt qu'en centre-ville.

Quelques loueurs :

Alamo – ✆ 0805 542 510 (France), 800 462 5266 (États-Unis) - www.alamo.com.

Avis – ✆ 0820 05 05 05 (France), 800 331 1212 (États-Unis) - www.avis.com.

Budget – ✆ 0825 00 35 64 (France), (800) 218 7992 (États-Unis) - www.budget.com.

Hertz – ✆ 01 39 38 38 38 (France), 800 654 3131 (États-Unis) - www.hertz.com.

Vous prendrez en principe votre véhicule avec le plein et devrez le rendre dans le même état. Assurez-vous que le manuel de la voiture est dans la boîte à gants et demandez que l'on vous explique comment **bloquer la vitesse** (*cruise control*, très utile pour les longs trajets sur autoroutes). Vérifiez toujours l'état des **pneus** et, si vous roulez beaucoup, contrôlez régulièrement leur **pression** afin d'éviter qu'ils n'éclatent (on voit de nombreux débris le long des routes).

Conduite

Les voitures de location sont équipées d'une **boîte de vitesses automatique** : D *(drive)* pour avancer, R *(reverse)* pour la marche arrière, P pour parking, N *(neutral)*

UNITÉS DE MESURE		
	USA	**FR**
Poids	1 ounce (oz)	28 g 1 g : 0,035 oz
	1 pound (lb) = 16 ounces	450 g 1 kg : 2,20 lb
Volumes	1 pint (pt) = 16 ounces (fl. oz)	0,473 l
	1 quart (qt) = 2 pints 1 gallon US = 4 quarts (qt) : 3,8 l	env. 1 l 1 l : 0,26 gallon US
Longueurs	1 inch	2,5 cm
	0,39 inch	1 cm
	1 foot (ft) = 12 inches	0,30 m
	39 inches	1 m
	1 yard (yd) = 3 feet	0,91 m
	1,09 yd	1 m
	1 mile	1,6 km
	0,62 mile	1 km
Superficies	1 acre (a)	0,4 ha
	2,47 acres	1 ha

pour point mort et L *(low gear)* pour les vitesses basses (1re ou 2e) en montagne.
Il est permis de **tourner à droite** lorsque le feu est rouge, en faisant attention aux voitures arrivant de la gauche, à condition qu'aucun panneau n'indique le contraire.
En ville, un couloir est souvent dessiné au centre de la chaussée : il est réservé aux voitures qui désirent quitter le trafic pour tourner à gauche.
Respectez les **limitations**, qui varient selon le type de route et les endroits. Ne doublez pas si le panneau « Stop » du bus scolaire est abaissé. Enfin, sur les voies rapides à proximité des villes, la voie de gauche marquée d'un losange est réservée au **covoiturage** (au minimum deux personnes dans le véhicule aux heures de pointe).

Essence

Moins chère qu'en France, elle est vendue par **gallon** (3,8 l). Les prix varient beaucoup selon les comtés et les stations-service (l'essence est plus chère dans les zones touristiques).
Excepté pour les grosses voitures, le **regular unleaded** suffit. Beaucoup de stations fonctionnent avec la carte de crédit et des automates 24h/24. Vous ne pourrez pas utiliser une carte de crédit étrangère directement à la pompe : adressez-vous à la caisse de la station où l'on vous demandera de prépayer un certain montant avant d'aller vous servir. Dans certaines stations, un pompiste se charge du service.

Avantages club

Pour un séjour de plus de trois mois, il est sage d'adhérer sur place à l'**American Automobile Association (AAA)** (✆ 866 222 6595 - www.aaa.com). L'adhésion coûte 66 $ et donne droit à un dépannage d'urgence, des itinéraires personnalisés sous forme de livrets (à commander à l'avance), ainsi qu'à d'importantes réductions dans les hôtels. Les membres de l'Automobile Club de France, de la Fédération française des automobiles clubs, du Camping Club de France ou de la Fédération française de sport automobile ont droit à tous les services de l'AAA en montrant leur carte française. Dans tous les cas, il faut téléphoner au centre d'appels national, ✆ 800 222 4357, pour que le dépannage soit gratuit.

Se diriger

En ville – Aux intersections, les panneaux indiquant les rues que vous croisez sont suspendus aux feux face à vous, de l'autre côté du croisement. Vous ne voyez donc pas le nom de l'axe sur lequel vous roulez.

Sur la route – Les distances sont données en miles (1 mile = 1,6 km). Pour repérer votre destination, ne vous contentez pas du nom de la ville, mais faites attention au **numéro de la route** et à la **direction** *(north, south, east, west)*, le plus souvent abrégée par la première lettre du mot.

Les grandes **intersections** sont appelées *Junctions* et sont en général signalées à l'avance : on vous annonce la jonction avec la route que vous traversez (Jct-70 annonce que vous croisez la Route 70).

Les routes précédées de la lettre I (I-4, I-10), pour *interstate highways*, sont de grandes **autoroutes fédérales**. Les impaires (I-75) sont orientées globalement du nord au sud ; les paires (I-10) vont d'est en ouest.

Les autres routes : code US (US-50) pour les **routes fédérales**, code SR (SR 708) pour les **routes d'État** (State Road).

Les petites **routes secondaires** sont des *country roads* (entretenues par le comté) ou *township roads* (entretenues par une municipalité).

Péages

Vous rencontrerez à l'occasion un poste de péage *(toll plaza)*. La plupart comprennent plusieurs files que vous emprunterez selon votre cas : votre véhicule est équipé d'un pass prépayé (Sun Pass) et vous pouvez passer librement, vous avez l'appoint *(exact change)* ou non *(change provided)*. Dans un certain nombre de péages, il n'y a pas d'employé et vous devez jeter la somme demandée (25 ou 50 cts) dans une corbeille. Ne vous amusez pas à passer sans payer et ayez toujours de la monnaie avec vous quand vous prenez la route.

Mémo

Agenda

Voici un panorama sélectif des événements annuels les plus populaires en Floride. Certaines des dates mentionnées peuvent toutefois changer d'une année à l'autre. Pour plus de détails, adressez-vous aux bureaux de tourisme locaux *(voir la rubrique « S'informer » en début de chaque chapitre)* ou contactez **Visit Florida** (☏ 850 488 5607 ou 888 735 2872 - www.visitflorida.com).

JANVIER

Tarpon Springs – 6 janv. - Festival of the Epiphany : célébration de l'Épiphanie dans la tradition grecque orthodoxe.
Miami Beach – déb. janv. - Miami Beach Jazz Festival (http://miamibeachjazz.com) : concerts.
Key West – début janv. - Literary Seminar (www.kwls.org) : festival littéraire organisé chaque année autour d'un thème différent (lectures, conférences, etc.).
Miami – mi-janv. - Art Deco Weekend (www.mdpl.org) : manifestation sur l'architecture Art déco à South Beach.
Naples – mi-janv. - Florida Nature Festival (www.rookerybay.org) : sorties guidées pour découvrir le patrimoine naturel de la région.
Daytona Beach – fin janv. - 24 Hours of Daytona (www.daytonainternationalspeedway.com) : course automobile.
Tampa – fin janv.-déb. fév. - Gasparilla Pirate Festival (www.gasparillapiratefest.com) : reconstitution historique, art et artisanat, événements sportifs, spectacles…
Homestead – fin janv. - Championship Rodeo (homesteadrodeo.com) : l'un des plus vieux festivals de rodéo, avec des cowboys professionnels.

FÉVRIER

Tampa – mi-fév. - Florida State Fair (www.floridastatefair.com) : art et artisanat, spectacles, concours agricoles… le meilleur de la Floride, dans tous les domaines !
Miami – mi-fév. - Miami International Boat Show (www.miamiboatshow.com) : salon nautique.
Coconut Grove – mi-fév. - Art Festival (www.cgaf.com) : exposition du travail de plus de 300 artistes amateurs.
Key West – mi-fév. - Old Island Days Art Festival (www.keywestartcenter.com) : expositions célébrant l'histoire et les artistes de l'île.
Daytona Beach – fin fév. - Daytona 500 (www.daytonainternationalspeedway.com) : course automobile.

MARS

Miami – déb. mars - Flamenco Festival.
Sarasota – déb. mars - Jazz Festival (www.jazzclubsarasota.com).
Sanibel – déb. mars - Sanibel Shell Show & Fair : foire aux coquillages.
Daytona Beach – déb. mars - Bike Week (www.officialbikeweek.com) : courses de moto.
Miami – mi-mars - Calle Ocho Festival (www.carnavalmiami.com) : carnaval dans le quartier cubain de Little Havana.

St. Petersburg – fin mars - Suncoaster (ancien Festival of States) : orchestres, défilés, feux d'artifice, artisanat.

St. Augustine – fin mars - Garrison's Spanish Colonial Grand Muster : reconstitution historique, musique et folklore de l'époque coloniale.

Tallahassee – mars-avr. - Springtime Tallahassee (www.springtimetallahassee.com) : évé-nements culturels, défilés, artisanat.

Miami – fin mars-déb. avr. - Ren Fest (www.ren-fest.com) : festival sur le thème de la Renaissance.

Tampa – fin mars-déb. avr. - Winter Equestrian Festival : concours hippique.

AVRIL

Marathon – mi-avr. - Seven-Mile Bridge Run (www.7mbrun.com) : course à pied.

Miami – mi-avr. - Taste of the Grove : dégustations, musique, festivités.

Venice – mi-avr. - Shark's Tooth Festival (www.sharkstoothfest.com) : collection de fossiles (dont dents de requin) et attractions familiales.

St. Augustine – mi-avr. - Epic Celebration of Spring (www.gardenclubofstaugustine.org) : festival d'horticulture.

Sarasota – mi-avr. - Film Festival (www.sarasotafilmfestival.com) : festival international, projections, rencontres avec les acteurs et les réalisateurs.

Clearwater – fin avr. - Fun'n Sun Festival (www.funnsunclearwater.com) : défilés, concerts, artisanat.

Key West – fin avr. - Conch Republic Independance Celebration (www.conchrepublic.com) : festivités à l'occasion de la célébration de l'« indépendance » de Key West, autoproclamée en 1982.

MAI

West Palm Beach – déb. mai - SunFest (www.sunfest.com) : festival de musique.

St. Augustine – déb. mai - Gamble Rogers Music Festival (www.gamblerogersfest.org) : musique folklorique, artisanat, lectures de contes.

Fernandina Beach – déb. mai - Isle of Eight Flags Shrimp Festival (www.shrimpfestival.com) : attractions variées et dégustation de crevettes.

Jacksonville – fin mai - Jazz Festival.

Pensacola – fin mai-déb. juin - Fiesta of Five Flags (www.fiestaoffiveflags.org) : reconstitution historique, défilés, concerts.

JUIN

Coconut Grove – déb. juin - Miami/Bahamas Goombay Festival : festival interculturel célébrant l'héritage bahamien de la région.

Sarasota – déb. juin - Sarasota Music Festival (www.sarasotaorchestra.org) : festival international de musique.

JUILLET

Lower Keys – déb. juil. - Underwater Music Fest : sortie en bateau vers le récif de Looe Key, snorkeling et baignade au son d'orchestres sous-marins.

Key West – mi-juil. - Hemingway Days (www.fla-keys.com/hemingwaymedia) : conférences et festivités variées autour de la date de l'anniversaire de l'écrivain, né le 21 juillet 1899.

SEPTEMBRE

Cocoa Beach – déb. sept. (autour du week-end de Labor Day) - NKF Surf Festival (www.nkfsurf.com).

OCTOBRE

Miami – déb. oct. - Miami Broward One Carnival (www.miamibrowardcarnival.com) : célébration de l'héritage caribéen.
Clearwater – mi-oct. - Clearwater Jazz Holiday (www.clearwaterjazz.com) : 4 jours et 4 nuits à l'heure du jazz.
Miami – mi-oct. - Columbus Day Regatta (http://columbusdayregatta.net) : régate à Key Biscayne.
Tampa (Ybor City) – fin oct. - Guavaween : sorte de Mardi gras latino-américain.
Key West – fin oct. - Fantasy Fest (www.fantasyfest.com) : grand carnaval gay.
Fort Lauderdale – fin oct. - Boat Show : festival nautique.

NOVEMBRE

Apalachicola – déb. nov. - Florida Seafood Festival (www.floridaseafoodfestival.com) : concerts, dégustations de fruits de mer, expositions.
Sarasota – mi-nov. - Medieval Fair (www.sarasotamedievalfair.com) : fête médiévale en costume, avec tournois, banquets.

DÉCEMBRE

Miami Beach – déb. déc. - Art Basel (www.artbasel.com) : foire d'art contemporain avec 250 galeries du monde entier.
Fort Lauderdale – mi-déc. - Winterfest Boat Parade (www.winterfestparade.com) : procession de bateaux illuminés, animations variées.
Coconut Grove – fin déc. - King Mango Strut (www.kingmangostrut.org) : défilés, concert, bals.
Miccosukee Indian Village, Everglades – fin déc. - Indian Arts Festival (www.miccosukee.com) : artisanat autochtone et manifestations culturelles.

Bibliographie

Quelques romans pour un avant-goût de Floride…

BANKS Russell, *Continents à la dérive*, Actes Sud, 1994. Au début des années 1980, le destin croisé d'un ouvrier originaire de Nouvelle-Angleterre et d'une émigrée haïtienne convergeant vers la Floride.

DEXTER Pete, *Paperboy*, Points Roman noir, 2007. *Voir Filmographie ci-après.*

HEMINGWAY Ernest, *En avoir ou pas*, Folio, 2001. À Key West, un homme qui organise des sorties de pêche pour les touristes se retrouve impliqué dans le passage d'immigrés clandestins.

HIAASEN Carl, *Queue de poisson*, 10/18, 2008 ; *Croco-Deal*, 10/18, 2010. Polars dont l'action se situe toujours en Floride.

KING Stephen, *Duma Key*, Albin Michel, 2009. Un homme d'affaires du Minnesota trouve refuge en Floride, sur une langue de terre presque inhabitée… Il va devoir percer un terrible mystère.

LEONARD Elmore, *Punch créole*, Payot Rivages, 1998. Les mésaventures d'une hôtesse de l'air embarquée qui travaille pour un trafiquant d'armes, entre Miami et les Bahamas. Adapté au cinéma par Quentin Tarantino.

LURIE Alison, *Un été à Key West*, Payot Rivages, 2000. Pour lui changer les idées, la femme de Wilkie Walter, éminent naturaliste, convainc son mari déprimé de faire un séjour à Key West… Une galerie de personnages hauts en couleur.

VALDÉS Zoé, *Miracle à Miami*, Gallimard, 2002. Enquête policière loufoque dont certains protagonistes sont des émigrés cubains.

WILLEFORD Charles, *La Messe noire du frère Springer*, Payot Rivages, 2001. Le portrait impitoyable d'une Amérique en proie aux faux prophètes et dont l'unique religion est le mercantilisme. L'action se déroule dans la région de Jacksonville.

Filmographie

DANIELS Lee, *Paperboy* (2012), avec Matthew Mc Conaughey, Zac Efron, John Cusak et Nicole Kidman. L'enquête d'un journaliste du *Miami Times* sur un meurtre commis dans un coin perdu de Floride, au cœur d'un été torride à la fin des années 1960. Préférez le livre de Pete Dexter, plus puissant et moins outrancier *(voir Bibliographie)*.

DE PALMA Brian, *Scarface* (1983), avec Al Pacino et Michelle Pfeiffer. L'ascension et la chute d'un petit truand d'origine cubaine, impliqué dans le trafic de drogue à Miami. Un classique.

FLOREY Robert et STANLEY Joseph, *Noix de coco* (The Cocoanuts) (1929), avec les Marx Brothers. Une comédie loufoque sur le boom immobilier à Coconut Grove.

HOWARD Ron, *Cocoon* (1985), avec Don Ameche et Jack Gilford. Trois pensionnaires d'une maison de retraite en Floride retrouvent, au sens propre, une nouvelle jeunesse après s'être baignés avec des cocons humains…

HUSTON John, *Key Largo* (1948), avec Lauren Bacall et Humphrey Bogart. Un huis-clos oppressant dans un hôtel de Key Largo alors que sévit un ouragan…

KASDAN Lawrence, *La Fièvre au corps* (Body Heat) (1981), avec William Hurt et Kathleen Turner. Dans la touffeur d'un été floridien, un avocat se retrouve victime d'une femme fatale et d'une terrible manipulation.

KORINE Harmony, *Springbreakers* (2012), avec James Franco. La descente aux enfers de quatre étudiantes se perdant dans des fêtes gigantesques sur fond d'excès de drogues et d'alcool, et de rencontres douteuses. Excessif et subversif.

MANN Michael, *Miami Vice-Deux flics à Miami* (2005), avec Colin Farrell et Jamie Foxx. Une enquête policière sur fond de trafic de drogue et de blanchiment d'argent. Inégal mais superbement filmé.

NICHOLLS Mike, *La Cage aux folles* (The Birdcage) (1996), avec Robin Williams et Nathan Lane. Un remake du film éponyme d'E. Molinaro, transposé à South Beach.

NUÑEZ Victor, *L'Or de la vie* (Ulee's Gold) (1997), avec Peter Fonda et Patricia Richardson. Un apiculteur de Wewahitchka, petite ville du Panhandle profond, aux prises avec le passé turbulent de son fils…

SINGLETON John, *Rosewood* (1997), avec John Voigt et Don Cheadle. L'histoire du massacre survenu contre la communauté noire de Rosewood en 1923.

TARANTINO Quentin, *Jackie Brown* (1997), avec Pam Grier et Samuel L. Jackson. Adapté du roman de Elmore Leonard.

Voir aussi encadré p. 74.

COMPRENDRE LA FLORIDE

Ocean Drive, Miami Beach.
J. Frumm / hemis.fr

La Floride aujourd'hui

Des palmiers, des kilomètres de plages de sable blanc baignées par des eaux translucides, des immeubles modernes qui se dressent vers le ciel et de grosses cylindrées qui filent sous le soleil… Voilà quelques images qui viennent à l'esprit lorsqu'on évoque la Floride. Cette dernière est pourtant loin d'être monolithique. Des pin-ups de Miami Beach aux retraitées de Destin, des forêts du Nord aux récifs coralliens du Sud, des fermes de l'intérieur aux stations balnéaires du littoral, l'État offre de multiples visages qui correspondent tous à « une » Floride.

Au-delà des clichés

Contrairement aux apparences, toute la population ne réside pas sur la côte et la Floride de l'intérieur n'a rien à voir avec les stations du littoral, tant sur le plan géographique que sur le plan sociologique. Les différentes côtes elles-mêmes ont peu de choses en commun. D'un côté, les petits bateaux à moteur et les pick-up, les parties de pêche entre amis et les canettes de bière, de l'autre les yachts aux moteurs puissants et les décapotables, les soirées festives et les cocktails. Deux états d'esprit bien différents, deux manières bien différentes de faire du tourisme aussi.

Le Sunshine State (« État du Soleil ») attire en effet des visiteurs de tous horizons. De fait, tout concourt à leur assurer un séjour agréable, qu'il s'agisse du climat, de l'immense éventail d'activités proposées et de l'authentique gentillesse avec laquelle on les accueille. Pourtant, la Floride, particulièrement touchée par la conjoncture de la fin des années 2000, est en crise. Les panneaux « For sale » (à vendre), « For lease » (à louer) et « Foreclosure » (saisie) que l'on voit un peu partout témoignent de l'ampleur du phénomène, qui n'est pas spécifique à l'État, mais entame sérieusement l'image de Terre promise qu'il a pu cultiver. Comme le reste du monde occidental, la Floride attend la reprise.

La population

Selon les statistiques, 80 % des habitants de la Floride ne sont pas nés dans l'État. Mais les raisons les plus diverses ont poussé et poussent encore les individus à s'y implanter : recherche d'un emploi, fuite d'un régime politique, envie de passer sa retraite sous un climat plus favorable…

Au cours du 20e s., la croissance démographique de la Floride a été l'une des plus fortes du pays. En 1900, l'État se classait au 33e rang national pour la population. En 1960, il occupait la 10e place. Aujourd'hui, avec plus de 19 millions d'habitants, il est devenu le 4e État le plus peuplé du pays après la Californie, le Texas et l'État de New York. L'avancée vers le sud du front pionnier et l'inévitable développement des terres qui s'ensuivit, se sont accompagnés d'une importante redistribution de la population. Le Nord s'est progressivement dépeuplé au profit du Sud et, aujourd'hui, un tiers des Floridiens vit sur la Gold Coast, soit une zone littorale d'une centaine de kilomètres de long entre Miami et Palm Beach.

DES MINORITÉS DE SOUCHE ANCIENNE

Les **Indiens séminoles** constituent l'un des plus petits groupes ethniques de la Floride, où ils sont d'origine assez récente. Les premiers Indiens avaient disparu depuis longtemps du territoire lorsque les Séminoles, regroupant différentes tribus du sud-est du pays, s'y réfugièrent au 18e s. pour échapper aux harcèlements des colons. Si la plupart des Indiens furent finalement déportés dans l'Oklahoma au milieu du 19e s., la tribu compte aujourd'hui quelque 2 000 membres. Ils vivent dans des réserves à l'intérieur ou au pourtour des Everglades en préservant leurs traditions.

La **communauté noire** représentait quant à elle 44 % de la population de la Floride en 1900. Sous l'effet d'une importante immigration blanche, cette proportion a chuté régulièrement pour n'atteindre plus que 16 % aujourd'hui. Durant les dernières décennies, beaucoup de Noirs ont choisi de quitter en masse le Nord rural pour s'installer dans les centres urbains de la Gold Coast et dans la région de Jacksonville.

CRACKERS ET YANKEES

Parfois lancé ou reçu comme une injure, l'épithète de « cracker » est pourtant en général synonyme d'indépendance et d'autarcie, des valeurs chères aux pionniers. Le mot « cracker » proviendrait du claquement de fouet *(whip-cracking)* des premiers gardiens de troupeau. Il se rapporte aujourd'hui de manière vague aux descendants des colons blancs originaires du nord du territoire, qui possédaient de modestes fermes. C'est le même groupe sociologique que l'on désigne aux États-Unis sous le nom de **« redneck »** (nuque rouge), en référence aux Blancs issus du Sud profond et rural, et qui signifie dans la bouche de ceux qui l'emploient quelque chose entre « beauf », « plouc » et « péquenaud ». Mais les intéressés se désignent eux-mêmes volontiers ainsi, en tirant une certaine fierté teintée d'ironie, comme l'illustrent les nombreux tee-shirts, casquettes et autocollants proclamant « Proud to be a redneck » (fier d'être un *redneck*). Ces « locaux » s'opposent en théorie à l'esprit des Américains du Nord-Est *(Yankees)*, venus en masse dans la péninsule à partir du milieu du 20e s. La partie nord de l'État a pourtant conservé l'atmosphère et la nonchalance de ses voisins, l'Alabama et la Géorgie, et avec ses nombreux militaires retraités, elle est un fief conservateur. Le Sud, plus mélangé et plus urbanisé, est aussi plus libéral. Néanmois, la **peine de mort** est toujours en vigueur en Floride et il n'est pas nécessaire de posséder un permis pour détenir une arme.

UN PAYSAGE SOCIOLOGIQUE VARIÉ

Après la Seconde Guerre mondiale, beaucoup de retraités en quête de soleil vinrent s'installer en Floride. Aujourd'hui, l'État compte ainsi la plus forte proportion de **personnes âgées** de tout le pays. Un grand nombre d'entre elles, qu'on surnomme ici *snowbirds* (retraités migrateurs), n'y passent en réalité que l'hiver et retournent chez elles au printemps. Quoi qu'il en soit,

le sud-est de la Floride doit en partie son incroyable dynamisme économique à cette importante présence du troisième âge.
À la mosaïque des retraités s'ajoute celle d'autres groupes, comme celui des **Latino-Américains**. Depuis la révolution cubaine de 1959, plus de 750 000 immigrés originaires des Caraïbes se sont ainsi installés en Floride, où ils constituent l'une des plus importantes communautés hispaniques du pays. Les trois quarts d'entre eux vivent sur la Gold Coast, y exerçant une influence à la fois politique, économique et culturelle.

L'économie

Quand la Floride devint territoire américain en 1821, le nord de l'État, où vivait la majeure partie de la population, était déjà couvert de plantations prospères. Après la guerre de Sécession (1861-1865), de nouveaux secteurs se développèrent. Exploitation forestière, agrumiculture, transport maritime, élevage bovin et fabrication de cigares firent jouer à la région un certain rôle dans l'économie nationale. Mais c'est à la fin du 19e s. que la Floride connut un véritable essor, avec l'aménagement de lignes ferroviaires reliant l'État au reste du pays. Si la spéculation foncière atteignit des sommets dans les années 1920, cette flambée fut brève. La chute du marché immobilier en 1926, puis la grande crise de 1929, ralentirent l'activité économique jusqu'à la fin de la Seconde Guerre mondiale. Depuis, la Floride a profité d'afflux rapides de population. Retraités, mais aussi jeunes couples, ont contribué au développement de la région, dont la prospérité repose aussi bien sur la pêche et l'agriculture que sur la finance et la technologie de pointe.

L'AGRICULTURE

En tête des États du Sud-Est par ses revenus agricoles, la Floride fournit tout un éventail de fruits, de légumes et de plantes pour pépinières qu'elle exporte vers les marchés du Nord. Introduits à la fin du 16e s., les **agrumes**, notamment les pamplemousses et les oranges dont la production représente en valeur plus de 20 % des revenus de l'État, sont de loin la principale culture de la région. La Floride se classe au premier rang national des producteurs d'oranges (75 % de la production américaine) et de pamplemousses, fournissant aussi le plus gros volume de jus d'orange du pays et 40 % de la production mondiale. Les variétés d'oranges les plus courantes sont la valence (son jus est bu dans le monde entier) et la temple. Parmi les pamplemousses, le duncan, dont la chair blanche est considérée comme la plus savoureuse, est le plus cultivé. Malgré sa place prépondérante, l'agrumiculture ne représente qu'un tiers des ventes de produits agricoles de l'État.
La Floride se distingue aussi comme le premier producteur de **canne à sucre** des États-Unis. Si les plantations de la fin du 18e s. et du début du 19e s. furent détruites en grande partie durant les guerres séminoles, l'industrie a subsisté. Elle a connu un essor remarquable lorsque les relations commerciales avec Cuba se détériorèrent en 1961. De nos jours, la canne est cultivée essentiellement au sud du lac Okeechobee, et la Floride fournit presque la moitié du sucre du pays.
L'État est aussi le second producteur national de **légumes**. En volume comme en valeur, il se classe juste derrière la Californie. Les principales récoltes sont celles de tomates, de maïs doux, de poivrons verts, de haricots « mange-tout » et de concombres. Par ailleurs,

Attention, traversée massive de tortues, Daytona Beach.
M. Krabs / imagebroker / age fotostock

élevage laitier et industrie bovine représentent un quart des revenus agricoles de la Floride, qui est le plus gros éleveur de bétail à l'est du Mississippi.

Les eaux de la Floride recèlent plus de 700 espèces de poissons, et la **pêche marchande** réalise un chiffre d'affaires annuel non négligeable. L'État fournit ainsi 10 % du volume total des crevettes pêchées dans le pays. Les estuaires du golfe du Mexique, notamment près d'Apalachicola et de la côte de Big Bend, produisent quant à eux environ 6 % des huîtres du pays. Mais l'épuisement des bancs, la compétition étrangère et la pollution des eaux ont entraîné une diminution de la capture de crustacés et de coquillages ; l'**aquaculture** est en plein développement.

LES INDUSTRIES

Trop éloignées des principales métropoles, les **industries de transformation** n'ont jamais connu un grand essor, excepté dans le domaine de l'agro-alimentaire.

Depuis l'établissement du centre spatial de la NASA à Cap Canaveral dans les années 1950, la Floride est devenue l'un des leaders mondiaux dans les secteurs de l'aviation et de l'aérospatial, favorisant le développement de la **technologie de pointe** (matériel de télécommunications, de radiologie, semi-conducteurs et composants informatiques). Les coupes décidées dans le programme spatial américain ont cependant eu de lourdes conséquences sur le secteur.

L'**industrie du bâtiment** a subi un sort variable, fluctuant au gré du volume des prêts bancaires disponibles et des anticipations des besoins du marché. De son point culminant en 1973, la construction de logements neufs s'est ensuite effondrée durant la récession des années suivantes, mais elle a retrouvé sa vigueur en 1994.

La crise financière de la fin des années 2000 s'est doublée d'une crise immobilière qui a frappé la Floride plus que tout autre État américain, et a porté un rude coup à ce secteur.

Saveurs de Floride

La gastronomie locale puise son inspiration dans ses traditions ethniques et régionales, et dans la variété et la qualité des ingrédients. On peut parler de cuisine traditionnelle, revisitée par les tenants de la *fusion food*.

CUISINE DES « CRACKERS »...

Porc salé, semoule de maïs, mélasse et feuilles de navet composaient la nourriture de base des *crackers*, premiers colons à s'établir en Floride. Ces derniers chassaient écureuils, chevreuils et ratons laveurs pour agrémenter leur ordinaire. Ils pêchaient aussi les poissons d'eau douce, qu'ils grillaient ensuite à la poêle. Le palmier sabal, dont le goût s'apparente à celui du chou cru, leur donnait un bourgeon comestible : ce « chou des marais » *(cabbage swamp)* est aujourd'hui connu sous le nom de « cœur de palmier ».

Dans le nord de l'État, on trouve toujours des plats dont l'origine remonte aux temps des pionniers, avec d'inévitables emprunts à la Géorgie et à l'Alabama voisins. Huîtres de la baie d'Apalachicola cuites à la vapeur, crevettes du golfe du Mexique, poisson-chat en friture, *hush puppies* (croquettes à base de semoule de maïs frites à la poêle), *grits* (gruau à base de farine de maïs, souvent servi au petit-déjeuner) et *boiled peanuts* (cacahuètes bouillies) figurent couramment au menu des restaurants. On y sert parfois aussi de la queue d'alligator *(gator tail)*, dont le goût évoque le poulet, des cuisses de grenouille *(frog legs)* et des plats épicés typiques de la cuisine cajun, comme le *gumbo* (épais ragoût de fruits de mer ou de viande servi avec du riz) ou le *jambalaya* (autre plat relevé à base de riz, de viande et de crustacés).

... ET INFLUENCES TROPICALES

Dans le Sud, légumes frais, fruits exotiques et produits de la mer ont donné à la cuisine locale une saveur bien particulière. On y déguste toutes sortes de poissons grillés, des crabes, des langoustes et des beignets de conques, un mollusque dont la coquille est devenue l'un des emblèmes de l'État.

Si la Floride est réputée pour ses agrumes (plus de 20 espèces y sont cultivées), elle produit aussi des variétés exotiques comme le fruit de la passion *(passion fruit)*, la papaye *(papaya)*, la mangue *(mango)* et la carambole *(starfruit)*. C'est là aussi que pousse un petit citron jaune *(key lime)* au jus acidulé et tonifiant, utilisé pour un dessert fameux dans tout l'État : la **key lime pie**. Cette délicieuse tourte à base de jus de citron, de jaune d'œuf et de lait concentré sucré est parfois nappée de crème fouettée ou de meringue toute en légèreté !

La cuisine floridienne, en constante mutation, s'est imprégnée de multiples saveurs étrangères, notamment des Caraïbes voisines, au point qu'on parle désormais de cuisine « floribéenne ». À Cuba, elle doit la banane plantain, le yucca (une racine comestible douce) et le *boniato* (une patate douce au goût de noisette). Bien des restaurants proposent des plats tels que l'*arroz con pollo* (poulet et riz jaune), le *moros y cristianos* (riz aux haricots noirs) et le *ropa vieja* (bœuf râpé assaisonné de tomates, de poivrons, d'oignons, d'ail et de vin blanc). Les habitants de Miami ont aussi adopté avec ferveur le *cubano*, un café noir et fort et les sandwichs au *pan cubano* (un pain blanc à la mie compacte). D'autres émigrés ont influencé la gastronomie locale. L'une des recettes d'Amérique latine les plus connues est le fameux *pastel de tres leches* (« gâteau aux trois laits »), à base de lait frais, de lait concentré nature et de lait concentré sucré.

LEXIQUE CULINAIRE

Au restaurant, pas évident de s'y retrouver quand la carte énumère des poissons aux noms mystérieux. Voici de quoi vous faciliter la lecture des menus :

Catfish : poisson-chat
Conch : conque ou lambi
Crayfish : écrevisse
Grouper : mérou
Lobster : langouste
Maine Lobster : homard
Mahi-mahi (parfois Dolphin Fish) : daurade coryphène
Mullet : mulet
Oyster : huître
Redfish : rascasse
Salmon : saumon
Sea Bass : bar
Shrimp : crevette
Snapper : vivaneau
Snook : brochet des mers
Swordfish : espadon
Trout : truite
Tuna : thon
Yellowtail : sériole

LES SERVICES

Ce secteur représente environ 70 % du produit brut de la Floride, en particulier grâce aux domaines de la santé et du tourisme qui emploient plus de 30 % de la population active de l'État et fournissent un quart de la richesse produite.
Avec une population vieillissante, les **services de santé** devraient prochainement connaître l'un des plus forts taux de croissance.
La **distribution de détail** vient en seconde position. La **fonction publique** a aussi une part importante dans l'économie de l'État : elle emploie environ 15 % des actifs, notamment dans l'éducation, la santé et l'armée.
L'**immobilier** et la **finance** jouent également un rôle essentiel ; malgré la crise, on compte en Floride deux fois plus d'agents immobiliers que dans le reste du pays.
Autres branches très actives, les transports et le commerce extérieur, ce dernier étant favorisé par la proximité des zones Caraïbes et Amérique latine.
Le **transport aérien** a facilité le tourisme de masse (l'aéroport international de Miami est le 1er du pays pour le fret et le 2e pour le transport de passagers étrangers), tandis que le **transport routier** achemine l'essentiel des produits industriels et agricoles. La Floride possède également une quinzaine de ports en eau profonde, dont Tampa et Miami, capables d'accueillir des navires du monde entier.

LE TOURISME

Quand les grandes stations balnéaires de la côte est de la Floride furent desservies par le chemin de fer, à la fin du 19e s., les touristes du nord du pays se rendirent en masse vers le Sunshine

State (« État du Soleil ») pour profiter de la douceur de son climat hivernal et de ses 240 jours d'ensoleillement par an !
Les progrès de l'automobile, la généralisation des systèmes de climatisation, l'explosion du trafic aérien et la multiplication des attractions ont par la suite contribué à faire de la Floride une destination touristique de premier ordre. Avec 1 million de visiteurs en 1933, 16 millions en 1965 et plus de 75 millions en 2010, le secteur est effectivement florissant !
Le tourisme rapporte à la Floride près de 60 milliards de dollars par an et c'est de loin la principale ressource économique de l'État. L'hiver demeure la saison la plus dynamique. Le printemps attire des hordes d'étudiants des quatre coins des États-Unis, venus passer leur *Spring Break* dans les stations balnéaires. Les familles visitent la Floride surtout durant l'été, en privilégiant ses plages et ses parcs d'attractions. L'automne est la saison la plus calme, et le nombre des touristes chute alors de 25 % par rapport à l'hiver. Le Canada fournit le plus gros contingent de visiteurs, devant le Mexique et la Grande-Bretagne, la France arrivant en 7e position.
À noter que, depuis deux décennies, le premier pôle d'attraction des touristes américains et étrangers est de loin la région d'Orlando, réputée pour ses parcs à thèmes.
La Floride est aussi la plaque tournante américaine du secteur des **croisières**, et Miami le premier port de paquebots de croisière du monde.

LES RESSOURCES NATURELLES

La forêt occupe environ la moitié des surfaces émergées de la Floride, soit quelque 6,5 millions d'hectares. La partie nord de l'État est la plus boisée, notamment le Nord-Ouest dont les trois quarts sont couverts de zones forestières exploitables.
Dès le début du 19e s., l'**industrie forestière** a tenu une place importante dans l'économie régionale. Jusqu'à la guerre de Sécession, les forêts de feuillus succombèrent à la scie pour la production de bois de construction, et les résineux furent gemmés pour en extraire térébenthine et résine, alors utiles aux chantiers navals.
Dans les années 1920, avec une **industrie de la térébenthine** déjà en déclin, les usines de pâte à papier se multiplièrent.
Entre 1889 et 1933, avant qu'une agence ne soit mise en place pour gérer cette précieuse ressource naturelle, plus de 2 millions de mètres cubes de planches furent débités chaque année.
Très utilisés sur les chantiers du début du 20e s., le pin du comté de Dade et le cyprès tacheté (un bois poreux résistant aux termites et à la pourriture) ont été tellement exploités qu'ils ont presque complètement disparu. Aujourd'hui, le pin d'Elliott est l'essence commerciale la plus importante avec, parmi les feuillus, le magnolier, le tupélo et le chêne.
En 1881, du **phosphate** – essentiel dans la fabrication des engrais – fut découvert dans le sud-ouest de la Floride. Ces gisements fournissent aujourd'hui 80 % de la production nationale. L'État est aussi le premier producteur américain de rutile et de zircon, des minéraux lourds présents dans les anciennes alluvions et utilisés en métallurgie, en chimie et dans la fabrication des céramiques.
La Floride détient aussi les plus importants dépôts de **tourbe** du pays, une matière excellente pour amender les sols.
Voir aussi « La Floride contemporaine » p. 61.

Histoire

En Amérique, la Floride est, un peu comme la Californie, une terre de conquête et de promesses. Cette région est pourtant l'une des premières à avoir été découverte et colonisée dans le Nouveau Monde. Son histoire est celle de guerres d'influences et de rêves, qui se sont accomplis au prix de l'élimination des populations autochtones et d'un développement parfois mal maîtrisé. Les témoignages du passé évoquent des heures fastes et une vie facile remises en cause aujourd'hui...

Les premiers peuplements

La Floride actuelle fut sans doute habitée par l'homme dès le dixième millénaire avant notre ère.

On a longtemps pensé que les premiers arrivants descendaient des peuplades venues d'Asie, qui pénétrèrent en Amérique du Nord par le détroit de Béring. Aujourd'hui, les experts favorisent plutôt la thèse selon laquelle la péninsule aurait été peuplée par des groupes originaires d'Amérique centrale et d'Amérique du Sud, qui seraient arrivés en Floride après être passés par les Antilles.

Quoi qu'il en soit, les premiers Indiens vivaient de chasse et de cueillette. Ils consommaient la viande des machairodontes, des mastodontes, des bisons et d'autres espèces du Pléistocène. Dans le nord de la Floride, les plongeurs trouvent souvent des pointes en pierre taillée, appelées « pointes de Clovis » ou « pointes Suwannee », qu'utilisaient ces premiers Floridiens.

Les plus anciens campements semi-permanents de Floride remontent au cinquième millénaire avant notre ère. Ils se développèrent le long des voies navigables, et nous ont laissé leurs fameux **amas coquilliers** *(midden mound)*. Ces monceaux de déchets de cuisine et de détritus divers ont permis aux archéologues de mieux comprendre la vie quotidienne de ces tribus pour lesquelles les fruits de mer constituaient manifestement une denrée de base. Quand les Indiens se sédentarisèrent au début du premier millénaire, ils se mirent à cultiver maïs, courges et haricots originaires du Mexique ou d'Amérique du Sud. Autres témoins silencieux de civilisations aujourd'hui disparues, les quelque 14 000 **tertres funéraires** *(burial mound)* que compte la Floride sont disséminés un peu partout à travers l'État. Comparables à ceux de la culture Hopewell des régions de l'Illinois et de l'Ohio, ces mystérieux tumulus contiennent les dépouilles de chefs indiens ou de personnages religieux, étendus le visage dirigé vers le soleil, et recouverts par d'autres membres importants de la tribu, enterrés quant à eux la face tournée vers la terre.

Quand, au 16e s., les navigateurs européens explorèrent pour la première fois la Floride, quelque 100 000 Indiens vivaient alors dans la région. Ils constituaient six groupes distincts : les **Timucua** (nord-est), les **Apalachee**

(Nord-Ouest), les **Ais** (régions côtières du centre et du Sud-Est), les **Tequesta** (côte sud-est), les **Tocobaga** (région de Tampa) et les **Calusa** (Sud-Ouest). Indépendants les uns des autres, ces groupes tribaux avaient chacun une culture et une organisation sociale, religieuse et politique qui leur étaient propres. Ceux du Nord pratiquaient l'agriculture, tandis que ceux du Sud vivaient essentiellement de chasse et de pêche.
Deux siècles et demi de colonisation suffirent à décimer les populations autochtones : guerres, capture d'esclaves par les Espagnols, et maladies transmises par les Européens firent de terribles ravages. Les quelques centaines d'Indiens Timucua et Apalachee qui réussirent à survivre se réfugièrent à Cuba à la fin du 18e s. De nos jours, les seuls vestiges subsistant des premières cultures amérindiennes de la Floride sont de nature archéologique.

Première période espagnole : 1513-1763

Les toutes premières incursions européennes dans les Caraïbes et dans le détroit de Floride remontent au 15e s. Peu après la découverte d'Hispaniola par Christophe Colomb en 1492, le cartographe d'origine italienne **Jean Cabot** fut envoyé dans le Nouveau Monde par le roi d'Angleterre Henri VIII afin d'y faire ses premiers relevés. Cabot et son fils Sébastien approchèrent vraisemblablement les côtes de Floride en 1497 ou 1498. La péninsule, grossièrement tracée, apparaît d'ailleurs sur plusieurs cartes dessinées entre 1502 et 1511. Au cours de leurs voyages en Floride, certains explorateurs rencontrèrent des Indiens capables de s'exprimer en espagnol, suggérant que des contacts antérieurs avaient déjà eu lieu entre les populations autochtones et les marchands d'esclaves venus des Antilles.

UNE CONQUÊTE DIFFICILE

En 1513, autorisé à revendiquer toute nouvelle terre découverte au nom de l'Espagne, **Juan Ponce de León** fut le premier explorateur à débarquer en Floride. À la recherche de l'île de Bimini (Bahamas), il aperçut, entre l'actuelle St. Augustine et la rivière St. Johns, un rivage inconnu. Comme c'était alors l'époque des Rameaux (*Pascua Florida* en espagnol), Ponce de León baptisa le nouveau territoire La Florida, terme qui désigna un temps la totalité des possessions espagnoles en Amérique du Nord.
Les premières tentatives de colonisation de la Floride par les Espagnols furent de terribles échecs. En 1528, muni d'une patente de l'empereur Charles V, **Pánfilo de Narváez** débarqua dans la baie de Tampa à la tête d'un contingent de 400 hommes. Décidant de poursuivre son exploration à pied vers Apalachee afin d'y trouver l'or tant convoité, l'illustre conquistador emmena avec lui plus de la moitié de ses soldats, et envoya ses navires l'attendre plus haut sur la côte. Mais au bout du voyage, aucun bateau n'était au rendez-vous… Narváez et ses compagnons tentèrent alors de rejoindre le Mexique à bord d'embarcations de fortune, mais celles-ci firent naufrage au large des côtes du Texas, causant la mort d'un grand nombre d'hommes, dont Narváez.
Le périple de trois ans (1539-1541) entrepris par **Hernando de Soto** ne fut pas moins désastreux. Parti à la conquête des richesses du Nouveau Monde, de Soto mena une troupe

de 600 hommes à travers le centre et le nord de la Floride, poussant jusqu'aux territoires de l'actuel Oklahoma. Mais l'expédition coûta la vie à son chef, qui succomba à la fièvre et à l'épuisement. Trois cents survivants réussirent cependant à rejoindre l'Espagne.

Le riche vice-roi **Tristán de Luna** tenta ensuite sa chance en 1559. Minée par la faim et les dissensions internes, affaiblie par les tempêtes, son expédition fut à son tour un échec, et son projet d'établissement d'une colonie dans la baie de Pensacola dut être abandonné.

Une telle infortune détourna provisoirement l'Espagne de la Floride. Déjà riche de l'or et de l'argent qu'elle tirait du Mexique et du Pérou, elle se désintéressa de la péninsule, malgré sa position stratégique dans le détroit de Floride qui permettait de protéger des pirates les routes commerciales vers les Caraïbes.

En 1562, une expédition française conduite par **Jean Ribault** *(voir p. 370)* pénétra dans la rivière St. Johns, à la recherche d'un site favorable à l'implantation d'une colonie. Quand le groupe de Ribault eut achevé en 1565 la construction de Fort Caroline près de l'embouchure de la rivière, l'Espagne s'alarma et s'empressa de réclamer son bien. La même année, elle chargea **Pedro Menéndez de Avilés** de régler la situation. Celui-ci massacra les occupants du petit fort huguenot et fonda San Augustin, première colonie européenne établie de manière durable en Floride.

LES MISSIONS CATHOLIQUES

Durant les deux siècles qui suivirent, l'Espagne resta maîtresse de la Floride, mais le territoire n'attira que peu de colons. La présence espagnole se limita en réalité aux seules garnisons de Pensacola et de St. Augustine, et à la centaine de missions implantées par l'Église catholique.

Ces missions se développèrent le long de deux axes différents. Le premier réseau, commencé en 1565, remontait la côte de St. Augustine jusqu'à la Géorgie et la Caroline du Sud actuelles. Un second réseau, construit du début du 17e s. au début du 18e s. (1704), se dirigeait vers l'ouest jusqu'à la baie d'Apalachee. L'importante mission de San Luis de Talimali en occupait le centre, non loin du site de la capitale de la Floride moderne, Tallahassee.

Ces réseaux de missions servirent avant tout à convertir, à regrouper et ainsi à contrôler les Indiens, qui furent contraints de travailler et de défendre la colonie espagnole. Le système succomba finalement aux querelles internes que se livrèrent les franciscains, et aux attaques ennemies.

À l'aube du 18e s., la plupart des missions avaient été incendiées au cours de raids conduits par des troupes anglaises venues de Caroline du Sud, avec l'appui d'Indiens passés dans leur camp. Construits en bois, coiffés de toits en frondes de palmier, les bâtiments se détériorèrent rapidement, ne laissant guère de vestiges.

Période britannique : 1763-1783

Le **traité de Paris** (1763) mit fin à la guerre de Sept Ans entre l'Angleterre et la France, et marqua un tournant décisif dans l'histoire de la Floride. Selon les conditions du traité, l'Espagne cédait ce territoire à l'Angleterre en échange de Cuba, prise l'année précédente. La Floride fut alors divisée en deux provinces. La première, dont la capitale était St. Augustine, incluait la péninsule et s'étendait vers le nord-ouest jusqu'à la rivière

Apalachicola. La seconde, avec pour capitale Pensacola, couvrait quant à elle un territoire limité à l'ouest par la rivière Mississippi et au nord par la frontière actuelle de l'État. Les Anglais lui ajoutèrent en 1764 les terres comprises entre les rivières Mississippi et Chattahoochee allant au nord jusqu'aux villes de Jackson (Mississippi) et de Montgomery (Alabama).

À l'inverse de l'Espagne, l'Angleterre voulut développer une colonie capable de se suffire à elle-même. Canne à sucre, riz, indigo et coton furent cultivés le long de la rivière St. Johns. Des aides à l'exportation et de généreuses donations foncières attirèrent des colons protestants de Grande-Bretagne, ainsi que des partisans de l'Angleterre qui abandonnèrent la Géorgie et la Caroline du Sud après la guerre d'Indépendance américaine (1776-1783).

En 1768, des immigrants minorquins, italiens et grecs fondèrent New Smyrna, une colonie de quelque 2 000 âmes située à 121 km au sud de St. Augustine. Vers le milieu du 18e s., chassés par les colons d'Alabama, de Géorgie et de Caroline du Sud, différents groupes de la Confédération creek commencèrent à se réfugier dans le nord de la Floride. Ils donnèrent naissance à deux nations indiennes : les **Miccosukee** et les **Séminoles**.

Seconde période espagnole : 1784-1821

La présence britannique en Floride ne dura qu'une vingtaine d'années. Lors de la guerre d'Indépendance américaine, les troupes anglaises furent engagées plus au nord, et l'Espagne – qui participa indirectement au conflit en tant qu'alliée de la France – sut tirer avantage des défenses affaiblies de la Floride. En 1781, elle s'empara de Pensacola. Selon les termes du second **traité de Paris** (1783), par lequel l'Angleterre reconnaissait l'indépendance des États-Unis, la totalité de la Floride revint à l'Espagne, à l'exception du territoire annexé à la partie nord-ouest en 1764. Vers 1800, des villages séminoles s'étaient implantés entre les rivières St. Johns et Apalachicola, du sud de la Géorgie jusqu'à la rivière Caloosahatchee.

Durant la guerre anglo-américaine (1812-1814), de fréquentes attaques opposèrent autochtones et colons. Ces derniers reprochaient aux Indiens de donner refuge aux esclaves fugitifs, et convoitaient aussi leurs terres.

En 1814, les Creek furent battus à la bataille de Horseshoe Bend. Le traité qui suivit ouvrit plus de 8 millions d'hectares de terres indiennes à la colonisation. En 1817 et 1818, des troupes américaines sous le commandement du général Andrew Jackson attaquèrent plusieurs positions espagnoles et lancèrent des raids contre les Indiens, déclenchant ainsi la **première guerre séminole**. L'Espagne n'était alors pas capable de gouverner ou de reprendre en mains efficacement un territoire devenu de plus en plus instable. En 1819, elle négocia avec les États-Unis le **traité Adams-Onís**. Cet accord donnait aux Américains le contrôle des terres à l'est du Mississippi et consacrait les frontières de la Floride, qui n'ont pas changé depuis. Le traité fut ratifié en 1821. Le 17 juillet, à Pensacola, le général Jackson prenait officiellement possession des deux provinces floridiennes.

La colonisation américaine

L'unification de la Floride eut lieu en 1822, sous la présidence de James

Monroe. Divisé en deux comtés (Escambia et St. Johns), le nouveau territoire ainsi formé fut bientôt doté d'une capitale : Tallahassee. De manière à encourager le peuplement de la Floride, le gouvernement américain entérina toutes les concessions foncières antérieures à 1818, et donna aux colons déjà installés sur place un droit de préemption, autorisant les **squatters** (pionniers sans titre légal de propriété) à rester sur leurs terres moyennant le versement d'une somme symbolique.

LES GUERRES SÉMINOLES

La présence indienne allait toutefois être un obstacle à la colonisation américaine. Dans les années 1820, le gouvernement fédéral tenta vainement de regrouper l'ensemble de la population autochtone dans une réserve dans le centre de la Floride. En 1830, le président Andrew Jackson signa une loi de déportation, l'**Indian Removal Act**, destinée à déplacer une fois pour toutes les tribus vers des régions situées à l'ouest du Mississippi. Les Indiens étaient censés vendre leurs anciennes terres et devenir propriétaires à perpétuité de celles qu'on leur réservait à l'Ouest.
Les Séminoles résistèrent avec détermination à cet exode forcé, tristement surnommé **Trail of Tears** (piste des larmes). En 1832, sans l'accord de leurs chefs, une minorité d'Indiens signèrent alors le **traité de Payne's Landing** dans lequel ils acceptaient de céder leurs terres et de se retirer dans une réserve de l'Arkansas. Mais au terme d'une période de grâce de trois ans, aucun Séminole n'avait encore quitté la Floride…
Les troupes américaines arrivèrent en 1835 pour faire appliquer le traité. En décembre, les Indiens tendirent une embuscade aux unités du major Francis Dade près de Bushnell. Ainsi commença la **deuxième guerre séminole**, la résistance indienne étant conduite par un guerrier valeureux, **Osceola**. Elle se termina en 1842, quand près de 4 000 Indiens et Noirs furent déportés vers l'Oklahoma. Le conflit coûta au gouvernement fédéral 20 millions de dollars et d'importantes pertes en hommes. Quelques centaines de Séminoles parvinrent pourtant à échapper à la capture, et semblèrent s'évanouir dans les marécages des Everglades. En 1845, la Floride devint le 27e État de l'Union. Les droits des Indiens étaient une question toujours en suspens, et les habitants firent pression sur le gouvernement américain pour obtenir le retrait total des Séminoles de la Floride. Des incursions de plus en plus fréquentes des colons dans les réserves indiennes finirent par déclencher la **troisième guerre séminole** (1855-1858). Celle-ci se résuma à une succession d'accrochages dans les marais, dont aucun camp ne sortit vainqueur. Elle s'acheva par la reddition du chef séminole Billy Bowlegs, et n'aboutit à aucun traité.

L'ESSOR DES PLANTATIONS

Quand la Floride devint un État à part entière, sa colonisation s'amorça avant tout dans la région délimitée par les rivières Suwannee et Apalachicola. C'est là que pionniers et éleveurs de bétail construisirent d'abord de petites fermes. Mais le limon de cette région se révéla excellent pour la culture du **coton**. Des centaines de plantations firent alors leur apparition. En 1850, la production de coton était comparable à celle de la Géorgie présécessionniste. La première société de chemin de fer constituée en Floride créa une ligne ferroviaire reliant le marché au coton de Tallahassee au port de

St. Marks. Achevée en 1834, cette ligne fut spécialement construite pour pouvoir exporter les balles vers les filatures de la Nouvelle-Angleterre et de l'Europe. La multiplication des plantations se poursuivit ensuite vers le sud-est. Outre le coton, les plantations fournissaient également canne à sucre (surtout le long des rivières St. Johns et Manatee), bois et térébenthine. La richesse d'un propriétaire ne se mesurait pas à l'étendue de son domaine, mais au nombre d'esclaves qu'il possédait : n'avait le droit au titre de « planteur » que celui qui en avait au moins vingt.
Entre 1850 et 1860, le nombre de propriétaires de 30 esclaves ou plus doubla, et ces hommes formèrent une véritable élite sociale dirigeant la vie politique et économique locale.

L'ÂGE D'OR DES BATEAUX À VAPEUR

La navigation fluviale joua un rôle crucial dans la colonisation et dans le développement économique de la Floride. La première liaison en bateau à vapeur fut créée en 1827 sur la rivière Apalachicola. Cette voie navigable, ainsi que celles de Chattahoochee et de Flint, servirent non seulement au transport du coton, mais aussi à celui du bois, l'un des principaux produits d'exportation de l'époque.
Durant la deuxième guerre séminole, les autorités affrétèrent une quarantaine de navires à vapeur pour le transport des troupes et du ravitaillement.
En 1848, une ligne partant de Jacksonville relia Palataka à Enterprise, sur la rivière St. Johns.
Ces bateaux jouèrent également un rôle essentiel dans le développement du tourisme. Grâce à eux, les premiers contingents de visiteurs purent découvrir la contrée en hiver. Un bon nombre de ces visiteurs venaient du nord du pays sur le conseil de leur médecin, qui leur avait prescrit un séjour sous le doux climat de la Floride.
Un habitant de la région commenta ainsi l'arrivée de ces vacanciers : « Nous vivons de patates douces et de yankees phtisiques auxquels nous vendons un peu d'atmosphère. » Ce n'était qu'un début !

Guerre de Sécession et reconstruction

Entre 1830 et 1860, la Floride bénéficia d'une agriculture florissante et d'un flux constant de nouveaux arrivants : sa population passa alors de 34 700 à 140 400 habitants. Près de la moitié de cette population était en réalité constituée d'esclaves, une main-d'œuvre alors indispensable à l'essor des plantations.
Pour protéger son agriculture, sa seule force économique, la Floride quitta l'Union et se rangea du côté de la Confédération. Quand la guerre de Sécession (1861-1865) éclata, elle devint un important fournisseur de viande de bœuf, de coton et de sel pour les troupes sudistes.
La principale bataille qui se déroula en Floride fut celle d'Olustee, près de Lake City : le 20 février 1864, les confédérés réussirent à repousser les nordistes et à sauvegarder les voies de ravitaillement vers la Géorgie. Une seconde victoire fut remportée l'année suivante à Natural Bridge.
Elle évita la prise de Tallahassee, qui fut d'ailleurs la seule capitale sudiste à ne pas tomber aux mains de l'ennemi.

LA REPRISE ÉCONOMIQUE

La guerre mit la Floride au bord de la faillite, mais l'effort de

reconstruction attira des financiers du nord du pays, qui investirent dans le commerce, l'industrie du bâtiment, les transports et le tourisme.
Les plantations passèrent aux mains des métayers et des fermiers, qui comptaient certains Noirs affranchis. Les ventes de coton, de bois et de bétail enrichirent la région.
Vers la fin des années 1860, quelque 6 000 Cubains émigrèrent en Floride pour fuir la première guerre d'Indépendance contre l'Espagne (1868-1878). Ils firent de l'île de Key West un important centre de manufactures de cigares.
Peu après, grâce à la découverte de nouveaux bancs, Tarpon Springs devint la capitale américaine du commerce des éponges marines, détrônant Key West où cette activité avait démarré en 1849.
L'agrumiculture connut aussi une période prospère jusqu'à l'hiver 1894-1895, lorsque deux gelées dévastatrices détruisirent environ 90 % de la récolte.

LES BARONS DU CHEMIN DE FER

La croissance que connut la Floride vers la fin du 19e s. reposa en grande partie sur le développement rapide de son réseau ferroviaire. L'expansion du chemin de fer fut facilitée en 1881 par la vente de terres marécageuses situées dans le centre de l'État à un homme d'affaires de Philadelphie, **Hamilton Disston**.
Les fonds tirés de cette vente permirent à la Floride de racheter les droits fonciers accordés dans le cadre de précédents projets ferroviaires, et de financer subventions et concessions pour les nouveaux bâtisseurs du réseau ferré.
Henry Bradley Plant *(voir p. 306)* et **Henry Morrison Flagler** *(voir p. 366)*, les deux grandes figures de ce développement, marquèrent profondément l'histoire de la Floride. Le premier consolida et prolongea de nombreuses voies déjà existantes et, en 1884, relia Tampa aux marchés du nord du pays. En 1902, l'Atlantic Coast Line fut intégrée à son empire, complétant ainsi un réseau d'environ 3 600 km qui remontait jusqu'à Richmond (Virginie). Son concurrent développa la **Florida East Coast Railway**, qu'il prolongea de Jacksonville à St. Augustine en 1885, puis à Palm Beach (1894), à Miami (1896) et finalement à Key West (1912).
La constitution de ces réseaux ouvrit à la région les principales lignes ferroviaires sillonnant le pays, et favorisa ainsi la production hivernale de fruits et de légumes. D'extravagants palaces hôteliers, tels que l'imposant Ponce de León de St. Augustine, le Royal Poinciana de Palm Beach ou le Royal Palm de Miami, furent construits à chaque terminus et devinrent dans les années 1880 et 1890 des lieux de villégiature à la mode attirant les classes aisées du nord du pays.

Le 20e siècle

Le début du 20e s. fut pour la Floride une période d'extravagance et de prestige, un âge d'or ignorant de l'impôt sur les revenus et des droits de succession.
De fabuleuses villas servirent de décors à la vie luxueuse d'industriels millionnaires, et les stars d'Hollywood vinrent tourner leurs films à Jacksonville, alors un haut lieu de la production cinématographique.
L'économie régionale avait profité de la **guerre hispano-américaine** de 1898, Tampa, Miami et Jacksonville ayant servi de point d'embarquement pour les troupes. Quand les États-Unis eurent réussi à libérer Cuba de l'emprise

espagnole, nombreux furent les soldats qui revinrent s'établir en Floride avec leurs familles.

VERS UN TOURISME POPULAIRE

Pour la première fois, la Floride touristique devint accessible aux classes moyennes grâce à un bon réseau routier, qu'empruntaient des voitures relativement bon marché comme la Ford T. Des hôtels et motels à gestion familiale se mirent à pousser le long des axes routiers. Dans les années 1920, la plupart des grandes villes de Floride avaient aménagé des terrains de camping dans lesquels s'entassaient des véhicules aménagés en caravanes. Des dizaines de spéculateurs fonciers, comme Carl Fisher à Miami Beach ou George Merrick à Coral Gables, multiplièrent les bungalows de style méditerranéen et promurent l'image d'un avenir heureux dans l'« Empire du soleil ». Entre 1920 et 1925, la Floride connut une croissance quatre fois supérieure à celle de tout autre État américain.

Aussi rapide que sa flambée, l'effondrement du marché immobilier résulta, en 1926, d'une spéculation effrénée et d'un ouragan dévastateur qui décapita les palmiers, réduisit en miettes les structures les moins solides et stoppa brutalement les chantiers en construction. En 1929, la mouche à fruits ravagea les récoltes d'agrumes, et la profonde crise économique qui débuta cette même année acheva de noircir la situation…

LA REPRISE ÉCONOMIQUE

Malgré des temps difficiles, la Floride comptait, en 1940, 2 millions d'habitants, auxquel s'ajoutaient chaque année quelque 3 millions de touristes.

La Seconde Guerre mondiale stimula l'économie régionale : l'activité des industries de défense, l'implantation ou la modernisation de bases navales et la construction routière revitalisèrent l'État. À la fin du conflit, les soldats qui s'étaient entraînés sur les plages de Daytona, de Miami et de St. Petersburg furent nombreux à revenir dans la région pour y trouver du travail ou pour suivre une formation universitaire accordée aux militaires démobilisés. L'économie se diversifia. En 1950, le jus d'agrume concentré et congelé était devenu l'une des principales productions de la Floride. La même année, les États-Unis lancèrent à Cape Canaveral un programme de test de missiles téléguidés à longue portée, suivi, huit ans plus tard, par celui de lancement de satellites dans l'espace, faisant de la région la tête de pont de la conquête spatiale américaine.

À la fin de la Seconde Guerre mondiale, la Floride fit de son mieux pour attirer de grandes sociétés américaines. Par ailleurs, des millions de vacanciers se mirent à visiter l'État lorsque se répandit la pratique des congés payés de deux semaines. Entre 1945 et 1954, on construisit, pour accueillir ces touristes, plus d'hôtels dans la seule métropole de Miami que dans tout le reste des États-Unis. La première ligne aérienne civile fut inaugurée entre New York et Miami en 1958, et rendit la voie du Sud encore plus accessible. Le trafic routier prit aussi de l'ampleur. Véritables précurseurs des gigantesques parcs à thèmes d'aujourd'hui (Disney World ouvrit ses portes en 1971), toutes sortes d'attractions touristiques firent peu à peu leur apparition le long des axes de circulation, offrant les curiosités les plus diverses.

À la même époque, la Floride accueillit un grand nombre de réfugiés étrangers. La révolution cubaine (1959) s'accompagna de vagues d'immigration vers le comté de Dade. De 1965 à 1973, un pont

Dania Beach Pier, Fort Lauderdale.
Hoberman/Universal Images Group/age fotostock

aérien (Freedom Flights ou « vols de la Liberté ») contrôlé par les autorités cubaines permit à des milliers d'autres candidats à l'exil de quitter l'île pour venir s'installer en Floride. Le gouvernement cubain autorisa à nouveau l'émigration en 1980. Plus de 125 000 réfugiés partis du port de Mariel arrivèrent ainsi sur le sol américain.
Aujourd'hui, les **Cubains** sont une composante importante de l'État : avec les autres émigrés d'origine hispanique, ils constituent 22,5 % de la population de la Floride et ont fortement influencé la culture régionale en l'imprégnant de saveurs latines.

La Floride contemporaine

« Tant de ses ressources demeurent toujours inexploitées, tant de richesses gisent cachées dans son sol, et tant de ses beautés naturelles restent encore à découvrir et à apprécier », voilà ce qu'on pouvait lire dans une brochure publicitaire de 1930 vantant les attraits de la Floride. Le potentiel de la région apparaissait alors illimité…
Aujourd'hui, la situation semble avoir bien changé. Certaines de ces ressources, notamment le bois, ont été parfois exploitées jusqu'à épuisement. Les périodes de boom et de spéculation, les aménagements de voies de transport et les influx massifs de population se sont accompagnés de l'apparition d'une multitude d'ensembles résidentiels, de centres commerciaux, de fronts de mer gigantesques et d'inévitables embouteillages.
Parmi les défis actuels et les sujets sensibles : l'immigration toujours importante, le trafic de drogue (favorisé par la proximité géographique de l'Amérique latine), la crise immobilière de la fin des années 2000, conséquence de la crise des *subprimes*, qui a particulièrement touché le « Sunshine State » et vu le marché s'effondrer plus que nulle part ailleurs dans le pays.
Toujours présent dans les esprits, le **défi écologique** est

aussi primordial. Les efforts de sauvegarde des Everglades, dont le flux naturel des eaux a été perturbé par les écluses et les déversoirs créés par l'homme, illustrent ce souci croissant de préservation du milieu naturel.
La question de l'eau, liée aux énormes besoins de l'État et à plusieurs années de grande sécheresse, demeure problématique. Dans une région dont l'économie dépend tant du tourisme, il est certainement difficile de trouver un équilibre entre les exigences des aménagements modernes et celles de la préservation du patrimoine naturel et culturel.
Petite note positive à tirer d'un évènement dramatique : la marée noire survenue dans le golfe du Mexique au printemps 2010 après l'explosion d'une plate-forme pétrolière de BP n'aura finalement eu qu'un impact très limité sur le tourisme en Floride, éloignant les vacanciers de la côte ouest seulement au cours de l'été qui suivit.

Chronologie

PÉRIODE PRÉ-COLONIALE

Av. J.-C.

- **Vers 20 000-15 000** – Premières migrations humaines de l'Asie vers le continent nord-américain *via* le détroit de Béring.
- **5 000** – Premiers peuplements semi-permanents de la Floride par les Amérindiens.

Apr. J.-C.

- **1492** – Christophe Colomb « découvre » l'Amérique.

PREMIÈRE PÉRIODE ESPAGNOLE

- **1513** – L'explorateur espagnol **Juan Ponce de León** atteint la côte près de l'actuelle ville de St. Augustine et baptise la contrée La Florida.
- **1521** – Ponce de León tente d'établir une colonie sur la côte sud-ouest de la péninsule de Floride.
- **1528** – L'explorateur **Pánfilo de Narváez** débarque dans la baie de Tampa et entreprend un périple vers Apalachee à la recherche d'or.
- **1539-1541** – Le conquistador **Hernando de Soto** explore à pied l'intérieur de la Floride en s'enfonçant vers le nord et vers l'ouest du continent.
- **1559** – Un aristocrate espagnol, **Tristán de Luna**, tente d'implanter une colonie de peuplement dans la baie de Pensacola.
- **1562** – Le Français Jean Ribault établit une colonie huguenote le long de la rivière St. Johns.
- **1565** – **Pedro Menéndez de Avilés** fonde San Augustin, la première colonie permanente d'origine européenne en Amérique. Peu après, il massacre avec ses soldats les Français installés dans la région.
- **1565-1705** – L'Espagne établit dans le pays une centaine de **missions catholiques**.
- **1586** – St. Augustine est mise à sac par Francis Drake.
- **1672** – Les Espagnols entament à St. Augustine la construction de leur premier fort en pierre en Floride : le **Castillo de San Marcos**.
- **1702** – Le colonel anglais James Moore détruit St. Augustine, sans réussir pourtant à capturer le Castillo de San Marcos.
- **1704** – Les Anglais reviennent dans la région et se mettent à attaquer les missions espagnoles.
- **1719** – Les troupes françaises capturent Pensacola, mais restituent rapidement la colonie à l'Espagne. La France occupe la côte du golfe à l'ouest de Pensacola.
- **Années 1720** – Premier peuplement de la Floride par

des groupes creek originaires de Géorgie (plus tard appelés Indiens séminoles et miccosukee).

- **1740** – Les troupes anglaises envahissent la Floride à partir de la Géorgie.

PÉRIODE BRITANNIQUE

- **1763** – Le **traité de Paris** met fin à la guerre de Sept Ans (1756-1763) entre l'Angleterre et la France. Les Espagnols cèdent la Floride aux Anglais, qui la divisent en deux provinces, de part et d'autre de la rivière Apalachicola.
- **1768** – Des immigrants minorquins, italiens et grecs établissent la colonie de New Smyrna.
- **1781** – Les Espagnols capturent Pensacola, alors aux mains des Anglais.

SECONDE PÉRIODE ESPAGNOLE

- **1783** – Le **second traité de Paris** met fin à la guerre d'Indépendance américaine. La Floride retombe sous la domination espagnole.
- **1814** – Chassés de leurs terres en Alabama, des Indiens creek se réfugient en Floride, doublant ainsi la population autochtone du territoire.
- **1817-1818** – Le général américain Andrew Jackson déclenche la **première guerre séminole**.
- **1818** – Les États-Unis gagnent le contrôle de Pensacola et font pression sur l'Espagne pour qu'elle se retire de Floride.

COLONISATION AMÉRICAINE

- **1821** – L'Espagne obtient le Texas et cède la Floride aux États-Unis dans le cadre du **traité Adams-Onís**. Andrew Jackson est élu premier gouverneur des deux provinces de la Floride.
- **1822** – Unification de la Floride sous la présidence de James Monroe. Le peuplement du territoire s'amorce. Jacksonville est fondée.
- **1824** – Tallahassee est choisie comme capitale de la Floride. Key West devient une base navale américaine.
- **1827** – La première liaison régulière en bateau à vapeur est ouverte sur la rivière Apalachicola.
- **1830** – Le président Andrew Jackson signe l'**Indian Removal Act**, un décret autorisant la déportation des tribus indiennes de l'est du pays dans des réserves à l'ouest du Mississippi.
- **1831** – Une première manufacture de cigares est implantée à Key West.
- **1832** – Par le traité de **Payne's Landing**, les Américains s'approprient les terres des Indiens séminoles de Floride.
- **1834** – Création de la première ligne de chemin de fer de Floride, qui relie Tallahassee à St. Mark avec des wagons tirés par des mules.
- **1835-1842** – La **deuxième guerre séminole** oppose les Indiens à l'armée américaine. Quelque 4 000 Indiens et Noirs sont déportés vers l'Arkansas. La région de Kissimmee est ouverte aux colons blancs.
- **1837** – Le chef séminole **Osceola** est attiré dans un traquenard et, malgré le drapeau blanc, emprisonné par l'armée américaine à St. Augustine.
- **1838** – Osceola meurt à l'âge de 34 ans dans un cachot en Caroline du Sud. Le première ébauche de la Constitution de l'État de Floride est rédigée à St. Joseph (Port St. Joe).
- **1841** – Le nord-ouest de la Floride est frappé par une épidémie de fièvre jaune.
- **1845** – La Floride devient le 27e État américain sous la présidence de John Tyler. William D. Moseley en est le premier gouverneur.

- **1849** – Le premier marché d'éponges marines s'ouvre à Key West.
- **1851** – Un docteur d'Apalachicola, John Gorrie, fait breveter un procédé de production de glace artificielle.
- **1855** – La Floride adopte une loi d'aménagement du territoire : l'**Internal Improvement Act**, qui ouvre aux investisseurs les terres encore vierges.
- **1855-1858** – Billy Bowlegs, le dernier chef capable d'unir les Indiens séminoles, prend leur tête face aux troupes américaines durant la **troisième guerre séminole**.
- **1860** – La première ligne ferroviaire traversant la Floride d'est en ouest en reliant Cedar Key à Fernandina Beach est achevée.

GUERRE DE SÉCESSION ET RECONSTRUCTION

- **1861** – La guerre de Sécession se déclenche et la Floride rejoint la Confédération sudiste.
- **1864** – Les troupes sudistes remportent en Floride la **bataille d'Olustee** près de Lake City, et garantissent ainsi le maintien des routes intérieures d'approvisionnement vers la Géorgie.
- **1865** – Les combattants de Floride repoussent les nordistes à **Natural Bridge** et évitent la prise de la capitale, Tallahassee.
- **1868** – La Floride adopte une nouvelle Constitution.
- **1875** – Orlando acquiert le statut de municipalité.
- **1881** – L'industriel **Hamilton Disston** achète d'immenses étendues marécageuses dans le centre de la Floride et lance les premiers aménagements d'initiative privée dans l'État.
- **1883** – La première école secondaire exclusivement noire est fondée à Jacksonville.
- **1884** – La ligne de chemin de fer construite par **Henry Plant** atteint finalement Tampa.
- **1885** – **Henry Flagler** lance la construction d'une liaison ferroviaire entre Jacksonville et St. Augustine en créant la Florida East Coast Railway.
- **1886** – Un incendie détruit la totalité du quartier commerçant de l'île de Key West. À la suite de conflits du travail, les fabricants de cigares abandonnent Key West au profit de Tampa.
- **1894-1895** – Des gelées hivernales anéantissent les récoltes d'agrumes dans le centre et le nord de la Floride, et forcent les producteurs à migrer vers le sud de l'État.
- **1896** – En avril, la ligne ferroviaire construite par Henry Flagler est prolongée jusqu'à Miami qui, trois mois plus tard, acquiert le statut de municipalité.
- **1898** – Tampa, Miami et Jacksonville servent de point d'embarquement pour les troupes de la **guerre hispano-américaine**.

20e SIÈCLE

- **1901** – Jacksonville est presque entièrement détruite par un incendie qui réduit en cendres plus de 2 000 bâtiments.
- **1906** – Le drainage des Everglades commence à l'initiative de Napoleon Bonaparte Broward, gouverneur de l'État.
- **1912** – La ligne ferroviaire de l'**Overseas Railroad**, construite par Henry Flagler entre Homestead et Key West, est achevée.
- **1914** – Le premier service aérien régulier de passagers est inauguré par le pilote Tony Jannus entre St. Petersburg et Tampa.
- **1917-1918** – Soldats et aviateurs s'entraînent en Floride avant de participer à la Première Guerre mondiale.

- **1926** – En septembre, Miami est touchée par un ouragan meurtrier.
- **1927** – La Pan American Airways inaugure sa première ligne commerciale avec un vol entre Key West et La Havane.
- **1928** – Traversant les Everglades, la route du **Tamiami Trail** (US-41) est ouverte à la circulation.
- **1929** – La mouche à fruits ravage les récoltes d'agrumes dans les comtés du centre de la Floride.
- **1935** – Le jour du Labor Day, un ouragan dévaste Key West et détruit la voie ferroviaire de l'Overseas Railroad.
- **1941-1945** – Durant la **Seconde Guerre mondiale**, l'économie de la Floride est stimulée par les dépenses militaires. Des milliers de soldats viennent s'entraîner sur les plages de l'État.
- **1947** – L'University of Florida devient mixte. Le président Truman inaugure l'**Everglades National Park**.
- **1950** – La production de jus d'agrume concentré et congelé devient une activité économique majeure de la Floride. À Cape Canaveral, les États-Unis lancent un programme de test de missiles téléguidés à longue portée.
- **1954** – Le pont du Sunshine Skyway relie St. Petersburg au comté de Manatee.
- **1955** – L'Assemblée législative de Floride autorise la construction d'une autoroute à péage sur toute la longueur de l'État.
- **1958** – La **NASA** (National Aeronautics and Space Administration) démarre ses activités à Cape Canaveral et lance le premier satellite américain.
  La première ligne aérienne civile est ouverte entre New York et Miami.
- **1959-1962** – Des milliers de Cubains se réfugient en Floride pour échapper au régime communiste de Fidel Castro.
- **1961** – De Cape Canaveral, la NASA lance le premier astronaute américain dans l'espace, Alan Shepard.
- **1962** – Deux universités de Floride (Florida State University et University of Florida) admettent pour la première fois des étudiants noirs en premier cycle.
- **1964** – Des émeutes raciales éclatent à Jacksonville et à St. Augustine.
- **1969** – Le 16 juillet, le premier vol habité en direction de la Lune est lancé de Cape Kennedy.
- **1971** – Inauguration de **Walt Disney World** près d'Orlando.
- **1972** – Miami Beach accueille les congrès nationaux des partis démocrate et républicain.
- **1973** – Après avoir accueilli plus de 250 000 réfugiés, les États-Unis mettent un terme aux « vols de la Liberté » entre Cuba et Miami.
- **1979** – Le quartier Art déco de Miami Beach est classé à l'inventaire national des sites historiques américains.
- **1980** – Une flottille de petites embarcations transporte à Key West quelque 125 000 réfugiés cubains partis du port de Mariel. Des émeutes se déclenchent à Miami après l'acquittement de policiers blancs ayant battu à mort un agent d'assurances noir. En mai, un cargo heurte le pont du Sunshine Skyway et entraîne la noyade de 35 automobilistes tombés dans les eaux de la baie de Tampa.
- **1981** – Le 12 avril, le Kennedy Space Center lance la première navette spatiale : Columbia.
- **1983** – Une gelée de Noël endommage les plantations d'agrumes du centre de la Floride et provoque plus d'un milliard de dollars de dégâts.
- **1986** – La navette spatiale Challenger explose peu après son décollage de Cape Canaveral. Les

sept membres de l'équipage sont tous tués dans l'accident.

- **1989** – Après avoir avoué 31 crimes commis dans neuf États différents, Theodore Bundy est exécuté en Floride sur la chaise électrique.
- **1990** – Gwen Margolis, représentante démocrate de Miami Beach, devient la première femme élue à la présidence du Sénat de Floride.
- **1992** – Le 24 août, l'**ouragan Andrew** dévaste le comté de Dade et force 80 000 habitants à se réfugier dans des abris.
- **1993** – Le président Clinton nomme Janet Reno, alors procureur du comté de Dade, au poste de ministre de la Justice.
- **1994** – L'Assemblée législative de Floride adopte une loi de protection des Everglades : l'**Everglades Forever Act**, visant à éliminer les polluants d'origine agricole des eaux des marais.
- **1995** – L'**ouragan Opal** frappe le nord-ouest de la Floride en octobre. Les dégâts matériels sont estimés à deux milliards de dollars.
- **1996** – En février, le gouvernement annonce l'adoption d'un plan de sept ans visant à préserver l'écosystème des Everglades.
- **1998** – Écologiste convaincue, vouée à la protection des Everglades, **Marjory Stoneman Douglas** meurt à l'âge de 108 ans.
- **2004** – La réélection de G. W. Bush à la présidence des États-Unis se joue sur quelques milliers de votes en Floride, contestés par les démocrates.
- **2005** – Particulièrement destructeur, l'**ouragan Wilma** (catégorie 5) cause la mort de 36 personnes lors de son passage en Floride.
- **2008** – Crise des *subprimes*, début de l'effondrement du marché immobilier en Floride.
- **2010** – Au printemps, une marée noire survient dans le golfe du Mexique après l'explosion d'une plate-forme pétrolière. Les touristes fuient la côte ouest au cours de l'été.
- **2011** – Le républicain Rick Scott est élu gouverneur de Floride.
- **2012** – Le meurtre de Trayvon Martin, jeune Noir abattu à Sanford par un homme qui « surveillait » le quartier – non poursuivi dans un premier temps –, devient une affaire d'État et relance le débat sur le port des armes et le racisme qui sévit dans le pays. George Zimmerman, l'auteur des faits, est acquitté en **2013**.

Les arts

La plupart des touristes qui viennent en Floride pour profiter des stations balnéaires et des loisirs de plein air seraient sans doute surpris d'apprendre que l'État possède une réelle vocation artistique : il compte en effet une trentaine de musées d'art, les expositions s'y multiplient et de nombreux artistes vivent dans la région. Miami, où les vagues d'immigration en provenance des Caraïbes ont considérablement enrichi la scène musicale, est aujourd'hui l'une des grandes villes du marché de l'art contemporain avec la tenue de la manifestation Art Basel.

La littérature

La Floride est longtemps demeurée un territoire très sauvage, même après son intégration dans l'Union. La beauté et le mystère de ses paysages extraordinaires attirèrent aventuriers et romantiques, et inspirèrent de grands écrivains américains.

PREMIERS ÉCRITS

Les naturalistes furent parmi les premiers chroniqueurs de la Floride et de ses populations indigènes. Officiellement nommé botaniste du roi pour tout le territoire par George III, **John Bartram** (1699-1777), originaire de Philadelphie, parcourut ces étendues tropicales en 1765 et 1766, et constitua un inventaire d'espèces inconnues de plantes et d'animaux intitulé *A Description of East Florida* (1769). Son fils William publia en 1791 le compte rendu de ses périples dans son *Travels Through North and South Carolina, Georgia, East and West Florida (Voyage dans les parties sud de l'Amérique septentrionale)*.

Au 19e s., une large part de la production littéraire régionale se composait de romans et de récits de voyage écrits pour des périodiques. Dans les années 1830 et 1840, les mensuels *Knickerbocker* et *Graham's* publièrent ainsi des romans d'aventures rédigés par des écrivains aussi fameux que **Washington Irving** et **James Fenimore Cooper**.

Célèbre auteur d'*Uncle Tom's Cabin (La Case de l'oncle Tom)*, publié en 1852, l'écrivain **Harriet Beecher Stowe** (1811-1896) fut l'une de ces nombreuses voyageuses qui revinrent en Floride pour s'y établir. Entre 1868 et 1884, elle passa l'hiver à Mandarin, tout près de Jacksonville. Dans son livre intitulé *Palmetto Leaves* (1873), elle célébrait la beauté de la rivière St. Johns. Très lu, l'ouvrage attira des centaines de curieux dans la région.

En 1897, **Stephen Crane** (1871-1900) – auteur de *The Red Badge of Courage (La Conquête du courage)*, publié en 1896 – écrivit *The Open Boat (La Chaloupe)*. Ce récit dramatique s'inspirait d'un naufrage dont il sortit vivant près de New Smyrna Beach, alors qu'il était en route vers Cuba pour s'engager dans la guerre hispano-américaine.

VOIX NOIRES

Les écrivains noirs ont aussi forgé la tradition littéraire de la Floride.

Natif de Jacksonville, **James Weldon Johnson** (1871-1938) fut l'auteur de plusieurs livres, poèmes et chansons, dont *Autobiography of an Ex-Colored Man (Autobiographie d'un ex-homme de couleur)* en 1912 et *Lift Every Voice and Sing*.

Les romans et essais de **Zora Neale Hurston** (1901-1960) offrent d'excellents témoignages de la vie rurale dans le sud des États-Unis. On notera tout particulièrement une autobiographie publiée en 1942 *(Dust Tracks on a Road)*, ainsi que l'un des tout premiers romans féministes noirs du siècle paru en 1937 : *Their Eyes Were Watching God (Une femme noire)*.

LE 20e SIÈCLE

Le caractère sauvage de la Floride captiva nombre d'étrangers venus du Nord, comme **Marjorie Kinnan Rawlings** (1896-1953). Cet écrivain s'installa en 1928 dans le hameau de Cross Creek. C'est dans ce milieu rural qu'elle trouva les modèles des personnages et des décors de ses romans et de ses récits. Paru en 1938, *The Yearling (Jody et le faon)* – l'histoire d'un enfant et de son animal dans la région d'Ocala – lui valut le prix Pulitzer en 1939. La Floride l'inspira aussi pour ses livres *South Moon Under (Le Whisky au clair de lune)* et *Cross Creek (Le Pays enchanté)*, parus respectivement en 1933 et en 1942.

Écologiste convaincue, **Marjorie Stoneman Douglas** (1890-1998) publia en 1947 un éloquent plaidoyer en faveur de la protection des Everglades *(The Everglades : River of Grass)*. Quant au romancier **Hervey Allen** (1889-1949) et au poète **Robert Frost** (1874-1963), tous deux enseignèrent au Winter Institute of Literature de l'université de Miami dans les années 1930 et 1940. Enfin, dans ses romans policiers, traduits en français (citons à titre d'exemple *Micmac à Miami*), **John D. MacDonald** (1916-1986) relate les exploits du détective privé Travis McGee, avec pour toile de fond la Gold Coast *(voir p. 83)*. Kurt Vonnegut, Gore Vidal et Alison Lurie comptent aussi parmi les auteurs de romans, de nouvelles et d'essais que la Floride a su attirer en leur inspirant les thèmes les plus variés.

L'ATTRAIT DE KEY WEST

Beaucoup d'écrivains américains se sont laissé séduire par cette île au charme un peu bohème. **Wallace Stevens** (1879-1955) succomba à la luxuriance tropicale de l'endroit dans son recueil de poèmes *Harmonium* (1923). Enfant chéri de la Floride, **Ernest Hemingway** *(voir p. 221)* y passa la majeure partie de son temps dans les années 1930. C'est ici qu'il écrivit de nombreuses œuvres, dont *To Have and Have Not (En avoir ou pas)* publié en 1937, une évocation de la vie digne et désespérée d'un village de pêcheurs durant la crise économique des années 1930. À Key West, Hemingway fut fasciné par le défi physique et mental que les pêcheurs solitaires doivent affronter au large ; cette fascination fut plus tard la source du roman *The Old Man and the Sea (Le Vieil Homme et la Mer)*, paru en 1952.

La poétesse **Elizabeth Bishop** (1911-1979) séjourna à Key West de la fin des années 1930 au début des années 1940. Dans son studio de Duncan Street, l'auteur dramatique **Tennessee Williams** (1911-1983) écrivit *The Rose Tattoo (La Rose tatouée)*, paru en 1950, et *The Night of the Iguana (La Nuit de l'iguane)*, publié en 1961. D'autres figures littéraires furent attirées par Key West, notamment Thornton Wilder, qui y composa *The Matchmaker (La Marieuse)* en 1954, le poète et dramaturge Archibald MacLeish, l'humoriste S.J. Perelman et le poète Richard Wilbur. Philip Caputo, Ralph Ellison et Thomas McGuane (dont le roman *Panama*,

Mur peint par les artistes El Mac & Retna intitulé *Young Scribe*, quartier de Wynwood, Miami.
L. Maisant/hemis.fr

publié en 1978, se déroule sur l'île) appartiennent à la génération actuelle des écrivains de Key West.

Les arts plastiques

Plusieurs grands peintres du 19e s. visitèrent l'État et saisirent sur leurs toiles ses paysages noyés de soleil. Notons par exemple le Bostonien **William Morris Hunt** (1824-1879), qui séjourna en Floride en 1873 pour profiter de l'effet apaisant du climat subtropical sur ses nerfs.
Les marais saumâtres inspirèrent **Martin Johnson Heade** (1819-1904), luministe originaire de Pennsylvanie. Quant à **George Inness, Jr.** (1854-1926), il passa régulièrement ses hivers à Tarpon Springs où il peignit de nombreuses toiles.
Véritable panthéon des arts, le **Florida Artists Hall of Fame** compte des personnes de grand renom comme **James Rosenquist**, issu du pop art, **Hiram D. Williams**, célèbre pour ses créations expressionnistes abstraites, et **Jerry Uelsmann**, dont le surréalisme a exercé une grande influence dans le monde de la photographie.
Le photo-reporter Richard Bickel s'est quant à lui installé à Apalachicola et a largement photographié la région.
Le **Norton Museum of Art** (West Palm Beach) et le **Charles Hosmer Morse Museum of American Art** (Winter Park) possèdent d'excellentes collections d'artistes américains.
D'autres musées, comme **The Dalí** (St. Petersburg) et le **Ringling Museum of Art** (Sarasota), attirent des visiteurs du monde entier : le premier pour son ensemble de Dalí le plus vaste hors d'Espagne, le second pour la richesse et la qualité de ses œuvres Renaissance et postérieures.

Les arts de la scène

Après la fondation du **Greater Miami Opera** en 1941, six autres opéras ont vu le jour dans tout l'État. La Floride compte aujourd'hui une trentaine de compagnies théâtrales et autant de troupes de danse, dont le **Miami City Ballet**, qui produit des spectacles classiques et modernes depuis le milieu des années 1970.

La plupart des grandes villes de Floride possèdent un orchestre symphonique. On peut également assister aux fréquents concerts donnés par une multitude d'ensembles musicaux régionaux et universitaires. Le **Florida West Coast Symphony** se produit à Bradenton et à Sarasota. Chaque année en juin, le **Sarasota Music Festival** attire de jeunes talents du monde entier. Ce sont également de jeunes musiciens qui remplissent les rangs de l'orchestre du **New World Symphony** de Miami Beach. Un peu plus haut sur la côte, le **Florida Philharmonic Orchestra** est apprécié des amateurs de musique de Fort Lauderdale et du sud-est de l'État. Beaucoup plus au nord, les mélomanes peuvent aussi profiter des programmes proposés par le Jacksonville Symphony Orchestra.

Dans le domaine de la chanson populaire, **Gloria Estefan**, artiste d'origine cubaine qui a largement contribué à populariser la musique « latino » auprès du public anglophone, a fait de Miami Beach, où elle possède un studio d'enregistrement, la capitale américaine du genre ; dans un style différent, le chanteur-compositeur **Jimmy Buffett** est le chantre des Keys et de la Floride tropicale.

Si la scène rap de Miami est loin d'être la plus influente du pays, **Rick Ross**, mondialement reconnu, en est le fer de lance. Côté pop/rock, peu de groupes majeurs ont émergé en Floride, en dehors des juvéniles **Black Kids**.

L'artisanat et les arts populaires

À Key West, à Miami et à Ybor City, des artisans **cubains** pratiquent la sculpture sur bois et fabriquent des chemises légères en tissu plissé et brodé, les *guyaberas*.

À Tarpon Springs, c'est une tradition **grecque** qui a su se maintenir vivante depuis le début du siècle : arts de la mer, danses et musique folkloriques, broderies colorées et capture d'éponges marines viennent enrichir l'artisanat local.

Le sud de l'État est encore habité par les tribus **séminole** et **miccosukee**. Ces Indiens fabriquent toujours des bracelets, des colliers de perles, des poupées en fibre de palmier, des tomahawks en bois peint, des paniers en aiguilles de pin et en « foin d'odeur » et d'éclatants vêtements en calicot.

TOURNEZ !

Les paysages tropicaux floridiens servirent de toile de fond à plusieurs Tarzan dans les années 1940 et 1950. Vers la fin des années 1980, Universal et Disney-MGM s'installèrent près d'Orlando en créant à la fois des studios de tournage et des parcs d'amusement. Parmi les films les plus célèbres tournés en partie dans la région, notons le mythique *Scarface* (1983) de Brian De Palma, *Casino Royale* (2006) de Martin Campbell (le premier James Bond incarné par Daniel Craig), ou *Miami Vice* (2006) de Michael Mann. La Floride a par ailleurs servi de cadre à toutes sortes de séries télévisées, de *Flipper le dauphin* à *Deux flics à Miami*. Les stars du petit écran se nomment aujourd'hui Sean McNamara et Christian Troy, les deux chirurgiens esthétiques de *Nip/Tuck*, Dexter Morgan, héros de la série éponyme, ou Horatio Caine des *Experts : Miami*, séries devenues indissociables de Miami (bien qu'une très grande partie des scènes soient tournées en Californie !).

L'architecture

À la fois riche et varié, le patrimoine architectural de la Floride a su marier sans préjugés le simple et l'exubérant, l'audacieux et le bizarre. Dès la conquête espagnole s'est définie une esthétique floridienne fortement empreinte d'accents méditerranéens. Le climat tropical et le terrain ont aussi modelé le paysage régional, et continuent aujourd'hui encore à influencer toute une nouvelle génération d'architectes.

Les villages indiens

Habitation traditionnelle des Miccosukee et Séminoles, le **chickee** était un abri ouvert au toit en frondes de palmier, bâti sur des pilotis en cyprès, un bois résistant à la pourriture. Le plancher en rondins fendus ou en planches sciées se situait à environ 1 m du sol pour mieux protéger les occupants contre les serpents, les alligators et les marées montantes. Ce type de construction était particulièrement bien adapté à l'environnement marécageux dans lequel se cachaient les Indiens.

Un village typique regroupait plusieurs *chickees* ayant chacun une fonction particulière : dortoir, cuisine, salle de repas communautaire, espace rituel.

Les constructions espagnoles

Les frères dominicains et franciscains furent les véritables fondateurs d'une architecture coloniale espagnole en Floride, mais il ne reste que quelques rares vestiges de la centaine de missions en bois implantées dans la région à partir de 1565. Le plus ancien bâtiment construit par les Espagnols conservé jusqu'à nos jours est le Castillo de San Marcos. Érigée à St. Augustine en 1672, cette imposante forteresse fut réalisée en **lumachelle**, un calcaire coquillier *(coquina)* taillé comme de la pierre.

Les premières constructions coloniales espagnoles étaient pour la plupart de simples bâtiments de plain-pied à deux pièces. Faits de planches en bois ou de blocs de lumachelle et d'un mortier à base de chaux et de coquillages appelé *tabby*, ils étaient simplement couverts de feuilles de palmiers.

Dans les deux garnisons espagnoles de St. Augustine et de Pensacola, les façades des maisons de ville, conformes au modèle ibérique, donnaient directement sur la rue et se prolongeaient par un mur d'enceinte percé d'une porte cochère. L'été, une brise rafraîchissante parcourait leurs galeries, que réchauffaient en hiver les rayons du soleil. Les fenêtres à guillotines, qui remplacèrent les anciennes grilles en bois ou *rejas*, les toits à double versant, les lucarnes et les étages en clins que l'on observe aujourd'hui sur bien des maisons du 18e s. de St. Augustine, furent probablement des éléments introduits par les Anglais durant l'occupation de 1763-1783.

Le 19e siècle

Les premières **maisons de cracker** du nord-ouest et du centre de la Floride étaient de modestes structures de types bien définis : **single-pen** (à une pièce) ; **saddlebag** (à deux pièces, avec cheminée centrale) ; **dogtrot** (à deux pièces, avec passage central couvert). Pour éviter tout contact avec un sol humide, on les faisait reposer sur des blocs de pierre calcaire, de cœur de pin ou de bois de cèdre, résistant à la pourriture.

Dans les années 1830, une nouvelle sorte de charpente, la **charpente à claire-voie**, vint remplacer l'ancienne charpente chevillée, si longue et si coûteuse à construire. Les habitations des pionniers se modifièrent alors en conséquence. La maison de *cracker* s'agrandit d'un demi-étage et ses murs se couvrirent de planches verticales avec couvre-joints, tandis qu'un toit en pente (le plus souvent constitué de tôle bon marché) couvrait le tout, et se terminait par une large véranda.

On construisit aussi des maisons de *cracker* dites **four-square**, dotées d'un toit à quatre versants fréquemment surmonté d'un lanternon destiné à ventiler l'habitation.

Sur la côte Ouest de la Floride, les premières communautés bahamiennes bâtirent, pour leurs ouvriers agricoles, des logements modestes d'une forme particulière. Ces habitations se composaient d'une seule enfilade de pièces, une disposition originale qui aurait été empruntée aux plantations de sucre de Haïti. Comme une balle de fusil *(shotgun)* aurait pu traverser la maison par les seules embrasures des portes, ces maisons reçurent le nom de **shotgun houses**.

Construites entre les années 1830 et 1920, les **Conch houses** ou « maisons de Conques » de Key West tirent leur nom des colons originaires des Bahamas qui s'installèrent dans l'archipel des Keys au cours du 19e s. et auxquels on donnait familièrement le nom du coquillage. Les maisons les plus anciennes possédaient une ossature chevillée et renforcée, construite par des charpentiers de marine sur le modèle utilisé pour les navires.

Parfois dotées d'un étage, ces habitations reposaient habituellement sur des piliers en pierre ou en brique. Leurs murs étaient revêtus de planches à clin, et le pignon de leur toit à double pente, couvert de bardeaux ou de tôle, donnait sur la façade principale. Portes et fenêtres étaient équipées de persiennes protégeant l'intérieur du soleil.

Construites après l'acquisition de la Floride par l'Union en 1821, les premières **plantations** étaient des structures en bois à un étage sans prétention. Avant la guerre de Sécession (1861-1865), elles cédèrent la place à d'imposantes demeures de **style néogrec** qu'ornait un grand portique montant jusqu'à l'étage. Vers la fin du siècle, grâce aux fortunes amassées par les producteurs d'agrumes et les barons du chemin de fer, on vit apparaître de vastes résidences de **style Queen Anne**, caractérisées par des façades asymétriques, des tourelles, de grandes vérandas, des loggias, de délicates dentelles de bois, de jolies balustrades, des pilastres et des pignons décoratifs. L'époque produisit aussi de ravissantes églises blanches en planches à couvre-joints intégrant certains éléments médiévaux comme des fenêtres lancéolées, qui valurent à ce style bien particulier le surnom de **gothique du charpentier**.

Le début du 20e siècle

Lors de l'exposition California-Pacific de 1915, le pavillon de la Californie – de goût hispanisant – avait rencontré un vif succès auprès du public américain, lançant ainsi une nouvelle vogue : celle du **style néoméditerranéen**. Celui-ci, librement inspiré des architectures maure et espagnole du Moyen Âge, fut particulièrement populaire en Floride et en Californie, deux États aux racines espagnoles encore vivaces. Murs revêtus d'un enduit aux tons pastel, toits en tuiles d'argile rouge, galeries, tours, baies voûtées et fer forgé s'accordaient non seulement au paysage tropical de la Floride, mais exprimaient particulièrement bien « l'atmosphère d'une terre faite pour les villégiatures insouciantes et prolongées », selon un numéro du magazine *House Beautiful* de 1925.

Le style néoméditerranéen inspira de nombreux créateurs comme Carl Fisher à Miami Beach, George Merrick à Coral Gables, ou encore Addison Mizner à Boca Raton et Palm Beach. De fait, bien des architectes travaillant pour des commanditaires très fortunés, tels que Mizner, Walter DeGarmo et le cabinet Carrère & Hastings, se firent un nom grâce aux luxueuses résidences de style néoméditerranéen qu'ils construisirent alors. Ces demeures font souvent, aujourd'hui encore, partie du paysage des plus anciennes stations balnéaires de l'État.

L'ère des palaces hôteliers

Vestiges d'une époque aujourd'hui révolue, les somptueux hôtels bâtis avant la crise économique de 1929 illustrent avec éloquence l'incroyable hospitalité prodiguée envers la riche clientèle d'alors.

La rivalité qui opposait deux magnats du chemin de fer, Henry Bradley Plant et Henry Morrison Flagler, nourrit aussi de gigantesques projets hôteliers, souvent non rentables, implantés à chaque terminus ferroviaire d'une certaine importance. Le premier hôtel de cette classe fut le Ponce de León, bâti par Flagler en 1889 à St. Augustine et conçu par l'architecte Thomas Hastings (il abrite aujourd'hui le Flagler College). Henry Plant riposta en 1891 avec le Tampa Bay Hotel, un établissement en briques de 500 chambres couronné d'un minaret (aujourd'hui le Henry B. Plant Museum). D'autres hôtels furent ensuite construits en bois, matériau moins onéreux. Victimes d'incendies, ces édifices disparurent malheureusement les uns après les autres, à l'exception du Belleview, un palace de 600 chambres à pignons multiples inauguré en 1897 près de Clearwater.

Une seconde vague de stations balnéaires fut aménagée dans les années 1920. À cette époque, le style néoméditerranéen faisait fureur. La plupart des énormes édifices, bâtis selon le goût du jour, le furent en maçonnerie, rehaussée de carreaux décoratifs, d'éléments en pierre taillée, de fresques et de boiseries. Nombre de ces établissements hôteliers tombèrent à l'abandon après l'effondrement du marché immobilier en 1926.

Mais aujourd'hui quelques-uns de ces anciens palaces, rachetés par de grands groupes internationaux, ont retrouvé leur gloire d'antan. C'est par exemple le cas de deux fleurons de St. Petersburg, le **Vinoy Renaissance** et le **Don CeSar**, mais aussi du **Biltmore** de Coral Gables, du **Breakers** de Palm Beach ou du **Cloister Inn** de Boca Raton.

La période contemporaine

Aux États-Unis, l'**Art déco** fut le premier courant architectural populaire capable de rompre avec l'historicisme. De la fin des années 1920 aux années 1940, ce style transforma dans toute la Floride l'esthétique de centaines de stations-service, de petits restaurants, de cinémas, de résidences, d'hôtels, de motels et de façades de magasins.

Issu du **style international**, caractérisé par la simplicité des formes et l'austérité des surfaces, l'Art déco américain adopta les lignes dépouillées, les arrangements cubiques et les nouveaux matériaux d'une esthétique moderniste apparue en Europe après la Première Guerre mondiale. L'aspect frais et contemporain de cette architecture sut séduire une Amérique qui cherchait alors à oublier le récent conflit et la crise économique.

À l'inverse des purs modernes, qui bannirent toute décoration, les designers de l'Art déco américain embrassèrent sans retenue les ornementations pleines d'imagination, et manifestèrent un goût évident pour les motifs exotiques (palmettes, chevrons, ziggourats) inspirés de ceux des anciennes civilisations égyptienne, aztèque et maya.

Dans sa phase la plus tardive, baptisée **Streamline Moderne** (fin des années 1930-début des années 1940), l'Art déco américain prit une forme encore plus épurée. Dépouillées de leurs décorations de surface, les façades virent aussi leurs arêtes s'arrondir et des bandes horizontales (les « lignes de vitesse ») ainsi que des fenêtres en hublot apparaître pour rappeler le dessin contemporain des trains, des avions ou des paquebots.

Signe caractéristique, l'utilisation de nouveaux matériaux industriels comme l'acier, le chrome, la brique de verre et le parpaing de béton, permit de construire vite et à bon marché. Dans les villes américaines jouissant du boom de l'après-guerre, les promoteurs immobiliers surent tirer parti de ces avantages. C'est ainsi que Miami Beach peut aujourd'hui s'enorgueillir de posséder un ensemble d'architecture Art déco et Streamline Moderne unique au monde, tant par le nombre que par l'état de conservation de ses bâtiments.

Dans les années 1950, la Floride se fit surtout remarquer par les projets tapageurs de ses stations balnéaires. Les hôtels de Miami Beach de **Morris Lapidus** attirèrent notamment l'attention, comme le Fontainebleau et l'Eden Roc, comparables à de somptueux décors de cinéma.

Plus récemment cependant, des architectes de renom ont contribué à créer dans la région des ensembles urbains dignes des meilleures métropoles américaines. Ainsi, **Miami** offre-t-elle aujourd'hui de remarquables immeubles conçus par I.M. Pei (Miami Tower, 1987, devenue le bâtiment phare de Downtown grâce notamment à ses jeux de lumières qui illuminent le quartier la nuit), Skidmore, Owings & Merrill (First Union Financial Center, 1984), ou John Burgee et Philip Johnson (Metro-Dade Cultural Center, 1982). Illustre cabinet d'architectes basé à Miami, **Arquitectonica International** compte à son actif d'audacieuses structures aux lignes géométriques hardies et aux couleurs vives. Ces travaux incluent en particulier l'exubérant centre commercial Miracle Center Mall à Coral Gables, ainsi que trois luxueuses tours d'appartements érigées à Miami durant le boom du début des

Immeuble Art déco à Miami Beach.
L. Decoudin/Michelin

années 1980 : l'Atlantis, le Palace et l'Imperial.
Remarquable exemple de **post-modernisme** (style d'architecture contemporaine chargé de références au passé), **Seaside** fut créée par deux architectes de Miami : Elizabeth Plater-Zyberk et Andrés Duany, sous la direction du promoteur Robert S. Davis. La construction de cette communauté balnéaire modèle, située dans le nord-ouest de la Floride, débuta en 1981. Ses habitations à ossature de bois et aux tons pastel évoquent avec nostalgie les maisons de *cracker* du 19e s. dont elles sont inspirées, et reflètent un intérêt renouvelé pour l'architecture traditionnelle régionale. Plus récemment, l'aménagement du parc de Walt Disney World a enrichi le patrimoine éclectique de la Floride d'exemples tout à fait différents de post-modernisme. Ainsi, les hôtels Dolphin et Swan (1990, Michael Graves), construits à proximité d'Epcot, sont chacun couronnés d'une curieuse paire de dauphins et de cygnes géants illustrant brillamment la fantaisie dont sait faire preuve le groupe Disney. Toujours près d'Orlando, le Team Disney Building (1991, Arata Isozaki) est un fascinant ensemble de formes géométriques, sources d'illusions optiques les plus diverses. Une démarche qui n'est pas sans rappeler celle du cabinet HOK + Beck Group, qui a réalisé en 2011 le nouveau bâtiment du musée Dalí à St. Petersburg, multipliant les symboles et les jeux d'optique.

Nature et paysages

En Floride, aucun point ne se situe à plus de 130 km du littoral... Baignant à l'est dans les eaux de l'océan Atlantique, à l'ouest dans celles du golfe du Mexique et au sud dans celles du détroit de Floride, l'immense presqu'île possède 1 926 km de côtes, soit plus que tout autre État, exception faite de l'Alaska. Au nord et au nord-ouest, elle est limitée par la Géorgie et l'Alabama, dont l'étroit corridor vers le golfe marque, au niveau de la rivière Perdido, la partie la plus à l'ouest du Panhandle. La Floride est dans l'ensemble un pays plat, son point culminant faisant à peine 105 m d'altitude. Avec une superficie de 155 369 km², elle se classe au 22e rang des États américains. Son important réseau hydrographique comprend quelque 30 000 lacs, dont le fameux Okeechobee, troisième plan d'eau douce des États-Unis. La Floride recèle aussi près d'un quart des sources les plus actives du pays, représentant un débit quotidien d'environ 245 000 m³.

La formation du relief

Région la plus récente du territoire continental des États-Unis, la Floride fut vraisemblablement la dernière à émerger des eaux d'une ancienne mer subtropicale il y a 10 à 15 millions d'années.

Son passé géologique se livre moins facilement que celui de régions montagneuses mises à nu par une longue érosion. Forages de puits et autres explorations du sol à des fins commerciales permirent pour la première fois aux géologues d'en étudier la structure profonde. Au fil des ans, l'accumulation de données scientifiques leur a finalement permis d'en retracer l'orogenèse...

UNE PÉNINSULE FAÇONNÉE PAR LA MER

Vers la fin de l'ère paléozoïque, la Floride faisait partie d'un supercontinent, la Pangée, issu de la collision des principales masses terrestres il y a environ 280 millions d'années. À cheval sur l'équateur, ce supercontinent se scinda quelque 130 millions d'années plus tard selon un axe nord-sud, et se brisa lentement pour donner les plaques actuelles de l'Eurasie, de l'Afrique, de l'Amérique du Nord, de l'Amérique du Sud, de l'Antarctique et de l'Australie. De la dérive des plaques principales de part et d'autre de la future dorsale océanique naquit l'Atlantique.

La Floride précambrienne fut l'une des nombreuses plaques secondaires libérées par la cassure de ce supercontinent. Dérivant vers le nord en direction de l'équateur, elle se rattacha à la plaque nord-américaine ; à la même époque, une chaîne d'îles volcaniques correspondant aux futures Bahamas commença à se former au large. Cette assise fut lentement recouverte par des mers tièdes et peu profondes.

Les dinosaures habitèrent l'immense masse terrestre du nord, tandis qu'argiles et limons emportés par les eaux balayant la chaîne des Appalaches se déposèrent sur le fond de vastes deltas le long des côtes de la Floride septentrionale. Au sud, fragments de coquillages et de carbonates microscopiques s'accumulèrent pour former une couche massive de roches calcaires et dolomitiques. Ces roches sédimentaires, par endroits épaisses de 4 000 à 5 500 m, couvrent de nos jours la plus grande superficie du plateau de Floride, de l'escarpement du golfe du Mexique à l'océan Atlantique.

Vers la fin de l'Oligocène, le plateau émergea à la surface des mers. Les glaciers retenaient alors une part de plus en plus importante des eaux des océans, et la surface de la Floride augmenta pour atteindre sans doute deux fois sa superficie actuelle. Au début de la grande période glaciaire du Pléistocène, cette partie du continent américain abritait un grand nombre de mammouths, de mastodontes, de machairodontes et d'autres grands mammifères ayant fui à travers les étendues glacées les rigueurs du Nord.

TOPOGRAPHIE ACTUELLE

La plate-forme continentale, à environ 90 m de profondeur, borde un plateau de Floride aujourd'hui à demi submergé. Au fil des périodes successives de fonte et de glaciation de la nappe continentale, le niveau des mers s'éleva et s'abaissa à maintes reprises, et ce travail d'érosion laissa derrière lui des terrasses encore visibles de nos jours. Les ports en eau profonde de la côte du golfe du Mexique résultent d'une bascule de l'assise calcaire vers l'ouest, un mouvement qui se poursuit toujours : le plateau est relevé de 1,8 m à Miami, mais affaissé de 9,1 m à Pensacola.

Des paysages variés

Douces hauteurs moutonnantes, mystérieuses savanes où s'éparpillent de curieux boqueteaux de cyprès, marécages d'eau douce ou saumâtre, vasières littorales envahies de palétuviers, îles-barrières, récifs coralliens peuplés de créatures multicolores… Si la Floride est une terre généralement plate, dotée de sols sablonneux et argileux, elle n'en présente pas moins une étonnante diversité de paysages.

LES NORTHERN HIGHLANDS

Limitées par la frontière avec l'Alabama et par la rivière Withlacoochee, cette région vallonnée correspond à la plus grande partie du Panhandle *(voir p. 424)*. Elle couvre d'ouest en est un territoire long de 400 km et large de 50 km. Le sommet le plus élevé de la Floride (105 m) se trouve à 40 km au nord de De Funiak Springs, dans le comté de Walton. C'est ici que coulent les principales rivières de la Floride, bordées de forêts de résineux ou de feuillus, à travers des

CUVETTES D'EFFONDREMENT

En 1981, le sol s'effondra à Winter Park, engouffrant six véhicules, une maison et deux rues. La cuvette *(sinkhole)* formée par cet accident – la plus importante jamais observée en Floride – mesurait 90 m de largeur et 30 m de profondeur. Entre 400 et 4 000 nouveaux puits d'effondrement se développent ainsi chaque année dans l'État, mais la plupart ne dépassent pas 6 m de large. Dans de telles conditions, il n'est pas surprenant que les compagnies d'assurances couvrant ce risque connaissent un certain succès.

terres rurales faiblement peuplées. C'est aussi ici que naissent les plus grandes sources de l'État.

Couvrant l'étendue comprise entre les rivières Perdido et Apalachicola, sillonnée par les gorges étroites des cours d'eau, les **Western Highlands** descendent vers le sud. Sous le couvert forestier des bois de pins et de chênes, qui constituent la principale végétation de la région, pousse un tapis de graminées vivaces. La régénération de ces pins est favorisée par les incendies déclenchés par la foudre.

Les **Marianna Lowlands** couvrent l'essentiel des bassins hydrographiques des rivières Chipola et Choctawhatchee. Ces basses terres furent probablement les premières de Floride à émerger des eaux. Composées de roches sédimentaires datant de la période éocène, elles sont parsemées de sources, d'affleurements calcaires, d'innombrables plans d'eau et de **cuvettes d'effondrement** *(voir encadré p. 81)*. Ces dernières sont d'ailleurs l'une des curiosités naturelles de la Floride. Il s'agit de dépressions karstiques ou « dolines » résultant de l'érosion d'un sous-sol calcaire fragilisé aussi bien par les fortes pluies que les sécheresses, et dans lesquelles s'installent souvent des étangs, des marécages ou des lacs.

Les **Tallahassee Hills**, à l'est des Marianna Lowlands, sont des collines boisées s'étendant sur 160 km entre les rivières Apalachicola et Withlacoochee. À l'ouest de la capitale, près de la frontière avec la Géorgie, elles forment un plateau de 90 m d'altitude. Sur ces sols argileux poussent les forêts de feuillus les plus vastes de la Floride.

La partie ouest de cette région offre l'une des formations géologiques les plus extraordinaires de l'État : les **Apalachicola River Bluffs**. Ces falaises longent la rive est de la rivière Apalachicola dans les comtés de Gadsden et de Liberty. Une partie de ce système hydrographique, qui émergea dans la chaîne des Appalaches au cours de l'ère cénozoïque, s'est maintenue au-dessus du niveau de la mer pendant plus de 24 millions d'années. Le torreya de Floride, ou torreya à feuilles d'if *(Torreya taxifolia)*, ne pousse qu'ici. Menacée d'extinction, cette espèce d'arbre est d'ailleurs protégée dans le Torreya State Park *(voir p. 426)*.

LES CENTRAL HIGHLANDS

Riche de milliers de lacs, de crêtes longitudinales peu élevées, de vallées et de plaines, l'épine dorsale de la Floride s'étend de l'Okefenokee Swamp (marécage à la frontière avec la Géorgie) au fameux lac Okeechobee (400 km plus au sud). Large d'une centaine de kilomètres au nord, elle s'amincit ensuite pour se terminer en pointe au niveau des Everglades, dans l'étau des plaines côtières. C'est là que prospèrent, à 70 m d'altitude, les plus vastes plantations d'**agrumes** du monde.

La partie nord des Central Highlands se caractérise aussi par de nombreuses **sources**. Alimentées par une riche nappe aquifère *(voir p. 86)*, elles naissent naturellement d'une massive assise calcaire nourrie par les abondantes précipitations d'un climat chaud et humide (au sud du lac Okeechobee, où les affleurements calcaires sont beaucoup moins épais, les sources sont inexistantes).

LES PLAINES CÔTIÈRES

Ces basses terres pénètrent jusqu'à 100 km à l'intérieur de la péninsule, et comprennent les Everglades ainsi que le cordon des Keys. L'arrière-pays, tourné en grande partie vers l'élevage et l'agriculture extensive, offre un contraste frappant avec

Toponymie

Lorsqu'on regarde une carte de la Floride, on voit surtout des kilomètres de côtes… D'un côté l'Atlantique, de l'autre le golfe du Mexique. Chaque région est toutefois subdivisée en entités dont le nom évoque souvent une histoire. Petit tour d'horizon.

LA CÔTE EST

Le long de la côte atlantique se succèdent, du nord au sud :

First Coast (« première côte ») – de la Géorgie à Ormond Beach ; la région comprend la plus ancienne ville des États-Unis, St. Augustine, fondée en 1565 (d'où son nom).

Space Coast (« côte de l'espace ») – de Ormond Beach à Vero Beach ; la région compte le Kennedy Space Center…

Treasure Coast (« côte du trésor ») – de Fort Pierce à Jupiter ; elle doit son nom aux nombreux galions espagnols qui y firent naufrage aux 17e s. et 18e s.

Gold Coast (« côte de l'or ») – de Palm Beach à Fort Lauderdale et Miami ; le terme vient de la richesse de la région et des tarifs incroyables que l'immobilier a pu y atteindre.

LA CÔTE OUEST

Baignées par les eaux du golfe du Mexique s'étirent du sud au nord :

Sun Coast (« côte du soleil ») – elle s'étend de Naples à Tarpon Springs en passant par Tampa Bay, mais l'appellation pourrait aussi convenir à d'autres régions de l'État !

Lee Island Coast – le littoral de Lee County, qui inclut Fort Myers, Sanibel et Captiva, est une subdivision de la précédente.

Cultural Coast (« côte culturelle ») – autre subdivision de la Sun Coast, elle désigne plus particulièrement la région de Sarasota, réputée pour son rayonnement culturel.

Nature Coast (« côte de la nature ») – de Pasco County à Wakulla County, soit du nord de Tampa à Cedar Key, la région doit son nom à sa nature préservée et à la diversité de ses habitats.

Forgotten Coast (« côte oubliée ») – de St. Marks à Mexico Beach, elle englobe des localités comme Apalachicola, Carrabelle et St. George Island. Il existe plusieurs explications à ce nom : l'une évoque un oubli pur et simple de ladite région dans les brochures touristiques vantant les charmes de la Floride au début des années 1990… mais il fait peut-être référence au charme suranné de cette région située un peu à l'écart des routes touristiques.

Emerald Coast (« côte d'émeraude ») – le Panhandle jusqu'à Pensacola et la frontière de l'Alabama ; le nom provient de l'incroyable couleur de l'eau. Les mauvaises langues l'appellent aussi « Redneck Riviera » en raison de son public populaire *(voir p. 51)*.

le littoral, ses fronts de mer, son industrie des loisirs et ses plages si blanches et si scintillantes.
Le sable le plus ancien, le plus fin et le plus riche en quartz, se trouve sur les côtes ouest et nord-ouest de la Floride.
Baignant dans la douceur du climat et la tiédeur des eaux du golfe et de l'océan, le littoral de la Floride présente une riche variété d'écosystèmes. Ses **estuaires**, où se mélangent l'eau des rivières et celle de la mer, sont peu profonds et constituent d'extraordinaires habitats pour la faune aquatique. Véritable forêt amphibie bordant les côtes méridionales de l'État, la **mangrove** abrite quant à elle plus de 200 sortes de poissons et quelque 180 espèces d'oiseaux, sans parler du crocodile américain ni du lamantin d'Amérique du Nord *(voir p. 336)*. Enfin, dans les **dunes** et leurs écrans de **forêt maritime** pousse une vingtaine d'espèces végétales et vivent toutes sortes d'oiseaux limicoles.
Les deux côtes de la Floride sont par ailleurs longées par des **îles-barrières** dont les flèches sablonneuses protègent les chenaux, les estuaires et les baies de la côte contre les ouragans et les tempêtes hivernales.

LES EVERGLADES

Plan d'eau peu profond s'écoulant lentement vers le sud, du lac Okeechobee à la baie de Floride, cette immense étendue marécageuse constitue un écosystème unique en son genre. Au-dessus de sa prairie de cladion, qui semble s'étendre à l'infini, se dressent ici et là des mottes boisées composées d'associations végétales des plus variées. Au plan géologique, la région est de formation relativement récente. Son assise fut constituée couche par couche par du corail adhérant à un calcaire oolithique submergé. L'apparition ultérieure de dunes isola cette assise de l'océan, et un bassin d'eau douce propice à la croissance de plantes aquatiques se transforma peu à peu en tourbière, donnant naissance à l'un des plus grands marécages du monde.
Sur les petits îlots rocheux du **South Florida Rockland**, à la pointe sud des Everglades, pins et plantes tropicales latifoliées croissent entre des affleurements de calcaire dénudé.

LE RÉCIF CORALLIEN

Spectacle d'un monde aquatique unique en Amérique du Nord, ce cordon curviligne d'une longueur de 240 km borde la côte entre Miami et les Dry Tortugas, à 105 km à l'ouest de Key West. Les polypes coralliens se développent ici sur une assise calcaire et, depuis 7 000 ans, le récif se forme lentement par accrétion en produisant des formes variées d'éventails, de plumes et de branches. Ses forêts et ses cavernes sont habitées par des poissons tropicaux, des éponges marines, des langoustes et d'autres créatures sous-marines, qui font des Keys l'une des destinations les plus recherchées des amateurs de plongée du monde entier.

UN ÉQUILIBRE MENACÉ

Sur la faune, la flore et les ressources naturelles de la Floride pèse aujourd'hui une menace bien réelle : celle d'une croissance démographique effrénée (l'une des plus rapides du pays), accompagnée d'une importante extension des villes et de l'aménagement rural. Les récifs de corail et d'autres écosystèmes sous-marins sont endommagés par les forages pétroliers et par la pollution, les zones marécageuses drainées et comblées pour faire place à de nouvelles constructions, et les forêts abattues pour la production de bois ou la création de plantations d'agrumes. L'acquisition de zones écologiques sensibles par divers organismes publics et privés, la mise en place de programmes subventionnés par l'État et l'intérêt croissant du public pour les questions relatives à l'environnement sont autant d'actions en faveur de la préservation de ce patrimoine naturel.

Le climat

Habituellement plaisant de janvier à décembre, le climat de la Floride est souvent considéré comme sa plus précieuse ressource naturelle. Il varie du sud au nord : tropical dans la région des Keys, il devient subtropical dans le centre de l'État, et même tempéré dans le Nord-Ouest. À l'exception de Hawaï, la Floride est l'État le plus méridional du pays. Ses températures sont dans l'ensemble les plus élevées des États-Unis, et Key West détient le record national, avec une moyenne annuelle de 25,2 °C. Remontant des tropiques vers la côte Atlantique par le détroit de Floride, les courants du Gulf Stream tempèrent l'effet des vents d'est dominants qui balayent la péninsule.

La région reçoit en moyenne 132 cm de pluie par an, dont plus de la moitié entre début juin et fin septembre (le mois le plus propice aux ouragans). Les étés, chauds et humides, s'accompagnent d'une prolifération de moustiques dans les forêts et les marais. Principale saison touristique, l'hiver jouit d'un climat doux et relativement sec, notamment dans le centre et dans le sud de l'État. La saison froide est plus marquée dans le Nord-Ouest, où les gelées sont plus fréquentes. Les chutes de neige sont cependant extrêmement rares, même si plusieurs centimètres ont pu être enregistrés en 1977 dans le nord de la région, avec quelques flocons atteignant… Miami Beach !

La Floride est une terre **d'orages**. Leur fréquence est l'une des plus élevées du monde (seule l'Afrique orientale en connaît un taux supérieur). Humidité de l'air, multitude des plans d'eau et chaleur du soleil forment des conditions idéales pour l'apparition de violentes perturbations. Dans certaines parties du sud de la Floride, on relève chaque année plus de 90 orages. Fort Myers vient en tête, avec une moyenne de 100 jours de foudre par an.

LES OURAGANS

La Floride est parfois touchée par de violentes tempêtes tropicales : les ouragans *(hurricane)*. Ces derniers naissent dans l'Atlantique, dans la région des Caraïbes ou dans le golfe du Mexique. Particulièrement fréquents en août et en septembre, lorsque des zones de basse pression se développent au-dessus des mers chaudes, ils peuvent couvrir un diamètre de 800 km et leurs vents atteindre 320 km/h (pour les météorologues, une tempête tropicale devient un ouragan quand ses vents dépassent la vitesse de 120 km/h). Ils dévastent régulièrement la côte atlantique entre Cape Canaveral et le cordon des Keys, de sorte que cette partie du littoral a été surnommée l'« allée des ouragans ».

LE SAVIEZ-VOUS ?

Un ouragan s'accompagne de pluies diluviennes (quelque 9 billions de mètres cubes par jour). Il dégage une puissance moyenne de 250 kilotonnes par seconde, contre 20 kilotonnes pour la bombe d'Hiroshima…

Chaque année, la côte de la Floride est généralement balayée par un ouragan de faible ou de moyenne intensité, mais le 20e s. a été marqué par des cyclones très destructeurs. En 1926, Miami fut ainsi directement touchée, et les dégâts provoqués furent les plus importants que la ville ait jamais connus. Deux ans plus tard, une autre tempête tropicale entraîna la mort de quelque 2 000 personnes quand les eaux de crue ouvrirent des brèches dans les digues autour du lac Okeechobee. En 1935, un ouragan particulièrement puissant, aux vents et au raz-de-marée jusqu'ici inégalés, balaya les Keys et déchira les eaux du golfe du Mexique en tuant plus de 400 personnes sur son passage. Plus récemment, en 1992, **Andrew** dévasta le sud du comté de Dade en rasant totalement un périmètre de 13 km de large, laissant derrière lui 85 victimes, 10 000 blessés et 30 milliards de dollars de dommages matériels. En octobre 1995, **Opal**, le 15e ouragan de la saison, ravagea à son tour la côte nord-ouest de la Floride, provoquant plus de 2 milliards de dollars de dégâts. En septembre puis en octobre 2005, **Rita** puis **Wilma** causèrent à leur tour près de 40 milliards de dégâts…

Ces effrayantes perturbations atmosphériques ont pourtant un effet positif sur la nature. Leurs vents violents aident à disséminer les graines des plantes sur de vastes étendues. Ces mêmes vents, et les pluies diluviennes qui les accompagnent, brassent les sédiments et les éléments nutritifs reposant au fond des baies et des plans d'eau côtiers. Et dans les forêts abattues par les rafales, où le terrain est vite conquis par des plantes héliophiles et par de petites espèces animales créant de nouvelles niches écologiques, tout un cycle de vie recommence rapidement.

Les ressources en eau

Les habitants de la Floride sont parmi les plus gros consommateurs d'eau des États-Unis. Ils disposent heureusement des réserves d'une riche formation aquifère artésienne, la **Floridan Aquifer**, dont l'eau remonte le long des fractures d'un sous-sol fissuré sous l'effet de la pression hydrostatique. Cette nappe couvre tout l'État et se situe jusqu'à environ 600 m de profondeur dans les régions voisines de Jacksonville et d'Orlando. Une autre nappe plus superficielle, la **Biscayne Aquifer**, alimente le sud-est de la Floride. Ces deux couches de calcaire poreux permettent de répondre à 90 % des besoins en eau de l'État. Ensemble, elles forment le plus vaste réservoir d'eau souterraine du pays, que réapprovisionnent les abondantes pluies tombant dans la région.

Le **lac Okeechobee** (« grande eau » en dialecte séminole) constitue quant à lui l'une des plus importantes sources d'eau de surface de la Floride. Il alimente les villes et les campagnes du sud de l'État, de même que les Everglades. D'une superficie de 1 815 km², c'est le plus grand lac de l'État. Après les ouragans de 1926 et 1928 qui provoquèrent l'inondation de terres agricoles, les services techniques de l'armée américaine entreprirent la construction de canaux, de digues, de stations de pompage et de déversoirs destinés à réguler ses eaux. Aujourd'hui, ce contrôle est effectif, et le flux du lac peut être régulé à volonté pour éviter ses débordements. Mais avec l'accroissement de population que connaît la Floride, le lac Okeechobee est maintenant

Vue aérienne du parc national des Everglades.
J.C. Munõz / age fotostock

au cœur de bien des controverses opposant exploitants agricoles et défenseurs de l'environnement.

La flore

Située entre 24°30' et 30° de latitude nord, la Floride naît dans une zone tempérée et plonge au sud dans les eaux chaudes des tropiques. Son climat, dont les caractéristiques varient considérablement du nord au sud, contribue à l'incroyable richesse de sa flore indigène. Mottes boisées, pinèdes, arbustaies, prairies sèches ou humides, marais d'eau douce ou d'eau saumâtre et bien d'autres encore, donnent naissance à une luxuriante féerie de plantes, d'arbres et de fleurs, parmi lesquelles de délicates orchidées.

QUELQUES HABITUÉS DU PAYSAGE

Les **mottes boisées** ou *hammocks* sont des tertres surbaissés essentiellement peuplés de feuillus, mais dont les essences varient selon la région. Leur sol fertile est, dans le nord et le centre de la Floride, particulièrement propice à la croissance de chênes, de noyers blancs d'Amérique, de hêtres, de magnoliers et d'autres espèces souvent couronnées de mousse espagnole, de lianes ou de vigne sauvage. Dans les régions méridionales, ces îlots de végétation abritent des espèces plus exotiques, comme le figuier banian ou l'acajou.

Du pin d'Elliott au pin des marais, en passant par le pin albicaule, capable de pousser sur les affleurements de calcaire comme sur les terrains sablonneux, cet infatigable résineux est sans conteste l'arbre le plus commun de la Floride.

Dans le centre de la péninsule et sur les dunes du littoral, les **arbustaies** se distinguent par de denses massifs de chênes verts et d'espèces arbustives comme le palmiste nain.

Dans les **prairies** du centre croissent diverses variétés de plantes herbacées aux noms mystérieux : vallisnérie, cymodocée, hydrocharis.

LES PALMIERS

On en compte en Floride plusieurs centaines d'essences. Le **palmier sabal**, l'une des 15 espèces indigènes, est l'arbre emblème de l'État. Les premiers colons cueillaient ses bourgeons croquants et comestibles, dont le goût rappelle un peu celui du chou. Parmi les autres variétés propres à la Floride, notez le palmier royal et le palmier-scie nain. Le premier, planté en majestueuses rangées, vient souvent embellir les grands boulevards. On trouve le second un peu partout dans la nature, où il pousse en fourrés d'une teinte allant du vert clair au bleu-gris. Quant au cocotier commun, jadis abondant dans le sud de la Floride, il fut durement touché – dans les années 1970 – par une épidémie de chlorose qui entraîna la destruction de plus de cinq millions de pieds dans la région de Miami. Ces arbres ont été largement remplacés par une espèce hybride, le maypan, et par un cocotier nain de Malaisie.

LES PALÉTUVIERS

La **mangrove** est une formation forestière halophile à base de palétuviers, seuls arbres capables de survivre en eau saumâtre. Longtemps considérés comme nuisibles par les promoteurs, ces arbres – profondément ancrés dans la vase – protègent en réalité le littoral contre l'érosion en amortissant la force des vagues. En outre, en retenant dans leur dense réseau de racines toutes sortes de débris, ils contribuent également à la création de nouvelles avancées de terre ferme. Le **palétuvier rouge** *(Rhizophora mangle)*, que les Indiens surnommaient « l'arbre qui marche », croît dans les zones particulièrement exposées aux marées et aux embruns et forme la mangrove commune. Ses racines aériennes rougeâtres, en forme d'échasses, absorbent oxygène et eau en filtrant le sel. Le **palétuvier noir** *(Avicennia germinans)*, doté de tubes respiratoires dits pneumatophores, pousse un peu plus près du rivage, le **palétuvier blanc** *(Laguncularia racemosa)* préférant en revanche les hauteurs. Ces deux dernières espèces rejettent le sel par des glandes situées à la surface de leurs feuilles.

ESPÈCES INDIGÈNES ET ESPÈCES EXOTIQUES

Quelque 350 types d'arbres différents poussent en Floride, dont le **gommier rouge** ou gumbo-limbo, et l'« arbre-poison » ou **mancenillier**. Souvent confondue avec le sumac lustré, cette espèce vénéneuse sécrète un suc si toxique que des gouttes d'eau ruisselant de ses feuilles suffisent à irriter la peau. Le **figuier étrangleur** entoure quant à lui sa victime (souvent un palmier sabal) d'une étreinte mortelle. Notez enfin un conifère bien particulier, le **cyprès chauve**, qui se dépouille en hiver de son feuillage, d'où son nom imagé. Toutes sortes de **plantes exotiques** introduites en Floride menacent aujourd'hui la survie d'espèces indigènes. Ces plantes représentent désormais 27 % des variétés existantes dans l'État et se sont répandues dans la nature au détriment de la végétation native, à tel point que divers programmes d'éradication ont dû être mis en place. Citons le cas du faux poivrier du Brésil, ou celui de deux espèces originaires d'Australie : le filao et le cajeputier. Ce dernier, particulièrement résistant aux feux de forêt, fut planté dans les années 1930 pour faciliter le drainage des marécages. Depuis, il a conquis de vastes territoires. Le comté de Dade interdit de planter ou de vendre ces trois espèces d'arbres.

La faune

Le soleil de la Floride et ses hivers cléments sont propices à une faune très variée. L'État compte une centaine d'espèces de mammifères et plus de 400 types d'oiseaux.
Si vous visitez la côte, vous verrez sans doute des **dauphins** et des **marsouins** s'ébattre non loin du rivage. Ces mammifères marins au profil fusiforme fréquentent volontiers les eaux peu profondes du golfe du Mexique et de l'Atlantique. Autrefois menacés d'extinction, les **alligators** se sont depuis largement multipliés. On estime leur nombre actuel à plus d'un million de spécimens. Si ces reptiles nous semblent surtout dangereux, ils jouent en réalité un rôle important dans la régulation des populations de serpents et de petits mammifères.
Les oiseaux aquatiques, dont on dénombre en Floride plusieurs dizaines d'espèces, sont sans doute les animaux les plus faciles à observer. L'**anhinga d'Amérique** est un oiseau au long cou capable de harponner les poissons avec son bec. Souvent confondue avec le flamant rose, la **spatule rosée** doit son nom à son bec si distinctif; on la rencontre surtout dans les réserves de Sanibel et de Merritt Islands. La **gallinule violacée**, petit oiseau se distinguant par un plumage vif bleu et violet, se trouve quant à elle dans les eaux marécageuses des Everglades.
Le **pélican brun** habite sur les deux côtes de l'État, où on peut l'observer rasant l'écume des vagues. Si cette espèce est fréquente en Floride, elle est malheureusement menacée dans d'autres régions des États-Unis, à cause d'un emploi abusif de pesticides.
La Floride abrite plus de 67 espèces animales en voie de disparition. Parmi elles se trouvent le solitaire **puma de Floride**, le **lamantin d'Amérique du Nord** *(voir p. 336)*, le minuscule **cerf à queue blanche**, la **cigogne d'Amérique**, autrefois commune dans les mangroves et dans les marais de cyprès, et la **grue de Floride**, un autre échassier aux longues pattes. Les cinq espèces de **tortues marines** *(voir p. 170)* que l'on rencontre en Floride sont toutes menacées à des degrés divers. Quant au terrible **crocodile américain**, il en reste à peine quelques centaines dans le sud de l'État.
Malgré le nombre élevé d'espèces menacées, la bataille n'est pas encore perdue. La Floride a réussi à ralentir, parfois même inverser le phénomène d'extinction. Ainsi, pour la première fois en dix ans, la **tortue-luth** est-elle revenue pondre ses œufs sur les plages de St. Augustine et de Jacksonville.
En revanche, la bataille contre les gros **serpents** est loin d'être gagnée. Introduits par l'homme à partir des années 1980, le python birman, le boa constrictor et le python de Seba – le plus gros serpent d'Afrique – ont trouvé dans les Everglades un terrain favorable à leur prolifération, qu'aucun prédateur ne menace. Ils ont contribué à faire diminuer dans des proportions considérables les populations de petits mammifères de la région (lapins, ratons-laveurs…). Il y a extrêmement peu de chances que vous soyez confronté à l'un de ces terribles reptiles, mais sachez tout de même qu'il existe environ 50 espèces de serpents indigènes, dont 6 sont venimeuses, comme le serpent tête de cuivre, le serpent à sonnette ou le serpent corail. Pour les reconnaître et en savoir plus, reportez-vous au site du musée d'Histoire naturelle de Floride : www.flmnh.ufl.edu/herpetology/fl-guide/venomsnk.htm.

DÉCOUVRIR LA FLORIDE

Plage de Fort Lauderdale.
Ch. Heeb/hemis.fr

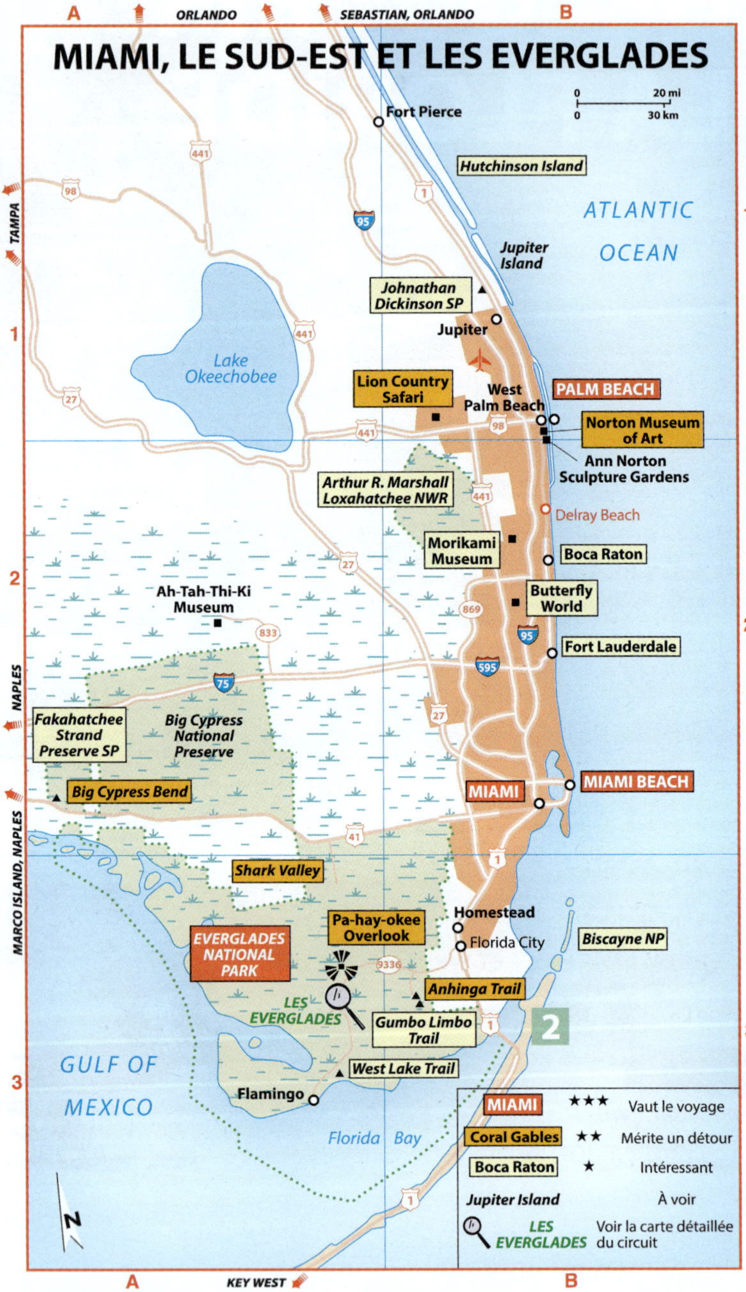
MIAMI, LE SUD-EST ET LES EVERGLADES
ORLANDO
SEBASTIAN, ORLANDO
TAMPA
NAPLES
MARCO ISLAND, NAPLES
KEY WEST
Fort Pierce
Hutchinson Island
ATLANTIC OCEAN
Jupiter Island
Johnathan Dickinson SP
Jupiter
Lake Okeechobee
Lion Country Safari
West Palm Beach
PALM BEACH
Norton Museum of Art
Ann Norton Sculpture Gardens
Arthur R. Marshall Loxahatchee NWR
Delray Beach
Morikami Museum
Boca Raton
Butterfly World
Ah-Tah-Thi-Ki Museum
Fort Lauderdale
Fakahatchee Strand Preserve SP
Big Cypress National Preserve
Big Cypress Bend
MIAMI
MIAMI BEACH
Shark Valley
Homestead
Florida City
Biscayne NP
EVERGLADES NATIONAL PARK
Pa-hay-okee Overlook
Anhinga Trail
LES EVERGLADES
Gumbo Limbo Trail
West Lake Trail
GULF OF MEXICO
Flamingo
Florida Bay
MIAMI ★★★ Vaut le voyage
Coral Gables ★★ Mérite un détour
Boca Raton ★ Intéressant
Jupiter Island À voir
LES EVERGLADES Voir la carte détaillée du circuit

Miami, le Sud-Est et les Everglades 1

Miami

★★★

417 650 habitants (ville) - 5 420 000 habitants (agglomération)

Un ciel d'azur, un ensemble architectural Art déco remarquable, une vie culturelle qui renaît après une période endormie, de magnifiques plages de sable blanc et des eaux limpides aux reflets turquoise, le tout à deux pas des Caraïbes… tant d'attraits qui ont fait de Miami l'une des toutes premières destinations touristiques du pays, et son plus grand port de croisière. Chaque année, quelque neuf millions de visiteurs déferlent sur la superbe métropole baignée de soleil. Car Miami – « la ville la plus exaspérante, la plus exaltante et la plus vivante du monde », selon l'écrivain américain Marjory Stoneman Douglas – a beaucoup à offrir et il serait dommage de ne pas s'y attarder.

NOS ADRESSES PAGE 136

S'INFORMER

Greater Miami Convention & Visitors Bureau – *701 Brickell Ave. (Suite 2700) - ✆ (305) 539 3000 - www.tropicoolmiami.com - lun.-vend. 8h30-18h.*
Miami Beach Visitor Information Center – *1901 Convention Center Dr. (Hall C du Miami Beach Convention Center) - ✆ 786 276 2763 - www.miamibeachguest.com - tlj 10h-16h.*

SE REPÉRER

Carte de région B2 (p. 92). La région métropolitaine de Miami englobe le comté de Miami-Dade ainsi qu'un grand nombre d'îles, parmi lesquelles Miami Beach (reliée à la côte par sept ponts routiers), Virginia Key et Key Biscayne (desservies quant à elles par le Rickenbacker Causeway).

SE GARER

Parcmètres (1,25 $/h) sur les trottoirs du centre-ville; les parkings coûtent environ 2 $ pour la première heure et 1,25 $ par demi-heure supplémentaire. Rens. : **Miami Parking Authority** – *✆ (305) 373 6789 - www.miamiparking.com.*
À Miami Beach, une limite de 2h, strictement appliquée, est imposée sur le stationnement à la durée (pièces de 0,25 $ seulement).
Pour faire du shopping et visiter The Barnacle, garez-vous sur Grand Ave. ou Main Hwy (parcmètres). Pour découvrir les autres sites, mieux vaut vous déplacer en voiture.

À NE PAS MANQUER

Le quartier Art Deco de Miami Beach; la plage bien sûr; une balade nocturne le long d'Ocean Drive; le quartier de Wynwood, repaire des galeries d'art et couvert de fresques murales; la villa Vizcaya.

ORGANISER SON TEMPS

Comptez au moins 2 ou 3 jours : 1 journée pour Miami Beach ne sera pas de trop, 1 journée pour le Downtown, Wynwood et Little Havana et 1 journée pour apprécier pleinement les charmes de Coconut Grove et Coral Gables, notamment l'incontournable Vizcaya.

South Beach à Miami Beach.
J.-B. Rabouan / hemis.fr

AVEC LES ENFANTS

La plage; le Children's Museum; éventuellement le Museum of Science; le zoo et l'aquarium, le Fairchild Tropical Botanic Garden à Coral Gables.

★★★ Miami Beach Plan de ville II (p. 106)

La meilleure façon de découvrir South Beach (au sud de 23rd St.) et son célèbre Art Deco District est de s'y promener à pied. Empruntez le MacArthur Causeway, qui contourne de luxueuses enclaves résidentielles édifiées sur les îles artificielles de Star, Palm et Hibiscus, et qui offre d'excellentes vues sur les immenses bateaux à quai dans le port de Miami.

De magnifiques plages bordées de palmiers, un quartier renommé pour son architecture originale, une population hétéroclite composée de retraités, de gens du show-business, de gays, de jeunes cadres dynamiques, et combien d'autres encore, voilà Miami Beach, naguère édifiée sur le rêve et la spéculation, aujourd'hui considérée comme l'un des paradis tropicaux des États-Unis. C'est aussi une ville en perpétuelle transition, où les quartiers chic et défavorisés se côtoient intimement. S'il est vrai que la pauvreté s'acharne encore sur quelques secteurs de la ville, d'autres ont retrouvé leur ancien faste. Parmi ces derniers figure le fameux **Art Deco Historic District**★★★ qui, avec ses boîtes de nuit et ses boutiques à la mode, attire une foule d'habitués et de touristes venus des quatre coins du monde.

Grâce à ses petits hôtels et ses immeubles résidentiels datant de la fin des années 1920 au début des années 1940, cette pittoresque enclave figure depuis 1979 à l'inventaire national des quartiers historiques américains, chose quelque peu étonnante à l'époque, puisque ses 800 édifices Art déco avaient alors à peine une quarantaine d'années. C'est ici que vous trouverez la plus forte concentration au monde de ce style de bâtiments. Bordé par l'océan Atlantique à l'est, Lenox Avenue à l'ouest, 6th Street au sud et Dade Boulevard (le long du Collins Canal) au nord, le quartier couvre environ 2,5 km^2. Et si

Un peu d'histoire : Miami

LES PREMIERS EXPLORATEURS

Lorsque **Pedro Menéndez de Avilés** accosta dans la région en octobre 1565, il y découvrit une bande de mutins vêtus de haillons, qui avaient été expulsés d'un navire en provenance du fort espagnol de San Matéo *(voir p. 370)*, près de Jacksonville. Ayant réussi à établir de bons rapports avec les Indiens, les rebelles acceptèrent de rester sur place afin d'aider Menéndez à établir une colonie permanente, en échange de quoi Menéndez leur accorda l'amnistie. En 1567, environ 30 pionniers espagnols arrivèrent sur les lieux pour fonder une mission catholique sous la direction d'un père jésuite. La mission connut des débuts prospères. Cependant, en l'espace d'un an, les relations entre Européens et autochtones se détériorèrent. Lorsqu'un soldat de la colonie tua un Tequesta, les Indiens ripostèrent en tuant à leur tour quatre militaires, puis en chassant le reste des Européens. Au cours des 150 années qui suivirent, la population Tequesta fut décimée par la maladie et les guerres l'opposant à la nation Creek. Lorsque la Floride devint une colonie britannique à la fin de la guerre franco-indienne, en 1763, les derniers Tequesta accompagnèrent les Espagnols qui s'enfuirent à Cuba.

PIRATES, NAUFRAGEURS ET PIONNIERS

Isolé du reste de l'État par les Everglades, le sud de la Floride attira peu de colons au cours du siècle suivant. La plupart des nouveaux venus gagnaient leur vie en écumant le littoral, afin de récupérer tout ce qu'ils pouvaient des épaves échouées sur les périlleux récifs du détroit de Floride. Certains d'entre eux agissaient en toute légitimité ; d'autres, cependant, étaient de véritables pirates. Selon la légende, le plus notoire de ces flibustiers, un dénommé Black Caesar, que l'on tenait pour un prince africain, se serait enfui d'un négrier échoué. Sa stratégie consistait à allumer des feux le long de la côte afin de dérouter les marins ; une fois le vaisseau échoué, il passait à l'abordage, pillant tout sur son passage, depuis les doublons d'or jusqu'aux barils de rhum. Notez que la région située entre la baie de Biscayne et l'océan Atlantique porte encore le nom de Caesar's Creek.

En 1808, le gouvernement espagnol basé à Cuba céda à un certain John Egan, originaire des Bahamas, 40 ha de terres à l'embouchure de la rivière Miami. Vers le milieu des années 1830, la région comptait déjà quelques pionniers, et la propriété d'Egan faisait désormais partie d'une immense plantation de canne à sucre de 1 012 ha, dirigée par un dénommé Richard Fitzpatrick. Les premiers efforts de colonisation furent anéantis en 1836, durant la deuxième guerre séminole. Le gouvernement américain, de plus en plus préoccupé par la menace amérindienne, décida alors d'installer un camp militaire sur la plantation de Fitzpatrick. C'est ainsi que **Fort Dallas** fut érigé en 1838, sur la rive nord de la rivière. Lorsque la guerre séminole prit fin en 1842, Fitzpatrick vendit sa plantation à son neveu, William English. Ce dernier se construisit une maison à proximité du fort abandonné et fonda, sur la berge sud de la rivière, une petite communauté qu'il baptisa Miami (du mot amérindien Mayami qui signifierait « eau douce », et que les autochtones utilisaient pour désigner le lac Okeechobee).

En 1855, Fort Dallas rouvrit dans le cadre de la troisième guerre séminole. Lorsqu'il ferma définitivement ses portes en 1858, seuls quelques pionniers habitaient les lieux. Pour gagner leur vie, ils opéraient des moulins servant à la fabrication de la marante, ou *arrow-root* de Floride. Cette fécule comestible, fort appréciée des Tequesta, était communément utilisée dans la confection des poudings, des pains et des gâteaux, et sa fabrication demeura une véritable industrie jusqu'à la fin du 19e s. La récupération des objets provenant de naufrages florissait elle aussi, mais il s'agissait désormais d'un commerce légitime, qui faisait même l'objet de contrats entre les compagnies de relevage et les souscripteurs.

UNE FEMME PERSÉVÉRANTE

À la fin du 19e s., **William** et **Mary Brickell** étaient les plus grands propriétaires fonciers de la région. Brickell, natif de l'Ohio, acheta une partie du domaine de William English sur la rive sud de la rivière Miami, et y ouvrit un magasin en 1870. Ses principaux clients étaient alors des Séminoles qui se rendaient à son établissement en canoë. En 1880, la famille Brickell possédait la totalité des terrains situés le long de la baie.
En 1891, **Julia Tuttle**, une veuve de Cleveland, acheta un terrain de 16 ha du côté nord de la rivière. Ses efforts inlassables en vue de faire connaître la petite communauté lui valurent le surnom de « mère de Miami ».
N'ayant pas réussi à convaincre Henry Plant de prolonger son chemin de fer si loin vers le sud, Julia Tuttle s'adressa à **Henry Flagler**, dont la fameuse Florida East Coast Railway (FEC) avait déjà transformé la ville de St. Augustine en un important centre de villégiature. En 1894-1895, lorsque des gels successifs dévastèrent les plantations d'agrumes du centre et du nord de la Floride, Julia Tuttle s'empressa d'envoyer à Flagler des fleurs d'oranger, afin de le convaincre de la douceur du climat aux alentours de Miami. Son stratagème réussit.
En échange de droits riverains et de la moitié des terres de Mme Tuttle, Flagler fit aménager des rues, approvisionna la communauté en eau et en électricité, finança la construction d'un canal dans la baie de Biscayne, et légua une partie de ses terres pour l'édification des premiers bâtiments communautaires. Le premier train arriva dans le village de 30 citoyens en avril 1896. Trois mois plus tard, Miami comptait déjà 800 habitants et obtenait une charte municipale. L'année suivante, le luxueux **Royal Palm Hotel** ouvrit ses portes à l'emplacement de l'ancien Fort Dallas. Cet établissement de grand luxe comptait 350 chambres, une piscine, des ascenseurs et un parc planté de centaines de cocotiers. Endommagé par le grand ouragan de 1926, il fut malheureusement démoli quelques années plus tard.
Avant la fondation de Miami et l'arrivée du chemin de fer, de petites localités étaient apparues dans la région. Les principales étaient Coconut Grove, au sud de Miami, et Lemon City (près de North East 61st Street), un port commercial en plein essor. En 1904, Flagler prolongea sa voie ferrée jusqu'à South Dade, entraînant ainsi la naissance de nombreuses communautés telles Princeton, Goulds et Homestead (près du terminus), et ouvrant cette région de culture maraîchère et fruitière au marché national.
Pendant ce temps, les communautés noires de Coconut Grove, Lemon City et du centre-ville de Miami prospéraient. En 1920, les Noirs d'origines bahamienne et américaine représentaient un tiers de la population. Quelque 5 000 d'entre eux vivaient dans un quartier surnommé Colored Town, aménagé à l'ouest de la voie ferrée, entre North West 6th Street et 12th Street, d'après les plans de Julia Tuttle et Henry Flagler. Beaucoup devinrent hommes d'affaires, médecins et artisans aisés.

ESSOR ET DÉCLIN IMMOBILIERS

Miami connut son apogée dans les années qui suivirent la Première Guerre mondiale. C'était l'époque des stars du cinéma, des grands hôtels et d'une prodigieuse activité immobilière. Dans les années 1920, les terres se vendaient si rapidement (et toujours, bien sûr, à un prix plus élevé) que les propriétaires de plantations d'agrumes et de fermes maraîchères durent poser des écriteaux signalant que leurs exploitations agricoles n'étaient pas à vendre !

Le développement du sud de la Floride fut directement lié au prolongement du chemin de fer et à l'aménagement du système routier, mais sans l'ingéniosité de quelques visionnaires, qui édifièrent de charmantes communautés aux tons pastel, Miami ne serait jamais devenue la « ville-soleil » des États-Unis. Avec son climat tropical et sa végétation exotique, la Floride méridionale semblait à l'époque aussi lointaine qu'un pays étranger. Profitant de cette réputation d'exotisme, de nombreux promoteurs attirèrent d'éventuels acheteurs en leur vantant les charmes du dépaysement. Ainsi naquirent Miami Beach, fondée par Carl Fisher, Coral Gables, le paradis méditerranéen de George Merrick, avec ses canaux artificiels et ses gondoliers italiens, et les communautés de Hialeah et Miami Springs, créées au début des années 1920 par James Bright et Glenn Curtiss. Des villes entières firent soudainement leur apparition dans la région. L'excentricité étant au goût du jour, les idées les plus farfelues se manifestaient jusque dans l'architecture. Ainsi, la communauté d'**Opa-locka** (au nord de l'aéroport de Miami), conçue par Curtiss en 1926, englobait une centaine d'édifices (dont certains existent encore) inspirés des *Mille et Une Nuits*.

L'incroyable expansion que connut Miami durant la première moitié des années 1920 fut suivie d'une période noire. Divers facteurs (campagne de propagande contre la Floride, série d'enquêtes fiscales, embargo dans le port de Miami) provoquèrent une chute brutale des investissements. Pour aggraver une situation déjà catastrophique, un cargo sombra dans le canal de Miami en 1926, empêchant tout trafic maritime pendant trois semaines. La même année, au mois de septembre, un violent ouragan frappa la ville, lui assénant le coup de grâce. Le cyclone dévasta la végétation, endommagea presque tous les édifices du centre-ville, détruisit plusieurs commerces et causa la mort de plus de 100 personnes. L'économie s'effondra, les banques fermèrent, et les développements résidentiels en cours de construction demeurèrent inachevés.

Des difficultés financières avaient donc touché la Floride bien avant le krach de 1929. Pourtant, l'État fut l'un des premiers à se relever de la crise économique, en partie grâce à la prohibition. Désireux d'attirer à tout prix les touristes, les dirigeants fermèrent en effet les yeux sur la présence de tripots et sur l'importation illégale d'alcool venu des Bahamas, qui valut bientôt à la ville la réputation de « capitale américaine de la contrebande ». En 1931, l'État légalisa les paris mutuels. Dans les années 1940, cependant, le crime organisé dominait les maisons de jeux, et le syndicat S & G (Stop and Go) contrôlait des dizaines de bookmakers qui opéraient dans les hôtels de Miami Beach.

Entre-temps, les touristes venus du nord arrivaient, toujours plus nombreux, à Miami. Lorsqu'en 1934 Coconut Grove célébra l'ouverture d'un aéroport, le Pan American Air Terminal, la ville accueillit un nouveau type de visiteurs, originaires d'Amérique latine. Les Indiens se mirent de la partie, ouvrant dans les Everglades des villages autochtones créés à l'intention des curieux. Toujours dans les années 1930, dans le cadre des grands travaux publics lancés par F.D. Roosevelt pour combattre les effets de la crise économique, le gouvernement finança plusieurs projets de construction, parmi lesquels le Miami

Beach Post Office et Liberty Square, premier ensemble de logements sociaux destinés aux Noirs. L'économie reprenait peu à peu de son entrain.

MIAMI EN GUERRE

Afin d'éloigner le spectre d'une autre dépression économique, les hauts fonctionnaires du sud de la Floride s'employèrent à convaincre le gouvernement fédéral d'établir des camps d'entraînement militaire à Miami et Miami Beach. Abandonnant temporairement leur vocation touristique, les centres de villégiature se convertirent en de véritables bases militaires. À Miami Beach, 147 hôtels de luxe furent ainsi transformés en casernes, tandis que les plages et les parcours de golf de la station balnéaire servaient de champs de tir et de terrains de manœuvres. Des réfectoires furent également aménagés dans des restaurants huppés et des clubs privés. En 1942, les forces navales transféraient leurs quartiers généraux de Key West au Pont Building, à Miami, afin de prévenir l'infiltration des sous-marins allemands dans le détroit de Floride. La même année, la Sub-Chaser School, située dans le port de Miami, initiait plus de 50 000 recrues à la chasse aux sous-marins.

Après la guerre, les militaires déferlèrent sur la ville, attirés par la possibilité d'y acheter une maison à bas prix, et par les programmes de formation offerts par l'université de Miami en vertu du GI Bill, une loi attribuant certains privilèges aux anciens combattants. Pendant la guerre, l'armée, les forces navales et les Marines avaient ouvert plusieurs écoles d'aviation dans la région, jetant les bases d'une industrie encore très active. L'aéroport international de Miami fut construit sur la North West 36th Street, à l'emplacement de l'ancienne base de la Pan Am, où l'as de l'aviation **Eddie Rickenbacker**, un vétéran de la Première Guerre mondiale, contribua à la fondation de la compagnie aérienne Eastern Airlines (aujourd'hui disparue).

PROBLÈMES DE CROISSANCE

En 1959, l'avènement de la **révolution cubaine** mit soudainement fin au calme qui avait jusqu'alors caractérisé la présidence de Dwight D. Eisenhower. Proche de Cuba, Miami était un refuge logique pour les nombreux opposants au régime révolutionnaire mis en place par Fidel Castro. En 1961, 1 180 ennemis du castrisme, armés par les États-Unis, tentèrent d'envahir l'île, mais échouèrent au lieu dit de la « baie des Cochons ». En 1962, le gouvernement américain s'engagea, auprès de Nikita Khrouchtchev, à cesser toute tentative d'invasion de Cuba ; en contrepartie, l'URSS devait démonter les bases militaires qu'elle avait établies sur l'île et y désarmer ses missiles nucléaires. Les quelque 100 000 réfugiés politiques qui habitaient déjà Miami lorsque l'entente fut conclue, durent alors envisager la possibilité d'un exil permanent. À compter de 1965, des milliers de familles cubaines furent évacuées par voie aérienne vers Miami, portant la population de réfugiés à environ 400 000 personnes et entraînant la création d'une communauté bien distincte.

Dans un premier temps, la population locale accueillit les exilés à bras ouverts. Mais leur fulgurante réussite économique provoqua bientôt la méfiance, voire l'hostilité des résidents de longue date, notamment celle de la communauté noire. L'arrivée d'immigrants originaires d'Amérique centrale et d'Amérique du Sud acheva de donner à la ville un visage résolument latin. En 1980, la montée de l'opinion anti-hispanique se concrétisa par la révocation d'un règlement municipal, adopté en 1973, qui avait fait de Miami une ville bilingue. La même année, Cuba ouvrit temporairement ses frontières et permit à beaucoup d'opposants de quitter l'île pour le Pérou, le Costa Rica et, bien sûr, la Floride.

L'arrivée à Miami d'un contingent de 125 000 Marielitos (ainsi nommés car ils étaient partis du port de Mariel) ne fit qu'aggraver un climat déjà fort tendu, car parmi les réfugiés s'étaient glissés un certain nombre d'indésirables (criminels relâchés des prisons et déséquilibrés mentaux) dont Castro s'était débarrassé avec plaisir… Toujours en 1980, une violente émeute éclata à Liberty City, lorsque quatre policiers de race blanche furent acquittés, par un jury entièrement composé de Blancs, après avoir battu à mort un vendeur d'assurances noir. L'incident, qui dura trois jours, se solda par 19 morts et plus de 50 millions de dollars de dommages, et provoqua un véritable exode parmi la population native.

Miami fut durement éprouvée par la récession économique qui s'empara du pays dans les années 1980. La tour de bureaux du One Biscayne Boulevard déclara faillite, les banques saisirent des immeubles inachevés, les centres commerciaux ne restèrent qu'à moitié loués, et le nouveau Metrorail (métro aérien), construit au prix d'un milliard de dollars, demeura quasi vide. Seuls les caïds de la cocaïne, auxquels le trafic de la drogue rapportait, dit-on, environ 10 milliards de dollars par an, semblaient prospérer.

UNE MÉTROPOLE COSMOPOLITE

Comment s'étonner du fait qu'une émission de télévision ait contribué à susciter une recrudescence d'intérêt pour cette ville déjà empreinte de fantaisie et de mystère. Le succès retentissant de la série policière *Deux flics à Miami* (1984-1989), mettant en vedette Don Johnson et Philip Michael Thomas, a en effet redoré le blason de Miami en attirant l'attention des téléspectateurs sur l'exotisme de la ville, avec ses édifices de stuc rose, ses palmiers et ses immeubles Art déco, et en prêtant un certain attrait à son côté un peu équivoque.

Conçues par le célèbre cabinet d'architectes de Miami, Arquitectonica International, les tours avant-gardistes du centre-ville forment aujourd'hui un paysage urbain des plus spectaculaire qui ne cesse de croître, tandis que la ville tente de séduire également sur le plan culturel avec l'ouverture, du **Museum Park**, qui remplace le Miami-Dade Cultural Center.

L'édification du **Free Trade Center** (près de l'aéroport), au début des années 1980, et l'arrivée d'un grand nombre de sociétés américaines qui établirent leur siège social à Coral Gables, afin de commercer avec l'Amérique latine, ont relancé une économie locale qui en avait grand besoin. Des foires commerciales de calibre international se déroulent régulièrement au palais des congrès de Miami Beach, qui peut accueillir jusqu'à 34 000 personnes. Malgré les généreux revenus tirés de la pêche et des activités portuaires – le **port de Miami** est en effet le premier port de croisière du monde et un important port de transit des produits agricoles –, le tourisme demeure la toute première industrie régionale. Aussi, le meurtre de plusieurs touristes au début des années 1990 attira-t-il l'attention du pays et de la presse internationale. En août 1992, Miami fit à nouveau la une des journaux avec l'**ouragan Andrew** – l'un des plus grands désastres naturels dans l'histoire des États-Unis – qui se déchaîna sur la région métropolitaine et causa des dommages évalués à une trentaine de milliards de dollars. Si le centre-ville, Coconut Grove et Miami Beach sortirent relativement indemnes de cette épreuve, le sud du comté de Miami-Dade fut très durement touché.

Marquée par une situation politique explosive à Haïti et par un terrible marasme économique à Cuba, l'année 1994 est marquée par l'arrivée massive de réfugiés des deux pays, et le durcissement du gouvernement américain

face au problème de l'immigration, durcissement qui s'accompagne d'ailleurs de rétorques cinglantes de la part de la communauté cubaine de Miami.

Au début du 21e s., la délicate question cubaine anime toujours la scène politique locale et le désastreux tremblement de terre à Port-au-Prince a généré un nouvel afflux massif de réfugiés haïtiens vers la Floride.

Mais la magie perdure : Miami cultive son côté glamour, entretenu par les visites régulières et les installations de nombreuses stars, de Jennifer Lopez à Lenny Kravitz, qui agitent ses nuits et en font un lieu mythique pour les visiteurs du monde entier.

South Beach attire les célébrités, les vraies vedettes n'en demeurent pas moins les édifices…

★★ Ocean Drive B2-3

Bon à savoir – Dans Lummus Park, l'**Art Deco Welcome Center** *(Oceanfront Auditorium, voir ci-dessous, 1001 Ocean Dr. - ✆ 305 531 2014 - www.mdpl.org - tlj 9h30-17h)* programme plusieurs visites guidées du quartier et de la ville *(1h30 - 25 $)* et propose un audioguide en français, aux commentaires inspirés, qui permet de suivre une intéressante et instructive visite de l'Art Deco District.

Le long de cette artère nord-sud, qui borde l'océan Atlantique, bat le cœur de South Beach. En journée, résidents et visiteurs s'attablent aux terrasses des cafés, tandis que les jeunes en patins à roulettes passent devant eux avec la rapidité d'un éclair. Le soir venu, de lumineuses enseignes au néon attirent la foule vers des bars à ciel ouvert. De l'autre côté du boulevard s'étend la magnifique plage d'**Ocean Beach★★**, qui fut reconstituée et agrandie en 1982 dans le cadre d'un projet municipal de plusieurs millions de dollars. Très populaire auprès des sportifs et des gens plus âgés, qui viennent y promener leurs chiens, **Lummus Park** longe la plage de 1st Street à 15th Street.

Édifice bleuté conçu par Henry Hohauser en 1937, le **Park Central** *(nº 640)* est typique du quartier, avec sa façade angulaire aux striures verticales, ses hublots et son entrée centrale ombragée. Le **Majestic** *(nº 660)* a été conçu par Albert Anis (1940) comme une parodie du style Sécession de Vienne. Ses décorations verticales sévères s'inspirent de certains films de Fritz Lang des années 1920. Célèbres avec leur tour lanterne en angle, les **Waldorf Towers** *(nº 860)*, reconnaissables à leur façade orange et blanche, sont l'un des premiers succès de restauration de la Miami Design Preservation League. Remarquable pour ses rayures horizontales et sa tour futuriste, le **Breakwater** *(nº 940)* est un bâtiment jaune et bleu qui partage sa piscine avec l'**Edison** *(nº 960)*, construit en 1935. Œuvre de l'architecte H. Hohauser, cet édifice comporte une arcade au rez-de-chaussée, des fenêtres arquées et une jolie colonnade torsadée évoquant l'architecture néoméditerranéenne de la région.

Contrastant avec les lignes angulaires des édifices Art déco, le style **Streamline Moderne** privilégie les formes aérodynamiques. Ses striures horizontales révèlent la fascination qu'exerçaient la vitesse et le mouvement, à cette époque marquée par l'évolution du design dans les domaines du transport et de l'industrie. En témoigne le bâtiment de la **Beach Patrol Station** *(nº 1001)*, conçu vers 1930 par Robert Taylor pour ressembler à un bateau de croisière. Doté de hublots, de conduits d'air semblables à des périscopes et de rampes tubulaires, il forme maintenant la façade arrière de l'**Oceanfront Auditorium**, construit dans les années 1950.

Au nº 1116, l'**Amsterdam Palace**, également connu sous le nom de Casa Casuarina, édifié dans les années 1930, est un bel exemple d'architecture de style Renaissance italienne. La grande porte d'inspiration médiévale, avec voûte gothique, est caractéristique. La villa devint la propriété du couturier italien Gianni Versace, qui en fit sa résidence principale, et provoqua un scandale en faisant détruire l'hôtel contigu pour construire sa piscine. Le couturier fut assassiné en 1997 devant les grilles de sa propriété.

Les premiers hôtels Art déco à avoir été rénovés dans le quartier incluent notamment le **Leslie** (1937, Albert Anis) au nº 1244 *(en travaux lors de la rédaction de ce guide)*; le **Carlyle** (1941, Kiehnel et Elliott) au nº 1250, plus rond et exubérant que son voisin; le **Cardozo** (1939, Henry Hohauser) au nº 1300, dont la forme aérodynamique rappelle les ailes des classiques voitures américaines et dont les moulures et bordures sont en albâtre; et le **Cavalier** (1936, Roy

L'ORIGINE DU STYLE ART DÉCO

Le quartier Art déco présente une frappante homogénéité de formes et de volumes car, durant les années 1930, les architectes qui participèrent au projet – **L. Murray Dixon**, **Henry Hohauser**, **Albert Anis**, **Robert Swartburg** et **Roy France** – eurent recours aux mêmes styles. Dérivé du **style International**, expression architecturale minimaliste née en Europe après la Première Guerre mondiale, l'Art déco se caractérise par l'utilisation d'éléments décoratifs stylisés appliqués à des structures massives en blocs de béton (donc peu coûteuses).

À Miami, cependant, il s'est quelque peu transformé sous l'influence du climat. Des motifs tropicaux sont venus orner diverses parties des édifices, notamment les portails, bas-reliefs, peintures murales et fenêtres givrées, donnant aux immeubles un aspect allègre qu'accentuent davantage les matériaux contemporains (néons, moulures aux couleurs vives, blocs de verre, mosaïques).

Un grand nombre de bâtiments du quartier présentent les mêmes caractéristiques (formes géométriques dépouillées, façades en renfoncement, striures verticales et bas-reliefs) et reflètent, à travers leur allure, certaines grandes constructions américaines du 20e s. (avions, paquebots, voitures).

Après la Seconde Guerre mondiale, de nombreux soldats qui avaient été postés dans les hôtels de South Beach (SoBe) durant le conflit, revinrent s'y s'installer avec leurs familles. Avec le temps, les investisseurs se tournèrent peu à peu vers le nord de Miami Beach, et SoBe entra dans une période de déclin économique qui se prolongea jusque dans les années 1960. En 1966, une rétrospective de l'Exposition internationale des arts décoratifs, tenue à Paris en 1925, suscita une recrudescence d'intérêt pour le style Art déco, et de ce fait, pour SoBe.

Dix ans plus tard, Barbara Baer Capitman et Leonard Horowitz fondèrent la **Miami Design Preservation League**, consacrée à la sauvegarde du patrimoine architectural local. En 1980, l'arrivée de plusieurs centaines de Marielitos *(voir p. 100)* dans le quartier provoqua le départ massif de nombreux résidents, et les édifices Art déco, que l'on jugeait désuets, voire de mauvais goût, seraient peu à peu tombés à l'abandon sans les efforts de Capitman et Horowitz.

L'inscription à l'inventaire national des sites historiques américains ne protégeant malheureusement pas les bâtiments de la démolition, plusieurs d'entre eux furent détruits. Cependant, la modification des façades et la couleur des nouvelles constructions doivent désormais être approuvées par un comité local.

La récente introduction de couleurs tropicales dans ce paysage urbain si unique est d'ailleurs controversée, car les édifices Art déco d'origine, peints en blanc, ne comportaient que quelques touches de couleurs primaires.

France) au n° 1320. Plus récemment restauré, **The Tides** (1936, L. Murray Dixon), au n° 1220, appartient à l'impresario Chris Blackwell, propriétaire du Leslie. Il s'agit, avec ses 11 étages, du plus grand hôtel d'Ocean Drive. Ces hôtels étaient destinés à l'origine aux classes moyennes qui partaient en vacances d'hiver, en particulier celles des grandes villes industrielles du Nord-Est, alors en plein essor.

Complétez la balade architecturale par la découverte d'autres édifices emblématiques, sur Collins Ave. notamment, décrits p. 108.

1

Un peu d'histoire : Miami Beach

LA CONQUÊTE DES MARAIS

Peuplée, dans un lointain passé, par des Indiens Tequesta, la langue de terre jadis marécageuse et inhospitalière où se dresse maintenant Miami Beach ne fut colonisée en permanence qu'à la fin du 19e s. En 1882, **Henry Lum**, un ancien pépiniériste de Pennsylvanie, acheta les terres au sud de l'actuelle 11th Street afin d'y faire pousser des cocotiers. Il fut bientôt suivi par Ezra Osborn et Elnathan Field, deux investisseurs du New Jersey, qui achetèrent toutes les parcelles riveraines au nord de la plantation de Lum, de Key Biscayne à Jupiter. Ensemble, ils plantèrent des centaines de milliers d'arbres, mais les marécages et les moustiques vinrent à bout de leur patience, et les trois hommes abandonnèrent leur projet.

Avec les premiers trains arrivèrent les premiers touristes. Pour les conduire à la plage, un certain Richard M. Smith érigea un pavillon à la limite sud de l'actuelle Ocean Beach en 1907, et inaugura un service de ferry qui transportait les visiteurs de l'autre côté de la baie de Biscayne.

Quelques années plus tard, deux hommes d'affaires, Avery Smith et James Warr, achetèrent le pavillon, auquel ils ajoutèrent une jetée ainsi qu'une promenade surélevée. Ainsi naquit la première station de villégiature de Miami Beach : Fairy Land.

En 1912, **John C. Collins**, un horticulteur du New Jersey qui, cinq ans plus tôt, avait établi une florissante plantation d'avocatiers sur une terre située au nord de la propriété de Henry Lum, fonda la Miami Beach Improvement Company afin de lever des fonds pour la construction d'un pont routier sur la baie de Biscayne.

Lorsque l'argent vint à manquer, **Carl Fisher**, le magnat de l'automobile, qui avait fait construire l'Indianapolis Speedway en 1909 afin de favoriser l'expansion de l'industrie automobile, fit un don de 50 000 dollars. Il reçut en contrepartie un terrain de 81 ha qui s'étendait de l'océan à la baie, au sud du Collins Bridge (aujourd'hui remplacé par le Venetian Causeway).

Voulant profiter de l'effervescence touristique et immobilière suscitée par la construction de ce pont routier, les frères **John** et **James Lummus**, qui étaient tous les deux présidents de banque à Miami, fondèrent l'Ocean Bridge Realty Company en 1912, et dressèrent les plans de leur premier projet résidentiel (ce sont eux qui achetèrent l'ancienne plantation de Henry Lum). Carl Fisher intervint une fois de plus lorsque les frères Lummus manquèrent d'argent pour draguer leur propriété riveraine. En retour, les frères Lummus lui cédèrent une large parcelle de terre à Ocean Beach, et Fisher y fonda sa propre société immobilière.

Le développement résidentiel des Lummus comportait de petites parcelles de terrain et de modestes bungalows accessibles à toute personne « de race blanche, respectueuse des lois et en mesure de faire un versement initial ». Les propriétés riveraines de Fisher, situées au nord de l'actuelle Lincoln Road, s'adressaient plutôt à une clientèle bien nantie. Fisher, en promoteur chevronné, favorisa l'afflux de nouveaux résidents en finançant la construction d'une route de Chicago à Miami, la célèbre **Dixie Highway**, qui fut inaugurée en grande pompe en 1915.

Cette même année, Collins, Fisher et les frères Lummus fusionnèrent leurs entreprises, puis réunirent leurs propriétés pour former la ville de Miami Beach.

Les Waldorf Towers, quartier Art déco à South Beach.
L. Decoudin/Michelin

UN ÉTÉ SANS FIN

De cette fusion résulta une campagne publicitaire effrénée et une remarquable poussée immobilière. Au cœur du rude hiver new-yorkais, un énorme panneau érigé sur Times Square tentait les passants transis de froid avec ces quelques mots : « C'est l'été à Miami. » Des dizaines de riches industriels répondirent à l'appel pour s'y installer, avec leurs familles, dans d'immenses domaines de style néoméditerranéen. En 1921, cinq hôtels de luxe accueillaient une clientèle aisée qui passait confortablement l'hiver sur les terrains de polo, les parcours de golf et les courts de tennis de la région. Le soir venu, on se précipitait vers les boîtes de nuit pour tenter sa chance aux jeux de hasard ou consommer de l'alcool, activités clandestines qui se déroulaient, discrètement, dans les pièces arrière des clubs. Avec un peu de chance, on pouvait même apercevoir **Al Capone**, le notoire gangster de Chicago, qui acheta une maison à Palm Island en 1928. Le krach boursier de 1929 mit fin à cette ère de prospérité. En 1930, les propriétés de Fisher, occupées par d'opulentes demeures, avaient perdu presque toute leur valeur. Les terrains de South Beach, en revanche, se vendaient à toute allure ; les acquéreurs étaient des hommes d'affaires juifs, venus des États du Nord, qui profitèrent de leurs modestes placements immobiliers en dépit de la crise économique des années 1930. En 1947, environ la moitié des résidents permanents étaient d'origine juive.

Miami Beach allait renaître à la fin des années 1930, grâce à l'essor du tourisme. En 1936, 36 hôtels et 110 immeubles d'habitation de style Art déco furent bâtis à South Miami Beach. Dans les années 1940, de nombreux membres de la pègre se mirent à acheter des domaines au nord de 23rd Street, défiant les règlements de zonage afin de construire d'immenses palaces hôteliers. La ville connut son apogée dans les années 1950 et 1960, âge d'or des grands hôtels tels que le Fontainebleau. Dans les années 1970, cependant, elle entra dans une période de déclin qui laissa dans son sillage de nombreux édifices plutôt défraîchis, avant de renaître grâce à quelques activistes qui se battirent pour préserver ce joyau.

MIAMI BEACH
plan II
Bâtiment Art déco
0 1/5 mi
0 300 m
BAL HARBOUR SHOPS, FONTAINEBLEAU HILTON RESORT 6 10 8 3
A
B
1
2
3
VENETIAN CAUSEWAY
MACARTHUR CAUSEWAY
BAYSHORE GOLF COURSE
Miami Beach Botanical Garden
Holocaust Memorial
MIAMI BEACH CONVENTION CENTER
Bass Museum of Art
Miami City Ballet
W
Plymouth
Collins Park
BOARDWALK
Dade Blvd.
Canal
Collins Canal
The Fillmore at The Jackie Gleason Theater
CITY HALL
Ritz Carlton
Delano
National
Lincoln Theatre
Sterling Building
Lincoln Road Mall
Colony Theater
ArtCenter South Florida
ART DECO
SOUTH
HISTORIC
BEACH
DISTRICT
Espanola Way
SCHOOL
FLAMINGO PARK
US Post Office
Cavalier
Cardozo
Carlyle
Leslie
The Tides
World Erotic Art Museum
Old City Hall
POL.
Casa Casuarina
The Wolfsonian-FIU
Edison
Oceanfront Auditorium
Breakwater
Sherbrooke
Waldorf Towers
THE BLACKSTONE
Tiffany
Majestic
Park Central
Lummus Park
Beach
Ocean Drive
ATLANTIC OCEAN
Jewish Museum of Florida
SOUTH POINTE
MIAMI BEACH MARINA
MARJORY STONEMAN DOUGLAS OCEAN BEACH PARK
PIER PARK
SOUTH POINTE PARK
S. Pointe Dr.
N
FAIRE UNE PAUSE
Nexxt 2
À la Jolie 3
The Dynamo 4
BOIRE UN VERRE/SORTIR
Sky Bar 5
Broken Shaker 6
Nikki Beach 7
Radio Bar 8
Mansion 9
LIV @ Fontainebleau 10
SE LOGER
Clay Hotel (The) 1
Delano 3
Eva Hotel 5
Hotel (The) 7
Freehand 8
SE RESTAURER
Forge (The) 3
Jerry's Famous Deli 5
Joe's Stone Crab 7
News Café 9
Osteria del Teatro 11
Rosinella (La) 15
Tap Tap 17
Yardbirds 19
11th St. Diner 21

Jewish Museum of Florida A3

301 Washington Ave. - ✆ (305) 672 5044 - www.jewishmuseum.com - ♿ - mar.-dim. 10h-17h - fermé pendant les fêtes juives - 6 $.

Logé dans la Beth Jacob Orthodox Synagogue (1936, Henry Hohauser), que l'on reconnaît à son dôme cuivré, ce musée abrite des œuvres d'art et objets illustrant plus de deux siècles d'histoire juive en Floride. Une recherche exhaustive, menée sur une période de 10 ans, a permis de recueillir 10 000 objets, photographies et souvenirs réunis pour former l'exposition MOSAIC, qui constitue la collection maîtresse du musée. Sont également présentées en alternance trois expositions relatant divers aspects de la vie quotidienne au sein de la communauté juive de Floride. Une vidéo retrace par ailleurs l'histoire des juifs de Floride, depuis la lointaine époque où ils arrivèrent ici avec Ponce de León afin de fuir les persécutions qui avaient alors cours en Espagne. La lumière provenant de huit vitraux richement colorés baigne l'intérieur voûté de la synagogue. À l'extrémité est de la pièce, remarquez l'arche taillée dans le marbre ; elle est couronnée d'une thora sculptée, soutenue par des lions.

★★ The Wolfsonian-FIU B2

1001 Washington Ave. - ✆ (305) 531 1001 - www.wolfsonian.org - ♿ - tlj sf merc. et principaux jours fériés 12h-18h (vend. 21h) - 7 $, gratuit vend. 18h-21h.

Le bâtiment de la Washington Storage Company (1927, Robertson et Patterson) se distingue par sa façade or en béton coulé, d'inspiration mauresque. Aujourd'hui géré par la Florida International University, cet ancien entrepôt de gardiennage, dans lequel les nantis déposaient leurs biens personnels, abrite un musée et un centre de recherche voués à la conservation de la Mitchell Wolfson Collection. Cette dernière compte plus de 70 000 œuvres d'art américaines et européennes (essentiellement britanniques, allemandes, italiennes et hollandaises) datant de 1885 à 1945 : livres rares, dessins, œuvres de propagande et à caractère politique, maquettes d'architecture, sculptures, céramiques, verreries, meubles et autres. Tirées de la collection permanente, les quelque 300 œuvres exposées par roulement au 5e niveau couvrent une grande variété de thèmes relatifs au design (urbanisme, dessin industriel, publicité, propagande politique, etc.). Des expositions temporaires occupent les 6e et 7e niveaux, les étages inférieurs étant réservés aux bureaux administratifs et à des salles d'étude. Une curieuse **fontaine** domine le hall d'entrée. Elle incorpore une somptueuse grille de fenêtre en terre cuite vernissée provenant d'une salle de théâtre construite en 1929.

Washington Avenue A2-3/B1-2

De remarquables édifices publics bordent cette artère animée, où s'alignent de nombreuses boutiques de qualité variable, des clubs et des tatoueurs.

Old City Hall – *1130 Washington Ave.* Conçu dans le style méditerranéen par Martin Luther Hampton en 1927, l'imposant hôtel de ville précéda l'apparition du style Art déco à Miami Beach. Construit après l'ouragan de 1926, il symbolisait la renaissance de la ville à travers un projet jugé démesuré à l'époque.

World Erotic Art Museum – *1205 Washington Ave. - ✆ (305) 532 9336 ou 1 866 969 WEAM - www.weam.com - lun.-jeu. 11h-22h, vend.-dim. 11h-0h - 15 $ - entrée interdite aux moins de 18 ans.* Il rassemble une collection privée quelque peu hétéroclite. Si la variété des objets exposés peut amuser, l'ensemble est quand même d'un intérêt discutable…

US Post Office – *1300 Washington Ave.* Dépourvu de toute ornementation extérieure, cet immeuble est un bel exemple du style dit « Depression Moderne » ou « classique dénudé », propre aux édifices construits dans le cadre des programmes du Works Project Administration (WPA) dans les années 1930 :

simplicité moderne, géométrique et monochrome. Il abrite la poste centrale depuis 1939. La **rotonde** centrale est ornée d'une peinture murale (1940) de Charles Hardman représentant divers épisodes de l'histoire floridienne.

★ Espanola Way B2

Entre Washington Ave. et Drexel Ave.
Cette ancienne communauté d'artistes établie en 1920 apporte une note de gaieté (un peu factice) à un secteur plutôt quelconque. Ses édifices de style néoméditerranéen, avec leur revêtement de stuc couleur corail et leurs carreaux de céramique peints à la main, semblent sortis d'un décor de cinéma. Envahie de nombreux cafés et restaurants, cette artère s'éveille en soirée.

Lincoln Road Mall AB1

Sur Lincoln Rd, entre Washington Ave. et Alton Rd. Service de tram toute la journée.
Plus vieille artère commerçante de Miami Beach, cette enclave piétonnière renferme une multitude de boutiques (la plupart n'ouvrent qu'à partir de midi), de galeries et de restaurants, ainsi qu'une petite place centrale agrémentée de fontaines et de bassins creusés dans la roche corallienne. Carl Fisher, qui en dessina le tracé en 1915, la surnomma la « Cinquième Avenue du Sud ». Fermée à la circulation et repaysagée par Morris Lapidus dans les années 1960, désertée dans les années 1970 mais redécouverte depuis, Lincoln Road est comme en perpétuelle transition. Les boutiques les plus élégantes (meubles anciens, bijoux, livres et prêt-à-porter) se trouvent à l'ouest de Drexel Avenue.
Ancien cinéma Art déco construit en 1935, le **Lincoln Theatre** *(nos 541-555)* accueille désormais la New World Symphony *(☏ 305 673 3330 - www.nws.edu - concerts oct.-mai)*.
L'**Artcenter South Florida** *(nos 800 et 810)* renferme une multitude d'aires d'expositions et de studios occupés par une centaine de photographes, céramistes, peintres, graveurs et autres artisans *(d'autres Artcenters se trouvent aux 924 et 1035-1043 Lincoln Rd, aux 1655-1659 Lenox Ave. et au 1632 Pennsylvania Ave.)*.
Le **Sterling Building** *(no 927)* domine la rue avec son mur ondulé, composé de briques de verre et de stuc orné de carreaux de céramique.
Bâti en 1934 et rénové depuis, le **Colony Theater** *(no 1040 - ☏ 305 674 1040)* trône de l'autre côté du mail *(à l'angle de Lenox Ave.)*. Il propose des pièces de théâtre, des spectacles musicaux et toutes sortes d'activités culturelles.

The Fillmore at the Jackie Gleason Theater AB1

1700 Washington Ave. - ☏ (305) 673 7300 - http://fillmoremb.com.
C'est dans cette structure de verre et de béton couleur turquoise (1951, Russell T. Pancoast, Henry Hohauser et L. Murray Dixon), remodelée par Morris Lapidus en 1976, que l'on tourna, de 1964 à 1970, une série télévisée mettant en vedette le célèbre comédien Jackie Gleason. Aujourd'hui, le théâtre de 3 000 places présente des spectacles de Broadway et des ballets.
Sur la pelouse qui jouxte le côté sud du bâtiment *(devant 17th St.)* se dresse une statue rayée rouge et blanc, intitulée **Mermaid** (1), de Roy Lichtenstein. Dans la cour adjacente se trouve le **Walk of the Stars**, promenade constituée d'une série de dalles portant l'empreinte de grandes vedettes du cinéma et de la télévision comme Chita Rivera, Julie Andrews et Don Johnson.

★ Holocaust Memorial A1

1933-1945 Meridian Ave. - ☏ (305) 538 1663 - http://holocaustmemorialmiamibeach.org - ♿ 🅿 - tlj de 9h au coucher du soleil.
Entouré par un paisible étang de nénuphars, cet émouvant monument, élevé en 1990 à la mémoire des victimes de l'holocauste, se dresse sur une esplanade

revêtue de pierre de Jérusalem rose pâle. On y accède par des passages confinés dans lesquels résonnent d'émouvants chants d'enfants en hébreu. Au centre de la place s'élève une statue de Kenneth Treister, *Sculpture of Love and Anguish*. Œuvre poignante de réalisme, cette immense main tendue vers le ciel (hauteur 13 m), à laquelle s'accrochent des centaines de corps en souffrance, symbolise le dernier geste d'un mourant.

Miami Beach Botanical Garden A1

2000 Convention Center Dr. (derrière le mémorial) - ✆ (305) 673 7256 - www.mbgarden.org - mar.-dim. 9h-17h - gratuit.

Avec ses vastes pelouses, son modeste jardin japonais, ses palmiers, sa bambouseraie et ses étangs, ce jardin botanique est un endroit idéal (et peu fréquenté) pour échapper quelques instants à la chaleur de la ville.

Autour de Collins Park B1

Entre 21st Ave.et 22nd Ave., en bordure de l'océan.

C'est autour de Collins Park que se situaient les premières parcelles de terrain que vendit John Collins *(voir p. 104)* en 1912, afin de financer la construction d'un pont sur la baie de Biscayne. Les immeubles qui s'y dressaient autrefois furent remplacés par des hôtels de style moderne dans les années 1930. L'orchestre du New World Symphony occupe la tour du **Plymouth** *(336 21st St.)*. Conçue par Anton Skislewicz en 1940 et restaurée depuis, celle-ci s'inspire, comme plusieurs autres édifices, du pylône avant-gardiste exhibé lors de l'Exposition universelle de 1939. La peinture murale qui orne l'entrée est une création de Ramon Chatov, illustrant des personnages légèrement vêtus qui s'amusent sur la plage.

C'est dans un immeuble de trois niveaux que le **Miami City Ballet** *(2200 Liberty Ave.)* travaille son art. Derrière ses immenses panneaux vitrés, les passants peuvent admirer les gracieux exercices des danseurs *(sam.-dim. 10h-18h)*.

À l'angle de Collins Avenue et de 22th Street, trône le **W**, l'un des derniers hôtels de luxe édifiés à Miami Beach. Son design mêlant matériaux bruts et œuvres d'art contemporain en fait un véritable joyau.

★ Bass Museum of Art B1

2100 Park Ave. - ✆ (305) 673 7530 - www.bassmuseum.org - ♿ - merc.-dim. 12h-17h (vend. 21h) - 8 $.

Cet édifice fait de calcaire oolithique (1930, Russell Pancoast) formait autrefois le point de mire d'un parc de 3,6 ha qui fut légué à la ville en 1920 par le promoteur immobilier John Collins. Il logeait, à l'origine, une bibliothèque et un centre d'art. En 1964, on le renomma en l'honneur de l'entrepreneur et philanthrope new-yorkais d'origine autrichienne John Bass, qui offrit sa collection d'art à la ville de Miami Beach. D'importants travaux d'aménagement, conduits par l'architecte japonais Arata Isozaki, ont permis d'organiser de vastes salles d'expositions autour d'une jolie cour intérieure.

Avec ses statues, ses peintures et sa momie, la **galerie égyptienne** illustre l'idée que se faisaient les Égyptiens du prolongement de la vie après la mort. Dans une autre salle cohabitent de façon assez étonnante tapisseries monumentales, peintures de Rubens et Botticelli (*Couronnement de la Vierge et ses Saints*, 1492), œuvres modernes et photos contemporaines.

★ Collins Avenue B1

Ancien mail piétonnier dont les buvettes et les petites boutiques étaient fréquentées par une clientèle aisée, Collins Avenue est devenue l'une des principales artères de Miami Beach. En dessous de 16th Street, les hôtels comptent jusqu'à dix étages (la hauteur maximale permise). Parmi les plus beaux édifices des années 1940 se distinguent trois bâtiments, reconnaissables à leurs façades carrées en renfoncement et leurs tours centrales si caractéristiques : le **National** *(n° 1677)* de Roy France, le **Delano** *(n° 1685)* de Robert Swartburg, et le **Ritz-Carlton** *(n° 1701)* de L. Murray Dixon.

En remontant Collins Avenue vers le nord, on aperçoit une immense **peinture murale** en trompe-l'œil *(à l'angle de 44th St.)*, créée par le grand muraliste Richard Haas : elle représente une arche triomphale entourant le Fontainebleau Hilton Resort and Towers. Le vrai **Fontainebleau** *(n° 4441)* s'élève juste au coin de la rue, sur un terrain de 8 ha qui appartenait autrefois au riche industriel Harvey Firestone, fondateur de la Firestone Tire and Rubber Company. Doté de 1 200 chambres, cet extravagant complexe hôtelier fut conçu en 1954 par Morris Lapidus, ancien décorateur de cinéma devenu architecte. L'édifice est devancé par une promenade de bord de mer qui s'étend de 23rd Street à 47th Street.

Au nord et à l'ouest de l'avenue s'étendent les luxueuses enclaves résidentielles de Middle Beach et Bar Harbour Village. Véritable Mecque de la mode, **Bal Harbour Shops** *(n° 9700)* renferme de nombreux magasins de luxe.

Vers le sud, à l'angle de 9th Avenue, le **Sherbrooke** (1938) ressemble à un immense paquebot avec ses angles et ses hublots au niveau de la rue. Notez également les motifs en coquillage qui ornent la grille de la véranda. Vous aurez peut-être la chance d'apercevoir, en face, les vestiges de la **Coral Rock House** *(prévisions de démolition)*, construite en pierre de corail (1918), l'un des derniers exemples d'une époque où ce matériau était roi.

Plus au sud, au coin de 8th Avenue, le **Tiffany** (1939, Dickson) présente des similitudes avec le Sherbrooke, mais se distingue par sa fusée hollywoodienne, typique des années 1930, qui s'élance vers le ciel.

Watson Island - Le long de MacArthur Causeway Plan de ville I (p. 101)

Jungle Island B2

1111 Parrot Jungle Trail (MacArthur Causeway, entre Downtown et Miami Beach) - (305) 400 7000 - www.jungleisland.com - (8 $) - tlj 10h-17h (18h le w.-end) - 34,95 $ (3-10 ans 26,95 $).

Fondée en 1936 sur une île de la baie de Biscayne, à cheval entre Miami Beach et le Downtown, cette jungle artificielle abrite 2 000 espèces de plantes, plus de 1 100 oiseaux exotiques (dont environ 80 flamants roses) et de nombreux animaux (singes, panthères, tigres, crocodiles, reptiles, etc.).

Dès l'entrée, le personnel vous glisse un perroquet ou un petit crocodile dans les bras pour une photo-souvenir *(payante)*, avant que vous n'arpentiez les sentiers des luxuriants jardins tropicaux, à la rencontre des animaux. Plusieurs spectacles et démonstrations sont par ailleurs organisés dans la journée. Jungle Island possède enfin sa propre plage, où vous pourrez profiter d'une baignade. Les enfants seront certainement ravis, mais les adultes regretteront peut-être l'approche trop mercantile du lieu, ainsi que son prix d'entrée, vraiment élevé…

★ Children's Museum B2

980 MacArthur Causeway (entre Downtown et Miami Beach) - (305) 373 KIDS - tlj 10h-18h - www.miamichildrensmuseum.org - (1 $/h) - 18 $.

Plus qu'un musée, c'est un véritable terrain de jeu géant pour les enfants. Les créateurs de cet espace ont voulu que les bambins se divertissent tout en assimilant certaines notions sur le monde qui les entoure. Ainsi, le rez-de-chaussée recrée l'esprit d'une petite ville : les différents ateliers (banque, épicerie de proximité, vétérinaire, caserne de pompiers) leur permettent de jouer aux adultes l'espace d'un instant. Le second niveau dévoile une amusante *« arts room »* qui renferme un studio d'enregistrement et offre la possibilité de jouer de plusieurs instruments. Un espace créatif, dirigé par un éducateur, permet aux enfants de développer leur fibre artistique, notamment à travers des dessins et des peintures. Le panorama ne serait pas complet sans évoquer le mur d'escalade ou la salle contenant des centaines de peluches, dont les costumes sont censés refléter la variété des traditions et folklores à travers le monde. Un espace vivant, coloré… et bruyant, surtout les jours de mauvais temps et pendant les vacances scolaires locales, en raison d'une affluence multipliée.

Downtown (Centre-ville) Plan de ville III (ci-dessous)

Bordé sur trois côtés par les eaux tempérées de la baie de Biscayne et de la rivière Miami, le centre de la métropole ne dégage pas vraiment l'exubérance d'une ville latine. L'ambiance est même plutôt endormie dès lors que l'on s'éloigne de Bayside Market, lieu de prédilection des croisiéristes en visite quelques heures dans la cité. Là où s'élevaient naguère les premières structures commerciales de la ville se dressent désormais, au milieu des chantiers, des tours de bureaux et des édifices gouvernementaux réunissant des styles divers, du néoclassique à l'Art déco, en passant par le néoméditerranéen et le contemporain.

1

Adrienne Arsht Center for Performing Arts B1 (en direction)
1300 Biscayne Blvd - ✆ (305) 949 6722 - www.arshtcenter.org.

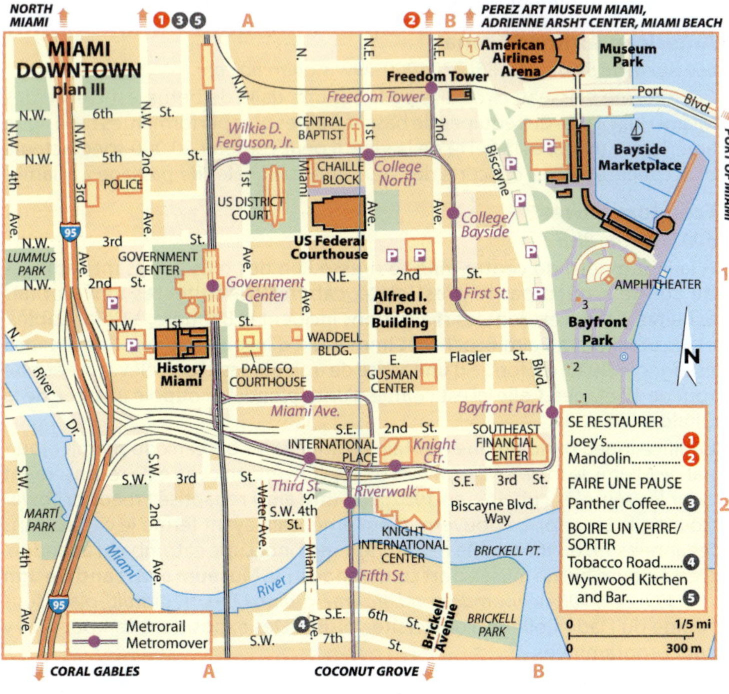

Ce grand centre culturel est composé de deux bâtiments distincts, le **Ziff Ballet Opera House** et le **Knight Concert Hall**. L'architecture extérieure (signée César Pelli) est plutôt massive et n'interpelle pas forcément le visiteur, mais l'intérieur se révèle séduisant avec ses balcons arrondis en spirale rappellant des coquillages. Le centre se distingue surtout par sa programmation exigeante en matière de théâtre, danse, opéra et jazz. Le festival de flamenco, au mois de mars *(voir p. 44)*, est devenu en quelques années un événement incontournable.

Museum Park

Accès en Metromover (gratuit), arrêt Museum Park.

Cet ensemble de musées réunis autour de la **Knight Plaza** s'est installé au cœur du **Bicentennial Park**, un espace vert au bord de la baie, inauguré en 1976 pour célébrer les deux cents ans de la révolution américaine. **Patricia and Philip Frost Museum of Science**, musée des Sciences et de la Découverte *(ouverture prévue en 2016)*, comportera un planétarium, un observatoire, et un centre de recherches sur les oiseaux de proie.

★ **Pérez Art Museum Miami (PAMM)** – *1103 Biscayne Blvd - ✆ (305) 375 3000 - www.pamm.org - ♿ 🅿 ✕ - mar.-dim. 10h-18h (jeu. 21h) - fermé Thanksgiving et Noël - 12 $ (gratuit le 2e samedi du mois 13h-16h). Visites guidées en anglais à 11h et 14h. Animations avec DJ le 3e jeu. du mois (18h-21h).*

Ce beau musée dédié à l'art moderne et contemporain, est installé dans un bâtiment ouvert sur la mer d'un côté, et de l'autre sur un beau parc avec un jardin suspendu. Au premier et au deuxième niveaux, les artistes modernes et contemporains, locaux et européens, explorent les différentes expressions de l'identité américaine, dans l'exposition **Americana**. Le totem Bart Simpson en terre cuite, recouvert d'inscriptions imitant les tribus amérindiennes, de l'artiste colombienne Nadin Ospina, est l'un des symboles ludiques de ce questionnement. Quatre expositions temporaires situées au deuxième niveau du musée complètent idéalement la collection permanente.

American Airlines Arena B1

601 Biscayne Blvd - ✆ (786) 777 1000 - www.aaarena.com.

Cet énorme vaisseau circulaire posé sur une dalle de béton est l'antre des Miami Heat, l'une des équipes de basket-ball les plus performantes de la ligue américaine (NBA), et la fierté de la ville. Il peut contenir 20 000 spectacteurs et accueille aussi les concerts des stars internationales de passage à Miami.

Freedom Tower B1

600 Biscayne Blvd.

À la limite nord du centre-ville se dresse l'un des plus saisissants édifices du comté. Conçu par le prestigieux cabinet d'architectes new-yorkais Schultze & Weaver, dont les réalisations incluent le Biltmore, à Coral Gables, et les Breakers, à Palm Beach, cet immeuble d'inspiration néo-Renaissance espagnole (1925) est formé d'une assise de trois étages, d'où s'élève une étroite tour de 12 étages. Celle-ci est coiffée d'une splendide coupole inspirée de la Giralda de Séville.

L'édifice logea pendant une trentaine d'années les bureaux du premier journal de Miami, le *Miami News*, avant d'être converti en centre de recensement pour les réfugiés cubains, en 1962, et d'être ainsi rebaptisé Freedom Tower (tour de la Liberté). Le gouvernement américain ayant fermé le centre dans les années 1970, l'immeuble resta longtemps inoccupé et tomba à l'abandon. C'est aujourd'hui un musée d'art contemporain, le **Museum of Art and Design** *(✆ (305) 237 7700 - www.mdcmoad.org - merc.-dim. 12h-17h - gratuit)*, placé sous l'égide du Dade College, l'université voisine. Des expositions temporaires y sont programmées.

★ Bayside Marketplace B1

401 Biscayne Blvd - ✆ (305) 577 3344 - www.baysidemarketplace.com - lun.-sam. à partir de 10h, dim. à partir de 11h (heures de fermeture variables).

Situé sur la baie de Biscayne, à la limite nord-est du centre-ville, ce marché est relié au Bayfront Park par un passage piétonnier. Construit en 1987 et agrandi en 1992, il englobe sur près de 22 000 m² plusieurs édifices reliés entre eux par des placettes et des allées. Des étalages bigarrés de souvenirs aux succursales de grands magasins, en passant par de nombreux restaurants, tout est fait pour retenir le visiteur de passage. Le soir, on peut y danser la salsa ou siroter une *Frozen Margarita*. Pour s'y diriger, il suffit de repérer la gigantesque guitare jaune qui couronne le toit du Hard Rock Cafe.

Bayfront Park B1-2

Sur Biscayne Blvd, entre N.E. 4th St. et S.E. 2nd St.

Ce parc de 13 ha, communément appelé **Bayfront Park**, fut aménagé sur un fond de baie asséché au milieu des années 1920. Très fréquenté pendant plusieurs décennies, il tomba en désuétude dans les années 1970, lorsque la population quitta la ville pour les banlieues, incitant les responsables municipaux à mettre fin aux concerts publics et autres événements culturels qui s'y déroulaient autrefois. Sous la direction du célèbre architecte paysagiste Isamu Noguchi, le parc fut réaménagé à la fin des années 1980 et une promenade fut dessinée le long de la baie. Il accueille deux de ses **sculptures** : *Challenger* **(1)**, créée à la mémoire des astronautes disparus lors de l'explosion de la navette spatiale en 1986, et *Slide Mantra* **(2)**, ainsi qu'une fontaine, une **tour** équipée de faisceaux lumineux **(3)** et un vaste amphithéâtre. Ainsi transformé, le Bayfront Park a retrouvé sa popularité d'antan.

1

Alfred I. DuPont Building B1-2

169 E. Flagler St.

Cet édifice de style Depression Moderne (1939, Marsh & Saxelbye) abritait autrefois le siège social de la Florida National Bank, alors contrôlée par la famille duPont. Seize étages de calcaire poli s'élèvent au-dessus du premier niveau revêtu de granit noir. Pendant la Seconde Guerre mondiale, l'édifice logea notamment les bureaux des forces navales américaines. Après la guerre, la structure redevint l'une des plus prestigieuses adresses du centre-ville. Aujourd'hui, elle renferme les bureaux de la Capital Bank.

History Miami B1-2

101 West Flagler St. - ✆ (305) 375 1492 - www.historymiami.org - ♿ 🅿 - mar.-sam. 10h-17h, dim. 12h-17h - fermé principaux jours fériés - 8 $.

Situé dans un complexe s'élevant au-dessus de la ville, où l'on retrouve également une bibliothèque municipale, ce musée, en plein développement, traite au deuxième niveau de l'histoire mouvementée du sud de la Floride, dans une exposition intitulée **Tropical Dreams : A People's History of Florida.** Elle débute avec les premiers habitants de la Floride, il y a dix mille ans, évoque l'arrivée des colons espagnols au 16e s., présente les guerres avec les Séminoles, l'émergence du tourisme ainsi que de l'Art déco au 20e s. Au premier niveau, des expositions temporaires mettent en avant des artistes locaux.

US Federal Courthouse A1

301 N. Miami Ave. - ✆ (305) 523 5100 - ♿ 🅿.

Ce très bel édifice néoclassique (1931, Phineas Paist et Harold D. Steward) cumulait à l'origine les fonctions de palais de justice et de bureau de poste. Dans la grande salle du tribunal, au deuxième niveau, notez la fresque murale de Denman Fink intitulée *Law Guides Florida's Progress* (1940), qui évoque avec humour la diversité culturelle de l'État et la grande variété d'occupations qu'on y pratique. Agrémenté d'une cour intérieure d'influence mauresque, l'édifice sert aujourd'hui uniquement de palais de justice.

Brickell Avenue B2

Cette avenue marque la limite sud du centre-ville. Ainsi nommée en l'honneur de la riche famille qui, au début du 20e s., acheta et aménagea de vastes terrains en bordure de la baie de Biscayne *(voir p. 125)*, cette quatre-voies divisée par un terre-plein agréablement paysagé épouse les contours de la baie sur 3,2 km. L'avenue suit le tracé d'une ancienne piste indienne qui s'étendait de l'emplacement actuel de Coconut Grove jusqu'à la rive sud de la rivière Miami. La famille Brickell en fit le point de mire de ses luxueux développements résidentiels et, dès le début des années 1900, d'élégants domaines apparurent le long de la rue, lui valant le surnom de « Millionaire's Row » (boulevard des millionnaires). L'artiste Louis Comfort Tiffany, l'homme politique William Jennings Bryan et le promoteur immobilier de Miami Beach Carl Fisher, furent parmi les plus célèbres résidents du quartier. À la limite sud de Brickell Avenue se dresse l'opulente villa Vizcaya *(voir p. 125)*.

À compter des années 1970 et 1980, les anciennes demeures cédèrent le pas à des immeubles d'habitation et des tours de bureaux. Peu après, un quartier d'affaires fit de l'avenue le véritable Wall Street de Miami. C'est à cette époque qu'apparurent plusieurs tours résidentielles *(voir plan Little Havana-Coconut Grove p. 117)* comme **The Palace** *(no 1541)*, reconnaissable à l'aile en décrochements se détachant de sa façade est ; **The Imperial** *(no 1627)*, qui se distingue par son revêtement extérieur rouge, ses fenêtres carrées et son toit pentu ; et **The Atlantis** *(no 2025)*, dont la célèbre ouverture pratiquée en plein centre de l'édifice, abrite un escalier en colimaçon ainsi qu'un palmier. Ces trois édifices sont l'œuvre d'Arquitectonica International, cabinet d'architectes renommé pour ses concepts novateurs. Situé entre le Palace et l'Imperial, la **Villa Regina** *(no 1581)* déploie sur ses 28 étages un étonnant canevas de couleurs, signé par l'artiste israélien Yaacov Agam.

★★ Wynwood et Design District Plan de ville I (p. 101)

Considérés comme une zone de non-droit dans les années 1980 et constituant alors un vaste *no man's land*, ces quartiers situés au nord de Downtown sont aujourd'hui le repaire des artistes et des designers les plus créatifs. Un vent de liberté y souffle en même temps qu'une ambiance branchée mais totalement décontractée.

★ Wynwood B1

C'est à Wynwood que Miami se montre aujourd'hui la plus créative, la plus audacieuse et la plus avant-gardiste, loin des musées plutôt convenus de Downtown et Miami Beach. Si le quartier possède son lot de galeries et de boutiques, il recèle aussi quelques bonnes adresses *(voir « Nos adresses à Miami »)*. Allez-y plutôt en milieu de semaine, les galeries étant fermées le week-end, voire pour certaines en début de semaine.

Wynwood constitue également un véritable musée à ciel ouvert : les artistes de rue ont en effet recouvert ses murs de fresques, créant un ensemble étourdissant de couleurs, de concepts graphiques et de créations figuratives. Pour explorer le quartier, rendez-vous au **Panther Coffee** *(2390 N.W. 2nd Ave. ; voir « Nos adresses à Miami », p. 141)*, repérable à son exubérante façade, et remontez jusqu'à la Rubell Family Collection *(voir p. 116)*. Au 2550 North West

Peinture murale dans le quartier de Wynwood.
L. Decoudin / Michelin

2nd Avenue, **Wynwood Walls** présente un condensé de la créativité du quartier. Les murs sont entièrement peints et les courants artistiques divers : représentations graphiques, politiques ou encore naïves.

Des **Art Walks**, des visites guidées thématiques sont organisées tous les deuxièmes samedis du mois *(www.wynwoodartwalk.com - 20 $ - durée : 1h)*

Pour les adeptes du shopping, les rues perpendiculaires, North West 25th Street et North West 26th Street abritent d'immenses entrepôts spécialisés dans les chaussures. Poussez les portes et faites votre choix…

★ **Rubell Family Collection** – *95 N.W. 29th St. - ✆ (305) 573 6090 - www.rfc.museum - déc.-juil. : mar.-sam. 10h-18h - 10 $ (-18 ans 5 $).* Dans un énorme hangar aux vastes salles éclairées au néon sont exposés des peintures, des objets et des installations d'artistes contemporains américains ou étrangers vivant aux

LITTLE HAÏTI

Situé au nord de Design District, ce quartier à la réputation sulfureuse commence doucement à attirer les visiteurs, même si beaucoup d'habitants de Miami vous en déconseilleront la visite. Little Haïti s'est développé dans les années 1970 et 1980 avec l'arrivée de milliers de réfugiés qui y ont récréé un petit Port-au-Prince. Ils seraient encore aujourd'hui plus de 30 000 à peupler le quartier. Si vous êtes motorisé et que vous désirez visiter cette partie de la ville, rendez-vous au **Centre culturel haïtien** *(212-260 N.E. 59th St.)*. On pourra vous conseiller sur les points d'intérêt du quartier, notamment la **librairie de Jean Mapou** *(5919 N.E. 2nd Ave.)*, figure de Little Haïti et libraire engagé, dont la ferveur pour sa langue natale s'illustre à travers les nombreuses publications proposées. Autre curiosité : les *botanicas*, ces échoppes où les prêtres du vaudou invoquent Papa Loco, divinité des plantes et esprit guérisseur. Enfin, si vous ne visitez pas le quartier, sachez que nous conseillons un très bon restaurant haïtien à Miami Beach, *Tap Tap* *(voir « Nos adresses à Miami », p. 139)*.

États-Unis, dont l'originalité défie l'imagination. Si l'objectif est de surprendre, choquer ou interroger le visiteur, la mission est remplie…

★ Design District B1

Plus au nord, quelques blocs entre North East 2nd Avenue, North Miami Avenue, North West 38th Street et North West 41th Street composent ce quartier, en perpétuel réaménagement, et dédié au design sous toutes ses formes : art contemporain, arts décoratifs, vêtements de créateurs. Boutiques de luxe, restaurants tendance, *street art,* ainsi que galeries d'art contemporain animent ce quartier très calme et propret, qui se vide le soir quand les commerces tombent le rideau.

Ne ratez pas la **De la Cruz Collection★** *(23 N.E. 41st Str. - ✆ (305) 576 6112 - www.delacruzcollection.org - mar.-sam. 10h-16h - gratuit).* Le bâtiment a été

spécialement construit pour que la riche famille Cruz expose une partie de sa collection privée d'art contemporain. L'exposition change une fois par an, juste avant Art Basel, la grand-messe de l'art contemporain, qui se tient chaque année à Bâle, en Suisse et qui a développé des antennes à Miami et à Hong Kong. On y retrouve, sur trois niveaux, de nombreux artistes très tendance.
La galerie **Locust Projects** *(3852 N. Miami - ✆ (305) 576 8570 - www.locustprojects.org - mar.-sam. 10h-17h - gratuit)*, a une vocation beaucoup plus expérimentale.

Little Havana Plan de ville IV (ci-contre)

Juste à l'ouest du centre-ville s'étend l'un des quartiers les plus pittoresques de Miami, un secteur de 8,5 km² délimité par la rivière Miami à l'est, South West 37th Avenue à l'ouest, North West 7th Street au nord et Coral Way au sud. Il s'agit de la « Petite Havane », dont la rue principale, **Calle Ocho** (ou 8th Street), résonne des accents d'une communauté où l'espagnol règne en maître. La rue est bordée d'étals de marchands et de cafeterias où l'on savoure de minuscules tasses de café *cubano*. Il est sympathique d'y flâner, même si l'intérêt touristique du quartier reste limité.
Débutez la visite à l'angle de S.W. 32nd Ave. et S.W. 8th St., et dirigez-vous vers l'est. Notez qu'à partir de S.W. 26th Ave., Calle Ocho devient une rue à sens unique.

1

Woodlawn Park Cemetery A1

3260 S.W. 8th St.
Ce cimetière, où reposent les dépouilles de milliers de réfugiés cubains, est le plus grand et l'un des plus vieux (1913) de Miami. Son mur de marbre noir rend hommage au « Unknown Cuban Freedom Fighter », soldat inconnu tué lors de la tentative d'invasion de la baie des Cochons (1961). L'ancien président du Nicaragua, Anastasio Somoza, ainsi que deux présidents cubains exilés, ont été enterrés ici même.

Latin Quarter AB1

C'est ainsi que Miami désigne, depuis la fin des années 1970, le quartier qui s'étire le long de Calle Ocho, de South West 17th Avenue à South West

LE REFUGE

En 1896, lorsque naquit la ville de Miami, la Petite Havane n'était qu'une grande forêt de pins située sur une crête de calcaire oolithique. Puis, au début du 20e s., on construisit sur les anciennes plantations à l'ouest de la rivière Miami deux élégantes banlieues baptisées **Riverside** et **Shenandoah**. De la fin des années 1920 au début des années 1930, un grand nombre d'Européens de l'Est s'y installèrent; leur population atteignit un niveau record au début des années 1950. Peu après, beaucoup d'entre eux délaissèrent le secteur pour des banlieues plus éloignées de la ville, et celui-ci tomba quelque peu à l'abandon. Au milieu des années 1950, une communauté hispanophone s'y établit, mais le destin de ces quartiers changea radicalement à compter de 1959, avec l'arrivée massive de citoyens cubains fuyant le régime castriste *(voir p. 65)*. Cette forte concentration de Cubains valut au secteur le surnom de « Little Havana » (Petite Havane). La South West 8th Street, aussi connue sous le nom de US-41 ou Tamiami Trail (puisqu'elle relie Tampa à Miami), devint la plus grande artère commerçante du quartier. Aujourd'hui encore, il attire des réfugiés venus de divers pays hispanophones.

12th Avenue, et de North West 1st Street à South West 9th Street. Des réverbères au charme vieillot s'élèvent au-dessus des trottoirs de brique rouge dans lesquels sont incrustées des étoiles portant le nom de grands artistes hispanophones.

Máximo Gómez Park A1

À l'angle sud-est de S.W. 15th Ave.

Cette placette doit son nom au chef de l'armée de libération cubaine, Máximo Gómez, natif de la République dominicaine. Communément appelé Domino Park, il attire depuis les années 1960 beaucoup de Cubains venus y disputer des parties de dominos, d'échecs, de cartes et de dames.

Cuban Memorial Plaza (A) B1

Sur le terre-plein de S.W. 13th Ave. (Cuban Memorial Blvd), à l'angle de S.W. 8th St.

Aménagée en 1971 en hommage aux membres de la Brigade 2506 qui moururent lors de la tentative d'invasion de Cuba en avril 1961, cette place sert désormais de point de ralliement lors de manifestations politiques. Remarquez un monument de marbre, de forme hexagonale, coiffé d'un flambeau éternel.

Teatro Martí B1

420 S.W. 8th Ave. (à l'angle sud-ouest de S.W. 4th St. et S.W. 8th Ave.).

Quelques rues au sud-ouest du Miami River Inn se trouve l'un des plus vieux théâtres du quartier (1963) et la plus importante des quatre salles consacrées au cinéma et aux spectacles sur scène. Le Teatro Martí est logé dans le Riverside Commercial Building, édifice construit en 1926 pour abriter le siège social du Ku Klux Klan.

Templo Adventista del Septimo Día (B) B1

862 S.W. 4th St. (à l'angle de 9th Ave.).

Construit en 1925 par l'Église adventiste du septième jour, cet édifice de stuc rappelle l'architecture des missions établies dans de nombreuses parties de l'empire colonial espagnol. Aujourd'hui, la congrégation est formée en majorité de Nicaraguayens.

Warner House B1

111 S.W. 5th Ave.

Cette opulente résidence de style néoclassique fut construite en 1912 par la famille Warner afin d'abriter leur demeure et leur commerce de fleurs. Depuis sa restauration, elle loge notamment les bureaux de la Miami-Dade County Historic Preservation Division.

★★ Coral Gables Plan de ville V (p. 122)

Garez-vous sur Miracle Mile (Coral Way) ou Ponce de Leon Blvd (parcmètres) et continuez à pied. Hors du centre, il vaut mieux vous déplacer en voiture. Dans les quartiers résidentiels de Coral Gables, les noms de rue sont indiqués sur des bornes de béton peintes à la chaux. Si vous n'êtes pas motorisé, prenez le bus C de Miami Beach vers Downtown (arrêt à Government Center), puis le Metrorail jusqu'à la station Douglas Rd et, enfin, le bus 37 qui conduit au Miracle Mile. Pour obtenir gratuitement un plan de ville, adressez-vous au City Hall (405 Biltmore Way).

Bon à savoir – Giralda Avenue, entre Ponce de Leon Boulevard et Galiano Street, est connue pour ses restaurants à la mode ; les boutiques spécialisées d'Aragon Avenue méritent aussi qu'on s'y attarde.

Le plus impressionnant et le plus réussi des projets résidentiels édifiés lors de la grande poussée immobilière des années 1920, Coral Gables couvre une superficie de 32 km², juste au sud-ouest du centre-ville de Miami. Délimitée par South West 57th Avenue (Red Road) à l'ouest, South West 37th Avenue (Douglas Road) à l'est, South West 8th Street (route US-41) au nord et South West 72nd Street (Sunset Drive) au sud, cette ville de près de 41 000 habitants épouse les contours de la baie de Biscayne sur une distance de 9,6 km, s'étirant vers le sud le long d'Old Cutler Road. Elle englobe un florissant centre de commerce international et renferme le campus de l'université de Miami, ainsi que trois terrains de golf, de superbes aménagements paysagers et certains des meilleurs exemples d'architecture néoméditerranéenne de la région.

Les entrées de la ville AB1

Afin de démarquer Coral Gables des communautés avoisinantes, on aménagea, aux limites de la ville, de grandes portes semblables aux arches triomphales de villes espagnoles telles que Séville et Tolède. Seules quatre des huit entrées prévues furent construites. La première, surnommée **Granada Entrance** *(Granada Blvd et Tamiami Tr.)*, date de 1922. Longue de 91 m, elle fut taillée dans de la roche corallienne et comporte une voûte de 12 m de haut.

Commercial Entrance *(Alhambra Cir., Madeira Ave. et Douglas Rd)*, achevée en 1923, est dominée par un mur de roche corallienne incurvé, long de 183 m, percé d'une arche menant au quartier des affaires.

Construite en 1925, **Douglas Entrance** *(Tamiami Tr. et Douglas Rd)* englobe une série d'arcades et de structures évoquant la grand-place d'une ville espagnole. Elle fut dotée d'une tour d'horloge de 27 m de haut, d'une arche majestueuse, d'une luxueuse salle de bal, de boutiques, de galeries et d'appartements. Aujourd'hui rénové, l'ensemble abrite des bureaux.

Édifiée en 1927, **Country Club Prado Entrance** *(Country Club Prado et Tamiami Tr.)* fut réalisée en béton revêtu de stuc. Constituée de colonnades symétriques, cette élégante porte se dresse sur un terre-plein gazonné de 73 m de longueur, à l'extrémité d'un boulevard ombragé. Inspirée des jardins de la Renaissance italienne, elle comprend 20 piliers surmontés d'urnes de facture classique, et des fontaines placées aux extrémités d'un bassin-miroir.

Coral Way AB1

Cette artère animée constitue le principal axe est-ouest du centre-ville. Surnommée **Miracle Mile**, la portion située entre Douglas Road et LeJeune Road compte un grand nombre de commerces, allant des modestes magasins à prix réduits aux élégantes boutiques de mariage.

Au n° 169 s'élève un édifice couleur corail, le **Colonnade Building** (1926), dont la façade est ornée d'imposantes colonnes corinthiennes. Remarquez son entrée, de style baroque espagnol, avec son arcade coiffée de flèches élancées. Merrick fit bâtir l'édifice afin d'y loger ses bureaux de vente. Le bâtiment abrita par la suite un centre d'entraînement pour les pilotes de la Seconde Guerre mondiale, les bureaux d'une société immobilière, puis une banque. À l'intérieur, les parois de marbre de la **rotonde** (23 m de haut) sont reliées à la tour de l'Omni Colonnade Hotel (1985).

Le Miracle Mile se termine au **City Hall** *(405 Biltmore Way)*. Conçu par Phineas Paist et Denman Fink, ce bâtiment de roche corallienne, couronné d'une tour à trois paliers, date de 1927.

Coral Way arbore ensuite un autre visage : la chaussée se rétrécit et l'artère traverse des quartiers résidentiels noyés dans une végétation tropicale dense et luxuriante.

Coral Gables Merrick House – *907 Coral Way - ✆ (305) 460 5361 - ♿ P - visite guidée seult (45mn) : merc. et dim. 13h-16h - fermé principaux jours fériés - jardins ouv.*

1

Un peu d'histoire : Coral Gables

LE SOUCI DU BEAU

En 1899, accompagné de sa femme Althea et de leurs cinq enfants, un pasteur de l'Église congrégationaliste nommé Solomon Merrick déménagea du Massachusetts au sud de la Floride. Merrick acheta un terrain de 65 ha dans l'espoir d'y cultiver des oranges, des avocats et des pamplemousses. Après son décès, 13 ans plus tard, son fils aîné George assuma la gestion des vergers, qui prospérèrent sous sa direction et prirent graduellement plus d'ampleur.

En 1921, **George Merrick** (1886-1942) possédait 1 214 ha de terres en friche autour de la propriété familiale. De cette brousse allait bientôt naître une élégante banlieue modèle, située juste au sud-ouest de Miami. Merrick rêvait en effet de créer une communauté bien planifiée, où immeubles, places publiques, rues et services municipaux – soigneusement dissimulés – formeraient un tout parfaitement agencé. De larges boulevards, de majestueuses entrées, des places, des sculptures et de magnifiques aménagements paysagers, dignes des grandes villes européennes, compteraient parmi les principaux attributs de cette ville-jardin. Introduits aux États-Unis lors de l'Exposition universelle de Chicago, en 1893, ces canons esthétiques faisaient partie intégrante du mouvement « City Beautiful », qui influença profondément le développement urbain dans les décennies suivant l'exposition.

Afin de créer la « banlieue-maîtresse de Miami », Merrick réunit les meilleurs ingénieurs, planificateurs et designers de l'époque, notamment le grand architecte paysagiste **Frank Button**, l'artiste **Denman Fink** (oncle de Merrick), les architectes **H. George Fink**, **Phineas Paist** et **Walter DeGarmo**. Caractérisé par des toits en tuiles de terre cuite, des tourelles, de spacieuses cours intérieures, des loggias et des éléments en fer forgé, le **style néoméditerranéen** *(voir p. 77)*, très en vogue au début du 20e s., fut privilégié. Pour des raisons d'économie, la roche corallienne, utilisée dans les premières constructions, fut remplacée par du béton, que l'on traita à l'aide de procédés spéciaux afin de lui donner un air « vieilli ». Empruntant aux styles espagnol et italien, ces édifices exhibent, selon les mots de Merrick « le meilleur de chaque style, agrémenté d'une touche de gaieté qui traduit bien l'ambiance floridienne ». À compter de 1925, plusieurs villages thématiques inspirés des styles chinois, italien, sud-africain et français, et de l'architecture présécessioniste du sud des États-Unis, prêtèrent une allure théâtrale à cette communauté quelque peu extravagante. Afin d'en assurer la qualité et l'uniformité, on forma un comité de révision chargé d'approuver les nouvelles constructions, et même le choix des couleurs. En outre, en vue de donner à l'ensemble l'allure d'une ville bien établie, on engagea 130 jardiniers pour planter des milliers d'hibiscus, de lauriers-roses, de cocotiers et autres.

Bien avant l'apparition des règlements de zonage officiels, Merrick divisa la future ville en secteurs distincts, séparant commerces, industries et services publics. Il présida également à la construction d'églises et d'écoles, notamment des premiers édifices de l'université de Miami. Pour compléter le tout, il fit aménager des hôtels de luxe, une piscine au cachet exotique, un club privé et des terrains de jeux.

Coral Gables, église.
J.-B. Rabouan/hemis.fr

LES MARCHANDS DE RÊVES

Le génie de Merrick se manifesta surtout dans ses talents de promoteur. Ayant alloué cinq millions de dollars au marketing de son nouveau projet, il ouvrit un bureau de vente à Atlanta et à Chicago, organisa une équipe de 3 000 vendeurs et opéra une flotte de 86 autocars affectés au transport des acheteurs éventuels. Son équipe incluait notamment **Edward « Doc » Dammers**, vendeur émérite et premier maire de Coral Gables, qui vendit des terrains du haut d'un char tiré par des chevaux…

Conçues pour plaire à tous les portefeuilles, les maisons se vendaient de 4 000 dollars pour un simple bungalow à 75 000 dollars pour une résidence de luxe. Grâce à un réseau de canaux brillamment aménagé, reliant la communauté intérieure à la baie de Biscayne, Merrick était en mesure de proposer aux acheteurs potentiels 64 km de propriétés riveraines qui formaient, ensemble, la « Riviera de Miami ».

En 1924, l'équipe de Merrick avait déjà vendu pour sept millions de dollars de terrains. L'année suivante, la communauté reçut sa charte municipale et prit le nom de Coral Gables. Puis, en 1926, l'effondrement du marché immobilier mit brusquement fin à la construction et aux ventes. La ville retrouva toutefois son entrain après la Seconde Guerre mondiale.

Aujourd'hui, les gratte-ciel ont remplacé le modeste centre-ville des années 1920. Cependant, une récente vague de restauration et une réglementation très stricte, visant à la préservation du patrimoine architectural, ont suscité un regain d'intérêt pour le style néoméditerranéen. Coral Gables demeure encore de nos jours l'une des enclaves résidentielles les plus recherchées dans la région métropolitaine de Miami.

tlj - 5 $. Coral Gables doit son nom à la maison d'enfance de George Merrick, au toit à pignons *(gables)* si distinctif. Ladite maison fut incorporée à la modeste structure de bois érigée sur ces lieux vers 1899 par le père de Merrick, Solomon Merrick. Mme Merrick mère en dessina les plans, adaptant l'architecture coloniale typique de la Nouvelle-Angleterre aux exigences d'un climat subtropical, d'un sol de calcaire oolithique et du matériau de construction local, le pin du comté de Dade. En 1976, la ville de Coral Gables acheta la demeure en vue de la restaurer. L'intérieur est orné de meubles d'époque, dont certains d'origine, comme le piano d'Althea Merrick. Dans les jardins qui entourent la propriété poussent encore des arbres de l'ancienne plantation.

Les maisons situées sur Coral Way, entre Toledo Street et Madrid Street, reflètent différentes interprétations de l'architecture méditerranéenne. Non loin de la Coral Gables Merrick House se trouve **Poinciana Place** *(n° 937)*, construite par Merrick en 1916 pour son épouse. Le premier maire de Coral Gables, Edward « Doc » Dammers, vécut quant à lui au n° 1141. Enfin, l'architecte H. George Fink dessina en 1924 les plans de sa propre maison, une structure de roche corallienne surnommée **Casa Azul** *(n° 1254)* pour le toit de tuiles bleues qui la recouvre.

★ Historic Villages

Une promenade en voiture au milieu de ces surprenantes maisons, regroupées en « villages », permet d'avoir un aperçu complémentaire du projet

architectural de Merrick. Ces maisons ne se visitent pas, et sont habitées par des particuliers. Elles ont été construites au milieu des années 1920.
Le **Florida Pioneer Village** *(autour de 4409 Santa Maria St.)* est composé de plusieurs maisons dans le style colonial du sud de la Floride. L'**Italian Village** *(Montserrat St.)* aux murs de stuc blanc semble plus familier et ressemble aux maisons floridiennes actuelles ; le **French Normandy Village** *(Viscaya Ave., Viscavy Ct. et Alesio Ave.)* aux façades en colombages et aux murs de torchis blanc imitent la campagne normande du 15e s. ; un bloc entier compose le **Chinese Village** (*Castania Ave., Maggiore St., San Sovino Ave., Riviera Dr.)* reconnaissable à ses toits en tuile jaune ; le **French City Village** *(1000 Hardee Rd)* s'inspire de maisons de villes françaises au 18e s., alors que les maisons du **French Country Village** *(500 Hardee Rd)* ont une allure rustique. Enfin, le **Dutch South African Village** *(autour de 6612 Le Jeune Rd)* s'inpire des demeures de colons hollandais du 17e s. en Afrique du Sud.

★★ Biltmore Hotel A2

1200 Anastasia Ave. - ✆ (305) 445 1926 - www.biltmorehotel.com - ♿ P - visite guidée seult (30mn) : dim. à 13h30 et 14h30 - gratuit.
Le Biltmore (1926) était autrefois le plus prestigieux établissement hôtelier du sud de la Floride. Ses plans portent la signature du célèbre cabinet d'architectes new-yorkais Schultze & Weaver (à l'origine du Waldorf-Astoria Hotel). L'architecture néoméditerranéenne de cet édifice massif évoque la forme d'un gâteau de noce, et sa tour (91 m), coiffée d'une triple coupole inspirée de la Giralda de Séville, est visible de plusieurs kilomètres à la ronde.

1

Fait remarquable, il ne fallut que 11 mois pour édifier cette extravagante structure comportant 275 chambres. Des 10 millions de dollars alloués à sa construction, 1 million fut consacré à la décoration du somptueux **hall d'entrée★**, paré de tapis faits sur mesure, de marbre italien et de carrelage espagnol. En plus de son club-house, inspiré des palais de la Renaissance italienne, l'hôtel comptait 20 courts de tennis, deux terrains de golf de 18 trous, plusieurs kilomètres de sentiers équestres, un terrain de polo et une immense **piscine** d'eau douce. Des gondoliers italiens se tenaient à la disposition des invités pour les conduire à la plage donnant sur la baie de Biscayne.
Au sommet de sa popularité, le Biltmore accueillit de grandes vedettes hollywoodiennes (Bing Crosby, Judy Garland, Ginger Rogers, etc.) et de riches visiteurs du Nord fuyant les rigueurs de l'hiver. Afin de mieux servir ses invités, l'hôtel aménagea des salons de beauté et des boutiques tout autour de sa grande cour intérieure, et permit même à de grandes maisons de courtage d'y ouvrir des succursales. Le krach boursier de 1929 mit fin à cette effervescence et, de 1942 à 1968, le Biltmore servit d'hôpital militaire, puis d'hôpital pour anciens combattants. Les plafonds furent baissés, les fenêtres bloquées, et la piscine remplie de béton.

PLACES ET CHÂTEAUX D'EAU

Pour rompre la monotonie d'un plan géométrique en grille, on aménagea dans la ville 14 places au charme très Vieux Monde, dotées de fontaines comme celle de la **DeSoto Plaza** *(Sevilla Ave., Granada Blvd et DeSoto Blvd)*, dont le piédestal richement ouvragé supporte un élégant obélisque. Remarquez aussi le **Water Tower** *(Alhambra Cir., Ferdinand St. et Greenway Ct.)*, château d'eau déguisé en phare, qui approvisionna la ville en eau jusqu'en 1931. L'édifice, rénové, a retrouvé son aspect d'origine.

D'importants travaux, menés en 1987 puis en 1992, ont rendu leur éclat d'antan à la piscine, aux salles de bal, et au splendide hall du deuxième niveau. Son plafond en voûtes d'arêtes (14 m de haut), décoré d'étoiles dorées peintes à la main, fut d'ailleurs remis en état par une équipe spécialisée dans la restauration d'églises. Depuis qu'il a retrouvé sa splendeur d'origine, l'hôtel est devenu le site d'élégantes réceptions de mariage et de grands films.

Coral Gables Congregational Church A1

3010 DeSoto Blvd - ✆ (305) 448 7421 - www.gablesucc.org - ♿ P - tlj sur RV.
De l'autre côté du Biltmore se trouve la première église floridienne inscrite à l'inventaire national des sites historiques américains. Elle fut bâtie en 1924 sur un terrain légué par George Merrick, en mémoire de son père, un pasteur de l'Église congrégationaliste qui officia à Plymouth Church (Coconut Grove). Avec ses loggias en arcade, son clocher arqué et son entrée de style baroque, cet édifice de stuc jaune illustre à merveille l'architecture coloniale espagnole.

★★ Venetian Pool A1

2701 DeSoto Blvd - ✆ (305) 460 5356 - ♿ P - de fin mai à mi-août : lun.-vend. 11h-18h30, sam.-dim. et principaux jours fériés 10h-16h30 ; reste de l'année : mar.-dim. 10h/11h-16h30/17h30 (en fonction de la saisons, se rens.) - 7,70/11, 50 $ en fonction de la saison (-12 ans 4,15/6,60 $; la piscine n'est pas autorisée aux enfants de moins de 3 ans).
Aménagée dans une ancienne carrière d'où l'on extraya la pierre calcaire qui servit à construire les premières maisons de la région, cette piscine d'allure fantaisiste fut conçue en 1922 par l'artiste Denman Fink et l'architecte Phineas Paist. Agrémenté d'un casino, de tours, de réverbères semblables à ceux qui bordent le Grand Canal de Venise, et de ponts piétonniers qui enjambent la piscine, c'est un site récréatif unique, ouvert aux résidents comme aux visiteurs. La piscine rénovée, égayée de chutes d'eau et de grottes, est vidée chaque soir et remplie d'eau provenant de puits artésiens.

Lowe Art Museum A2

Le musée est situé sur le campus de l'université de Miami. Suivez la route US-1 (S. Dixie Hwy) en direction du sud, prenez à droite Stanford Dr. et passez sous le Metrorail ; le musée se trouve sur la droite après une cabine d'entrée du campus. 1301 Stanford Dr. - ✆ (305) 284 3535 - www.lowemuseum.org - ♿ P - mar.-sam. 10h-16h, dim. 12h-16h - fermé lun. et principaux jours fériés - 10 $.
Fondé en 1952, ce musée présente une collection permanente éclectique de quelque 8 000 pièces (antiquités gréco-romaines et précolombiennes, tableaux Renaissance et baroques, œuvres européennes et américaines des 19e et 20e s., textiles et bijoux amérindiens, exemples d'art oriental et africain) et organise des expositions temporaires.

★★ Fairchild Tropical Botanic Garden B2 (en direction)

▶ à 16 km au sud du centre-ville. 10901 Old Cutler Rd Gables - ✆ (305) 667 1651 - www.fairchildgarden.org - ♿ P - tlj 9h30-16h30 - fermé 25 déc. - 25 $ (6-17 ans 12 $).
Inauguré en 1938, le plus grand jardin botanique du territoire continental des États-Unis occupe un très beau site de 34 ha, ponctué de 12 lacs artificiels. Plus de 2 500 espèces de plantes et d'arbres provenant des quatre coins du monde se côtoient dans ces jardins, qui doivent leur nom au célèbre botaniste américain David Fairchild. Les végétaux sont regroupés par familles et présentés sous diverses formes d'aménagements paysagers allant des simples allées aux grands parterres. Une visite en tram *(40mn - dép. ttes les h. : lun.–vend. 10h-15h, sam.-dim. 10h-16h)* donne un bref aperçu de la flore abondante qui

comprend 500 espèces de **palmiers** et de rares **cycas**. Remarquez une serre abritant des plantes exotiques, ainsi qu'un jardin tout spécialement consacré aux espèces en voie de disparition.
Ne ratez pas le **Butterfly Garden**, une serre aux papillons, nouvelle attraction du parc où l'on peut approcher au plus près plus de 40 espèces de papillons de couleurs et de tailles incroyables, au milieu de fleurs et de plantes exotiques.

★★ Coconut Grove Plan de ville IV (p. 117)

Sur les rives de la baie de Biscayne, à 6,4 km au sud du Rickenbacker Causeway, s'étend un village évoquant tout le charme des tropiques, avec sa luxuriante végétation et ses immenses figuiers banians, une variété de ficus dont les branches tombent vers le sol, formant de nouveaux troncs. Plus ancienne communauté de la région métropolitaine, Coconut Grove englobe à la fois des quartiers résidentiels historiques, où l'on aperçoit encore de nombreux bungalows et domaines de style méditerranéen datant du début du 20e s., et un centre-ville animé, qui figure parmi les endroits les plus en vogue de Miami. Les soirs comme les week-ends, une activité fiévreuse règne dans ses nombreux bars et cafés. Le samedi, c'est aussi jour de marché dans le Grove, une occasion idéale pour savourer de délicieux fruits et légumes. Enfin, on ne saurait oublier les nombreuses fêtes qui s'y déroulent, comme le fameux **Art Festival** *(mi-fév.)* le **Goombay Festival** *(début juin)* et le **King Mango Strut** *(fin déc.)*.

VIZCAYA : PETIT COTTAGE DEVIENDRA GRAND !

En 1912, Deering acheta une propriété riveraine de 73 ha à Miami et se mit à planifier la construction de sa maison. Voulant à tout prix préserver son intimité, il envisageait de créer un cottage simple et accueillant. Mais son décorateur et conseiller artistique, Paul Chalfin, avait en tête une vision beaucoup plus grandiose. Diplômé de l'École des beaux-arts de Paris et ancien conservateur du Boston Museum of Fine Arts, Chalfin accompagna Deering en Europe, où les deux hommes explorèrent d'anciens châteaux et des villas italiennes, à la recherche d'objets d'art et de meubles pour cette demeure qui restait à bâtir. Conseillé par Chalfin, Deering acheta donc peintures, sculptures, meubles, tapisseries, plafonds antiques, clôtures de fer forgé et autres. À son retour, il dut se rendre à l'évidence : il lui fallait désormais une maison digne de ses nouvelles acquisitions…
Chalfin engagea, pour cette délicate tâche, l'architecte new-yorkais F. Burrall Hoffman, Jr. Inspiré par les villas vénitiennes des 15e et 16e s., ce dernier créa une demeure spectaculaire, mariant à merveille le style Renaissance italienne et la luxuriante végétation tropicale. Un millier d'hommes travaillèrent pendant plus de deux ans à la construction de « Vizcaya », nom basque désignant un lieu élevé. Le jour de Noël 1916, Deering emménagea dans sa nouvelle demeure de 70 pièces, dont le coût s'élevait à 15 millions de dollars. Il ne se maria jamais, et y vécut jusqu'à sa mort en 1925. L'année suivante, la maison et les jardins furent gravement endommagés par le légendaire ouragan de 1926. Les proches de Deering engagèrent à nouveau les services de Chalfin en 1934 afin de rénover la propriété et la transformer en musée. Comme le public ne manifestait guère d'intérêt pour cette nouvelle attraction, la famille décida, en 1945, de vendre 53 ha de propriété à l'Église catholique, qui y fit bâtir un complexe hospitalier. La villa même, et ce qui restait des jardins, furent finalement acquis en 1952 par le comté de Miami-Dade pour la somme d'un million de dollars.

Un peu d'histoire : Coconut Grove

Cocoanut Grove (épelé avec un a jusqu'en 1919) doit son nom à Horace Porter, un médecin du Connecticut qui s'efforça d'y établir une plantation de cocotiers en 1873. Un an plus tard, Porter renonçait à cette idée, ne laissant derrière lui que deux arbres et un bureau de poste qui existaient encore lorsqu'un certain **Ralph Middleton Munroe** arriva en 1877. Captivé par la beauté du site, Munroe ne cessa d'en vanter les attraits, et joua un rôle important dans le développement de Cocoanut Grove. En 1882, il aida ses amis Charles et Isabella Peacock à ouvrir un hôtel à l'emplacement actuel du Peacock Park. Cette auberge de bon ton, d'abord appelée Bay View House, puis Peacock Inn, donna à la nouvelle communauté un certain standing social qui contribua à attirer de nombreux visiteurs durant les mois d'hiver. Par la suite, beaucoup d'entre eux revinrent à Cocoanut Grove afin d'y bâtir leur propre maison.

En 1890, Coconut Grove était devenue l'une des plus grandes communautés du sud de la Floride. Elle fut la première ville de la région à accueillir une école, une bibliothèque et une marina. De nombreux Noirs d'origine bahamienne élirent domicile dans le secteur ouest de la ville ; ils gagnaient leur vie en récupérant les débris de naufrages, en fabriquant de l'*arrow-root* et en travaillant dans les secteurs de la construction et des services. Au début du 20e s., des membres de la haute société et de riches industriels, tels que James Deering, fréquentèrent les luxueux domaines situés dans les secteurs est et sud du front de baie. Dans les années 1920 et 1930, artistes, universitaires et écrivains (comme le grand auteur américain Robert Frost), convergèrent sur Coconut Grove, attirés par l'effervescence intellectuelle qui caractérisa le village dès ses débuts. De grandes figures de l'époque (Charles Lindbergh, Alexander Graham Bell, etc.) séjournèrent ici à maintes reprises. En 1917, le Grove accueillit l'une des premières bases aéronavales des États-Unis ; elle occupait la petite île de **Dinner Key**, que l'on relia au continent par une levée. L'îlot contribua largement au rayonnement international de Miami, lorsqu'on y construisit, dans les années 1930, un terminal pour les hydravions de la Pan American Airways.

Malgré son annexion à la ville de Miami en 1925, Coconut Grove a su conserver son cachet particulier et son ambiance un peu bohème. Après une période de déclin au cours des années 1950, le Grove allait renaître, en 1963, sous forme d'une vibrante communauté artistique, lors de l'inauguration de son Coconut Grove Art Festival. Dans les années 1960, beaucoup de hippies fréquentèrent les lieux ; puis, dans les années 1970, ce fut au tour des *yuppies* (« jeunes cadres dynamiques »). Au cours des décennies suivantes, on érigea de luxueux complexes hôteliers et des tours d'habitation le long de South Bayshore Drive. En 1987, la construction de la Dinner Key Marina transforma davantage le front de baie. Face aux dangers réels d'une urbanisation tentaculaire, s'est peu à peu créé un mouvement visant à protéger le caractère historique de Coconut Grove et le sauver d'une modernisation à outrance.

★★★ Vizcaya Museum and Gardens B1

3251 S. Miami Ave. - ✆ (305) 250 9133 - http://vizcaya.org - ♿ P - tlj 9h30-16h30 (villa jusqu'à 17h et jardins jusqu'à 17h30) - fermé mar., Thanksgiving et 25 déc. - 18 $ (brochure 2 $, audioguide de 90mn 5 $, disponible en français).

En bordure des eaux calmes de la baie de Biscayne et situé au cœur d'un *hammock* floridien se dresse une magnifique villa d'inspiration Renaissance italienne, entourée de vastes jardins classiques. Il s'agit de l'ancienne résidence d'hiver de **James Deering** (1859-1925), érigée en 1916 sur un terrain de 14 ha qu'occupait jadis une colline boisée. Trois hommes travaillèrent ensemble à la réalisation de Vizcaya : Deering en personne, le décorateur Paul Chalfin et l'architecte F. Burrall Hoffman, Jr.

Vizcaya évoque toute la richesse et l'opulence des villas de la Renaissance italienne. Les pièces, réparties sur deux niveaux, et deux tours, s'ouvrent sur une cour intérieure que rafraîchissaient jadis les brises marines (on dut la recouvrir afin de protéger les précieux meubles et objets décoratifs de la chaleur et de l'humidité). Des films muets y étaient projetés dans les années 1910 pour le plaisir des invités. Une spacieuse loggia entoure trois côtés du rez-de-chaussée ; à l'étage, les pièces s'ouvrent sur des galeries donnant sur la cour.

On découvre, au gré des différentes salles ouvertes au public, des éléments stylistiques d'inspiration Renaissance, baroque, rococo et néoclassique. L'**Entrance Hall**, de facture néoclassique, est orné de papier peint à la main dans les ateliers parisiens de Joseph Dufour vers 1814. Trois paires de colonnes romaines (1er s. apr. J.-C.), taillées dans le marbre, ornent le **Renaissance Hall**. Les murs et le plafond rococo de la **Music Room** sont couverts de panneaux de canevas illustrant un thème nautique. En entrant dans la **Tea Room★**, sorte de loggia fermée qui surplombe les jardins, remarquez le chambranle de cheminée en marbre nubien (17e s.), le plafond aux motifs néoclassiques, et le mur vitré orné d'un hippocampe et d'une caravelle, emblèmes de Vizcaya. Deering, qui menait une existence recluse, occupait des appartements à l'étage. Son élégant salon et sa chambre combinent les styles néoclassique et Adam. Remarquez, au même étage, la salle à manger, aux murs couverts de marines. L'**East Loggia**, avec son saisissant plancher de marbre, s'ouvre sur une terrasse dominant la baie de Biscayne.

Tout à côté se trouve le **Stone Barge★**, sorte de jetée de style vénitien où Deering amarrait son yacht de 24 m, le *Nepenthe* ; notez la sculpture réalisée par A. Sterling Calder (père du célèbre sculpteur du 20e s.) et les poteaux rayés comme on en trouve à Venise.

Des **jardins★★★** classiques d'inspiration française et italienne, dotés de ravissants parterres et d'arbres taillés, s'étendent sur plus de 4 ha, du côté sud de la demeure. L'architecte colombien Diego Suarez en traça les plans, et substitua aux plantes européennes des espèces tropicales, remplaçant notamment les traditionnelles haies de buis par des haies de jasmin. Au milieu des jardins, un pavillon ou **casino** de style baroque, construit sur une colline artificielle, domine une élégante chute en paliers. Des bassins semi-circulaires et des pavillons de pierre au toit voûté viennent compléter l'ensemble.

Viscaya comportait également une ferme, située de l'autre côté de South Miami Avenue. C'est ici qu'habitaient les personnes chargées d'administrer le domaine. On y trouvait en outre les étables, la grange, la laiterie et le poulailler.

Miami Museum of Science & Space Transit Planetarium B1

3280 S. Miami Ave. (en face de Vizcaya Museum and Gardens) - ✆ (305) 646 4200 - www.miamisci.org - ♿ P - tlj 10h-18h - fermé Thanksgiving et 25 déc. - 14,95 $

(3-12 ans 10,95 $). Attention, déménagement normalement prévu au Museum Park, en 2015.

Plus particulièrement destiné à un jeune public, ce musée interactif a pour but d'éveiller les enfants à la science et aux mystères de la physique. De nombreux ateliers sont censés décrypter des phénomènes connus : illusion d'optique, phénomène de Newton, etc. À l'arrière du bâtiment, un centre de réadaptation pour oiseaux de proie blessés donne aux visiteurs l'occasion d'observer toutes sortes d'animaux sauvages : tortues, rapaces, cigognes d'Amérique, pythons, boas constricteurs et autres. Le planétarium, adjacent au musée, présente non seulement des spectacles d'astronomie, mais aussi des shows laser (certains d'entre eux accompagnés de concerts de rock).

L'impression d'ensemble demeure quand même mitigée, du fait de la relative obsolescence des installations et d'un entretien aléatoire. Les responsables attendent sûrement avec impatience le futur déménagement...

BALADE DANS COCONUT GROVE

Circuit de 3,2 km au départ du parking du Miami City Hall.

Miami City Hall A2

3500 Pan American Dr. (accès par S. Bayshore Dr.).

Situé sur Dinner Key, ce bel édifice à deux étages, de style Streamline Moderne, se distingue par un toit plat et des fenêtres faites de briques de verre. Il fut construit en 1933 pour accueillir les hydravions de la Pan Am (notez la frise de la toiture, qui représente des globes ailés, des soleils et des aigles). À la fin des années 1930, 50 000 passagers transitaient chaque année par cet aérodrome qui offrait des vols à destination de 32 pays différents. Fait intéressant, Charles Lindbergh fut l'un des premiers pilotes à travailler ici. À cette époque, l'édifice comportait un restaurant et une promenade surélevée, située au deuxième niveau. Les curieux s'y rendaient en grand nombre les week-ends, pour assister au spectacle des immenses clippers atterrissant et décollant dans la baie de Biscayne. Pour des raisons évidentes, les membres de l'équipage au sol devaient travailler en maillot de bain ! C'est en 1945 qu'eut lieu le dernier vol en partance de Dinner Key. Depuis 1954, l'ancien aérogare abrite l'hôtel de ville de Coconut Grove.

Face au port de plaisance, longez les quais sur 600 m pour rejoindre le Bayside Park. Traversez-le sur 500 m et remontez Mac Fairane Rd, jusqu'à l'angle de Grand Ave. et Main Hwy.

★ Coconut Grove Village A2

Au petit village d'antan, doté d'une modeste épicerie, a succédé l'un des secteurs les plus branchés de la région métropolitaine de Miami. Dans les années 1970, les galeries d'art, les cafés et les boutiques hippies de la décennie précédente furent remplacés par d'élégants magasins. On y voit aujourd'hui de nombreuses terrasses de cafés et des boutiques de maillots dernier cri, qui servent une clientèle jeune, constituée d'étudiants, de cadres et, bien sûr, de touristes. **Streets of Mayfair** et **CocoWalk** se distinguent par leurs commerces haut de gamme, leurs bars et leurs cinémas. Des cafés bordent **Commodore Plaza** et l'extrémité nord de **Main Highway**.

Remarquez un surprenant palais, le **Cruz Building** *(3157 Commodore Plaza)*, inspiré de l'architecture de La Nouvelle-Orléans.

Sur **Fuller Street**, ce sont des boutiques de mode et de sympathiques librairies qui attendent les visiteurs.

Prenez Main Hwy.

★ The Barnacle State Historic Park A2

3485 Main Hwy - ✆ (305) 442 6866 - www.thebarnacle.org - parc : tlj sf mar. 9h-15h ; maison : visite guidée seult (1h) vend.-lun. à 10h, 11h30, 13h et 14h30 - fermé mar., 1er janv., Thanksgiving et 25 déc. - 3 $.

Sur les rives de la baie de Biscayne s'étend une propriété de 2 ha, qui englobe l'une des dernières surfaces boisées d'arbres feuillus *(hammock)* de Coconut Grove, ainsi que la plus vieille maison de Miami (1891), ayant appartenu à **Ralph Middleton Munroe**, propriétaire d'un florissant commerce d'huîtres situé à Staten Island, dans la région métropolitaine de New York. Munroe visita le Grove pour la première fois en 1877, lors d'une croisière en voilier, et y retourna quatre ans plus tard, espérant que le climat aiderait son épouse poitrinaire à recouvrer la santé. Celle-ci succomba malheureusement à la maladie. Munroe, qui s'était attaché à la région, se lança dans une foule d'entreprises comme la culture des éponges, la mise en conserve des ananas et la récupération des épaves.

En 1886, il acheta un lopin de terre de 16 ha et un voilier, puis se bâtit une nouvelle maison, dont la charpente était faite de bois de naufrage coupé dans son propre moulin à scie et traité à l'huile brute afin d'éloigner les termites. Surnommée Barnacle (un crustacé qui s'accroche à son rocher) pour sa pièce centrale de forme octogonale au plafond percé d'une bouche de ventilation, la maison comptait cinq pièces et un toit en croupe, le tout conçu dans un style bahamien parfaitement adapté au climat tropical. Une belle véranda produisait une ombre bienfaisante et permettait de jouir des brises marines. En 1908, Munroe, qui s'était remarié, décida d'agrandir sa maison et la haussa afin d'y ajouter un rez-de-chaussée en béton.

Pratiquement inchangée depuis cette époque, la demeure resta dans la famille jusque dans les années 1970, et contient encore des meubles d'origine. Dans la **cabane à bateaux** (1926) sont exposés divers outils de construction navale ayant appartenu à Munroe. Amarré à un ponton, on aperçoit une réplique de l'*Egret*, un voilier à faible tirant d'eau dont il dessina lui-même les plans.

Sortez du parc, et continuez à gauche pendant 100 m sur Main Hwy, au croisement avec Charles Ave.

Coconut Grove Playhouse

Dans la partie sud du village se dresse le **Coconut Grove Playhouse** un ancien théâtre de 1 100 places datant de 1926, aujourd'hui fermé. Des colonnes à torsades flanquent l'entrée de style mauresque de cet ancien cinéma. Après avoir servi de centre d'entraînement pour les pilotes de la Seconde Guerre mondiale, il rouvrit en 1956, à l'occasion de la première américaine de la pièce de Samuel Beckett, *En attendant Godot. Continuez sur Main Hwy pendant 600 m, et prenez la petite route, Devon Rd, à droite.*

★ Plymouth Congregational Church A2

3400 Devon Rd - ✆ (305) 444 6521 - www.plymouthmiami.com - ♿ P - ouv. pdt les offices ou sur RV.

Cette église de style colonial espagnol fut construite en 1917. Avec sa façade dotée de clochers symétriques encadrant un toit au parapet curviligne, elle rappelle une mission mexicaine du 16e s. Réalisés en pierre calcaire oolithique, l'église même et son cloître auraient été construits par un seul maçon espagnol n'ayant pour tout outil qu'un fil à plomb et une hachette. La porte de noyer (vers 1600) proviendrait d'un monastère pyrénéen. Attenant à l'église, un charmant parc invite à la contemplation, que ce soit à l'ombre bienfaisante

des figuiers banians, dans le petit jardin de méditation, la roseraie ou le jardin du cloître.
Revenez sur vos pas, le long de Main Hwy, jusqu'à l'angle avec Grand Ave.

À proximité

KEY BISCAYNE Plan de ville I (p. 101)

Cette île-barrière, qui s'avance sur 11 km dans la baie de Biscayne, se trouve à environ 3,2 km au sud du centre-ville de Miami. Nommée Santa Marta par l'explorateur Ponce de León en 1513, c'est une communauté prospère qui attira l'attention du public dans les années 1970, lorsque l'ancien président américain Richard Nixon y acheta une maison de vacances. On y trouve aujourd'hui des hôtels de luxe, d'excellents restaurants et – pour le plus grand bonheur des véliplanchistes et des adeptes du scooter des mers – parmi les plus belles plages de la Floride. Mais Key Biscayne est également connue pour son tournoi de tennis (Masters 1000) qui accueille, chaque année en mars, les meilleurs joueurs de la planète.

★ Bill Baggs Cape Florida State Park B2

1200 S. Crandon Blvd (à 11 km du poste de péage de Key Biscayne) - ✆ (305) 361 5811 - www.floridastateparks.org/capeflorida - 🅿 - tlj de 8h au coucher du soleil - 8 $/véhicule (dans la limite de 8 pers.) ou 2 $/piéton ou cycliste.
Discrètement niché à la pointe sud de Key Biscayne, ce parc de 364 ha, agrémenté de pistes cyclables et de sentiers écologiques, longe la baie en offrant des vues du centre-ville de Miami. Il doit son nom au rédacteur en chef de l'ancien *Miami News*, qui contribua à préserver cette superbe pointe de terre à l'état naturel.
Cape Florida Lighthouse – *visite guidée seult (1h) : jeu.-lun. à 10h et 13h - se présenter 30mn à l'avance - entrée payante.* À l'extrémité sud-est de l'île s'élève un phare, dont on peut voir l'intérieur après avoir regardé une courte présentation vidéo *(14mn)*. Ce site connut une histoire mouvementée. Une première structure de brique rouge, haute de 29 m, avait été érigée à cet emplacement en 1825. Pendant la deuxième guerre séminole, en 1836, les Indiens l'incendièrent, tuant l'adjoint du gardien de phare. Des ingénieurs rebâtirent la tour et la haussèrent de 9 m en 1846. En 1861, le phare fut à nouveau détruit, cette fois-ci par des sympathisants des États confédérés. Il fut rallumé après la guerre de Sécession, puis abandonné en 1878 au profit du Fowey Rock Lighthouse, que l'on érigea sur un récif à environ 11 km de là. En 1992, l'ouragan Andrew endommagea le fanal de Cape Florida Lighthouse, et emporta les pins australiens, les raisiniers et les arbres feuillus qui bordaient la plage. Aujourd'hui, le phare a été réparé et la végétation reconstituée. Une piste cyclable traverse le parc, tandis qu'un sentier de randonnée *(2,4 km)* permet de découvrir un marais de 25,4 ha.

★ Crandon Park Beach

6747 Crandon Blvd - ✆ (305) 361 5421 - www.miamidade.gov/parks - ♿ 🅿 - tlj du lever au coucher du soleil - Visitor Center : tlj 8h-16h - 6 $.
Cette plage est souvent classée parmi les dix plus belles plages des États-Unis. Sable blanc fin, palmiers, nature préservée : tout est fait pour passer un moment de détente sous le soleil. Le Visitor Center propose des visites thématiques le long des sentiers (découvertes de la nature, des oiseaux, des papillons) ainsi que des locations de *kite-boards* et de kayaks.

Le Downtown de Miami vu de Key Biscayne.
Ch. Heeb / hemis.fr

Miami Seaquarium B2

4400 Rickenbacker Causeway (à 8 km à l'est du poste de péage de Key Biscayne) - (305) 361 5705 - www.miamiseaquarium.com - 8 $ - tlj 9h30-18h (dernière entrée 16h30) - 41,95 $.

TRANQUILLITÉ ET PROSPÉRITÉ

En 1825, on érigea, sur la pointe de l'île, le Cape Florida Lighthouse, un phare qui servait à guider les navires à travers le périlleux détroit de Floride. Au cours de la deuxième guerre séminole, en 1836, le phare tomba sous l'assaut des autochtones. Peu après, les habitants fuirent l'île, et on y établit un campement militaire. Au début des années 1900, William J. Matheson y aménagea un bassin pour les yachts, et fit planter des milliers de cocotiers. En 1947, l'île fut reliée à Miami par le Rickenbacker Causeway. La traversée du pont routier coûtait alors 25 cents, somme considérable à l'époque. Aux côtés de l'ancien pont, désormais utilisé comme quai de pêche, se dresse une structure arquée, plus haute et plus récente, construite afin de desservir la population grandissante de l'île et les nombreux plaisanciers qui naviguent sur la baie de Biscayne. Dans les années 1960, l'île se développa rapidement, et on assista à la construction de nombreux gratte-ciel aux abords des petits quartiers ouvriers qui parsemaient Key Biscayne. Le prix des terrains monta bientôt en flèche, les acheteurs ayant découvert le cachet exclusif de l'île. Aujourd'hui, la ville de Key Biscayne – indépendante de celle de Miami – offre le meilleur de deux mondes : une paisible enclave résidentielle et un secteur commercial florissant. Deux parcs, Crandon et Bill Baggs, bordent la limite sud de l'île ; très prisés des résidents, ils sont reconnus pour la beauté de leurs plages. En traversant le pont routier vers l'ouest, en direction de Miami, remarquez les **vues**★ spectaculaires de la grande métropole américaine et de sa principale artère commerçante, Brickell Avenue.

Au sommet de sa popularité, vers la fin des années 1950, ce parc de 15 ha servait d'arrière-plan à la célèbre série télévisée *Flipper le dauphin*. Aujourd'hui, il propose plusieurs fois par jour des spectacles animaliers à caractère éducatif *(renseignez-vous pour les horaires)*. En dépit de ses cinq tonnes, Lolita, la star du **spectacle d'épaulards**, accomplit de gracieuses pirouettes, accompagnée de plusieurs dauphins. Non loin de là, des plongeurs nourrissent divers poissons et requins de leurs propres mains. À l'arrière du site, des requins nagent dans un canal ouvert qu'enjambent plusieurs ponts. On visitera aussi le **Lost Islands Wildlife Habitat**, qui abrite des reptiles, des animaux et des oiseaux en voie de disparition. En collaboration avec le laboratoire marin de l'université de Miami, le Seaquarium dirige un programme, unique au monde, visant à favoriser la reproduction des lamantins en captivité.

Toutefois, il faut souligner l'entretien aléatoire, l'étroitesse des bassins et le caractère désuet de certaines installations qui peuvent décevoir certains visiteurs. Et si l'on ajoute un prix d'entrée exorbitant…

GREATER MIAMI NORTH Plan de ville I (p. 101)

Le secteur nord du Grand Miami, qui s'étend de Miami Shores jusqu'à la limite du comté de Dade, au-delà de Golden Beach, fut colonisé vers la fin du 19e s., lorsque de petites stations ferroviaires, telles Buena Vista et Arch Creek, s'établirent le long de la voie ferrée de la Florida East Coast Railway. D'abord occupée par des fermes et des plantations d'agrumes, la région se transforma en une zone résidentielle lors du boom immobilier des années 1920. On y créa des quartiers (Morningside, El Portal et Miami Shores, etc.) s'inspirant le plus souvent de l'architecture espagnole et néoméditerranéenne. Certaines communautés offraient des attraits particuliers, comme Fulford-by-the-Sea, où fut aménagée en 1925 une piste de course, la Fulford Speedway ; celle-ci fut détruite par le terrible ouragan de 1926. Un grand nombre de ces communautés restèrent inachevées lorsque le marché immobilier floridien s'effondra cette même année.

Aujourd'hui, Greater Miami North offre un mélange de luxueuses tours d'habitation, de lotissements modernes et de quartiers plus anciens. Juste au nord de Lehman Causeway, on découvre d'élégantes stations de villégiature et un centre commercial haut de gamme : l'**Aventura Mall**.

★★ Ancient Spanish Monastery B1

à North Miami Beach. Prenez Biscayne Blvd (US-1) vers le nord jusqu'à N. Miami Beach Blvd ; tournez à gauche et prenez à droite W. Dixie Hwy. 16711 W. Dixie Hwy - (305) 945 1461 - www.spanishmonastery.com - - lun.-sam. 10h-16h30, dim. 11h-16h30 (appelez au préalable, le monastère ferme parfois pour des événements privés) - 8 $.

Superbe exemple de style gothique primitif, le monastère de Saint-Bernard-de-Clairvaux offre la vision insolite du Vieux Monde égaré dans le Nouveau pour le plus grand plaisir de l'amateur d'art. Construit en 1141 à Sacramenia, dans la province espagnole de Ségovie, il allait être – par un curieux concours de circonstances – démonté et transporté aux États-Unis près de 800 ans plus tard.

On pénètre dans le complexe par un lourd portail de fer forgé s'ouvrant sur un éclatant jardin de plantes subtropicales et d'arbres majestueux. Les galeries du monastère encadrent une cour carrée au milieu de laquelle se distingue un **Prayer Well** (« puits de prière »), composé des vestiges d'un temple romain du 1er s. apr. J.-C.

Un peu d'histoire : Ancient Spanish Monastery

DES PIERRES SOIGNEUSEMENT NUMÉROTÉES

Réalisé sous l'égide d'Alphonse VII, roi de Castille et de León, le monastère évoque par son nom le souvenir de Bernard de Clairvaux, le très influent leader cistercien canonisé en 1174. Après avoir été administré par les moines pendant de nombreux siècles, il fut converti en étables et en grenier à blé vers le milieu des années 1830, et languit jusqu'en 1925. À cette époque, **William Randolph Hearst**, richissime magnat de la presse et fervent collectionneur, acheta l'ensemble pour la modeste somme de 500 000 dollars, dans l'intention de le faire reconstruire sur sa magnifique propriété de San Simeon, en Californie. Des ouvriers démontèrent donc les bâtiments, pierre par pierre, numérotant chaque pièce avant de les envelopper de foin et de les placer dans l'une des 10 751 caisses de bois qui seraient ensuite expédiées aux États-Unis. Lorsque le cargo arriva sur le sol américain, le tout fut mis en quarantaine, car une épidémie de fièvre aphteuse s'était déclarée à Ségovie. Chaque caisse fut ouverte, et le foin, que l'on soupçonnait de porter la maladie, fut brûlé. Les pierres furent ensuite replacées dans les caisses, mais sans tenir compte de la numérotation, puis expédiées à New York. Elles restèrent enfermées dans un entrepôt durant plus d'un quart de siècle, pendant que Hearst s'affairait à d'autres projets. Après la mort de l'éditeur en 1951, deux promoteurs immobiliers du sud de la Floride achetèrent le pauvre monastère démonté pour en faire une attraction touristique.

UN IMMENSE CASSE-TÊTE

Lorsque les caisses arrivèrent à North Miami Beach en 1952, on découvrit avec horreur que les pierres étaient… dans le désordre. Ainsi commença le plus grand casse-tête du monde. Il fallut 90 jours à 23 personnes pour ouvrir les containers. Les 36 000 pierres qu'ils renfermaient – et qui pesaient chacune entre 23 kg et 1 360 kg – furent ensuite étalées sur une superficie de 8 ha. Le maître-maçon Allan Carswell dirigea le délicat assemblage, se référant à des photographies du monastère prises par Hearst. Dix-neuf mois plus tard, en 1954, le monastère ouvrait ses portes. Mais contrairement aux attentes de ses propriétaires, les visiteurs s'y firent rares. En 1964, les bâtiments furent donc vendus au diocèse épiscopal du sud de la Floride qui y ouvrit une église paroissiale : la **St. Bernard Mission Church**. Au début des années 1970, le diocèse, incapable d'entretenir l'immense propriété, dut la vendre. C'est alors que Robert Pentland, riche bienfaiteur et membre dévoué de l'Église épiscopale, l'acheta et en fit don à la paroisse de Saint-Bernard-de-Clairvaux. Ses membres, aujourd'hui encore, viennent y célébrer la messe à 11 heures le matin.

Dans la première galerie, face à l'entrée du cloître, l'ancien réfectoire, converti en lieu du culte, abrite aujourd'hui la **Chapel of St. Bernard de Clairvaux**. Remarquez, à l'entrée, la petite cloche de fer qui sonnait l'heure des repas. Au-dessus de l'autel, deux rosaces illustrent des scènes du Livre des Révélations de saint Jean ; il s'agit en réalité de rarissimes **fenêtres télescopiques★**, dont on ne connaît que trois exemples à ce jour. Au bout de la première galerie se dresse une statue grandeur nature du roi Alphonse VIII (de l'autre côté de la cour intérieure, en diagonale, lui fait pendant la statue de son grand-père Alphonse VII). La seconde galerie contient la **Chapter House** (salle capitulaire). C'est ici que les moines se réunissaient pour étudier, pratiquer leur chant ou se voir assigner leurs tâches. Les murs des troisième et quatrième galeries sont décorés de modillons représentant les armes des grandes familles de Ségovie au 12e s.

SOUTH MIAMI-DADE COUNTY Hors plan de ville I (p. 97)

Située à la lisière des Everglades, la portion sud du comté de Dade fut l'une des dernières régions de Floride à être colonisées. Aujourd'hui encore, elle se démarque des communautés avoisinantes tant par son aspect que par son ambiance. Ici comme ailleurs, lotissements résidentiels et centres commerciaux abondent ; mais l'ouest du secteur, caractérisé par la présence de fermes maraîchères, de plantations d'agrumes et de pépinières, a conservé un air campagnard quasi unique dans la région de Miami.
Malgré les ravages causés par l'ouragan Andrew qui s'abattit sur la Floride en août 1992 (avec des vents de plus de 280 km/h, il créa suffisamment de débris pour former un monticule de la hauteur d'un immeuble de 200 étages !), l'agriculture et le tourisme dominent le paysage économique.

★★ Zoo Miami A2 (en direction)

à 29 km du centre-ville de Miami. Prenez le Florida Turnpike vers le sud ; à la sortie 16, prenez S.W. 152nd St. (direction ouest) et suivez les panneaux indicateurs. 12400 S.W. 152nd St. - (305) 251 0400 - www.miamimetrozoo.com - P - tlj 9h30-17h30 (dernière entrée à 16h) - 15,95 $ (3-12 ans 11,95 $) - visite guidée à bord d'un train touristique (vend., w.-end et vac. scol. à 10h30, 12h, 13h30 et 15h - 5,95 $ + taxe).

Pour profiter au maximum de la visite, empruntez le sentier *(4,8 km)* qui traverse le parc parmi des centaines de haies en fleurs et de palmiers, plantés après le passage dévastateur de l'ouragan Andrew en 1992. Un monorail aérien surplombe le zoo, installé sur un terrain de 121 ha agréablement paysagé, et offre une belle vue d'ensemble du site. Celui-ci abrite quelque 2 000 pensionnaires : reptiles, oiseaux et mammifères originaires, pour la plupart, d'Asie, d'Afrique et d'Australie. Des fossés camouflés et divers autres obstacles bien dissimulés séparent les visiteurs des animaux, qui circulent ici en toute liberté. Parmi les vedettes du parc figurent un sympathique groupe de **gorilles de plaine** (entrez dans la grotte d'observation pour les voir de plus près) et de majestueux **tigres blancs du Bengale**, dont l'habitat englobe une réplique des vestiges du temple d'Angkor. Des démonstrations et des spectacles animaliers sont proposés tout au long de la journée *(consultez la brochure du parc pour les horaires)*. Les petits raffoleront du **zoo pour enfants**.

Gold Coast Railroad Museum A2 (en direction)

En face du Zoo Miami. 12450 S.W. 152nd St. - (305) 253 0063 - www.gcrm.org - P - lun.-vend. 10h-16h, sam.-dim. 11h-16h - fermé principaux jours fériés - 8 $ (billets en sus pour conduire une locomotive : 12 $).

Une visite autoguidée de ce musée révèle de nombreuses voitures de train restaurées. On y verra par exemple le California Zephyr, ainsi qu'une locomotive Diesel qui appartenait autrefois à la NASA. Parmi les principaux points d'intérêt, notez la voiture Pullman Ferdinand Magellan, utilisée par les présidents américains Franklin Roosevelt, Harry Truman, Dwight Eisenhower, Ronald Reagan et George Bush. Un wagon de chemin de fer sert, comme il se doit, de cadre à une belle collection d'équipement ferroviaire. Le week-end, les visiteurs peuvent faire un tour à bord de locomotives Diesel ou à vapeur.

★ Coral Castle A2 (en direction)

à 48 km au sud de Miami et 3,2 km au nord de Homestead. 28655 S. Dixie Hwy - (305) 248 6345 - www.coralcastle.com - ♿ P - tlj 8h-18h (vend. et sam. 20h) - fermé 25 déc. - 15 $, visites guidées en anglais tout au long de la journée.

Pas de pont-levis ni de vieille muraille dans ce « château de corail », constitué d'un ensemble étrange de sculptures. Un immigrant letton du nom d'Edward Leedskalnin mit une vingtaine d'années à tailler ce château unique en son genre, dans plus de 1 100 t de roche corallienne. Délaissé par sa fiancée la veille de son mariage, Leedskalnin quitta son pays en 1913 et, après avoir voyagé en Europe et au Canada, finit par s'installer aux États-Unis. Atteint de troubles respiratoires aigus, il élut domicile dans le sud de la Floride, espérant que le climat lui serait salutaire. En 1918, il acheta un terrain de 0,4 ha près de Florida City qui était à l'époque au milieu d'une campagne isolée. En hommage à son amour perdu, il entama de ses propres mains la construction d'un château entouré d'un mur de 800 t, sans l'aide d'aucun outil mécanique. En 1936, afin d'échapper aux incursions d'un futur projet résidentiel, l'artiste transféra ses œuvres à quelque 16 km de leur emplacement original, jusqu'au site actuel. Inscrit depuis 1984 au prestigieux inventaire national des sites historiques américains, Coral Castle offre au visiteur un paysage fantasmagorique d'une étrange beauté. Véritable merveille d'ingéniosité, le **Nine-Ton Gate** est un portail étonnamment facile à ouvrir ou fermer malgré son grand poids. Autre point d'intérêt, un énorme **télescope** (7,6 m de haut), lui aussi taillé dans la pierre, est orienté vers l'Étoile polaire. Une **table**, dont le plateau (6 m de long) représente l'État de la Floride, est entourée de chaises pesant chacune 4 530 kg. Vous verrez aussi une tour dont l'intérieur, au décor spartiate, contenait l'atelier de Leedskalnin (au rez-de-chaussée) et son humble logis (à l'étage).

1

★ Biscayne National Park A2 (en direction)

à Homestead, à 61 km au sud du centre-ville de Miami. Prenez le Florida Turnpike vers le sud jusqu'à la sortie 2 (Campbell Dr.) ; poursuivez vers l'est jusqu'à Kingman Rd, vers le sud jusqu'à S.W. 328th St. (N. Canal Dr.), puis vers l'est jusqu'au centre d'accueil de Dante Fascell. Limite est de N. Canal Dr. (S.W. 328th St.) - (305) 230 7275 - www.nps.gov/bisc - ♿ P - centre d'accueil : tlj 7h-17h30 - fermé 25 déc.

Il s'agit du plus grand parc marin des États-Unis, établi en 1980 afin de protéger une zone de 712 km² englobant des marais côtiers, des formations forestières à base de mangrove, des récifs coralliens et 32 îles-barrières menacées par l'accroissement du trafic maritime et les infiltrations d'eau douce provenant des canaux de drainage des Everglades. Les eaux de la baie de Biscayne et de l'océan Atlantique occupent environ 95 % de la superficie du parc, formant un secteur qui s'étire sur une distance de 42 km depuis la limite sud de Key Biscayne jusqu'à Card Sound, près de Key Largo, entre le littoral et la plate-forme continentale. Les **récifs★★★** qui en constituent le principal attrait, sont formés d'environ 50 espèces de corail. Baignés par le courant du Gulf Stream, à environ 16 km au large de la côte, ils composent un environnement idéal pour une multitude d'espèces aquatiques : caouanes, langoustes, éponges, crabes, etc. On y trouve aussi une grande variété de poissons tropicaux, notamment des poissons-perroquets, dont les couleurs éclatantes percent les flots transparents, offrant un spectacle d'une saisissante beauté.

Un **centre d'accueil** propose des dioramas grandeur nature représentant les différents écosystèmes du parc. Une salle de projection présente par ailleurs trois films différents : le premier est une introduction générale au site ; le second retrace l'histoire du parc ; et le troisième a pour thème l'impact de l'ouragan Andrew (1992) sur l'environnement immédiat. Un court **sentier d'interprétation** permet de se promener en bordure de la baie, et même de pêcher. Les intéressés pourront aussi faire du canoë dans la baie, ou de la plongée dans les récifs plus au large (location d'équipement possible).

Par beau temps, le parc organise toutes sortes de **promenades en bateau** au départ du centre d'accueil. En hiver (lorsque les moustiques sont moins voraces), des bateaux assurent la liaison avec Elliott Key, située à 11 km au large de la côte ; l'île dispose d'installations de camping et de sentiers écologiques. Les visiteurs qui s'intéressent à l'observation des oiseaux ou à l'exploration des estuaires peuvent aussi louer des canoës au centre d'accueil de Dante Fascell à Convoy Point.

NOS ADRESSES À MIAMI

INFORMATIONS UTILES

Poste centrale – *2200 N.W. 72nd Ave. - ✆ (305) 470 0691.*
Poste (South Beach) – *1300 Washington Ave. - ✆ 800 275 8777.*
Police (appels non urgents) – *✆ (305) 579 6111.*

TRANSPORTS

Arriver

Avion – Miami International Airport (MIA) - *à 11 km au nord-ouest du centre-ville - ✆ (305) 876 7000 - www.miami-airport.com.*

Transports à destination du centre : des navettes SuperShuttle (plusieurs compagnies dont l'efficace American Shuttle - *✆ 305 871 1000*) partent du niveau 1 *(comptez 20/25 $ pour Miami Beach, environ 18 $ pour Downtown)* ; des navettes gratuites desservent les grands hôtels ; taxis *(env. 35 $ pour Miami Beach)* ; Metrobus ; un bus régulier (n° 150) rejoint Miami Beach (angle Lincoln et Washington) pour un prix modique *(2,25 $)*. Sociétés de location de voitures *(voir p. 40)* à l'aéroport.

Sur place

La **Miami-Dade Transit Agency** (*✆ 305 891 3131 - www.miamidade.gov/transit/*) dessert la région métropolitaine de Miami et les plages grâce à un réseau de transports publics composé de trois éléments distincts :

Metrorail – *tlj 5h-0h (ttes les 5mn aux heures de pointe, de 10 à 30mn le reste de la journée) - 2,25 $ AS (paiement par Easy Ticket ou Easy Card, en vente dans chaque station) ; 5,65 $ le pass journée Metrorail + bus.* Il relie le centre-ville de Miami à Hialeah, au nord-ouest, et Kendall, au sud, permettant de rejoindre Coconut Grove et Coral Gables.

Metromover – *tlj 5h-0h (ttes les 2mn) - gratuit.* Il dessert les secteurs de Brickell Ave. et Omni, et circule en périphérie du centre-ville. Correspondances avec le Metrorail aux stations Government Center et Brickell. En plus d'être pratique, il est intéressant, car il sillonne le Downtown en hauteur, slalomant entre les gratte-ciel.

Metrobus – *lun.-vend. 4h30-2h (horaires variables le w.-end) - 2,25 $ AS (monnaie exacte requise) ; 5,65 $ le pass journée Metrorail + bus.* Il dessert tout le comté. De nombreux bus permettent de relier Miami Beach à Downtown : les bus C, S et 128, par exemple, traversent Washington Ave.et continuent vers Downtown.

La société **Tri-Rail** *(✆ 800 874 7245 - www.tri-rail.com)* exploite un réseau de trains desservant la région entre West Palm Beach et le Grand Miami. Assure des correspondances avec le Metrorail.

Voiture – Vous pourrez vous procurer des cartes routières à l'aéroport et auprès des sociétés de location de voitures. Grâce à son plan géométrique en grille, Miami est toutefois facile à parcourir sans se perdre.

Sauf indication contraire, la limite de vitesse est de 40 km/h en agglomération. Les panneaux sur lesquels figurent un soleil orange indiquent les principales attractions touristiques.

Il est en revanche difficile de stationner : les places sont peu nombreuses et les parkings publics payants *(voir « Se garer » en début de chapitre)*. Ceux des hôtels sont très onéreux et grèvent le budget. La voiture est donc utile pour sillonner Miami et ses environs, mais vous pouvez vous en passer si votre séjour se limite à Miami Beach.

Taxis – Il est très facile d'en trouver, à toute heure, à Miami Beach et dans Downtown, mais plus difficile dans les quartiers et musées excentrés.

Metro Taxi - *✆ (305) 888 8888 ;* **Flamingo Taxi** - *✆ (305) 759 8100 ;* **Yellow Cab** - *✆ (305) 633 8184.*

VISITE

La **Miami Design Preservation League** propose des visites à pied de Miami et loue des audioguides en français *(voir p. 103).*

Vélo – *Miami Beach Bicycle Center - 601 5th St. - ✆ 305 674 0150 (dim. ✆ 305 531 4161) - www.bikemiamibeach.com. Location : à partir de 5 $/h et de 18 $/j. Organise des visites guidées de South Beach, rens. sur place (2h, 35 $/pers.).*

HÉBERGEMENT

BUDGET MOYEN

À Miami Beach

The Clay Hotel – Plan II B2 - *1438 Washington Ave. - ✆ (305) 534 2988 ou 800 379 2529 - www.clayhotel.com - 🏊 - 120 ch. à partir de 100 $.* Dans la très animée Española Way, cet hôtel de style hacienda espagnole à la façade rose (deux bâtiments distincts) offre un bon rapport qualité-prix. Dortoirs et chambres, avec ou sans salle de bains privée, simples mais spacieuses, propres et bien équipées (réfrigérateur, TV, climatisation). The Clay a abrité le cercle de jeu d'Al Capone dans les années 1930 et accueilli le tournage du pilote de la série *Deux flics à Miami*. Espaces communs avec coin-cuisine et Internet.

Freehand – Hors Plan II par B1 - *2727 Indian Creek - ✆ (305) 531 2727 - http://thefreehand.com - 🏊 - lit en chambre partagée à partir de 39 $. Chambre individuelle*

1

à partir de 120 $. Située dans l'ancien hôtel Art Deco Indian Creek, Freehand est à la fois une auberge de jeunesse et un hôtel traditionnel, à l'ambiance bohème. Les bords de la piscine sont occupés dès 18 heures par les amateurs de cocktails venus spécialement au Broken Shaker, le bar de l'hôtel. Idéalement situé à deux pas de la plage et vélos à la location.

POUR SE FAIRE PLAISIR

À Miami Beach

Eva Hotel – Plan II B1-2 - *1506 Collins Ave. - ✆ (305) 673 1199 - www.hotelevamiamibeach.com - 30 ch. à partir de 139 $*. Cet établissement offrant un bon rapport qualité-prix possède des chambres confortables et vraiment spacieuses. Celles qui donnent sur la rue disposent d'un balcon, mais celles à l'arrière sont plus au calme. Sympathique café-restaurant : cuisine americano-cubaine sans grande prétention mais bien faite (burgers, salades, sandwichs).

The Hotel – Plan II B2 - *801 Collins Ave. - ✆ (305) 531 2222 ou 877 843 4683 - www.thehotelofsouthbeach.com - ♿ 🏊 🅿 - 73 ch. à partir de 160 $*. Todd Oldham a conçu presque entièrement ce bijou Art déco (1936) de South Beach. Chambres soignées, au design moderne, où les espaces de rangement sont optimisés. Elles sont malgré tout inégales, aussi demandez celles du 3e étage avec vue sur la mer. Superbe terrasse avec piscine, solarium, deux bars, une salle de sport et une vue qui s'étend de l'océan à la *skyline* du Downtown.

UNE FOLIE

À Miami Beach

Delano – Plan II B1 - *1685 Collins Ave. - ✆ (305) 672 2000 - www.delano-hotel.com - ♿ 🏊 🅿 - 208 ch. à partir de 350 $*. La tendance minimaliste de South Beach matérialisée par Philippe Starck. Ce dernier a en effet redécoré cet oasis de bord de mer conçu en 1947 par Ian Schrager et qui porte le nom de l'ancien président Roosevelt. Hall grandiose et chambres (de taille variable) d'un blanc immaculé. Le décor « simple et chic » du Delano, le bar très tendance posé sur le toit et le restaurant Bianca sont des aimants pour les célébrités.

À Coral Gables

Biltmore Hotel – Plan V A2 - *1200 Anastasia Ave. - ✆ 855 311 6903 - www.biltmorehotel.com - ♿ 🏊 🅿 - 275 ch. à partir de 290 $ (mais nombreuses promotions en ligne). Voir aussi p. 123.* Lobby majestueux, chambres très confortables, service efficace et discret, sans oublier une immense piscine, un golf 18 trous et le célébrissime brunch au champagne du dimanche : cet hôtel mythique posé de façon presque incongrue au cœur d'une banlieue résidentielle a gardé son lustre d'antan et n'a absolument rien à envier aux établissements les plus chic de Miami Beach… si ce n'est la proximité de la plage.

RESTAURATION

PREMIER PRIX

À Miami Beach

News Cafe – Plan II B2 - *800 Ocean Dr. - ✆ (305) 538 6397 - www.newscafe.com - tlj 24h/24 - 10/20 $*. Une institution qui ouvrit ses portes dans les années 1980 pour offrir un peu de répit aux mannequins et équipes artistiques qui travaillaient à Miami Beach. Une agréable terrasse où il est de bon ton d'être vu. La carte propose un peu de tout, des salades aux poissons grillés en passant par les pâtes et pizzas. Ne vous attendez toutefois pas à une expérience gastronomique…

11th St. Diner – Plan II B2 - *1065 Washington Ave. - ✆ (305) 534 6373 - www.eleventhstreetdiner.com - tlj 24h/24- 10/20 $.* Ce typique *diner* est installé dans un wagon de chemin de fer (importé de Pennsylvanie), tout en aluminium et en verre. Dans l'assiette, de roboratifs burgers, des beignets de crevettes, des salades et des sandwichs froids. Agréable terrasse ombragée.

Jerry's Famous Deli – Plan II B2 - *1450 Collins Ave. - ✆ (305) 532 8030 - www.jerrysfamousdeli.com - tlj 24h/24 - 10/25 $.* Une superbe façade Art déco orne cet établissement très populaire. Carte qui présente tous les grands classiques de la cuisine américaine. Nourriture correcte et portions gargantuesques. Très bien pour le petit-déjeuner.

La Rosinella – Plan II A1 - *525 Lincoln Rd - ✆ (305) 672 8777 - www.rosinella.net - tlj jusque tard - autour de 15/20 $.* Sa terrasse dans une rue touristique et son hôtesse très affable auraient pu nous dissuader… mais une fois testé, le choix est validé. Les pizzas, ultrafines, sont plus que correctes, et le vin de cépage nero d'avola ravive le souvenir de belles soirées d'été en Italie. Une adresse dans Downtown : *1040 S. Miami Ave. - ✆ (305) 372 5756.*

Tap Tap – Plan II A3 - *819 5th St. - ✆ (305) 672 2898 - 15/20 $.* Ce restaurant haïtien présente une enfilade de salles colorées aux peintures naïves chaleureuses. Une jolie touche de gaieté dans un quartier qui ne l'est pas vraiment, dominé par les banques. L'assiette ne déçoit pas, des crevettes sauce coco à la queue de bœuf sauce créole. Service sympathique… mais très long.

Dans Downtown

La Moon – Plan IV B1 - *97 S.W. 8th St. - www.lamoonrestaurantmiami.com - ✆ (305) 538 6397 - 5/15 $.* Une cantine colombienne connue et appréciée, qui propose dans un décor quelconque des plats roboratifs comme le hot-dog garni d'œufs au plat et de frites, et le plus classique bœuf bouilli en sauce, riz et yuca. Accompagnez ces mets nourrissants (à défaut d'être très fins) de la bière nationale, la rafraîchissante Aguila. Quelques tables à l'extérieur.

À Wynwood

Joey's – Hors plan III par A1 - *2506 N.W. 2nd Ave. - ✆ (305) 438 0488 - www.joeyswynwood.com - fermé dim. - 10/25 $.* Dans ce restaurant italien plébiscité par les galeristes de Wynwood, le chef Ivo Mazzon concocte une cuisine aux saveurs nettes et aux portions généreuses, à défaut d'être légère. Savoureuses pizzas, bonnes salades et plats plus élaborés, comme un excellent risotto crémeux aux saucisses épicées. Terrasse au calme.

À Little Havana

Cafe Versailles – Hors plan IV par A1 - *3555 S.W. 8th St. - ✆ (305) 444 0240 - www.versaillesrestaurant.com - 6/25 $.* À la limite ouest de Little Havana se dresse l'une des attractions du quartier. Malgré son nom, ce vaste restaurant n'a absolument rien de français. On y trouve plutôt une cuisine d'influence cubaine, notamment de copieux sandwichs, ainsi que des spécialités comme la *ropa vieja* (bœuf en lanières dans une sauce tomate) ou les *plátanos verdes* (bananes vertes frites).

L'atmosphère est animée, les portions généreuses et le menu impressionnant. Les amateurs de café apprécieront le délicieux café *cubano*, servi au comptoir, à l'intérieur ou à l'extérieur.

BUDGET MOYEN

À Miami Beach

Yardbird – Plan II A1 - *1600 Lenox Ave. - ✆ (305) 538 5220 - http://runchickenrun.com - tlj (à partir de 10h le w.-end pour le brunch) - 12/36 $.* Dans une vaste salle aux murs de briques blanches et à l'éclairage savamment étudié, le jeune chef Jeff McInnis a réussi le pari de proposer une cuisine qui embrasse les différents États du sud du pays, du Nouveau-Mexique à la Floride, avec des incursions dans les Caraïbes. L'origine des produits est identifiée, les présentations étudiées et les saveurs franches. Belle carte des vins, 100 % américaine. Les trentenaires branchés s'y pressent en masse, créant une ambiance bruyante et animée. Un coup de cœur et de loin notre meilleure adresse dans cette gamme de prix.

Osteria del Teatro – Plan II B2 - *1443 Washington Ave. (à l'angle de 14th St.) - ✆ (305) 538 7850 - fermé midi et dim. - 32/45 $ - réserv. indispensable.* Un restaurant italien raffiné, idéal pour un dîner en tête-à-tête. Savoureuses pâtes et belle carte des vins. Service impeccable. Une valeur sûre de Miami Beach, mais attention l'addition grimpe vite.

Dans Design District

Mandolin – *4312 N.E. 2nd Ave. -* Hors plan II par B1 - *✆ (305) 576 6066 - www.mandolinmiami.com - tlj - 12/30 $.* Un superbe patio aux couleurs des îles grecques où l'on vient déguster *mezzes*, salades et plats familiaux aux saveurs de la Méditerranée. Demandez les plats du jour, toujours traditionnels.

À Coral Gables

Bugatti – Plan V B1 - *2504 Ponce de Leon Blvd - ✆ (305) 441 2545 - www.bugattirestaurant.com - fermé dim. midi - 14/35 $.* Restaurant italien fréquenté par les habitants de Coral Gables. Bonnes pâtes généreusement garnies en crèmes et sauces diverses. Salle aux tons beige et marron sans charme particulier. Service prévenant.

À Coconut Grove

Peacock Garden Cafe – Plan IV A2 - *2889 Mc Fairlane Rd - ✆ (305) 774 3332 - http://jaguarhg.com/peacockspot - tlj dès 11h - brunch le w.-end.* Pour les amateurs d'ambiance *garden party tropical*, ce café propose des déjeuners et des dîners, simples et frais. La *lemon pie* est crémeuse à souhait.

POUR SE FAIRE PLAISIR

À Miami Beach

Joe's Stone Crab – Plan II A3 - *11 Washington Ave. - ✆ (305) 673 0365 - www.joesstonecrab.com - ♿ 🅿 - tlj sf midi dim.-lun. - impossible de réserver à l'avance (venir assez tôt, la queue est importante) - à partir de 25 $.* L'un des plus célèbres restaurants de South Beach, Joe's fait figure de légende depuis que son fondateur, Joe Weiss, commença à y servir de succulents « crabes cailloux » en 1913. On pêche ces crustacés de teinte rouille d'octobre à mai dans le golfe du Mexique. Leurs pinces, dont la chair est aussi savoureuse que celle du homard, ont ceci de particulier qu'elles se régénèrent en l'espace de 12 à 18 mois. Le restaurant étant très prisé des résidents comme des visiteurs, il faut parfois patienter assez longtemps avant de s'attabler. Si vous avez trop faim pour attendre, un *take away* (vente à emporter) peut vous proposer de quoi faire un nourrissant pique-nique.

POUR SE FAIRE PLAISIR

À Miami Beach

The Forge – Hors plan II par B1 - *432 Arthur Godfrey Rd (41st et Royal Palm Ave.) - ✆ (305) 538 8533 - http://theforge.com - 30/60 $*. Il n'y a pas d'enseigne, mais les voitures de luxe se succèdent devant sa porte. Très bel intérieur de brique et de bois mêlant lustres extravagants, mobilier design, épais tapis et vitraux. Quelques airs joués au piano et la lueur d'une bougie ajoutent un air romantique. L'endroit est considéré comme l'un des meilleurs *grills-rooms* du pays. Prisé des stars, le mercredi est la soirée la plus animée.

FAIRE UNE PAUSE

À Miami Beach

La partie piétonne de **Lincoln Road** est envahie de restaurants et cafés. Parmi les plus prisés, **Nexxt** *(700 Lincoln Rd)* accueille une foule hétéroclite qui profite en terrasse de l'animation de la rue.

À la folie – Plan II B2 - *516 Española Way - ✆ (305) 538 4484 - tlj 9h-0h*. Au bout de la portion la plus animée d'Española Way, ce café français est idéal pour le petit-déjeuner, une pause en journée ou à l'heure de l'apéro. Quelques tables sur le trottoir et une terrasse plus *lounge* à l'arrière. Petite restauration (salades, sandwichs et desserts maison). Accueil sympathique.

The Dynamo – Plan II B2 - *Musée Wolfsonian (p. 103) - 1001 Washington Ave. - ✆ (305) 535 1457 - tlj sf merc. 12h-18h (vend. 21h)*. À la fois boutique de musée, librairie et café, le Dynamo arbore un beau décor industriel et comblera les amateurs de « vrai » café. Petite restauration.

À Wynwood

Panther Coffee – Hors plan III par A1 - *2390 N.W. 2nd Ave. - ✆ (305) 677 3952 - www.panthercoffee.com - tlj jusqu'à 21h*. Difficile de manquer sa façade exubérante couverte de fresques. La porte franchie, on pénètre dans ce qui pourrait être un entrepôt de café, avec machine à moudre et gros sacs entreposés. Planches de bois fixées au mur et quelques œuvres exposées participent à l'ambiance *arty* mais *cool* du lieu, à l'image du quartier. Nombreuses variétés de thés et cafés. Terrasse prisée.

BOIRE UN VERRE/SORTIR

Dans Downtown

Tobacco Road – Plan I A2 - *626 S. Miami Ave. - ✆ (305) 374 1198 - www.tobacco-road.com - tlj jusqu'à 5h (cuisine jusqu'à 4h)*. Un bloc à l'ouest de Brickell Ave., ce bar à la façade rose bonbon un peu incongrue possède la plus ancienne licence d'alcool du comté. Durant la Prohibition, « The Road » était fréquenté par Al Capone, puis se vit retirer sa licence durant la Seconde Guerre mondiale pour « comportement indécent ». Aujourd'hui, Tobacco Road attire *golden boys*, avocats, étudiants et *bikers*. La programmation musicale est l'une des plus pointues de la ville : B.B. King and Koko Taylor y ont notamment joué. Sandwichs, burgers et steaks comblent les grosses faims. Salle principale sombre mais jardin reposant.

À Miami Beach

Si vous aimez les bars d'hôtel, outre le Sky Bar *(ci-dessous)*, ceux du **Delano** *(voir p. 138)* et de

The Hotel *(voir p. 138)* sont tout aussi recommandables.
Sky Bar – Plan II B1 - *1901 Collins Ave. - Miami Beach - ✆ (305) 695 3100 - www.shoreclub.com.* Le bar de l'hôtel Shore Club est l'un des plus prisés. Superbe cadre : grands divans en soie brodée, lanternes dans les arbres qui créent une ambiance tamisée, et jardin étagé jusqu'à la piscine, en contrebas. Fêtes débridées le w.-end.
Broken Shaker – Hors plan II par B1 - *2727 Indian Creek Rd - ✆ (305) 531 2727 - http://thefreehand.com/venues/the-broken-shaker - lun.-vend. 18h-2h, sam.-dim. 14h-2h.* Le bar de l'hôtel Freehand *(voir p. 137)*, à l'ambiance bohème, propose une sélection de cocktails classiques et inventifs. Demandez le cocktail du jour, à siroter au bord de la piscine, ou dans le jardin à l'ambiance tropicale.
Nikki Beach – Plan II B2 - *1 Ocean Dr. S. Beach - Miami Beach - ✆ (305) 538 1111 - www.nikkibeach.com - tlj jusqu'à 5h.* À la pointe sud de South Beach, un club de plage dont les fêtes ont fait la réputation. Grand bar à ciel ouvert, lits transats sous les palmiers… Très animé le dim. pour le brunch *(réserv. indispensable)* et tard dans la nuit, plus calme la journée et à l'heure de l'apéro.
Radio Bar – Plan II A3 - *814 1st St. - ✆ (305) 397 8382 - http://radiosouthbeach.com - lun.-vend. 18h-5h.* Ce bar créé à l'occasion de l'Art Basel *(voir p. 46)* est idéal pour boire un cocktail, jouer au billard ou écouter de la musique, dans une ambiance contemporaine et décontractée. On peut aussi grignoter un hot-dog, ou du pop corn.
Quant aux clubs, les modes changent vite, mais à l'heure où nous publions ces lignes, **Mansion** *(1235 Washington Ave. - Miami Beach - ✆ 786 735 3344 - www.mansionmiami.com - fermé lun.)* et **LIV @ Fontainebleau** *(4441 Collins Ave. - Miami Beach - ✆ 305 674 4680 - www.livnightclub.com - fermé lun. et mar.)* sont les adresses les plus courues.

À Wynwood

Wynwood Kitchen and Bar – Hors plan III par A1 - *2550 N.W. 2nd Ave. (inscription Wynwood Walls en fer forgé devant les pelouses) - ✆ (305) 722 8959 - www.wynwoodkitchenandbar.com - tlj sf dim.* Dans un musée à ciel ouvert *(voir p. 114)*, ce café-restaurant agréable dispose d'une pelouse où sont posées quelques tables, d'une terrasse et d'une immense salle aux murs tapissés de peintures. Belle carte de vins et de bières et esprit gentiment bohème.

ACHATS

À Miami Beach

Miami Beach concentre vêtements de grandes marques et de créateurs, accessoires à la mode (lunettes de soleil, bijoux, etc.) à dénicher sur Washington et Collins Ave. Également de très nombreuses boutiques à **Lincoln Road Mall**. L'offre est vaste, faites votre choix.

À Coconut Grove

Streets of Mayfair – Plan IV A2 - *Sur Grand Ave. (entre Virginia St. et Mary St.) - ✆ (305) 448 1700 - www.mayfairinthegrove.net.* Complexe où boutiques haut de gamme, restaurants et cinémas occupent un pâté de maisons. Conçue en 1979 par l'architecte Kenneth Treister, cette extravagante structure de béton, drapée de vignes, logeait autrefois des boutiques qui auraient servi à blanchir l'argent provenant des marchés sud-américains de la drogue. La cour intérieure *(entrée située sur Virginia St.)*, inspirée des œuvres barcelonaises de l'architecte Antoni Gaudí, est de toute beauté avec sa végétation luxuriante, ses passages piétonniers, ses fontaines et ses sculptures de cuivre.

CocoWalk – Plan IV A2 - *3015 Grand Ave. - ✆ (305) 444 0777 - www.cocowalk.net*. Un complexe de bars, boutiques, cinémas et boîtes de nuit autour d'une place où s'élève un pavillon surmonté d'une coupole. Un revêtement de stuc rose et trois niveaux de loggias et de balcons donnent à l'ensemble une allure tropicale.

SPECTACLES

American Airlines Arena – Plan III B1 - *601 Biscayne Blvd - ✆ 786 777 1000 - www.aaarena.com*. L'antre des Miami Heat est également une salle de concerts prisée des grandes stars internationales.

Colony Theatre – Plan II A1 - *1040 Lincoln Rd - Miami Beach - ✆ (305) 674 1040 - www.colonytheatremiamibeach.com*. C'est le théâtre Art déco de Miami Beach : musique, danse, théâtre, opéra, humour et cinéma.

Jackie Gleason Theater – Plan II AB1 - *1700 Washington Ave. - Miami Beach - ✆ (305) 673 7300 - www.gleasontheater.com*. C'est là que se produit le Miami City Ballet, mais on peut aussi assister à de grands spectacles de Broadway ou à des concerts électriques *(voir p. 108)*.

Olympia Theater at the Gusman Center for the Performing Arts – Plan III B2 - *174 E. Flagler St. - ✆ (305) 374 2444 - www.gusmancenter.org*. Superbement restauré, ce théâtre de 1926 accueille des concerts et projette des films.

SPORTS

Vente en ligne de billets sur les sites des clubs et sur **www.ticketmaster.com**.

Base-ball

Florida Marlins (MLB) – *✆ 877 MARLINS - http://miami.marlins.mlb.com*.

Basket-ball

Miami Heat (NBA) – *✆ 786 777 HOOP - www.nba.com/heat*.

Football américain

Miami Dolphins (NFL) – *✆ 888 FINS TIX - www.miamidolphins.com*.

AGENDA

Chaque année, en janvier, a lieu le festival de l'**Art Deco Weekend** *(voir p. 44)*.

Viernes Culturales – *www.viernesculturales.org*. Chaque dernier vend. du mois à Little Havana. Animations en soirée sur la Calle Ocho.

1

Fort Lauderdale

★

172 389 habitants

Surnommée la « Venise de l'Amérique », la région métropolitaine de Fort Lauderdale englobe près de 500 km de voies navigables naturelles et artificielles. Située à une quarantaine de kilomètres au nord de Miami, elle occupe un territoire de plus de 80 km² qui s'étend de l'océan Atlantique aux banlieues marquant le pourtour de la ville. Au cours des dernières décennies, cette ancienne communauté agricole, devenue la plus grande agglomération urbaine du comté de Broward, s'est transformée en une destination touristique de renommée internationale.

NOS ADRESSES PAGE 151

S'INFORMER

Greater Fort Lauderdale Convention & Visitors Bureau – *100 E. Broward Blvd, Suite 200 - ✆ (954) 765 4466 - www.sunny.org.*

SE REPÉRER

Carte de région B2 (p. 92). À 48 km au nord de Miami par l'I-95.

À NE PAS MANQUER

Une balade dans le Arts and Sciences District et sur Riverwalk.

ORGANISER SON TEMPS

Prenez votre temps ! Shopping, flânerie le long de la plage, baignade, événements culturels… tout le monde trouvera quelque chose à faire. Et pourquoi ne pas louer un vélo ?

AVEC LES ENFANTS

Le Museum of Discovery and Science ; Butterfly World.

Se promener Plan de ville (p. 148)

Revitalisé à la fin des années 1980, le centre-ville de Fort Lauderdale compte un nouveau quartier, l'**Arts and Sciences District**, délimité par East Broward Boulevard au nord, la New River au sud, South East 3rd Avenue à l'est et South West 7th Avenue à l'ouest, où se trouvent le Museum of Art, le Fort Lauderdale History Center, le Museum of Discovery and Science et le Broward Center for the Performing Arts. Plus à l'est, une agréable promenade de berges aménagées, **Riverwalk**, longe les rives de la New River où sont accostés les yachts et où défilent les Water Taxis, tandis qu'une artère à la mode, **Las Olas Boulevard**, aligne boutiques, galeries et terrasses *(entre S.E. 6th Ave. et 11th Ave.)*. Tous les lieux dignes d'intérêts mentionnés ci-après sont proches les unes des autres. On les rallie en suivant le Riverwalk.

★★ Museum of Discovery and Science

401 S.W. 2nd St. - ✆ (954) 467 6637 - www.mods.org - ♿ P (7 $) - lun.-sam. 10h-17h, dim. 12h-18h - musée : 14 $; cinéma IMAX : 9 $; 19 $ combiné musée et cinéma IMAX.

Voici un véritable palais de la découverte à explorer en famille ! Remarquez, dans la cour d'entrée, une fascinante **horloge gravitationnelle**. Au premier

Riverwalk, Downtown.
J. Schwabel / age fotostock

niveau, plantes indigènes et arbres vivants forment la toile de fond d'une exposition sur la flore et la faune locales intitulée « Florida Ecoscapes », comprenant un récif corallien, une grotte souterraine où l'on peut observer tarentules, chauves-souris, geckos… et une immense ruche dans laquelle on peut entrer (sans risquer de se faire piquer…). Plus loin, vous découvrez le milieu naturel si particulier des Everglades grâce à une sortie virtuelle dynamique en hydroglisseur, **Everglades Airboat Adventure**, ou encore la Floride à l'époque préhistorique. Vous pouvez également observer des loutres dans leur milieu au **Otters at Play**, et vivre l'expérience d'un ouragan au **Storm Center**. Au deuxième niveau, **Powerfull You** propose des expositions sur l'anatomie, la génétique et le corps humain, tandis que l'**Aviation Station** permet de monter à bord de plusieurs appareils différents, comme le Rover qui a arpenté la planète Mars. Le musée accueille par ailleurs des expositions temporaires et projette sur l'écran géant (équivalent à 5 étages!) de sa salle de **cinéma IMAX** des films ayant souvent pour thème des histoires d'animaux *(consultez les horaires sur place ou sur le site Internet)*.

Fort Lauderdale History Society

219 S.W. 2nd Ave. (billetterie au n° 231) - ✆ (954) 463 4431 - www.fortlauderdalehistoricalsociety.org - ♿ - mar.-dim. 12h-16h - visite guidée de King-Cromartie House à 13h, 14h et 15h - 10 $.

Cet ensemble de bâtiments du début du 20e s., construit dans le style de la région constitue le Old Fort Lauderdale (délimité par Broward Blvd au nord, la rivière au sud, S.W. 2nd Ave. à l'est, S.W. 3rd Ave. à l'ouest). Le musée se situe dans l'auberge New River Innn qui est le plus ancien établissement hôtelier du comté de Broward. Elle fut bâtie en 1905 avec des blocs de béton creux, façonnés avec du sable de la région par le premier promoteur immobilier de Fort Lauderdale, Edwin King. On découvre dans ce petit musée des expositions temporaires sur l'histoire locale, ainsi que la bibliothèque de recherche de la Société d'histoire de Fort Lauderdale.

Un peu d'histoire : Fort Lauderdale

UN FORT AU BORD DE L'EAU

Pendant 3 000 ans, les premiers habitants de la région, des Indiens nomades de la tribu Tequesta, vécurent le long de la rivière qui traverse encore le cœur de la ville. Après l'arrivée des Européens, au 16e s., la population autochtone diminua tant et si bien qu'à la fin du 18e s. la future Fort Lauderdale n'avait pour habitants que les cinq membres de la famille Lewis, originaire des Bahamas. Au début des années 1800, d'autres pionniers fondèrent une petite communauté agricole sur les deux rives du Rio Nuevo, nom que donnèrent jadis les Espagnols à la New River. Les Séminoles, qui occupaient le territoire à l'époque, vécurent paisiblement aux côtés des pionniers jusqu'en 1836, lorsqu'ils massacrèrent la famille du chef de la colonie, William Cooley. Craignant pour leur vie, les pionniers de New River s'enfuirent. Deux ans plus tard, le major William Lauderdale, auquel la ville doit son nom, et sa troupe de volontaires, édifièrent un fort sur les ruines d'anciens tertres laissés par les Tequesta.

Après la deuxième guerre séminole, seules quelques familles habitaient Fort Lauderdale. À la fin du 19e s., les craintes d'une attaque s'étant dissipées, plusieurs colons profitèrent des généreuses offres de terrain du gouvernement fédéral pour établir des fermes le long de la rivière. En 1892 commencèrent les travaux d'aménagement d'un chemin pavé entre Fort Lauderdale et Miami.

PÉRIODE D'EFFERVESCENCE

En 1896, Fort Lauderdale devint une nouvelle étape sur la route du chemin de fer de la Florida East Coast Railway, qui se rendait alors jusqu'à Miami. Cet événement précipita l'essor de la petite communauté agricole. Bientôt, une artère sablonneuse, perpendiculaire à la New River, s'implanta près de la voie ferrée. Surnommée Brickell Avenue en l'honneur d'une famille qui possédait de vastes terrains dans la région, elle devint le centre commercial de Fort Lauderdale. Plusieurs édifices en bois furent construits le long de la rue, mais il n'en subsiste aujourd'hui aucune trace.

En 1900, Fort Lauderdale comptait 52 habitants et possédait déjà plusieurs des caractéristiques d'une communauté en pleine croissance. En 1906, le gouverneur de la Floride, **Napoleon Bonaparte Broward** (qui a donné son nom au comté), lança un programme d'assèchement des Everglades. Des spéculateurs arrivèrent bientôt pour acheter de vastes parcelles de terrain asséché dont ils vantèrent les attraits dans le reste du pays. Au début de 1911, lorsque plus de 3 000 investisseurs convergèrent sur Fort Lauderdale afin de voir leur propriété pour la première fois, la petite communauté de moins de 200 habitants se trouva désemparée. Immédiatement après cette « invasion », en mars 1911, Fort Lauderdale reçut le statut de municipalité, ainsi que les services publics qui lui avaient jusqu'alors fait défaut.

La ville se développa rapidement grâce à une économie fondée sur l'agriculture, l'immobilier et, désormais, le tourisme. Afin d'accommoder une population croissante, des promoteurs imaginatifs asséchèrent les marais à l'est du centre-ville pour les transformer en quartiers luxueux, anticipant déjà le boom immobilier des années 1920. Sous l'effet d'une intense spéculation immobilière, la population dépassa bientôt les 15 000 habitants, et des projets résidentiels de style néoméditerranéen apparurent sur les berges de la New River. Le premier gratte-ciel de Fort Lauderdale, le Sweet Building, aujourd'hui One River Plaza *(305 S. Andrews Ave.)*, fut construit au milieu des années 1920, tout comme le **Bryan Arcade** *(201 S. Andrews Ave.)*, paré d'une typique façade Art déco.

Dans le sillage du krach immobilier et de l'ouragan qui frappèrent la Floride en 1926, Fort Lauderdale s'enlisa dans une dépression économique dont elle n'allait se relever qu'à la fin des années 1930, époque à laquelle de nouveaux hôtels ouvrirent le long de la plage afin de recevoir les visiteurs de plus en plus nombreux. Pendant la Seconde Guerre mondiale, Fort Lauderdale accueillit des milliers de soldats venus s'entraîner sur les plages et les bases militaires du comté. Après la guerre, la ville connut une période de croissance effrénée. De vastes portions de terres cultivables furent transformées en zones résidentielles, dont la plus grande, Coral Ridge, se trouvant au nord-est du centre-ville. Dans les années 1970, la population de Fort Lauderdale atteignit 140 000 habitants, et la municipalité commença à édifier un tout nouveau centre-ville. Au même moment, elle gagnait une renommée internationale en tant que centre touristique. Dans les années 1950, les plages du **Strip★**, qui s'étirent le long d'Atlantic Boulevard *(route A1A, de Sunrise Blvd au Bahia Mar Yacht Basin)*, devinrent célèbres non seulement pour leur beauté, mais aussi pour les foules d'étudiants qui y affluaient chaque année durant le fameux *Spring Break*, les vacances universitaires de printemps, se livrant à de véritables bacchanales. Mais, vers le milieu des années 1980, lassée de cette image peu flatteuse, la municipalité découragea ce type de visiteurs. Fort Lauderdale Beach est ainsi redevenue un paisible centre de villégiature, à l'ambiance plutôt familiale.

UNE VILLE DYNAMIQUE

Paradis des plaisanciers, Fort Lauderdale abrite plus de 40 000 yachts, dont la plupart sont amarrés au **Bahia Mar Yacht Basin**. Fondée peu après la guerre, cette marina – l'une des plus grandes des États-Unis – se trouve sur la voie navigable de l'Atlantic Intracoastal Waterway. En 1991, l'industrie touristique locale, déjà florissante, s'est dotée d'un atout supplémentaire : le Greater Fort Lauderdale/Broward County Convention Center, palais des congrès érigé au nord de **Port Everglades**. La gare maritime de Port Everglades, qui représente à elle seule un revenu annuel de 3,5 milliards de dollars, reçoit ou expédie chaque année plus de 16 millions de tonnes de marchandises, ce qui en fait le deuxième port de la Floride. Elle est également le second port de croisière du monde, derrière Miami, et tous les ans, plus de deux millions de personnes quittent ses quais à bord de paquebots à destination des Caraïbes.

Après avoir été négligé pendant plusieurs décennies, le fameux Strip de Fort Lauderdale a retrouvé son charme d'antan grâce à d'ambitieux travaux d'aménagement. Fort Lauderdale est désormais considérée comme l'une des plus belles villes américaines de taille moyenne. Elle jouit d'une économie diversifiée et propose à ses visiteurs comme à ses résidents une vaste gamme d'activités culturelles.

À côté de l'auberge, remarquez aussi la petite école et le restaurant **Reed's River House**, formé par la réunion des **Bryan Homes**, deux maisons édifiées en 1904 *(301 et 303 N.W. New River Dr.)*. Enfin, c'est une barge fluviale qui transporta la **King-Cromartie House** *(229 S.W. 2nd Ave.)*, construite en pin du comté de Dade en 1907, de New River Drive à son site actuel en 1971.

★ Stranahan House

335 S.E. 6th Ave. - ✆ (954) 524 4736 - www.stranahanhouse.org - P - visite guidée seult en anglais (env. 1h) : tlj à 13h, 14h, 15h - 12 $.

Cette maison à ossature de bois, spacieuse et élégante, est la plus ancienne structure du comté de Broward. Très bel exemple de l'architecture floridienne de l'époque des pionniers, la demeure comprend deux niveaux et de larges vérandas. Elle fut construite sur les berges de la New River en 1901 par **Frank Stranahan**, un natif de l'Ohio qui s'installa à Fort Lauderdale en 1893, à 27 ans, afin d'exploiter avec son cousin un service de ferry sur la New River. La ville était alors quasi inexistante. Stranahan se lança dans le commerce avec les Séminoles, projet novateur pour l'époque, car jugé périlleux. Stranahan transforma le petit édifice en un poste de commerce au rez-de-chaussée, et en un appartement qu'il habitait avec sa femme à l'étage. En 1915, leur demeure comptait un foyer, une cuisine, des baies vitrées et – preuve d'un standing

SE LOGER
The Pillars ❶
Villa Venezia ❸

SE RESTAURER
Chima Brazilian Steakhouse ❶
Coconuts Waterside Grill ❸
Floridian Restaurant ❺

social alors considérable – était alimentée en électricité et en eau courante. Sa femme, Ivy, était institutrice à l'école voisine, et enseignait également aux enfants séminoles, quand les tribus passaient quelques jours pour commercer. Frappé par la crise, Stranahan mit fin à ses jours en 1929. Sa veuve en fut réduite à habiter le grenier de sa maison et à louer les autres étages pour pouvoir survivre. Le premier niveau abritait un restaurant, qui s'était développé jusque sur les berges du fleuve, le second une pension de famille. Mme Stranahan y vécut jusqu'à sa mort en 1971, à 90 ans. La demeure a été restaurée à l'idendique et décorée avec des objets et du mobilier d'époque, et quelques objets séminoles.

★ Museum of Art, Fort Lauderdale (MoA)

1 E. Las Olas Blvd - ✆ (954) 525 5500 - www.moafl.org - ♿ P - mar.-sam. 11h-17h (jeu. 20h), dim. 12h-17h - 10 $ (audioguide pour le premier niveau).

Conçu en 1986 par Edward Larrabee Barnes dans le cadre du projet de revitalisation du centre-ville, ce musée présente ses collections à l'occasion d'expositions temporaires. Il fait partie du campus de Nova South Eastern University. Parmi son fonds se trouve le plus grand **ensemble★★** d'œuvres du groupe CoBrA en dehors d'Europe, soit un total de 1 200 pièces réalisées par les membres de ce mouvement né à Paris en 1948 et qui regroupait des artistes expressionnistes de **Co**penhague, **Br**uxelles et **A**msterdam (Pierre Alechinsky, Christian Dotremont, Karel Appel et Carl-Henning Pedersen...). Elles sont souvent mises en perspective avec des objets africains (masques, statues, coiffes) provenant des collections permanentes. Le musée possède aussi des œuvres de Picasso, Andy Warhol ou encore William Glackens, un illustrateur et peintre post-impressionniste américain originaire de Philadelphie.

À voir aussi

★★ Bonnet House Museum and Gardens

900 N. Birch Rd - ✆ (954) 563 5393 - www.bonnethouse.org - ♿ P - visite guidée seult (1h30) : mar.-dim. 9h-16h (dép. à la demie de chaque h, premier départ à 9h30, dernier départ à 15h30) - 20 $ - fermé lun., 1er janv., Thanksgiving, 25 déc.

Cette demeure nichée dans un parc de 14 ha est une véritable oasis tranquille, à deux pas de l'autoroute et de la ville. La maison de couleur jaune et blanche, faite de roche corallienne et de pin du comté de Dade reflète le talent et l'imagination de son concepteur, le muraliste **Frederic Clay Bartlett** (1873-1953), de Chicago. Offert en cadeau de noces à Bartlett et à sa première femme, Helen, par le père de celle-ci, Hugh Taylor Birch, le terrain est désormais séparé de la plage par la route A1A. Fervents collectionneurs d'art, les Bartlett acquirent de nombreuses toiles, dont *Un dimanche après-midi à l'île de la Grande-Jatte*, de Georges Seurat, plus tard légué avec 24 autres toiles post-impressionnistes au célèbre Art Institute of Chicago.

Une paisible lagune, bordée de majestueux palmiers royaux, et où vivent des cygnes, s'étend devant cette résidence de 30 pièces (1920), inspirée des demeures des grandes plantations du Sud. Bartlett choisit ce style en réaction à la vogue d'architecture méditerranéenne qui envahissait alors la région de Palm Beach, sous l'influence d'Addison Mizner. Il souhaitait disposer d'une simple *beach house*, une maison de vacances pour y passer l'hiver – plus doux en Floride – avec sa famille. La maison, dont les balcons en fer forgé viennent de La Nouvelle-Orléans, doit son nom aux lys de couleur jaune (bonnet) qui fleurissent encore à l'extrémité sud de la lagune. Elle renferme une collection éclectique de meubles et d'objets d'art ayant appartenu à la famille. Le **salon de musique** abrite un piano Steinway, signé par l'artisan (1871) et un buste en

marbre délicatement sculpté d'une femme voilée, en trompe l'œil, par l'artiste italien Giuseppe Croff (1860). Les portraits et les natures mortes d'Evelyn Fortune Lilly, deuxième épouse de Bartlett, sont exposés dans l'ancienne aile des invités ; c'est elle qui l'encouragea à ajouter quelques touches de fantaisie à leur résidence d'hiver : une volière, une peinture murale à motif marin au plafond de la loggia sud, une mosaïque de coquillages dans la loggia nord... Ils vivaient aussi entourés de petits singes, venus d'un casino voisin.
Sur la propriété se trouvent également une petite bâtisse comprenant l'ancien bar privé des propriétaires, un petit musée de corail et une serre d'orchidées. En se promenant, on découvre aussi un théâtre, le Island Theater : pour y pénétrer, il fallait apporter deux coquillages identiques (manière originale de payer son droit d'entrée), et, surtout, l'ancien **studio** de Frederic Bartlett, qui renferme des œuvres de l'artiste ainsi que des pièces de sa collection.
La visite guidée se termine par la projection d'un court documentaire qui présente les pièces non accessibles du premier étage, surtout des chambres.

Hugh Taylor Birch State Park

3109 E. Sunrise Blvd et route A1A - ✆ (954) 564 4521 - www.floridastateparks.org/hughtaylorbirch/ - ♿ P - tlj de 8h au coucher du soleil ; centre d'accueil (actuellement en rénovation) : sam.-dim. et j. fériés 10h-17h - promenade guidée vend. à 10h30 au dép. du centre d'accueil - 6 $/voiture. Possibilité de louer des kayaks.
Cette étendue de 73 ha, située sur une île-barrière entre l'océan Atlantique et l'Intracoastal Waterway, appartenait autrefois à Hugh Taylor Birch, un avocat de Chicago, qui l'acheta pour une bouchée de pain et s'y installa en 1893 afin de fuir l'agitation de la ville. En 1942, la propriété fut léguée à l'État afin d'être convertie en parc. L'endroit jouit d'une plage de 2,4 km de long, d'une lagune, de marais de mangroves et de forêts d'arbres feuillus. **Terramar**, l'ancienne demeure de Birch (vers 1940), abrite désormais le **centre d'accueil**.

À proximité Carte de région (p. 92)

★ Butterfly World B2

▶ À Coconut Creek, 16 km au nord de Fort Lauderdale, par l'I-95 (sortie 69). 3600 W. Sample Rd - ✆ (954) 977 4400 - www.butterflyworld.com - ♿ P - lun.-sam. 9h-17h, dim. 11h-17h - 26,95 $ (3-11 ans 21,95 $) (bons de réduction à imprimer sur le site Internet).
Créé par deux passionnés, ce parc a pour origine la première maison pour papillons d'envergure ouverte aux États-Unis. On peut y faire une agréable promenade à travers une volière dont le décor, agrémenté de chutes et de fleurs multicolores, évoque une forêt tropicale. Quelque 2 000 papillons y volent en toute liberté, rivalisant de beauté avec les fleurs. À l'extérieur de la volière, une roseraie et une tonnelle couverte de vignes, disposées autour d'un étang, attirent des papillons indigènes. Des spécimens d'insectes et de papillons exotiques provenant des quatre coins du monde sont exposés à l'intérieur d'un petit pavillon. Vous pourrez également voir de nombreux colibris et des loriquets (petits perroquets).

Ah-Tah-Thi-Ki Museum A2

▶ À Clewiston, 104 km à l'ouest de Fort Lauderdale. Prenez l'I-75 vers l'ouest. À la sortie 14, prenez la route 833 Nord et faites 27 km jusqu'à la réserve de Big Cypress Seminole Indian Reservation. 34725 W. Boundary Rd - ✆ (877) 902 1113 - www.ahtahthiki.com - ♿ P - tlj 9h-17h - 10 $.
Cet « endroit où apprendre », comme l'indique son nom, permet d'en savoir plus sur l'histoire et les coutumes des Indiens séminoles à travers des dioramas,

des montages, des vitrines où sont exposés bijoux traditionnels, vêtements, armes et instruments de musique. L'endroit compte aussi une bibliothèque, un théâtre folklorique et une boutique.
Dehors, le long d'une promenade *(2,4 km)*, des panneaux identifient des plantes médicinales, tandis que la reconstitution d'un village traditionnel est animée par des membres de la tribu occupés à diverses activités artisanales : sculpture sur bois, fabrication de poupées ou de paniers. Il est parfois possible d'assister à des cérémonies et danses rituelles *(appelez pour les horaires)*.

NOS ADRESSES À FORT LAUDERDALE

TRANSPORTS

Arriver

Avion– Fort Lauderdale/Hollywood International Airport (FLL) - *à 6,4 km au sud de la ville - ✆ (954) 359 1200 - www.broward.org/airport.* Transports à destination du centre : navettes collectives *(✆ 844 787 1670 - www.goairportshuttle.com - 25 $)*; service de bus à destination de la ville et des plages environnantes *(✆ 311 831 4000 - www.broward.org/airport)*; navettes gratuites pour rejoindre la gare du Tri-Rail, qui relie Miami à Palm Beach *(✆ 800 874 7245 - www.tri-rail.com)*; taxi *(15/20 $ pour le centre-ville)*. Sociétés de location de voitures *(voir p. 40)* à l'aéroport.

Sur place

Bus – Le **Sun Trolley** *(✆ 954 761 3543 - www.suntrolley.com - lun.-vend. 7h30-18h - ttes les 15-20mn - gratuit)* dessert le centre-ville.
Taxi – Yellow Cab - *✆ (954) 777 7777.*
Bateaux-taxis – *✆ (954) 467 6677 - www.watertaxi.com - tlj 9h30-23h - 22 $/pass journalier, à acheter en ligne ou dans le bateau.* Plusieurs arrêts le long de l'Intracoastal Waterway et de la New River.

VISITE

Anticipation Yachts – *✆ 800 979 3370 - www.anticipation.com - dép. de Las Olas Riverfront tlj à 11h, 13h, 15h et 17h - 23 $ (4-16 ans 13 $).* Découverte de la ville à bord d'un bateau (1h30).
Jungle Queen River Boat – *dép. du Bahia Mar Yachting Center (801 Seabreeze Blvd) - ✆ (954) 462 5596 - www.junglequeen.com.* Fort Lauderdale et la New River au fil de l'eau. Différentes formules, de la promenade *(dép. à 9h30 et 13h30 - durée 3h - 23,95 $, 3-12 ans 13,95 $)* au dîner-croisière *(dép. 18h - 44,95 $, 3-12 ans 23,95 $)*.

HÉBERGEMENT

L'hébergement est plutôt cher, surtout près des plages. On trouve les motels de chaîne au sud de la ville, autour des routes I-95 et 84.

POUR SE FAIRE PLAISIR

Villa Venezia – *132 Isle of Venice - ✆ (954) 832 0981 - www.villa-venezia.com - ♿ 🏊 🅿 - 11 ch. à partir de 140 $.* Une belle maison, où l'on se sent vite chez soi, située au calme tout en étant proche de l'animation et des plages. Les chambres sont toutes différentes et possèdent un balcon donnant sur une petite piscine entourée de verdure ; extrêmement spacieuses, elles possèdent une petite cuisine et certaines comptent deux pièces.

UNE FOLIE

The Pillars – *111 N. Birch Rd - ✆ (954) 467 9639 - www.pillarshotel.com - ♿ 🏊 🅿 - 18 ch. à partir de 209 $.* Situé en bordure de l'Intracoastal Waterway, ce petit établissement labellisé « Small Luxury Hotels of the World » est une véritable oasis de calme et de raffinement. Toutes les chambres sont, comme on s'en doute, très bien équipées et du meilleur goût… Certaines donnent sur la piscine et possèdent un balcon ou une terrasse. Du patio, on profite du défilé des yachts sur la voie d'eau limitrophe.

RESTAURATION

PREMIER PRIX

Floridian Restaurant – *1410 E. Las Olas Blvd - ✆ (954) 463 4041 - ♿ - 10/15 $.* Une institution locale réputée pour sa cuisine généreuse bon marché. Immense carte adaptée à tous les goûts (omelettes, salades, sandwichs, burgers, cuisine mexicaine). Terrasse.

BUDGET MOYEN

Coconuts Waterside Grill – *429 Seabreeze Blvd - ✆ (954) 525 2421 - www.coconutsfortlauderdale.com - ♿ - P - 14/30 $.* Une cuisine dominée par les produits de la mer (crevettes, crabe, poisson grillé), mais il y a des pâtes et de la viande pour satisfaire tous les goûts. On peut prendre place dans la grande salle ou sur la terrasse, au bord de l'eau. Musique *live* les jeu. et vend. soirs, sam. et dim. après-midi.

UNE FOLIE

Chima Brazilian Steakhouse – *2400 E. Las Olas Blvd - ✆ (954) 712 0580 - www.chima.cc - ♿ - dîner seult - à partir de 50 $.* Le rendez-vous des amateurs de viande. Grillades savoureuses, dans la grande tradition sud-américaine, et un grand *Salad bar* pour les accompagner. Portions généreuses et salle très agréable avec ses lumières tamisées.

ACHATS

The Galleria – *2414 E. Sunrise Blvd - www.galleriamall-fl.com.* Le grand mall du centre-ville : boutiques variées, restaurants…

Swap Shop – *3 291 W. Sunrise Blvd - ✆ (954) 791 7927 - www.floridaswap shop.com.* Unique et divertissant : cinémas en plein air, marché aux puces, fruits, vêtements, stands de restauration…

Sawgrass Mills – *12801 W. Sunrise Blvd - ✆ (954) 846 2350 - www.simon.com.* Le plus grand centre commercial de Floride avec plus de 300 magasins ! Notez bien l'emplacement de votre véhicule.

EN SOIRÉE

Consultez le site *www.sunny.org.* Vente de billets : **Ticketmaster** (*✆ (305) 533 1361 - www.ticketmaster.com).*

Broward Center for the Performing Arts – *201 S.W. 5th Ave. - ✆ (954) 462 0222 - www.browardcenter.org.* Toutes sortes de spectacles, dont beaucoup de comédies musicales.

Culture Room – *3045 N. Federal Hwy - ✆ (954) 564 1074 - www.cultureroom.net.* Concerts pop, rock, jazz plusieurs soirs par semaine. Beaucoup d'ambiance.

The Dive Bar – *3233 N. Ocean Blvd - ✆ (954) 565 9264 - www.thedivebarfl.com.* Musique, sports, jeux… des événements quasi quotidiens et la plus longue plage de *Happy Hour* de la ville : 11h-19h ! Ambiance sympathique.

ACTIVITÉS

Location de vélos

MC Cruz Rentals – *3109 E. Sunrise Blvd - Hugh Taylor Birch State Park - ✆ (954) 235 5082 - www.mcruzrentals.com.* Location de deux roues et sorties accompagnées.

Boca Raton

★

89 407 habitants

Située à mi-chemin entre Fort Lauderdale et West Palm Beach, cette station balnéaire florissante accueille, depuis déjà fort longtemps, une clientèle fortunée. Ses quelques kilomètres de plage bordent des flots limpides, réchauffés par le courant du Gulf Stream qui passe tout près de la côte.

NOS ADRESSES PAGE 159

S'INFORMER

Boca Raton Chamber of Commerce – *1800 N. Dixie Hwy - ✆ (561) 395 4433 - www.bocaratonchamber.com.*

SE REPÉRER

Carte de région B2 (p. 92). Le moyen le plus rapide de gagner la ville consiste à suivre l'I-95, orientée nord-sud, puis l'US-808 ; la route 1 longe la côte.

À NE PAS MANQUER

Mizner Park et le quartier du Boca Raton Museum of Art.

ORGANISER SON TEMPS

Une journée devrait suffire pour explorer Boca Raton. Prenez ensuite la direction de la plage ou de Fort Lauderdale.

AVEC LES ENFANTS

Red Reef Park et les tortues du Gumbo Limbo Nature Center ; une approche du milieu naturel des Everglades au Loxahatchee National Wildlife Refuge.

Se promener Plan de ville (p. 155)

Old Floresta

Délimité par W. Palmetto Park Rd, Periwinkle St., N.W. 9th Ave. et N.W. 7th Ave.

Il s'agit de l'un des plus anciens quartiers de Boca Raton, établi en 1925 par Addison Mizner pour loger les cadres supérieurs de son entreprise. Découvrez-le en parcourant les rues Aurelia, Azalea, Hibiscus ou Oleander, bordées de palmiers et de figuiers banians, notez les toits recouverts de tuiles d'argile bombées et les murs de stuc pâle qui caractérisent les plus vieilles demeures d'Old Floresta. Vingt-neuf d'entre elles ont survécu dans ce charmant îlot de tranquillité.

Boca Raton Historical Society & Museum

71 N. Federal Hwy - ✆ (561) 395 6766 - www.bocahistory.org - ♿ P - lun.-vend. 10h-16h - 5 $. Une brochure conçue pour guider votre promenade dans la ville est disponible. Possibilité de visite guidée des monuments et sites importants de la ville (sur RV) : Boca Raton Resort & Club, Boca Express Train Museum, etc. Promenade à bord d'un trolley à l'ancienne (voir « Nos adresses à Boca Raton »).

Premier hôtel de ville de Boca Raton, l'**Old Town Hall★** se distingue par son dôme doré. Commencée en 1926 sous la direction d'Addison Mizner, la construction de cet élégant édifice fut, à la suite des revers financiers du

Un peu d'histoire : Boca Raton

DE MODESTES DÉBUTS

Ce sont des Amérindiens de l'ère préhistorique qui furent les premiers à découvrir les attraits naturels de la région et à y établir des villages, à proximité des lagunes et des marais côtiers. La venue des Européens entraîna la disparition de la population autochtone. La région demeura longtemps inexplorée, les récifs au large du littoral formant un obstacle naturel à la navigation.

Puis, vers la fin du 19e s., des pionniers commencèrent à s'aventurer dans ces vastes étendues subtropicales. En 1884, le capitaine Tom Rickards acheta 20 ha de terrain au bord d'un lac alors nommé Boca Ratone (« bouche du rat » en espagnol) et, quelques années plus tard, décida d'y installer une exploitation agricole. Secondé par son fils, il fit bâtir une maison en bois flotté puis, aidé de travailleurs noirs, défricha ses terres pour y planter des agrumes et des ananas. Engagé par la Florida East Coast Railway comme arpenteur et promoteur immobilier, Rickards traça les plans d'une communauté agricole dont il vanta les atouts auprès d'éventuels acheteurs.

ESSOR ET DÉCLIN IMMOBILIERS

Boca Raton serait peut-être demeurée une modeste communauté balnéaire si le célèbre architecte **Addison Mizner** *(voir p. 162)* ne s'y était intéressé. Au début des années 1920, alors que les spéculateurs achetaient et vendaient en Floride des parcelles de plus en plus chères, Boca Raton, petite bourgade pourtant pourvue d'une gare ferroviaire, passa inaperçue. Puis, en 1925, Mizner acheta des terrains autour du lac et construisit un hôtel qui, à peine un an plus tard, allait attirer des centaines de visiteurs riches et célèbres.

Le **Cloister Inn** *(voir p. 156)*, un édifice de style néoméditerranéen dont les arcades et le revêtement rose pâle portent la marque distinctive de Mizner, sortit des marais côtiers en l'espace de six mois. Mais le flamboyant architecte visait bien plus que la construction d'un simple hôtel. Il rêvait de créer une ville entière, dotée d'un beau front de mer, de jardins, de promenades, de théâtres et d'une immense cathédrale. Les travaux étaient déjà bien avancés lorsque le marché immobilier s'effondra. Les investisseurs se retirèrent de l'entreprise, mettant fin à ses ambitieux projets. Malgré tout, à la fin de 1925, Mizner avait réussi à vendre pour 11 millions de dollars de terrains. En 1926, un violent ouragan mit un terme à la saison estivale. Le Cloister Inn résista à la tempête et à un autre ouragan deux ans plus tard.

Aujourd'hui, ce somptueux hôtel, ainsi que l'avenue **Camino Real**, témoignent de la vision grandiose de Mizner. Large de 49 m, l'artère était autrefois séparée par un canal sur lequel voguaient des gondoles qui faisaient la navette entre l'hôtel et la plage. Autre héritage de Mizner, les **Administration Buildings** *(2 E. Camino Real, au croisement de Dixie Hwy)*, inspirés de la demeure du Greco à Tolède, abritent désormais plusieurs restaurants.

SILICON BEACH

Longtemps considéré comme le joyau de Boca Raton, l'hôtel de Mizner demeura le moteur économique de la ville jusqu'à l'ouverture du campus de la Florida Atlantic University au début des années 1960. Principale source de

BOCA RATON

SE LOGER		SE RESTAURER	
Boca Raton Resort & Club	1	The Blue	1
Ocean Lodge	3	Max's Grille	3

revenus, l'industrie de pointe affiche aujourd'hui – avec plus d'une douzaine de grandes entreprises (IBM, Sony, etc.) – une présence bien visible.

Le tourisme joue également un rôle majeur et, chaque hiver, l'afflux de visiteurs saisonniers vient grossir d'environ 10 % une population jeune et prospère.

Fière de son héritage historique, Boca Raton a institué un règlement d'urbanisme en vertu duquel tout nouvel édifice commercial doit se conformer aux normes édictées par sa commission d'architecture.

Après des années d'oubli, le style méditerranéen a refait surface en 1991 avec l'édification du **Mizner Park** *(400 N. Federal Hwy, entre Palmetto Park Rd et Glades Rd)*, complexe résidentiel et commercial en stuc rose qui se distingue par ses larges arcades, ses fontaines et ses cours intérieures. La ville s'enorgueillit aussi de parcs méticuleusement entretenus, de théâtres, de parcours de golf, de bonnes conditions de pêche et de matchs de polo très courus pendant les mois d'hiver.

brillant architecte, complétée un an plus tard par William E. Alsmeyer, de Delray Beach. Jusqu'en 1983 s'y trouvaient à la fois des bureaux municipaux, un commissariat de police et une caserne de pompiers.
Restauré par la Société d'histoire locale selon son aspect d'autrefois, l'édifice figure désormais à l'inventaire national des sites historiques américains. Remarquez ses poutres et lambris de cyprès (un bois poreux à l'épreuve des termites) et ses planchers en pin du comté de Dade.
Vous y verrez aussi une bibliothèque contenant des documents d'archives, des photographies et des objets ayant appartenu à Mizner. Une boutique de cadeaux occupe par ailleurs le hangar où étaient entreposées les voitures de pompiers, tandis que l'ancien bureau du maire présente une exposition retraçant l'histoire de Boca Raton.

★ Boca Raton Museum of Art

501 Plaza Real - Mizner Park - ✆ (561) 392 2500 - www.bocamuseum.org - ♿ P - mar.-vend 10h-17h, sam.-dim. 12h-17h - plusieurs visites guidées par jour (rens. sur place ou sur le site Internet) - 8 $.
Ce musée dispose de collections riches et variées, présentées par roulement dans le cadre d'expositions temporaires : arts décoratifs, arts précolombien, océanien et africain, mais aussi photographie et art européen du 18e s. à 1945 (école de Barbizon, Toulouse-Lautrec, Vlaminck…), art américain ancien et contemporain (Rauschenberg, Warhol, Lichtenstein…).

FEC Railway Station (Boca Express Train Museum)

747 S. Dixie Hwy - ✆ (561) 395 4154 - www.bocahistory.org - ♿ P - janv.-avr. : 1er et 3e vend. du mois 13h-16h - 5 $ - se renseigner au préalable sur les horaires, qui varient chaque année.
Afin d'impressionner les touristes qui arrivaient ici en train, le propriétaire du Boca Raton, Clarence Geist, fit construire cette gracieuse gare (1930) pourvue de loggias, de colonnes en spirale et d'un toit revêtu de tuiles.
Lorsque le service ferroviaire fut supprimé en 1963, l'édifice fut laissé à l'abandon. La Société d'histoire de Boca Raton leva une souscription pour le sauver.
À l'extérieur du bâtiment, remarquez une locomotive à vapeur datant de 1930 et des wagons de chemin de fer montés sur des rails spéciaux.

★ Boca Raton Resort & Club

501 E. Camino Real - ✆ (561) 447 3000 - www.bocaresort.com - ♿ - visite guidée payante par l'intermédiaire de la Boca Raton Historical Society (voir p. 153).
C'est grâce à cet hôtel de dimension internationale, construit en 1926, que la ville acquit sa renommée. Conçu dans le style méditerranéen par l'architecte Addison Mizner *(voir p. 154)*, l'établissement – anciennement nommé Cloister Inn – comportait à l'origine une centaine de chambres. Fort de son succès à Palm Beach, Mizner s'attaqua avec plus de ferveur que jamais à ce nouveau projet, créant même sa propre entreprise en vue de financer les travaux. Un an après l'ouverture, Mizner déclara faillite ; mais l'hôtel prospéra et attire aujourd'hui encore une clientèle aisée.
Formant l'**aile est★** du complexe hôtelier, l'ancienne structure *(à droite du chemin bordé de palmiers qui mène à l'entrée)* se démarque par ses poutres de cyprès et ses meubles espagnols du 15e s. Au rez-de-chaussée, notez les colonnes revêtues de dorures et le haut plafond de la Cathedral Dining Room. Remarquez aussi la richesse de l'ornementation dans le grand hall et les autres espaces communs.
À l'extérieur, de magnifiques bougainvilliers recouvrent un mur qui jouxte des arches de style néoroman. Plus loin, une loggia et un cloître s'ouvrent

Boca Raton, le lac.
Fotosearch RM/age fotostock

1

sur une cour intérieure égayée de fontaines et de tuiles multicolores. En 1929, le nouveau propriétaire des lieux, Clarence Geist, ajouta deux ailes comportant, au total, 300 chambres. C'est à lui que l'on doit la forme en fer à cheval de l'hôtel, qui n'enlève rien à l'élégant mariage de styles espagnol, italien et mauresque. Fondateur de l'Arvida Society, Arthur Vining Davis acheta l'établissement en 1969 et y fit adjoindre une tour rose. Avec son club de plage et ses villas donnant sur un terrain de golf, le complexe compte à présent plus de 1 000 chambres.

★ Red Reef Park

1400 N. Ocean Blvd (route A1A), à 1,6 km au nord de Palmetto Park Rd - ✆ (561) 393 7974 - P - gratuit.
La partie est de ce parc de 27 ha jouit d'une belle plage, propice à la baignade et à la pêche, d'un récif artificiel idéal pour la plongée libre, d'une agréable promenade de planches et d'une dune couverte d'une épaisse végétation.
Gumbo Limbo Nature Center – *✆ (561) 338 1473 - www.gumbolimbo.org - ♿ - lun.-sam. 9h-16h, dim. 12h-16h - visite guidée mar. et merc. à 13h.* La partie ouest du parc englobe une forêt tropicale de 8 ha préservée à l'état naturel. Elle accueille un centre dont l'une des missions est la préservation des tortues de mer ; un espace consacré aux soins des animaux blessés a d'ailleurs ouvert ses portes en 2010. Un petit **centre d'accueil** possède une jolie collection de coquillages. Dans les bassins d'eau de mer disposés à l'extérieur du bâtiment évoluent toutes sortes de créatures marines : anémones de mer, oursins, caouanes et tortues. Plusieurs **sentiers d'interprétation** traversent une dune littorale, une forêt de palmiers ornementaux et une mangrove. Notez, au passage, les figuiers étrangleurs, les lilas des Indes et les gommiers rouges, ainsi que les papillons, particulièrement nombreux en mai et juin. De la tour d'observation, qui domine la voûte forestière du haut de ses 12 m, s'offrent de belles vues sur l'océan.

À proximité Carte de région (p. 92)

★ Morikami Museum & Japanese Gardens B2

À Delray Beach, 11,2 km au nord de Boca Raton. Prenez l'I-95 (au sud) jusqu'à Linton Blvd. Après avoir fait 5,6 km vers l'ouest, prenez Jog Rd vers le sud et continuez sur 2,4 km jusqu'au parc. 4 000 Morikami Park Rd - (561) 495 0233 - www.morikami.org - ♿ P - mar.-dim. 10h-17h - 14 $. Excellent restaurant et belle boutique.

Aménagés sur une parcelle de terrain de 81 ha que recouvrait autrefois une forêt de pins parsemée d'étangs, ce musée et ses jardins rendent hommage à la culture japonaise. La propriété fut léguée à l'État par un certain George Sukeji Morikami, riche cultivateur d'ananas qui avait immigré aux États-Unis au début des années 1900 pour se joindre à la communauté japonaise de Yamato, située dans la partie sud de Delray.

La visite commence au **musée**, un édifice de stuc blanc dont l'influence orientale se reflète dans les boiseries foncées et les écrans *shoji* qui ornent l'intérieur. Des expositions temporaires traitent de l'art et de l'artisanat du Japon. Dans le pavillon Seishin-an, à côté de l'entrée, on peut assister à une authentique **cérémonie du thé★** *(3e sam. du mois d'oct. à juin à 13h, 14h et 15h - calendrier sur le site Internet - entrée du musée + 5 $)*. Le bâtiment comprend aussi un théâtre, une librairie et un centre multimédia.

Non loin du musée se trouve la villa **Yamato-kan★**, dont le décor empreint de sérénité évoque une maison japonaise traditionnelle *(enlevez vos souliers avant de pénétrer dans la maison ; des chaussons en papier sont mis à votre disposition)*. Remarquez son jardin de méditation, autour duquel s'agencent les autres pièces, la chambre d'enfant et les bains. D'autres salles présentent une exposition permanente consacrée à l'histoire de la colonie de Yamato. Dehors, un espace paysagé comprend six jardins, parmi lesquels un jardin de l'époque de Kamakura (13e-14e s.), un autre de l'époque d'Edo (17e s.), un troisième de l'ère Meiji (fin 19e s.), et un superbe **jardin de bonsaïs**. Des sentiers parcourent une forêt dotée d'aires de pique-nique à l'abri du soleil.

Le musée organise chaque année trois **festivals** : Oshogatsu, le Nouvel An japonais *(janv.)* ; la Foire Hatsume, célébrant l'arrivée du printemps *(mars ou avr.)* ; le Bon Festival *(mi-août)*, accompagné de spectacles de musique et de danse ; enfin la fête des lanternes *(oct.)*, à l'occasion de laquelle une multitude de lanternes flottantes sont mises à l'eau.

★ Arthur R. Marshall Loxahatchee National Wildlife Refuge B2

À Boynton Beach, 19 km à l'ouest de Delray Beach et 30 km au nord-ouest de Boca Raton, sur l'US-441. Prenez la route 806 (Atlantic Ave.) en direction de l'ouest jusqu'à l'US-441 ; suivez-la vers le nord sur 4 km jusqu'à l'entrée de la réserve. 10216 Lee Rd - (561) 734 8303 - www.loxahatcheefriends.com - P - réserve : du lever au coucher du soleil ; centre d'accueil : 9h-16h - 5 $.

Une grande variété d'animaux, y compris la cigogne d'Amérique, le milan des marais et plus de 18 000 alligators, vivent dans cette réserve faunique de 58 680 ha, qui englobe des habitats d'eau douce uniques aux Everglades.

Le **centre d'accueil** présente d'intéressants dioramas et des expositions sur l'écologie locale. Derrière le bâtiment, un sentier de planches *(0,6 km)* s'enfonce dans un marais de cyprès obscur, peuplé de reptiles, de fougères, de broméliacées multicolores et d'arbres drapés de lichen rouge sang. Un **sentier d'interprétation** *(1,2 km)* longe un bassin de retenue et passe à proximité d'une tour d'observation, tandis qu'un circuit de 8,8 km permet aux adeptes de canoë d'explorer la réserve. Celle-ci est entourée d'un canal et d'une digue qui approvisionnent la communauté en eau.

NOS ADRESSES À BOCA RATON

VISITE

Trolley Historical Society – *70 N. Federal Hwy - ✆ (561) 395 4154 - www.bocahistory.org - janv.-avr. : 3e jeu. du mois à 10h - durée 2h - 20 $.* Une visite guidée de la ville à bord d'un trolley à l'ancienne, organisée par la Boca Raton Historical Society *(voir p. 143).*

HÉBERGEMENT

POUR SE FAIRE PLAISIR

Ocean Lodge – *531 N. Ocean Blvd - ✆ (561) 595 7772 - www.oceanlodgeflorida.com - ♿ 🏊 🅿 - 18 ch. à partir de 110 $ ☕.* Avec ses grandes chambres équipées d'une cuisine, ce motel « de luxe » présente un excellent rapport qualité-prix. Situé à deux pas de la plage, l'endroit est calme et agréable.

UNE FOLIE

Boca Raton Resort & Club – *501 E. Camino Real - ✆ ✆ (561) 447 3000 - www.bocaresort.com - ♿ 🏊 🅿 - 1 070 ch. à partir de 249 $.* L'ancien Cloister Inn conçu par Mizner est toujours un palace *(voir p. 156)* de grand standing. Les chambres sont réparties entre l'hôtel historique, the Tower (un édifice moderne de 27 étages), le Beach Club et le Yacht Club, plus près de la plage. L'établissement compte également une dizaine de bars et de restaurants, deux parcours de golf, six piscines, un spa, des courts de tennis, une plage privée… Service excellent.

RESTAURATION

BUDGET MOYEN

Max's Grille – *404 Plaza Real - ✆ (561) 368 0080 - www.maxsgrille.com - ♿ - 16/35 $.* L'un des restaurants les plus abordables de Mizner Park, ouvert du petit-déjeuner au dîner. On y sert une honnête cuisine américaine mâtinée d'influences latines et asiatiques. La carte est régulièrement renouvelée et il y a des *Specials* chaque jour. Bon brunch le week-end. Agréable terrasse.

POUR SE FAIRE PLAISIR

The Blue – *Boca Raton Resort & Club - 501 E. Camino Real - ✆ (561) 447 3222 - www.bocaresort.com/Dining/The-Blue - ♿ 🅿 - dîner seult - plats à partir de 32 $.* Pour goûter à l'excellence du palace de la ville à défaut d'y loger ! Ce restaurant design installé au sommet de la tour jouit d'une splendide vue panoramique. La cuisine, d'inspiration méditerranéenne, est absolument délicieuse. Vous pouvez aussi vous contenter d'y prendre un verre.

EN SOIRÉE

Prime Cigar & Wine Bar – *2240 N.W. 19th St. - ✆ (561) 613 6130 - www.bocasmoke.com - ♿ 🅿.* Cette cave à vins, à whiskies et à cigares séduira incontestablement les amateurs. Il est également possible de dîner en extérieur. L'équipe est sympathique et connaît son sujet.

The Funky Buddha Lounge & Brewery – *2621 N. Federal Hwy - ✆ (561) 368 4643 - www.thefunkybuddha.com - ♿.* Plus de 110 bières (bouteilles ou pression), dont certaines maison, mais aussi toutes sortes de cocktails et boissons alcoolisées ou non, à déguster en écoutant un concert *live* (jazz le lun.). La salle est très agréable et les grandes banquettes donnent envie de se détendre, pourquoi pas en fumant un narguilé…

Palm Beach★★★ et West Palm Beach

8 532 habitants

Dans la partie nord d'une île-barrière longue de 26 km s'étend une opulente communauté dont les demeures grandioses forment l'une des plus riches enclaves immobilières du monde. Fief des grosses fortunes depuis déjà plus d'un siècle, Palm Beach attire aussi de nombreux touristes venus savourer l'atmosphère élégante de ses restaurants et de ses grands hôtels, admirer les somptueuses devantures des boutiques de Worth Avenue, et rêver devant les magnifiques résidences du front de mer… Face à l'îlot presque irréel de Palm Beach, West Palm Beach, sur le continent, fait figure de banlieue commerçante et résidentielle pour classes moyennes. Ceux qui prendront le temps de s'y arrêter découvriront avec surprise plusieurs sites dignes d'intérêt, notamment l'un des plus beaux musées d'art de la Floride.

NOS ADRESSES PAGE 174

S'INFORMER

Palm Beach Chamber of Commerce – *400 Royal Palm Way - ✆ (561) 655 3282 - www.palmbeachchamber.com.*

SE REPÉRER

Carte de région B1 (p. 92). Les ponts de Southern Blvd, Royal Palm et Flagler Memorial relient Palm Beach au continent.

À NE PAS MANQUER

Une balade en voiture le long de l'océan pour admirer les incroyables villas; le Flagler Museum; le Norton Museum of Art.

ORGANISER SON TEMPS

Consacrez une journée à la découverte de Palm Beach et des sites de West Palm Beach. Restez plus longtemps si vous voulez profiter des plages de la Treasure Coast, au nord, près de Jupiter.

AVEC LES ENFANTS

Une découverte de Palm Beach avec les DivaDuck Amphibious Tours; Lion Country Safari.

Palm Beach★★★ Plan de ville (p. 165)

Circuit de 12 km tracé en vert sur le plan (p. 165). À la hauteur de Southern Blvd Bridge, prenez Ocean Blvd (route A1A) en direction du nord. La limite de vitesse est de 30 miles/h (soit 56 km/h), mais la plupart des automobilistes conduisent plus lentement.

Cet itinéraire débute le long de l'Atlantique, avec de superbes **vues**★★★ de l'océan à droite, et des élégantes villas de Palm Beach à gauche. Avec ses 188 pièces, la première demeure que l'on aperçoit, partiellement dissimulée derrière des murs et une clôture massive, est le véritable joyau de Palm Beach. Aujourd'hui convertie en club privé, cette impressionnante structure d'inspiration mauresque (1927, Joseph Urban & Marion Sims Wyeth) fut surnommée **Mar-a-Lago**, car elle s'étend de l'océan au lac Worth. Elle appartint à Marjorie Merriweather Post, héritière d'un vaste empire agroalimentaire, et plus récemment, à Donald Trump, milliardaire américain qui a fait fortune dans l'immobilier.

Après avoir parcouru 4,1 km sur Ocean Blvd, prenez à gauche Barton Ave. (qui se termine par une impasse). Garez-vous sur Barton Ave. ou Via Bethesda (rue suivante).

★★ The Episcopal Church of Bethesda-by-the-Sea

141 S. County Rd - ✆ (561) 655 4554 - www.bbts.org - ♿ P - tlj 8h-17h, sept.-mai : visites guidées 2e et 4e dim. à 12h15, reste de l'année : 4e dim. 11h15.

Troisième église à être construite sur ce site, cette gracieuse structure de style néogothique (1925) vint remplacer des édifices devenus trop petits et trop modestes pour les besoins d'une communauté qui grandissait non seulement en nombre, mais en prestige. Œuvre des architectes new-yorkais Hiss et Weeks, elle se distingue notamment par un clocher massif et par les sculptures des quatre évangélistes qui ornent les niches de l'entrée principale.

À l'intérieur, la nef s'ouvre sous un plafond à chevrons de bois. À l'avant de l'église, un vitrail d'un bleu saisissant, le **Te Deum Window**, s'élève au-dessus de l'autel. Formé de trois fenêtres en ogive, il représente (de gauche à droite) les apôtres saint Pierre et saint Paul, le Christ ressuscité et les martyrs saint Étienne et sainte Catherine. Le vitrail fut transporté en Amérique à bord de trois bateaux, en 1940, sur un océan infesté de sous-marins ennemis. Sur le panneau gauche du retable de calcaire blanc qui orne le maître-autel, notez la représentation de Jésus guérissant un paralytique devant le bassin de Bethesda. Dans le transept sud, remarquez le tableau de la **Vierge à l'enfant**, du peintre espagnol Murillo (17e s.), ainsi qu'un ex-voto. Le thème nautique se répète dans les fenêtres du bas-côté nord, qui illustrent des scènes maritimes tirées de la Bible.

À gauche de l'entrée, un cloître mène à une cour intérieure et au **Cluett Memorial Gardens**, charmants jardins à la française agrémentés de fontaines, d'un pavillon et de parterres cruciformes. Au printemps, les bougainvilliers ajoutent des touches de couleurs splendides aux vieilles pierres.

Suivez County Rd sur 400 m en direction du nord.

★★ The Breakers

1 S. County Rd - ✆ (561) 655 6611 - www.thebreakers.com - ♿ P - le parking est gratuit, et se trouve sur la droite, après la cabine d'entrée, la visite dans le hall et les couloirs adjacents est libre d'accès et gratuite.

Lorsque le célèbre hôtel de Henry Flagler brûla pour la seconde fois en 1925 (l'incendie aurait été causé par un fer à friser), ses héritiers décidèrent de ne pas le remplacer par un nouvel édifice de bois. Réunissant six millions de dollars, ils engagèrent les meilleurs architectes, firent venir 75 artisans d'Italie et employèrent 1 200 ouvriers spécialisés pour construire un véritable palace. Onze mois plus tard, le nouveau complexe hôtelier ouvrait ses portes.

À cette époque, la tenue de soirée était de rigueur sept jours sur sept. Même pour se rendre à la plage, où les clients de l'hôtel portaient chapeau, gants, veste et cravate. Une employée veillait même à ce que les bas des dames soient suffisamment foncés pour la baignade en public. Beaucoup d'invités préféraient s'asseoir sur les estrades pour écouter l'orchestre et observer l'activité du front de mer.

L'hôtel actuel a la forme d'un H. De l'extérieur, on remarque ses deux tours ornées de gracieuses arcades, sa porte cochère et son extérieur ouvragé. L'immense hall d'entrée traverse la section centrale de l'établissement

Un peu d'histoire : Palm Beach

UN COIN DE PARADIS

Lorsque le schooner espagnol *La Providencia* échoua ici en 1879, les quelques pionniers qui habitaient alors la région héritèrent, à leur grande joie, d'une cargaison de noix de coco qu'ils s'empressèrent de planter. Leurs efforts furent couronnés de succès puisque 20 000 cocotiers virent le jour grâce à leur labeur. Ce rivage luxuriant attira bientôt l'attention de **Henry M. Flagler**, qui cherchait un emplacement pour une nouvelle communauté balnéaire. Dans les années 1890, le premier hôtel de luxe de Palm Beach ouvrit ses portes, donnant le ton au développement immobilier de la région pour des décennies à venir. Inauguré en 1894, l'année même où le chemin de fer de Flagler arriva à Palm Beach pour la première fois, le Royal Poinciana Hotel, aujourd'hui détruit, ne comptait pas moins de 540 chambres. Flagler croyait fermement qu'il réussirait un jour à attirer de nombreux voyageurs en Floride. Il avait raison. Plus que tout autre, c'est lui qui favorisa le développement de l'État au début du siècle. À Palm Beach, deux édifices témoignent tout particulièrement de son influence : The Breakers et Whitehall, son ancienne résidence d'hiver.

UNE ARCHITECTURE HAUT DE GAMME

La rencontre, en 1918, de Paris Singer, fils du magnat des machines à coudre, et de l'architecte **Addison Mizner** (1872-1933), devait jouer un rôle considérable dans le développement de Palm Beach. Les deux hommes, venus s'y refaire une santé, se lièrent d'amitié et Singer offrit bientôt de financer les projets de Mizner.

Lorsque les deux hommes entrèrent en scène, Palm Beach était déjà une station balnéaire haut de gamme et Mizner ne tarda pas à devenir le premier architecte de la haute société floridienne. Il travailla à Palm Beach jusqu'au milieu des années 1920, avant d'entreprendre divers projets à Boca Raton *(voir p. 154)*.

Les créations de Mizner et de ses collègues s'inspiraient du style colonial espagnol et des villas de la Renaissance italienne. La construction était confiée à des ouvriers spécialisés, formés sur place ou recrutés dans leur pays d'origine. Les fours à céramique et les matériaux qui n'étaient pas disponibles en Floride devaient être importés. Afin de donner un air d'authenticité à ses œuvres, Mizner n'hésitait pas à ébrécher les sculptures de pierre, à noircir les plafonds de suie ou à trouer les meubles pour leur donner un aspect vermoulu. Toujours très prisé, son style néoméditerranéen, caractérisé par des murs de stuc rose, des toits de tuiles rouges et de spacieuses loggias au décor élaboré, est considéré comme le véritable style de Palm Beach.

UN BASTION D'ÉLÉGANCE

Le boom immobilier des années 1910 et du début des années 1920 transforma le visage de la station balnéaire. Les simples cottages de bois et les hôtels qui s'élevaient le long de la plage laissèrent la place à d'opulentes demeures. Baptisé le « Newport hivernal » (du nom de la richissime communauté balnéaire située dans l'État de Rhode Island), Palm Beach comptait un grand nombre de restaurants, de boutiques, de clubs, d'hôtels et de maisons conçus pour répondre aux goûts des plus riches : les Vanderbilt, les Rockefeller, le duc et la duchesse de Windsor…

Durant la Seconde Guerre mondiale, des bases aériennes et plusieurs installations militaires s'établirent dans le comté de Palm Beach, tandis qu'au large de la côte s'infiltraient des sous-marins allemands. Au moins 12 navires alliés furent torpillés le long du littoral floridien en 1942, dont plusieurs pétroliers qui explosèrent à proximité de Palm Beach.

Après la guerre, un grand nombre d'habitués commencèrent à résider à l'année dans ce coin de paradis.

Le Palm Beach d'aujourd'hui a toujours des allures de carte postale, avec ses artères bordées de palmiers, ses rues impeccables et ses splendides demeures, où seuls s'activent les jardiniers, toujours très occupés…

UNE MODESTE « COUSINE »

En 1893, Henry Flager fonda **West Palm Beach** afin d'y loger les ouvriers engagés pour édifier les luxueux hôtels de la station voisine. Sous sa direction, des arpenteurs dressèrent les plans d'une petite ville dont ils agencèrent les rues par ordre alphabétique.

Conformément aux intentions de Flagler, qui voulait réserver l'île aux touristes et la terre ferme au commerce, West Palm Beach s'illustra surtout pour ses saloons, ses tripots et ses maisons closes. West Palm Beach devint pourtant le chef-lieu du comté en 1909 et s'engagea alors dans une période de développement.

Aujourd'hui, les banques et les tours de bureaux qui bordent **Flagler Drive** forment un singulier contraste avec les opulentes structures de Palm Beach que l'on aperçoit de l'autre côté du lac Worth. Cyclistes et joggers empruntent la promenade paysagée qui longe Flagler Drive, profitant de belles **vues★** sur l'étincelante étendue d'eau et la marina.

Le quartier d'**Old Northwood** *(délimité par Flagler Dr., Broadway Ave., 25th St. et 36th St.)* renferme plusieurs maisons de style espagnol datant des années 1920, dont certaines sont l'œuvre de l'architecte John Volk. De façon générale, les plus belles maisons se trouvent près de l'eau, tandis que les secteurs moins favorisés s'étendent entre Dixie Highway et Australian Avenue.

(correspondant à la barre horizontale du « H »), sous un plafond voûté de plus de 5 m de hauteur. Il donne sur une cour intérieure égayée de fontaines et d'un jardin en contrebas. Ornée d'un superbe plafond peint à la main, la **Mediterranean Ballroom** accueille chaque année de nombreuses soirées destinées à recueillir des fonds pour diverses œuvres caritatives. Des tapisseries flamandes des 15e et 16e s. ornent les murs d'une autre pièce servant essentiellement de salle de réunion et de conférence. Derrière le hall d'entrée s'étend la **Florentine Dining Room**, immense salle à manger coiffée d'un dôme paré de fresques et de scènes pastorales italiennes.
Continuez sur 400 m en direction du nord jusqu'à l'angle sud-est de Sunrise Ave.

Paramount Building

139 N. County Rd.
Reconnaissable à son entrée centrale, à son arche haute et pointue et à ses auvents verts, ce bâtiment de style néoméditerranéen (1927) abritait autrefois un théâtre de 1 028 places. Joseph Urban, décorateur de scène pour les Ziegfeld Follies, en aurait tracé les plans sur la nappe d'un restaurant à Manhattan. Le théâtre accueillit en son temps des vedettes comme Charlie Chaplin, W.C. Fields et Glenn Miller. Fermé en 1980, l'édifice changea de mains plusieurs fois. Il abrite désormais des salles destinées au culte d'une église chrétienne *(www.paramountchurchpb.com)*. Rappel du passé du bâtiment : les murs sont couverts de photographies des vedettes et des films projetés à l'époque.
Traversez N. County Rd.

★ Saint Edward's Church

144 N. County Rd - ✆ (561) 832 0400 - www.stedwardpb.com - ♿ P - lun. 7h-14h30, mar.-vend. 7h-16h, sam. 7h-19h, dim. 6h30-13h.
Une entrée de style baroque et un toit de tuiles rouges, coiffé d'un haut clocher, attirent le regard vers cette église catholique (1926) au décor élaboré. Partant du narthex (le portique de l'entrée), des piliers de marbre torsadés et une enceinte de bois sculpté mènent à un vaste sanctuaire surmonté d'un plafond à caissons voûté peint à la main. Le maître-autel, dédié au Sacré-Cœur, est taillé dans un morceau de marbre de Carrare de 8,5 m sur 4,5 m. De part et d'autre de la nef, des fenêtres hautes évoquent des scènes de la vie de la Vierge Marie. Côté nord, les vitraux illustrent huit paraboles, et côté sud, huit miracles. L'église possède également d'autres vitraux, qui furent offerts par d'illustres membres de la congrégation, tels que les Hearst et les Kennedy.
Reprenez County Rd et continuez sur 900 m en direction du nord. Prenez à gauche Wells Rd, puis encore à gauche Bradley Pl.
Sept rues plus loin, sur la droite, s'élève le fameux **Palm Beach Biltmore** *(Bradley Pl. et Sunrise Ave.)*. Inauguré en 1927, cet ancien complexe hôtelier ferma ses portes en 1970 et fut acheté la même année par le magnat de l'assurance John D. MacArthur, qui le revendit quelques années plus tard pour la coquette somme de 5,3 millions de dollars. L'édifice abrite aujourd'hui de luxueux appartements.
Continuez sur Bradley Pl. et traversez Royal Poinciana Way. Continuez sur Cocoanut Row (prolongement de Bradley Pl.) vers le sud et prenez immédiatement à droite Whitehall Way.

★★ Flagler Museum

1 Whitehall Way - ✆ (561) 655 2833 - www.flaglermuseum.us - ♿ P - mar.-sam. 10h-17h, dim. 12h-17h - visite guidée mar.-sam. à 11h, 12h30 et 14h, dim. 12h30, 13h30 et 14h30 - 18 $ - audio-tour et brochures en français.

PALM BEACH ET WEST PALM BEACH

Magnat des chemins de fer et associé de la Standard Oil, **Henry Morrison Flagler** *(voir p. 366)* fit construire cette demeure de 55 pièces en 1901, afin de l'offrir en cadeau de noces à sa troisième épouse, Mary Lily Kenan, une jeune femme de 34 ans (il en avait alors 71) originaire de Caroline du Nord. Flagler fit bâtir en son honneur la plus grande demeure de l'île et fit appel pour cela aux célèbres architectes John M. Carrère et Thomas Hastings. Whitehall, dotée de 75 pièces et de tout le confort moderne, fut édifiée en l'espace de 18 mois. Après le décès de Flagler, en 1913, la maison resta fermée pendant 12 ans. Elle rouvrit en 1925 sous le nom de Whitehall Hotel, et fut affublée d'une disgracieuse tour de 12 étages. Lorsque l'hôtel fit faillite en 1959, Jean Flagler Mathews, petite-fille de Flagler, sauva l'édifice de la démolition en le transformant en musée. La visite permet de se faire une idée du train de vie fastueux des magnats du **Gilded Age**, âge d'or que connut l'Amérique après la guerre de Sécession (1861-1865). Située en bordure du lac Worth, cette somptueuse demeure de style Beaux-Arts a été restaurée selon son aspect d'antan, et

SE LOGER
- Grandview Gardens Bed & Breakfast ... 1
- The Chesterfield ... 3

SE RESTAURER
- Cafe Via Flora ... 1
- Hamburger Heaven ... 3
- John G's Restaurant ... 5
- Nick&Johnnie's ... 7
- The Seafood Bar ... 9

contient de nombreux meubles et objets ayant appartenu aux Flagler. Une allée paysagée mène à un imposant portique soutenu par une rangée de colonnes, formant la partie centrale de la façade. De part et d'autre se dressent deux ailes moins élevées qui donnent à l'ensemble un aspect allongé.

Vaste hall revêtu de marbre poli, **Marble Hall**, par lequel on pénètre dans la maison, rappelle l'atrium d'une villa romaine et étonne par la richesse de son décor. Au plafond, remarquez la superbe fresque de l'artiste italien Benvenuti ; un portrait en pied de Flagler (1899) et un de sa petite-fille en robe de soirée (1965) ornent aussi la pièce.

Les pièces se succèdent, plus somptueuses les unes que les autres. Juste au sud du hall d'entrée se trouve la **Library**, salon de lecture de style Renaissance, aux murs tendus de velours rouge d'origine. La **Music Room** est un ravissant salon de musique orné de chandeliers en cristal de Baccarat et de tableaux peints par des grands maîtres du 18e s. ; on y découvre aussi un portrait de la dernière Mme Flagler portant un très rare collier de perles. L'orgue blanc est la pièce majeure de la salle : un organiste vivait dans la résidence en permanence pour distraire les invités. Avec ses miroirs dorés, ses chandeliers de cristal, ses tentures damassées et son parquet ciré, la **Grand Ballroom** offrait un cadre raffiné aux bals donnés par les Flagler. Le bal le plus couru, clôturant la « saison » à Palm Beach, célébrait l'anniversaire du président Washington. Parmi les différentes salles à manger, la **Dining Room** est ornée de boiseries d'acajou finement sculptées et d'un plafond à caissons délicatement travaillé. Le centre de la maison abrite une cour intérieure, une *courtyard*, au milieu de laquelle trône une belle fontaine, copie d'un modèle florentin.

À l'étage se trouvent une dizaine de suites pour les invités, chacune décorée dans un style différent, ainsi que la **Master Bedroom**, de style rococo, drapée de damas jaune moiré. Remarquez dans la salle de bains adjacente le téléphone accroché au mur. On découvre également des chambres des domestiques, qui bénéficiaient des dernières avancées technologiques de l'époque : eau courante et éléctricité.

À l'extérieur, sur le côté gauche de la demeure, le **Flagler Kenan Pavillon**, belle structure vitrée évoquant une gare du 19e s., renferme la voiture n° 91, luxueux wagon privé dans lequel voyageait Flagler et dont le sens du confort laisse une nouvelle fois rêveur. C'est dans ce véhicule qu'il se rendit à Key West. Plusieurs pièces abritent une exposition sur Flagler et son impact sur le développement de la Floride, mais aussi des expositions temporaires. Le musée mène par ailleurs une politique culturelle et événementielle très active : conférences et concerts variés, chasse aux œufs à Pâques, célébration de Noël autour d'un immense sapin…

Non loin de l'ancienne demeure des Flagler se trouvent deux bâtiments plus modestes, mais dignes d'intérêt. La **Royal Poinciana Chapel** *(60 Cocoanut Row - www.royalpoincianachapel.org)* servait jadis aux invités du Royal Poinciana Hotel *(voir p. 162)*. Bâtie en 1896 et transportée à Whitehall lorsque Cocoanut Row fut construite, cette petite église aux murs revêtus de bardeaux gris se distingue par son clocher carré et ses fenêtres arquées.

Derrière s'élève le **Seagull Cottage** *(fermé au public)*. Plus vieille maison de Palm Beach, ce cottage de style Queen Anne sert de centre paroissial. Il fut construit en 1886 par l'entrepreneur ferroviaire Robert McCormick et racheté en 1893 par Flagler, qui y résida jusqu'à ce que la construction de Whitehall soit terminée.

Derrière ces deux bâtiments se trouvent un beau jardin et un majestueux figuier de Mysore, aux racines impressionnantes, de plus d'1,60 m de haut. On atteint la rivière, où débute une promenade le long des quais.

Faites 1,1 km en direction du sud; prenez à droite Royal Palm Way, puis encore à droite Four Arts Plaza.

★ The Society of the Four Arts

2 Four Arts Plaza - ✆ (561) 655 7226 - www.fourarts.org - ♿ P.

La « Société des quatre arts » fut créée en 1936 afin de promouvoir la musique, la littérature, le théâtre et les arts plastiques. Ses fondateurs, des personnalités bien en vue de Palm Beach, confièrent la construction du bâtiment d'origine à l'architecte suisse Maurice Fatio.

★ **Gioconda and Joseph King Library (A)** – *✆ (561) 655 2766 - nov.-avr. : lun.-vend. 10h-17h, sam. 9h-13h; reste de l'année : lun.-vend. 10h-17h.* L'élégante structure, de style italianisant, abrite aujourd'hui une bibliothèque, qui met à la disposition de ses usagers plus de 40 000 volumes. Des peintures murales, dédiées comme il se doit aux arts, ornent la loggia à l'entrée.

À côté du bâtiment s'étendent de paisibles **jardins★** *(tlj 10h-17h)* embellis de roses et de bassins entourés de fougères. Ils mènent au **Philip Hulitar Sculpture Garden**, qui accueille les œuvres de grands sculpteurs du 20e s. comme Henry Mitchell et Anna Hyatt Huntington.

À la fin des années 1940, à la recherche de nouveaux locaux pour une galerie et un théâtre, la Société acquit un édifice vacant de l'autre côté de la rue. Conçu par Addison Mizner, il fut réaménagé par l'architecte John Volk en 1947. Rebaptisé **Esther B. O'Keeffe Gallery Building (B)**, il accueille expositions, films, conférences et concerts *(nov.-déb. avr. : lun.-sam. 10h-17h, dim. 13h-17h).*

Derrière la galerie, à l'extrémité ouest d'une allée gazonnée et bordée de palmiers, se dresse **Intetra**, une curieuse sculpture pyramidale d'Isamu Noguchi.

Traversez la Four Arts Plaza. Prenez à droite Seaview Ave., à gauche Cocoanut Row, à droite Seaspray Ave., puis encore à droite N. County Rd. Phipps Plaza se trouve deux rues plus loin, sur la droite.

Phipps Plaza

Sur N. County Rd, entre Seaview Ave. et Royal Palm Way.

Inscrite à l'inventaire national des sites historiques américains depuis 1979, cette paisible enclave forme un heureux mélange de propriétés résidentielles et commerciales. Les plus grands architectes floridiens des années 1920 – Addison Mizner, Maurice Fatio et Marion Sims Wyeth – participèrent à l'aménagement de ce quartier où se retrouvent des influences à la fois méditerranéennes et bermudiennes. Remarquez surtout les beffrois et les murs couverts de mosaïques provenant d'anciens édifices cubains, les portails ouvragés, les escaliers en spirale et le parc luxuriant, planté de ficus, de yuccas et de frangipaniers.

Prenez à droite County Rd et continuez vers le sud.

Town Hall

360 S. County Rd, entre Australian Ave. et Chilian Ave.

Conçu par Harvey & Clarke en 1924, l'hôtel de ville de Palm Beach était à l'origine formé de deux édifices distincts, reliés par une cour intérieure. L'architecte John Volk combina les deux bâtiments en 1965 afin de créer plus d'espace pour les services municipaux d'une communauté en pleine croissance. Les murs de stuc beige s'élèvent jusqu'à un toit revêtu de tuiles bombées, d'où émerge un clocher qui sonne les quarts d'heure. Du côté nord du bâtiment, on aperçoit la **Mizner Fountain**, dont les eaux se déversent dans trois bassins soutenus par des chevaux cabrés. Cette fontaine est l'œuvre d'Addison Mizner, tout comme le **Memorial Park**, paisible îlot de verdure agrémenté d'un pavé de roche corallienne.

Continuez vers le sud et prenez à droite Worth Ave.

★★ Worth Avenue

Entre Ocean Blvd et Cocoanut Row.

Cette version floridienne de Rodeo Drive (Los Angeles), bordée de magasins haut de gamme, doit son nom au colonel Worth, qui y vécut à l'époque des guerres séminoles. On y trouve les boutiques les plus élégantes de Palm Beach, capables de satisfaire les goûts de luxe les plus extravagants. Worth Avenue combine une variété de styles architecturaux qui lui confèrent un cachet résolument européen. En 1924, Addison Mizner dessina les plans d'un grand nombre des villas situées le long de la prestigieuse artère, ainsi que les charmantes allées qui la relient à de jolies cours intérieures parées de fontaines et de fleurs.

La **Via Mizner★**, où se trouve l'ancienne demeure de l'architecte, est particulièrement attrayante, avec son labyrinthe de passages et ses murs aux tons pastel.

À l'extrémité ouest de l'avenue se dresse un bâtiment de style à la fois vénitien, espagnol et mauresque : il s'agit du fameux **Everglades Club** *(n° 356)*, premier édifice conçu par Mizner en Floride et qui abritait à l'origine un hôpital pour les vétérans de la Première Guerre mondiale.

West Palm Beach Carte de région (p. 92)

★★ Norton Museum of Art Carte de région B1

À West Palm Beach, 4 km au nord de Palm Beach. 1451 S. Olive Ave. - ✆ (561) 832 5196 - www.norton.org - ♿ P - mar.-sam. 10h-17h (21h jeu.), dim. 11h-17h - 12 $ (moitié prix le jeudi).

Fondé en 1941 par le magnat de l'acier et collectionneur **Ralph H. Norton** (1875-1953) et sa femme, ce musée possède une collection des plus variées, réunissant quelque 4 000 pièces.

Achevés en 1997 sous la direction de l'architecte Chad Floyd, des travaux d'agrandissement ont permis au musée de doubler sa surface tout en respectant le design d'origine. Le Norton compte désormais 19 salles, une aile consacrée aux programmes éducatifs, un café, un parking et des jardins réaménagés. La collection permanente, présentée par roulement, compte une excellente section d'**art américain** riche en œuvres du 20e s. (Hopper, O'Keeffe, Rauschenberg, Warhol, Pollock…), ainsi que des œuvres européennes (15e-20e s.), avec des toiles d'artistes aussi variés que Rubens et Gauguin et une belle sélection d'**impressionnistes** et de **post-impressionnistes**. Le musée possède par ailleurs une superbe collection d'**art chinois★** *(1er niveau)* comprenant des jades funéraires (vers 1500-500 av. J.-C.) et des bronzes à usage cérémonial des dynasties Shang et Chou, ainsi que du mobilier, des céramiques et des sculptures bouddhistes. Le musée propose des expositions temporaires.

Ann Norton Sculpture Gardens Carte de région B1-2

À West Palm Beach, 4 km au nord de Palm Beach. 253 Barcelona Rd (à l'angle nord de Flagler Dr.) - ✆ (561) 832 5328 - www.ansg.org - P - merc.-dim. 10h-16h - 10 $, visite guidée (1h) sur réserv. 1 mois à l'avance 15 $.

L'ancienne résidence de Ralph Norton abrite désormais les sculptures de sa seconde épouse, **Ann Weaver Norton** (1905-1982), qui devint le premier professeur de sculpture de la Norton School of Arts en 1942. La maison (1925) fut remodelée vers le milieu des années 1930 par Marion Sims Wyeth, qui y

Palm Beach, Worth Avenue.
W. Bibikow/age fotostock

ajouta un balcon en fer forgé et des fenêtres en baie au rez-de-chaussée. La demeure renferme plus de 100 sculptures de Mme Norton, et expose régulièrement les œuvres d'artistes locaux. Dans le jardin, empruntez le sentier qui passe devant neuf sculptures monumentales faites de brique et de granit : il s'agit de mégalithes abstraits, qui évoquent des sanctuaires tibétains, des créatures mythiques et des figures totémiques.

À proximité Carte de région (p. 92)

★★ Lion Country Safari Carte de région B1

À Loxahatchee, 35 km à l'ouest de Palm Beach par l'I-95 (sortie 68) ; au panneau indicateur, tournez à droite et continuez sur 3,2 km jusqu'à l'entrée. (561) 793 1084 - www.lioncountrysafari.com - - tlj 9h30-17h30 - 29,95 $ à partir de 10 ans (3-9 ans 21,95 $). La visite commence par un circuit de 15 km à travers le parc. Les automobilistes sont tenus de ne jamais sortir de leur voiture et de remonter les vitres (cabriolets interdits).

Quelque 1 300 animaux, représentant 131 espèces, vivent en liberté dans cette réserve de 202 ha qui ouvrit ses portes au public en 1967. Une route traverse sept habitats simulant des milieux naturels d'Afrique, d'Asie et d'Amérique du Sud. **Las Pampas**, zone de prairies que l'on trouve abondamment dans le sud de l'Amérique latine, accueille des tortues, des lamas et des tapirs. **Ruaha National Park** (Tanzanie) et **Kalahari Bushveldt** (Afrique du Sud-Botswana) recréent deux régions d'Afrique et rassemblent toutes sortes de buffles, d'antilopes, d'oryx et d'impalas. Zèbres, girafes, gibbons à mains blanches, chimpanzés et rhinocéros blancs sont regroupés dans **Hwange National Park** (grand parc naturel du Zimbabwe). Des lions parcourent la **Gorongosa Reserve** (une réserve du Mozambique), où ils vivent séparés de leurs proies naturelles. Dans le **Serengeti Plain** (savane à cheval sur le Kenya et la Tanzanie), on découvre notamment des gnous et des autruches, tandis que la **Gir Forest** (grand parc national dans l'ouest de l'Inde) compte des

Les tortues marines

Ces grands reptiles se trouvent dans presque tous les océans du globe, à l'exception des mers les plus froides. Cinq des huit espèces existantes, menacées ou en voie de disparition, fréquentent volontiers les eaux des côtes de la Floride. Les tortues vertes *(Chelonia mydas)*, les tortues-luth *(Dermochelys coriacea)*, parfois même les chélonidés imbriqués *(Eretmochelys imbricata)*, viennent pondre leurs œufs côté Atlantique, entre Cape Canaveral et Palm Beach. Les tortues bâtardes *(Lepidochelys kempii)* préfèrent les eaux du golfe du Mexique, tandis que les caouannes *(Caretta caretta)* affectionnent les deux côtes.

La plus grosse espèce, la tortue-luth, peut peser près de 600 kg et atteindre 2 m de longueur. La plus petite, la tortue de Kemp, fait état d'une taille (75 cm) et un poids (45 kg) nettement plus modeste. Les tortues marines sont capables de plonger à des profondeurs de plus de 900 m, et de nager sur de très grandes distances grâce à leur carapace fusiforme et à de puissantes pattes antérieures. La palme d'endurance revient à une tortue-luth, dont on a pu suivre le périple entre l'Amérique du Sud et l'Afrique : partie du Surinam, cette tortue fut retrouvée quatre mois plus tard sur la côte du Ghana après avoir parcouru plus de 6 400 km… Ces étonnants reptiles seraient capables de s'orienter grâce à un odorat extrêmement fin et à un bulbe rachidien particulièrement sensible aux variations magnétiques de la Terre, qui leur servirait en quelque sorte de boussole naturelle.

Tous les deux ou trois ans, les tortues marines s'accouplent au large. À la nuit tombée, les femelles viennent creuser un nid sur les plages et pondre entre 100 et 150 œufs de la taille d'une balle de ping-pong. Durant la saison de ponte *(avr.-oct.)*, la même tortue dépose sur le rivage, à l'issue de plusieurs voyages, entre 300 et 800 œufs. Au fil des ans, elle reviendra pondre au même endroit, et à l'âge adulte, ses petits se reproduiront à leur tour près du lieu de leur naissance.

Après être sorties de l'œuf, au terme d'une incubation de 54 à 57 jours, les petites tortues se dirigent instinctivement vers la mer. Facilement désorientées par les lumières du front de mer, elles ont malheureusement tendance à se tromper de direction, et n'ont alors que peu de chance de survivre. La loi fédérale américaine interdit formellement au public de toucher ces animaux ou de perturber leurs sites de ponte durant la saison de reproduction. En cas d'infraction, les pénalités encourues peuvent atteindre 20 000 dollars.

Organisées aux mois de juin et de juillet par des naturalistes ou des gardes forestiers, des visites guidées des sites de ponte et d'éclosion *(turtle walks)* ont régulièrement lieu le long du littoral. Avec un peu de chance, vous pourrez observer des femelles déposer leurs œufs sur la grève, ou leurs petits entamant leur périlleuse course vers la mer. *Faites vos réservations auprès des organismes suivants dès la mi-avril.*

Blowing Rocks Preserve/The Nature Conservancy *(voir p. 172).*
Canaveral National Seashore *(voir p. 298).*
Florida Power and Light Company *(www.fpl.com/environment/endangered/sea_turtles_overview.shtml).*
Merritt Island National Wildlife Refuge *(voir p. 298).*
Sea Turtle Preservation Society *(www.seaturtlespacecoast.org).*
Sebastian Inlet State Park *(www.floridastateparks.org/sebastianinlet).*

hémiones, des buffles et autres bovidés asiatiques. Il convient évidemment de rouler au pas afin de ne pas risquer de blesser les animaux qui, à l'exception des fauves, circulent en toute liberté ; il est probable que vous deviez attendre de longues minutes que les zèbres ou les antilopes aient décidé d'aller brouter ailleurs que sous votre nez !

Près de l'entrée, un parc propose diverses activités : promenades en bateau, manèges, spectacles animaliers, golf miniature, zoo et sentier de nature.

La Treasure Coast, entre Palm Beach et Fort Pierce Carte p. 173 et carte de région B1 (p. 92)

De Palm Beach à Fort Pierce, la Treasure Coast doit son nom aux galions espagnols qui firent naufrage sur les récifs. Cette partie bien préservée de la côte sauvage offre de belles plages.

★ JONATHAN DICKINSON STATE PARK

À Hobe Sound, 42 km au nord de Palm Beach par l'I-95 (sortie 87A), puis l'US-1 vers le nord ; l'entrée du parc est située sur la gauche. 16450 S.E. Federal Hwy - ✆ (561) 546 2771 - www.floridastateparks.org/jonathandickinson/ - P *- tlj de 8h au coucher du soleil - 6 $/voiture. Possibilité de dormir dans des cabanes (✆ 800 326 3521 - www.reserveamerica.com) ; location de kayaks auprès du Visitor Service Center (✆ 561 746 1466).*

Ce parc de 4 654 ha porte le nom d'un marchand anglais, Jonathan Dickinson, dont la goélette *Reformation* fit naufrage sur la côte en 1696. Parti de la Jamaïque avec un groupe de 25 quakers, il était alors en route vers la Pennsylvanie. L'accueil que réservaient aux naufragés les peuplades autochtones n'était pas des plus hospitaliers : battus et affamés, ils parvinrent finalement à s'échapper et à remonter la côte vers St. Augustine *(voir p. 356)*. Rédigé par Dickinson, le compte-rendu de leurs épreuves constitue l'un des tous premiers témoignages écrits sur les Indiens du Sud-Est.

Peuplé d'alligators, de lamantins, de gophères polyphèmes, de pygargues à tête blanche, de geais à gorge blanche, de grues du Canada et d'autres espèces peu courantes, le parc contient aussi la plus vaste étendue de *sand pine scrut* (rare végétation de chênes verts et de palmistes nains de type désertique) du sud-est de la Floride.

Un agréable sentier de nature, le **Hobe Mountain Trail** *(0,8 km)*, conduit à une crête sablonneuse dominée par une tour d'observation en bois *(hauteur 15 m)*. Du sommet, **vue** panoramique du parc et de ses étendues sauvages, de la voie de l'Intracoastal Waterway, de Jupiter Island et, au-delà, de l'Atlantique.

Le **Loxahatchee Queen II**, une embarcation de 25 places, propose une promenade d'observation du milieu naturel *(✆ 561 746 1466 - www.jdstatepark.com - dép. du dock tlj à 9h, 11h, 13h et 15h - durée 2h - 19 $)*.

JUPITER ISLAND

À Hobe Sound, 42 km au nord de Palm Beach par l'I-95 (sortie 96) puis la SR-708 vers l'est.

Autrefois submergé, ce banc de sable de 26 km est aujourd'hui séparé de la côte par l'Intracoastal Waterway. Pendant de longues années, Jupiter Island fut l'apanage d'un nombre restreint de privilégiés venus s'y retirer durant l'hiver. Le champion de golf Tiger Woods ou la chanteuse Céline Dion y ont acheté des propriétés. Un grand calme règne sur cette communauté si fermée, parcourue par une route étroite qui n'offre guère de points d'accès à la plage.

★ **Jupiter Inlet Lighthouse and Museum** – *500 Captain Armour's Way - ✆ (561) 747 8380 - www.jupiterlighthouse.org - P - mar.-dim. 10h-17h (tlj janv.-avr.) - visite guidée pour monter en haut du phare (30mn), dernière visite à 16h - fermé lun. (mai-déc.) et la plupart des jours fériés - 9 $.* Ce phare en brique, haut de 32 m, a été construit en 1860 par l'armée américaine. La construction a été interrompue à de nombreuses reprises à cause des guerres séminoles. L'endroit était déjà un point de rencontre stratégique des tribus indiennes, du fait de sa hauteur et de sa situation idéale à l'embouchure de la Loxahatchee River. Aujourd'hui, le phare est toujours en activité. Après avoir grimpé les 105 marches, on admire un beau panorama. La visite comprend également un petit musée sur la vie locale au bord du fleuve.

★ **Blowing Rocks Preserve** – *574 S. Beach Rd - ✆ (561) 744 6668 - www.nature.org - P - tlj 9h-16h30 - 2 $. Attention, le parking est petit.* Gérée par le Nature Conservancy (organisme américain de protection de la nature), cette réserve de 30 ha recèle le plus vaste affleurement de pierre calcaire de la côte atlantique. Cette curieuse formation rocheuse longe le rivage sur presque 1,6 km. Elle est parsemée de fissures par lesquelles, lors des marées les plus fortes, l'eau rejaillit en créant d'impressionnantes gerbes. Lamantins des Antilles, grands hérons, balbuzards pêcheurs, pélicans bruns et **tortues marines** sont parmi les espèces vivant et se reproduisant dans les quatre milieux végétaux de la réserve : mangrove, îlots marécageux tropicaux, rivage côtier et dune d'estran. Depuis 1985, 60 000 plantes indigènes ont été réintroduites dans le parc, et cette modification du milieu s'est accompagnée du retour inespéré de 12 espèces animales. De hautes haies de raisiniers bordent un agréable sentier *(1,6 km)* qui longe les dunes. Près du parking, un pavillon en bois abrite des panneaux d'interprétation donnant des détails sur la réserve, sa géomorphologie, sa faune et sa flore. Il est possible de se baigner dans une zone aménagée.

★ HUTCHINSON ISLAND

Cette île-barrière, à cheval entre les comtés de St. Lucie et de Martin, s'étire sur quelque 35 km, parallèle à la côte dont elle est séparée par l'Indian River. Reliée au continent par plusieurs ponts, dont deux au niveau de Fort Pierce, elle abrite, surtout dans sa partie sud, hôtels de luxe et résidences secondaires.

★ House of Refuge Museum at Gilbert's Bar

301 S.E. MacArthur Blvd - ✆ (772) 225 1875 - www.elliottmuseumfl.org - ♿ P - lun.-sam. 10h-16h, dim. 13h-16h - 8 $.

En 1875, l'administration américaine fit construire sur la côte de la Floride dix stations d'assistance aux marins naufragés. Celle de Gilbert's Bar, aujourd'hui restaurée, est la seule à avoir subsisté. Il s'agit d'une maison verte à ossature de bois qui repose face à l'océan, sur un affleurement de grès calcaire. Entre 1875 et la Seconde Guerre mondiale, 34 sauvetages se déroulèrent près du site. Les gardes-côtes utilisèrent ensuite l'endroit comme poste pour les patrouilles de surveillance des sous-marins allemands. La remise à bateaux contient notamment d'anciens équipements de sauvetage. Dans la maison même, quatre pièces recèlent des trésors, parmi lesquels une superbe collection de maquettes de navires. Le logement du gardien des lieux a été reconstitué tel qu'il était en 1904.

Bathtub Reef Beach

1585 S.E. MacArthur Blvd - www.evsmartin.com/bathtub.

Un bassin peu profond fournit aux familles accompagnées d'enfants en bas âge l'occasion de barboter dans l'eau. Un large récif couvrant 34 ha brise la force des vagues jusqu'à 90 m du rivage. Cette curieuse formation minérale n'est pas, comme on pourrait le croire, en corail, mais résulte du travail patient de vers dont les sécrétions ont produit un étonnant résultat.

Poissons divers, araignées de mer, poulpes et oursins peuplent ces eaux tranquilles.

NOS ADRESSES À PALM BEACH

TRANSPORTS

Palm Tran – *www.palmtran.org - 6h-21h - 2 $/billet, 5 $/1 j. illimité.* Service de bus desservant la région ; les bus nos 40 et 44 sillonnent Palm Beach.

Palm Beach comptant un grand nombre de pistes cyclables, le vélo peut être une bonne manière de découvrir la ville.

Palm Beach Bicycle Trail Shop – *223 Sunrise Ave. - ✆ (561) 659 4583 - www.palmbeachbicycle.com.* Location de deux-roues et promenades guidées. Plan des pistes cyclables disponibles sur place et sur leur site Internet.

VISITE

DivaDuck Amphibious Tours – *600 S. Rosemary Ave. - ✆ 877 844 4188 - www.divaduck.com - dép. fréquents - 25 $ (bon de réduction sur le site Internet).* Un drôle de véhicule amphibie pour découvrir Palm Beach sur terre puis sur l'eau (1h30). Une expérience très amusante !

HÉBERGEMENT

Palm Beach est une ville hors de prix, aussi vous faudra-t-il chercher des hôtels plus abordables du côté de West Palm Beach. C'est le long de la route 76 que vous trouverez les hôtels et motels de chaîne à prix raisonnables.

POUR SE FAIRE PLAISIR

À West Palm Beach

Grandview Gardens Bed & Breakfast – *1608 Lake Ave. - ✆ (561) 833 9023 - www.grandview-gardens.com - 5 ch. à partir de 125 $.* Cette autre demeure historique (1925) sert aussi de cadre à un ravissant *bed & breakfast*. Les chambres personnalisées, dotées d'une terrasse, donnent sur un beau jardin tropical et la piscine. Une véritable oasis de calme dans un quartier très résidentiel.

UNE FOLIE

À Palm Beach

The Chesterfield – *363 Cocoanut Row - ✆ (561) 659 5800 - www.chesterfieldpb.com - 60 ch. à partir de 185 $.* Situé à trois pâtés de maison de l'océan, cet hôtel de charme compte parmi ses habitués de nombreuses personnalités. Si vous avez la chance d'y séjourner, vous serez sans doute vous aussi sensible aux multiples attentions dont on entoure les hôtes et aux magnifiques chambres, toutes différentes et dotées d'une salle de bains en marbre.

RESTAURATION

PREMIER PRIX

À Palm Beach

John G's Restaurant – *264 S. Ocean Blvd - ✆ (561) 585 9860 - http://john-gs.com - fermé le soir - 10/25 $.* Réputé pour ses petits-déjeuners et ses brunchs, ce restaurant propose aussi sandwichs, salades, soupes et plats de poisson. Les portions sont généreuses, l'ambiance est décontractée et le service amical : un endroit très floridien en somme.

À West Palm Beach

Hamburger Heaven – *1 N. Clematis St. - ✆ (561) 655 5277 - www.hamburgerheavenpb.com - lun.-sam. 11h-21h, dim. 9h-15h - 10/20 $.* Une institution de Palm Beach depuis 1945 mais qui a depuis déménagé côté West

Palm Beach. On retrouve la même ambiance de *diner* à l'ancienne. Avis aux gros apétits, les portions sont très copieuses.

À Jupiter

Little Moir's Food Shack – *103 S. Hwy 1 - ✆ (561) 741 3626 - http://littlemoirs.com/food-shack - 11h-21h - 12/25 $.* Situé dans un centre commercial, derrière des portes recouvertes d'autocollants, ce petit restaurant paraît compliqué à trouver. Ce serait pourtant dommage de le rater. La cuisine est simple, inventive, sans chichi et propose surtout des poissons et fruits de mer du jour, servis dans une ambiance jamaïcaine relax.

BUDGET MOYEN

À Palm Beach

Cafe Via Flora – *240 Worth Ave. - ✆ (561) 514 4959 - www.cafeviaflora.com - ♿ - 18/38 $.* L'adresse de ce petit restaurant italien est bien gardée ! Il faut dire que tout est réuni pour passer un moment très agréable : très bonne cuisine à prix raisonnables, joli décor, possibilité de dîner en terrasse…

POUR SE FAIRE PLAISIR

À Palm Beach

Nick & Johnnie's – *2207 Royal Poinciana Way - ✆ (561) 655 3319 - www.nickandjohnniespb.com - ♿ - 25/40 $.* Entre l'Intracoastal Waterway et l'océan, ce restaurant sert une cuisine *fusion* raffinée, faisant une large place aux produits de la mer. Lorsque le temps le permet, on prend place sur une terrasse des plus agréable. Il y a souvent de la musique *live* en fin de semaine.

The Seafood Bar – *The Breakers - 1 S. County Rd - ✆ (561) 655 6611 - www.thebreakers.com - ♿ 🅿 - plats à partir de 20 $.* Il faut compter au minimum 400 $ pour passer la nuit dans l'un des palaces les plus célèbres de Floride *(voir p. 161)*… à défaut, vous pouvez toujours vous offrir un dîner dans l'un de ses huit restaurants. Celui-ci, à l'élégance décontractée, est spécialisé dans les fruits de mer et les poissons. Inutile de préciser qu'il est excellent et que le cadre est magnifique, tout comme la vue qui s'offre sur l'océan, spectaculaire au coucher du soleil.

EN SOIRÉE

The Leopard Lounge – *Chesterfield Hotel - 363 Cocoanut Row - ✆ (561) 659 5800.* Cet endroit élégant et agréable propose d'excellents cocktails et un grand choix de whiskies. Piano-bar le soirs à partir de 17h. Un espace « club » est dédié aux amateurs de cigares.

Fort Pierce

42 645 habitants

Située à 88 km au nord de West Palm Beach, sur une côte peu à peu gagnée par l'urbanisation, la ville de Fort Pierce bénéficie des plages tranquilles de l'île voisine d'Hutchinson Island, au-delà de la voie navigable de l'Intracoastal Waterway.

NOS ADRESSES PAGE 174

S'INFORMER

St. Lucie County's Tourist Information Center – 2000 Virginia Ave. - *(800) 344 8443 - www.visitstluciefla.com*

Seven Gables House Visitors Center – *482 N. Indian River Dr. - (772) 468 9152 - www.visitstluciefla.com*

SE REPÉRER

Carte de région AB1 (p. 92). À 90 km au nord de Palm Beach. La route 1 traverse la ville et longe la côte. Plusieurs ponts permettent d'accéder à l'A1A et à Hutchison Island.

À NE PAS MANQUER

La route A1A est pittoresque et permet de découvir parcs et plages.

ORGANISER SON TEMPS

Comptez deux heures, sans les arrêts à la plage.

AVEC LES ENFANTS

Le Manatee Observation & Education Center pour tout apprendre sur les lamantins; le Mel Fisher's Treasure Museum fera rêver les amateurs de chasse au trésor.

Découvrir

★ Manatee Observation & Education Center

480 N. Indian River Dr. - (772) 466 1600 - www.manateecenter.com - *mar.-sam. 10h-17h, dim. 12h-16h - fermé lun. tte l'année et dim. de juil. à sept. - 1 $ (-5 ans gratuit).*

Dédié à la sauvegarde des lamantins, mais aussi à l'éducation du public (car ces doux mammifères disparaissent d'abord à cause des effets néfastes des actions de l'homme), ce centre situé en bordure de l'Indian River Lagoon permet d'observer toutes sortes d'autres animaux, parmi lesquels des dauphins, des pélicans, des papillons.

La visite est instructive, mais si vous en avez l'occasion essayez aussi de participer à l'une des sorties d'observation régulièrement organisées par l'établissement. En bateau ou en kayak *(à partir de 6 ans)*, elles sont passionnantes *(rens. et inscription sur place ou sur le site Internet)*.

★ UDT-SEAL Museum

3300 N. A1A, dans Pepper Park (à 1,6 km au nord du Fort Pierce Inlet State Park) - (772) 595 5845 - www.navysealmuseum.com - *mar.-sam. 10h-16h, dim. 12h-16h - 8 $.*

Ce musée unique en son genre retrace de manière vivante l'histoire des commandos d'élite de la marine américaine, les SEAL (SEa, Air and Land), et de leurs

précurseurs, les UDT (Underwater Demolition Teams). Ces unités de choc furent créées dès 1943 en vue de préparer le débarquement. Formés à l'origine pour des missions de destruction sous-marine, les fameux « Frogmen » (hommes-grenouilles) devinrent particulièrement célèbres lorsqu'ils furent affectés à la récupération des astronautes lors de l'amerrissage des capsules spatiales. La première partie du musée est consacrée aux actions de ces commandos durant la Seconde Guerre mondiale. D'autres salles font revivre des événements plus récents. Un diorama très réaliste met par exemple en scène l'un de ces « hommes au visage vert », comme les avaient surnommés les soldats nord-vietnamiens, surprenant l'ennemi dans la jungle. Dans une salle sont projetés en continu des films sur les faits d'armes de ces militaires.
À l'extérieur, vous verrez quelques embarcations utilisées durant la Seconde Guerre mondiale et la guerre du Viêtnam, et des pieux plantés dans le sol pour symboliser le dangereux nettoyage de terrain auquel procédaient les hommes-grenouilles avant tout débarquement d'envergure. Sur un mémorial en granite noir sont gravés les noms de 250 hommes morts en mission.

Fort Pierce Inlet State Park

905 Shorewinds Dr. (accès par la route A1A), à la pointe sud de North Hutchinson Island - ✆ (772) 468 3985 - www.floridastateparks.org/fortpierceinlet/ - ♿ P - tlj de 8h au coucher du soleil - 6 $/voiture.

1

Bordant la rive nord de la passe de Fort Pierce (Fort Pierce Inlet), ce pittoresque parc compte 138 ha de plage et d'îlots d'arbres côtiers. Les hommes-grenouilles de la marine américaine s'entraînèrent sur ce rivage en vue du débarquement en Europe en 1944, et le nom de Dynamite Point donné à l'une des avancées de terre date de cette période. Le parc est aujourd'hui un endroit paisible, apprécié des amateurs de surf et de natation. Les visiteurs peuvent aussi pique-niquer en regardant les bateaux de plaisance voguer sur des eaux d'aigue-marine. Un **sentier** *(0,8 km)*, accessible près du parking, fait une boucle à travers une forêt de chênes de Virginie, de figuiers étrangleurs et de palmistes. Les quatre promenades en bois qui mènent à la plage servent non seulement à protéger le fragile environnement des dunes, mais aussi les pieds des vacanciers des orties et des épines !
Jack Island State Preserve – *à 2,4 km au nord, sur la route A1A (côté ouest) - actuellement fermée pour une durée inderminée pour travaux de consolidation.* Une passerelle piétonnière permet d'accéder à cette réserve de 388 ha, couverte de mangrove, formant une avancée sur l'Indian River. C'est un sanctuaire où se reproduisent de nombreux animaux marins. Un chemin *(6,9 km)* fait le tour de l'île, tandis qu'un sentier plus court *(1,6 km)* conduit à une tour d'observation (4,6 m de haut) de laquelle s'offre une vue panoramique sur la rivière.

★ St. Lucie County Regional History Center

414 Seaway Dr. - ✆ (772) 462 1795 - www.stluciehistoricalsociety.org - P - merc.-sam. 10h-16h, dim. 12h-16h - 4 $.

Installé dans la réplique d'une gare de la Florida East Coast Railway, ce musée d'histoire régionale mérite une visite. Plusieurs salles retracent le passé de la région, des premiers Indiens présents, il y a plus de deux millénaires, à l'industrie de la pêche locale, en passant par les guerres séminoles et les jouets anciens…
À côté du musée, une maison victorienne restaurée, la **Gardner House** (1908), témoigne des premiers temps de Fort Pierce *(visite guidée seult - rens. sur place)*. Son plan en croix et sa hauteur de plafond (3,6 m) assuraient à l'époque une bonne ventilation du bâtiment, tandis que les murs, en cœur de pin, constituaient une protection naturelle contre les termites. Le garage contient des

machines agricoles ainsi qu'une autopompe de 1919 remise en état. La pelouse est agrémentée de l'ancre et de canons rouillés provenant du galion espagnol *Urca de Lima*, dont l'épave gît depuis le naufrage de 1715 au large de Pepper Park.

À proximité

★ Mel Fisher's Treasure Museum

À Sebastian, 45 km au nord de Fort Pierce par l'US-1. 1322 US Hwy 1 - (772) 589 9875 - www.melfisher.com - - lun.-sam. 10h-17h, dim. 12h-17h - fermé en sept. - 6,50 $.

Ce musée évoque, à travers les objets qu'il expose et les dioramas qu'il contient, la difficile recherche des épaves de la fameuse flotte espagnole engloutie par les flots en 1715. Dans la **Gold Room** (salle de l'or), vous pourrez admirer de la vaisselle et des bijoux (chaînes, crucifix, bagues) finement ciselés, en or péruvien ou en argent mexicain. Excellente introduction à la visite, un film *(28mn)* présente les trésors de cette collection. Notez qu'un grand nombre d'objets, récupérés sur le site même du naufrage, sont en vente à la boutique de cadeaux. Une visite à compléter éventuellement par celle du Mel Fisher's Maritine Museum de Key West *(voir p. 214)*.

DE L'ARMÉE AUX AGRUMES

Fort Pierce tire son nom des fortifications construites en 1838, durant la deuxième guerre séminole, par Benjamin Kendrick Pierce, frère du quatorzième président des États-Unis. Quand le conflit s'acheva en 1842, le Congrès décida d'allouer des terres à des colons. Malgré l'hostilité des populations autochtones et la rudesse du territoire, de courageux pionniers acceptèrent l'offre, et s'installèrent à proximité du fort abandonné. En 1850, craignant un nouveau soulèvement des Séminoles, l'armée construisit, à l'emplacement actuel de St. Lucie, un autre fortin : Fort Capron. Pendant de nombreuses années, le Capron Trail, qui reliait ces forts à Tampa, fut la seule route à desservir les côtes est et ouest de la Floride. En 1901, Fort Pierce comptait à peine 300 habitants. Elle acquit le statut de municipalité et devint un centre florissant d'agrumiculture et d'élevage bovin. Durant la Seconde Guerre mondiale, l'endroit servit à nouveau à l'armée, qui y installa une base d'entraînement pour ses unités amphibies spéciales. De nos jours, maraîchage, culture des agrumes et élevage de bétail emploient environ 10 % de la population active. Grâce aux plages des îles du cordon littoral, qui attirent à la fois vacanciers et propriétaires de résidences secondaires, le commerce et les services contribuent également à l'économie locale.

NOS ADRESSES À FORT PIERCE

HÉBERGEMENT

Bon à savoir – Vous pouvez loger sur Hutchinson Island *(voir p. 172)*, près de la plage, ou pousser jusqu'à Jensen Beach et Stuart où vous n'aurez pas de mal à trouver un motel.

BUDGET MOYEN

Sur Hutchinson Island

The Royal Inn Beach Hotel – *222 Hernando St. - ✆ (772) 672 8888 - www.royalinnbeach.com - ♿ P - 23 ch. à partir de 95 $* . Un hôtel agréable posé au bord de l'eau. Refait en 2011, il compte différents types de chambres, certaines avec cuisine, mais toutes dotées d'un balcon. Outre son emplacement, l'hôtel présente l'intérêt de proposer des activités comme des sorties en kayak.

RESTAURATION

PREMIER PRIX

S & S Takeout – *148 N. Depot Dr. - ✆ (772) 461 8355 - www.snstakeout.com - ♿ - fermé sam.-dim. - plats autour de 10 $.* Une petite cafétéria bio qui mise sur la qualité des produits. La carte change tous les jours, selon le marché, mais on est toujours sûr d'y trouver soupes, salades, sandwichs et jus de fruits frais pressés. Quelques tables à l'intérieur.

BUDGET MOYEN

Sur Hutchinson Island

Capone's Hideaway Italian Seafood Island Grill – *1102 Seaway Dr. - ✆ (772) 460 5000 - www.caponeshideaway.com - ♿ P - dîner seult - fermé lun. - 15/25 $.* Un restaurant italien familial avec un grand choix de plats de poisson et de fruits de mer (langoustes, moules, crevettes locales). Possibilité de dîner en terrasse. Bon rapport qualité-prix et accueil sympathique.

ACTIVITÉS

Observation des dauphins

Dolphin Watch Boat Tours – *613 N. Beach Causeway Dr., Stan Blum Boat Ramp - ✆ (772) 464 6673 - http://dolphinwatchboattours.com.* Sorties en mer pour observer les dauphins sur un bateau de 6 passagers maximum. Téléphonez pour vous renseigner sur les départs.

Plongée

L'épave de l'*Urca de Lima*, galion espagnol ayant fait naufrage au large des côtes en 1715, est accessible aux plongeurs équipés d'un masque et d'un tuba, à 200 m du rivage de Pepper Park *(3375 N. SR A1A)*, non loin du UDT-SEAL Museum *(voir p. 176)*. *Rens. : www.museumsinthesea.com.*

Dive Odyssea – *621 N. 2nd St. - ✆ (772) 460 1771 - www.diveodyssea.com.* Cours de plongée, sorties en mer et location de kayaks.

1

Parc national des Everglades

Everglades National Park

★★★

Malgré des paysages d'une totale platitude, le parc des Everglades constitue un écosystème unique au monde, ce qui lui vaut de figurer sur la prestigieuse liste du patrimoine mondial de l'Unesco et d'être classé Réserve de la biosphère. Ses quelque 607 000 ha de pseudo-savane, empreints d'une étrange beauté, assurent l'existence d'une incroyable variété de plantes, d'insectes, de poissons, de reptiles, d'oiseaux et d'animaux en tous genres. Dans cet environnement subtropical sans pareil, où l'interdépendance des éléments biologiques et physiques est d'une grande complexité, les férus d'ornithologie, de canoë et de pêche trouveront particulièrement leur bonheur.

NOS ADRESSES PAGE 191

S'INFORMER

Everglades Area Chamber of Commerce – *32016 Tamiami Trail E. - Everglades City - ✆ (239) 695 3172 - www.evergladeschamber.org.*

Tropical Everglades Visitor Association – *160 US-1 - Florida City - ✆ (305) 245 9180 - www.tropicaleverglades.com.*

Le parc compte par ailleurs cinq centres d'accueil *(voir « Circuits conseillés », p. 182).*

SE REPÉRER

Carte de région AB2-3 (p. 92). Deux routes parcourent le parc. L'**US-41** (Tamiami Trail) longe sa partie nord et dessert Shark Valley, tandis que la **route 9336** mène à Flamingo, à la pointe sud de la péninsule de Floride.

À NE PAS MANQUER

Une promenade en tram, en kayak ou en hydroglisseur… voire les trois !

ORGANISER SON TEMPS

Le parc est ouvert tous les jours de l'année (comptez 10 $/voiture, billet valable 7 jours). On peut facilement consacrer trois jours à la découverte des Everglades, mais une journée passée à suivre quelques sentiers dans la partie sud du parc *(voir p. 182)* vous donnera un bon aperçu de la faune et de la flore. La saison sèche s'étire de novembre à mi-avril, la saison humide de mai à octobre. L'**hiver** est de loin la meilleure période pour découvrir les Everglades : les températures y sont supportables (entre 15 °C et 27 °C), les moustiques relativement peu nuisibles, la faune est plus facile à observer, mais les touristes sont aussi nombreux. Le parc est beaucoup moins fréquenté durant l'été, chaud et humide, où les températures atteignent fréquemment 35 °C, tandis que les insectes piqueurs constituent un véritable fléau. Il arrive alors que des pluies torrentielles occasionnent la fermeture de certaines parties du parc.

AVEC LES ENFANTS

Ils aimeront sans doute guetter un alligator sur Anhinga Trail et visiter Miccosukee Indian Village.

Marais dans le sud des Everglades, le versant sauvage du parc.

W. Bibikow/age fotostock

Circuits conseillés Carte p. 186

PARTIE SUD

De Miami, prenez l'I-75 (Florida's Turnpike) en direction du sud jusqu'à Florida City, où elle se termine. Prenez ensuite à droite la route 1 jusqu'à Palm Dr. (route 9336), que l'on suit sur 2,7 km. Tournez à gauche dans 192nd Ave. Après 3,2 km, prenez à droite 376th St. S.W. et poursuivez sur 9 km jusqu'à l'entrée du parc. La route 9336 se termine 61 km plus loin, à Flamingo.

Ernest Coe Visitor Center (Entrée du parc)
40001 SR 9336 - Homestead - ☎ (305) 242 7700 - www.nps.gov/ever - ♿ P - de mi-déc. à mi-avr. : tlj 9h-17h ; de mi-avr. à mi-déc. : tlj 8h-17h.
Ce bâtiment en bois, dont l'architecture se fond parfaitement dans l'environnement, est le principal centre d'accueil du parc. Les visiteurs y trouveront toutes sortes de renseignements sur les activités organisées à leur intention (petite documentation en français). Il propose également des expositions sur l'écosystème des Everglades *(voir p. 184)*. Un diorama interactif accompagné d'effets sonores et de consoles de visualisation permet de découvrir différents aspects de la vie animale durant la saison sèche et la saison des pluies. Une exposition entièrement consacrée au grand débat écologique entourant le problème de régularisation des eaux dans les Everglades présente de façon fort originale différents points de vue. La section « Spotter Scopes » donne l'occasion unique d'observer sur écran toutes sortes d'échassiers (spatules rosées, aigrettes roussâtres, petits hérons bleus, et autres). On peut également voir un film intitulé *Pa-hay-okee (15mn)* dans la salle de projection.
Reprenez la route 9336. Au bout de 3,2 km, tournez à gauche au panneau indiquant le Royal Palm Visitor Center et deux sentiers fort populaires : l'Anhinga Trail et le Gumbo Limbo Trail.

★★ Anhinga Trail

1,2 km - ♿ - dép. du Royal Palm Visitor Center. Les gardes forestiers proposent plusieurs fois par jour des exposés et des promenades d'observation de la nature (places limitées). C'est l'un des endroits les plus fréquentés du parc. Un tronçon de route, large et goudronné, fait place à une promenade en planches qui traverse le Taylor Slough. Ce marigot peu profond s'écoule lentement à travers un marais ponctué ici et là de mottes de palmiers, d'où émergent de nombreux saules. Oiseaux, alligators et tortues fréquentent les lieux, surtout durant les mois secs d'hiver.

★ Gumbo Limbo Trail

600 m - ♿ - dép. du Royal Palm Visitor Center. Ce sentier serpente à travers la luxuriante végétation de Paradise Key Hammock, vaste îlot boisé qui formait jadis le **Royal Palm State Park**. L'endroit constitue un exemple typique de forêt de feuillus tropicaux, où se mêlent de nombreuses variétés de fougères, de lianes, d'orchidées, de palmiers royaux et, bien sûr, de gommiers rouges *(gumbo limbo)*, surnommés avec humour « arbres touristes », car leur écorce rouge pèle comme une peau brûlée au soleil.
Reprenez la route 9336 et continuez sur 7 km.

Pinelands Trail

800 m - ♿. Ce sentier goudronné révèle des paysages rocheux, relativement secs, recelant l'une des dernières forêts de pins d'Elliott de Floride. Appréciés pour leur bois particulièrement durable, capable de résister au feu,

Shark Valley, dans la partie nord.
R. Gisbert Gil / age fotostock

ces arbres aujourd'hui menacés furent abattus en grand nombre au début du 20e s. L'interdiction de pratiquer la technique de brûlage contrôlé, qui nettoyait la végétation susceptible de leur nuire, empira la situation. Alors qu'ils régnaient jadis en maîtres sur la Floride méridionale, il n'en reste aujourd'hui qu'environ 8 094 ha.

Reprenez la route 9336 et continuez sur 10 km.

★★ Pa-hay-okee Overlook

260 m - ♿. De cette plate-forme élevée s'offre une **vue**★★ panoramique sur les Everglades. Seules quelques mottes tropicales s'élèvent au-dessus de l'immense prairie de cladion, dont le tapis épineux semble s'étendre à l'infini. Espèce végétale dominante, cette herbe coupante *(Cladium jamaicense)* appartient à la famille des carex. Elle possède de longues feuilles aussi tranchantes qu'un rasoir, mais des racines tendres et comestibles.

Reprenez la route 9336. 11 km plus loin, tournez à droite.

Mahogany Hammock

800 m - ♿ - *fermeture temporaire possible.* C'est un ensemble luxuriant de fougères et d'arbres à bois dur que traverse cette promenade en planches. Elle passe notamment près du plus grand acajou *(mahogany)* des États-Unis. Ce spécimen tout à fait exceptionnel a malheureusement été endommagé par deux ouragans : Donna (1960) et Andrew (1992).

Reprenez la route 9336. Après avoir parcouru 18 km, tournez à droite pour aboutir au parking de West Lake.

★ West Lake Trail

800 m - ♿. Une promenade de planches longe West Lake à travers un étonnant paysage de mangroves. Typiques des régions littorales de la Floride, ces curieuses formations forestières à base de palétuviers poussent dans des vasières aux eaux saumâtres et forment un enchevêtrement impénétrable de branches souples et de racines aériennes. Il existe trois types de mangroves

Un peu d'histoire : les Everglades

UN ÉQUILIBRE MENACÉ

Au début du 20e s., le gouverneur de Floride **Napoleon Bonaparte Broward** incita le gouvernement à drainer les Everglades de manière à irriguer les exploitations agricoles alentour tout en gagnant des terres pour le développement urbain. Quelque 2 250 km de canaux artificiels furent ainsi construits pour drainer l'eau des grands marécages afin d'alimenter les régions agricoles et suburbaines. Soucieux d'éviter que l'homme ne bouleverse irréversiblement l'équilibre déjà précaire des Everglades, des partisans de la protection du site manifestèrent très vite leur inquiétude face à de tels travaux d'envergure. Une réserve de 809 ha, le **Royal Palm State Park**, finit par être créée en 1916. Cependant, l'aménagement de la péninsule se poursuivit à un rythme accéléré. Achevée en 1928, la construction du **Tamiami Trail** (route US-41) ne fit qu'empirer les choses, car il traversait le cœur des Everglades, bloquant l'écoulement des eaux vers le sud…

PRÉSERVER PA-HAY-OKEE

La création du parc des Everglades mit un frein à cette dangereuse vague d'aménagements qui menaçait de faire disparaître un écosystème pourtant irremplaçable. L'ouverture du parc, en 1947, coïncida avec la sortie d'un livre intitulé *The Everglades : River of Grass*, qui permit au public de découvrir l'unicité et la beauté des lieux. L'auteur de l'ouvrage, **Marjory Stoneman Douglas**, y décrivait avec passion cette « immensité scintillante ». Elle joua, jusqu'à sa mort en 1998 (elle avait alors 108 ans), un rôle majeur dans le mouvement de protection de Pa-hay-okee (nom donné par les Séminoles à la région), préconisant la restauration de l'écoulement naturel de ses eaux vers le golfe du Mexique.

Par sa superficie, le parc des Everglades est aujourd'hui la troisième plus grande réserve naturelle du territoire continental des États-Unis, après celles de Death Valley et de Yellowstone. Depuis sa création, ses limites ont été reculées à plusieurs reprises. En 1989, l'**East Everglades Expansion Act** lui permit d'annexer environ 43 545 ha supplémentaires. Malgré cette étendue, l'immense marécage souffre de la proximité de centres urbains et de grandes régions agricoles qui le contaminent en y déversant chaque année des tonnes de résidus d'engrais et de pesticides. Les Everglades ont aussi plusieurs ennemis naturels. L'équilibre écologique est notamment fragilisé par des plantes exotiques qui se sont si bien adaptées qu'elles menacent aujourd'hui la flore indigène. C'est par exemple le cas du cajeputier, un arbre australien résistant au feu et capable de prélever quelque 20 m^3 par heure et par hectare de cette eau si précieuse aux autres espèces.

Avec l'adoption en 1994 de l'**Everglades Forever Act**, le parlement de Floride s'est enfin attaqué au problème des polluants. En 1996, le gouvernement fédéral a annoncé son intention de restaurer les fragiles écosystèmes des Everglades. L'importance écologique de l'immense plaine verte et brune, de sa faune et de sa flore sauvages n'est heureusement plus à démontrer, mais la tâche demeure fort difficile : il s'agit en effet de pouvoir gérer le réseau hydrographique dont dépendent les Everglades de manière à assurer leur survie tout en répondant aux besoins croissants d'une population en pleine expansion.

dans les Everglades : la mangrove commune, caractérisée par des racines rouges en forme d'échasses courbes ; la mangrove noire, dont la base des arbres s'entoure de racines respiratoires épineuses dites pneumatophores ; et la mangrove blanche, qui affectionne les sols moins humides.
Continuez sur 5,7 km.

Mrazek Pond

Les observateurs d'oiseaux apprécieront particulièrement cet étang situé à proximité de la route. Au lever comme au coucher du soleil, vous y verrez évoluer grèbes, hérons, ibis, aigrettes et spatules roses, qui se réunissent pour partager un festin de poissons, de crustacés et de coquillages.
Faites 5,6 km jusqu'à Flamingo.

Flamingo

Situé au bout de la route 9336, ce modeste avant-poste sur la baie de Floride est, dans cette partie du parc, le seul endroit où l'on puisse trouver de quoi se restaurer. Activités nombreuses *(voir « Nos adresses dans les Everglades »).*

Visitor Center – *(239) 695 2945 - de mi-avr. à fin déc. : horaires variables (appeler pour connaître les horaires) ; de janv. à mi-avr. : tlj 8h-16h30.* Il abrite un petit espace d'exposition consacré aux vastes étendues marécageuses que sont les Everglades. Des excursions en tram permettent de quitter les sentiers battus et d'observer de plus près la flore et la faune locales.

De la marina voisine partent également plusieurs **croisières d'observation de la nature★★** *(voir « Nos adresses dans les Everglades »)* au cours desquelles on découvre la baie de Floride et on emprunte les canaux de l'arrière-pays.

Eco Pond – *à 1,4 km à l'ouest du centre d'accueil. Munissez-vous de jumelles.* Avec sa belle plate-forme d'observation, cet étang artificiel est un endroit rêvé pour les ornithologues amateurs. À l'aube comme au crépuscule, des volées de sauvagines et d'échassiers viennent s'y nourrir.

1

LES EVERGLADES MODE D'EMPLOI

Quelques conseils de bon sens...

- Emportez une crème solaire et un produit insectifuge, et portez des vêtements adaptés (pantalons et manches longues, chapeau).
- Ayez toujours de l'eau et quelques provisons avec vous.
- Faites le plein d'essence avant de partir.
- Ne nagez pas dans les étangs d'eau douce, car la faune y est abondante et l'eau peu limpide.
- Avant de partir en randonnée, indiquez votre itinéraire à un tiers.
- Restez sur les sentiers balisés.
- Ne faites jamais de feu de camp en dehors des sites prévus à cet effet.
- Méfiez-vous des changements soudains de temps, car les orages s'accompagnent généralement de dangereux éclairs et de fortes rafales de vent.

Quelques points du règlement du parc

Il est interdit de :
- chasser ou cueillir des végétaux ;
- conduire hors-route et dépasser les limitations de vitesse ;
- fumer sur les sentiers de randonnée ;
- venir avec un animal domestique.

PARTIE NORD

Le Tamiami Trail *(route US-41)*, achevé en 1928, relie Miami à Naples, sur la côte ouest de la péninsule. Il traverse la partie nord des Everglades, dont Shark Valley constitue le principal point d'accès. Les prairies de cladion et les marécages situés de part et d'autre de la route relèvent de l'administration du parc des Everglades, de la réserve de Big Cypress et du South Florida Water Management District (service de gestion des eaux).

★★ Shark Valley (Entrée du parc)

Shark Valley Visitor Center – *36000 S.W. 8th St. (sur l'US-41, à 48 km à l'ouest de Miami) - (305) 221 8776 - tlj 9h15-17h15. Le point d'accès à la partie nord du parc.* Légèrement plus profond que le reste des Everglades, ce bassin naturel porte le nom du marigot qui se déverse lentement au sud-ouest dans la rivière Shark, aux eaux saumâtres infestées de requins *(sharks)*.

★ **Excursion en tram** – *Shark Valley Tram Tours - ☏ (305) 221 8455 - www.sharkvalleytramtours.com - ♿ P (10 $) - dép. du parking - déc.-mai (réserv. conseillée) : tlj 9h-16h (1 dép. ttes les h.) ; reste de l'année : tlj à 9h30, 11h, 14h et 16h - durée 2h AR - 22 $ (3-12 ans, 12,75 $). Location de bicyclettes. Munissez-vous d'eau potable avant l'excursion.* Circuit de 24 km à travers des marécages, sur une route en partie construite par d'anciens prospecteurs de pétrole. Vous aurez l'occasion d'admirer milans des marais, aigrettes, hérons, alligators, orphies (poissons de la famille des Bélonidés) et autres créatures des Everglades dans leur environnement naturel. À mi-chemin, le tram s'arrête au pied d'une **tour d'observation** d'où l'on apprécie particulièrement bien l'immensité du paysage.

Miccosukee Indian Village

Mile Marker 70 (US-41), à 800 m à l'ouest de l'entrée de Shark Valley - ☏ (305) 552 8365 - www.miccosukeetribe.com/indian-village - ♿ P - tlj 9h-16h - 10 $ avec la visite guidée du village (6-12 ans 6 $) ; promenade en hydroglisseur (30mn) : 16 $.
Les Indiens Miccosukee, dont il ne reste guère plus que 500 membres, faisaient jadis partie de la confédération Creek. Ils se concentrent dans la partie nord des Everglades qu'ils peuplent depuis le milieu du 19e s. Très proches des Séminoles, ils n'en constituent pas moins un groupe distinct au dialecte et aux traditions propres. Avec ses abris ouverts (ou *chickees*) en feuilles de palmier, le village recrée un campement traditionnel. Des artisans y pratiquent leurs talents comme la broderie de perles ou la création de patchworks aux couleurs vives, pour lesquels ils sont réputés. Un petit **musée** contient des objets de vannerie, des outils et des vêtements typiques, ainsi que des photos. Dans la **fosse aux alligators** *(spectacles à 11h, 12h30, 13h30, 15h et 16h)*, des lutteurs montrent la technique qu'utilisaient autrefois les Miccosukee pour maîtriser et ligoter les dangereux reptiles sans les tuer. Les animaux devaient en effet être conservés vivants jusqu'au moment de leur consommation, la viande s'abîmant rapidement à la tiédeur du climat subtropical.

Poursuivez sur l'US-41 vers l'ouest, puis la route 29 vers le sud ; le centre d'accueil d'Everglades City se trouve 7,2 km plus loin (800 m après le carrefour, sur la droite).

Everglades City (Entrée du parc)

Gulf Coast Visitor Center – *815 Oyster Bar Lane - ☏ (239) 695 3311 - ♿ P - de mi-avr. à mi-nov. : tlj 9h-16h30 ; de mi-nov. à mi-avr. : tlj 8h-16h30.*

Everglades City fut créée dans les années 1920 comme base d'opérations pour la construction de Tamiami Trail. La petite localité est désormais l'un des points d'accès à la partie nord des Everglades. Un bâtiment blanc de style victorien, aujourd'hui transformé en auberge, abritait autrefois le célèbre **Rod and Gun Club** *(200 Waterside Dr.)*. Créé vers la fin du 19e s. par **Barron Collier**, un spéculateur foncier qui joua un rôle majeur dans la construction du Tamiami Trail, ce club de chasse et de pêche – l'un des plus prestigieux du pays dans les années 1930 – attirait alors une riche clientèle. L'édifice qu'il occupait, décoré de riches boiseries intérieures, servit à l'origine de résidence à l'un des premiers colons de la région, W.S. Allen.

★★ **Promenade en bateau vers les Ten Thousand Islands** – *Everglades National Park Boat Tours - 815 Oyster Bar Lane - ☏ (239) 695 2591 - www.evergladesnationalparkboattoursgulfcoast.com - ♿ P - dép. du Gulf Coast Visitor Center tlj 9h-16h (au moins 10 dép./j.) - durée 1h30 AR - 31,80 $ (5-12 ans 15,90 $). Location de kayaks et de canoës.* Cette excursion en bateau permet de découvrir l'univers marin de la **baie de Chokoloskee** et de ses « dix mille îles », l'un des plus grands estuaires de mangrove du monde. Durant la promenade, il est parfois possible d'apercevoir des dauphins, des lamantins, de nombreux oiseaux

1

La faune des Everglades

Plus de 600 espèces animales, dont 350 variétés d'oiseaux, 60 genres de moustiques et 26 types de serpents, peuplent les Everglades. Certaines de ces espèces sont endémiques. La partie sud de cet immense océan d'herbe se prête à une cohabitation particulièrement inhabituelle : celle de l'alligator et du crocodile. Partout dans le parc, les oiseaux offrent un spectacle sans cesse renouvelé de hérons, d'aigrettes, d'ibis, de grues et autres espèces aquatiques. Balbuzards pêcheurs et pygargues à tête blanche fréquentent également les vastes étendues marécageuses. C'est aussi là qu'hiverne le plus grand oiseau du continent : le pélican blanc d'Amérique, dont l'envergure atteint 2,7 m. Dans l'environnement à la fois terrestre et aquatique que constituent les Everglades, quelques animaux occupent une place privilégiée.

Alligator américain *(Alligator mississippiensis)* – S'il fut un temps en voie d'extinction, l'alligator n'est aujourd'hui plus menacé. Il s'est largement multiplié, et on le voit souvent glisser en silence à la surface des canaux et des marais d'eau douce. Plus grands reptiles du continent, les mâles peuvent atteindre 5 m de long. Au printemps, après s'être accouplée, la femelle construit un nid dans lequel elle dépose jusqu'à 80 œufs. L'incubation dure de 9 à 10 semaines. Chez ces reptiles au sang froid, la température à laquelle sont maintenus les œufs durant cette délicate phase de développement détermine le sexe des embryons : au-dessous de 30,5 °C, la progéniture est femelle ; au-dessus de 31,7 °C, elle sera mâle. Les petits sont de couleur noire, avec des bandes jaunes qui disparaissent à l'âge adulte. Les alligators jouent un rôle important dans l'écosystème du parc : à l'approche de la saison sèche, ils creusent dans le sol des trous qui se remplissent d'eau souterraine et grâce auxquels bien d'autres animaux peuvent subsister. Capables d'atteindre, sous l'eau, des vitesses de 26 km/h, les alligators font preuve, sur terre, d'une étonnante agilité : malgré une démarche un peu lourdaude, on les a vus se déplacer sur environ 45 m à raison de 24 km/h… de quoi en effrayer plus d'un ! Quant à leur redoutable mâchoire, elle exerce une pression de 536 kg/cm^2 sur toute malheureuse proie prise dans son étau mortel !

Crocodile américain *(Crocodylus acutus)* – Cousin de l'alligator, ce crocodile à museau effilé est lui menacé d'extinction. Les quelques centaines de spécimens qui ont réussi à subsister fréquentent volontiers les eaux saumâtres des estuaires de mangrove dans la partie sud du parc des Everglades, et dans la réserve de Crocodile Lake, à la pointe nord de Key Largo. Plus agressifs que les alligators, ils s'en distinguent aussi par leur couleur gris-vert, par la forme de leur museau, et par des incisives inférieures toujours apparentes, même lorsque leur mâchoire est fermée. Ces créatures peu sympathiques s'en prennent rarement à l'homme, mais elles se défendront, et défendront leurs petits et leur territoire, si elles se sentent menacées.

Anhinga d'Amérique *(Anhinga anhinga)* – Cet oiseau au long cou est devenu le symbole des Everglades. On l'observe fréquemment perché dans un arbre, avec ses ailes noires déployées. Si le plumage de certaines espèces d'oiseaux

Alligator américain, parc national des Everglades.
imagebroker / hemis.fr

aquatiques est protégé par une substance huileuse, ce n'est pas le cas de celui de l'anhinga : après chaque séance de plongée et de pêche, il doit laisser sécher ses ailes avant de pouvoir reprendre les airs. L'anhinga capture ses proies en les harponnant avec son bec effilé. Quand il nage, seul son cou sinueux émerge de la surface, d'où son surnom d'« oiseau-serpent ».

Puma de Floride *(Felis concolor coryl)* – Animal emblème de la Floride, ce mammifère de la famille des Félidés est aujourd'hui en voie de disparition. La femelle met théoriquement bas tous les deux printemps, et donne naissance à deux, trois ou quatre chatons, mais leurs proies contaminées par le mercure ont considérablement fait chuter le taux de fertilité des félins. L'espèce occupait autrefois un vaste territoire, mais la trentraine de survivants se concentre à la pointe sud de la péninsule de Floride, dans les zones marécageuses de la réserve de Big Cypress et du parc des Everglades. Apparenté au couguar, le puma de Floride est un animal farouche qui ne se laisse pas facilement observer. Les adultes, au beau pelage couleur fauve, font environ 60 cm de hauteur et pèsent entre 30 et 60 kg.

Milan des marais *(Rostrhamus sociabilis plumbeus)* – Petit rapace peureux au plumage gris-brun, le milan des marais ne vit que d'escargots pommes dont il peut vider la coquille grâce à son bec courbe. Très commun dans certaines régions d'Amérique du Sud et d'Amérique centrale, il se rencontre uniquement, en Amérique du Nord, dans la partie centrale et méridionale de la Floride. L'assèchement des Everglades a entraîné la disparition de sa source première de nourriture, et réduit sa population à moins de 900 spécimens, en en faisant ici une espèce menacée.

aquatiques (hérons, balbuzards pêcheurs) et, avec beaucoup de chance, des pygargues à tête blanche.
D'Everglades City, prenez la route 29 vers le sud en direction de Chokoloskee Island. Après 5,3 km, prenez à droite Smallwood Dr., puis à gauche Mamie St., et continuez jusqu'au bout de la rue.

Historic Smallwood Store

360 Mamie St. - Chokoloskee - (239) 695 2989 - www.smallwoodstore.com - - déc.-avr. : tlj 10h-17h ; reste de l'année : tlj 11h-17h - 5 $. Attention, il se peut que la route soit barrée et que vous deviez parcourir une centaine de mètres à pied.
Perchée au bord de la baie de Chokoloskee, cette structure en bois battue par les vents abritait autrefois un poste de traite et un magasin d'approvisionnement qui fonctionna de 1906 à 1982. Converti en musée, l'édifice – qui porte le nom de son fondateur, C.S. « Ted » Smallwood, un pionnier du comté de Collier – fait aujourd'hui revivre l'atmosphère de la Floride méridionale d'antan.

Big Cypress National Preserve

Accès par les routes US-41 et I-75.
Big Cypress Swamp Welcome Center – *33000 Tamiami Trail East Ochopee - (239) 695 4758 - www.nps.gov/bicy/ - - tlj 9h-16h30.*
Oasis Visitor Center – *52105 Tamiami Trail East Ochopee (à 31 km à l'ouest de Shark Valley sur l'US-41) - (239) 695 1201 - - tlj 9h-16h30. Film (15mn) et exposition sur la géologie, la faune et la flore locales.*
Le puma de Floride, dont fort peu de spécimens subsistent, semble particulièrement priser cette réserve située au nord du parc des Everglades. Ses quelque 295 000 ha englobent une partie du **Big Cypress Swamp**, immense marais de 622 000 ha planté de cyprès chauves. Peu de cyprès géants ont survécu aux vagues d'abattage du début du siècle. Ce sont surtout des cyprès nains et une prairie de cladion qui occupent aujourd'hui l'impressionnante étendue marécageuse. Dans les années 1960, des promoteurs projetèrent de l'assécher à des fins immobilières. Mais, reconnaissant à temps l'importance primordiale de ces marécages pour la sauvegarde et le maintien des espèces animales et végétales du sud de la Floride, le gouvernement encouragea, en 1974, la création d'une zone protégée dont la superficie s'est agrandie au fil des ans.
Derrière le bâtiment de l'Oasis Visitor Center *(voir ci-dessus)* part le **Florida National Scenic Trail** *(voir p. 381)*, sentier de découverte *(34 km)* qui pénètre au cœur même de la réserve. La route 94, dite **Loop Road** *(42 km)*, mène de Forty Mile Bend à Monroe Station, permettant de traverser la partie sud de la réserve et d'en admirer les paysages un peu inquiétants de cyprès chauves.
De l'Oasis Visitor Center reprenez l'US-41 vers l'ouest, puis empruntez la route 29, sur la droite, à hauteur de Carneston.

★ Fakahatchee Strand Preserve State Park

137 Coastline Dr. - Copeland - (239) 695 4593 - www.floridastateparks.org/fakahatcheestrand/ - tlj de 8h au coucher du soleil. Possibilité d'excursions en canoë (rens. sur place).
Voisine de la réserve de Big Cypress, celle de Fakahatchee s'étend sur 32 km. Son étroite forêt marécageuse (d'une largeur moyenne de 6 km) abrite une flore dense et variée. Elle recèle notamment le plus vaste ensemble de **palmiers royaux** des États-Unis, la plus importante concentration et la plus grande variété d'**orchidées** (différentes espèces fleurissent à longueur d'année), 15 espèces de broméliacées, et toutes sortes de plantes aériennes dites épiphytes.
★★ **Big Cypress Bend** – *1,6 km AR.* Cette promenade se fraie un chemin à travers une forêt de cyprès, avant d'aboutir à un marais peuplé d'alligators.

NOS ADRESSES DANS LES EVERGLADES

TRANSPORTS

Il est impératif d'être véhiculé pour visiter les Everglades. Attention, seule la station de Flamingo *(voir p. 185)* permet de se ravitailler en essence.

HÉBERGEMENT

Si vous êtes en camping-car ou si vous disposez de votre matériel de camping, des emplacements sont disponibles dans le parc *(réserv. au ✆ 518 885 3639 ou sur www.recreation.gov)*. On trouve par ailleurs les motels des grandes chaînes autour de l'US-1 (S. Dixie Hwy), à Homestead et Florida City.

BUDGET MOYEN

À Homestead

Floridian Hotel – *990 N. Homestead Blvd - ✆ (305) 247 7020 - www.floridianhotel.com - ♿ 🏊 🅿 - 148 ch. à partir de 79 $ ☕*. Un hôtel pratique et bien placé, à proximité des commerces et des restaurants, mais sans charme et un peu vieillot. Les chambres sont spacieuses et bien équipées.

À Everglades City

The Ivey House – *107 Camellia St. - ✆ (239) 695 3299 - www.iveyhouse.com - ♿ 🏊 🅿 - 29 ch. à partir de 99 $ ☕*. Un *bed & breakfast* plein de charme, dont les chambres sont réparties dans deux bâtiments (Lodge et Inn). L'établissement organise des excursions et des sorties nature à tarif préférentiel avec Everglades Adventures *(voir ci-contre)*.

RAVITAILLEMENT

Boissons fraîches en vente dans les centres d'accueil, mais seule la station de Flamingo *(voir p. 185)* permet de se ravitailler en nourriture.

ACTIVITÉS

De nombreuses activités sont organisées quotidiennement par les rangers ou des concessionnaires. Reportez-vous au journal du parc, disponible sur place, au www.tropicaleverglades.com, ou adressez-vous à l'un des centres d'accueil.
Location de **vélos** à Flamingo *(voir p. 185)* et Shark Valley *(voir p. 186)*.
Location de **canoës** et de **kayaks** à Flamingo *(voir p. 185)* et Gulf Coast *(voir p. 187)* pour explorer les sept voies entretenues par le parc.

À Everglades City

Everglades Adventures – *voir The Ivey House - www.evergladesadventures.com*. Les propriétaires *du bed & breakfast* gère aussi cette agence écotouristique proposant diverses activités dans les Everglades, en groupe ou sur mesure. Location de canoës et de kayaks.
Airboat Everglades – *929 Dupont St. - ✆ (239) 695 2333 - www.airboateverglades.com*. Promenades en hydroglisseur, de 30mn à 1h30 (6 pers. max.).

À Flamingo

La station a été balayée en 2005 par l'ouragan Katrina et n'a pas encore retrouvé toutes ses capacités. À la marina *(✆ 239 695 3101)*, location de canoës, de skiffs, de kayaks et de bicyclettes ; à l'occasion, départ de croisières de quelques heures.

À Florida City

Everglades Hostel – *20 S.W. 2nd Ave. - ✆ (305) 248 1122 - www.evergladeshostel.com*. L'auberge de jeunesse peut organiser différentes sorties dans les Everglades, mais aussi louer des vélos et des kayaks.

Les Keys 2

Le Seven Mile Bridge, qui relie le continent aux Keys.
Kord.com/age fotostock

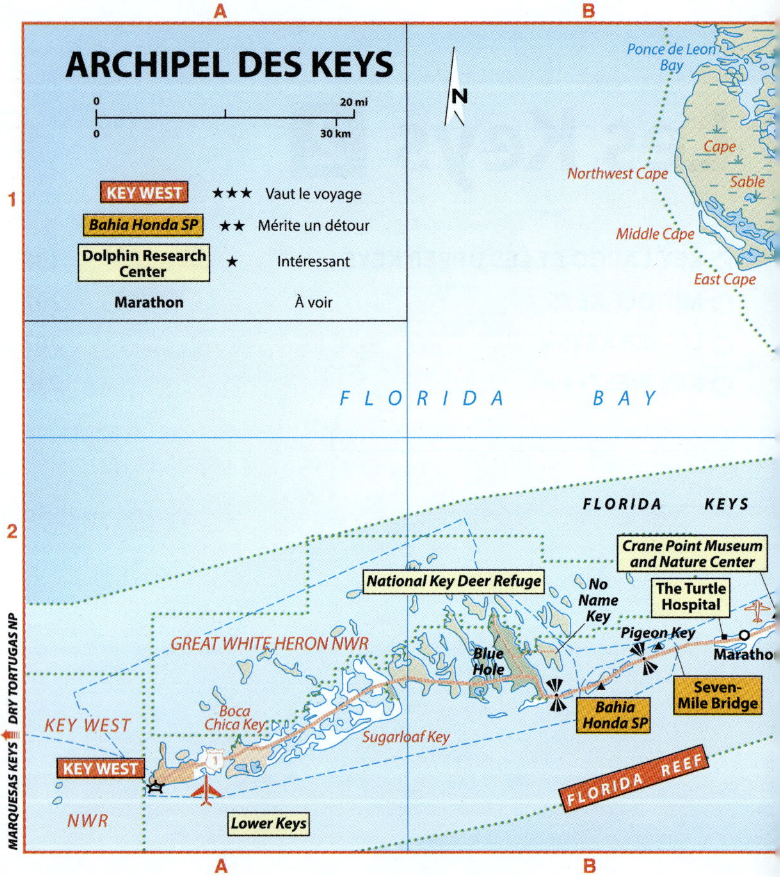
A
B
ARCHIPEL DES KEYS
0
20 mi
0
30 km
1
KEY WEST
★★★ Vaut le voyage
Bahia Honda SP
★★ Mérite un détour
Dolphin Research Center
★ Intéressant
Marathon
À voir
N
Ponce de Leon Bay
Cape
Sable
Northwest Cape
Middle Cape
East Cape
F L O R I D A B A Y
2
FLORIDA KEYS
Crane Point Museum and Nature Center
National Key Deer Refuge
No Name Key
The Turtle Hospital
Pigeon Key
Marathon
GREAT WHITE HERON NWR
Blue Hole
Seven-Mile Bridge
Bahia Honda SP
Boca Chica Key
KEY WEST
Sugarloaf Key
MARQUESAS KEYS
DRY TORTUGAS NP
KEY WEST
FLORIDA REEF
NWR
Lower Keys
A
B

C
FLORIDA CITY
HOMESTEAD, MIAMI
D
MIAMI-DADE
Biscayne NP
Card Sound Rd.
TOLL
Whitewater Bay
EVERGLADES NATIONAL PARK
9336
1
Crocodile Lake NWR
Largo
905
Flamingo
UPPER KEYS
John Pennekamp Coral Reef SP
Florida Keys Wild Bird Center
Key
MONROE
History of Diving Museum
Theater of the Sea
Lignumvitae Key Botanical SP
Islamorada
NMS
Highway
Indian Key Historic SP
Long Key
Channel
San Pedro Preserve
Overseas
Middle Keys
Long Key SP
Hawk
Dolphin Research Center
STRAITS OF FLORIDA
Dry Tortugas NP
Loggerhead Key
Garden Key
Bush Key
Fort Jefferson
Key West: 69 mi / 112 km
1
2

Les Keys : mode d'emploi

COMMENT S'Y RENDRE

Avion – Certaines lignes intérieures desservent **Key West** *(voir p. 224)*, où il est possible de louer une voiture. Les passagers des vols internationaux devront prendre leur correspondance à destination des Keys à l'aéroport de Miami *(voir p. 136)* d'où partent des navettes : Keys Shuttle *(✆ 305 289 9997 - www.keysshuttle.com)*.

Bus – Les autocars **Greyhound** *(www.greyhound.com)* desservent plusieurs arrêts entre Key Largo et Key West selon un horaire fixe, et proposent également quelques arrêts facultatifs *(à la demande)*.

Voiture – Seule route principale à traverser les Keys, l'**US-1 (Overseas Highway)** compte deux voies sur presque toute sa longueur. La circulation y est souvent très dense, surtout en haute saison *(déc.-avr.)* et durant les week-ends. Comptez alors 3h pour vous rendre d'un bout à l'autre de l'archipel. De petites **bornes** (*mile markers* ou MM) de couleur verte, parfois difficiles à repérer, marquent l'emplacement des sites le long de l'US-1 par rapport à leur distance de Key West. Ce balisage débute à Florida City (MM 127), sur le continent, traverse un pont routier jusqu'à Key Largo (MM 110), et se poursuit jusqu'à Key West (MM 0).

QUAND S'Y RENDRE

De décembre à avril, la température journalière moyenne varie entre 23 °C et 26 °C. Le reste de l'année, elle fluctue entre 24 °C et 29 °C (la moyenne annuelle étant 27 °C). Les périodes les plus fréquentées, et les plus chères, sont les fêtes de fin d'année et le *Spring Break*, vacances universitaires de printemps au cours desquelles des hordes de jeunes gens affluent pour y faire la fête. De juin à septembre, la fréquentation est en baisse : il fait chaud et humide, la saison des ouragans battant son plein.

HÉBERGEMENT

L'offre est abondante et variée, du motel basique au B & B de charme, en passant par les établissements de chaîne. L'Overseas Highway est bordée de petits motels où vous devriez avoir une chance de trouver une chambre, même en haute saison. Attention, certains établissements ferment en basse saison. Locations d'appartements : **Vacation Rentals Key West** *(www.vacationrentalskeywest.com)*.

Camping-caravaning

Les Keys comptent plusieurs campings très bien équipés, mais il faut généralement posséder son matériel : **KOA Kampground**, à Fiesta Key *(✆ 305 664 4922 - http://koa.com)* et Sugarloaf Key *(✆ 305 745 3549 - http://koa.com)* ; **America Outdoors Camper Resort**, à Key Largo *(✆ 305 852 8054)*.

Les trois parcs d'État des Keys – John Pennekamp Coral Reef *(voir p. 198)*, Long Key *(voir p. 203)* et Bahia Honda *(voir p. 207)* – offrent également un certain nombre d'emplacements, voire des bungalows (Bahia Honda), mais il est indispensable de réserver très longtemps à l'avance, souvent d'une année sur l'autre pour un séjour en haute saison *(✆ 800 326 3521 - http ://floridastateparks.reserveamerica.com)*.

Autre possibilité, la location de péniches aménagées : **Houseboat Vacations** *(Marathon - ✆ 801 487 7206 - www.houseboating.org - à partir de 1 650 $/sem. pour 6 pers.)*.

ACTIVITÉS

Kayaking

De nombreux cours d'eau sillonnent la mangrove côtière, faisant le bonheur des explorateurs en kayak ou canoë. Il est possible de louer du matériel et de partir à sa guise (à partir de 10 $/h), ou de participer à une sortie organisée (à partir de 40 $/3h).

Florida Bay Outfitters – *MM 104 - Key Largo - ✆ (305) 451 3018 - www.kayakfloridakeys.com.*

John Pennekamp Coral Reef State Park – *MM 102,5 - Key Largo -* *voir p. 198.*

Keys Kayak Tours – *MM 30 - Big Pine Key - ✆ (305) 872 7474 - www.keyskayaktours.com.*

Backcountry Kayaking Adventures –*MM 17 - Sugarloaf Key - ✆ (305) 304 1392 - www.keyskayaking.com.*

Stand up Paddleboard

Cette large et épaisse planche sur laquelle on pagaie debout est une bonne façon de découvrir la côte. Comptez 15 $ pour une heure, et 100 $ pour une promenade avec un guide pour 2 personnes.

Paddle the Florida Keys - *90773 Old Hwy - Tavernier - ✆ (305) 434 5930 - www.paddlethefloridakeys.com.*

Pêche

L'offre est immense, mais prestations et tarifs demeurent relativement équivalents (à partir de 40 $/demi-journée). Les offices de tourisme et les magasins d'articles de pêche sont une bonne source d'information, tout comme les nombreux panneaux dans les marinas, en particulier à Islamorada.
Un site répertorie toutes les possibilités locales : **www.fishfloridakeys.com**.

Rencontre avec les dauphins

Séance de natation en compagnie de dauphins, précédée d'une séance d'orientation. Conditions : avoir au moins 8 ans (parfois 5 ans si l'enfant est accompagné de l'un de ses parents dans l'eau) ; être bon nageur ; savoir utiliser masque et palmes. Réservation recommandée. Comptez 135-189 $/personne.

Dolphins Plus – *MM 100,5 - Key Largo - ✆ (305) 451 1993 - www.dolphinsplus.com.*

Dolphin Adventure at Theater of the Sea – *MM 84,5 - Windley Key -* *voir p. 202.*

Dolphin Research Center – *MM 59 - Marathon -* *voir p. 204.*

Snorkeling et plongée sous-marine

La meilleure saison s'étend de mars à juillet. Location possible d'équipement dans des boutiques spécialisées, qui proposent souvent des cours, des excursions d'un jour et des forfaits en tous genres.

John Pennekamp Coral Reef State Park – *MM 102,5 - Key Largo -* *voir p. 198.*

Halls Diving Center – *MM 48 - Marathon - ✆ (305) 743 5929 - www.hallsdiving.com.*

Strike Zone Charters – *MM 29,5 - Big Pine Key - ✆ (305) 872 9863 - www.strikezonecharter.com.*

Looe Key Reef Resort – *MM 27,5 - Ramrod Key - ✆ (305) 872 2215 - www.diveflakeys.com.*

Dive Key West – *MM 27,5 - Key West - ✆ (305) 296 3823 - www.divekeywest.com.*

Key Largo et les Upper Keys

★

20 500 habitants

Située à l'extrémité nord de l'archipel, la plus grande de toutes les Keys (42 km de long, moins de 2 km de large) doit son nom à des explorateurs espagnols qui, au 16e s., la baptisèrent Cayo Largo, c'est-à-dire « longue île ». Sa beauté réside avant tout dans son littoral et ses eaux cristallines. À l'est de l'île se déploie l'immensité bleue de l'Atlantique, tandis qu'à l'ouest s'étendent les eaux calmes et peu profondes de la baie de Floride, peuplée d'une multitude d'oiseaux et d'animaux marins. Marais de mangrove et mottes tropicales ceinturent des rivages offrant un abri à toutes sortes de tortues et de crocodiles. La route US-1 traverse le centre de l'île, à proximité de la petite communauté de Tavernier.

NOS ADRESSES PAGE 201

S'INFORMER

Key Largo Chamber of Commerce – *106000 Overseas Hwy (MM 106) - (305) 451 1414 - www.keylargochamber.org.*

SE REPÉRER

Carte de région D1 (p. 194-195). Key Largo se trouve à 90 km au sud de l'aéroport international de Miami. Les Upper Keys s'étendent de Windley Key à Long Key et incluent Key Largo et Tavernier.

À NE PAS MANQUER

John Pennekamp Coral Reef State Park, une incroyable réserve sous-marine qui abrite 40 variétés de coraux et plus de 650 espèces de poissons. C'est le plus grand centre de plongée sous-marine des États-Unis.

ORGANISER SON TEMPS

Tout dépend du temps que vous voudrez consacrer aux activités nautiques. Si vous ne pratiquez ni la plongée ni le snorkeling, prévoyez une journée au John Pennekamp Coral Reef State Park et un repas au restaurant Fish House (MM 102,4), l'un des meilleurs des Keys.

AVEC LES ENFANTS

Un tour en bateau à fond de verre.

Découvrir

★★ John Pennekamp Coral Reef State Park

102601 Overseas Hwy (MM 102,6) - (305) 451 6300 - www.floridastateparks.org/pennekamp/, www.pennekamppark.com - ♿ P - parc : tlj 8h-coucher du soleil ; centre d'accueil : tlj 8h-17h - 8 $/voiture, 0,50 $/pers. Possibilité de camper et de se restaurer (800 326 3521 - http://floridastateparks.reserveamerica.com) ; location de kayaks (12 $/h) et de bateaux à moteur (à partir de 160 $/4h). Centre de plongée (305 451 6322) : initiation et plongées tous niveaux, snorkeling et location de matériel.

Établi en 1960, ce magnifique parc sous-marin – le premier des États-Unis – forme une bande de 4,8 km de large qui ceinture le littoral de Key Largo.

Phare en pleine mer, contre-plongée.
SuperStock/Science Faction Images/age fotostock

Il fut nommé en l'honneur de John Pennekamp, rédacteur du *Miami Herald* qui contribua à la préservation du récif et à la création de l'Everglades National Park. Aujourd'hui, le parc englobe un véritable paradis aquatique, peuplé de coraux et de créatures aux couleurs éclatantes.

2

Dans le **centre d'accueil**, plusieurs expositions initient les visiteurs aux merveilles du récif corallien. Parmi les 150 espèces de poissons tropicaux qui se nourrissent le long du récif, les plus colorés sont le poisson-ange, le poisson-perroquet, le baliste et le vivaneau. On y voit aussi quantité de gorgones (sortes de polypiers coralliaires) et d'éponges agrippées au corail. Environ 96 % du parc se trouvant sous l'eau, la plongée est le meilleur moyen de partir à la découverte du site. Parmi les sorties proposées : Molasses Reef, French Reef, les épaves de l'*USCGC Duane* et de l'*USS Spiegel Grove*. Il est également possible de louer divers types d'embarcations ou de faire des **excursions en bateau** à fond transparent *(billets en vente au centre d'accueil - dép. de la marina tlj à 9h15, 12h15 et 15h - 2h30 AR - 24 $ - réservation conseillée)*.

Le parc compte deux petites plages propices à la baignade et au snorkeling. Les amateurs de randonnée pourront choisir entre plusieurs **sentiers écologiques** qui s'enfoncent à travers de pittoresques mottes tropicales.

Florida Keys Wild Bird Center

93997 Overseas Hwy (MM 93,6) - Tavernier - ☏ (305) 852 4486 - www.fkwbc.org - ♿ P - tlj du lever au coucher du soleil - 5 $.

Ce centre de réadaptation pour oiseaux sauvages, doté de promenades aménagées dans un marais de mangrove, est situé en bordure de la baie de Floride. Ses immenses volières abritent des oiseaux convalescents, le plus souvent victimes des lignes et des hameçons des pêcheurs. Quiconque sauve et rapporte un oiseau blessé peut choisir le nom de l'animal : devant chaque volière, on trouve donc une brève histoire de chaque oiseau et son nom. Il est courant d'y voir des pélicans, des hérons, des aigrettes roussâtres, des vautours, des spatules rosées et des balbuzards pêcheurs.

Un peu d'histoire : Key Largo

PILLEURS D'ÉPAVES ET PROMOTEURS

Au début du 19e s., la maigre population de Key Largo se composait de pirates qui récupéraient les cargaisons des navires échoués sur les récifs au large de la côte. La colonisation commença dans les années 1870 avec l'installation d'agriculteurs cultivant l'ananas et la noix de coco. Le chemin de fer de Flagler atteignit l'île en 1906, mais loin d'ouvrir les marchés extérieurs aux agriculteurs locaux, le train profita surtout à Key West.

Durant la Prohibition, les tavernes de Key Largo, qui vendaient ouvertement de l'alcool, attirèrent des foules de visiteurs assoiffés venus du continent en ferry. Malgré la construction de la route US-1, dont les travaux s'achevèrent en 1938, il fallut attendre la fin de la Seconde Guerre mondiale pour voir, sur l'île, les premiers signes d'un véritable développement immobilier. Dans les années 1950, 49 lotissements y furent ainsi aménagés. Spéculateurs et promoteurs acquirent 607 ha de terres autour de Rock Harbor, projetant d'y fonder une importante communauté. Ils proposèrent également de rebaptiser Rock Harbor *Key Largo*, du nom du film de John Huston (1948), dont certaines scènes avaient été tournées sur l'île.

Soucieux de sauver Key Largo d'un développement incontrôlé, les organismes officiels de protection de la faune réussirent à créer, en 1979, le **Crocodile Lake National Wildlife Refuge**, une réserve de 2 706 ha, formée de lagunes, de mangrove et de jungle, où vivent aujourd'hui quelque 500 crocodiles, soit la plus grande concentration de ces reptiles en Amérique du Nord *(accès interdit au public)*.

UN FABULEUX MONDE SOUS-MARIN

Au large de Key Largo s'étend une partie du plus vaste **récif corallien★★★** vivant d'Amérique du Nord, et le troisième du monde, après la Grande Barrière d'Australie et celle du Belize. Située à plusieurs kilomètres des côtes, cette formation madréporique longe près de 322 km de rivage, de Fowey Rock (au sud de Miami) aux Dry Tortugas, et peut atteindre jusqu'à 24 m de profondeur. Elle se compose d'une matière calcaire (le carbonate de calcium) sécrétée sur une période de plusieurs milliers d'années par des colonies de polypes coralliaires (délicates créatures à corps mou appartenant à l'embranchement des Cœlentérés) et d'organismes connexes.

Énorme réserve marine qui s'étend du Biscayne National Park aux Dry Tortugas, et qui englobe l'ancien Key Largo National Marine Sanctuary, le **Florida Keys National Marine Sanctuary** protège heureusement ce fragile écosystème, dont la survie dépend largement de la température, du degré de limpidité et de salinité de l'eau. De manière à éviter que les bateaux de plaisance, en jetant l'ancre, ne se fixent directement sur le récif et ne l'endommage, la réserve a été ici et là équipée de bouées d'amarrage. Au fil des ans, le récif a beaucoup souffert de la pollution, des effets d'une pêche excessive (on récoltait autrefois le corail à la dynamite…) et, de manière plus générale, de la négligence de l'homme. Les efforts de conservation lancés par le Florida Keys National Marine Sanctuary devraient toutefois sauver ce véritable trésor national en lui rendant peu à peu son unité écologique.

NOS ADRESSES À KEY LARGO

HÉBERGEMENT

BUDGET MOYEN

Rodeway Inn– *99202 Overseas Hwy (MM 92,2) - ✆ (305) 451 2478 - www.rodewayinn.com - ♿ 🏊 🅿 - 99 $ ☕*. Un bâtiment de deux étages entouré d'un jardin tropical où se dessine une piscine : voilà un motel basique, comme il en existe un certain nombre dans les Keys. Toutes les chambres comptent deux grands lits et peuvent accueillir quatre personnes.

UNE FOLIE

Largo Lodge – *101740 Overseas Hwy (MM 101,7) - ✆ (305) 451 0424 - www.largolodge.com - ♿ 🅿 - 7 cottages 225/295 $*. Ces bungalows très bien équipés (kitchenette, salon) ont été remis à neuf en 2014. Ils donnent sur une plage privée. Réservation indispensable, car l'adresse est courue.

Jules'Undersea Lodge – *51 Shoreland Dr. (MM 103,5) - ✆ (305) 451 2353 - www.jul.com - 🅿 - 1 logement (max. 6 pers) - 675 $/pers. petit-déj. et dîner compris*. Un hôtel unique en Amérique puisqu'il se trouve à 9 m sous l'eau et à 30 m du rivage, dans un petit lagon ! L'ensemble est assez petit, mais pourvu de tout le confort nécessaire. Initiation à la plongée préalable (incluse dans le prix).

RESTAURATION

PREMIER PRIX

Num Thai Restaurant & Sushi Bar – *103200 Overseas Hwy (MM 104) - ✆ (305) 451 5955 - ♿ 🅿 - à partir de 15 $*. Une salle au décor japonisant, une autre de style thaï, mais le menu est le même : excellents sushis (si possible préparés avec du poisson local) et très bonne cuisine thaïe traditionnelle. La fréquentation du lieu est un signe de qualité.

BUDGET MOYEN

Fish House Restaurant – *102401 Overseas Hwy (MM 102,4) - ✆ (305) 451 4665 - www.fishhouse.com - ♿ 🅿 - 20/30 $*. Une institution locale en matière de poisson et de fruits de mer ultra frais. Le restaurant travaille avec des pêcheurs et vend aussi du poisson au détail. La carte change évidemment en fonction des arrivages, mais on y trouve toujours de la langouste, des gambas, du mérou, de la dorade, préparés à toutes les sauces. Atmosphère et accueil très décontractés, typique des Keys.

Middle Keys

12 000 habitants

Moins développées que Key Largo, ces îles, situées entre MM 85 et 45, sont pourtant très prisées des amateurs de pêche sportive. Au sud de la borne MM 80, l'US-1 traverse une série de viaducs et de ponts routiers reliant une multitude d'îlots, et offre des vues spectaculaires de l'océan Atlantique et de la baie de Floride. L'arrivée à Marathon, avec ses centres commerciaux, ses motels et ses restaurants, signale un bref retour à la civilisation. Puis, à l'extrémité sud de Vaca Key, commence le fameux Seven Mile Bridge, dont le tracé rectiligne relie les Middle Keys aux Lower Keys.

NOS ADRESSES PAGE 206

S'INFORMER

Islamorada Chamber of Commerce – *87100 Overseas Hwy (MM 87) - ✆ (305) 664 4503 - www.islamoradachamber.com.*

Greater Marathon Chamber of Commerce – *12222 Overseas Hwy (MM 53,5) - ✆ (305) 743 5417 - www.floridakeysmarathon.com.*

SE REPÉRER

Carte de région B2/C1-2 (p. 194-195). Les Middle Keys s'étirent de Conch Key à la fin du Seven Mile Bridge.

À NE PAS MANQUER

Islamorada, si vous êtes fan de pêche.

ORGANISER SON TEMPS

Très variable selon vos envies, comptez au moins une journée.

AVEC LES ENFANTS

Les spectacles animaliers du Theater of the Sea ; le Dolphin Research Center, pour tout savoir sur le plus populaire des mammifères marins ; le Turtle Hospital où sont soignées des tortues marines.

ISLAMORADA C2

Les premiers explorateurs espagnols lui donnèrent le nom d'*Islas moradas* (îles pourpres) à cause des mollusques à coquille d'un bleu violet *(Janthina janthina)* qu'ils y trouvèrent en abondance. Aujourd'hui, l'endroit est réputé pour ses **charters** de pêche en haute mer et ses nombreux tournois de pêche sportive. Du côté est de la route, remarquez le **Hurricane Memorial** (MM 81,7), monument de pierre calcaire élevé à la mémoire des victimes de l'ouragan de 1935 *(voir p. 86)*.

★ Theater of the Sea C1

84721 Overseas Hwy (MM 84,5) - ✆ (305) 664 2431 - www.theaterofthesea.com - ♿ P - tlj 9h30-16h30 - 31, 95 $ (3-10 ans 21,95 $) - réserv. nécessaire pour les programmes spéciaux (baignade avec les dauphins ou les otaries, snorkeling…).

Aménagé dans une ancienne carrière, ce parc d'attractions marines – l'un des plus anciens du pays – ouvrit ses portes en 1945. Des spectacles *(tous en anglais)* mettant en vedette des dauphins, des lions de mer et des perroquets s'enchaînent en permanence. Ils alternent pédagogie du monde marin et interactions fascinantes entre les animaux et leur dresseur.

Windley Harbor, Islamorada.
K. Kreder/Prisma/age fotostock

History of Diving Museum C1

82990 Overseas Hwy (MM 83) - ✆ (305) 664 9737 - www.divingmuseum.org - P - tlj 10h-17h - 12 $.

Ce musée mérite un détour si le monde sous-marin vous intrigue. Dans un bâtiment recouvert de fresques marines se trouve la collection particulière de deux passionnés, à la mise en scène ludique et interactive. On se promène dans la pénombre, comme un plongeur au fond de l'eau, en suivant les 4000 ans d'histoire de cette discipline : des premiers costumes de plongée des pêcheurs d'éponges, jusqu'aux armures amphibies, véritables laboratoires des profondeurs. Une galerie présente 45 casques de plongée de tous les pays.

LONG KEY

Long Key State Park C2

Long Key (MM 67,5) - ✆ (305) 664 4815 - www.floridastateparks.org/longkey/ - ♿ P - tlj de 8h au coucher du soleil - 5 $/voiture. Possibilité de camper (✆ 800 326 3521 - http ://floridastateparks.reserveamerica.com) ; location de kayak ; animations variées par les gardes du parc tous les jeu. à 10h.

Baigné par les eaux de l'Atlantique et de la baie de Floride, ce parc (390 ha) est tout indiqué pour la baignade, la plongée et la pêche (avec permis). **Layton Trail** – *400 m.* Le sentier s'enfonce dans une dense forêt tropicale bordée par les eaux de la baie de Floride. Des panneaux permettent d'identifier diverses espèces végétales : gommier rouge, caféier, cornouiller de Jamaïque, citronnier sauvage et autres. **Golden Orb Spider Trail** – *1,6 km (promenade guidée gratuite par les gardes du parc merc. à 10h, de déc. à mai).* Ce sentier porte le nom d'une araignée qui tisse d'impressionnantes toiles ; il traverse un estuaire de mangrove muni d'une plate-forme d'observation, d'où l'on peut admirer le *hammock*, la voûte forestière. Il se poursuit jusqu'à une étroite plage.

MARATHON B2

Le carrefour commercial et administratif des Middle Keys servait de campement pour les cheminots de la Florida East Coast Railway. S'empressant de terminer la voie ferrée, ils durent travailler à toute vitesse, d'où le nom de Marathon.

★ Crane Point Museum and Nature Center

5550 Overseas Hwy (MM 50) - ✆ (305) 743 9100 - www.cranepoint.net - P - lun.-sam. 9h-17h, dim. 12h-17h - 12,50 $.

Cette forêt tropicale de 25 ha comporte des sentiers de randonnée et un petit musée, le **Museum of Natural History,** consacré à la flore et à la faune locales. Il contient notamment une réplique du récif corallien, accompagnée d'effets sonores. Remarquez deux dioramas (oiseaux et cerfs des Keys), et plusieurs carapaces de tortues marines. À proximité, un chemin conduit au **Butterfly Meadow**, dont la végétation attire les papillons. Deux sentiers fléchés permettent de rejoindre **The Point**, admirable point de vue surplombant la mer *(1h30)* : l'un (à l'ouest) emprunte une promenade bordant deux écosystèmes qui se succèdent : un *hammock*, puis la mangrove ; l'autre, à l'est, passe par **Adderley House**, construite par un couple venu des Bahamas à la fin du 19e s. Plus loin se trouve le **Wild Bird Center** qui accueille des oiseaux blessés, les soigne avant de les relâcher. Les deux chemins passent par Crane House, maison de style Art déco aujourd'hui à l'abandon, construite dans les années 1950.

★ Dolphin Research Center C2

58901 Overseas Hwy (MM 59) - Marathon - ✆ (305) 289 1121 - www.dolphins.org - ♿ P - tlj 9h-16h30 - fermé principaux jours fériés - 23 $ (4-12 ans 18 $) - réservation nécessaire pour la baignade avec les dauphins ou les otaries.

Une quinzaine de dauphins et autant de lions de mer vivent ici, dans des enclos aménagés dans la baie de Floride. Les visiteurs peuvent observer les dauphins au travail, et même se baigner avec eux ! Des guides expliquent le comportement social et la physiologie de ces mammifères marins.

★ The Turtle Hospital

2396 Overseas Hwy (MM 48,5) - ✆ (305) 743 2552 - www.turtlehospital.org - P - visite guidée obligatoire : ttes les h. de 10h à 16h (réservation recommandée) - 18 $ (4-12 ans 9 $).

Installé dans un ancien motel, ce centre s'est donné pour mission de recueillir et soigner des tortues blessées (ingestion de sacs plastiques, accidents de pêche, collision avec des bateaux), dans le but de les relâcher. Lors de la visite guidée *(90mn)*, les pensionnaires de cette clinique particulière vous seront présentées. Sur le parking, ne ratez pas la photo devant l'ambulance des tortues !

SEVEN MILE BRIDGE

La route des Keys est une attraction à part entière, tant l'expérience de rouler « au-dessus » de l'océan est unique. Cet immense pont de sept miles, soit 10,8 km, a été construit en 1982. Composé de 288 tronçons faisant chacun 41 m de long, il relie les Middle Keys aux Lower Keys. Véritable chef-d'œuvre d'ingénierie, il remplaça l'Old Seven Mile Bridge, autre merveille de l'ingéniosité humaine. L'ouvrage, plus large et plus haut que l'ancien, s'élève de 20 m au-dessus des flots, offrant aux automobilistes des **vues★★** à couper le souffle. Début avril, le pont est coupé à la circulation pour laisser les coureurs profiter du paysage *(www.7mbrun.com)*.

Au large

★ Pigeon Key Foundation

1 Knight Key Blvd (MM 45) - ✆ (305) 743 5999 - ♿ P - dép. en ferry depuis Knight Key (à gauche avant le Seven Mile Bridge) à 10h, 12h, 14h - 2h AR - 12 $. Les visiteurs peuvent rester sur Pigeon Key et revenir plus tard dans la journée (dernier retour à 15h45).

Du centre d'accueil, un ferry conduit à l'ancien camp de cheminots de Pigeon Key, chargés de la construction du premier pont, dit Old Seven Mile Bridge. Terminée en 1912, cette étonnante structure, dont on aperçoit encore des traces de la couleur d'origine (bleu), formait un maillon essentiel de l'ancienne voie ferrée de Flagler. À son apogée, l'île comptait environ 410 habitants. Aujourd'hui, seules quelques maisons d'aspect plutôt modeste témoignent de la vie des employés du chemin de fer au début du 20e s. On peut voir l'ancienne cantine et visiter un petit musée projetant un film sur l'histoire de Pigeon Key.

Lignumvitae Key Botanical State Park

Uniquement accessible par bateau - Robbie's Rent-a-Boat – Robbie's Marina (MM 77,5) - ✆ (305) 664 9814 - www.robbies.com - 300 $ pour 3h, 6 pers. max. Accès parc : ✆ (305) 664 2540 - www.floridastateparks.org/lignumvitaekey/ - jeu.-lun. 9h-17h - visite guidée vend.-dim. à 10h et 14h - 4,50 $.

Ancrée dans la baie de Floride, cette île de 113 ha abrite l'une des dernières **forêts vierges★** de la région. Une grande variété d'espèces végétales caractéristiques des mottes tropicales y sont représentées : gaïac ou *lignumvitae* (petit arbre résineux des Antilles et d'Amérique centrale), gommier rouge, figuier étrangleur et bien d'autres. Simple demeure de roche corallienne, la **Matheson House** (1919) logeait le gardien de l'île à l'époque où celle-ci appartenait à William Matheson, un riche résident de Key Biscayne qui aimait à naviguer dans cette région en compagnie de ses amis.

2

Indian Key Historic State Park

Uniquement accessible par bateau : Robbie's Rent-a-Boat – Robbie's Marina (MM 77,5) - ✆ (305) 664 9814 - www.robbies.com - 300 $ pour 3h, 6 pers. max. - réservation conseillée. Accès parc : ✆ (305) 664 2540 - www.floridastateparks.org/indiankey/ - tlj de 8h au coucher du soleil - 6 $/véhicule.

Cet îlot de 4,4 ha, aujourd'hui inhabité, se trouve sur la côte est de Lower Matecumbe Key. Il joua un rôle décisif dans l'histoire des Keys, grâce à un certain **Jacob Housman**. Ce New-Yorkais s'établit à Key West dans les années 1830 et s'engagea dans le fructueux commerce de récupération des épaves. Voulant échapper à la réglementation locale, il vint s'établir sur Indian Key. On découvre les maigres vestiges de l'ancien village, détruit par les Séminoles en 1840, et des chemins de terre qui quadrillent encore l'île.

San Pedro Underwater Archaeological Preserve State Park

Uniquement accessible par bateau : Robbie's Rent-a-Boat – Robbie's Marina (MM 77,5) - ✆ (305) 664 9814 - www.robbies.com. Accès parc : ✆ (305) 664 2540 - www.floridastateparks.org/sanpedro/ - tlj de 8h au coucher du soleil.

L'épave du *San Pedro*, ancien vaisseau marchand de fabrication hollandaise, repose sur un fond sablonneux, sous 5,4 m d'eau. Le *San Pedro* faisait partie d'un convoi de 21 navires qui quittèrent La Havane en direction de l'Espagne en 1733 et sombrèrent tous, sauf un, au large des Keys. Longtemps oublié, ce site archéologique sous-marin fut redécouvert dans les années 1960. Aujourd'hui très prisé des plongeurs et d'une multitude de poissons multicolores, il renferme notamment un impressionnant monticule de pierres de lest.

NOS ADRESSES DANS LES MIDDLE KEYS

HÉBERGEMENT

BUDGET MOYEN

À Marathon

Tropical Cottages – *243 61st St. Gulf (MM 50,5) - ✆ (305) 743 6048 - http://tropicalcottages.net - ♿ P - 15 cottages à partir de 89 $.* Ces bungalows peuvent accueillir jusqu'à 6 pers. pour le plus grand. Simples, bien équipés (cuisine), ils offrent un séjour agréable en bordure du golfe du Mexique.

UNE FOLIE

À Islamorada

Casa Morada – *136 Madeira Rd (MM 82,2) - ✆ (305) 664 0044 - www.casamorada.com - ♿ P - 16 suites à partir de 299 $.* Une oasis de tranquillité comme on en trouve peu dans cette partie des Keys. La décoration méditerranéo-bahamienne, le sens du détail, le jardin luxuriant où s'épanouissent de superbes orchidées, la petite cascade qui berce les promeneurs contribuent au charme des lieux. Les suites, à la décoration minimaliste, possèdent toutes une terrasse, parfois un Jacuzzi extérieur. Certaines donnent sur le jardin, d'autres sur le golfe du Mexique.

RESTAURATION

PREMIER PRIX

À Marathon

Baricci Cafe – *6153rd St. (MM 50,5) - ✆ (305) 517 6752 - ♿ P - lun.-sam. jusqu'à 18h30 - 6/12 $.* Sandwichs, salades, soupes, pizzas au feu de bois : un bon choix pour le déjeuner ou un *Early Bird Dinner.*

Burdines Waterfront – *1200 Ocean View Ave. (MM 50,5) - ✆ (305) 517 6752 - P - 11h30-21h - à partir de 9 $.* Tout au bout d'une allée, près d'un port de plaisance se trouve ce tiki bar, dans un style floridien *old school.* Au premier étage d'une maison sur pilotis, ce restaurant-bar, ouvert à la brise, propose des sandwichs, des salades ou des spécialités à la touche jamaïcaine. Le *fish sandwich* est un classique, simple et délicieux.

BUDGET MOYEN

À Marathon

Keys Fisheries – *35th St. (MM 49) - ✆ (305) 743 4353 - www.keysfisheries.com - ♿ P - à partir de 15 $.* Une institution locale : poissons et fruits de mer du pêcheur au consommateur. Choisissez ce que vous voulez manger, le mode de cuisson et l'accompagnement, puis installez-vous face au golfe de Floride et dégustez ! Poisson à emporter.

À Islamorada

The Beach Cafe - *81600 Overseas Hwy (MM 81,6) - ✆ (305) 664 3225 - www.moradabay.com/the-beach-cafe/ - P - salades à partir de 11 $, plats à partir de 18 $.* Des tables posées dans le sable, sous les palmiers, face à la mer… un moment paradisiaque à vivre dans ce café de bord de mer, où les couchers de soleil sont fameux. Cuisine simple, cocktails au bar et musique *live.*

POUR SE FAIRE PLAISIR

À Islamorada

Lazy Days Restaurant – *79867 Overseas Hwy (MM 79,9) - ✆ (305) 664 5256 - www.lazydaysrestaurant.com - ♿ P - dîner seult - à partir de 23 $.* Pour un excellent dîner avec vue sur mer. Cuisine *fusion* de qualité qui plaira aussi bien aux amateurs de poisson que de viande. *Banana bread* mémorable.

Lower Keys

★

10 900 habitants

Couvert de formations arbustives et pins d'Elliot, ce petit groupe d'îles boisées se compose de terres basses et marécageuses qui abritent une faune variée, dont le grand héron blanc et le cerf à queue blanche. Tout concourt ici au bonheur des amateurs de plage et de plongée, autour de Looe Key, partie intégrante du fameux Florida Keys National Sanctuary, à 11 km au large des côtes.

NOS ADRESSES PAGE 209

S'INFORMER

Lower Keys Chamber of Commerce – *31020 Overseas Hwy (MM 31) - Big Pine Key - ✆ (305) 872 2411 - www.lowerkeyschamber.com.*

SE REPÉRER

Carte de région AB2 (p. 194-195). Les Lower Keys s'étendent entre les MM 37 et 9.

À NE PAS MANQUER

La plage de sable blanc et fin de Bahia Honda.

ORGANISER SON TEMPS

Si vous cherchez du repos, ces Keys sont l'oasis idéal. À seulement 40 minutes de route de l'effervescence de Key West, vous pouvez passer la journée dans la ville et profiter d'une retraite paisible le soir. Bahia Honda State Park est très fréquenté le week-end : arrivez tôt pour pouvoir vous garer, car les portes ferment dès que le parking est plein.

Découvrir Carte de région (p. 194-195)

★★ Bahia Honda State Park B2

36850 Overseas Hwy (MM 36,8) - Bahia Honda Key - ✆ (305) 872 2353 - www.floridastateparks.org/bahiahonda/ ou www.bahiahondapark.com - ♿ P - parc : tlj de 8h au coucher du soleil ; centre d'accueil : jeu.-lun. 9h-17h - 8 $/voiture et 0,50 $/pers. Possibilité de camper et de se restaurer (✆ 800 326 3521 - http ://floridastateparks.reserveamerica.com) ; location de kayaks et de matériel de snorkeling.

Cette île, dont le nom espagnol signifie « baie profonde », possède l'une des plus grandes **plages** de sable de tout l'archipel. Les Keys doivent leurs eaux relativement calmes et la rareté de leurs étendues sablonneuses à la présence du récif corallien qui, en brisant les vagues (et retenant le sable qu'elles charrient) avant qu'elles n'atteignent la rive, empêchent toute accumulation sédimentaire. Le parc de Bahia Honda (212 ha) se prête particulièrement bien à la plongée et la pêche. Il englobe une lagune et une forêt de mangrove, ainsi qu'une motte tropicale. Pour découvrir ces différents écosystèmes, commencez par visiter l'exposition du **centre d'accueil** *(prendre à droite après le poste d'entrée)*. Les gardes du parc organisent régulièrement des promenades guidées thématiques et des conférences très intéressantes.

Plusieurs sentiers sillonnent le parc, dont le **Silver Palm Trail** *(400 m)* qui permet de découvrir la flore locale (bois de satin jaune, liseron de la Jamaïque et autres espèces exotiques). Le parc est aussi fréquenté par de nombreuses espèces d'oiseaux : hérons, ibis, aigrettes…
À la pointe sud, on peut monter sur une portion de l'ancien **Bahia Honda Beach Bridge**. Celui-ci fut érigé, au prix de nombreuses difficultés dues à la profondeur de l'eau, durant la construction du chemin de fer de Flagler, puis réaménagé lors de la création de l'Overseas Highway. L'impressionnante structure offre de superbes **vues★** des environs : les palmiers élancés, agités par la brise, et les flots azurés de l'Atlantique, composent ici un paysage tropical inoubliable.

★ National Key Deer Refuge B2

Prenez à droite Key Deer Blvd (route 940) et continuez sur 400 m jusqu'au centre d'accueil de la réserve, situé dans le centre commercial, du côté droit de la route. Pour visiter la réserve même, continuez vers l'ouest sur Key Deer Blvd pendant 4,8 km. Attention à la limite de vitesse qui est strictement appliquée, et aux cerfs qui risquent de traverser la route. 28950 Watson Blvd (MM 30,5) - Big Pine Key - (305) 872 2239 - www.fws.gov/nationalkeydeer/ - - tlj du lever au coucher du soleil.
Cette réserve de faune, créée en 1957, est consacrée à la protection du **cerf à queue blanche des Keep** *(Odocoileus virginianus clavium)*. Plus petit cerf d'Amérique du Nord (hauteur moyenne : 60 cm ; poids : 23-45 kg), cette sous-espèce du cerf de Virginie ne se rencontre nulle part ailleurs que sur les Keys. Il y aurait fait son apparition il y a plusieurs milliers d'années, lorsque l'archipel était relié au continent par un pont de glace. Victimes d'un développement immobilier intense et d'une chasse excessive, ces gracieuses créatures ont vu leur population chuter : dans les années 1940, il en restait à peine une cinquantaine. Grâce à de sérieux efforts de protection, Big Pine Key en compte aujourd'hui environ 300.
Pour augmenter vos chances d'apercevoir un cerf, empruntez l'une des deux pistes qui traversent la réserve, de préférence à l'aube ou au crépuscule, lorsque ces animaux sortent des bois pour se nourrir.
Au **Blue Hole** *(côté ouest de Key Deer Blvd, à 2 km au nord de l'intersection de Watson Blvd)*, les cerfs s'abreuvent dans le bassin d'une ancienne carrière peuplée d'alligators et de tortues.
Le **Jack C. Watson Wildlife Trail** *(faites 400 m en direction du nord sur Key Blvd)* se faufile sur une distance de 900 m à travers un bois de pins d'Elliot et de palmiers, l'un des habitats préférés du cerf à queue blanche.
Une courte excursion à **No Name Key** *(prenez Watson Blvd en direction de l'est ; au cul-de-sac, prenez à gauche et traversez le pont ; la route s'arrête à l'extrémité est de l'île)* permet généralement d'observer quelques cerfs se nourrissant le long de la route. Vous pouvez aussi vous rendre à No Name Key en kayak, et faire le tour de l'île, voire entrer dans la mangrove. Renseignements et location de kayak à Big Pine Kayak Adventures *(voir « Nos adresses » p. 209)*.

NOS ADRESSES DANS LES LOWER KEYS

HÉBERGEMENT

BUDGET MOYEN

À Big Pine Key

Big Pine Key Motel – *30725 Overseas Hwy (MM 31) - ✆ (305) 872 9090 - www.bigpinekeymotel.com - ♿ 🏊 🅿 - 32 ch. à partir de 99 $.* Un motel floridien typique, avec ses chambres bien équipées, pourvues de deux grands lits, et sa piscine. Il n'a pas de charme particulier, mais offre un bon rapport qualité-prix.

UNE FOLIE

À Big Pine Key

Deer Run Bed & Breakfast – *1997 Long Beach Rd (MM 33) - ✆ (305) 872 2015 - www.deerrunfloridabb.com - ♿ 🏊 🅿 - 4 ch. à partir de 235 $* ☕. Un véritable paradis pour les amateurs de calme soucieux d'environnement. Dans ce *bed & breakfast* écologiquement correct, tout a été pensé pour le confort des hôtes et le respect de la nature, jusqu'au petit-déjeuner bio et végétarien. Trois des chambres donnent directement sur la plage. Vélos et kayaks à disposition.

RESTAURATION

PREMIER PRIX

à Summerland Key

A Slice of Paradise – *24458 Overseas Hwy (MM 24,5) - ✆ (305) 744 9718 - ♿ 🅿 - moins de 10 $.* Cette « tranche de paradis » est une part de pizza, que l'on vous prépare à la demande, selon votre goût. Il est possible de grignoter sur place, mais les pizzas et les salades sont parfaites pour emporter. Livraison gratuite.

BUDGET MOYEN

À Summerland Key

Mangrove Mama's Restaurant – *19991 Overseas Hwy (MM 20) - ✆ (305) 745 3030 - www.mangrovemamasrestaurant.com - ♿ 🅿 - à partir de 15 $.* Ce restaurant est l'héritier d'un établissement ouvert dans les années 1930 où les voyageurs qui se rendaient à Key West pouvaient faire une pause. On y sert aujourd'hui une cuisine nettement plus sophistiquée, quoique simple, à base de poissons locaux ou de viandes grillées.

À Big Pine Key

No Name Pub – *30813 Watson Blvd - ✆ (305) 872 9115 - www.nonamepub.com - 20/25 $.* Un des lieux favoris des locaux… mais difficile à trouver car dissimulé derrière une épaisse végétation. À l'intérieur, les murs sont recouverts de billets de 1 dollar. Il y fait sombre. On préférera alors être dehors, sur les tables de pique-nique, où l'ambiance est simple et authentique. Cuisine roborative.

ACTIVITES

Big Pine Kayak Adventures – *1791 Bogie Dr., Big Pine Key - ✆ (305) 872 7474 - www.keyskayaktours.com.* Location de kayaks et guide complet *Paddling guide* pour découvrir les Lower Keys en kayak.

Key West

★★★

25 057 habitants

Le nom de cette île pittoresque, qui marque la limite sud des États-Unis, résonne de mille légendes. Refuge des pirates et des pilleurs d'épaves, des écrivains, des militants de l'indépendance cubaine, elle exhale un parfum de liberté et d'indépendance assez unique. Plus proche de La Havane que de Miami, Key West cultive une atmosphère bohème et un charme authentique, en dépit de son indéniable côté commercial. Pour en profiter pleinement, il convient toutefois d'éviter certaines saisons et certains lieux…

NOS ADRESSES PAGE 224

S'INFORMER

Key West Chamber of Commerce – *510 Greene St. - ✆ (305) 294 2587 - www.keywestchamber.org.*

SE REPÉRER

Carte de région A2 (p. 194-195). Le Mile Marker 0 se trouve à Key West.

SE GARER

Les places de parking sont rares et chères à Key West. Mais il existe des parkings où vous pouvez laisser votre véhicule pour plusieurs heures *(voir plan p. 215)*. Si vous avez la chance de disposer d'un parking dans votre hôtel, laissez-y votre véhicule et partez à la découverte de la ville à pied, à vélo ou en tramway touristique… Au besoin, vous n'aurez aucun mal à trouver un taxi.

À NE PAS MANQUER

Le coucher du soleil sur Mallory Square, tradition locale ; Hemingway Home and Museum, pour retrouver le cadre de vie de l'écrivain le plus célèbre de Key West ; une promenade architecturale dans Old Town.

ORGANISER SON TEMPS

Comptez au moins deux jours et deux nuits. Évitez le *Spring Break*, les vacances universitaires de printemps *(fin mars-déb. avr.)* voyant déferler des hordes d'étudiants et de fêtards bruyants.

AVEC LES ENFANTS

Key West Aquarium, pour voir les requins et toucher les raies ; Key West Shipwreck Museum, pour en savoir plus sur la vie à bord des bateaux d'autrefois et sur la chasse aux trésors sous-marins ; Nancy Forrester's Secret Garden, pour approcher au plus près d'étonnants perroquets.

Se promener Plan de ville (p. 215)

★★ OLD TOWN

Circuit de 2,4 km au départ de Front St. (à l'angle de Duval St.), tracé sur le plan p. 215.

Coucher du soleil sur Mallory Square.
S. Kremer/Sime/Photononstop

Mallory Square

Derrière le Mallory Market (Front St.) - www.mallorysquare.com.

Mallory Square est un grand marché touristique : les petites charrettes remplies de souvenirs encombrent la place, qui comprend également un ancien entrepôt, surplombant le port de Key West. Stephen Mallory, quatrième Floridien nommé au Sénat américain, était le fils d'une des plus vieilles familles de l'île.

Chaque soir, au **Mallory Square Dock** *(derrière Mallory Square ; suivez Fitzpatrick St. jusqu'au quai)*, résidents et visiteurs viennent admirer de splendides **couchers de soleil★★**.

De novembre à mars, quand la saison touristique bat son plein, ce charmant rituel prend des airs de fête : mimes, jongleurs, avaleurs de feu et chats savants divertissent la foule pendant que le soleil disparaît au-dessous de l'horizon dans un magnifique flamboiement de couleurs.

Toute proche, la **First Union Bank** *(422 Front St.)* possède un briquetage décoratif et un balcon de fer forgé qui reflètent l'origine cubaine des fabricants de cigares qui financèrent la construction de ce bel édifice en 1891.

Key West Shipwreck Museum

1 Whitehead St. - ✆ (305) 292 8990 - www.keywestshipwreck.com - tlj 9h40-17h - 15 $ (réductions sur le site Internet).

Sur la place du marché, ce musée aux allures de vieux fort en bois recrée l'ambiance d'un entrepôt maritime du 19e s. La visite commence par un film illustrant la vie des premiers chasseurs d'épaves de Key West. Des comédiens évoquent ensuite de façon fort vivante les dangers, mais aussi les plaisirs d'un tel métier.

Après le spectacle, on peut explorer à loisir deux étages d'expositions consacrées aux objets provenant de l'épave de l'*Isaac Allerton*, paquebot qui sombra au large de Key West en 1856. Du deuxième niveau, on accède à une tour d'observation d'où l'on découvre une **vue★** panoramique de l'île.

Un peu d'histoire : Key West

UN PASSÉ PROSPÈRE

Lorsque Ponce de León débarqua sur l'île en 1513, il en prit possession au nom de l'Espagne et la baptisa *Cayo Hueso* (île des ossements), appellation toponymique dont la forme anglicisée devint par la suite Key West. Au 18e s., l'île changea plusieurs fois de mains, devenant tour à tour espagnole, puis britannique. Mais ses habitants, des Indiens Calusa et Ais, et des pirates, ne se souciaient guère de ces questions politiques. En 1822, Key West devint officiellement américaine. Le commodore **David Porter** fut chargé de chasser les pirates, mission dont il s'acquitta avec succès, malgré les attaques des moustiques qui décimèrent ses hommes de la fièvre jaune.

Vers la fin des années 1820, Key West devint le centre d'une fructueuse **industrie de récupération**, animée par des hommes téméraires qui ramassaient les cargaisons des nombreux navires échoués sur les récifs au large de la Floride. Cette activité périclita dans la deuxième moitié du 19e s., lorsque le perfectionnement des techniques de navigation réduisit considérablement le nombre de naufrages. Mais, déjà à cette époque, une nouvelle industrie avait fait son apparition : la fabrication des **cigares**. Dès 1889, grâce aux revenus tirés de la pêche, de la récolte des éponges, de la récupération des épaves et de la fabrication des cigares, Key West était devenue la ville américaine la plus riche par tête d'habitant.

Avec l'avènement de la guerre de Sécession (1861-1865), Key West se divisa en deux factions. La population supportait en grande majorité l'armée confédérée. Cependant, des troupes unionistes occupèrent Fort Zachary Taylor dès le début du conflit, afin d'éviter que ce lieu stratégique ne tombe aux mains des sudistes. L'armée contrôla le trafic maritime dans le détroit de Floride à partir de Key West, mais aucun combat n'eut lieu sur l'île même. Après la guerre, l'industrie du cigare connut un essor fulgurant, avec l'arrivée des magnats cubains qui ouvrirent des ateliers à Key West, entraînant dans leur sillage ouvriers et militants. En 1890, Key West abritait la plus grande industrie de fabrication de cigares du monde ; c'était aussi un véritable foyer de l'indépendance cubaine.

En 1886, un incendie se déclara au San Carlos Club (aujourd'hui San Carlos Institute), sur Duval Street, alors que la seule voiture de pompier de l'île était en réparation à New York… Le sinistre fit rage pendant 12 heures, dévastant une ville dont la plupart des bâtiments étaient en bois. Malgré l'étendue des dommages, les habitants s'empressèrent de rebâtir leur communauté à l'aide du même matériau. Mais beaucoup de manufactures de cigares avaient été détruites dans la catastrophe et de nombreux fabricants décidèrent de s'installer à Tampa. Si ce lucratif commerce disparut peu à peu de Key West, l'« industrie de la révolution » continua en revanche de plus belle. Dans les années 1890, **José Martí** (1853-1895), chantre de l'indépendance cubaine, y établit ainsi ses quartiers. En 1898, le navire *USS Maine* quitta l'île en direction de La Havane, où il explosa, déclenchant la brève **guerre hispano-américaine**.

Grâce à son économie diversifiée, Key West continua à prospérer jusqu'au début du 20e s. En 1912, l'Overseas Railroad de Henry Flagler arriva à Key West, reliant finalement l'île au continent. Neuf ans plus tard, le luxueux hôtel **Casa Marina** *(1500 Reynolds St.)*, construit à la demande de Flagler par le prestigieux bureau d'architectes new-yorkais Carrère & Hastings, ouvrait ses portes. Son extérieur, en béton armé, fut conçu pour résister aux ouragans.

DE L'ABANDON À L'ABONDANCE

La crise économique des années 1930 frappa durement Key West. Pourtant, la ville ne perdit jamais son charme. En 1931, l'écrivain **Ernest Hemingway** y acheta une maison, amorçant une tradition littéraire qui se poursuit encore de nos jours. Au fil du temps, l'ambiance décontractée de cette communauté pleine d'entrain a attiré une multitude d'écrivains de renom, et même le président **Harry S. Truman** qui, amoureux de l'île, vint régulièrement se reposer, loin de l'agitation de Washington, dans sa chère *Little White House* (petite Maison-Blanche).

En 1934, avec une dette de cinq millions de dollars et une population composée à 80 % d'assistés sociaux, Key West déclara faillite. Le gouverneur de la Floride, David Sholtz, fit alors appel au Federal Emergency Relief Administration, un organisme d'aide sociale, et lança un programme de travail bénévole visant à embellir les lieux. Le projet fut un véritable succès, transformant la ville négligée en un centre touristique plein de promesses. Cette victoire fut cependant de courte durée. En septembre 1935, un violent ouragan détruisit le chemin de fer. La ville languit pendant trois ans, jusqu'à ce que l'**Overseas Highway** soit terminée, rendant l'endroit plus accessible que jamais.

En 1980, des milliers de *Marielitos* arrivèrent à Key West et, bien que la plupart aient aujourd'hui quitté l'île, la présence cubaine y est encore sensible. En 1982, pour mieux contrôler le trafic d'armes, de drogue ou d'immigrants clandestins vers le continent et appréhender tout véhicule suspect, l'US Border Patrol (patrouille frontalière) mit en place un barrage routier. Outrés par ces procédés, plusieurs habitants de Key West proclamèrent, le 23 avril 1982, la souveraineté de la **Conch Republic**. Dotée d'un drapeau et d'institutions, elle délivre des passeports et possède une mini-armée. Pour beaucoup, cela relève du folklore local, car évidemment Key West fait toujours partie de l'Union. Il n'empêche que l'événement est révélateur de l'esprit d'indépendance cher aux habitants des Keys. Pour en savoir plus, consultez le site officiel de l'administration de la Conch Republic (www.conchrepublic.com).

Avec le temps, Key West s'est transformée en un lieu de villégiature à la mode. Principale artère commerçante de l'île, **Duval Street** doit son nom à William Pope Duval, premier gouverneur du territoire de la Floride. Parmi les restaurants, bars et boutiques qui bordent la limite nord de la rue se profilent des établissements qui rappellent la diversité et l'originalité de Key West. Chaque soir, la musique envahit les rues, s'échappant de bars qui virent défiler maintes célébrités : Ernest Hemingway, Tennessee Williams, Truman Capote, le chanteur Jimmy Buffett… Certaines des vieilles familles de l'île gagnent encore leur vie en pêchant ou en affrétant des bateaux de pêche. Mais les *Conchs*, comme se nomment eux-mêmes les habitants les plus anciens de l'île, sont désormais moins nombreux que les nouveaux arrivants, attirés par le climat, le style de vie décontracté, la richesse historique et la vitalité artistique locale.

Key West Aquarium

Wall St. - ☏ (305) 296 2051 - www.keywestaquarium.com - ♿ - tlj 10h-18h (l'aquarium peut parfois fermer plus tôt, se rens.) - 15 $ (réductions sur le site Internet).

Cet aquarium a ouvert ses portes en 1935, et se targue d'être la première attraction touristique construite à Key West. Il a conservé un certain charme désuet… La visite est originale, mais certains bassins sont vieillots. Dans les aquariums, on découvre poissons-globes, mérous, poissons-anges, langoustes, méduses et autres créatures marines caractéristiques de la région. Au centre, dans deux bassins ouverts – mais attention, on ne touche pas ! – tournent des requins et des raies. Seuls quelques bassins extérieurs sont à la portée des visiteurs qui peuvent toucher étoiles de mer, conques, anémones de mer, et des raies. Plusieurs fois par jour, il est possible d'assister aux repas des animaux *(horaires indiqués à l'entrée).*

En revenant sur Front St., vous passez devant le premier édifice gouvernemental et plus vieil immeuble en maçonnerie de Key West, l'ancien **Coast Guard Building** *(219 Front St.)*, construit en 1856. Il accueille désormais les boutiques du **Clinton Square Market**.

Key West Museum of Art and History

281 Front St. - ☏ (305) 295 6616 - www.kwahs.com - tlj 9h30-16h30 - 9 $.

Cet impressionnant bâtiment en briques rouges est l'ancien poste des douanes (1891). Il servit également de bureau de poste, de tribunal et de bureau pour la municipalité à l'époque de la grandeur de Key West. Longtemps laissé à l'abandon et récemment restauré, il abrite aujourd'hui les bureaux de la Key West Art & Historical Society, qui expose des artistes locaux.

Mel Fisher Maritime Museum

200 Greene St. - ☏ (305) 294 2633 - www.melfisher.org - ♿ - lun.-vend. 8h30-17h, w.-end et j. fériés 9h30-17h - 12,50 $ (2 $ pour l'audioguide, uniquement pour l'exposition du rez-de-chaussée).

Ce musée mériterait d'être modernisé : les panneaux explicatifs sont trop longs et trop nombreux et on déplore l'absence de tout contenu interactif. Dommage, car le fonds est intéressant : l'histoire de **Mel Fisher** (1922-1998) est unique en son genre. Il passa plus de seize ans à sonder le large de Key West à la recherche du *Nuestra Señora de Atocha*, un galion espagnol qui coula dans le détroit de Floride en 1622 et qui recélait tant de trésors qu'on l'avait baptisé la « banque d'Espagne ». Lâché par les banques, poursuivi par ses créanciers, Fisher finit par trouver, en 1985, l'épave dont la précieuse cargaison fut estimée à 450 millions de dollars. La cour suprême reconnut que le trésor appartenait à Fisher, lequel donna 20 % des trouvailles à l'État et ouvrit plusieurs musées *(voir p. 178)*. Dans les vitrines sont exposées quelques-unes de ses découvertes : joyaux, objets en or et en argent, mais aussi des objets de la vie quotidienne qui permettent de comprendre comment on vivait à bord.

On y évoque aussi l'histoire de deux autres épaves retrouvées par Fisher et ses hommes – celles du *Henrietta Marie*, un navire négrier anglais coulé en 1700, et du *Santa Margarita*, un galion espagnol perdu en 1622.

L'étage supérieur est réservé à des expositions temporaires.

★ Audubon House and Gardens

205 Whitehead St. - ☏ (305) 294 2116 - www.audubonhouse.com - ♿ - tlj 9h30-17h (dernier départ de visite à 16h15) - 12 $ - audioguide en anglais, brochures en français.

Le capitaine John Huling Geiger fit construire cette élégante demeure néoclassique dans les années 1840. Sa restauration, entreprise en 1960, marqua

SE LOGER

- Curry Mansion Inn... 1
- Gardens Hotel.......... 3
- Key West Hostel & Seashell Motel......... 5
- Pier House Resort.... 7
- Southernmost House.................................. 9
- The Key West Bed & Breakfast/The Popular House.. 11

SE RESTAURER

- A&B Lobster House...... 1
- Blue Heaven.................... 3
- El Siboney........................ 5
- Kelly's Caribean Bar, Grill & Brewery............ 7
- Louie's Backyard...... 9
- Mangia Mangia.......
- Pepe's Café................. 13
- The Café..................... 14

les débuts d'un véritable mouvement de sauvegarde du patrimoine historique local. L'endroit est désormais consacré à l'illustre naturaliste **John James Audubon** (1785-1851), qui visita l'île en 1832 alors qu'il travaillait sur son fameux ouvrage *Les Oiseaux d'Amérique* dont on peut voir de très belles **lithographies★** *(en vente à la boutique du musée)* dans toute la maison, et plus particulièrement au dernier étage.

Dans le charmant jardin tropical entourant la maison, des papillons colorés butinent au milieu des orchidées, mais aussi de plants de cannelle, et des ananas. Ne ratez pas la *cookhouse*, la cuisine, qui, comme dans nombreuses maisons floridiennes, se trouvait à l'extérieur pour éviter de surchauffer la maison.

Au coin de Whitehead Street et de Caroline Street, le restaurant **Kelly's Caribbean Bar, Grill & Brewery** *(voir « Nos adresses à Key West »)* abrita le premier siège social de la Pan American Airways. En octobre 1927, un avion Fokker Tri-motor F-7 accomplit le premier vol commercial entre Key West et La Havane. La raison pour laquelle le bâtiment reçut le surnom de « Pigeon House » est fort amusante : durant les premiers vols, la Pan Am – très prévoyante – avait en effet placé des pigeons voyageurs à bord de chaque avion, afin que l'équipage puisse informer le personnel au sol de tout problème mécanique...

★★ Harry S. Truman Little White House Museum

111 Front St. (accès près du Hilton par le portail présidentiel situé sur Whitehead St., avancez dans l'allée, la maison se trouve un peu plus loin sur la gauche) - ☏ (305) 294 9911 - www.trumanlittlewhitehouse.com - ♿ - tlj 9h-17h - visite guidée seult : dép. ttes les 20mn env. jusqu'à 16h30 - 16 $ (réductions sur le site Internet).

Située au cœur d'une résidence, cette demeure, modeste pour un président, aux murs revêtus de bardeaux et aux fenêtres dotées de jalousies, fut le refuge préféré du 33ᵉ président des États-Unis : **Harry S. Truman** (1884-1972). Un court film biographique rappelle son illustre vie à la tête de l'État.

Construite en 1890, cette maison logeait à l'origine le commandant et le trésorier de la base navale de Key West. Thomas Edison y vécut à son tour durant la Première Guerre mondiale, alors qu'il travaillait à l'élaboration d'une charge explosive sous-marine pour les forces navales américaines : la maison était dotée de l'électricité et de l'eau courante dès sa construction.

Truman, que son médecin avait persuadé de prendre du repos alors qu'il était président depuis un an à peine, découvrit pour la première fois la maison en 1946. Il appréciait tellement l'atmosphère décontractée et le climat de Key West, qu'il y retourna après sa réélection en 1949, une fois la maison redecorée. Il passa 175 jours dans cette demeure, qu'il surnomma sa « petite Maison-Blanche ». Notez, au rez-de-chaussée, le salon où se déroulaient d'interminables parties de poker, dont le public ignorait tout. Dans la salle à manger, deux coqs blancs en faïence ornent un buffet : ils symbolisaient autrefois le parti démocrate, avant que l'âne ne devienne son emblème.

La maison reste aujourd'hui une demeure présidentielle, qui appartient à la Navy, la marine d'État. Les derniers représentants de l'État a y être passés pour un week-end sont Bill et Hillary Clinton, en 2005.

The Oldest House Museum

322 Duval St. - ☏ (305) 294 9501 - www.oirf.org - ♿ - lun.-mar., jeu.-sam. 10h-16h.

La plus vieille maison de Key West ne semble pas très vieille quand on découvre la façade rénovée, depuis la rue. Pourtant, elle fut construite vers 1829 sur Whitehead Street avant d'être transportée jusqu'à son emplacement actuel en 1832. Son décor d'époque reflète le style de vie aisé du capitaine Francis

Watlington, un chasseur d'épaves qui vécut ici jusqu'à la fin du 19e s. Ne manquez pas le bureau du capitaine, le *captain's office,* à droite de l'entrée (à l'arrière, depuis le jardin), où l'on remarque un gros cahier de compte, et des maquettes de bateaux. Dans le jardin se trouve la *cookhouse*, la cuisine de la maison.

★ Promenade architecturale

Les demeures qui suivent sont parmi les plus intéressantes de Key West sur le plan architectural. Elles ne se visitent pas (à l'exception de la Curry House et du jardin de l'une d'entre elles), mais elles sont situées dans un périmètre limité et méritent un coup d'œil.

Ancien maire de Key West, le milliardaire William Curry fit construire, avant sa mort en 1896, ce qui constitue aujourd'hui la partie arrière de **Curry Mansion★** *(511 Caroline St.)*. Son fils Milton la fit agrandir au début du 20e s., ajoutant de somptueuses salles de réception et des chambres à coucher à l'avant de la structure. Aujourd'hui convertie en *bed & breakfast (voir « Nos adresses à Key West »)*, cette spacieuse maison victorienne a conservé sa splendeur d'antan. Des visites libres sont possibles pendant les heures d'ouverture de la réception, et permettent de découvrir cet endroit cossu. On peut monter jusque sur le toit.

L'ARCHITECTURE DE KEY WEST

Avec plus de 3 000 bâtiments datant du 19e s. et du début du 20e s., **Old Town** est l'un des plus grands secteurs inscrits à l'inventaire national des quartiers historiques américains. Il se distingue notamment par ses élégantes demeures néoclassiques, ses édifices victoriens aux délicats détails et ses pittoresques *Conch houses*, inspirées de l'architecture des Caraïbes. La plupart des marins qui s'établirent ici au 19e s. étaient originaires de la Nouvelle-Angleterre, d'où la prédominance à Key West d'un style néoclassique adapté aux exigences du climat. L'une des particularités architecturales de l'île est l'*eyebrow* (sourcil), petit auvent surplombant les fenêtres situées à l'étage et servant à intercepter la lumière. Une cinquantaine d'**eyebrow houses** ont survécu à ce jour. Les plus belles se trouvent aux 401 et 525 Frances Street, au 643 William Street et au 1211 Southard Street.

L'architecture de Key West s'inspire aussi du style bahamien, comme en attestent les larges vérandas rafraîchies par les brises marines. Les arbres sont si rares à Key West que certains pionniers originaires des Bahamas n'hésitèrent pas à démanteler leurs maisons pour les transporter jusqu'ici. Il existe encore quelques exemples de ces demeures, communément appelées **Bahama houses**. De façon générale, les modestes maisons que l'on rencontre un peu partout sur l'île sont connues sous le nom de **Conch houses**. Parfois dotées d'un étage, ces jolies structures n'illustrent aucun style vraiment défini, mais partagent plusieurs caractéristiques communes : le plus souvent construites en bois et dépourvues de toute ornementation, elles se distinguent par un porche à l'avant du bâtiment, et sur le toit, par un petit belvédère appelé *widow's walk* (élément emprunté à l'architecture de la Nouvelle-Angleterre). Quant aux fameuses **shotgun houses**, composées d'une seule enfilade de pièces et coiffées d'un toit perpendiculaire à la rue, elles furent le plus souvent construites pour les ouvriers travaillant dans les fabriques de cigares locales. On trouve aussi à Key West plusieurs maisons de style Queen Anne, dont la George Patterson House et la Southernmost House.

Bâtie vers 1889, l'élégante **George Patterson House** *(522 Caroline St.)*, toute de blanc revêtue, se distingue par ses pignons, ses porches et ses galeries de style Queen Anne.

Reconnaissable à son extérieur en bois de cyprès marqué par les intempéries, la **Cypress House** *(601 Caroline St.)*, édifiée en 1887, appartenait jadis aux Kemp, une famille originaire des Bahamas à qui l'on attribue l'introduction de la pêche à l'éponge à Key West. La façade basse et les lignes dépouillées de cette auberge sont typiques de l'architecture bahamienne.

La **Casa Antigua** *(314 Simonton St.)*, structure carrée de couleur beige conçue dans le style néoméditerranéen en 1919, abritait à l'origine le Trev-Mor Hotel, l'un des premiers établissements hôteliers de la région. Un concessionnaire de voitures Ford en occupait le rez-de-chaussée (on remarque la présence de garages au niveau de la rue). Ernest Hemingway passa plusieurs semaines ici lors de son premier séjour à Key West, en 1928, au cours duquel il écrivit *L'Adieu aux armes*. L'édifice, reconstruit en 1975 à la suite d'un incendie, abrite désormais une boutique d'artisanat assez kitsch. En entrant par celle-ci, on peut découvrir un luxuriant jardin d'intérieur tropical *(tlj 10h-18h - 2 $)*. Le reste de la maison est habité par des particuliers.

Donkey Milk House *(613 Eaton St.)* est une demeure néoclassique de 1866. Elle doit son nom aux charrettes tirées par des ânes *(donkey)* qui se garaient autrefois dans la ruelle derrière la maison pour livrer le lait *(milk)*. En 1886 y habitait un shérif du nom de Peter A. Williams, qui devint célèbre après avoir utilisé des charges de dynamite pour éteindre un incendie.

Octagon House *(712 Eaton St.)*, l'un des plus célèbres édifices du quartier, fut bâtie en 1897 par Richard Peacon, propriétaire du premier supermarché de l'île. Rénovée par l'illustre décorateur Angelo Donghia dans les années 1970, la maison appartint un temps au couturier Calvin Klein.

Construite à l'origine sur l'île d'Abaco (Bahamas), **Bahama House** *(730 Eaton St.)* fut démantelée et transportée à Key West à bord d'un schooner en 1847 pour servir de résidence à l'armateur bahamien John Bartlum. Cette maison de pin blanc de forme symétrique, à la façade envahie par la végétation tropicale, est caractéristique de l'architecture des Bahamas avec ses larges vérandas aménagées au rez-de-chaussée et à l'étage, ses fenêtres et portes à claire-voie, et ses plafonds peu élevés. Le revêtement extérieur est fait de planches de dimensions variées. Ces particularités se retrouvent aussi dans la maison voisine *(408 William St.)*, qui fut transportée ici depuis l'île de Green Turtle Cay (Bahamas).

Bâtie vers 1866, la **Gideon Lowe House** *(409 William St.)* dont la configuration rappelle la forme d'un temple, est un bel exemple du style néoclassique.

LE SAVIEZ-VOUS ?

Ce sont des croisés de retour de Terre sainte qui, vers le 12e s., introduisirent en Europe le limettier *(Citrus limetta)*, une variété de citronnier originaire d'Asie du Sud-Est produisant un fruit vert sans pépins, au goût amer : le lime. Christophe Colomb apporta quelques-uns de ces fruits avec lui lors de son second voyage au Nouveau Monde en 1493. L'arbre prospéra sous le soleil des Caraïbes, et se répandit bientôt en Amérique centrale et en Floride. Dans les Keys pousse une espèce particulière de lime : le **key lime**. Le jus acidulé et tonifiant de ce petit fruit jaune à pépins entre dans la composition d'un dessert typiquement floridien : le délicieux *key lime pie*.

Maisons typiques de Key West.
R. T Nowitz / age fotostock

Bâtie en pin et en acajou du Honduras, la **John Lowe Jr. House** *(620 Southard St.)* fut construite en 1855 à l'aide de chevilles de bois, de mortaises et de tenons, et de poutres carrées. Le deuxième niveau fut ajouté plus tard, donnant à l'ensemble un aspect néoclassique mêlé d'influences bahamiennes. Du haut de son belvédère, le chasseur d'épaves John Lowe Jr., pouvait jadis apercevoir les bateaux échoués au large de la côte.

Nancy Forrester's Secret Garden

518 Elizabeth St. - ✆ (305) 294 0015 - www.nancyforrester.com - tlj 10h-16h - 10 $ (5-11 ans 5 $).

Véritable oasis de tranquillité en plein cœur du quartier historique, ce charmant jardin à l'abri des regards offre de petits sentiers se faufilant à travers une jungle de fougères, d'héliconies et d'orchidées, sous une voûte d'arbres centenaires (limettiers, sapotilles, palmiers et autres essences exotiques). Un peu partout, des perroquets dévisagent les visiteurs avec curiosité et leur font un brin de causette. Le révérend Nancy Forrester, ministre du culte interconfessionnel, l'a conçu comme un sanctuaire pour ces volatiles ; tous les jours à 10h, elle se livre à une petite leçon de dressage avec les animaux.

San Carlos Institute

516 Duval St. - ✆ (305) 294 3887 - www.institutosancarlos.org - ♿ - dim.-merc. 11h-17h, jeu.-sam. 11h-21h.

Cette imposante structure de style colonial espagnol fut construite en 1924. Le San Carlos Institute fut fondé en 1871 par un groupe d'exilés cubains, au cours de la guerre de Dix Ans (1868-1878), première tentative de soulèvement d'indépendance dans l'île.

Il doit son nom au Seminario San Carlos, un célèbre établissement d'enseignement situé à Cuba, où le père Félix Varela posa les fondements du mouvement d'indépendance cubaine (une statue en bronze de Varela se dresse dans le hall d'entrée de l'institut). Ce centre social et éducatif à but non lucratif devint rapidement le carrefour des activités sociales et révolutionnaires de la communauté cubaine de Key West.

L'édifice actuel (le troisième à cet emplacement) abrite une école, un musée, une librairie, une galerie d'art et un théâtre. Deux étages sont consacrés à des expositions sur l'indépendance cubaine. Les expositions du rez-de-chaussée portent sur **José Martí**, qui organisa la deuxième tentative de libération de Cuba.

De l'autre côté de la rue, remarquez la façade ouvragée de l'ancien **Strand Theater** *(527 Duval St.)*. Construit en 1932, puis rénové en 1995, ce théâtre, de couleur pastel, abrite maintenant une pharmacie.

Depuis son ouverture en 1926, le **La Concha Hotel** *(n° 430 Duval St. - www.laconchakeywest.com)* est le plus haut bâtiment de Duval Street. Désormais propriété de la chaîne hôtelière Crowne Plaza, cette construction beige accueillit en son temps maintes célébrités, parmi lesquelles Tennessee Williams. En fin d'après-midi, arrêtez-vous au bar-terrasse **Top of La Concha**, aménagé sur le toit de l'hôtel, pour savourer un cocktail et admirer la **vue★** panoramique de l'île. Vous pouvez y accéder en passant par l'entrée de l'hôtel, sur le côté.

St. Paul's Episcopal Church

401 Duval St. - ✆ (305) 296 5142 - www.stpaulskeywest.org - ♿ P - lun.-dim. 8h-20h.

Ce bel édifice blanc de style colonial espagnol, doté d'un imposant clocher, fut construit en 1919. Il s'agit de la quatrième église fondée sur ce site (la première avait été édifiée en 1832). L'intérieur possède d'intéressants plafonds voûtés, taillés dans le bois, et conçus pour ressembler à des coques de navire inversées.

À voir aussi Plan de ville (p. 215)

★★ Ernest Hemingway Home and Museum

907 Whitehead St. - ✆ (305) 294 1136 - www.hemingwayhome.com - tlj 9h-17h - 13 $ - possibilité de visites guidées.

LA NAISSANCE D'UNE LÉGENDE

C'est sur les conseils de son ami, l'écrivain John Dos Passos, qu'Hemingway se rendit pour la première fois à Key West en 1928. La publication de son roman *Le soleil se lève aussi* (1926) avait déjà consacré ses talents d'auteur. Après avoir passé plusieurs années en Europe (notamment à Paris), puis brièvement séjourné à Cuba, Hemingway arriva à Key West en compagnie de sa seconde épouse, Pauline. Le couple s'était arrangé pour qu'une nouvelle voiture Ford les y attende, afin de leur permettre de regagner le continent. Mais la livraison du véhicule ayant été retardée, Hemingway eut amplement le temps de découvrir Key West et de succomber à son charme. Les Hemingway revinrent sur l'île trois hivers de suite et, en 1931, finirent par acheter une maison spacieuse qu'ils rénovèrent ensemble. Hemingway y habita jusqu'en 1939. Pauline, dont il se sépara la même année, y demeura jusqu'à sa mort en 1951.

Grand amateur de sports et de sensations fortes, Hemingway passait, durant son long séjour sur l'île, la majeure partie de son temps à écrire, à pêcher et à fréquenter les tavernes locales en compagnie de quelques élus qu'il appelait le « Key West Mob » (gang de Key West). Chaque année au mois de juillet, on célèbre ici la mémoire du grand écrivain à l'occasion d'un pittoresque festival : **Hemingway Days**. Les différentes activités proposées, qui s'échelonnent sur une semaine, incluent notamment des parties de bras de fer et des concours pour trouver le meilleur sosie d'Hemingway.

C'est dans cette élégante maison, partiellement dissimulée par une dense végétation, que l'écrivain américain **Ernest Hemingway** (1899-1961) passa ses années les plus productives *(voir encadré ci-contre)*. Construite en 1851, cette curieuse maison est faite de roche corallienne extraite sur la propriété même et recouverte d'un enduit jaune. Particularité rare en Floride : la maison est dotée d'une cave. Les balustrades, les vérandas et les piliers de fer forgé, de style colonial français, furent importés de La Nouvelle-Orléans. Des fenêtres arquées s'ouvrent comme des portes pour mieux capter les brises marines. Les pièces, simplement décorées, contiennent des objets ayant appartenu aux Hemingway. Les œuvres d'art des amis d'Hemingway – comme Picasso – ont été remplacées par des œuvres contemporaines d'artistes locaux.

Une passerelle de bois reliait autrefois l'édifice principal au **studio★**, pièce agréable où Hemingway écrivit notamment *Mort dans l'après-midi*, *Pour qui sonne le glas* et *En avoir ou pas*. Dans ce dernier ouvrage, l'un des protagonistes, Freddy, s'inspire d'ailleurs de Joe Russell, ancien propriétaire du fameux Sloppy Joe's Bar.

Le jardin abrite une **piscine** (la première de l'île), que son épouse Pauline fit construire alors qu'il couvrait la guerre civile en Espagne en tant que correspondant. Cette petite folie coûta la modeste somme de 20 000 dollars, ce qui ne manqua pas de susciter la colère d'Hemingway. Joignant le geste à la parole, il jetta au sol un *penny*, déclarant à sa femme qu'elle avait dépensé jusqu'à son dernier sou. Pauline fit alors sceller la pièce de monnaie dans le ciment, près de la piscine, où l'on peut encore la voir.

Une armée de **chats**, dont la plupart ont six orteils, se promènent à leur guise dans la maison et le jardin (où se trouve un petit cimetière dédié aux félins, ainsi qu'une fontaine à chat, composée d'une énorme jarre et… d'un urinoir recouvert de carreaux par Pauline Hemingway, choquée par la trouvaille « récup » de son mari) ; il s'agit de la nombreuse descendance (une cinquantaine en 2012) des chats ayant appartenu à Hemingway.

La maison a aussi servi de décor dans le James Bond *Permis de tuer*.

Bien d'autres lieux évoquent à Key West le souvenir de l'écrivain, parmi lesquels le **Captain Tony's Saloon** *(428 Greene St.)* et, bien sûr, l'illustre **Sloppy Joe's Bar** *(201 Duval St.)*, aujourd'hui passé à la postérité, tant il aimait à y traîner. Il assista aussi à des combats de coqs et de boxe dans une ancienne maison close convertie aujourd'hui en café et en studios d'artistes : **Blue Heaven** *(729 Thomas St. - voir « Nos adresses à Key West »)*.

Key West Lighthouse and Keeper's Quarters Museum

938 Whitehead St. - ☎ (305) 294 0012 - www.kwahs.com/lighthouse.htm - P - tlj 9h30-16h30 - 10 $.

Bâti en 1846 et désaffecté en 1969, ce phare de brique blanc offre, du haut de sa tour de 27 m *(88 marches)*, une vue panoramique de l'île. Dans la **maison** du gardien de phare, plusieurs pièces ont été décorées de façon à recréer le mode de vie de ses occupants au début du 20e s. Un film retrace l'histoire mouvementée du phare, qui, malgré sa présence, n'a pas pu empêcher de nombreux nauffrages au large.

Fort Zachary Taylor Historic State Park

601 Howard England Way (entrée par le corps de garde menant au Truman Annex, à l'extrémité ouest de Southard St.) - ☎ (305) 292 6713 - www.floridastateparks.org/forttaylor/ - P - tlj de 8h au coucher du soleil (fermeture du fort à 17h) - 6,50 $/voiture ; 2,50 $/personne. Possibilité de se restaurer sur place.

Les vestiges d'un ancien fort de brique de forme trapézoïdale se dressent au milieu d'un parc de 35 ha faisant face à l'océan Atlantique. La construction du fort débuta en 1845 et ne fut jamais achevée. Durant la guerre de Sécession, quelque 800 soldats s'y trouvèrent cantonnés, mais aucun combat n'eut lieu sur l'île même. Aujourd'hui, on peut marcher sur les larges parapets et visiter un petit **musée** où sont exposées des pièces d'artillerie. En contrebas se trouve l'une des meilleures **plages** de Key West pour qui veut nager et faire du snorkeling, car c'est la seule à offrir de la profondeur.

Cuban Club

1108 Duval St.

En remontant Duval Street, on aperçoit la réplique de l'édifice qui logeait la Sociedad Cuba, établie en 1900 pour offrir des services éducatifs, médicaux et sociaux aux immigrants cubains de Key West. Le nouvel immeuble (1989), qui incorpore les colonnes, les tourelles et le fronton de l'ancienne structure (dévastée par un incendie en 1983), abrite des boutiques et des appartements.

Non loin, l'hôtel-restaurant **La Terraza de Martí** *(1 125 Duval St. - www.lateda.com)*, surnommé **« La-te-da »**, occupe l'ancienne demeure (1892) du fabricant de cigares Teodoro Pérez. Du haut du balcon situé à l'étage, José Martí exhorta maintes fois ses compatriotes cubains à l'action.

Southernmost House

1400 Duval St. (voir « Nos adresses à Key West »).

Aux États-Unis, aucun édifice n'occupe, hors de Hawaï, un emplacement plus méridional que l'élégante demeure située à l'extrémité sud de Duval Street. Construite en 1899 par le juge J. Vining Harris, cette maison crème, rehaussée de détails vert pâle, illustre avec force le style Queen Anne, version Key West : ici, couleur, forme, texture et ornementation ont été clairement adaptées au climat et aux goûts locaux. En face de la maison se trouve la plage de **South Beach**, tandis qu'à l'extrémité ouest de South Street, une grosse borne rouge, noire et jaune, marque le **Southernmost Point**, c'est-à-dire le point le plus au sud des États-Unis continentaux (en réalité, le point le plus méridional se trouve un peu plus à l'ouest, sur une base navale dont l'accès est interdit au public). Les touristes font la queue pour se prendre en photo face à cette borne symbolique !

Fort East Martello Museum and Gardens

3501 S. Roosevelt Blvd - ☏ (305) 296 3913 - www.kwahs.com/martello.htm - P - tlj 9h30-16h30 - 9 $.

Ronde, en brique, de construction particulièrement robuste, cette tour Martello fut, comme sa jumelle, érigée en guise de ligne avancée de défense pour le fort unioniste Zachary Taylor *(voir p. 212)*. Elles doivent leur nom à la tour de Mortella, en Corse, un ouvrage puissant faisant partie d'une ligne défensive mise en place par les Gênois au 16e s. La construction de ce curieux ouvrage, commencée en 1862, fut finalement abandonnée en 1873 sous l'effet conjugué de divers facteurs (fièvre jaune, grèves, guerre...). Aujourd'hui, les vestiges de la tour, qui font partie du patrimoine géré par la Key West Art & Historical Society, abritent des expositions historiques temporaires et une grande collection de souvenirs à caractère militaire. Plus grande plage artificielle de l'île, **Smathers Beach** longe South Roosevelt Boulevard sur environ 3 km.

West Martello Tower at Key West Garden Club

White St. et Atlantic Blvd (sur Higgs Memorial Beach) - ☏ (305) 294 3210 - ♿ P - tlj 9h30-17h.

Construite à l'époque de la guerre de Sécession, cette seconde tour Martello, elle aussi en brique, servit de tour de guet lors de la guerre hispano-américaine. Ses ruines se trouvent désormais dans un joli cadre de verdure. À deux pas de là, **Higgs Beach** (aussi appelée Monroe County Beach) est très appréciée des amateurs de baignade et de soleil.

À proximité

★ **Dry Tortugas National Park** Carte de région D2 (p. 194-195)

À 111 km au sud-ouest de Key West. Uniquement accessible par avion ou bateau. **En avion** *– Seaplanes of Key West - ✆ (305) 293 9300 - www.keywestseaplanecharters.com - dép. tlj de Key West International Airport - 40mn AS - 295 $/pers. la demi-journée, 515 $/pers. la journée - réservation nécessaire.* **En bateau** *– à bord du* Yankee Freedom III *- ✆ (800) 634 0939 - www.drytortugas.com - ♿ P - achat des tickets au 240 Margaret St., dép. 100 Grinnell St. - tlj à 8h (dernier enregistrement 7h50), retour à Key West à 17h30 - 2h15 AR - 170 $ (repas compris) - réservation recommandée.*

✆ (305) 242 7700 - www.nps.gov/drto - tlj du lever au coucher du soleil - 5 $ (compris dans le prix du billet d'avion ou de bateau). Aucun point de restauration sur l'île.

Ce parc de 259 km², situé dans le golfe du Mexique, est voué à la conservation du petit archipel des Dry Tortugas. Sur l'un de ces îlots, Garden Key *(4 ha)*, se dresse **Fort Jefferson**, le plus grand fort côtier édifié par les États-Unis au milieu du 19e s. Balayée par les vents, l'imposante sentinelle de brique évoque une tranche de l'histoire américaine. Les eaux entourant le parc sont idéales pour la plongée, la pêche et l'exploration des épaves *(se renseigner auprès du centre*

2

UN EMPLACEMENT STRATÉGIQUE

Ponce de León explora ces îles en 1513 et, à cause des nombreuses tortues géantes qui fréquentaient les eaux bleu cobalt de la région, les baptisa *Las Tortugas*. Leur nom actuel fait allusion à l'absence d'eau douce qu'on y observe (en anglais *dry* signifie « sec »). Le petit archipel resta aux mains de l'Espagne jusqu'en 1821, lorsque les États-Unis annexèrent la Floride. Conscients du rôle que pourraient jouer les Tortugas dans le trafic maritime entre l'Atlantique et le golfe du Mexique, des conseillers militaires américains recommandèrent d'y ériger un ouvrage fortifié. Ainsi commença la construction de Fort Jefferson en 1846.

Fort Jefferson n'eut jamais l'occasion de servir à des fins purement militaires. Durant la guerre de Sécession, on y enferma des déserteurs de l'armée unioniste. En 1865, **Samuel Mudd** y fut emprisonné. Cet infortuné médecin avait en effet eu le malheur de soigner la jambe cassée du meurtrier du président Abraham Lincoln, John Wilkes Booth, sans se rendre compte de l'identité du blessé. Durant une épidémie de fièvre jaune en 1867, Mudd soigna sans relâche les prisonniers atteints de la maladie. Son dévouement exemplaire lui valut d'être relâché en 1869 après avoir reçu le pardon du président Andrew Johnson. La fièvre jaune s'attaqua de nouveau à la citadelle au début des années 1870. Quatre ans plus tard, le fort était abandonné de façon définitive. Déclaré monument historique en 1935, ce parc d'État a aussi acquis le statut de parc national en 1992, afin de protéger le récif corallien et les épaves situées au large de Garden Key.

d'accueil du fort). Le **centre d'accueil** propose un film relatant l'histoire du fort. À l'intérieur des murs se dressent les vestiges de la poudrière, de la caserne et du quartier des officiers. Vous pourrez monter sur les murs d'enceinte où s'élève un phare aujourd'hui désaffecté. De cette hauteur, on obtient une superbe **vue★★** du site et de deux îlots voisins : Loggerhead Key et Bush Key (ce dernier abrite une bruyante colonie de sternes). Une **plage** de sable blanc borde le côté ouest de l'île.

NOS ADRESSES À KEY WEST

Bon à savoir – Les prix tendent à être plus élevés dans les Keys que sur le continent, notamment en ce qui concerne l'essence. C'est particulièrement vrai à Key West.

TRANSPORTS

Arriver

Avion – **Key West Airport** (EYW) - *(305) 296 5439 - www.keywestinternationalairport.com*. L'aéroport est desservi par la plupart des lignes aériennes intérieures, ainsi que par diverses compagnies de charters.

Taxis à destination du quartier historique *(15 $)* ; des navettes gratuites desservent les grands hôtels. Sociétés de location de voitures à l'aéroport *(voir p. 40)*.

Sur place

La plupart des sites se situent à proximité les uns des autres, aussi la ville se découvre-t-elle facilement à pied.

Location de deux-roues – Aucun problème pour louer un scooter ou un vélo, voire une petite voiture électrique, mais soyez prudent, car beaucoup de rues sont étroites et à sens unique. Comptez 15 $/24h pour un vélo, 35 $ pour un scooter à une place et 55 $ pour un scooter à deux places, ou 100 $/4h pour une voiture électrique.

A & M. Rentals – *523 Truman Ave. - (305) 294 4556 - www.amscooterskeywest.com.*

The Bike Shop – *1110 Truman Ave. - (305) 294 1073 - www.thebikeshopkeywest.com.*

Taxis – **Five 6's** *(305 296 6666 - www.keywesttaxi.com)* ; **Maxi Taxi** *(305 294 2222).*

VISITES

Conch Tour Train – *888 916 8687 - www.conchtourtrain.com - dép. ttes les 30mn de Front St. Depot - 30 $*. Ce trolley touristique (visite commentée), que l'on peut prendre à sa guise au fil de la journée, marque plusieurs arrêts dans la ville.

HÉBERGEMENT

Bon à savoir – Se loger à Key West revient cher, mais les prix peuvent varier quasiment du simple au double selon la saison. La basse saison se situe entre juin et sept.-oct., mais c'est aussi la plus pluvieuse et la plus chaude. Les hôtels et motels de chaîne se situent pour beaucoup sur N. Roosevelt Blvd, à l'entrée de la ville, tandis que les *bed & breakfast* et les hôtels de charme ont généralement pour cadre des maisons anciennes du centre. Si jamais vous arrivez sans aucune solution, le **Visitor Center de Key Largo**, ou celui à l'entrée de la ville, peut vous proposer des offres de dernière minute.

PREMIER PRIX

Key West Hostel & Seashell Motel – *718 South St. - (305) 296 5719 - www.keywesthostel.*

com - ♿ 🅿 - *92 lits à partir de 39 $ et 10 ch. à partir de 119 $.* La meilleure offre pour les petits budgets, à proximité du centre-ville : une auberge de jeunesse et un motel aux chambres simples, mais correctes. Possibilité de louer des vélos. Calme, à condition d'éviter le *Spring Break*…

POUR SE FAIRE PLAISIR

The Key West Bed & Breakfast - The Popular House – *415 William St.* - ✆ *(305) 296 7274 - www.keywestbandb.com* - *8 ch. à partir de 125 $.* L'ancienne demeure de William Russell (1898), armateur des Bahamas, abrite aujourd'hui un charmant *bed & breakfast* décoré d'œuvres d'artistes contemporains. Seules quatre des chambres ont une salle de bains privative et aucune n'est équipée de TV. Le jardin tropical abrite une minuscule piscine qui permet de se rafraîchir et un Jacuzzi. Les enfants de moins de 18 ans ne sont pas admis.

UNE FOLIE

The Gardens Hotel – *526 Angela St.* - ✆ *(305) 294 2661 - www.gardenshotel.com* - ♿ 🅿 - *17 ch. à partir de 165 $.* Ce ravissant hôtel, qui abritait autrefois un centre de recherches botaniques, se compose de trois bâtiments donnant sur un jardin tropical luxuriant. Les chambres et les suites sont spacieuses et particulièrement douillettes, dotées de salles de bains en marbre (certaines avec Jacuzzi). Location de vélos. Une maison individuelle est également disponible à la location pour une semaine complète.

Curry Mansion Inn – *511 Caroline St.* - ✆ *(305) 294 5349 ou 800 253 3466- www.currymansion.com* - ♿ - *28 ch. à partir de 205 $.* Le Curry Mansion Inn fait partie depuis longtemps des dix meilleurs *bed & breakfast* du pays : ce n'est pas sans raison ! Toutes les chambres de cette magnifique demeure victorienne *(voir p. 217)* sont meublées à l'ancienne, certaines avec un lit à baldaquin. L'accueil est charmant et le séjour inoubliable. Une oasis de calme et de raffinement à deux pas de l'animation de Key West ! Et même si l'endroit est historique, il offre une piscine et un spa.

Southernmost House – *1400 Duval St.* - ✆ *(305) 296 3141 - www.southernmosthouse.com* - ♿ 🅿 *(15 $/nuit)* - *18 ch. à partir de 229 $.* Autre demeure historique convertie en *bed & breakfast* de luxe *(voir p. 222)*, celle-ci occupe le point le plus méridional de la Floride, un peu à l'écart de l'animation du centre qui demeure accessible à pied. Située au bord de l'eau, elle possède des chambres et des suites de grand standing, donnant pour la plupart sur la mer. La piscine est accessible aux non résidents (10 $/j).

Pier House Resort – *1 Duval St.* - ✆ *(305) 296 4600 ou 800 723 2791 - www.pierhouse.com* - ♿ 🅿 - *142 ch. à partir de 260 $.* Cet hôtel, qui abrite aussi un spa réputé, est le seul du centre-ville à jouir d'une situation au bord de l'eau. La plupart des chambres ont une terrasse ou un balcon, certains donnant sur le port et permettant d'admirer de magnifiques couchers de soleil. Les hôtes ont aussi la chance de pouvoir profiter d'une petite plage privée.

RESTAURATION

PREMIER PRIX

El Siboney – *900 Catherine St.* - ✆ *(305) 296 4184* -

www.elsiboneyrestaurant.com - ♿ - 10/20 $. Situé dans une petite rue calme, ce restaurant familial sert depuis près de vingt ans une cuisine cubaine roborative dans une atmosphère chaleureuse. Au menu : beaucoup de viandes grillées, riz et haricots noirs, mais aussi du *conch chowder* (soupe de lambis)… Terminez par un *cafe cubano*, serré et sucré.

The Cafe – *509 Southard St. - ✆ (305) 296 5515 - http://thecafekw.com - 10/20 $.* En voyage, il est parfois difficile de trouver des endroits où manger léger, sainement tout en appréciant de bons produits. The Cafe est une excellente solution. Ici, le végétarien, voire le végétalien et le sans gluten priment. Les plats sont savoureux, originaux, et fraîchement préparés. Quiches, salades, et même fruits de mer selon les arrivages, pour tous ceux qui ont envie d'une pause saine, sans négliger la gourmandise.

BUDGET MOYEN

Pepe's Café – *806 Caroline St. - ✆ (305) 294 7192 - www.pepescafe.net - ♿ - 15/30 $.* Le plus vieux restaurant des Keys a ouvert ses portes en 1909 ! On peut y prendre le petit-déjeuner, déjeuner à l'abri d'une treille qui ombrage la terrasse, siroter un cocktail en fin de journée… La carte propose un grand choix de viandes, mais aussi des huîtres et des fruits de mer ; *Special* certains soirs de la semaine (Thanksgiving Dinner le mardi, BBQ Night le dimanche). Ambiance décontractée et sympathique.

Kelly's Caribbean Bar, Grill & Brewery – *301 Whitehead St. - ✆ (305) 293 8484 - www.kellyscaribbean.com - ♿ - 15/30 $.* Ce bâtiment qui occupe une place importante dans l'histoire locale *(voir p. 216)* abrite aujourd'hui un restaurant populaire et un bar où l'on vient siroter un cocktail coloré ou une bière de la Southernmost Brewery, la seule brasserie des Keys. Cuisine classique : viandes, salades, produits de la pêche locale assaisonnés à la mode des Caraïbes. Sert aussi le petit-déjeuner.

Mangia Mangia – *900 Southard St. - ✆ (305) 294 2469 - www.mangia-mangia.com - ♿ - dîner seult - 15/30 $.* Une carte des vins interminable où choisir de quoi accompagner un bon repas italien. Considéré comme le meilleur de sa catégorie dans les Keys, ce restaurant est réputé pour ses plats de pâtes (dont certaines sans gluten) et ses fruits de mer sautés à l'ail et au vin blanc. Un régal et un excellent rapport qualité-prix !

Blue Heaven – *729 Thomas St. - ✆ (305) 296 8666 - www.blueheavenkw.com - ♿ - 20/35 $.* Fréquenté en son temps par Hemingway, cet ancien lieu de perdition *(voir p. 221)* est devenu un bar-restaurant animé et sympathique, où il est possible de se restaurer du petit-déjeuner (très fréquenté) au dîner, en terrasse si on a de la chance ! Cuisine simple mais savoureuse : burgers, salades, crevettes et poissons grillés… Musique *live* certains soirs.

POUR SE FAIRE PLAISIR

A & B Lobster House – *700 Front St. - ✆ (305) 294 5880 - http://aandblobsterhouse.com - ♿ - à partir de 25 $.* Une institution à Key West ! Ce restaurant ouvert en 1947 s'est fait une spécialité de homards (du Maine) et de langoustes (des Caraïbes), mais aussi des grands classiques locaux : *conch chowder*, gambas, huîtres, poissons grillés, viandes… On peut prendre place sous la véranda qui entoure le bâtiment et savourer son repas en admirant les bateaux…

Louie's Backyard – *700 Waddell Ave. - ✆ (305) 294 1061 - www.louiesbackyard.com - ♿ - à partir de 30 $.* Cette demeure qui surplombe les flots est surtout réputée pour son patio intérieur, dont les tables s'arrachent (venez tôt ou réservez). Dans les assiettes, une délicieuse cuisine *fusion*, élaborée à base de produits locaux. La carte est régulièrement renouvelée, mais on trouve souvent de l'espadon, des gambas, des côtes d'agneau grillées.

ACHATS

Spécialités culinaires

Key West Lime Pie Company – *2 boutiques : 1108 Duval St. et 511 Greene St. - ✆ (305) 517 6720 - www.keywestkeylimepieco.com.* Ce ne sera pas un souvenir à rapporter, mais plutôt à déguster sur place, dans cette petite boutique jaune acidulée : le meilleur *key lime pie* des Keys d'après les connaisseurs. Également des mélanges d'épices, des confitures, du miel… le tout produit localement.

Pepper's of Key West – *602 Greene St. - ✆ (305) 295 9333 - www.peppersofkeywest.com.* Tout un choix d'assaisonnements plus ou moins épicés, comme on les aime dans les Keys, avec un bar de dégustation.

Librairie

Key West Island Bookstore – *513 Flemming St. - ✆ (305) 294 2904 - www.keywestislandbooks.com.* Littérature locale et sur les Keys, livres neufs et d'occasion. C'est le moment de (re) lire Hemingway dans le texte !

EN SOIRÉE

Consultez la section *« Arts & Living »* du journal *The Citizen (www.keysnews.com)* ou les publications *Travelhost* et *See Florida Keys* (distribuées gratuitement dans les hôtels et les restaurants) pour obtenir la liste des manifestations culturelles.

Waterfront Playhouse – *310 Wall St. - ✆ (305) 294 5015 - www.waterfrontplayhouse.org.* C'est LA salle de spectacles des Keys : concerts, comédies musicales…

Les amateurs de soirées musicales et bien arrosées sillonnent **Duval Street**. Certains établissements ouverts de longue date, comme **Sloppy Joe's** *(201 Duval St. - ✆ (305) 294-5717 - https://sloppyjoes.com)*, se vantent d'avoir vu passer Hemingway.

Non loin de là, **Captain Tony's Saloon** *(428 Green St. - ✆ (305) 294 1838 - www.capttonyssaloon.com)* offre le même genre d'ambiance.

Les bars d'hôtels jouissent d'une ambiance plus calme, notamment celui de l'hôtel **La Concha** *(voir p. 220)*.

Il est aussi agréable de prendre un verre chez **Pepe's Café** *(voir « Restauration »)* ou chez **Virgilio's Martini Bar** *(524 Duval St. - ✆ (305) 296 8118)*, où se produisent des groupes *live* (jazz, reggae, blues…), tout comme au **Green Parrot** *(601 Whitehead St. - ✆ (305) 294 6133 - www.greenparrot.com)*.

LA CÔTE SUD-OUEST

La côte sud-ouest 3

Sarasota

★★

53 326 habitants

Située sur le golfe du Mexique, Sarasota offre l'un des meilleurs menus touristiques de toute la Floride. C'est là que vous découvrirez le plus grand musée d'art de l'État ; c'est là aussi que vous trouverez des boutiques n'ayant rien à envier à celles de Palm Beach et des restaurants pour tous les goûts, sans parler de ses 55 km de plages et de ses nombreuses activités sportives et culturelles.

NOS ADRESSES PAGE 233

S'INFORMER

Sarasota Convention and Visitors Bureau – *701 N. Tamiami Trail - 800 800 3906 ou (941) 957 1877 - www.visitsarasota.org.*

SE REPÉRER

Carte de région A1 (p. 228). L'US-41 (Tamiami Trail) et l'US-301 traversent la ville selon un axe nord-sud, tandis que l'US-789 traverse la baie et permet de rejoindre Longboat Key. De l'autre côté du pont, Gulf of Mexico Blvd relie Anna Maria Island et Lido Key.

SE GARER

Il n'est pas facile de se garer en ville ; évitez Main St. et stationnez de préférence dans l'un des nombreux parkings couverts.

À NE PAS MANQUER

Les différents musées du complexe Ringling.

ORGANISER SON TEMPS

Comptez une journée pour les musées Ringling… plus si vous souhaitez profiter de la plage.

AVEC LES ENFANTS

Les musées consacrés au cirque dans le complexe Ringling ; le Mote Marine Laboratory ; un tour en hydroglisseur à Myakka River State Park.

Découvrir Carte p. 234-235

LA CÔTE

Les musées de Sarasota et la plupart des curiosités se trouvent le long de l'US-41, au nord du centre-ville.

★★ John and Mable Ringling Museum of Art

5401 Bay Shore Rd - (941) 359 5700 - www.ringling.org - - tlj 10h-17h (jeu. 20h) - 25 $ (6-17 ans 5 $, 10 $ le jeu. à partir de 17h).

Derrière l'appellation « Museum of Art » se cache un véritable complexe dédié aux arts : les collections des époux Ringling, la résidence d'hiver du couple, et plusieurs musées consacrés au cirque.

Bon à savoir – Au Visitor Pavillon, on vous remettra un plan du domaine. Il n'y a pas de sens particulier pour effectuer la visite ; tenez simplement compte des horaires des différentes visites guidées si vous souhaitez suivre l'une d'entre elles *(rens. sur place ou sur le site Internet)*.

★★ **Museum of Art** – Au nombre des musées les plus riches et les plus visités de Floride, le Ringling offre un ensemble unique de peintures de la Renaissance tardive et de la période baroque. Ce sont plus de 10 000 pièces, dont 1 000 peintures, 2 500 dessins et estampes, et 1 500 pièces d'arts décoratifs, qui sont exposées ici. À l'intérieur comme à l'extérieur, le musée est partout enrichi d'éléments architecturaux que Ringling rapporta de ses voyages : frises, médaillons, cartouches, fontaines murales, mosaïques en marbre... Le bâtiment en forme de U s'organise autour d'une **cour centrale★** ; il compte deux ailes reliées par un passage en marbre et abrite 21 salles d'exposition.

L'**aile nord** *(salles 1-11)* abrite les collections italienne, flamande et hollandaise, du Moyen Âge tardif au début de l'époque baroque, avec une importance particulière accordée aux œuvres de l'Italie des 16e et 17e s. La **galerie Rubens★** regroupe quatre immenses peintures (chacune haute d'environ 4,6 m) exécutées vers 1625 par le peintre et son atelier. Faisant partie d'un cycle intitulé le *Triomphe de l'Eucharistie*, ces œuvres furent commandées par l'archiduchesse Isabelle de Habsbourg pour servir de cartons à des tapisseries qui ornent aujourd'hui encore les murs d'un couvent de carmélites à Madrid. L'ensemble se composait à l'origine de 11 tableaux. Quatre furent détruits par un incendie en 1731. Ringling en acheta quatre autres en 1925, et le musée en acquit un cinquième *(exposé en salle 21)* en 1980. En poursuivant la visite de l'aile nord, vous découvrirez plusieurs autres chefs-d'œuvre baroques, ainsi que des tableaux de la période médiévale et de la Renaissance. Remarquez le *Portrait de l'archiduc Ferdinand* par Rubens (1635), la *Construction d'un palais* par Piero di Cosimo (1515-1520), le superbe *Cardinal Albrecht de Brandebourg en saint Jérôme dans sa cellule* par Lucas Cranach l'Ancien (1526).

L'**aile ouest** *(accès par la salle 12)* propose des expositions temporaires d'art contemporain.

L'**aile sud** *(salles 13-21)* contient des collections d'art européen du 17e au 19e s. et d'art américain des 18e et 19e s. On peut admirer ici des œuvres majeures de Poussin, Vouet, Van Dyck, Jordaens et Tiepolo. Acquises au milieu des années 1970, deux œuvres américaines représentant des gens du voyage semblent rappeler ce que le musée doit au monde du cirque : *Wonderland Circus* ; *Sideshow, Coney Island* (1930) de Reginald Marsh, et *Salomé* (1909) de Robert Henri. Consacrées aux **arts décoratifs**, les salles 19 et 20 contiennent du mobilier de style rococo provenant de l'hôtel particulier new-yorkais des Astor.

★★ **Ca' d'Zan** – *Visite guidée payante ou audio-guide*. Une allée pavée conduit du musée à la « maison de Jean » (en dialecte vénitien), résidence d'hiver que Ringling fit construire en 1926 par Dwight James Baum ; à l'arrière, une splendide terrasse en marbre surplombe la baie de Sarasota. Avec ses murs revêtus de stuc et son toit de tuiles rouges, ses balcons et son imposante tourelle, le bâtiment présente un curieux mélange de styles architecturaux : Renaissance italienne et française, gothique vénitien, baroque et moderne. En fin de journée, la lumière du soleil donne une chaude couleur ambrée aux murs orientés vers la baie. À l'intérieur, remarquez la vaste **salle à galerie** (hauteur de plafond : 9 m) et ses poutres peintes en cyprès, les vitraux du **bar**, les huit pièces en acajou de la chambre à coucher de Ringling et sa baignoire taillée dans un bloc de marbre de Sienne. Le plafond à caissons de la **salle de bal**, orné de danseurs de différentes nations, fut peint par Willy Pogany, décorateur des Ziegfeld Follies à New York. Le papier peint décollé des murs de cette pièce atteste l'action répétée du soleil, de l'eau salée et des tempêtes.

Un peu d'histoire : Sarasota

DES ORIGINES ÉCOSSAISES

Sarasota est une ville relativement récente. Attirés par les terrains gratuits offerts par le gouvernement fédéral, les premiers pionniers s'installèrent dans la région vers la fin des années 1860. Déçus de ne trouver là que quelques bâtiments épars et un simple chemin de sable à travers bois, des colons écossais, arrivés en 1885, entreprirent de fonder une communauté et de construire des routes. Après la guerre hispano-américaine, à la fin du 19e s., des soldats en poste dans la région décidèrent de rester sur place, et la population crût de 42 % en l'espace de dix ans.
Le premier maire, John Hamilton Gillespie, fut élu en 1902. Fils d'un noble écossais, il fit construire à Sarasota l'un des tout premiers terrains de golf du pays (la ville et ses environs en comptent aujourd'hui une cinquantaine !). Le terrain en question, qui se trouvait près de l'actuel palais de justice du comté (Sarasota County Courthouse), n'existe plus depuis longtemps, mais un joli parc *(7th St. et Gillespie Ave.)* évoque encore le souvenir de l'ancien maire. C'est lui qui imposa toute une série d'arrêtés municipaux en matière de tourisme, favorisant par exemple le séjour des visiteurs fortunés et considérant ceux « sans moyens visibles de subsistance » comme vagabonds.

UN CIRQUE DANS LA VILLE

En 1912, **John Ringling** acheta une maison à Sarasota et, pendant plusieurs années, demeura un citoyen discret, consacrant l'essentiel de son temps à voyager avec son célèbre cirque, le **Ringling Bros. and Barnum & Bailey Circus**. Puis, en 1917, il créa une société de construction immobilière et investit une grande partie de ses ressources dans le développement de la région. Grâce à lui, les îles-barrières dont il était propriétaire sont aujourd'hui reliées à la côte par un pont routier.
En 1927, Ringling transféra les quartiers d'hiver de son cirque du Connecticut à Sarasota. Dans les remous de la crise immobilière qui frappait alors la Floride, sa décision fut un précieux soutien pour l'économie locale. Les spectateurs payaient alors 25 cents pour assister aux répétitions du cirque, et le montant

UN DIRECTEUR DE CIRQUE AMATEUR D'ART

Fondateur, avec ses frères, du Ringling Bros. and Barnum & Bailey Circus, **John Ringling** (1866-1936) visita Sarasota pour la première fois en 1911. L'année suivante, il acheta une propriété au nord de la ville et y fit construire une résidence d'hiver, la Ca' d'Zan. À cette époque, Ringling et son épouse vivaient principalement à New York, mais ils voyageaient beaucoup à l'étranger pour dénicher de nouveaux numéros pour le cirque. C'est au cours de ces voyages qu'ils se mirent à acheter des peintures, devenant bientôt des connaisseurs avertis. Dans les années 1920, ils avaient amassé des centaines d'objets d'art et la plus importante collection privée d'œuvres de **Rubens** (1577-1640). Il fallait un lieu digne d'abriter tous ces trésors ; conçu par l'architecte John H. Phillips, le musée ouvrit au public trois ans plus tard, malgré les difficultés financières de Ringling, très touché par la crise. Ce dernier mourut sans le sou, mais sans avoir eu à vendre une seule des œuvres de sa précieuse collection, qu'il légua à l'État de Floride.

John and Mable Ringling Museum of Art Ca' d'Zan, de style vénitien, construit en 1924.
F. Hall / Robert Harding Picture Library / age fotostock

des recettes était versé à l'Armée du salut. La même année, Ringling et son épouse lancèrent la construction d'une résidence et d'un musée dans le style de la Renaissance italienne pour abriter leur collection toujours grandissante d'œuvres d'art.

UN CACHET BIEN PARTICULIER

Sarasota connut un nouvel essor vers la fin des années 1940. Des promoteurs transformèrent alors de larges étendues de broussailles et de marécages en lotissements pour maisons individuelles, et plusieurs îles, dont Lido Key, St. Armands Key et Longboat Key, virent l'apparition progressive de quartiers résidentiels, de commerces et de centres de villégiature. Si, depuis les années 1950, l'essentiel de la population se compose de retraités issus des classes moyennes, on assiste depuis déjà quelques années à l'arrivée de résidents plus jeunes et plus aisés.

Les efforts soutenus de préservation du patrimoine architectural, dont l'hôtel John Ringling Towers *(route US-41 et 2nd St.)* est un parfait exemple, ont donné à la ville une image de permanence et de tradition. Des quartiers comme celui d'**Indian Beach**, au sud du Ringling Museum, possèdent des maisons anciennes (classées pour certaines à l'inventaire national des sites historiques américains) de styles les plus divers.

À Sarasota, l'économie ne repose pas uniquement sur le tourisme, mais aussi sur l'industrie informatique, le secteur médical et la finance. Les amateurs d'art, de musique, de danse et de théâtre profiteront d'une intense vie culturelle, que ce soit au Ringling, au **Florida State University Center for the Performing Arts** ou au **Van Wezel Performing Arts Hall**, conçu par l'architecte Frank Lloyd Wright. Les sportifs préfèreront assister, au printemps, aux matchs d'entraînement des équipes de la ligue américaine de **base-ball** (notamment les Orioles de Baltimore) venant préparer leur saison sous le soleil de Floride, au Ed Smith Stadium *(2700 12th St.)*.

Circus Museums – Deux bâtiments évoquent le monde du cirque à travers divers objets anciens : affiches, photographies, costumes, accessoires, orgues à vapeur, roulottes... Le **Circus Museum** proprement dit évoque l'histoire de la dynastie Ringling et de ses cirques, tandis que le **Tibbals Learning Center** abrite le **Howard Bros. Circus Model★★**, une incroyable maquette réalisée à partir de 1956 par Howard C. Tibbal et Harold Dunn, figurant un cirque des années 1919-1938. Ne comptant pas moins de 44 000 pièces, elle recrée les différentes étapes de la tournée d'un cirque : les wagons, l'arrivée en ville, les tentes des artistes et la logistique, les cages des bêtes, les répétitions et la vie quotidienne de cette véritable ville dans la ville (1 600 personnes), les spectacles donnés sous le grand chapiteau (qui pouvait accueillir 13 000 personnes), le démontage des installations... L'ensemble est d'une précision remarquable et aucun détail ne manque, ni les bouteilles de ketchup et les salières sur les tables de la cantine, ni les glaces et les barbes-à-papa dans les mains des jeunes spectateurs, ni Goliath l'éléphant de mer et sa piscine, l'un des mille animaux de la troupe. À l'étage supérieur, une exposition retrace l'histoire du cirque en Amérique.

Sarasota Classic Car Museum

5500 N. Tamiami Trail (US-41) - ✆ (941) 355 6228 - www.sarasotacarmuseum.org - ♿ P - tlj 9h-18h - 9,85 $, 6-12 ans 6,50 $.

Rolls Royce, Mercedes, Pierce Arrow... ce musée présente une collection de voitures anciennes rassemblant une cinquantaine d'automobiles, parmi lesquelles cinq modèles ayant appartenu à John Ringling. Dans la **salle de musique**, des guides font fonctionner des instruments d'une collection comptant plus d'un millier d'objets. Dans la section dédiée aux **jeux d'autrefois**, munissez-vous de pièces de 10 et de 25 cents pour pouvoir utiliser les anciens flippers et jeux d'arcades ; des pianos mécaniques et des spectacles d'automates rappellent les amusements des stations balnéaires d'antan.

★ Downtown Art District

Palm Ave., Pineapple Ave. et Main St.

C'est ici que bat le cœur de Sarasota. Résidents et touristes s'y retrouvent pour flâner le long des galeries d'art, des antiquaires et des restaurants à la mode.

Notez en particulier le **Sarasota Opera House** *(61 N. Pineapple Ave.)*, construit en 1926. Quelques rues plus au sud se trouve **Sarasota Quay** *(sur l'US-41, à la hauteur de Fruitville Rd)*, un agréable parc donnant sur la baie, planté de lauriers et de palmiers, où il fait bon se promener.

★ Marie Selby Botanical Gardens

811 S. Palm Ave. - ✆ (941) 366 5731 - www.selby.org - ♿ P - tlj 10h-17h - 19 $.

Ce charmant jardin botanique situé sur le front de mer abrite plus de 20 000 plantes tropicales.

ST. PETERSBURG
TAMPA
SOLOMON'S CASTLE
MYAKKA RIVER SP
HISTORIC SPANISH POINT, CASEY KEY
SARASOTA
ET
BRADENTON
0
2 mi
0
3 km
N
Bay
MEMPHIS
Gamble
Plantation SHS
10th
St.
E.
PALMETTO
ELLENTON
PALMA
SOLA
Manatee
River
BRADEN
CASTLE
RIVERDALE
Manatee
Ave.
Manatee
Ave.
BASEBALL
STADIUM
BRADENTON
SAMOSET
Palma Sola
Bay
26th
Ave.
W.
26th
Ave.
E.
WEST BRADENTON
Cortez
Rd.
Cortez
Rd.
44th Ave.
E.
SOUTH
BRADENTON
53rd
Ave.
W.
53rd
Ave.
E.
Braden
Ward
Lake
ONECO
El
Conquistador
Pkwy.
Bayshore Gdns.
Pkwy.
63rd
Ave.
E.
Millar Bay
BAYSHORE
GARDENS
LONGBOAT
KEY
Tamiami
Trail
Sarasota
Bay
Tallevast
Rd.
SARASOTA-
BRADENTON
INTL.
TALLEVAST
MANATEE CO.
SARASOTA CO.
FSU CENTER FOR THE
PERFORMING ARTS
University Pkwy.
Sarasota Classic
Car Museum
Ringling Museum
of Art
DeSoto
Rd.
Washington
Blvd.
Bay Shore Rd.
Gulf
of
Mexico
Drive
LONGBOAT
KEY
Dr. M.L.
King
Jr.
Way
BASEBALL
STADIUM
VAN WEZEL HALL
Fruitville
Rd.
GULF
OF
MEXICO
Mote Marine
Laboratory
DOWNTOWN
ART DISTRICT
MUSEUM OF
ASIAN ART
NORTH LIDO BEACH
RINGLING
CAUSEWAY
M. Selby
Botanical
Gardens
St. Armands Circle
St. Armands Key
BIRD
KEY
SARASOTA
LIDO BEACH
Lido Key
South Lido Beach
Siesta
Dr.
SOUTHGATE
Bee
Ridge
Rd.
Big Sarasota Pass
Roberts
Bay
Midnight
Pass
Rd.
Sarasota
Point
SIESTA
KEY
Siesta Beach
Tuttle
Ave.
Swift
Rd.
Beneva
Rd.
Clark
Rd.
BEE
RIDGE
Lockwood
Ridge
Rd.
75th
St.
W.
59th
St.
W.
34th
St.
W.
14th
St.
W.
8th
Ave.
1st
Ave.
15th
St.
E.
27th
St.
E.
45th
St.
E.
301
41
683
75
64
684
70
789
758
756
780
72

Sa **galerie tropicale**★ est réputée pour ses espèces **épiphytes** (qui croissent sur d'autres plantes sans en tirer leur nourriture), notamment pour son large éventail d'orchidées et de broméliacées. Dehors, un chemin pavé longe une vingtaine de jardins différents, dont une collection de cycadophytes, un jardin de cactus et de crassulacées, un bosquet ombragé de figuiers banians, et un ensemble de plantes indigènes.

Une passerelle conduit à travers des massifs de palmiers et de bambous, et le long d'un marais de palétuviers vers un **point de vue** idyllique sur la baie de Sarasota, qu'encadrent les ramifications d'un figuier des pagodes ou « arbre de conseils ».

Construite en 1935 comme résidence privée, la **demeure** *(dans la partie nord du jardin)* abrite désormais des expositions temporaires de peintures et de photographies sur le thème de la botanique. À proximité se trouvent des ensembles de plantes médicinales et alimentaires tropicales, le jardin des papillons et le centre d'études.

LES ÎLES

La région de Sarasota compte un chapelet d'îles paradisiaques reliées à la côte par des ponts routiers. Au nord, **Longboat Key** offre un large éventail d'hôtels, de nombreuses résidences de vacances et plusieurs kilomètres de plages scintillantes. Ici, le tennis est roi (Longboat Key abrite le siège de l'Association américaine de tennis professionnel). À hauteur même de Sarasota, **St. Armands Key** est une île à la mode, et **Lido Key** compte d'agréables parcs au bord de l'eau. Plus au sud se trouvent **Siesta Key** et **Casey Key**, petite île résidentielle dont les maisons aux tons pastel sont enveloppées d'une végétation luxuriante.

St. Armands Key

Accès direct depuis Sarasota par le John Ringling Causeway.

Jadis couverte de palétuviers, cette île aujourd'hui en vogue porte le nom (mal orthographié) de son premier colon, le planteur français Charles Saint-Armand. Elle aurait, selon la légende, été gagnée au poker par John Ringling, le grand magnat du cirque. Ses 54 ha sont en grande partie occupés par l'élégant **St. Armands Circle**★.

Ce célèbre quartier commerçant, planté en son centre de palmiers, de bougainvilliers et d'hibiscus, doit son existence au dévouement que Ringling portait à sa femme, à laquelle il voulait éviter d'aller faire ses achats à Palm Beach. Il compte plus de 160 boutiques et restaurants. Remarquez plusieurs plaques de bronze érigées à la mémoire de grands artistes du cirque disparus.

★ Lido Key

À l'ouest de St. Armands Key par le Ringling Causeway.

Cette petite île compte certaines des plus belles propriétés de la région. Vers la fin des années 1920, John Ringling y fit bâtir routes et canaux, en utilisant notamment les éléphants de son cirque pour transporter le bois nécessaire à la construction des levées. De nos jours, d'élégants hôtels et de somptueuses résidences se dressent à proximité des plages de Lido Beach, North Lido Beach et **South Lido Beach** *(à 2,9 km au sud de St. Armands Circle).*

Mote Marine Laboratory – *1600 Ken Thompson Pkwy (à la pointe nord de Lido Key, à 3,5 km au nord de St. Armands Circle) - (941) 388 4441 - www.mote.org - - tlj 10h-17h - 20 $ (4-12 ans 15 $).* Particulièrement réputé pour ses travaux de recherche sur les requins et sur la pollution de l'environnement, ce petit centre possède une vingtaine d'aquariums dans lesquels évoluent

Myakka River State Park.
J. Schwabel / age fotostock

différentes sortes de raies, murènes, tortues marines et autres créatures peuplant habituellement les fonds de la baie de Sarasota ou du golfe du Mexique. Parmi les attractions préférées des visiteurs : l'**aquarium des requins**. D'autres bassins permettent de toucher des animaux marins, comme les raies. Le centre travaille aussi avec **Sarasota Bay Explorers**, un organisme qui propose des promenades écotouristiques dans la région *(www.sarasotabayexplorers.com - sorties en bateau à moteur, en voilier, en kayak - dép. de l'aquarium - réserv. recommandée).*

Pelican Man's Bird Sanctuary – *À côté du Mote Marine Laboratory - ne se visite pas.* Chaque année, ce refuge sauve la vie de quelque 7 000 oiseaux victimes, pour la plupart, des voitures ou des lignes de pêche.

Siesta Key

À 9,7 km au sud-ouest de Sarasota. Du centre-ville, suivez l'US-41 en direction du sud ; prenez à droite Siesta Dr. (route 758) et continuez sur 1,6 km.

Le sable blanc des plages de Siesta Key, vieux de plusieurs millions d'années, est composé à 99 % de quartz pur (sans débris de coquillages ou de corail), d'où son incomparable finesse.

À proximité Carte de région p. 228 et carte p. 234-235

★★ Myakka River State Park AB1

À Myakka, 23 km à l'est de Sarasota par la SR 72 - 13208 SR 72 - ✆ (941) 361 6511 - www.floridastateparks.org/myakkariver/ - ♿ P - tlj de 8h au coucher du soleil - 6 $/voiture. Possibilité de camper et de se restaurer (✆ 800 326 3521 - http://floridastateparks.reserveamerica.com) ; location de bateaux, de bicyclettes et de kayaks ; vente de matériel de pêche et de camping. Tour en hydroglisseur ou en tram : Myakka Wildlife Tours – ✆ (941) 365 0100 - http ://myakkawildlife.com - dép. du bassin d'amarrage - déc.-mai : tlj 10h, 11h30, 13h, 14h30 (hydroglisseur) et 13h, 14h30 (tram) ; reste de l'année : tlj 10h, 11h30, 13h (hydroglisseur) - 1h AR - 12 $ (6-12 ans 6 $).

Ce parc (11 840 ha) est l'un des plus anciens et des plus vastes de Floride. Il s'étend sur 19 km le long de la rivière Myakka, un cours d'eau sauvage protégé par l'État, et renferme une grande variété d'espèces animales et végétales. Chevreuils et lynx fréquentent volontiers les îlots de palmiers, les étendues de pins et les prairies sèches, tandis que les alligators et de nombreuses espèces d'échassiers affectionnent plutôt le lac Upper Myakka et les herbes de ses marais. Le parc est doté de plusieurs sentiers de randonnée, ainsi que d'une route plate, particulièrement adaptée au cyclotourisme. Des **tours en tram** et en **hydroglisseur**★ permettent d'approcher de plus près la flore et la faune.

Anna Maria Island

À 30 km au nord-ouest de Sarasota par l'US-41, puis la SR 684 ou 64 depuis Bradenton. On y accède aussi par la SR 789 depuis Longboat Key.

Très développée, comme la plupart des grandes îles voisines du cordon littoral, Anna Maria vaut pourtant le détour pour ses parcs.

Au nord, **Anna Maria Bayfront Park** *(extrémité nord-est de Pine Ave., à l'angle de Bay Blvd)* offre 300 m de rivage s'étendant au nord du **City Pier**. Construite en 1911, cette jetée longue de 207 m s'avance dans la baie de Tampa.

Plus au sud, **Bradenton Beach** est une station balnéaire familiale.

À la pointe sud-ouest de l'île, **Coquina Beach** est une immense plage de sable blanc.

Peu d'anciens villages de pêcheurs subsistent en Floride, mais celui de **Cortez**, situé à l'est sur la côte *(au sud de Cortez Rd/route 684, à l'angle de 119th St.)*, en est un bel exemple. Protégé par le comté de Manatee, il contient des structures typiques construites en matériaux locaux.

★ Gamble Plantation State Historic Site

À Ellenton, 26 km au nord de Sarasota. Prenez l'US-41 vers le nord, traversez la rivière Manatee et poursuivez jusqu'à l'US-301 ; tournez à droite, continuez jusqu'à 36th St./Ellenton Gillette Rd et tournez à gauche ; prenez ensuite à droite.

3708 Patten Ave. - ☎ (941) 723 4536 - www.floridastateparks.org/gambleplantation/ - tlj de 8h au coucher du soleil - visite guidée de la maison : jeu.-lun. à 9h30, 10h30, 13h, 14h, 15h et 16h - 6 $.

De style néogrec, cette demeure à colonnades bâtie en 1850 est le dernier vestige des nombreuses plantations de canne à sucre qui prospérèrent dans le sud de la Floride à partir des années 1840. Originaire de Tallahassee, Robert Gamble acquit 1 435 ha le long de la rivière Manatee et fit construire par des esclaves cette maison dont les briques, recouvertes de plâtre, sont faites d'un mélange de chaux et de coquilles d'huîtres. La plantation fut prospère pendant quelque temps, mais, vers la fin des années 1850, quand les cours du sucre chutèrent, Gamble fut obligé de vendre la propriété. Pendant la guerre de Sécession, le site servit de dépôt d'approvisionnement aux troupes sudistes. Par la suite, la plantation changea plusieurs fois de mains, avant d'être finalement abandonnée.

La visite de la demeure évoque l'histoire de Gamble Plantation et de l'économie des plantations. À l'étage, une galerie à colonnes court sur trois des façades. De cette hauteur, on peut apercevoir les monuments en pierre érigés à la mémoire des combattants de la confédération sudiste et de la Première Guerre mondiale. À proximité se trouve une ferme à pans de bois, la **Patten House** (1895), construite par le fils du dernier propriétaire de la plantation.

NOS ADRESSES À SARASOTA

TRANSPORTS

Voitures électriques

The Green Hopper – ✆ *(941) 706 5400.* Ces petites voitures électriques vertes qui peuvent transporter 6 passagers sillonnent Downtown Sarasota, St. Armands Circle et Siesta Key gratuitement (mais une contribution est toujours bienvenue). Vous pouvez en héler une au passage ou téléphoner pour une course.

HÉBERGEMENT

Vous trouverez toutes sortes de motels bon marché sur Tamiami Trail, mais l'endroit n'offre aucun intérêt en dehors d'un hébergement à coût modéré.

BUDGET MOYEN

Sur Lido Key

Gulf Beach Resort Motel – *930 Ben Franklin Dr. - ✆ (941) 388 2127 - www.gulfbeachsarasota.com - ♿ 🏊 P - 49 ch. à partir de 99 $.* Ce motel que rien ne distingue *a priori* d'un autre est un bâtiment historique protégé. Premier à avoir ouvert ses portes sur la magnifique plage de Lido Key, il accueille des visiteurs depuis 1950. Plus ou moins grandes, les chambres sont toutes décorées différemment et certaines sont équipées de cuisines complètes. Barbecues, laverie et matériel de plage à disposition. Accueil très sympathique.

POUR SE FAIRE PLAISIR

À Sarasota

The Cypress – *621 Gulfstream Ave. S. - ✆ (941) 955 4683 - www.cypressbb.com - ♿ P - 5 ch. à partir de 150 $ ☕.* Ce *bed & breakfast* situé non loin de Main St. et de l'océan a pour cadre une petite structure en cyprès des années 1940. Les chambres, meublées d'objets anciens et décorées avec goût, donnent sur le jardin ou sur la baie. Beaucoup de charme et grand confort.

Sur Anna Maria Island

Cedar Cove Resort & Cottages – *2710 Gulf Dr. - ✆ (941) 778 1010 - www.cedarcoveresort.com - ♿ 🏊 P - 19 unités à partir de 179 $.* Situé sur Holmes Beach, ce petit complexe compte des chambres et des appartements bien équipés (tarif à la semaine), presque tous dotés d'une terrasse ou d'un patio donnant sur le golfe. L'atmosphère est décontractée et les hôtes sympathisent autour des barbecues mis à leur disposition.

RESTAURATION

BUDGET MOYEN

Sur Longboat Key

Moore's Stone Crab Restaurant – *800 Broadway St., Longboat Key - ✆ (941) 383 1748 - www.stonecrab.cc - ♿ P - 25/35 $ pour un plat.* Une institution locale depuis 1967 ! Ce restaurant a la réputation de servir les meilleurs crabes de la région. Il faut dire qu'il appartient à une famille qui vit de la pêche depuis 1927. Du crabe, donc, de toutes les façons, mais aussi du poisson pêché localement. Un régal !

Sur Lido Key

Columbia Restaurant – *411 St. Armands Circle - ✆ (941) 388 3987 - www.columbiarestaurant.com - ♿ - 20/30 $.* L'une des sept filiales du restaurant le plus ancien de Floride (1905), dont la maison mère se situe à Tampa *(voir p. 316)*. Même décor, fait de carrelages colorés et de fontaines, et mêmes spécialités espagnoles et cubaines : paella, *zarzuella*, steak palomilla, et tout un choix de tapas et d'excellents cocktails.

POUR SE FAIRE PLAISIR

À Sarasota

The Bijou Café – *1287 1st St. - ✆ (941) 366 8111 - www.bijoucafe.net - ♿ - fermé dim. (sf pendant la saison d'opéra, en fév.-mars) - 25/40 $*. Installé dans une ancienne station-service des années 1920, à deux pas de l'opéra, ce restaurant élégant sert une cuisine fine et originale préparée à partir de produits bio locaux et de poissons issus de la pêche durable. La carte change souvent, mais l'endroit est fameux pour ses viandes, dont le steak au poivre. On peut aussi se contenter de boire un verre en terrasse en grignotant des bouchées façon tapas. Très agréable.

EN SOIRÉE

Consultez les sections « *Entertainment* » et « *Sports* » du *Herald Tribune* *(www.heraldtribune.com)* pour connaître le programme des manifestations.

Les principaux théâtres et salles de concert sont :

Van Wezel Performing Arts Hall – *777 N. Tamiami Trail - ✆ (941) 953 3368 - www.vanwezel.org*. Variétés, danse, comédies musicales…

Ringling Museum of Arts – *(voir p. 230) - ✆ (941) 351 8000 - www.ringling.org*. Spectacles variés et de grande qualité, dans le cadre de l'Asolo Theater, ravissant théâtre à l'italienne.

Sarasota Opera House – *61 N. Pineapple Ave. - ✆ (941) 366 8450 - www.sarasotaopera.org - fév.-mars seult.*

ACTIVITÉS

Promenades en bateau

Kathleen D Sailing Catamarans – *Marina Jack Bayfront - 2 Marina Plaza - ✆ (941) 896 6400 - www.kathleend.net*. Plusieurs promenades en voilier *(55/90 $/pers.)*, dont une balade de 2h au coucher du soleil *(55 $/pers.)*.

Voir aussi Mote Marine Laboratory (p. 230).

Fort Myers

65 725 habitants

Couverte de palmiers royaux et de fleurs tropicales, Fort Myers s'étend le long des berges sinueuses de la grande rivière Caloosahatchee. Si l'expansion urbaine de ces dernières décennies a repoussé les limites de la ville au-delà de l'I-75 et en direction des communes voisines de North Fort Myers et Cape Coral, le centre-ville, avec ses restaurants, ses maisons anciennes et son front de mer, mérite d'être découvert. Les amateurs de plage apprécieront particulièrement Fort Myers Beach, juste au sud d'Estero Island.

NOS ADRESSES PAGE 247

S'INFORMER

Lee County Visitor and Convention Bureau – *2201 2nd St. (Suite 600) - ✆ (239) 338 3500 - www.fortmyers-sanibel.com.*

SE REPÉRER

Carte de région B2 (p. 228). L'I-75 et l'US 41 traversent la ville du nord au sud ; l'US 867 traverse la baie et permet de rejoindre les îles de Sanibel et Captiva.

À NE PAS MANQUER

Edison & Ford Winter Estates.

ORGANISER SON TEMPS

Comptez une journée : prenez la matinée à découvrir Edison & Ford Winter Estates, puis passez le début d'après-midi dans le centre-ville, et la fin de la journée sur les plages.

AVEC LES ENFANTS

Lovers Key State Park pour se baigner et tenter d'apercevoir des lamantins.

3

Se promener Carte p. 242-243

★★ Edison & Ford Winter Estates

2350 McGregor Blvd - ✆ (239) 334 7419 - www.edisonfordwinterestates.org - ♿ P - tlj 9h-17h30 - 20 $, audioguide en français inclus. Plusieurs visites thématiques sont proposées (programme sur place ou sur le site Internet).

Les résidences d'hiver et les jardins tropicaux de l'inventeur **Thomas Edison** et du constructeur automobile **Henry Ford** (1863-1947) longent la rivière Caloosahatchee. Edison acheta cette propriété en 1885 et y fit bâtir deux maisons de campagne. La première était destinée à sa famille et la seconde, plus petite, à son partenaire, l'inventeur Ezra Gilliland. Construites dans le Maine en bois du pays et transportées par quatre goélettes, ces maisons comptent parmi les premières structures préfabriquées produites aux États-Unis. Peu après leur érection, Edison se brouilla avec son partenaire et, pendant 14 ans, ne séjourna plus à Fort Myers. Gilliland lui revendit son cottage et quand, en 1901, Edison revint enfin dans la région, il transforma en maison d'hôte la petite habitation, qu'il relia à la sienne par une galerie de treillage.

En 1896, Edison rencontra au cours d'une conférence un jeune homme du nom de Henry Ford. Ce dernier était alors employé à Detroit par l'Edison Illuminating Company, mais son rêve était de construire des automobiles. Edison l'encouragea dans cette voie, et les deux hommes se lièrent d'amitié. En 1916, Ford acheta une villa sur la propriété voisine de celle de son mentor. Ensemble, ils partaient faire du camping dans les Everglades et, malgré la réserve de Ford et la surdité presque totale d'Edison, ils prenaient grand plaisir à converser. Après la mort d'Edison en 1931, Ford, très touché par la disparition de son ami, ne vint plus jamais passer l'hiver à Fort Myers.

Sur le parking près des caisses du musée, remarquez l'immense **figuier banian** que le magnat du pneumatique, Harvey Firestone, rapporta d'Inde pour Edison en 1925. Il mesurait alors 1,2 m et les deux hommes, qui poursuivaient des recherches sur le caoutchouc, s'intéressaient de près à cet arbre à la sève similaire au latex. Aujourd'hui, ses innombrables racines aériennes mesurent plus de 120 m et il est considéré comme le plus grand spécimen de l'espèce existant en Floride.

★ **Estates Museum** – La visite commence par ce musée, où l'on découvre le personnage, sa vie, son amitié avec Ford, et surtout l'impressionnante collection qui regroupe la plupart des inventions qu'Edison breveta au cours de sa vie (plus de 1 000) : le phonographe, l'ampoule électrique, les générateurs électriques, la chaise électrique, etc. Les sept salles sont remplies de milliers d'objets. On peut aussi voir la Ford T faite sur mesure pour Edison.

Traversez la route pour rejoindre les propriétés d'Edison et Ford, ainsi que les jardins. Notez qu'on ne peut plus entrer dans les maisons. Des vitres ont été installées pour observer l'intérieur depuis les porches.

Estates Garden – Un véritable paradis de plantes tropicales, de bambous gigantesques et de curieuses espèces hybrides entoure la maison d'Edison. Ce jardin botanique servait à l'inventeur de terrain expérimental. Sillonnez ses allées, notamment celle des orchidées (qui furent plantées parmi les manguiers), la piscine, conçue à l'abri des regards du public, curieux de rencontrer le

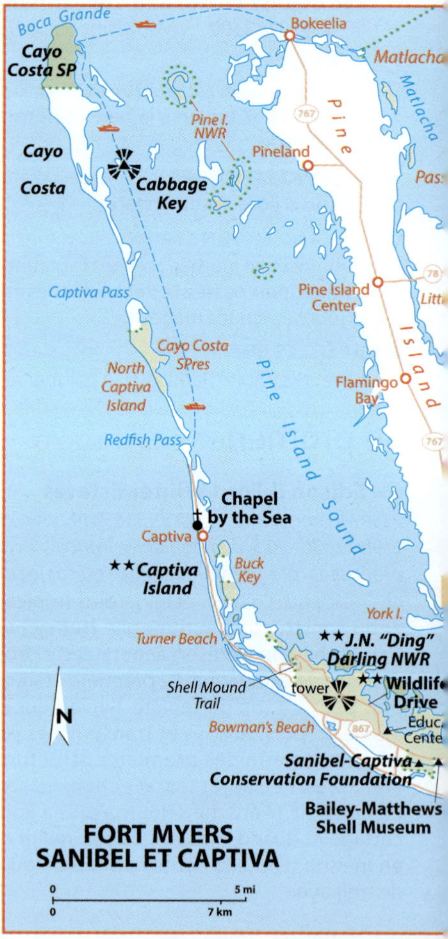

célèbre inventeur, l'étang aux nénuphars et la jetée, qui autrefois s'avançait de 500 m dans la rivière et d'où Edison aimait pêcher. Derrière le bâtiment séparé de la maison, qui autrefois abritait le laboratoire de l'inventeur, son épouse fit aménager un ravissant **Moonlight Garden** (jardin du clair de lune), dont les espèces furent choisies pour offrir le plus beau spectacle le soir.

Seminole Lodge – Sous les vérandas, fauteuils en osier et balancelles invitent à la flânerie et on imagine aisément que les Edison aient apprécié leur séjour... Les pièces ont été conservées dans l'état dans lequel Mina Miller Edison, la seconde épouse de l'inventeur, les laissa à sa mort en 1947.

The Mangoes – Bâti en 1911, la maison de Ford est un cottage plutôt modeste. Elle est décorée de répliques de meubles qu'auraient pu posséder son ancien propriétaire : table et chaises anglaises en noyer, linge de table belge et porcelaine de Wedgwood. Le garage contient trois automobiles Ford. Un chemin pavé relie les deux propriétés en suivant un moment la rivière où les deux amis avaient coutume de pêcher ensemble.

Edison Laboratory – Dans ce laboratoire équipé d'une multitude d'éprouvettes et de béchers en verre, Edison testa plus d'une invention. C'est là qu'il expérimenta notamment un procédé de production de caoutchouc, qui ne connut qu'un succès commercial limité. Un projet particulièrement difficile fut celui de la batterie d'accumulateurs. Après 9 000 échecs, Edison considéra avec optimisme qu'au moins ces « 9000 expériences ne seraient plus à refaire ». Il fallut 41 000 essais supplémentaires avant que la batterie puisse être brevetée et commercialisée !

★ Burroughs Home

2505 1st St. - ✆ (239) 337 0706 - www.burroughshome.com - ♿ P - visite guidée seult, à certaines dates et heures (consultez le site Internet) - 12 $.

Cette belle demeure de style classique anglais fut bâtie en 1901 par un baron du bétail et gros propriétaire terrien du Montana. En 1918, elle fut acquise par Nelson T. Burroughs, banquier et éleveur du Midwest, puis léguée à la ville par sa fille en 1978. Il s'agissait à l'époque de la plus grande résidence des environs, remarquée pour ses jardins luxuriants, plantés de palmiers royaux et autres plantes exotiques. Outre ses planchers en pin de Floride, sa cheminée en acajou et son escalier en colimaçon, l'intérieur possède un mobilier d'époque. Des guides costumés incarnent les sœurs Burroughs et transportent les visiteurs au début du 20e s., quand la demeure était un des hauts lieux de sociabilité de la ville.

COMMENT EDISON DYNAMISA FORT MYERS

Lorsque les relations entre pionniers et Amérindiens s'envenimèrent après la deuxième guerre séminole (1835-1842), les autorités construisirent Fort Myers sur le site d'un ancien poste militaire. De 1850 à 1859, le fort fut affecté à la protection des colons de la contrée. Une fois la paix revenue, il fut quelque temps abandonné, avant de servir à nouveau comme avant-poste nordiste durant la guerre de Sécession. Dans les années 1880, éleveurs de bétail et producteurs d'ananas prospéraient dans cette région où la pêche était aussi une activité importante. En 1885, Fort Myers devint municipalité et accueillit un visiteur qui allait devenir son citoyen le plus important. Veuf depuis peu et en mauvaise santé, l'inventeur **Thomas Alva Edison** (1847-1931) vint en Floride vers le milieu des années 1880 afin d'échapper aux hivers rigoureux du New Jersey. Les berges de la rivière de Fort Myers lui plurent, et Edison acheta une propriété d'environ 6 ha. Son laboratoire et ses jardins botaniques devinrent le terrain d'expérimentation de nombreuses inventions qui nous sont aujourd'hui si familières. C'est là qu'il perfectionna notamment l'ampoule à incandescence, le phonographe, la caméra, le projecteur de film et la batterie d'accumulateurs, tout en travaillant à de nouveaux produits. Membre actif de la communauté, Edison importa, au début des années 1900, des palmiers royaux de Cuba pour en border sa propriété le long de **McGregor Boulevard**. La municipalité reprit l'idée, et c'est ainsi qu'aujourd'hui plusieurs kilomètres de l'avenue la plus célèbre de Fort Myers sont plantés de ces arbres majestueux. Avec le boom immobilier des années 1920, la ville prit son essor, mais à partir des années 1950, quand les citadins commencèrent à fuir vers les banlieues, le centre-ville abandonné se dégrada. À partir de la fin des années 1990, de nouveaux commerces et restaurants fleurirent le long de First Street. Comme souvent dans le sud-ouest de la Floride, tourisme, immobilier et agriculture constituent les trois piliers de l'économie locale.

Un petit port de plaisance, sur la côte sud-ouest de la Floride.
D. MacDonald / age fotostock

Southwest Florida Museum of History

2031 Jackson St. - ✆ (239) 321 7430 - www.swflmuseumofhistory.com - ♿ P - mar.-sam. 10h-17h - 9,50 $ - visite guidée du centre historique à pied : janv.-avr. merc. et sam. à 10h (12 $).

Installé dans une ancienne gare de chemin de fer (1924), ce musée retrace l'histoire locale, avec des expositions sur les Indiens calusa et séminoles, les explorateurs espagnols et les colons européens. On y découvre aussi le squelette en partie reconstitué d'un machairodonte ou « chat des cavernes », retrouvé dans le centre de la Floride, et une maquette de Fort Myers en 1850. À l'extérieur du bâtiment se trouve l'**Esperanza**. Ce wagon de luxe privé, le plus long (26 m) et l'un des derniers fabriqués par George Pullman dans les années 1930, possède une grande salle décorée en acajou de Cuba, avec ses éléments de cuivre jaune, ses conduites de climatisation autrefois refroidies par de la glace, ses sonnettes de service et sa petite cuisine. De l'autre côté du musée est exposée la réplique d'une maison de pionnier.

À proximité Carte p. 242-243 et carte de région p. 228

★ Koreshan State Historic Site

▶ À Estero, 26 km au sud de Fort Myers. Suivez l'US-41 en direction du sud. 3800 Corkscrew Rd - ✆ (239) 992 0311 - ♿ P - www.floridastateparks.org/koreshan/ - tlj de 8h au coucher du soleil - 5 $/voiture - visite guidée (2 $) tlj à 10h et 14h (janv.-mars), sam. et dim. à 10h (avr. à déc.). Possibilité de camper (✆ 800 326 3521 - http ://floridastateparks.reserveamerica.com).

Les 12 bâtiments érigés sur cette propriété de 125 ha appartenaient autrefois à une secte religieuse dont les membres croyaient que la Terre était creuse et qu'elle contenait l'univers. La communauté fut fondée en 1893 le long de la rivière Estero par un médecin new-yorkais, Cyrus Teed, passionné de découvertes technologiques, et notamment d'électricité. Lors d'une expérience, une décharge électrique l'avait assomé pendant quelques minutes, au cours desquelles il prétendit avoir eu des illuminations divines sur son rôle de prophète. Il passa vingt ans de sa vie à donner des conférences pour diffuser son message, en vain. C'est finalement à Chicago qu'il finit par trouver un groupe à l'écoute de son idéal de vie communautaire, et prêt à tout quitter pour partir avec lui dans les contrées alors hostiles du sud de la Floride et fonder la communauté de Koreshan.

S'étant lui-même baptisé « Koresh » (Cyrus en hébreu), Teed entreprit avec l'aide de ses disciples la construction d'une Nouvelle Jérusalem, que devaient un jour peupler 10 millions d'âmes. Forte de 250 membres à son apogée, la secte, bien qu'active et fervente, se mit à régresser après la mort de Teed en 1908. Le vœu de célibat prononcé par les membres du groupe favorisa ce déclin. En 1961, les quatre derniers disciples cédèrent une partie de la propriété à l'État de Floride.

La visite de la grande salle, de la maison de Teed, des autres bâtiments ainsi que du jardin, est une fascinante ouverture sur cette expérience sans lendemain menée avec foi dans ce coin sauvage de la Floride.

★ Lovers Key State Park

Sur Lovers Key, à 48 km au sud de Fort Myers. Prenez l'I-75 vers le sud jusqu'à la sortie 116, puis prenez à droite Bonita Beach Rd qui devient Estero Blvd. Continuez sur 17,5 km. 8700 Estero Blvd - ☏ (239) 463 4588 - www.floridastateparks.org/loverskey/ - ♿ P - tlj de 8h au coucher du soleil - 8 $/voiture. Possibilité de se restaurer; location de kayaks et de vélos.

Superbe étendue de cordon littoral encore vierge, Lovers Key couvre 178 ha de plage de sable blanc, d'estuaire à mangrove, de canal marin et de lagune soumise aux marées. La faune est abondante : on peut y observer spatule rose, aigrette, dauphin souffleur ou lamantin des Antilles (menacé).

Une promenade en bois *(300 m)* conduit à la plage en traversant deux lagunes paisibles, où des pêcheurs lancent leurs lignes dans l'espoir d'attraper truites, perches et brochets de mer.

★ Boca Grande A2

À 88 km au nord-ouest de Fort Myers. Prenez l'US 41 vers le nord, puis la SR 776 vers l'ouest et tournez à gauche dans Gasparilla Rd (route 771).

Ce charmant village, avec ses maisons inondées de soleil et ses boutiques pittoresques aux tons pastel, domine la pointe sud de **Gasparilla Island**. Longue de 11 km, cette île est reliée à la côte par une route et un pont à péage.

Le nom de Boca Grande (« grande bouche » en espagnol) évoque cette ouverture sur l'anse naturelle de Charlotte Harbor, qui pénètre profondément dans les terres.

C'est une île au rythme paisible, dont la beauté naturelle égale celles de Sanibel et de Captiva, ses rivales situées plus au sud.

Vivant bien de la mer, les Indiens Calusa connaissaient les charmes de Gasparilla depuis plus d'un millénaire. À la fin des années 1870, pêcheurs cubains et espagnols avaient établi une base à l'extrémité nord de l'île. Avec la découverte d'un gisement de phosphate sur la côte voisine en 1885, Boca Grande devint un port d'exportation pour le monde entier. En 1907, l'arrivée du chemin de fer de la Northern Railroad facilita le transport de cette richesse naturelle et ouvrit la voie du Sud aux Américains fortunés.

Déjà réputée pour la **pêche au tarpon**, Boca Grande se transforma alors en une véritable ville, avec des rues, un bureau de poste et un imposant hôtel bâti en 1912, le **Gasparilla Inn** *(500 Palm Ave.)*, qui accueille toujours des visiteurs. Aujourd'hui, les vacanciers se détendent sur les plages tranquilles de l'île, tandis que les pêcheurs continuent à lancer leurs lignes dans les eaux de la passe de Boca Grande, dans l'espoir d'attraper un *Megalops atlanticus*, dont le poids peut atteindre 135 kg.

Boca Grande Village – *Dans la partie sud de Gasparilla Island. Prenez Gasparilla Rd vers le sud jusqu'à Park St.* Consacrez quelques heures à la découverte de ce charmant village. Plantés en 1914, les arbres imposants de **Banyan Street** forment une voûte sombre de verdure.

L'église de l'**United Methodist Church** *(Gilchrist Ave. et 3rd St.)*, bâtie en 1910, assure toujours l'office du dimanche. Quand la route fut inaugurée en 1958, le train cessa de desservir l'endroit, mais l'ancienne **gare** *(Park Ave. et 4th St.)* a été aménagée dans les années 1970 et abrite un ensemble de boutiques et de bureaux, ainsi qu'un restaurant.

NOS ADRESSES À FORT MYERS

HÉBERGEMENT

Si vous souhaitez loger à Fort Myers Beach, vous trouverez de nombreux hôtels et motels sur Estero Blvd. Vous pouvez aussi loger à Sanibel ou Captiva *(voir p. 253)*.

POUR SE FAIRE PLAISIR

À Fort Myers

Hotel Indigo – *1520 Broadway - ✆ (239) 332 0070 - www.hotelindigo.com - ♿ 🏊 🅿 - 67 ch. à partir de 125 $.* Un hôtel design dans le centre-ville, proche des curiosités et de l'animation. Les chambres sont spacieuses et modernes. Il est particulièrement agréable de prendre un verre ou de se baigner dans la piscine aménagée sur le toit-terrasse.

UNE FOLIE

À Fort Myers Beach

Edison Beach House – *830 Estero Blvd - ✆ (239) 463 1530 - www.edisonbeachhouse.com - ♿ 🏊 🅿 - 49 ch. et appart. (2-5 pers.) à partir de 180 $.* Un petit complexe tout neuf, idéalement situé sur la plage, et destiné à ceux qui veulent se poser quelques jours. Cuisine bien équipée, barbecue à disposition, laverie (tarifs à la semaine).

RESTAURATION

PREMIER PRIX

À Fort Myers

Ford's Garage – *2207 First St. - ✆ (239) 332 3673 - www.fordsgaragefl.com - à partir de 8 $.* Un *burger joint* à l'américaine pour savourer un burger – que l'on peut personnaliser – et boire une bière, dans une ambiance de station-service à l'ancienne.

À Fort Myers Beach

Heavenly Biscuit – *110 Mango St. - ✆ (239) 463 7600 - ♿ - fermé le soir - moins de 10 $.* C'est le rendez-vous des gourmands, en particulier pour le petit-déjeuner : *cinnamon rolls, muffins*, cookies… tout est fait maison et absolument délicieux. Bien aussi pour déjeuner d'un sandwich tout frais ou d'une grosse salade.

BUDGET MOYEN

À Fort Myers Beach

Smokin Oyster Brewery – *340 Old San Carlos Blvd - ✆ (239) 463 3474 - www.smokinoyster.com - ♿ 🅿 - à partir de 18 $.* Du poisson et des fruits de mer extra-frais, servis en portions généreuses dans une ambiance chaleureuse et décontractée. Les crevettes à l'aïoli sont particulièrement réputées. Musique *live* la plupart des soirs.

POUR SE FAIRE PLAISIR

À Fort Myers

The Veranda – *2122 2nd St. - ✆ (239) 332 2065 - www.verandarestaurant.com - ♿ 🅿 - fermé sam. midi et dim. - à partir de 30 $.* Toute l'hospitalité et les saveurs du Sud vous attendent dans ce restaurant réputé, installé dans une belle maison en bois du début du 20e s. décorée de photographies anciennes. Au menu, des plats de fruits de mer et des viandes aux parfums cajuns, accompagnés de l'incontournable gruau de maïs *(grits).*

ACHATS

Shell Factory – *2787 N. Tamiami Trail - North Fort Myers - ✆ (239) 995 2141 - www.shellfactory.com - fermé lun.* Si vous êtes las de passer au crible les amas de coquillages des plages, cet entrepôt vous facilitera la tâche : ses 6 000 m^2 d'exposition offrent en effet des bacs remplis de spécimens en provenance de 53 pays, de même que des bijoux, des lampes et une multitude de souvenirs.

Tanger Outlets Center – *20350 Summerlin Rd - www.tangeroutlet.com.* Une soixantaine de magasins d'usine à prix imbattables.

ACTIVITÉS

Adventures in Paradise – *dép. de Port Sanibel Marina, 14341 Port Comfort Rd - ✆ (239) 472 8443 - www.adventureinparadiseinc.com - ♿ 🅿.* Différentes sorties d'observation, de pêche et de plaisance, notamment à la rencontre des dauphins *(29 $ la demi-journée).*

Sanibel et Captiva

★★

6 102 habitants

Véritable paradis des collectionneurs de coquillages, Sanibel et Captiva sont reliées entre elles et à la côte par des ponts routiers. Ces magnifiques îles-barrières, où subsistent encore quelques oasis de tranquillité, se trouvent à environ 37 km au sud-ouest de Fort Myers et forment un arc d'une longueur de 32 km dans le golfe du Mexique.

NOS ADRESSES PAGE 253

S'INFORMER

Sanibel-Captiva Islands Chamber of Commerce – *1159 Causeway Rd - Sanibel Island - ✆ (239) 472 1080 - www.sanibel-captiva.org.*

SE REPÉRER

Carte de région A2 (p. 228). Les principaux axes routiers sont l'I-75, l'US-41 et la route 869 (direction sud) jusqu'au Sanibel Causeway *(péage)*. Periwinkle Way et Sanibel-Captiva Road, les deux principales artères des deux îles, longent d'abord les complexes commerciaux de la partie sud de Sanibel, puis sillonnent une longue étendue encore sauvage du côté de la baie, avant de finir sur Captiva. Les voitures circulent à vitesse modérée, et la vue sur la mer est le plus souvent masquée par les écrans de verdure des petits complexes hôteliers et des villas de luxe.

À NE PAS MANQUER

J.N. « Ding » Darling National Wildlife Refuge, avec un tour en tram ou en kayak pour profiter au mieux des lieux.

ORGANISER SON TEMPS

Comptez au moins deux jours pour profiter de ce que les lieux ont à offrir.

AVEC LES ENFANTS

L'aquarium de la Sanibel-Captiva Conservation Foundation ; une excursion en bateau à Cayo Costa Beach.

3

Découvrir Carte p. 242-243

Sanibel Lighthouse

Point Ybel, à la pointe est de Sanibel - accès interdit au public.

Le phare de Sanibel, érigé en 1884, guide aujourd'hui encore les marins du haut de ses 30 m. Bâtiments les plus anciens de l'île, la tour (en métal) et l'habitation du gardien sont inscrits à l'inventaire national des sites historiques américains. Du côté de la baie, une jetée, où l'on peut pêcher, et une plage sont accessibles à travers les parkings situés de part et d'autre du phare.

Sanibel Historical Museum and Village

950 Dunlop Rd (accès par Periwinkle Way) - ✆ (239) 472 4648 - ♿ P - nov.-avr. : merc.-sam. 10h-16h ; reste de l'année : merc.-sam. 10h-13h - visite guidée à 10h30 - fermé sept.-oct. - 10 $.

Ce musée d'histoire régionale abrite la reconstitution d'un village de pionniers. La cuisine, la salle à manger et le petit salon de la maison de *cracker* (1913) évoquent la vie des premiers insulaires. D'autres pièces présentent des collections de fossiles et de coquillages, des objets provenant de navires espagnols naufragés, et des vestiges de la culture indienne Calusa vieux de 2 000 ans. Le site compte six autres bâtiments historiques, dont un salon de thé, le bureau de poste de Sanibel (1926) et le Bailey's General Store, magasin général qui fut le point de rendez-vous des habitants de l'île jusqu'au début des années 1960.

Bailey-Matthews Shell Museum

3075 Sanibel-Captiva Rd - ✆ (239) 395 2233 - www.shellmuseum.org - ♿ P - tlj 10h-17h - 11 $.

Ce joli bâtiment (1995) abrite plus de deux millions de coquillages, de quoi satisfaire les amateurs de conchyliologie les plus difficiles. Dans la principale salle d'exposition, on découvre la distribution géographique des différents mollusques du monde entier, les espèces trouvées sur Sanibel et Captiva, et l'utilisation des coquillages en art tribal, en médecine et en cuisine. Une bonne introduction au séjour !

Sanibel-Captiva Conservation Foundation

3333 Sanibel-Captiva Rd - ✆ (239) 472 2329 - www.sccf.org - ♿ P - lun.-vend. 8h30-15h (16h de oct. à avr.) - 5 $ (-17 ans gratuit).

Cette fondation, qui possède plus de 400 ha dans les îles, a pour mission la protection des ressources naturelles locales. Acquisition de terres, gestion du biotope, sensibilisation à l'environnement, aménagements du paysage pour la flore et la faune et recherche sur les tortues marines constituent en partie son programme.

Les 100 ha sur lesquels se trouve le **centre d'interprétation** contiennent un aquarium pour les enfants et des expositions sur l'écologie des marécages. À l'extérieur, on découvre un conservatoire de papillons *(visite guidée mar. 10h)*, une pépinière d'espèces indigènes et quelque 8 km de promenades en bois serpentant à travers une forêt humide. Un **chemin** *(500 m)* mène à un mirador de 9 m de haut, d'où vous aurez de belles vues sur la rivière Sanibel et sur le couvert forestier.

LA NÉCESSITÉ DE SE PROTÉGER

Peuplées par des Indiens Calusa, Sanibel et Captiva furent découvertes au 16e s. par des navigateurs espagnols qui ne s'y établirent pas. Selon la légende, Captiva devrait son nom aux boucaniers, qui y gardaient leurs plus jolies prisonnières. Version moins romantique, mais plus plausible, le premier prisonnier de Captiva fut sans doute Juan Ortiz, un Espagnol enlevé par les Indiens en 1528. Des pionniers tentèrent de s'implanter sur Sanibel à partir de 1833, mais l'absence d'un port côtier les força bientôt à abandonner l'île qui, en 1889, ne comptait toujours guère qu'une centaine d'habitants, dont les gardiens du phare.

En 1963, une liaison routière fut enfin établie avec le continent, ouvrant la voie au tourisme. Entre 1964 et 1965, quelque 110 000 véhicules traversèrent le pont ; trente ans plus tard, ce chiffre dépassait les trois millions. Face aux dangers d'un développement forcené, plusieurs associations de défense de l'environnement s'activèrent alors pour protéger Sanibel. Ainsi naquit le remarquable J.N. « Ding » Darling National Wildlife Refuge, dont la superficie englobe plus du tiers de l'île.

Sternes royales sur la plage, Sanibel Island.
R. Harding Product / Robert Harding Picture Library / age fotostock

★★ J.N. « Ding » Darling National Wildlife Refuge

1 Wildlife Dr. (accès par Sanibel-Captiva Rd) - ✆ (239) 472 1100 - www.fws.gov/dingdarling/ - ♿ 🅿 - centre d'accueil : tlj 9h-16h (17h de janv. à avr.) ; Wildlife Drive : tlj sf vend. de 7h/7h30 à 17h/20h (selon les mois, consultez le site Internet) - 5 $/voiture. Possibilité d'activités (voir « Nos adresses à Sanibel et Captiva »).

3

Cette réserve naturelle (2 216 ha) abrite dans ses canaux, ses criques, ses marécages, ses mangroves et ses forêts, une flore et une faune abondantes, représentatives de celles des îles-barrières. Son nom évoque le souvenir de Jay Norwood Darling. Surtout connu pour ses caricatures politiques (qui lui valurent le prix Pulitzer), Darling était propriétaire d'un cottage sur Captiva et, durant 25 ans, se dévoua à la protection de l'environnement. Excellente introduction à la visite, le **centre d'accueil** propose des expositions et des films vidéo consacrés à ce parc qui, chaque jour, voit défiler en moyenne 500 voitures.

La plupart empruntent **Wildlife Drive**★★ *(6,5 km)*, route non carrossable *(vitesse limitée à 24 km/h)* de laquelle on peut observer des oiseaux aquatiques et toutes sortes d'animaux, dont l'inévitable alligator. Une tour d'observation offre d'excellentes **vues** des hérons, des aigrettes, des spatules roses, des balbuzards pêcheurs et d'autres espèces. Les meilleures heures d'observation des oiseaux sont au lever ou au coucher du soleil, et à marée basse, lorsque les laisses de vase sont dégagées. Vers la fin de la route, le **Shell Mound Trail** *(500 m)* fait une boucle à travers la végétation luxuriante, en passant près d'un amas coquillier laissé par les Indiens Calusa. Ceux qui souhaitent observer de plus près la flore et la faune peuvent se promener le long de **sentiers d'interprétation** *(4 km)* ou participer à une excursion *(voir « Nos adresses à Sanibel et Captiva »)*.

Captiva Chapel by the Sea

11580 Chapin Lane (dans le nord de Captiva, par Captiva Dr.) - ✆ (239) 472 1646 - www.captivachapel.com - fermé juil.-sept.

Cette petite chapelle (1901) aux murs revêtus de bardeaux blancs est un véritable havre de paix. Elle servait à l'origine d'école du comté, et fut acquise en 1921 par l'Église protestante méthodiste. La fréquentation des paroissiens étant insuffisante, la chapelle devint pluriconfessionnelle. Le **cimetière** voisin, dans lequel ont été enterrés de nombreux colons, longe la plage qu'ombrent en lisière raisiniers, gommiers rouges et palmiers.

À proximité Carte de région p. 228

Cayo Costa A2

Uniquement accessible par bateau. Pour les prestataires de service, voir la rubrique « Activités » dans « Nos adresses à Sanibel et Captiva ».
Station de quarantaine pour les navires au début du 19e s., Cayo Costa (« île près de la côte » en espagnol) relève aujourd'hui de l'administration des parcs américains. Ainsi préservée, cette agréable étendue de terre (656 ha) a conservé son apparence primitive d'avant la colonisation, avec ses denses forêts de pins et de palmiers éventails.
Cayo Costa State Park – *(941) 964 0375 - www.floridastateparks.org/cayocosta/ - tlj de 8h au coucher du soleil - 2 $/pers. (il faut avoir la somme exacte) - visite guidée vend. à 13h30. Possibilité de camper (800 326 3521 - http://floridastateparks.reserveamerica.com).* Un parc régional occupe la partie nord de l'île. Vous pourrez vous promener, à pied ou à bicyclette, sur les pistes *(8 km)* aménagées à l'intention des visiteurs, à moins que vous ne préfériez vous balader sur la plage déserte jonchée de coquillages, vous baigner, faire du kayak ou vous intéresser aux jeux des pélicans et des dauphins. L'été, des **tortues** *(voir p. 250)* viennent pondre sur les rivages de l'île.

LE RAMASSAGE DE COQUILLAGES

Les plages de Sanibel et de Captiva, que les explorateurs espagnols du 16e s. appelaient déjà *Costa de Carocles* (« côte des coquillages »), recèlent aujourd'hui encore une impressionnante quantité de coquillages multicolores. Plus de 200 espèces de mollusques habitent les eaux peu profondes du golfe du Mexique, et l'orientation est-ouest inhabituelle de ces deux îles explique de tels dépôts sur leurs rivages par les courants marins. Sérieux amateurs de conchyliologie ou simples collectionneurs, bien des visiteurs de Sanibel passent leur temps le dos courbé sur le sable. Pour trouver les plus beaux spécimens, soyez sur place une heure avant la marée basse, plus marquée en période de pleine ou de nouvelle lune. Sachez aussi qu'un vent de nord-est produira deux jours plus tard les meilleures récoltes. Peignes bigarrés, pattes de chaton, ailes de dinde, busycons, strombes combattants et petits donax sont parmi les espèces communes ramassées sur ces plages. Junonias à taches brunes, pattes de lion et bonnets écossais appartiennent aux espèces rares et sont très prisés. **Bowman's Beach** *(à 4,8 km au nord de l'entrée du J.N. « Ding » Darling National Wildlife Refuge ; prenez à gauche Bowman's Beach Rd)* et **Turner Beach** *(à la hauteur de Blind Pass, entre les îles)* sont fréquentées par les collectionneurs débutants.
Bon à savoir – Ramasser des **coquillages** et **fruits de mer vivants** (oursins, dollars des sables et étoiles de mer) est prohibé par la loi de l'État de Floride (amende et 60 jours de prison au maximum en cas de première infraction). Les plus petits et les plus colorés des coquillages se trouvent généralement près du phare de Sanibel et des petites îles aux alentours, tandis que les plus imposants seront plutôt du côté de Captiva.

Cabbage Key A2

Uniquement accessible par bateau. Pour les prestataires de service, voir la rubrique « Activités » dans « Nos adresses à Sanibel et Captiva ».

Voici une île qui vous reportera aux tout premiers temps du tourisme en Floride. Construite en 1938 sur un amas coquillier hérité des Indiens Calusa, **Cabbage Key Inn** offre l'aspect d'une imposante auberge, patinée par le soleil et les intempéries. L'édifice servit d'abord de résidence d'hiver au fils de Mary Roberts Rinehart, auteur de romans policiers. C'est un autre propriétaire qui, au début des années 1940, transforma la maison en auberge. Quelque 25 000 billets d'un dollar, signés par les habitués, pendent du plafond de l'établissement. Dans ce cadre sans prétention, on aperçoit parfois, au milieu des touristes et des pêcheurs, des célébrités en goguette… Après le déjeuner, empruntez le sentier de nature *(800 m)* qui traverse un dense sous-couvert de palétuviers, de figuiers étrangleurs et de raisiniers. Un imposant château d'eau (9 m de haut) offre une **vue** des îles environnantes.

NOS ADRESSES À SANIBEL ET CAPTIVA

TRANSPORTS

Il n'y a aucun transport en commun sur les îles. Le vélo demeure le meilleur moyen de se déplacer *(40 km de pistes cyclables)*.

Location de vélos et scooters

Finnimore's Cycle Shop – *The Winds Center - 2353 Periwinkle Way - ✆ (239) 472 5577 - www.finnimores.com.*

Billy's Rentals –*1470 Periwinkle Way - ✆ (239) 472 5248 ou 800 575 8717 - www.billysrentals.com.*

VISITES

Adventures in Paradise - Historic Trolley Tour – *✆ (239) 472 8443 - www.adventureinparadiseinc.com - ♿ P - réserv. par téléphone ; se rens. sur les dates et les horaires.* Visite guidée de Sanibel (dont le phare) à bord d'un trolley qui passe prendre ses passagers dans les différents hôtels de l'île.

HÉBERGEMENT

L'hébergement est cher sur ces îles préservées et épargnées par les grands complexes ; il est fortement conseillé de réserver durant la haute saison *(déc.-avr.)*. Un certain nombre d'établissements proposent des séjours à la semaine.

POUR SE FAIRE PLAISIR

À Sanibel

Mitchell's Sand Castles – *3951 W. Gulf Dr. - ✆ (239) 472 1282 - www.mitchellssandcastles.com - ♿ P - 15 bung. (2-6 pers.) à partir de 138 $.* Un petit ensemble très bien tenu et remarquablement aménagé, donnant directement sur la plage. Tous différents, les bungalows disposent d'une petite terrasse protégée par une moustiquaire. Sur place, courts de tennis (prêt de raquettes), serviettes et matériel de plage, vélos et kayaks à disposition. Tarifs pour une nuit ou à la semaine.

UNE FOLIE

À Captiva

Jensen's Twin Palms Cottages – *15107 Captiva Dr. - ✆ (239) 472 5800 - www.jensen-captiva.com - ♿ P - 14 bung. (2-6 pers.) à partir de 180 $.* Un ensemble de bungalows disséminés dans une palmeraie… un cadre idyllique qui rappelle la Floride d'avant le grand boom touristique. À deux pas de la plage et de Pine Island Sound, où vous aurez sans doute l'occasion de voir des dauphins et des lamantins, les bungalows ne sont pas récents, mais ils sont parfaitement entretenus et aménagés. Sur place, à la marina, il est possible d'organiser des excursions en bateau, de louer toutes sortes d'embarcations et du matériel de pêche.

RESTAURATION

PREMIER PRIX

À Sanibel

Cip's Place – *2055 Periwinkle Way - ✆ (239) 472 0223 - www.cipsplace.com - ♿ 🅿 - 15/25 $.* Un restaurant que recommandent volontiers les locaux pour ses délicieux plats de poisson et ses viandes grillées. Il est possible de dîner en terrasse ou dans la grande salle aux tons chauds. Bons cocktails et service chaleureux.

À Captiva

RC Otters – *11506 Andy Rosse Lane - ✆ (239) 395 1142 - ♿ 🅿 - 10/15 $.* Un petit restaurant sans prétention, ouvert dès le petit-déjeuner. Des sandwichs, des salades, du poisson grillé ou frit, un menu pour enfants, un grand choix de bières pression… L'atmosphère est décontractée et on peut écouter de la musique *live* certains soirs.

ACTIVITÉS

Plages

Tous les hôtels possèdent une abondante documentation sur les lieux, ainsi que des cartes indiquant les différentes plages et leurs accès. Celles-ci sont généralement équipées de toilettes et de douches. Le parking est souvent payant une partie de la journée *(2 $/h).*

Bon à savoir – E. et W. Gulf Dr. sont bordés par des hôtels et des habitations, mais ménagent de nombreux points d'accès à la plage pour le public ; il y a généralement quelques places de parking gratuites sur la route.

Excursions

Captiva Cruises – *dép. de South Seas Island Resort (5400 Plantation Rd, au nord de Captiva) ou Mc Carthy's Marina (11401 Andy Rosse Lane, au nord de Captiva) - ✆ (239) 472 5300 - www.captivacruises.com - ♿ 🅿 - sur réservation.* Différentes excursions, dont Cayo Costa *(tlj à 10h, retour à 16h - 30mn AS - 50 $)* et Cabbage Key *(tlj à 10h, retour à 15h - 1h15 AS - 40 $).*

Tarpon Bay Explorers – *J.N. « Ding » Darling National Wildlife Refuge, 900 Tarpon Bay Rd - ✆ (239) 472 8900 - www.tarponbayexplorers.com.* Tour du refuge en tram *(13 $)*, croisières avec un naturaliste *(23/30 $)* ou excursions guidées en kayak *(30/40 $).* Location de vélos, de kayaks et de matériel de pêche.

Naples

★

20 115 habitants

La ville de Naples se situe juste à l'ouest du Big Cypress Swamp et au nord des Everglades. Elle marque non seulement la limite de la côte sud-ouest de la Floride, mais aussi celle de la civilisation. En un peu plus d'un siècle, cet ancien village de pêcheurs s'est transformé en station balnéaire à la mode, comparable, à plus petite échelle, à Palm Beach.

NOS ADRESSES PAGE 258

S'INFORMER

Visitors Information Center – *900 5th Ave. S. (Suite 102) - ✆ (239) 262 6141 - www.napleschamber.org.*

SE REPÉRER

Carte de région A3 (p. 228). L'US 41 traverse la ville du nord au sud ; Gulf Shore Blvd longe le front de mer.

À NE PAS MANQUER

Une balade dans le quartier historique.

ORGANISER SON TEMPS

Comptez un jour en ville et un autre à la plage.

AVEC LES ENFANTS

Une visite au zoo.

Se promener Plan de ville (p. 256)

★ **Scenic Drive** (Route panoramique)

Circuit de 9,7 km tracé en vert sur le plan de ville (p. 256). Suivez Mooring Line Dr., au nord du centre-ville (accès par l'US-41), qui devient Gulf Shore Blvd ; prenez à gauche 19th Ave., puis à droite Gordon Dr., et poursuivez jusqu'au cul-de-sac de Gordon Pass.

Ce parcours en voiture sur Gulf Shore Boulevard vous fera découvrir les plus belles villas et les somptueux hôtels de Naples. Les demeures plus modernes et plus vastes surgissent le long des derniers quatre kilomètres de Gordon Drive. Une rue à l'ouest de Gulf Shore Boulevard se trouve le **Naples Pier** *(735 8th St. - www.naplespier.com)*. Construite en 1888, cette jetée en bois, détruite à plusieurs reprises par le feu et les ouragans, est l'un des symboles de la ville et le point de rendez-vous des amateurs de pêche sportive.

★ **Old Naples**

5th Ave. S. et 3rd St. S.

Le quartier historique du vieux Naples compte, le long de ses rues bordées de palmiers, des boutiques de luxe et des restaurants, des cours ombragées où faire une pause. Le nom de Old Naples peut être trompeur : même si c'est le plus ancien quartier, tout semble neuf et très propre : la ville n'est vieille que d'un peu plus d'une centaine d'années. Le long de **3rd Street South**, notamment près de Broad Avenue, des galeries d'art proposent des œuvres originales. Remarquez le **Palm Cottage et Norris Gardens** *(137 12th Ave. S. - ✆ (239) 261 8164 - www.napleshistoricalsociety.org - ♿ - Palm Cottage : visite guidée seult (réserv. recommandée), mar.-sam. 13h-16h (10 $) ; jardins : visite guidée seult (réserv. recommandée), 1er et 3e jeu. du mois (10 $) - programme de visites guidées à pied du centre historique (rens. sur place).* Walter S. Haldeman *(voir p. 257)* fit construire cette agréable maison en 1895 pour un de ses amis. Fait en mortier de coquillages brûlés *(tabby)*, le simple cottage vert et blanc se distingue par un toit à pignon et une belle véranda. Il compte, avec l'autre demeure qu'Haldeman fit construire dans le voisinage, parmi les plus anciennes maisons de Naples, et accueillit en son temps de célèbres invités venus d'Hollywood. En 1979, la Collier County Historical Society acheta le cottage pour y établir son siège. La visite peut être complétée par celle des jardins, semblables à ce qu'ils étaient à la fin du 19e s.

Flânez aussi sur **5th Avenue South**, entre 3rd Street et 9th Street, pour découvrir de belles boutiques.

Bâti en 1927 dans le style méditerranéen, le **Naples Depot Museum** *(1051 5th Ave. S. - ✆ 239 262 6525 - www.colliermuseums.com - lun.-vend. 9h-17h, sam. 9h-16h - fermé dim. et j. fériés)* servait de terminus à la ligne de la Seaboard Air Line Railway sur la côte ouest de la Floride. En service jusqu'en 1971, l'ancienne gare a depuis été transformée en bureaux. Lieu d'expositions temporaires, elle présente aussi une collection d'objets liés à l'histoire du chemin de fer. Dehors, un fourgon de queue et un wagon de marchandises abritent des boutiques.

SE LOGER		SE RESTAURER	
Lemon Tree Inn	1	Bar & Café Lurçat	1
Vanderbilt Beach Resort	2	Tavern on the Bay	3
		The Dock	5

★ Naples Botanical Garden

4820 Bayshore Dr. - ✆ (239) 643 7275 - www.naplesgarden.org - ♿ 🅿 - tlj 9h-17h - 12,95 $ (4-14 ans 7,95 $).

Six jardins thématiques – Brésil, Floride, Caraïbes, Asie, aquatique, et pour les enfants – composent ce superbe parc botanique, bordé d'étangs et de mangroves où l'on peut apercevoir des alligators. Des « stations de repos » harmonieusement décorées de fleurs et de plantes tropicales invitent à la paresse par une chaude après-midi. Fin 2014, un nouveau *Visitor Center* a ouvert ses portes : les concepteurs de ces jardins rêvent de donner une dimension internationale au parc.

Naples Zoo at Caribbean Gardens

1590 Goodlette-Frank Rd - ✆ (239) 262 5409 - http://napleszoo.com - ♿ 🅿 *- tlj 9h-17h - 19,95 $ (3-12 ans 18,95 $).*

Ce parc de 21 ha dédié à la faune et à la flore exotiques propose une **promenade en bateau** sur un étang parsemé d'îles, qui donne l'occasion de voir de près des primates, notamment le gibbon à mains blanches, dont le cri strident retentit à travers tout le parc *(20mn AR)*. On peut aussi assister à des spectacles animaliers, et toucher, voire nourrir, certains pensionnaires comme les girafes et les alligators (mais, là, on ne touche pas !).

★ Baker Museum

5833 Pelican Bay Blvd - ✆ (239) 597 1900 - http://artisnaples.org - ♿ 🅿 *- mar. 10h-20h, merc.-sam. 10h-16h, dim. 12h-16h - fermé juil.-sept. - 10 $.*

Installé dans l'enceinte du Philharmonic Center for the Arts *(voir p. 259)*, ce beau musée d'art présente principalement des œuvres d'artistes américains et mexicains issues de collections privées, avec une prédilection pour la période des années 1960 à nos jours. Ne ratez pas le grand luminaire de Dale Chihuly *(voir p. 321)*.

LES PLAGES

La belle plage de Naples est l'attraction majeure de la station balnéaire. Les rues de la ville sont souvent calmes, et toute l'agitation se concentre sur cette magnifique étendue de sable blanc fin, parsemée de coquillages – qu'il est interdit de ramasser. Il n'est pas rare d'apercevoir des dauphins sauter dans les vagues. Les couchers de soleil spectaculaires sont à contempler depuis le **pier** *(au bout de la 3rd St.)*, ou depuis la terrasse d'un bar avec vue. La plage de Naples est en libre accès, et certaines, un peu plus excentrées, appartiennent à des parcs aménagés disposant d'aménités : douches, transats.

LA RENAISSANCE DE NAPLES

En 1887, impressionné par les plages éblouissantes et la végétation subtropicale de l'endroit, **Walter Haldeman**, alors éditeur et propriétaire du *Louisville Courier-Journal*, créa la Naples Town Improvement Company. En quelques années, la société d'Haldeman construisit le Naples Hotel et la jetée, et l'on vit apparaître les premières villas. Mais les propriétés se vendirent mal, et l'entreprise, qui avait surestimé ses moyens financiers, fit bientôt faillite. La ville, uniquement accessible par bateau ou par charrette à bœufs, commença à attirer des familles aisées et quelques millionnaires solitaires, qui firent bâtir le long de la plage d'imposantes demeures, cachées de la rue par des jardins luxuriants. Naples ne devint cependant prospère que dans les années 1920, avec l'arrivée du chemin de fer et l'achèvement, en 1928, de la route du Tamiami Trail, dont le financement fut en grande partie assuré par Barron G. Collier, puissant homme d'affaires de Memphis. De nos jours, bien des visiteurs profitent d'un séjour à Naples pour partir à la découverte des **Everglades** ou des **Ten Thousand Islands** *(voir p. 187)*.

★ Lowdermilk Park

1405 Gulf Shore Blvd N. Parkings avec parcmètres (1,50 $/h).

Un terrain de volley-ball et une plage impeccable, une aire de pique-nique et un snack-bar attirent les amateurs de promenades, de bains de soleil ou de planche à voile.

★ Delnor-Wiggins Pass State Park

11135 Gulfshore Dr. (accès par l'US-41) - ✆ (239) 597 6196 - www.floridastateparks.org/delnorwiggins/ - ♿ P - tlj de 8h au coucher du soleil - 6 $/voiture - visite guidée merc. pendant la saison de ponte des tortues (rens. sur le site Internet) et vend. le reste de l'année.

Véritable havre de paix sur le dense front de mer du nord de Naples, ce joli coin de nature offre près de 2 km de plage vierge bordée d'avoine folle, de palmistes et de palétuviers. À l'extrémité nord du parc, la rivière Cocohatchee rejoint les eaux du golfe après s'être faufilée par la passe de Wiggins. À cet endroit, une tour d'observation de 9 m perce le couvert forestier et permet d'apercevoir la mer.

À proximité Carte de région (p. 228)

Collier-Seminole State Park B3

▶ *À 27 km au sud-est de Naples, sur l'US-41 - 20200 Tamiami Trail E. - ✆ (239) 394 3397 - www.floridastateparks.org/collierseminole/ - ♿ P - tlj de 8h au coucher du soleil - 5 $. Possibilité de camper (✆ 800 326 3521 - http ://floridastateparks.reserveamerica.com).*

Cette réserve naturelle (2 633 ha), créée en 1947, borde la limite nord-ouest du parc des Everglades et permet de se faire une idée de l'incroyable écosystème de la zone pour ceux qui n'auraient pas l'occasion de visiter le parc depuis la côte est. Après avoir payé les droits d'entrée à la cabane du ranger (jetez un œil aux prévisions du « mousticomètre »), remarquez sur la droite l'énorme **drague sur patins** exposée le long de la route. Utilisée dans les années 1920 pour la construction du Tamiami Trail, qui relie Tampa à Miami, cette machine monstrueuse permit de tracer une voie sur des distances extraordinaires de marais et de clairières boueuses. Rejoignez le **centre d'accueil** *(interpretative center)* situé dans une *blockhouse*, une réplique de fort utilisé pendant les guerres séminoles, où l'on trouve quelques panneaux sur la faune et la flore du parc. Le **Royal Palm Hammock Trail** *(1,5 km)* traverse les bois et donne un bel aperçu des ressources du parc. Pour une promenade plus longue, rejoignez le **Old Marco Road** *(5,6 km - sortir du parc)*. Possibilité de louer des canoës pour faire une randonnée avec un guide *(25 $ /j)*.

NOS ADRESSES À NAPLES

HÉBERGEMENT

L'hébergement est cher dans la ville et beaucoup de complexes hôteliers proposent des séjours à la semaine.

BUDGET MOYEN

Lemon Tree Inn – *250 9th St. S. - ✆ (239) 262 1414 - www.lemontreeinn.com - ♿ 🏊 🅿 - 34 ch. à partir de 80 $ ☕.* Dans ce petit hôtel aux allures de motel de charme, les chambres, donnent sur une piscine au cœur d'un jardin tropical. L'hôtel est bien situé, à la fois proche de l'animation de la ville et de la plage, que l'on peut atteindre à pied.

POUR SE FAIRE PLAISIR

Vanderbilt Beach Resort – *9225 Gulf Shore Dr. - ✆ 239 596 3144 - www.vanderbiltbeachresort.com - ♿ 🏊 🅿 - 16 appart. et 14 ch. à partir de 145 $.* Située en bordure de plage, ce petit complexe hôtelier propose des chambres traditionnelles, équipées d'une kitchenette, et des appartements confortables (loués à la semaine). Excellent accueil. Restaurant sur place. Prêt de matériel de plage.

RESTAURATION

PREMIER PRIX

Tavern on the Bay – *489 Bayfront Pl. - ✆ (239) 530 2225 - www.tavernonthebay.net - ♿ - 10/15 $.* Un *sports bar* comme on les aime en Amérique. La bière coule à flots (*happy hour* dès 15h le vend. et le w.-end !), la nourriture est copieuse (mais on peut aussi se contenter de grignoter) et l'ambiance est animée, en particulier les soirs de compétitions sportives, retransmises ici sur écrans géants.

BUDGET MOYEN

The Dock – *845 12th Ave. S. - ✆ (239) 263 9940 - www.dockcraytoncove.com - ♿ - 20/30 $.* « Bonne cuisine, vue sur la baie et décontraction », tel est le slogan de ce restaurant ouvert en 1976. C'est une institution locale et, en fin de semaine, il faut souvent attendre pour pouvoir goûter au menu langouste *(vend.-dim.)* ou aux plats d'inspiration bahamienne (beignets de lambis, bar à l'ananas, rouget en croute de noix de macadamia…).

Bar & Café Lurçat – *494 5th Ave. S. - ✆ (239) 213 3357 - www.cafelurcat.com - ♿ - Bar ouvert à 16h, dîner dès 17h - à partir de 26 $.* Deux lieux en un : un bar pour siroter des cocktails jusque tard dans la soirée en grignotant de petites assiettes, et un restaurant élégant et raffiné qui sert une cuisine d'inspiration méditerranéenne de qualité. Gardez une petite place pour le dessert et essayez les mini donuts fondants.

ACHATS

Tin City – *Au bout de 5th Ave. S. - www.tin-city.com.* Cet ensemble de boutiques et de restaurants est installé sous le toit en tôle *(tin)* d'une ancienne piscifacture d'huîtres des années 1920. Une quarantaine de commerces offre tout un assortiment de marchandises, des bijoux et des coquillages.

EN SOIRÉE

Consultez les sections « *Entertainment* » et « *Sports* » du *Naples News (www.naplesnews.com)* pour connaître le programme des manifestations.

Philharmonic Center for the Arts – *5833 Pelican Bay Blvd - ✆ (239) 597 1900 - http://artisnaples.org.* « The Phil », comme on l'appelle ici, abrite l'orchestre philharmonique de Naples et le Naples Museum of Art *(voir p. 257)*. Il présente toute l'année des spectacles variés (concerts, comédies musicales…).

3

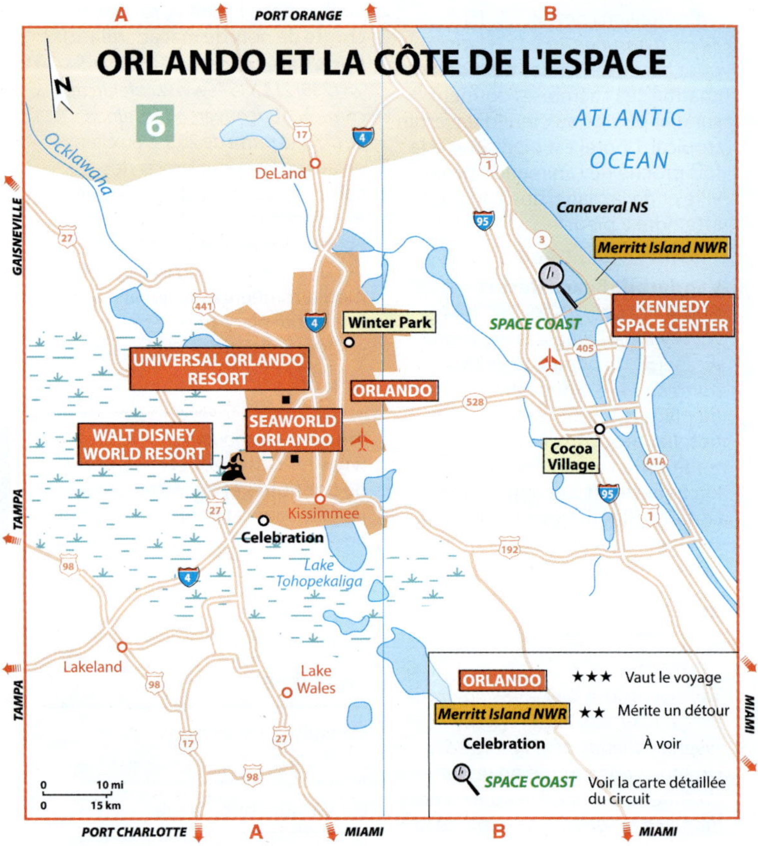
ORLANDO ET LA CÔTE DE L'ESPACE
6
N
PORT ORANGE
GAISNEVILLE
TAMPA
TAMPA
MIAMI
PORT CHARLOTTE
MIAMI
MIAMI
A
B
ATLANTIC
OCEAN
Ocklawaha
DeLand
Canaveral NS
Merritt Island NWR
KENNEDY SPACE CENTER
SPACE COAST
Winter Park
UNIVERSAL ORLANDO RESORT
ORLANDO
SEAWORLD ORLANDO
WALT DISNEY WORLD RESORT
Cocoa Village
Kissimmee
Celebration
Lake Tohopekaliga
Lakeland
Lake Wales
17
4
1
95
27
3
441
405
528
A1A
192
98
ORLANDO ★★★ Vaut le voyage
Merritt Island NWR ★★ Mérite un détour
Celebration À voir
SPACE COAST Voir la carte détaillée du circuit
0 10 mi
0 15 km

Orlando et la côte de l'Espace 4

Orlando

★★★

255 483 habitants

La communauté urbaine d'Orlando connaît l'une des croissances les plus rapides des États-Unis. Véritable Mecque du tourisme, c'est la première destination du pays, tant auprès des Américains que des étrangers. La raison de cet engouement ? Les parcs d'attractions tout proches. Mais la ville elle-même mérite qu'on lui consacre du temps : cette belle cité parsemée de lacs a en effet conservé le charme d'une bourgade floridienne du début du 20e s.

NOS ADRESSES PAGE 267

S'INFORMER

Official Visitor Center – *8723 International Dr. (Suite 101) - ✆ (407) 363 5872 - www.visitorlando.com - tlj 8h-18h30.* Pour obtenir des réductions diverses (hôtels, restaurants, attractions touristiques, etc.), procurez-vous la carte (gratuite) **Orlando Magicard**.

SE REPÉRER

Carte de région A (p. 260). La ville est traversée du nord au sud par l'I-4.

À NE PAS MANQUER

Les musées de Loch Haven Park ; un détour par Winter Park si vous n'aimez pas les parcs d'attractions… ou si vous frisez l'overdose !

ORGANISER SON TEMPS

Vous pouvez passer deux jours à découvrir la ville et ses environs, plus selon le temps que vous souhaitez consacrer aux parcs à thèmes voisins.

AVEC LES ENFANTS

Orlando Science Center et les parcs d'attractions.

Se promener Plan de ville (ci-contre)

CENTRE-VILLE

Cœur administratif d'Orlando depuis sa création en 1875, ce quartier longtemps négligé a retrouvé, au cours des dernières années, son animation d'antan. Orange Avenue et les rues voisines forment l'**Orlando Downtown Historic District**, zone historique elle-même entourée de vieux quartiers résidentiels comme **Lake Cherokee District** *(au sud)* ou **Eola Heights District** *(au nord-ouest)* où se mélangent demeures de styles méditerranéen, colonial, classique ou néo-Tudor, édifices Art déco, bungalows et maisons victoriennes.

★ Autour d'Orange Avenue

La principale artère commerçante du vieil Orlando reflète, dans son architecture variée, l'histoire de la ville. À l'extrémité sud de l'avenue se dresse le **City Hall** (1992), un bâtiment à coupole d'inspiration classique, précédé d'une vaste esplanade, qui abrite les bureaux de la municipalité. À l'intérieur, une galerie d'art présente des expositions temporaires consacrées aux œuvres d'artistes de la région.

Plus au nord, à l'ombre de la tour du SunTrust Center, se trouve le **First National Bank Building (A)** *(Orange St. et Church St.)*. L'édifice (1930) offre un mélange d'éléments néoclassiques et Art déco.

Bel exemple du style Art moderne des années 1930, **McCrory Five & Dime** *(Orange St. et Pine St.)* était la plus grosse épicerie McCrory du sud des États-Unis. Ce bâtiment aux lignes sobres abrite à présent une galerie de jeux vidéo.

On peut admirer, quelques rues plus loin, la façade en panneaux de zinc pressés d'un bâtiment de style Queen Anne, **Rogers Building** *(nos 37-39 Magnolia Ave.)*, construit vers 1906.

SE LOGER
Eõ Inn & Spa.. 1
The Courtyard at Lake Lucerne...... 3

SE RESTAURER
Ceviche Tapas Bar & Restaurant..... 1
Chatham's Place................................. 3
White Wolf Cafe......... 5
First National Bank...A

Un peu d'histoire : Orlando

LE « COMTÉ DES MOUSTIQUES »

En 1824, Mosquito County comprenait les 6 625 km^2 de terres qui constituent aujourd'hui la communauté urbaine d'Orlando. En 1835, quand éclata près d'Ocala la deuxième guerre séminole, on dénombrait dans le comté environ 700 colons. Pour leur protection, le gouvernement américain y établit plusieurs ouvrages défensifs, dont **Fort Gatlin** (1838).

À la fin des hostilités, en 1842, le Congrès sut ramener des colons dans la région grâce à une loi, **Armed Occupation Act**, qui leur allouait 65 ha de terre s'ils s'engageaient à y vivre pendant cinq ans et à assurer leur propre défense. Évacué par l'armée en 1849, Fort Gatlin constitua le noyau de la colonie de peuplement ainsi établie, celui de la future ville d'Orlando.

Comme un peu partout en Floride centrale, l'élevage et la culture du coton jouèrent, dans les premiers temps, un rôle économique majeur. Le comté d'Orange (né de la subdivision en trois de Mosquito County, peu après l'avènement au rang d'État de la Floride, en 1845) se distinguait, au début des années 1860, par un coton prisé des connaisseurs. La ville d'Orlando, à un stade encore embryonnaire, était alors enclavée dans une vaste plantation de coton, elle-même ceinte de prairies d'élevage. Elle n'acquit le statut de municipalité qu'en 1875.

Les agrumes firent leur percée dans les années 1880, quand l'achèvement de la voie de chemin de fer de la South Florida Railway ouvrit des débouchés aux cultivateurs locaux. L'agriculture demeura le moteur de l'économie jusqu'à l'arrivée, au début des années 1960, d'un certain Walt Disney, qui devait à jamais changer la destinée de la région.

UNE DESTINATION TOURISTIQUE DE CHOIX

En 1965, **Walt Disney** dévoila son ambitieux projet de construction d'un nouveau parc à thème près d'Orlando. Walt Disney World Resort était inauguré en grande pompe en 1971 *(voir encadré p. 286)*. Deux ans plus tard SeaWorld ouvrait ses portes. En 1990, les studios Universal de Floride s'ajoutaient à cette prestigieuse liste.

Depuis les années 1980, la taille de la communauté urbaine d'Orlando a été multipliée par trois. La région, pourvue d'innombrables centres commerciaux, restaurants, hôtels et lieux de divertissements en tous genres, constitue désormais l'une des destinations touristiques mondiales les plus fréquentées et la première du pays, tous publics confondus. Le secteur des services a connu un essor considérable, et l'installation de grosses compagnies (AT & T, Westinghouse, etc.) a entraîné le développement de l'industrie locale, où figuraient déjà plusieurs géants. L'industrie du cinéma, enfin, s'est lancée à la conquête de l'Est, et les studios Disney-Hollywood et Universal tournent désormais à Orlando de nombreux films et émissions de télévision. Avec l'évolution constante de Walt Disney World et l'agrandissement des studios Universal, l'expansion démographique et financière d'Orlando se poursuit sans faiblir.

Tout près, à l'angle de Magnolia Avenue et de Washington Street, l'Orange County Courthouse (1927) qui abrite l'**Orange County Regional History Center**, dont les expositions, consacrées à l'histoire de la Floride centrale, n'intéresseront que ceux qui parlent anglais *(65 E. Central Blvd, Heritage Sq. - ✆ (407) 836 8500 - www.thehistorycenter.org - lun.-sam. 10h-17h, dim. 12h-17h - 12 $).*
Au nord du quartier *(Orange Ave. et Livingston St.)* se détachent les flèches argentées du **Barnett Bank Center** (1987) ; des œuvres d'art sont exposées dans le hall d'entrée et la cour intérieure.

★ Church Street

Miraculeusement préservée, cette petite rue qui survit entre les gratte-ciel compte de beaux témoignages de l'architecture de la fin du 19e s. C'est aujourd'hui l'un des hauts lieux de la vie nocturne locale. Dans les années 1970, on y aménagea Church Street Station, un complexe de commerces et de restaurants, aujourd'hui quasiment à l'abandon. Il voisine avec l'**Orlando Railroad Depot** (1887-1890), exemple typique d'architecture ferroviaire de l'époque victorienne, avec sa coupole et ses lucarnes arquées.

Lake Eola Park

Central Blvd et Rosalind Ave.
C'est le meilleur endroit du centre-ville pour se dégourdir les jambes ou pour savourer un instant de tranquillité. On y vient volontiers faire le tour du lac, à pied ou en patins, contempler la ligne d'horizon de la ville, assis sur l'un des nombreux bancs, ou profiter des pédalos, du terrain de jeu, du café, du kiosque de musique et de la fontaine du lac, illuminée la nuit.

À voir aussi Plan de ville (p. 263)

★ Orlando Museum of Art

2416 N. Mills Ave. (dans Loch Haven Park) - ✆ (407) 896 4231 - www.omart.org - ♿ P - mar.-vend. 10h-16h, sam.-dim. 12h-16h - 8 $.
D'importants travaux de rénovation ont permis à ce musée (1924) de doubler sa surface d'exposition. Quatre grandes galeries présentent par roulement une sélection d'œuvres issues des collections permanentes : plus de 600 exemples d'**art américain** des 19e et 20e s., comme des peintures de John Singer Sargent, George Inness, Georgia O'Keeffe, Maurice Prendergast et Gene Davis. Remarquez aussi de beaux objets précolombiens en terre, en jade, en pierre et en tissu, provenant du Mexique, du Pérou et du Costa Rica. La collection africaine comporte des perles travaillées par les Yorouba, des statues Achanti et des œuvres sur métal béninoises. Enfin, plusieurs salles accueillent toutes sortes d'expositions temporaires.

★ Orlando Science Center

777e. Princeton St. (dans Loch Haven Park) - ✆ (407) 514 2000 - www.osc.org - ♿ P - tlj 10h-17h - 19 $ (3-11 ans 13 $).
Ce superbe bâtiment de forme cylindrique doté d'un énorme atrium abrite un musée des sciences dont l'approche interactive plaira aux adultes. Parmi les sections les plus intéressantes, on retiendra **NatureWorks**, dont les dioramas grandeur nature illustrent les différents écosystèmes de la Floride (marais de cyprès et de palétuviers peuplés d'alligators et de tortues, récif corallien, etc.). Les enfants s'attarderont avec intérêt à **KidsTown**, une ville miniature pour les touche-à-tout qui peuvent voir comment on travaille dans un garage ou dans une usine de conditionnement de jus d'orange. **All Aboard** aborde les différents moyens de transport, de l'automobile à la navette spatiale.

Dino Digs est consacrée aux dinosaures, **Carreers for Life** aux métiers qui permettent de sauver des vies. Enfin, **Our Planet, Our Universe** traite d'astronomie et des sciences de la Terre.
Le musée compte aussi une immense salle de projection, **Dr. Phillips CineDome** *(films et spectacles d'astronomie)*, et le **Crosby Observatory** *(vend.-sam. en fonction de la météo)*, observatoire équipé du plus grand télescope de tout l'État.

Mennello Museum of American Folk Art

900 e. Princeton St. (dans Loch Haven Park) - ✆ (407) 246 4278 - www.mennello museum.com - mar.-sam. 10h30-16h30, dim. 12h-16h30 - ♿ P - 5 $.
Installé dans une demeure admirablement restaurée donnant sur le lac Formosa, ce musée est consacré aux arts populaires américains. On y découvre en particulier l'importante collection d'œuvres d'**Earl Cunningham** (1893-1977) rassemblée par Michael A. et Marilyn L. Mennello. Cet artiste originaire du Maine, qui travailla beaucoup à St. Augustine, laisse transparaître sa passion pour la mer à travers ses peintures naïves et colorées. Le musée compte une très belle boutique et de magnifiques jardins parsemés de sculptures.

★ Harry P. Leu Gardens

1920 N. Forest Ave. - ✆ (407) 246 2620 - www.leugardens.org - ♿ P - maison : visite guidée seult (tlj sf juil. 10h-15h30, dép. ttes les 30mn) ; jardins : tlj 9h-17h - 10 $.
À sa construction en 1888, la **Leu House** était une modeste ferme. Elle fut agrandie par ses propriétaires successifs, dont Harry P. Leu, homme d'affaires local et grand amateur de plantes exotiques, qui y habita de 1936 à 1961, avant de faire don à la ville de sa demeure et de ses jardins.
Situés sur la rive sud du lac Rowena, ces derniers occupent une superficie de 20 ha. Ils sont particulièrement renommés pour leur superbe **collection de camélias★**, riche de plus de 2 000 spécimens *(floraison déc.-mi-fév.)*, dont certains d'une grande rareté. On trouve aussi sur place la plus grande **roseraie** de Floride, qui réunit à elle seule plus d'un millier de roses *(floraison mars-janv.)* appartenant à 250 variétés différentes. Des allées *(3,2 km)* serpentent à travers un étonnant foisonnement végétal comportant, parmi tant d'autres, les belles plantes grasses d'un jardin de xérophytes, ainsi qu'une quarantaine d'espèces de palmiers. Dans le coin sud-est des jardins, une petite serre est vouée aux orchidées, fougères et broméliacées. On découvre, ici et là, des sculptures modernes, dont beaucoup illustrent le travail dans les plantations d'agrumes.
Inauguré en 1995, **Garden House** est un gracieux bâtiment à colonnades blanches qui abrite une belle boutique de souvenirs, des salles de conférences, et un espace réservé aux banquets.

À proximité Carte de région (p. 260)

★ Winter Park A

À 9,5 km au nord d'Orlando, par la SR 15 Nord puis l'I-4 Est.
Cette petite ville où règne un calme inattendu fut fondée en 1885 par un groupe de congrégationalistes originaires de la Nouvelle-Angleterre. Elle est construite en bordure d'un joli plan d'eau appartenant à un ensemble de six lacs reliés les uns aux autres en 1894 par une série de canaux. Ces derniers sont aujourd'hui fréquentés par de nombreux plaisanciers et visiteurs venus profiter d'une agréable promenade en bateau *(voir « Nos adresses à Orlando »)*.
Principale artère du centre-ville, **Park Avenue** finit sa course à l'entrée de Rollins College. Elle est bordée d'agréables cafés, de magasins d'antiquités,

d'élégantes boutiques et de quelques succursales de renom. Ne manquez pas d'explorer les passages nichés entre les devantures, car ils mènent souvent à de charmantes cours fleuries.

★ **Charles Hosmer Morse Museum of American Art** – *445 Park Ave. N. - ✆ (407) 645 5311 - www.morsemuseum.org - ♿ P - mar.-sam. 9h30-16h (20h le vend. de nov. à avr.), dim. 13h-16h - 5 $ (gratuit le vend. de 16h à 20h).* Un bel ensemble d'œuvres provenant des studios de **Louis Comfort Tiffany** (1848-1933) constitue le cœur d'une collection de 4 000 pièces datant de la fin du 19e s. et du début du 20e s. : peintures américaines et européennes, arts décoratifs et graphiques, poterie, bijoux Art nouveau et mobilier Arts and Crafts. Exposée pour la première fois au Rollins College en 1942, la collection Morse emménagea en 1995 dans ses locaux actuels (spécialement conçus pour l'exposition de vitraux et d'éléments architecturaux de grande taille. À l'entrée de la **Tiffany Window Gallery** (6 m de haut), remarquez deux colonnes de marbre provenant de l'ancienne demeure des Tiffany à Long Island ; leurs chapiteaux, ornés d'un motif floral évoquant des jonquilles, furent réalisés en verre « Favrile », richement irisé. La salle même contient de superbes **vitraux★** conçus par Tiffany pour l'Exposition universelle de Chicago, en 1893. Le musée possède également un véritable chef-d'œuvre, **Magnolia Window★★**, dont les délicates couleurs ornaient jadis la résidence new-yorkaise des Tiffany, ainsi que des vitraux de William Morris, de Frank Lloyd Wright et de John Lafarge. S'y ajoutent de nombreuses autres œuvres de Tiffany, qui occupent l'essentiel des quinze galeries du musée : lampes, vases, bijoux, verre soufflé et poterie.

★ **Knowles Memorial Chapel** – *1000 Holt Ave. - ✆ (407) 646 2115 - www.rollins.edu/chapel - ♿ P - sept.-mai : lun.-vend. 8h30-17h ; reste de l'année et j. fériés sur RV.* Cette église compte parmi les plus belles réussites du style d'inspiration méditerranéenne du début du 20e s., dont les exemples ne manquent pas sur le campus de Rollins College. Elle fut conçue par le célèbre **Ralph Adams Cram** (1863-1942), auquel on doit aussi la cathédrale St. John the Divine à New York. L'édifice, aux murs de stuc et au toit de tuiles, s'enrichit d'un clocher à étages très travaillé et d'un tympan sculpté représentant un franciscain flanqué de *conquistadores* espagnols et d'Indiens. À l'intérieur, les vitraux de la rosace et du chœur évoquent saint Augustin d'Hippone et saint François d'Assise. Au-dessus de l'entrée menant au clocher, remarquez une belle tapisserie bruxelloise du 16e s., qui fut exécutée d'après une esquisse de Raphaël représentant la lapidation de saint Étienne. Chaque année, au mois de février, l'église sert de cadre à un prestigieux festival Bach.

4

NOS ADRESSES À ORLANDO

TRANSPORTS

Arriver

Avion – Orlando International Airport - *à 11 km au sud de la ville - ✆ (407) 825 2352 - www.orlandoairports.net.*
Transports à destination du centre-ville : taxis *(30/35 $)* ; navettes commerciales assurées par **Mears Transportation Group** *(✆ 855 463 2776 - www.mearstransportation.com - 20/25 $)* ; transports publics du réseau **Lynx** *(www.golynx.com - bus nos 11 ou 51, en sem. jusqu'à 22-23h, sam. 22h, dim. 20h - 2 $)* ; navettes gratuites desservant les grands hôtels ; navettes gratuites (sur réserv.) pour les hôtels de Walt Disney World Resort avec **Disney's Magical Express Shuttle** *(✆ 407 939 6244 - www.disneyworld.disney.go.com/guest-*

services/magical-express). Sociétés de location de voitures *(voir p. 40)* à l'aéroport.

Sur place

Les transports publics sont gérés par le réseau **Lynx** *(voir ci-avant)*. Le trolley **I-Ride** *(✆ (407) 354 5656 - www.iridetrolley.com - tlj 8h-22h30 - ttes les 20-30mn - 2 $ AS, One Day Pass 5 $)* compte deux lignes qui desservent International Drive et ses environs.

HÉBERGEMENT

POUR SE FAIRE PLAISIR

À Orlando

The Courtyard at Lake Lucerne – *211 N. Lucerne Circle East - ✆ (407) 648 5188 - www.orlandohistoricinn.com - ♿ P - 30 ch. à partir de 120 $ ☕*. Cet agréable *bed & breakfast* occupe quatre maisons (1893-1940) organisées autour d'un beau jardin tropical, à deux pas du lac Lucerne. Chacune évoque une période glorieuse de la ville, de la résidence victorienne à la maison Art déco. Norment-Parry Inn (1883) serait même la plus ancienne de la ville. L'ensemble est aménagé avec goût et divers objets anciens. Une très bonne adresse.

Eõ Inn & Spa – *227 N. Eola Dr. - ✆ (407) 481 8485 ou 888 481 8488 - www.eoinn.com - ♿ 🏊 P - 17 ch. à partir de 140 $ ☕*. Un hôtel de charme dominant le lac Eola et la *skyline* d'Orlando. Installé dans une demeure de 1923, il possède des chambres très modernes, et une piscine se niche sur son toit-terrasse. Comme son nom l'indique, c'est aussi un Spa réputé, ouvert à tous.

À proximité des parcs

Kissimmee *(17 km au sud du centre-ville d'Orlando par l'I-4 Ouest puis l'US 441 Sud)* se trouve non loin des parcs Disney et compte un nombre infini de motels et d'hôtels de chaîne, installés pour la plupart le long de l'US-192 et de l'US-535.

International Drive *(à env. 10 km au sud du centre-ville d'Orlando)*, ainsi que les rues alentour (Major Blvd, S. Kirkman Rd, US-435) est tout indiqué pour gagner rapidement Universal Orlando Resort et la plupart des parcs aquatiques. Nombreux hôtels et motels.

Dans les parcs

Si votre budget vous le permet, vous pouvez envisager de loger dans l'un des trois hôtels d'Universal Orlando Resort *(www.universalorlando.com)* ou dans les complexes Disney *(www.downtowndisneyhotels.com)*. Ces derniers comptent plus de 25 000 chambres réparties en une vingtaine d'hôtels, du camping à la catégorie grand luxe.

Bon à savoir – Les sites des parcs et les agences de voyages proposent des « packages » intéressants si vous comptez y passer plusieurs jours. La plupart des hôtels possèdent par ailleurs une billetterie où vous pourrez acheter vos billets pour les différents parcs, moyennant un supplément qui vous évitera de faire la queue sur place. Ils offrent aussi des services de navettes, parfois gratuits, qui permettent de ne pas prendre son véhicule et de ne pas payer le parking dans les parcs (attention aux horaires !).

RESTAURATION

BUDGET MOYEN

White Wolf Cafe – *1829 N. Orange Ave. - ✆ (407) 895 9911 - www.whitewolfcafe.com - ♿ P - 10/30 $*. Un endroit très sympathique, du petit-déjeuner au dîner. À la carte, une bonne cuisine américaine ou des plats de pâtes et, dans la salle, quelques objets à chiner (le restaurant est installé dans une ancienne brocante !). Beaucoup d'ambiance le soir.

Ceviche Tapas Bar & Restaurant – *125 W. Church St., Church St. Station - ✆ (407) 281 8140 - http://ceviche.com - ♿ - à partir de 18 $ (tapas à partir de 4 $).* Au cœur de l'animation du centre-ville, ce restaurant hispano-américain possède une décoration digne d'un bar à tapas espagnol avec ses jambons qui pendent au plafond, ses comptoirs en cuivre et ses carrelages en faïence colorée. Bien aussi pour prendre un verre ou un brunch dominical original.

POUR SE FAIRE PLAISIR

Chatham's Place – *7575 Dr. Phillips Blvd - ✆ (407) 345 2992 - www.chathamsplace.com - ♿ P - dîner seult - fermé dim. - à partir de 30 $.* Un restaurant raffiné et *cosy* où l'on sert une succulente cuisine continentale préparée à base de produits bio locaux. La carte change régulièrement, mais le carré d'agneau, le filet au poivre et le bar au beurre de noix de pécan font partie des classiques. Excellente carte des vins.

ACHATS

Orange Ave. a été rebaptisée « Antique Row » en raison des nombreuses boutiques d'**antiquités** qui s'y trouvent.

Orlando Premium Outlets – *International Dr. - www.premiumoutlets.com.* Plus de 150 magasins d'usine.

EN SOIRÉE

Consultez les sections *« Entertainment »* et *« Sports »* de l'*Orlando Sentinel (www.orlandosentinel.com)* et les publications *Travelhost (www.travelhost.com/orlando)* et *See Orlando*. Réservation pour les événements culturels et sportifs par l'intermédiaire de **Ticketmaster** *(www.ticketmaster.com).*

Principale salle de spectacles :
Bob Carr Performing Arts Center – *401 West Livingston St. - ✆ (407) 849 2001 - www.orlandovenues.net.*

SPORTS

Basket-ball

L'équipe de basket des Orlando Magic, l'une des plus prestigieuses de la NBA *(www.nba.com/magic/)*, se produit à l'**Amway Center** *(400 W. Church St., Suite 200 - www.orlandovenues.net).*

Pelote basque

C'est à Orlando que se trouve le seul fronton de Floride centrale.
Orlando Jai-alai – *6405 S. Hwy 17-92, Fern Park - ✆ (407) 339 6221 - www.orlandojaialai.com.*

ACTIVITÉS

Winter Park Scenic Boat Tour – *312 E. Morse Blvd - ✆ (407) 644 4056 - www.scenicboattours.com - tlj 10h-16h (dép. ttes les h) - 12 $.* Une tradition depuis 1938 : cette compagnie assure des promenades en bateaux sur une vingtaine de kilomètres de canaux, permettant ainsi de découvrir la ville au fil de l'eau.

Universal Orlando Resort

★★★

Les studios Universal sont devenus une véritable « ville du cinéma », dont la taille a triplé depuis la création de nouveaux plateaux de tournage et de plusieurs hôtels. Au parc à thème d'origine, Universal Studios Florida, sont venus s'ajouter Islands of Adventure et Universal CityWalk. On y retrouve les héros des grandes productions cinématographiques américaines, dont on découvre par ailleurs les coulisses, et sur lesquelles sont basées les différentes attractions proposées.

NOS ADRESSES PAGES 267 ET 275

S'INFORMER

(407) 363 8000 - www.universalorlando.com.

SE REPÉRER

Carte de région A (p. 260). Le complexe se trouve à l'intersection de l'I-4 et de l'US- 435, à mi-chemin entre la ville d'Orlando et Walt Disney World Resort. En venant d'Orlando, prenez la sortie 75AB sur l'I-4 et suivez les panneaux.

SE GARER

Le parking du site coûte 15 $ la journée (3 $ après 18h) ; il est relié à l'accueil par des escaliers et des tapis roulants.

À NE PAS MANQUER

Les amateurs de sensations fortes testeront leurs limites au Hollywood Rip Ride Rockit et, dans une moindre mesure, à Revenge of the Mummy (Universal Studios), sur Dueling Dragons ou Incredible Hulk Coaster (Islands of Adventure), des montagnes russes qui font frémir.

AVEC LES ENFANTS

Animal Actors on location (Universal Studios), pour voir comment on entraîne les animaux acteurs ; puis les attractions dédiées à leurs héros préférés, de Shrek au Simpsons en passant par Harry Potter.

Universal Studios Florida

Bon à savoir – Nous décrivons ci-après les attractions principales : à vous de découvrir les autres !

Plus gros studio de cinéma et de télévision en dehors d'Hollywood, cet énorme complexe s'étend sur 180 ha et comprend neuf plateaux de tournage et un parc à thème.

Le célèbre emblème des studios Universal pivote dans une fontaine devant l'entrée. Celle-ci s'ouvre sur le **Front Lot**, bordé de magasins et de snack-bars, où vous apercevrez peut-être le sosie de Mae West ou de Charlot.

Les attractions sont réparties en six espaces différents, qui recréent l'ambiance d'une ville. On reconnaît **San Francisco**, avec sa chocolaterie Ghirardelli et ses lignes de tramway, ou **New York**, avec ses *brownstones*, ses parcs et ses panneaux publicitaires. Les trottoirs de Delancey Street accueillent les Blues Brothers à intervalles réguliers.

Hollywood Rip Ride Rockit.

Hollywood Rip Ride Rockit

Ne vous imaginez pas que les passagers de ce grand huit crient pour s'amuser, l'expérience est réellement terrifiante ! Elle commence par une montée à la verticale sur quelque 50 m, à laquelle succèdent montées et descentes vertigineuses. Souriez, vous êtes filmé *(vidéo en vente à la sortie).*

Terminator 2 3-D : Battle Across Time

Dirigée par James Cameron, célèbre réalisateur de *Titanic* (1997) et *Avatar* (2009), cette version 3-D *(12mn)* du fameux film d'action *Terminator 2 : le jugement dernier*, comblera les fans d'Arnold Schwarzenegger.

Revenge of the Mummy

Cet autre grand huit, moins terrifiant et moins long que le premier, se déroule à l'intérieur d'une pyramide. Vous êtes ici un explorateur subissant la vengeance de la momie, furieuse d'avoir été dérangée dans son sommeil éternel. Les effets spéciaux sont très réussis.

Shrek 4-D

L'une des attractions les plus populaires fait revivre les personnages du film d'animation dans une course-poursuite époustouflante et pleine de surprises.

Disaster

Accueilli par (l'hologramme de) l'acteur Christopher Walken, qui joue le rôle d'un metteur en scène tyrannique, vous êtes invité à faire de la figuration dans un film catastrophe se déroulant dans le métro de San Francisco lors d'un tremblement de terre !

Men in Black Alien Attack

Cette chevauchée « high-tech » est la première de l'histoire à lancer dans une course effrénée des véhicules au coude à coude *(score affiché dans chaque véhicule).* L'ordinateur de bord propose douze fins de course et des milliers de trajets possibles.

Mode d'emploi

QUAND S'Y RENDRE

Les **périodes d'affluence** sont les vacances scolaires de printemps, d'été et de Noël. Les périodes creuses sont janvier, septembre-octobre et de Thanksgiving (fin novembre) à Noël. N'oubliez pas qu'en été il peut faire très chaud et très humide, et pensez à prendre de la crème solaire.

TARIFS ET FORFAITS

Il existe plusieurs formules, du **pass valable 1 jour** pour l'un des deux parcs *(88 $/adulte, 82 $/enf.)* ou pour les deux parcs *(123 $/adulte, 117 $/enf.)* au **pass de 4 jours**. Il est possible de faire des économies sur certains forfaits en achetant ses billets en ligne et en les imprimant, ce qui permet par ailleurs d'éviter une queue interminable à l'entrée des parcs.

Pour ne pas faire la queue dans les parcs, prenez l'option coupe-file de l'**Universal Express Plus** *(de 19,99 à 55,99 $/pers. selon les options ; gratuite si vous logez dans l'un des hôtels du Resort).*

Vous pouvez aussi souscrire une formule **MealDeal** qui propose des menus à volonté dans certains restaurants du complexe *(20,99/24,99 $ selon les options)*, ou simplement la formule **MealDeal Souvenir Cup** *(8,99 $/j)* qui permet de boire à volonté des *soft drinks* tout au long de la journée.

Si vous comptez aussi visiter les parcs aquatiques *(voir p. 276)*, renseignez-vous sur les billets **Orlando Flex Ticket** et **Orlando Flex Ticket Plus**, qui permettent de réaliser des économies substantielles *(vendus sur place, à SeaWorld, et en ligne, notamment sur www.orlandofuntickets.com).*

ORGANISER SA VISITE

Comptez une journée pour Universal Studios Florida et autant pour Islands of Adventure. Selon la saison, préparez-vous à attendre plus ou moins longtemps. Aussi, essayez d'arriver au moins **30mn avant l'ouverture** pour être opérationnel dès 9h, car la plupart des visiteurs se présentent après 10h30. Les attractions les plus récentes, et celles à sensations fortes, attirent le plus de monde. Sur le site d'Universal Studios Florida, ce sont Terminator 2 3-D, Revenge of the Mummy, Shrek 4-D, Disaster et Hollywood Ripe Ride Rockit. Sur le site de Islands of Adventure, ce sont celles de Jurassic Park, Toon Lagoon, Dueling Dragons, Incredible Hulk Coaster et The Amazing Adventures of Spider-Man. En soirée, vous pouvez revenir sur Universal CityWalk *(accès gratuit)* pour dîner ou écouter de la musique.

SUR PLACE

Vous recevrez, avec votre billet d'entrée, un **plan détaillé** du complexe et un **programme** mentionnant les horaires des spectacles et attractions (très bien indiquées). Lorsque vous validez votre billet, on relève l'**empreinte** de l'un de vos doigts : ceci pour vous permettre de **déposer vos affaires** dans les casiers situés à l'entrée des attractions, où la mesure est obligatoire.

Vous vous rendrez rapidement compte que cet immense dispositif – tout comme celui des autres parcs – a pour but de vous faire passer un bon moment… en dépensant un maximum d'argent ! Des boutiques de souvenirs ont ainsi été aménagées à la sortie de la plupart des attractions.

Incredible Hulk Coaster, Universal Orlando Resort.

C. Moirenc / hemis.fr

E.T. Adventure

Vous enfourchez une bicyclette survolant une ville américaine avant de parvenir à la planète verte qu'E.T. souhaitait tant retrouver. Toute la magie du film est au rendez-vous grâce à de très beaux décors.

JAWS

Le bateau sur lequel vous embarquez passe au large d'**Amity**, dont les charmantes maisons de bois blanches recréent le cadre fictif du fameux film de Spielberg, *Les Dents de la mer* (1975). Vous vous trouvez soudain nez à nez avec un terrible requin blanc. Il a la peau dure, mais les pilotes du bateau ont plus d'un tour dans leur sac et, après quelques affrontements spectaculaires, vous regagnez sain et sauf la terre ferme.

Animal Planet Live

Les spectacles de cette scène de plein air mettent en vedette des sosies de stars canines ou équines comme Lassie, Benji et M. Ed. (le cheval qui… savait parler !).

Horror Make-Up Show

Consultez la brochure du parc pour les horaires.
Pour tout savoir des maquillages et des effets spéciaux utilisés dans les films d'horreur.

Universal's Islands of Adventure

Bon à savoir – Nous décrivons ci-après les attractions principales : à vous de découvrir les autres !

Conçu avec l'aide du réalisateur Steven Spielberg, le second parc d'attractions d'Universal Orlando Resort a pour thème des œuvres littéraires ayant été adaptées à l'écran (films ou dessins animés). Le spectateur est amené à vivre un certain nombre d'aventures à travers six espaces thématiques différents aux décors et effets spéciaux très réussis.

Port of Entry

Cet espace, qui rassemble boutiques et restaurants, est aussi le point de départ des bateaux qui desservent les cinq îles de l'archipel, où se trouvent les attractions. Il est également possible de s'y rendre à pied.

Jurassic Park

Les paléontologues d'un jour retrouveront ici toute l'atmosphère des films de Spielberg. Vous serez poursuivi par un terrifiant *Tyrannosaurus rex* sous les grondements de la foudre et du tonnerre, et terminerez sans doute bien mouillé après avoir dévalé l'imposante chute d'eau (25 m) de **River Adventure**. Avec **Pteranodon Flyers**, vous pourrez grimper sur le dos de créatures volantes disparues de la surface de la Terre il y a plusieurs millions d'années.

Toon Lagoon

Royaume des personnages de dessins animés, cette île est peuplée de Betty Boop, Popeye et autres héros moins connus en France. Avec **Popeye and Bluto's Bilge-Rat Barges**, vous embarquez sur le bateau du célèbre marin amateur d'épinards pour une promenade pleine d'aventures ; vous rencontrerez notamment une pieuvre géante, avant que votre périple ne se termine dans de grandes éclaboussures.

Marvel Super Hero Island

Vous avez ici rendez-vous avec plusieurs super-héros, qui vous poussent à tester vos limites sur des montagnes russes effrayantes. **Incredible Hulk Coaster** vous fait ainsi passer de la station arrêt à 60 km/h en deux secondes, avant que vous n'entamiez une série de sept loopings. **Amazing Adventures of Spider-Man** vous invite à assister à une lutte sans merci, et en 3-D, entre les forces du Bien et celles du Mal, qui pour l'occasion se sont emparé de la statue de la Liberté !

The Lost Continent

Un voyage au pays des Mille et Une Nuits, de la mythologie et des chevaliers du Moyen Âge. Sa principale attraction, le super huit **Dueling Dragons**, vous donnera des sueurs froides : vous aurez en effet la sensation de tomber de votre siège tandis que vous serez pourchassé par des dragons sortis d'une forêt maléfique… Vraiment très impressionnant.

The Wizarding World of Harry Potter

Dernière née des attractions d'Islands of Adventure (2010), le monde magique d'Harry Potter rencontre un grand succès auprès des fans de la saga de J. K. Rowling. Plusieurs expériences à vivre, parmi lesquelles des montagnes russes assez impressionnantes (**Dragon Challenge**) et d'autres destinées à un public plus familial (**Flight of the Hippogriff**).

NOS ADRESSES À UNIVERSAL RESORT

Au débouché des tapis roulants qui acheminent les visiteurs depuis les parkings, **Universal CityWalk** est un vaste espace libre d'accès rassemblant hôtels, restaurants, boutiques, cinémas et clubs, ainsi qu'une immense pâtinoire en plein air.

HÉBERGEMENT

POUR SE FAIRE PLAISIR

Loews Royal Pacific Resort – *6300 Hollywood Way – ✆ (407) 503 3000 - www.loewshotels.com* - ♿ 🏊 🅿 - *1 000 ch. 165/425 $*. Un complexe hôtelier au cœur du parc, avec sa piscine de style lagon, ses bars et restaurants, ses bains à remous, ses terrains de sport… Les chambres, à la décoration contemporaine et bien équipées, se révèlent spacieuses. Idéal pour les familles.

RESTAURATION

Parmi les restaurants situés sur CityWalk, l'un des meilleurs est sans doute **Emeril's Restaurant Orlando**, où l'on sert une cuisine créole digne des bons établissements de Louisiane. Vous y trouverez aussi l'incontournable **Hard Rock Café** et le tout aussi célèbre **Jimmy Buffett's Margaritaville** *(plusieurs établissements en Floride, dont à Key West)*, où l'on peut dîner au son des standards américains.

EN SOIRÉE

Réplique d'un club célèbre de La Nouvelle-Orléans, **Pat O'Brien's** est un club de jazz doublé d'un pub, très agréable. Chez **Bob Marley's**, réplique de la maison du pape du reggae à la Jamaïque, on peut écouter de la musique en grignotant de bonnes choses. C'est également ici que se produit régulièrement, dans un étonnant spectacle musical multimédia, le **Blue Man Group** *(✆ (407) 258 3626 - www.universalorlando.com/Shows/Blue-Man-Group.aspx - réservation nécessaire)*.

Les parcs aquatiques

★★★

Quatre parcs d'attractions aquatiques attendent les visiteurs à Orlando. Le plus connu – et le plus intéressant – est sans conteste SeaWorld Orlando, qui a ouvert ses portes en 1973. Avec ses nombreux spectacles animaliers, ses bassins interactifs et ses aquariums, il offre un heureux mélange d'activités éducatives et récréatives. Discovery Cove est par ailleurs un endroit étonnant, qui recrée un lagon tropical, donne l'occasion de se baigner avec des poissons multicolores et des dauphins. Les deux derniers, Aquatica et Wet'n Wild, sont quant à eux des parcs d'amusement autour de l'eau, avec piscines et toboggans.

NOS ADRESSES PAGE 267

SE REPÉRER

Carte de région A (p. 260). Pour rejoindre SeaWorld à partir du centre-ville d'Orlando, prenez l'I-4 vers l'ouest jusqu'à la sortie 72 et suivez les panneaux indicateurs.

SE GARER

Les parcs disposent tous d'aires de stationnement payantes.

À NE PAS MANQUER

Le spectacle One Ocean, qui se donne au Shamu Stadium, à SeaWorld ; nager avec les dauphins, à Discovery Cove.

AVEC LES ENFANTS

Tout… sauf les attractions à sensations fortes de SeaWorld, soumises de toute façon à des critères de taille.

★★★ SeaWorld

7007 Sea World Dr. (International Dr.) - ✆ 888 800 5447 - www.seaworldparks.com - ♿ P (14 $) - tlj à partir de 10h (heures de fermeture variables en fonction des événements, des congés ou des j. fériés). Voir aussi « SeaWorld : mode d'emploi », p. 278.

Célèbre auprès du public pour ses remarquables attractions marines, SeaWorld mène parallèlement des recherches dans le domaine de la biologie marine et de la reproduction animale, et organise un programme intitulé *Beached Animal Rescue and Rehabilitation Program*, visant à recueillir, soigner et faire retourner à leur milieu naturel, toutes sortes d'animaux sauvages en détresse.

Récréant l'ambiance d'une ville de bord de mer, le parc est occupé, dans sa moitié sud, par un grand lagon, à l'ouest duquel se trouvent la plupart des bassins et des aquariums.

Décoré de l'image de Shamu, le célèbre épaulard devenu l'emblème de SeaWorld, un phare de 17 m de haut domine le port et guide, le soir, les visiteurs regagnant le parking. SeaWorld propose trois types d'animations : les spectacles *(horaires quotidiens)*, les lieux d'observation des animaux, et les attractions qui relèvent du parc d'amusement.

Spectacle One Ocean.
J. Collier/SeaWorld Parks and Entertainment

Les spectacles

Diverses représentations, animées par toutes sortes d'animaux, sont programmées dans les amphithéâtres du parc :

Sea Lion & Otter Stadium – Les stars du spectacle intitulé *Clyde and Seamore Take Pirate Island* sont deux adorables lions de mer jouant le rôle de flibustiers échoués sur une île, avec un morse et une tortue.

Whale & Dolphin Theater – Jaillissant hors de l'eau, des dauphins exécutent sauts périlleux et triples vrilles. La grâce et l'intelligence de ces mammifères sont particulièrement manifestes lorsque leurs entraîneurs dansent avec eux ou font le tour du bassin, debout sur deux dauphins nageant de front.

SeaWorld Theatre – Le spectacle *Pets Ahoy* entraîne toute une troupe d'animaux (chats, chiens, oiseaux) dans des numéros extraordinaires.

Shamu Stadium – Le plus grand des amphithéâtres (plus de 5 000 places) accueille les spectacles les plus recherchés, mettant en scène des orques, parmi lesquels *One Ocean*, qui sensibilise le public à la nécessité de préserver les ressources marines.

Où observer les animaux ?

Key West at SeaWorld – Ce petit village recrée l'insouciante atmosphère de Key West, avec ses boutiques et ses cafés, aux sons d'un orchestre jouant des airs de Jimmy Buffett et des Beach Boys. Les attractions proposées mettent en vedette les raies du **Stingray Lagoon**, les espèces en voie de disparition de **Turtle Point**, et les dauphins de **Dolphin Cove**, que les visiteurs peuvent caresser et nourrir.

Manatees : The Last Generation ? – Dans ce marécage reconstitué évoluent, aux côtés de grands hérons et de tantales d'Amérique, quelques lamantins dont on peut observer les lents mouvements au-dessous de la surface de l'eau.

Un documentaire expose les problèmes auxquels se heurtent ces douces créatures en voie de disparition et les efforts faits pour y remédier.

SeaWorld Orlando : mode d'emploi

QUAND S'Y RENDRE

Les **périodes d'affluence** sont les vacances scolaires de printemps, d'été et de Noël. Les périodes creuses sont janvier, septembre-octobre et de Thanksgiving (fin novembre) à Noël. N'oubliez pas qu'en été il peut faire très chaud et très humide : pensez à prendre de la crème solaire, car vous passerez beaucoup de temps dehors.

TARIFS ET FORFAITS

Le billet d'entrée *(84,99 $/adulte, 76,99 $/enf.)* est **valable 2 jours**. Il existe par ailleurs toutes sortes de **forfaits combinés** pour visiter SeaWorld et les parcs « cousins », dont Busch Gardens, à Tampa *(voir p. 312)*. Une navette relie même les parcs Discovery Cove et Aquatica *(voir p. 279)*. Faites vos calculs, car vous pouvez réaliser de sérieuses économies. Vous ferez aussi des économies et réduirez votre temps d'attente dans la queue à l'entrée du parc en achetant et imprimant vos billets sur le site Internet.

Pour ne pas faire la queue dans le parc, vous pouvez par ailleurs opter pour la carte coupe-file : **Quick Queue Unlimited** *(24,99 $)*.

Vous pouvez aussi souscrire une formule **All Day Dining Deal** *(32,99 $/adulte, 17,99 $/enf.)* qui permet de prendre un menu à volonté dans certains restaurants du parc.

Un grand nombre d'options sont possibles, parmi lesquelles le passionnant **Behind the Scenes Tour** *(30 $)*, qui permet à un petit nombre de privilégiés d'accéder aux coulisses du parc ; le **Dolphin Close-Up Tour** *(50,99 $)*, plus spécialement axé sur les dauphins, dont on visite la pouponnière ; le **VIP Tour** *(99,99 $)*, qui inclut les repas, le coupe-file et une visite guidée de 6h ; le **Marine Mammal Keeper Experience** *(399 $)* pour passer la journée en compagnie de l'équipe qui s'occupe des mammifères marins et partager les tâches des soigneurs.

Enfin, si vous comptez aussi visiter Universal Orlando Resort *(voir p. 270)*, renseignez-vous sur les billets **Orlando Flex Ticket** et **Orlando Flex Ticket Plus**, qui permettent de réaliser des économies substantielles *(vendus sur place, à Universal Resort, et en ligne, notamment sur www.orlandofuntickets.com)*.

ORGANISER SA VISITE

Comptez une journée pour visiter le parc. Il est conseillé d'**arriver tôt**, mais préparez-vous tout de même à faire la queue… Consultez au préalable leur site Internet ou le programme qui vous sera remis à l'entrée pour connaître les horaires des différents spectacles.

SUR PLACE

Vous recevrez, avec votre billet d'entrée, un **plan** du parc et un **programme** des différents spectacles de la journée. Les attractions les plus courues sont celles dédiées aux mammifères marins et les spectacles du Shamu Stadium.

Vous trouverez un grand nombre de boutiques, de cafés et de restaurants où faire une pause. L'un des plus impressionnants est le **Shark Underwater Grill** *(réservation sur place)*, dont la salle est immergée parmi les requins.

Shark Encounter – Des tunnels vitrés permettent d'approcher au plus près plusieurs espèces de requins.
Point Preserve – Dans ce bassin de plein air voué aux pinnipèdes, de hauts-fonds rocheux reproduisent les reliefs de la côte du Pacifique. Veaux marins, phoques à fourrure ou lions de mer se laissent ballotter par les flots ou se prélassent sur les rochers.
Turtle Trek – Inauguré en 2012, cet aquarium permet d'approcher de près toutes sortes de tortues, tandis qu'un film en 3-D, projeté sur un écran panoramique, permet d'en savoir plus sur ces animaux en danger.
Antarctica – Cette zone propose un fabuleux voyage en Antarctique, dans l'empire des manchots.

Les attractions à sensation

Journey to Atlantis – Pour partir à la découverte de l'Atlantide, île mystérieuse engloutie lors d'un cataclysme, à bord d'un bateau de pêche grec. Celui-ci entame une course folle à travers de sombres passages, hantés par d'effrayantes sirènes, avant de dévaler une chute de 18 m de haut (attention aux éclaboussures !) et d'amorcer une série de boucles à vous en faire perdre le souffle.
Kraken – Ces montagnes russes comptent parmi les plus longues, les plus hautes, les plus escarpées… et les plus rapides d'Orlando ! Attendez-vous à être secoué et propulsé par sept fois au sommet d'un immeuble de quinze étages, avant d'être précipité dans le vide à 100 km/h.
Wild Arctic – Entraînés dans une aventure nordique de réalité virtuelle, vous embarquez à bord d'un hélicoptère survolant un paysage aux reliefs accidentés où se distinguent ours polaires, caribous et narvals. Après avoir échappé de justesse à une avalanche, vous arrivez dans une station de recherche de l'Arctique, où vous pourrez observer des baleines (en surface et sous l'eau), et étudier ours polaires, phoques et morses. Vous apprendrez comment les chercheurs de la station trompent l'ennui et la bise glaciale en analysant le mystérieux chant des baleines.

★ Aquatica

4

5800 Water Play Way, en face de SeaWorld - ✆ 888 800 5447 - http://aquaticabyseaworld.com - ♿ P (12 $) - tlj à partir de 9h (heures de fermeture variables, se rens.) - 46 $/adulte, 41 $/enf. en réservant sur le site Internet ; possibilité de billets combinés avec d'autres parcs d'attractions. Location de serviettes (payant).
Recréant un environnement digne des mers du Sud, ce parc compte plusieurs bassins et piscines agrémentés de toboggans et de tubes, ainsi qu'une plage de sable blanc avec transats et parasols. On peut y admirer toutes sortes d'oiseaux et de nombreux dauphins.

★★ Discovery Cove

6000 Discovery Cove Way (International Dr.), à côté de SeaWorld - ✆ 877 557 7404 - www.discoverycove.com - ♿ P (payant, se rens. pour le prix et la réservation) - tlj 8h-17h30 - 169/219 $ (en fonction de la date), repas compris ; comptez 229/379 $ pour nager en plus avec un dauphin (30mn) et 428/578 $ (en fonction de la date) pour la formule « Trainer of a Day » qui permet de passer la journée en compagnie de l'équipe qui s'occupe des dauphins ; possibilité de billet couplé avec SeaWorld, Aquatica et Bush Gardens. Maillots de sauvetage et matériel de plongée et de plage sont disponibles toute l'année sans frais supplémentaires. Location de serviettes (payant).

Seaworld.
N. Eisele-Hein/imageBROKER/age fotostock

Bon à savoir – Inutile de vous présenter si vous n'avez pas réservé 4 à 6 semaines à l'avance, car le parc n'accueille pas plus de 1 000 visiteurs par jour. N'oubliez pas votre maillot de bain et ne portez aucun bijou.

Ce parc original recrée un récif corallien où l'on est invité à nager parmi les raies et les poissons tropicaux. On peut se prélasser sur ses plages de sable, barboter dans un lagon ou explorer des grottes sous-marines, mais l'attraction principale reste la possibilité de nager avec un dauphin. Une belle expérience pour qui en a les moyens et n'a pas l'occasion d'aller dans les Keys (où il est possible de vivre la même aventure pour bien moins cher!).

★ Wet'n Wild

6200 International Dr., non loin d'Universal Orlando Resort (sortie 75A sur l'I-4 en venant d'Orlando) - (407) 351 1800 - www.wetnwildorlando.com - (13 $) - été : tlj 9h30-21h ; reste de l'année : tlj 10h-17h ou 18h - 56 $/adulte, 51 $/enf. (46 $/adulte, 41 $/enf. en payant en ligne) ; 18,99 $/adulte, 10,99 $/enf. pour le Unlimited BBQ, qui permet de manger à volonté dans le restaurant du Riverside Pavillon ; possibilité de billets combinés avec d'autres parcs d'attractions. Location de serviettes (payant).

Dans le même esprit que le parc Aquatica *(voir page précédente)*, ce complexe compte de grandes piscines (dont une à vagues) agrémentées de toboggans et d'attractions diverses visant à vous précipiter dans l'eau le plus rapidement possible, parfois au prix de sensations très fortes ! On y trouve aussi des plages de sable plantées de parasols.

Walt Disney World Resort

★★★

Avec quatre énormes parcs à thèmes – Magic Kingdom, Epcot, Disney's Animal Kingdom et Disney Hollywood Studios –, des parcs aquatiques, une trentaine d'hôtels, des restaurants, des boîtes de nuit, des terrains de golf, un complexe sportif de 81 ha, de nombreux lacs et un jardin zoologique, pour ne citer que cela, Walt Disney World Resort est une véritable ville dans la ville, voire un monde à part. Inauguré en 1971, l'immense complexe couvre une superficie de plus de 12 000 ha, soit deux fois l'île de Manhattan ! Mais il continue de s'agrandir, unissant à la nostalgie romantique du Disney des années 1920 la technologie de pointe d'aujourd'hui.

NOS ADRESSES PAGE 267

S'INFORMER

℘ (407) 939 5277 - www.disneyworld.disney.go.com.

SE REPÉRER

Carte de région A (p. 260). Walt Disney World Resort se trouve à 32 km au sud-ouest d'Orlando. Les différents parcs sont accessibles à partir de l'I-4 *(reportez-vous à la rubrique concernant chaque parc pour les différents accès)*. Vous ne risquez pas de vous perdre : au pays de Disney, tout est très bien indiqué !

SE GARER

Chaque parc d'attractions est doté d'immenses parkings *(12 $)* d'où des navettes conduisent les visiteurs à l'entrée principale. Notez bien la section et la rangée où vous vous garez, sous peine de ne pas retrouver votre véhicule !

À NE PAS MANQUER

Il y en a vraiment pour tous les goûts, mais les parcs les plus intéressants sont Magic Kingdom et Animal Kingdom, chacun proposant un grand choix d'attractions. Si vous connaissez déjà Disneyland Paris ou Disneyland California, préférez Animal Kingdom, sans équivalent ailleurs.

AVEC LES ENFANTS

Les plus jeunes adorent Magic Kingdom et Animal Kingdom, tandis que les adolescents préfèrent les attractions de MGM Studios.

★★★ Magic Kingdom

Depuis Orlando, prenez l'I-4 vers l'ouest jusqu'à la sortie 64B ; tournez à droite dans World Dr. et suivez les panneaux jusqu'à l'entrée du parc.
Voir « Mode d'emploi », page suivante.

Bon à savoir – Les attractions telles Pirates of the Caribbean, Space Mountain, Splash Mountain et Big Thunder Mountain ayant tendance à attirer le plus de monde, essayez de les faire en premier.

Le plus couru des quatre parcs occupe un domaine de 40 ha, divisé en six zones. Ces dernières rayonnent autour de la vaste Central Plaza, dominée par

le château de Cendrillon, et évoque chacune un thème différent. Une voie ferrée, **Walt Disney World Railroad**, fait le tour du parc. On embarque à bord d'anciens trains à vapeur mexicains qui servaient autrefois au transport de la canne à sucre et des bananes.
Parmi les attractions les plus intéressantes ou spectaculaires :

Main Street USA

Les proprettes façades victoriennes d'une ville américaine du début du 20e s. abritent divers commerces. En créant cette grand-rue, Walt Disney eut recours à une technique cinématographique bien connue : les bâtiments, dont les étages sont moins hauts que les rez-de-chaussée, donnent l'impression, grâce à un effet de perspective forcée, d'être beaucoup plus élevés qu'ils ne le sont en réalité.
Des marchands ambulants ajoutent au cachet de Main Street, tout comme les véhicules anciens (tramway tiré par des chevaux, voiture de pompier, etc.) qui assurent le transport entre Town Square (à l'entrée) et Central Plaza. Ils font place, chaque après-midi, à des personnages de Disney qui défilent joyeusement à l'occasion du **Disney's Share a Dream Come True Parade**. Les soirs de haute saison, les chars rutilants de lumière investissent les lieux. Bouquet final, le spectacle **Fantasy in the Sky** offre aux couche-tard un beau feu d'artifice.

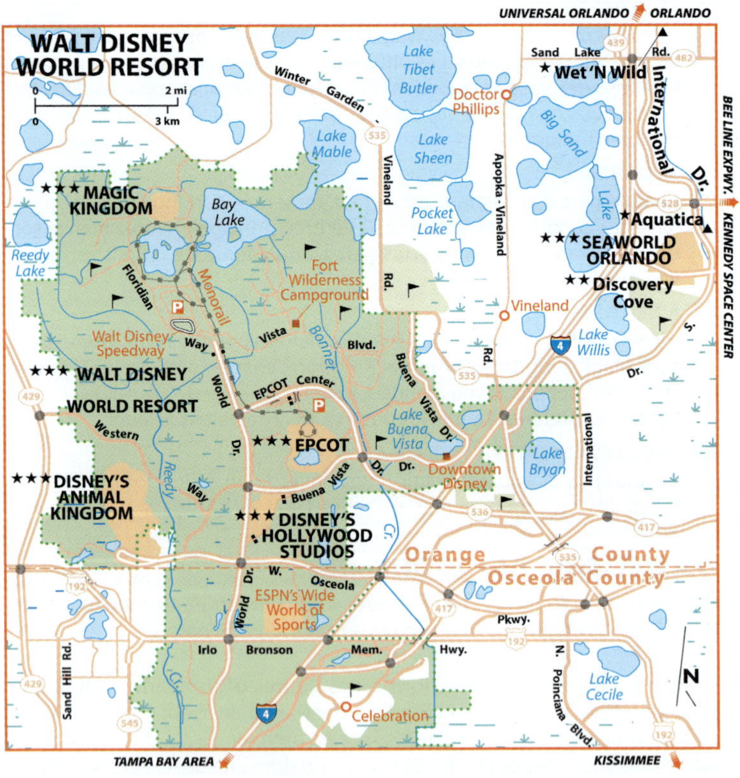

Mode d'emploi

QUAND S'Y RENDRE

Les **périodes d'affluence** sont les vacances scolaires de printemps, d'été et de Noël. Les périodes creuses sont janvier, septembre-octobre, et de Thanksgiving (fin novembre) à Noël. Les jours les plus chargés sont lundi, mardi et mercredi pour Magic Kingdom, mardi et mercredi pour Epcot, jeudi et vendredi pour les studios Disney Hollywood ; le dimanche matin est relativement calme. N'oubliez pas qu'il peut faire très chaud et très humide en été ; pensez à vous protéger du soleil, car vous passerez beaucoup de temps dehors.

HORAIRES

Les parcs sont ouverts tous les jours, mais leurs horaires sont variables selon les saisons. Ils ouvrent en général entre 8h et 10h et ferment entre 21h et 22h (voire 1h !) ; reportez-vous à leur site Internet, qui indique aussi quelles attractions sont momentanément fermées.

Bon à savoir – Les visiteurs logés dans l'un des hôtels de Walt Disney World Resort ont, certains jours de la semaine, accès aux parcs dès 7h30.

TARIFS ET FORFAITS

Il existe plusieurs formules, du **pass valable 1 jour** pour un parc *(94 $/adulte, 88 $/enf.)*, aux pass de **2 jours** *(94/87,50 $ par jour)*, **3 jours** *(91,50/85 $ par jour)* *jusqu'à* **10 jours** *(35,40/33,40 $ par jour)* permettant un accès illimité à tous les parcs.

Afin d'approfondir la visite, différents tours sont proposés en option (intéressant à condition de bien comprendre l'anglais) : **The Magic Behind the Steam Train Tour** *(54 $)*, pour découvrir les coulisses des nombreux trains qui sillonnent le parc ; **The Pirates League** *(Magic Kingdom - 30 $)*, pour tout savoir des pirates et de leurs secrets ; **Backstage Safari** *(Animal Kingdom - 72 $)*, pour voir comment on s'occupe des animaux ou **Seas Aquatour** *(Epcot - 140 $)*, pour nager dans le gigantesque aquarium.

Bon à savoir – **FASTPASS** est un service informatique gratuit qui vous permet d'éviter les trop longues files d'attente de 19 attractions. Il vous suffit d'insérer votre billet d'entrée dans le distributeur FASTPASS de l'attraction choisie, lequel vous remettra un coupe-file pour une heure spécifique.

ORGANISER SA VISITE

Comptez une journée à Magic Kingdom et autant à Epcot ; MGM Studios et Animal Kingdom étant plus petits, prévoyez une demi-journée chacun. Selon la saison, préparez-vous à attendre plus ou moins longtemps. Aussi essayez d'arriver à l'ouverture des guichets (environ 1h avant celle des attractions). Consultez au préalable leur site Internet ou le programme qui vous sera remis à l'entrée pour connaître les horaires des spectacles, parades et activités du jour.

SUR PLACE

Vous trouverez tout ce dont vous pourriez avoir besoin, du distributeur d'argent à la location de fauteuils roulants, du poste de premiers secours au relais bébé, et un nombre incalculable de boutiques, de cafés et de restaurants *(réservation sur place ou sur www.disneyworld.disney.go.com/reservations/dining)*.

LES AUDIO-ANIMATRONICS®

Ces automates d'apparence humaine, animale ou végétale, furent créés par Walt Disney lui-même, fasciné par un oiseau mécanique siffleur découvert lors d'une visite en Europe en 1948, et qu'il avait rapporté aux États-Unis. Grâce à un ingénieux système d'association et de synchronisation des sons et des mouvements, ces personnages émerveillent par leur étonnant réalisme.

Tomorrowland

Devant les percées technologiques contemporaines, les entreprises Disney se sont inclinées et ont procédé, vers le milieu des années 1990, à une refonte majeure des attractions de Tomorrowland (la « ville de l'avenir »), devenues désuètes. Faute de savoir ce que nous réserve demain, elles ont choisi de saisir la magie des visions futuristes propres aux années 1920 et 1930 et de mettre en scène certains héros aux pouvoirs hors du commun. Ainsi, dans **Buzz Lightyear's Space Ranger Spin** (Buzz L'Éclair Bataille Laser), les visiteurs prêtent main forte aux héros de *Toy Story* pour défendre la Terre contre le maléfique empereur Zurg avec force lasers infrarouges et effets spéciaux; dans **Monster Inc. Laugh Floor**, les gentils monstres du film *Monstres & Cie* interagissent avec le public. Le **Carousel of Progress** entraîne les visiteurs dans un manège du progrès qui fait le tour de quatre plateaux sur lesquels des automates Audio-Animatronics® dressent un tableau de la vie quotidienne américaine du 19e s. jusqu'à la fin du 20e s. **Tomorrowland Authority** est un tramway aérien offrant une vue plongeante sur la « ville de l'avenir » telle que l'avaient conçue les pionniers de la science-fiction. Clou du secteur, la fameuse **Space Mountain**, dont la popularité ne se dément pas depuis ses débuts, est une montagne russe roulant à tombeau ouvert dans une obscurité presque totale avant de plonger dans une pluie de météorites ou de filer devant des étoiles à la lueur incertaine.

Fantasyland

Ce village de conte de fées est, à juste titre, la zone la plus appréciée de tout Walt Disney World. La bonne vieille magie disneyenne fascine autant les jeunes enfants que les adultes qui ont gardé le goût de rêver.

Cinderella Castle (château de Cendrillon), dont l'architecture fantastique est inspirée du château de Neuschwanstein construit par Louis II de Bavière, domine le parc du haut de ses 58 m. Il se distingue par ses tourelles, ses flèches dorées, ses fenêtres à croisillons et, dans la galerie d'accès au portail, ses fines mosaïques retraçant l'histoire de Cendrillon.

It's a Small World vous embarque à bord d'un petit bateau pour admirer 500 automates Audio-Animatronics® (enfants et animaux), représentant près de 100 nations et reprenant tous le même refrain, tandis que **Disney Animated Classics** rend hommage aux premiers succès de Disney.

Plusieurs attractions plongent les visiteurs au sein de l'intrigue de longs métrages animés, à l'aide de décors et d'automates Audio-Animatronics®. Dans **The Many Adventures of Winnie the Pooh**, les passagers voyagent dans une page du livre et dans la Forêt Enchantée, à la recherche de Winnie l'ourson et Tigrou. L'histoire de Blanche-Neige, **Snow White's Adventures**, vous entraîne de la petite chaumière des sept nains à l'antre de la méchante reine, avant que tout ne finisse pour le mieux dans le meilleur des mondes. C'est à bord de petits bateaux pirates que l'on retrace, dans **Peter Pan's Flight**, les aventures du petit garçon qui ne voulait pas grandir. On s'envole d'abord

Disney's Hollywood Studios.
R. Buskirk / age fotostock

par la fenêtre de la chambre des enfants Darling, pour survoler une charmante version en fibres optiques de Londres la nuit.

Liberty Square

Cette place sertie de bâtiments en briques ou couverts de bardeaux recrée l'ambiance d'une ville américaine à l'époque coloniale. En son centre trône la « cloche de la Liberté », coulée dans le moule de l'original, **Liberty Bell**, que l'on fit sonner le jour de la Déclaration d'indépendance des États-Unis, en juillet 1776.

Haunted Mansion vous offre l'occasion de visiter un manoir hanté. Passé l'angoissante salle à distorsions, animée de curieuses silhouettes fantasmagoriques, vous embarquez, à vos risques et périls, pour un périple peuplé d'images holographiques et d'effets spéciaux, où le frisson le dispute au rire.

Pour une petite leçon de patriotisme (au premier degré !), vous pouvez visiter le **Hall of Presidents**, où l'on procède à une glorification en règle de la Constitution américaine et où l'on peut voir et entendre les présidents qui se sont succédé à la tête du pays.

Frontierland

On se retrouve ici dans une ville du Far West digne d'un décor d'Hollywood, avec ses trottoirs de planches, ses magasins généraux et son saloon. Attention aux cow-boys qui, l'après-midi, prennent souvent position sur les toits et n'hésitent pas à jouer de la gachette !

Attraction phare du secteur, **Splash Mountain** débute par une évocation du sud des États-Unis langoureuse à souhait. Vous embarquez sur une pirogue que le courant entraîne mollement dans les marécages et les bayous. Frère lapin, Frère renard ('Brer Rabbit et 'Brer Fox) et les autres personnages de *Mélodie du Sud*, réalisé par Disney en 1946, vous chantent la sérénade au passage. En haut de la montagne vous attend l'une des plus grosses surprises du Magic Kingdom, réservée aux âmes bien… trempées : un **toboggan aquatique** de

Success Story

L'HOMME ET LA MAGIE

Originaire du Midwest américain, **Walter Elias Disney** (1901-1966) fit preuve, très tôt, d'une vive imagination et d'un joli coup de crayon. À 21 ans, il fondait à Kansas City un studio d'animation, puis créait quelques années plus tard à Hollywood, avec son frère Roy, les Disney Brothers Studios. Les frères Disney connurent leur premier succès en 1928, avec le premier dessin animé sonorisé, *Steamboat Willie,* et son héros, une souris du nom de Mickey. Avec le premier long métrage animé de Disney, *Blanche-Neige et les Sept Nains* (1937), ce fut la célébrité.

C'est un homme bien installé dans sa carrière cinématographique qui, au début des années 1950, laissa son imagination l'emporter loin du clinquant des parcs à thèmes de l'époque. Ouvert à Anaheim (Californie) en juillet 1955, Disneyland révolutionna le concept de parc d'attractions. Le succès fut tellement phénoménal que Disney envisagea un second parc, à la mesure de son rêve.

LE NOUVEAU FIEF DE DISNEY

Le climat exceptionnel de la Floride centrale, le faible prix du terrain et les perspectives de croissance économique furent des facteurs déterminants dans le choix du site. Dans le milieu des années 1960, Disney acheta en grand secret plus de 12 000 ha dans la région d'Orlando. Il soumit alors à la législature de Floride un projet de loi adopté sous le nom de Reedy Creek Improvement District Act : le terrain de Disney devint ainsi une municipalité indépendante. Disney entendait créer en Floride un **prototype expérimental de la communauté de demain** (Epcot), qui serait la fois un modèle pour les communautés futures et une véritable vitrine de la créativité industrielle américaine. Il devait également comporter un Magic Kingdom comparable à celui d'Anaheim. Quand Disney mourut en 1966, seule cette tranche du projet était en chantier. Roy Disney honora la mémoire de son frère en rebaptisant le complexe Walt Disney World et en respectant ses projets pour le parc. À l'ouverture du **Magic Kingdom** (1971) succédèrent celles d'**Epcot** (1982), de **Disney's Hollywood Studios** (1989) et de **Disney's Animal Kingdom** (1998). Colossale réussite aux États-Unis, ce concept s'est exporté avec succès à l'étranger. En 1983, un Disneyland ouvrait à Tokyo puis, dix ans plus tard, dans la région parisienne. Le Walt Disney World d'Orlando demeure néanmoins le plus grand rêve de Disney, le plus gros de ses complexes et le parc à thème le plus visité du monde.

UN ROYAUME EN CONSTANTE ÉVOLUTION

Celebration, l'un des projets les plus mégalomanes de l'empire Disney, a vu le jour en 1996. Cette communauté résidentielle conçue sur le modèle des petites villes du début du 20e s. occupe quelque 2 000 ha à 24 km au sud du Magic Kingdom. Peuplée de 7 500 habitants (2010), elle vit en circuit fermé, avec ses propres institutions, sa compagnie d'électricité, ses boutiques, sa poste, ses écoles, son hôpital, ses moyens de transports…

Énorme complexe à la gloire du sport, équipé d'installations destinées à une trentaine de disciplines différentes, **Disney's Wide World of Sports** a été inauguré en 1997, la même année que la piste d'essai **Richard Petty Driving Experience**.

En 1998 était lancée **Disney Cruise Line**, une compagnie de croisières basée à Port Canaveral, sur la côte atlantique de la Floride.

16 m précipite votre embarcation dans une pente à 47 degrés, et s'achève dans un fracas d'éclaboussures.
Autre attraction très courue, le **Big Thunder Mountain Railroad** offre une course folle à bord d'un petit train lancé à travers un paysage de « demoiselles coiffées », de grottes et de canyons, et qui plonge même dans l'obscurité d'une galerie de mine branlante.

Adventureland

Ici domine une curieuse architecture coloniale où se mêlent de manière éclectique des éléments polynésiens, mauresques, français et espagnols.
Magic Carpets of Aladdin, la dernière née des attractions d'Adventureland, met en scène les tapis volants d'Aladin *(4 pers. max. par tapis)*, qui évoluent autour d'une énorme lampe à huile de génie.
Les très populaires **Pirates of the Caribbean** invitent à une balade en bateau au cours de laquelle on se fraie un passage dans la pénombre d'un marécage, avant de pénétrer dans un village des Caraïbes attaqué fort à propos par des pirates. Se succèdent alors des scènes criantes de réalisme, peuplées d'animaux et de boucaniers, auxquels les dessinateurs de Disney ont prêté leurs propres visages.
Les amateurs d'exotisme apprécieront la **Jungle Cruise**, une croisière à travers de superbes paysages de ruines reconquises par une folle végétation, évoquant à la fois le charme de l'Asie, de l'Afrique et de l'Amérique du Sud. Méfiez-vous des crocodiles, des hippopotames et des éléphants mécaniques qui surgissent ici et là…

★★★ EPCOT

Depuis Orlando, prenez l'I-4 vers l'ouest jusqu'à la sortie 67, puis suivez les panneaux indicateurs. Voir « Mode d'emploi », p. 283.
Inauguré en 1982, cet énorme parc (105 ha) comporte deux zones bien distinctes : Future World (technologie et inventions) et World Showcase (culture et architecture de 11 pays). Walt Disney voulait faire d'Epcot une véritable communauté modèle du futur, illustrant le progrès, source de civilisation.

FUTURE WORLD

Véritable symbole d'Epcot, une sphère monolithe de plus de 7 000 tonnes, posée sur d'énormes piliers ancrés à 30 m dans le sol, domine du haut de ses 55 m huit grands pavillons.
Ces derniers, parrainés par de grosses firmes américaines, abritent attractions, expositions interactives et films à l'honneur de l'esprit d'invention. Parmi les pavillons les plus intéressants :

Spaceship Earth

Au cœur même de la sphère d'Epcot s'offre un voyage dans l'espace et dans le temps : à l'ascension en spirale de 18 étages, au cours de laquelle on longe diverses scènes animées représentant l'histoire de la communication, succède une descente avec une « vue de la Terre » par satellite.

PLEIN LA VUE

Les meilleurs endroits pour admirer les feux d'artifice d'Epcot sont : le salon Matsu no Ma (pavillon du Japon), le patio du pub Rose & Crown (pavillon du Royaume-Uni) et la Cantina de San Angel (pavillon du Mexique).

Universe of Energy
Doté de 80 000 cellules photovoltaïques, le toit pyramidal de ce bâtiment produit l'énergie nécessaire à cette attraction. Un voyage multidimensionnel, **Ellen's Energy Adventure**, conduit à la découverte des différents types d'énergie : solaire, électrique, mécanique et thermale, et explique l'origine des combustibles fossiles. Les visiteurs sont transportés à l'ère préhistorique, où des **dinosaures** Audio-Animatronics® grandeur nature parcourent lentement le sombre marécage de la nuit des temps. Avant de revenir dans le présent, ils assisteront à la découverte du feu.

The Seas with Nemo and Friends
Cette attraction inspirée du film *Le Monde de Némo* met en scène le petit poisson-clown et ses amis et plonge les visiteurs au cœur d'un gigantesque aquarium (plus de 21 millions de litres !) peuplé de poissons, de coraux et d'épaves.

WORLD SHOWCASE

En faisant le tour du lagon *(2 km)*, autour duquel s'organise cette « vitrine du monde », vous ne parcourez pas moins de 11 pays différents : Mexique, Norvège, Chine, Allemagne, Italie, États-Unis, Japon, Maroc, France, Royaume-Uni et Canada. Chacun possède son pavillon, qui en reflète l'architecture, la cuisine (restaurants, cafés), l'artisanat (boutiques), les habitants, les costumes et les traditions. Le tout est impeccable, plus ou moins réaliste, souvent kitsch et bourré de clichés… Un étonnant spectacle avec lasers, jets d'eau, musique et feux d'artifice clôture la soirée. Parmi les pavillons les plus réussis :

Bon à savoir – Les restaurants des pavillons japonais et marocains sont les meilleurs.

Mexico
Un jardin tropical mène à la reproduction d'une pyramide maya où sont exposés des **objets précolombiens**. Vient ensuite une scène de nuit pittoresque : une *plackle* de l'époque coloniale, où des vendeurs proposent des produits mexicains typiques. À l'opposé de la place coule le fleuve du temps, **El Rio del Tiempo**, sur lequel on s'embarque pour explorer l'histoire du pays, des volcans panachés de fumée des régions du Sud aux quartiers modernes de la capitale mexicaine.

China
L'opulence rouge et or du temple du Ciel de Pékin domine un jardin chinois où se croisent d'élégantes allées sur un étang irisé de carpes. Le sanctuaire abrite un autel de Prière pour les Bonnes Récoltes, un **musée** d'art chinois proposant des expositions temporaires, et une salle de cinéma circulaire où est projeté **Wonders of China : Land of Beauty, Land of Time**, film à la gloire de la Chine et de ses merveilles culturelles et naturelles. À côté du temple s'alignent les façades d'une maison, d'une école et d'un magasin.

American Adventure
Le pavillon des États-Unis, au cœur même du World Showcase, reflète par son architecture divers monuments de l'époque coloniale : l'Independence Hall de Philadelphie, l'Old State House de Boston et la demeure de Thomas Jefferson à Charlottesville. Point d'orgue de la visite, **The American Adventure** est un spectacle multimédia dernier cri *(25mn)*, dans lequel deux automates Audio-Animatronics® incarnant Benjamin Franklin et Mark Twain commentent une rétrospective des moments forts et des grandes figures de l'histoire américaine.

Epcot, monorail passant devant la sphère du Spaceship Earth.
D. Gali/Agency Jon Arnold Images/age fotostock

Japan

Un *torii* (sorte de portique rouge à double linteau) marque l'entrée de ce secteur, et encadre à merveille le lagon du World Showcase. Ici, l'eau, la pierre et la végétation composent un gracieux tableau exprimant la sérénité contemplative du Japon traditionnel. On y voit une saisissante pagode bleu vif inspirée du temple Horyuji de Nara (8e s.). Plus loin, la reconstitution d'un château féodal du 18e s. abrite des expositions temporaires d'**art japonais**. Vénérable institution fondée au 17e s. et installée ici dans une reproduction du palais impérial de Kyoto (8e s.), le magasin Mitsukoshi propose tout un éventail de produits japonais.

4

Morocco

Le pavillon du Maroc vibre des sons, des couleurs et des parfums de l'Afrique du Nord. Derrière la façade reproduisant la fameuse Koutoubia de Marrakech se cache une pittoresque médina donnant sur un restaurant marocain traditionnel et sur toutes sortes d'échoppes.

France

Le pavillon offre de la France une véritable image d'Épinal, avec son Paris romantique et son petit village « typique » résonnant des chansons d'Yves Montand et Édith Piaf… Quant au film, **Impressions de France**, il ravira les nostalgiques de la France des années Giscard, de la SNCF avant le TGV et des « papys » à béret qui se baladent avec une baguette de pain sous le bras. Un véritable document historique !

★★★ Disney's Animal Kingdom

Depuis Orlando, prenez l'I-4 vers l'ouest jusqu'à la sortie 65 et suivez l'US-192 (ouest) ; prenez à droite (nord) World Dr., puis à gauche (ouest) Osceola Pkwy, et suivez les panneaux jusqu'au parking.
Voir « Mode d'emploi », p. 283.

Bon à savoir – Point de repère central, le **Tree of Life** marque le cœur de Discovery Island, une île artificielle reliée aux différents secteurs du parc par des passerelles. Pour éviter les queues interminables, sachez que les attractions les plus courues sont Kilimanjaro Safari (Africa), Maharajah Jungle Trek et Expedition Everest (Asia), Dinosaur (DinoLand USA).

Particulièrement réussi, ce parc d'attractions consacré au monde de la nature rassemble, sur plus de 200 ha, un millier d'animaux appartenant à 200 espèces différentes, et plus de quatre millions de plantes, soit un total de 3 000 essences... Le décor plein d'imagination des six espaces thématiques sert des attractions sophistiquées et des activités éducatives axées sur l'environnement et la protection de nos ressources naturelles.

La visite commence par l'**Oasis**, un luxuriant jardin botanique peuplé d'animaux (kangourous, iguanes...) et d'oiseaux exotiques aux couleurs vives. Parmi les attractions les plus intéressantes et les plus spectaculaires :

Discovey Island

The Tree of Life – Visible des quatre points du parc, ce gigantesque arbre artificiel (44 m) est planté au cœur de l'île. Plus de 300 oiseaux, reptiles, amphibiens et mammifères ont été gravés sur son énorme tronc et ses quelque 8 000 branches, pour mieux symboliser la diversité du monde animal. Au pied de l'arbre, de petits bassins et des carrés d'herbe abritent une faune variée.

It's Tough to Be a Bug – Muni de lunettes spéciales, le public prend place dans un théâtre logé sous les racines du Tree of Life, pour écouter de charmants insectes animés (grillons, fourmis, abeilles, scarabées) et d'adorables arachnides raconter les péripéties de leur vie quotidienne. Mais ils devront également subir l'odeur nauséabonde dégagée par une punaise des bois et assister à la formation d'un vilain nuage de pesticide.

Camp Minnie-Mickey

Cabanes en rondins et abris rustiques recréent l'ambiance d'un campement en plein cœur des Adirondacks. C'est là que les petits pourront rencontrer leurs personnages préférés de dessins animés, notamment ceux du *Roi Lion*, leur serrer la main et peut-être même obtenir un autographe.

Africa

Reproduisant jusque dans les moindres détails l'ambiance d'un port imaginaire d'Afrique de l'Ouest, **Harambe** est une réussite, avec ses pittoresques bâtiments aux toits couverts de roseaux et ses étals débordant de marchandises exotiques.

Kilimanjaro Safari – L'attraction la plus courue du parc commence à l'ombre d'un gigantesque baobab, dans un entrepôt rempli de matériel de safari. Un camion tout terrain entraîne une trentaine de passagers dans une folle expédition en Afrique noire. Une piste défoncée, entrecoupée d'obstacles, les mène à travers une végétation tropicale jusqu'à la fabuleuse **plaine de Serengeti**. Le commentaire animé du « garde-chasse » permet de localiser, au beau milieu de la vaste prairie, toutes sortes d'animaux : rhinocéros, éléphants, lions, guépards, zèbres, girafes, babouins, gazelles, antilopes, etc. Grâce à la magie disneyenne, ces habitués bien réels de la savane africaine évoluent dans un décor étonnamment « naturel » ; difficile d'imaginer, même en y regardant de près, que les immenses termitières et les majestueux arbres qui parsèment le paysage sont en réalité en béton... Après avoir franchi maints passages à gué, traversé de justesse un pont suspendu des plus branlants, et rencontré des braconniers peu scrupuleux à la recherche d'ivoire, les passagers reviennent à bon port, heureux d'avoir vécu une aventure hors du commun.

Rock 'n' Roller Coaster.
P. Frilet/hemis.fr

Pangani Forest Exploration Trail – Une promenade à travers une épaisse forêt de bambous permet d'observer de près, derrière de grands panneaux d'acrylique, des gorilles de plaine, des hippopotames et, dans une volière, toutes sortes d'oiseaux exotiques. Une station de recherche, équipée de cartes et de consoles interactives, donne l'occasion peu commune de voir une taupinière en activité, dont les habitants montrent une fascinante adaptation à la vie souterraine.

Rafiki's Planet Watch – Partant de la gare d'Harambe, le **Wildlife Express**, un train à vapeur de style colonial, permet de se rendre dans le complexe abritant la **Conservation Station**, où sont soignés les animaux du parc, ainsi qu'un petit **zoo** pour les enfants.

Asia

Un petit village, avec ses temples et ses marchés, marque le point de départ de deux attractions majeures :

Maharajah Jungle Trek – Tigres du Bengale, varans de Komodo, antilopes et oiseaux peuplent une jungle quasi vierge que l'on parcourt à pied, en compagnie d'un guide, en se frayant un chemin parmi les ruines d'anciens palais enfouies sous la végétation. Magnifique !

Expedition Everest – Réservées aux amateurs de sensations fortes, ces montagnes russes spectaculaires, avec chutes vertigineuses et accélérations surprenantes, entraînent les visiteurs à bord d'un petit train sur la piste du yeti !

DinoLand USA

Un village de pêcheurs abandonné, à proximité duquel ont été trouvés des os de dinosaures, sert de cadre à cette section du parc, qui fera sans aucun doute le bonheur des enfants et des paléontologues en herbe : doté de toboggans, de ponts de cordes et de tunnels, **The Boneyard** recrée l'ambiance d'une zone de fouilles en pleine activité ; **Fossil Fun Games** est une grande fête foraine proposant de nombreux jeux d'adresses ; **Dinosaur** consiste quant à lui en une course-poursuite en 4x4, façon Jurassic Park (très réussi !).

★★★ Disney's Hollywood Studios

Depuis Orlando, prenez l'I-4 vers l'ouest jusqu'à la sortie 64 ; puis Epcot Center Dr. en direction de l'ouest et prenez à gauche Buena Vista Dr. ; suivez les panneaux jusqu'à l'entrée des studios. *Voir « Mode d'emploi », p. 277.*

Bon à savoir – Il y a ici moins de monde qu'à Magic Kingdom, Epcot, Disney's Animal Kingdom ou Universal Orlando Resort, ce qui rend la visite plaisante. Comme partout, les attractions à sensations fortes attirant le plus de monde, débutez votre visite par Twilight Zone Tower of Terror et ne manquez pas le spectacle du soir, **Fantasmic!** très réussi *(venez tôt pour avoir une chance de trouver une place assise).*

Déployé sur un terrain de 63 ha, ce parc est dédié à la magie du cinéma (dessins animés, cascades, aventures et histoires d'amour). Partout, le style Art déco vient évoquer l'âge d'or d'Hollywood (1930-1940). Attractions, films et spectacles (qui font souvent appel à des volontaires dans le public) marient sophistication technique et humour. Les studios proprement dits produisent quant à eux des dizaines d'émissions télévisées, sans parler des fameux dessins animés de Disney.

Le parc est divisé en huit zones, d'intérêt inégal. Parmi les attractions les plus réussies :

Hollywood Boulevard

Bordée de palmiers et d'élégants bâtiments abritant une multitude de boutiques, l'artère débouche sur une place centrale au bout de laquelle trône la réplique or et pourpre du **Mann's Chinese Theatre** de Los Angeles, l'un des cinémas les plus célèbres du monde. Il abrite l'attraction phare de ce secteur, **The Great Movie Ride**, un voyage à bord d'un petit train qui revisite les grands classiques hollywoodiens : *Casablanca, Chantons sous la pluie*...

Sur les trottoirs sont imprimées les empreintes de grandes personnalités du monde du spectacle et de stars disneyennes.

Sunset Boulevard

Cette rue bordée de palmiers évoque la réussite insolente d'Hollywood dans les années 1930 : façades d'inspiration méditerranéenne, véhicules anciens, vendeurs de fruits vêtus selon la mode de l'époque, le tout sur un fond de swing que diffusent des haut-parleurs dissimulés un peu partout. De temps à autre, des artistes se produisent dans la rue, pour le plus grand plaisir des visiteurs. Dans une salle de cinéma, Mickey et d'autres personnages de Disney posent pour des photos et signent des autographes. Deux attractions attendent les amateurs de sensations fortes : **Rock 'n'Roller Coaster**, de terribles montagnes russes musicales, mais surtout **The Twilight Zone Tower of Terror**.

Cette dernière reprend en effet le scénario d'un épisode de l'angoissante série télévisée *Twilight Zone* (1959-1965) : transporté dans le passé, vous revivez la nuit où disparurent mystérieusement des clients du Hollywood Tower Hotel, délabré à souhait. L'illusion créée par les effets spéciaux est rehaussée par la technologie des lasers et par des détails architecturaux d'un grand réalisme : allées pavées, treillage lourd de vigne et portails en fer forgé. Au plus fort de l'expérience, vous aurez droit à 13 étages en chute libre dans un vieil ascenseur de service !

Streets of America

Bordées de boutiques, de cafés et de restaurants, les « rues d'Amérique » mettent en scène Kermit et ses amis dans **MuppetVision 3D**, une reproduction du célèbre plateau du *Muppet Show*, puis dans un film à effets spéciaux.

Studios Backlot Tour – Un trajet en tram offre l'occasion de découvrir les arrière-cours et coulisses du studio (entrepôt de décors, d'accessoires et de costumes), ainsi qu'une rue où s'alignent les façades des maisons utilisées dans les films et émissions télévisées tournées ici.

Les amateurs de cascades ne manqueront pas **Lights, Motors, Action!** qui permet de voir comment travaillent les professionnels.

Echo Lake

Ce plan d'eau, bordé de palmiers et de bâtiments d'architecture californienne, est animé de beaux jets d'eau. Parmi les attractions de cette partie du parc :

Indiana Jones Epic Stunt Spectacular est un spectacle qui requiert la participation du public. Vous êtes ainsi invité à jouer les figurants dans des scènes de cascades impressionnantes, dont acteurs et techniciens vous expliquent le mécanisme.

The American Idol Experience, cousin américain de la Star Ac et de la Nouvelle Star, offre l'occasion à ceux qui en ont envie (après sélection tout de même) de se produire sur scène : un grand moment!

Star Tours, attraction futuriste à sensations, embarque les visiteurs, sous la direction de deux robots, dans un vaisseau spatial à destination de la lune d'Endor. Tout au long de la simulation de vol à haute vitesse, la grande baie d'observation du *StarSpeeder* est le théâtre d'excellents effets spéciaux.

Kennedy Space Center

★★★

Avec ses orangeraies, ses marais côtiers et ses plages encore vierges à la faune et à la flore abondantes, cette avancée du cordon littoral sur l'Atlantique abrite aussi le cœur du programme spatial américain. C'est donc à la lisière de la plus grande réserve naturelle de la côte est de la Floride que se développent les technologies les plus avancées. De 1958, date du premier lancement du satellite américain Explorer 1, à nos jours, tous les vols de fusée sont partis de Merritt Island ou de l'aire voisine de Cape Canaveral. Ouvert au public en 1966, le Kennedy Space Center Visitor Complex est le quatrième site touristique le plus fréquenté de l'État.

NOS ADRESSES PAGE 299

S'INFORMER

Florida's Space Coast Office of Tourism – *430 Brevard Ave. (Suite 150) - Cocoa Village - ✆ 877 572 3224 ou (321) 433 4470 - www.space-coast.com.*

SE REPÉRER

Carte de région B (p. 260). Le Kennedy Space Center se trouve sur Merritt Island, à moins d'1h de route d'Orlando (82 km) par la SR 528 (Beeline Expressway). De l'I-95, prenez la SR 407 Est, puis la SR 405 Est (NASA Pkwy) et suivez les panneaux indicateurs. De Cocoa Beach, prenez la SR 528 vers l'ouest puis la SR 3 vers le nord et suivez les panneaux. De Titusville, prenez l'US-1 vers le sud puis la SR 405 vers l'est et suivez les panneaux.

À NE PAS MANQUER

Le tour en bus pour avoir un bon aperçu du site; les incroyables projections du cinéma IMAX.

ORGANISER SON TEMPS

Comptez une journée pour profiter de toutes les attractions. Sachez que les périodes d'affluence sont les jours fériés, ainsi que les mois de juin, juillet et août.

AVEC LES ENFANTS

Le Children's Play Dome, conçu pour les astronautes en herbe.

Découvrir Carte p. 297

✆ 866 737 5235 - www.kennedyspacecenter.com - ♿ P - avr.-août : tlj 9h-19h ; reste de l'année : à partir de 9h (heures de fermeture variables, se rens.) - 60 $ (forfait incluant ttes les attractions, les projections en IMAX, la visite en car du Kennedy Space Center et l'Astronaut Hall of Fame) ; ajoutez 25 $ pour chacune des visites thématiques (« Cape Canaveral : Then and Now » ou « Kennedy Space Center Up-Close »), 29,99 $ pour déjeuner avec un astronaute (« Lunch with an astronaut », tlj à 12h, sur réservation à l'accueil) - audioguide en français (6 $). Possibilité d'acheter les billets sur le site Internet. Le centre compte plusieurs cafés, chers et vraiment médiocres.

Bon à savoir – On ne peut pas se déplacer librement à l'intérieur du centre spatial. Pour découvrir les installations, vous devez suivre l'une des visites en bus qui partent du **Kennedy Space Center Visitor Complex**.

★★ Kennedy Space Center Tour

Itinéraire sujet à modification durant toute préparation de lancement - dép. ttes les 15mn env. - comptez 2-4h (il est possible de rester aussi longtemps que souhaité à chaque étape et de monter à bord du bus suivant).

Ce circuit en bus permet notamment de découvrir les installations de la navette spatiale. Leur architecture évoque un ensemble plutôt terne de structures industrielles et d'échafaudages, mais l'aspect technique de la visite est passionnant. Les bus passent tout d'abord devant le gigantesque **Vehicle Assembly Building** ou VAB (160 m de haut). Il s'agit de l'un des plus grands bâtiments du monde, capable de contenir près de quatre fois l'Empire State Building. La navette y est assemblée, réparée ou révisée, avant d'être acheminée vers son aire de lancement (à la modeste vitesse d'environ 2 km/h !) sur le Crawler Transporter, énorme transporteur à chenilles de 2 724 t.

LA CONQUÊTE SPATIALE AMÉRICAINE

- **janvier 1958** – Lancement du premier satellite américain (Explorer 1).
- **octobre 1958** – Création de la NASA (National Aeronautics and Space Administration), ayant pour mission l'exploration de l'espace ; lancement de Pioneer 1, première sonde américaine interplanétaire.
- **mai 1961** – Premier vol sous-orbital américain, à bord de Freedom 7 (Alan B. Shepard, Jr.).
- **février 1962** – Premier vol orbital américain autour de la Terre, à bord de la capsule Mercury (John Glenn, Jr.).
- **juin 1965** – Première sortie d'un astronaute américain dans l'espace, hors de la capsule Gemini 4 (Edward White).
- **décembre 1968** – Premier vol piloté circumlunaire, à bord d'Apollo 8 (Frank Borman, James Lovell et William Anders).
- **juillet 1969** – Première marche d'un homme sur la Lune, lors de la mission Apollo 11 (Neil Armstrong).
- **juillet 1975** – Premier vol conjoint américano-soviétique, au cours duquel l'équipage du vaisseau Apollo 18 (Vance Brand, Thomas Stafford et Donald Slayton) rejoint celui du vaisseau Soyouz 19.
- **juin 1976** – Viking 1, première sonde à arriver sur Mars.
- **avril 1981** – Lancement de la première navette spatiale américaine Columbia (John Young et Robert Crippen).
- **janvier 1986** – Explosion de la navette Challenger, 73 secondes après son décollage, avec sept astronautes à bord.
- **avril 1990** – Lancement du télescope Hubble.
- **décembre 1996** – Lancement de la mission Mars Pathfinder.
- **octobre 1997** – Lancement de la sonde Cassini-Huyghens en direction de Saturne.
- **novembre 1998** – Lancement du premier module de la Station spatiale internationale (ISS).
- **février 2003** – Explosion de la navette Columbia, 15mn avant son atterrissage au Texas, avec sept astronautes à bord.
- **juillet 2011** – Arrêt du programme de la navette spatiale américaine.
- **novembre 2011** – Lancement de la sonde Mars Science Laboratory.

LA TÊTE, LE CŒUR, LES JAMBES
La NASA compte plusieurs centres à travers le pays, les principaux se trouvant en Californie, au Texas et en Floride. En Californie (Silicon Valley), le Ames Research Center et le Dryden Flight Research Center emploient des ingénieurs et scientifiques qui conçoivent les programmes et les engins. Au Texas (Houston) se trouvent le centre d'entraînement des astronautes et le centre d'où sont gérés tous les lancements. Enfin, c'est de Floride (Cape Canaveral) que les engins destinés à aller dans l'espace sont lancés.

Au **Launch Complex 39**, une exposition détaille la procédure de lancement des engins spatiaux. Du haut d'une terrasse d'observation (Observation Gantry), la **vue★★** sur les plate-formes de lancement (Pad A et Pad B) est exceptionnelle. Deuxième étape, l'**Apollo/Saturn V Center** permet de pénétrer, grâce à une présentation multimédia, dans la salle de contrôle d'où fut dirigé le lancement d'Apollo 8 et de revivre de façon très réaliste cet événement historique. On peut également observer de près toutes sortes d'engins, dont une fusée Saturn V et des modules lunaires, et regarder un excellent film sur la mission Apollo 11. La visite se termine par un arrêt à l'**International Space Station** (ISS). Des répliques grandeur nature de l'intérieur de la station spatiale donnent une idée précise du mode de vie à bord de ce laboratoire de l'espace.

Cape Canaveral : Then and Now

Cette excursion en bus donne l'occasion de se rendre à Cape Canaveral (18 km), d'où décollèrent les premières fusées, et de visiter l'**Air Force Space and Missile Museum** où est exposée une impressionnante collection de fusées et d'objets historiques relatifs à la conquête de l'espace.

Kennedy Space Center Up-Close

Pour les vrais mordus qui veulent découvrir le centre dans ses moindres recoins… Cher et facultatif.

★ Shuttle Lauch Experience

Un simulateur permet de se faire une idée de ce que vivent les astronautes lors d'un lancement ! D'après l'astronaute qui guide les visiteurs pendant l'expérience, les sensations sont plutôt réalistes.

IMAX 1 et 2

Tlj, horaires variables selon la saison.
Un cinéma en IMAX propose deux **films★** – *Hubble 3D* et *Space Station 3D* –, dans lesquels figurent de remarquables scènes prises dans l'espace. D'impressionnants effets stéréophoniques vont jusqu'à faire vibrer les sièges, contribuant à l'incroyable effet de réalisme.

Autres attractions

Vous pouvez aussi visiter le pavillon abritant l'**Early Space Exploration Exhibit**, consacré à l'histoire des premiers vols habités, l'**Astronauts Memorial**, bloc de granit noir où sont inscrits les noms des courageux pionniers ayant fait le sacrifice de leur vie pour l'exploration de l'espace, le **Rocket Garden** (jardin des fusées) où sont exposés des engins qui n'ont jamais été lancés dans l'espace, et le **Children Play Dome**, avec ses attractions spécialement conçues pour les plus jeunes. Trois fois par jour, un astronaute répond par ailleurs aux questions des visiteurs lors d'une **Astronaut Encounter**. Enfin, depuis l'été 2013, la navette spatiale **Atlantis** est accessible aux visiteurs.

À voir aussi Carte ci-dessus

★ Astronaut Hall of Fame

Au carrefour des routes US-1 & 405 - ♿ P - tlj 9h-17h (18h en été) - admission comprise avec celle du Kennedy Space Center.

Érigé en l'honneur des 44 premiers astronautes américains, ce musée consacre un espace particulier à chacun des héros des missions Mercury, Gemini et Apollo et à leurs exploits. Dans la section **Astronaut Core**, l'histoire du programme spatial américain est évoquée de manière vivante à l'aide de films vidéo, de consoles de visualisation, d'engins spatiaux (capsule Mercury, module lunaire Apollo 14) et de souvenirs divers. Deux films *(10mn chacun)* sont proposés en continu : *To Explore* et *Shuttle to Tomorrow*. Le second, projeté à l'extérieur dans la réplique d'une navette, évoque le futur des vols spatiaux.

ASSISTER À UN LANCEMENT ?

Le programme de lancement de la navette spatiale a été suspendu pour des raisons budgétaires et il n'y aura donc plus de lancement à moyen terme. Le site de Cape Canaveral reste toutefois ouvert aux lancements commerciaux… mais ils sont rares !

Dans une salle à part, **Astronaut Adventure**, une centrifugeuse permet de tester la force G à laquelle sont soumis les astronautes durant leur entraînement, tandis qu'un simulateur de vol donne l'impression d'atterrir à bord de la navette spatiale. Le musée est géré par deux organismes à but non lucratif, la Mercury 7 Foundation et l'US Space Camp Foundation. Cette dernière organise toute l'année des activités destinées à faire découvrir les technologies spatiales.

À proximité Carte p. 297

★★ Merritt Island National Wildlife Refuge

À 6,4 km au nord du Kennedy Space Center, sur la route 402. Le centre d'accueil est situé à 4,8 km à l'est de la route 406. ☎ (321) 861 0667 - www.fws.gov/merritt island/ - ♿ P - parc : tlj du lever au coucher du soleil ; centre d'accueil : ☎ (321) 861 0668 - mar.-sam. 9h-16h. Le centre d'accueil distribue des brochures à utiliser durant la visite et propose des visites guidées thématiques (sam. 10h et/ou 14h).

Véritable refuge pour plus de 500 espèces animales (dont certaines sont menacées, comme le lamantin, la tortue caouanne ou le pygargue à tête blanche du sud des États-Unis), la réserve nationale de faune de Merritt Island couvre 56 657 ha appartenant à la NASA. Plus de 619 ha supplémentaires sont consacrés à la culture des agrumes. Les zones ouvertes au public *(au nord de la route 402)* donnent une idée de l'apparence que devait avoir le littoral floridien avant l'arrivée de l'homme.

Playalinda Beach – *À 9,6 km à l'est du centre d'accueil.* Longue de 6,4 km, Playalinda est une plage immaculée, sans aucun bâtiment à l'horizon, à l'exception, au sud, du hangar d'assemblage des navettes spatiales et de leurs rampes de lancement. Dans un tel environnement, entouré de pélicans rasant l'eau et de hautes herbes ondulant sous une brise légère, on oublie facilement l'univers de la haute technologie. Playalinda fait partie du **Canaveral National Seashore**, parc-littoral national de Canaveral qui s'étend jusqu'à Apollo Beach, à 35 km plus au nord *(5 $/voiture).*

★ **Black Point Wildlife Drive** – *Entrée à 3,2 km à l'ouest du centre d'accueil (accès par la route 406). Itinéraire disponible au centre d'accueil. Emportez vos jumelles.* Longue de 11 km, cette route non bitumée traverse une digue construite dans les années 1950 pour combattre la prolifération des moustiques. On peut ici observer de près les oiseaux aquatiques et comparer les différents habitats que constituent une retenue d'eau peu profonde et un marais naturel. À mi-chemin environ, un court sentier mène à une tour d'observation et plusieurs parkings permettent de s'arrêter pour mieux profiter de la nature environnante.

Cocoa Beach

À 41 km au sud-est de Kennedy Space Center, sur la route 502.

Cette station balnéaire familiale possède une immense plage où se déroulent régulièrement des compétitions de surf. Contrairement à sa voisine, Titusville, en totale déliquescence, elle ne dépend pas exclusivement des activités de la NASA et n'a donc pas périclité avec le ralentissement des programmes spatiaux. L'endroit offre de nombreuses attractions, notamment à proximité du **Cocoa Beach Pier**, agréable jetée animée de cafés en plein air *(sur Meade Ave., à partir de la route A1A - www.cocoabeachpier.com).*

★ Cocoa Village

Sur Brevard Ave., au sud de la route 520 et à l'ouest de Cocoa Beach (13 km).

Un charmant quartier historique aux rues pavées de briques et bordées d'arbres centenaires, où il fait bon flâner.

NOS ADRESSES À COCOA BEACH

TRANSPORTS

Avion – Orlando International Airport - *(voir p. 267)*. Une navette à destination de Cocoa Beach part à intervalles réguliers :
Cocoa Beach Shuttle – *dép. du Rdc de l'aéroport - ✆ (321) 631 4144 - www.cbshuttle.com - 33 $ AS - réservation requise.*

HÉBERGEMENT

POUR SE FAIRE PLAISIR

The Inn at Cocoa Beach – *4300 Ocean Beach Blvd - ✆ (321) 799 3460 - www.theinnatcocoabeach.com* - ♿ - *50 ch. à partir de 165 $*. Toutes différentes, les chambres de cet hôtel de charme sont réparties dans deux bâtiments. La plupart donnent sur l'océan ou la piscine, et certaines peuvent accueillir jusqu'à 4 pers. Accès direct à la plage par le jardin, prêt de parasols et de chaises longues. *Happy hour* tous les jours avec du vin et du fromage à partir de 18h. Une excellente adresse.

RESTAURATION

BUDGET MOYEN

Sunset Waterfront Grill and Bar – *500 W. Cocoa Beach Causeway - ✆ (321) 783 8485* - ♿ P - *15/25 $*. Ce restaurant au bord de l'eau est idéal pour dîner en admirant le coucher du soleil. Cuisine américaine classique et honnête, avec un grand choix de plats de poisson et de fruits de mer. Ambiance musicale certains soirs.

Atlantic Ocean Grille – *Cocoa Beach Pier, 401 Meade Ave. - ✆ (321) 783 7549 - www.cocoabeachpier.com* - ♿ - *dîner seult et brunch au champagne le dim. - 15/25 $*. Régulièrement élu « meilleur restaurant avec vue de Floride », cet établissement élégant propose une excellente sélection de produits issus de la pêche locale, mais aussi de bonnes viandes grillées. Certains produits sont mis à l'honneur autour d'une carte spéciale : langoustes le jeudi, crevettes le vendredi. Réservez une table près d'une baie vitrée pour profiter de la vue.

ACHATS

Ron Jon Surf Shop – *4151 N. Atlantic Ave. - ✆ (321) 799 8820 - www.ronjonsurfshop.com - tlj 24h/24*. Difficile de manquer la façade colorée et pseudo Art déco de ce temple du surf, institution de Cocoa Beach depuis 1963. Sur deux niveaux, incroyable choix d'accessoires pour la plage ou pour les sports nautiques : planches de surf, rollers, maillots de bain, lunettes de soleil, tongs, tee-shirts…

EN SOIRÉE

Mai Tiki Bar – *Cocoa Beach Pier - ✆ (321) 783 7549*. Situé au bout de la jetée, à 250 m du quai, ce bar surplombant l'océan est tout indiqué pour siroter un cocktail en plein air.

ACTIVITÉS

Surf

Plusieurs prestataires proposent leurs services dans la capitale floridienne du surf : **Ron Jon** *(voir ci-dessus - www.ronjonsurfschool.com)*, mais aussi **Bilt Surf School** *(210 N. Orlando Ave. - www.biltsurfandskate.com)* ou **Florida Surf Lessons** *(5600 N. Atlantic Ave. - www.floridasurflessons.com)*. Comptez 90 $ pour 2h de cours individuel.

TAMPA BAY ET LA CÔTE SAUVAGE

Tampa Bay et la côte sauvage 5

Tampa

★★

352 957 habitants

Troisième agglomération floridienne, Tampa est à la fois une ville portuaire et un centre de villégiature. Son doux climat subtropical et son emplacement privilégié en bordure des eaux azurées de la baie de Tampa en font une destination prisée des vacanciers comme des hommes d'affaires. Des manèges de Busch Gardens à la faune variée de l'aquarium, en passant par le quartier animé d'Ybor City, les buts de promenade ne manquent décidément pas.

NOS ADRESSES PAGE 315

S'INFORMER

Tampa Bay & Company – *410 E. Jackson St. - ✆ (813) 223 1111 ou 800 448 2672 - www.visittampabay.com.*

Ybor City Visitor Information Center – *1600 E. 8th Ave. (Suite B104) - ✆ (813) 241 8838 - www.ybor.org.*

SE REPÉRER

Carte de région B3 (p. 300). L'I-4 (est-ouest) et l'I-75 (nord-sud) mènent directement en ville. L'I-275 et l'US-19 traversent la baie et conduisent aux plages du golfe du Mexique.

À NE PAS MANQUER

Les Busch Gardens ; Ybor City ; le Museum of Science & Industry.

ORGANISER SON TEMPS

Consacrez une journée à la visite des Busch Gardens et une autre à la découverte du centre-ville et des musées.

AVEC LES ENFANTS

Busch Gardens ; Lowry Park Zoo ; Florida Aquarium ; Museum of Science & Industry ; Adventure Island.

Se promener

CENTRE-VILLE Plan de ville (p. 308)

Là où s'élevait il y a une vingtaine d'années un groupe d'immeubles commerciaux d'aspect plutôt banal se dressent désormais d'étincelantes tours de verre et d'acier. La ville s'est profondément transformée, sans pour autant sacrifier son patrimoine architectural. Les plus beaux édifices ont été épargnés et cohabitent aujourd'hui avec d'élégants gratte-ciel. C'est le cas, notamment, du **City Hall** (hôtel de ville), structure de style Beaux-Arts construite en 1915 *(Kennedy Blvd et Florida Ave.)*. Le boom immobilier des années 1980 a aussi légué à la ville des immeubles de moindre dimension tels que le **Franklin Street Mall**, un mail pavé de briques, agrémenté de végétation et de fontaines, dont les boutiques se succèdent de Cass Street à Washington Street. De cette époque datent également les nombreuses sculptures et œuvres artistiques qui parent la ville.

Tampa Museum of Art.
A. Jenny / Stock Connection / age fotostock

En face du centre-ville, de l'autre côté du pont du Beneficial Boulevard, se trouve **Harbour Island**, un ancien terminus ferroviaire de 72 ha datant de 1908, époque à laquelle on fit draguer la baie de Hillsborough. Dans les années 1970, l'île n'était plus qu'une vaste gare à l'abandon. Au milieu des années 1980, un important projet de développement transforma l'endroit en un complexe huppé, formé de logements, de boutiques, de restaurants et d'hôtels.

L'ART DES LIEUX PUBLICS

Depuis 1985, les entrepreneurs sont tenus par la loi de consacrer 1 % des coûts de tout nouvel édifice à l'acquisition d'œuvres artistiques.
À titre d'exemple :

- *Solstice* (1985, Charles Perry), sculpture en acier de 8,5 m de haut *(Kennedy Blvd et Tampa St.)*
- *Shamayim* (1983, Yaacov Agam), sculpture en métal et en béton de 5 tonnes *(Convention Center)*
- *Sunshot* (1986, James Rosenquist), peinture murale *(hall d'entrée de la First Union Tower, Tampa St. et Whiting St.)*
- *Wave* (1989, Mary Ann Unger), sculpture en acier peint évoquant une vague *(City Hall Plaza, Franklin St. Mall et Kennedy Blvd)*
- *America, America* (1977, Barbara Neijna), sculpture en acier de couleur rouge *(Central Library, Ashley Dr.)*
- *Untitled* (1988, George Sugarman), sculpture en acier jaune, noir et blanc *(Ashley Dr. et Kennedy Blvd)*
- *Cycle of Waves* (1990, Kathryn Sokolnikoff), bas-relief représentant la faune floridienne *(Marion Transit Pkwy, entre Kennedy Blvd et Jackson St.)*
- *Over the Waves* (1927, C. Paul Jennewein), sculpture en bronze d'un enfant chevauchant un dauphin *(Tampa City Center Esplanade, Jackson St. et Franklin St.)*

Un peu d'histoire : Tampa

EXPLORATION ET COLONISATION

Diverses peuplades autochtones occupaient déjà la région plusieurs millénaires avant notre ère, mais au 16e s. n'y vivaient pourtant plus que les Calusa et les Timucua, dont l'existence reposait sur la pêche et la chasse. Pánfilo de Narváez serait le premier explorateur espagnol à avoir découvert la baie de Tampa. En 1528, il traversa Johns Pass (détroit de John), débarqua non loin du site actuel de Clearwater, puis remonta vers le nord jusqu'à Tallahassee. En 1539, Hernando de Soto fit à son tour un bref arrêt dans la région, puis repartit vers l'ouest, pour ne jamais revenir.

Au début du 19e s., des pêcheurs cubains et espagnols bâtirent, sur un lopin de terre aujourd'hui occupé par le quartier de Hyde Park, un petit village, Spanishtown Creek, qu'ils habitaient paisiblement aux côtés de leurs voisins amérindiens. Lorsque la Floride devint un territoire américain en 1821, le gouvernement établit le poste militaire de Fort Brooke près de Spanishtown Creek. En 1848, un violent ouragan dévasta la région, causant de graves inondations et submergeant l'emplacement actuel de St. Petersburg, de l'autre côté de la baie. Tampa fut reconstruite. Mais en 1880, Fort Brooke était abandonné, et la ville comptait à peine 720 âmes. Seuls des bateaux, des diligences et des chars à bœufs assuraient un lien fragile avec l'extérieur.

LE CHEMIN DE FER, GAGE DE PROSPÉRITÉ

C'est à cette époque que le magnat **Henry Bradley Plant** (1819-1899) décida de prolonger son chemin de fer jusqu'à Tampa, reliant ainsi la région au reste du pays. Né d'une famille de fermiers du Connecticut, Plant s'était embarqué, dès l'âge de 18 ans, à bord d'un bateau à vapeur sur lequel il fit son apprentissage. Cette expérience lui permit d'obtenir un poste auprès de l'Adams Express Company, qui expédiait des colis par bateau et, plus tard, par train. Plant, que la santé fragile de sa femme avait forcé, en 1853, à passer plusieurs mois en Floride, devint directeur de l'entreprise pour la région Sud. Au début de la guerre de Sécession, en 1861, il créa la Southern Express Company. Après la guerre, il acheta deux lignes ferroviaires, et commença à bâtir un fabuleux empire, fort de 14 compagnies de chemin de fer et plusieurs sociétés de navigation, qui s'étendait de la Jamaïque à la Nouvelle-Angleterre. À ce réseau de transport s'ajoutaient des hôtels de luxe, dont le Tampa Bay Hotel *(voir p. 306)*, érigé en bordure de la rivière Hillsborough, et dont les minarets argentés constituent aujourd'hui l'une des « cartes postales » de la ville.

Le transport ferroviaire et l'activité portuaire allaient consacrer l'avenir de Tampa en y attirant nouvelles industries et promoteurs immobiliers. L'un d'entre eux, **Vicente Martínez Ybor**, y installa sa fabrique de cigares en 1886. Il acheta une parcelle de terrain à l'est du centre-ville et fit construire une usine dont la production mensuelle atteignit rapidement 900 000 pièces. D'autres fabricants de cigares s'installèrent bientôt à Tampa, attirant à leur suite travailleurs espagnols, italiens et cubains. La communauté qu'ils fondèrent, Ybor City, est devenue le quartier historique hispanique de Tampa. Grâce à la renommée de ses cigares et celle de son luxueux hôtel, la ville perdit son allure provinciale.

À la même époque, Tampa se lança dans l'exportation des agrumes, du bétail, des légumes et des engrais phosphatés. À l'aube du 20e s., cette agglomération en plein essor attira l'attention de la presse internationale lorsque, durant la guerre hispano-américaine, Henry Plant usa de son influence pour qu'elle devienne le port d'embarquement des troupes américaines. Les soldats campaient aux abords de la ville, mangeaient au Tampa Bay Hotel et dépensaient leur argent dans les magasins de la ville, pour le plus grand bonheur des commerçants.

En 1924, la communauté de St. Petersburg connut elle aussi une période d'effervescence. Aucun pont ne reliait alors les deux cités, et le trajet par bateau prenait une journée entière, situation inadmissible selon le pilote Tony Jannus. Ce dernier devait réaliser un exploit historique en transportant un passager de l'autre côté de la baie à bord d'un petit avion à six cylindres, en l'espace de 23mn, lançant ainsi la première ligne aérienne commerciale du monde. Dix ans plus tard, un pont à péage fut construit entre Tampa et St. Petersburg.

UNE CROISSANCE EFFRÉNÉE

En 1920, Tampa comptait près de 38 000 habitants. En 1921, un terrible ouragan s'abattit à nouveau sur la ville, submergeant le fameux Bayshore Boulevard sous plus de 6 m d'eau. Tampa se releva une fois encore et connut un niveau de croissance sans précédent durant le boom immobilier des Années Folles. C'est alors que le promoteur immobilier D.P. Davis décida de faire draguer le fond de la baie, afin d'y aménager un projet qui ferait l'envie de tous les spéculateurs. L'assèchement n'avait pas encore commencé que Davis avait déjà récupéré son investissement, surnommant sa brillante création **Davis Islands** et vantant le cachet vénitien de ses îles. Si ces dernières ne ressemblent en rien à la célèbre ville italienne, elles n'en constituent pas moins, aujourd'hui encore, l'un des plus prestigieux quartiers résidentiels de Tampa.

Malheureusement, l'économie de Tampa s'effondra avant même que ne survienne le krach de Wall Street, en octobre 1929. Dans les années de la Grande Dépression, un aéroport fut tout de même créé sur Davis Islands et l'université de Tampa (1933) s'installa dans l'ancien Tampa Bay Hotel.

En 1935, un troisième ouragan ravagea la ville, faisant cette fois des centaines de victimes dans le sud de la Floride. Au même moment, une tempête politique soufflait sur la municipilité, accusée de collusion avec la mafia. Plusieurs scandales électoraux suscitèrent la naissance d'un mouvement de réforme, mené par la presse locale.

Tampa poursuivit son expansion au cours des années 1950 avec l'ouverture de la **base aérienne militaire de MacDill**, qui demeure une source importante de revenus pour la ville. En 1956, l'État inaugura, dans le secteur nord de Tampa, une nouvelle université (University of South Florida), dont les quatre campus comptent aujourd'hui près de 48 000 étudiants.

TAMPA AUJOURD'HUI

Tourisme, secteur médical et biomédical, industrie de pointe, finance, agriculture, aquaculture, commerce international, exploitation et exportation de phosphate constituent l'essentiel de l'activité économique. Générant chaque année 40 000 emplois et des revenus de 1,7 milliard de dollars, le secteur touristique est à lui seul le troisième employeur de la région.

★ Henry B. Plant Museum

401 W. Kennedy Blvd - ✆ (813) 254 1891 - www.plantmuseum.com - ♿ P - janv.-nov. : mar.-sam. 10h-16h, dim. 12h-17h ; déc. : se renseigner - visite guidée : mar. et jeu. à 13h - 10 $ (prix spécial en déc.).

Bon à savoir – On peut assister à une présentation vidéo *(14mn)* sur l'histoire de l'hôtel, dans la salle adjacente à la boutique de souvenirs.

L'étonnante silhouette du **Tampa Bay Hotel★★**, surmontée de minarets argentés et de croissants dorés, se dresse sur les berges de la rivière Hillsborough. La pelouse verdoyante de **Plant Park** semble accentuer la blancheur des **boiseries chantournées** qui parent cet ancien établissement d'une allure toute victorienne.

Depuis son ouverture en 1891, cet ancien hôtel est devenu le symbole de la ville. Une partie de l'édifice a été transformée en musée, tandis que le reste abrite les bureaux et les salles de cours de l'université de Tampa (University of Tampa).

L'intérieur évoque les séjours d'hôtes privilégiés, parmi lesquels Thomas Edison, Theodore Roosevelt et le légendaire joueur de base-ball Babe Ruth. Les interminables couloirs sont tendus d'étoffes somptueuses, que rehaussent l'éclat du laiton et de la dorure. De lourdes portes de bois s'ouvrent sur des chambres dont les fenêtres en verre biseauté, hautes de 3 m, sont drapées de précieuses dentelles.

La **Reading and Writing Room** (salle de lecture et d'écriture) a conservé la plupart de ses meubles d'origine et a été repeinte dans ses couleurs de 1891. Une imposante cheminée surmontée d'un trumeau finement sculpté et d'un immense miroir occupe le mur nord de la pièce. Remarquez le bureau et les

LE DESTIN D'UN PALACE

En 1890, Tampa n'était qu'un gros village sans attrait particulier, dont la destinée allait changer à jamais grâce à l'audace d'un homme. Tout comme son rival Henry Flagler *(voir p. 366)*, magnat des chemins de fer, **Henry Bradley Plant** décida de faire construire un prestigieux établissement hôtelier dans l'espoir de consolider le réseau de transports auquel il devait sa fortune. Son hôtel se dresse sur une péninsule jadis recouverte de plantations d'agrumes et de forêts denses, délimitée par les baies de Hillsborough et de Tampa. Conçue par l'architecte new-yorkais John A. Wood, cette structure de cinq étages, construite en deux ans pour la coquette somme de 2,5 millions de dollars, compte 500 chambres et occupe un site de 2 ha. Son style néomauresque, alors très en vogue, rappelle l'époque au cours de laquelle la Floride était possession espagnole. En 1889, Plant et son épouse parcoururent le monde pour trouver de quoi décorer leur hôtel. De leurs séjours en Europe et en Asie, ils rapportèrent suffisamment d'antiquités, d'objets d'art, de meubles et de tapis pour remplir 80 wagons de train !

Deuxième hôtel de Floride à offrir à ses hôtes le chauffage à la vapeur, l'électricité, l'ascenseur, le téléphone, l'eau courante et des salles de bains privées dans chaque chambre, l'établissement accueillit au plus fort de sa popularité plus de 4 000 personnes par an. Il fut, pendant de nombreuses années, le centre de la vie mondaine à Tampa.

Plant mourut en 1899 et son hôtel commença à décliner. Six ans plus tard, la ville de Tampa achetait l'édifice. L'hôtel ferma définitivement ses portes en 1930. En 1933, l'université de Tampa loua l'immeuble, et la municipalité ouvrit un musée au rez-de-chaussée de l'aile sud.

chaises incrustés de nacre. Entrez dans la chambre d'invité, meublée dans le style Eastlake, et notez l'éclairage d'origine. On peut aussi visiter un solarium avec vue sur le parc, et les appartements privés de Henry Plant.
La collection du musée réunit un bel ensemble de porcelaines Wedgwood, des miroirs vénitiens et un tapis rouge vif que Plant aurait acheté pour un prix dérisoire après que la reine Victoria eut refusé d'y poser le pied, jugeant que son motif en forme de lion ressemblait trop au symbole de l'Empire britannique !
Les locaux dévolus à l'université occupent **Plant Hall**. Malgré son architecture remarquable, l'intérieur n'a pas été rénové. Notez surtout, à l'extrémité nord du rez-de-chaussée, le dôme de **Fletcher Lounge** (l'ancienne salle à manger), et, à côté du hall d'entrée, le Grand Salon où se réunissaient les invités de la maison.

Tampa Museum of Art

120 W. Gasparilla Plaza - ✆ (813) 274 8130 - www.tampamuseum.org - ♿ - lun.-jeu. 11h-19h, vend. 11h-20h, sam.-dim. 11h-17h - 10 $; participation libre le vend. à partir de 16h.
Installé dans un superbe espace à l'architecture contemporaine, le musée d'art de la ville est surtout connu pour ses **collections d'antiquités du monde méditerranéen** (principalement la Grèce et Rome), la plus grande du sud-est du pays. Plus de 500 pièces couvrant la période de l'âge du bronze à l'Empire romain illustrent le savoir-faire des artisans du monde antique, évoquent la vie quotidienne des populations et ramènent aux origines de la civilisation occidentale.
Autre point fort du musée, les **collections de photograhies**, exposées par roulement, parmi lesquelles des exemples des débuts de cet art (daguerréotypes, colotypes, stéréographies…) et de nombreux artistes venus d'horizons variés : Doisneau, Mapplethorpe, Frank, Rauschenberg, Salgado.
Le musée accueille par ailleurs des expositions temporaires de qualité autour des thèmes de l'art ou du design.

★ Tampa Theatre

711 N. Franklin St. - ✆ (813) 274 8981 - http://tampatheatre.org - possibilité de visite guidée (se renseigner sur place).
Les lourds portails en fer forgé de cet élégant théâtre (1926), qu'un historien a qualifié de « bonbon andalou », s'ouvrent sur un intérieur somptueux, où se retrouvent les styles les plus divers : néobyzantin, italianisant, néogrec et autres. Notez les imposantes façades, ornées de statues et de piliers en spirale, l'arc de scène richement ouvragé, et l'appareil à effets spéciaux, dont les nuages immatériels se détachent avec grâce sur un plafond criblé d'étoiles. Le lieu (1 446 places assises) abrite une salle de cinéma et accueille, tout au long de l'année, différentes manifestations.

Sacred Heart Catholic Church

Florida Ave. (au coin de Twiggs St.) - ♿ - rens. sur les concerts d'orgue : ✆ (813) 229 1595 - www.sacredheartfla.org.
Inaugurée en 1905, cette immense église en pierre de style roman, construite à l'initiative des jésuites, présente une entrée à trois arches, des portes et des bancs en chêne sculpté, des colonnes en marbre du Tennessee, quelque 70 vitraux et un dôme peint, haut de 14 étages, qui surmonte le maître-autel. L'édifice a fait l'objet d'importants travaux de restauration à la fin des années 1970 et au début des années 2000.

★ Florida Aquarium

701 Channelside Dr. - ✆ (813) 273 4000 - www.flaquarium.org - ♿ P (6 $) - tlj 9h30-17h - 23,50 $ (tarif réduit et billet coupe-file sur le site Internet).

Inauguré en 1995, cet aquarium de 14 136 m² abrite, sous son immense dôme formé d'un millier de panneaux de verre, près de 4 millions de litres d'eau douce et salée. Quelque 5 300 animaux et plantes, représentant 600 espèces indigènes, vivent dans ce musée aquatique, qui reproduit avec une authenticité surprenante des écosystèmes typiques de la Floride.

L'aquarium recrée différents milieux aquatiques que l'on peut explorer à son rythme, en suivant le parcours de visite. Pénétrez d'abord dans les **Wetlands**, une zone de haute humidité constituée de bogues de cyprès, de forêts de mangrove et de marais d'algues flottantes. Huit habitats y sont représentés, peuplés d'une grande variété d'animaux : poissons, serpents, ibis blancs, grands-ducs d'Amérique et loutres de rivière…

La section **Bays and Beaches** recrée trois habitats : un fond de baie, où se promènent de gracieuses raies et des poissons guitares ; un pont incrusté d'anatifes, où se cachent des colonies de poissons ; et une plage, accompagnée d'effets sonores évocateurs (roulement des vagues et cri des mouettes). Au **Coral Reefs★**, un ensemble de récifs coralliens, les chitons s'élancent à travers de véritables forêts de coraux en corne de cerf, tandis que des requins se tapissent dans des grottes obscures. Dans une vaste pièce, 1 500 poissons

SE LOGER
Tahitian Inn 1

SE RESTAURER
Bern's Steak House 1
Mise en place 3
Skipper's Smokehouse Restaurant & Oyster Bar 5

tropicaux appartenant à 60 espèces différentes évoluent derrière un impressionnant mur d'acrylique (hauteur : 4 m ; largeur : 13 m ; épaisseur : 30 cm). Dans le laboratoire, de l'autre côté de cette salle, les visiteurs pourront poser des questions aux biologistes de l'aquarium et utiliser des consoles interactives afin d'explorer les mystères de la vie sous-marine.

La section **No Bone Zone** est consacrée aux mollusques, **Dragon Down Under** est dédiée aux hippocampes et à leurs cousins, tandis qu'**Aquariumania** propose aux visiteurs d'en savoir plus sur les aquariums.

Différentes animations rythment par ailleurs la journée permettant, par exemple, d'assister aux repas des animaux, voire d'interagir avec eux (plongée avec les requins) ; il est également possible de participer à des sorties en bateau dans la baie pour en savoir plus sur l'écosystème de la région *(activités payantes, rens. et réserv. à l'accueil)*.

★ Bayshore Boulevard

Cette route panoramique de plus de 7 km longe le littoral vers le sud depuis la rivière Hillsborough. Elle passe par l'un des plus vieux quartiers de Tampa, Hyde Park *(voir ci-dessous)*, en offrant de superbes **vues★** de la baie et des tours du centre-ville. Au bord de l'eau, une promenade paysagée attire une foule de cyclistes, de piétons et d'adeptes des *rollers*.

Arrivée à Ballast Point, la route s'éloigne de la côte et passe à proximité d'un petit parc et d'un quai de pêche. Elle s'achève devant la base militaire de MacDill, qui servit de centre de commandement de l'armée américaine lors de la guerre du Golfe, en 1991.

★ HYDE PARK Plan de ville ci-contre

De part et d'autre de Swann Ave., entre le South Crosstown Expressway (route 618) et Bayshore Blvd.

Les débuts de ce quartier remontent à la fin du 18e s., époque à laquelle des pêcheurs cubains se regroupèrent pour former une humble communauté qu'on surnomma Spanishtown Creek. En 1886, O.H. Platt fit l'acquisition de 8 ha de terrain qu'il nomma en l'honneur de sa ville natale, en Illinois, et qu'il divisa en parcelles. De riches familles bâtirent ici leurs maisons, s'inspirant d'une vaste gamme de styles architecturaux. Aujourd'hui, des maisons de styles Queen Anne et néocolonial voisinent avec des bungalows et des demeures de style méditerranéen. Des jardins soigneusement paysagés bordent les rues étroites, protégées du soleil par des chênes drapés de mousse espagnole. Certaines des plus belles maisons se trouvent au sud de Swann Avenue, entre Rome Avenue et South Boulevard.

Sur South Dakota et Snow Avenues *(au sud de Swann Avenue)*, **Hyde Park Village** *(www.hydeparkvillage.net - boutiques : 10h-19h)* compte de nombreuses boutiques, des restaurants, et propose diverses animations *(voir calendrier sur le site Internet)*.

★ YBOR CITY Plan de ville (p. 310)

à 2,5 km au nord du centre-ville de Tampa.

Ce quartier animé formait autrefois le cœur de la communauté cubaine. L'influence latine y est encore très présente, tandis que prolifèrent boutiques, bars et restaurants, qui en font un quartier à la mode.

★ Seventh Avenue

En se promenant le long de 7th Avenue, on découvre plusieurs des principaux attraits architecturaux du quartier. Le **Columbia Restaurant** *(no 2117, à l'angle* *de 21st St.)*, construit en 1905, est célèbre pour son extérieur revêtu d'une mosaïque multicolore et pour ses mets typiques *(voir « Nos adresses à Tampa »)*.

Structure néoclassique à trois étages érigée en 1918, l'**Italian Club** *(n° 1731, à l'angle de 18th St.)* se distingue par sa façade tripartite. Depuis 1894, il dessert la communauté italienne, offrant à ses membres des services culturels, éducatifs et financiers.

SANDWICHS CUBAINS

À Ybor City, goûtez l'un des mets les plus populaires du quartier : le sandwich cubain, une délicieuse combinaison de jambon, de porc, de salami, de fromage, de cornichons et de moutarde, étagée entre deux tranches de pain cubain dense et moelleux, puis grillée.

Ybor Square

1911 N. 13th St.

Dans cet édifice de brique rouge à trois étages, construit en 1886 par Vicente Ybor, se trouvait autrefois la plus vieille et la plus grande usine de fabrication manuelle de cigares du quartier. Le complexe, aujourd'hui rénové, se compose de deux bâtiments industriels et d'un entrepôt doté d'une cour intérieure. On y trouve à présent des boutiques et des restaurants, ainsi qu'une petite manufacture de cigares. De l'escalier adossé à la façade de l'édifice, José Martí, héros de la révolution cubaine, rallia ses compatriotes à la cause de l'indépendance.

De l'autre côté de 8th Avenue *(à l'angle de 13th St. et E. 8th Ave.)* s'étend un petit **parc** dédié à la mémoire de Martí, qui marque l'emplacement de l'ancienne demeure des Pedroso, une famille cubaine qui protégea le jeune révolutionnaire contre les loyalistes espagnols.

À un pâté de maisons se dresse le **Cafe Creole** *(nos 1320-1330 E. 9th Ave.)*, structure en briques à deux étages ornée de gracieuses arches. Il était autrefois occupé par l'hôtel-restaurant El Pasaje (ou Cherokee Club), ouvert en 1888, qui compta parmi ses hôtes José Martí *(voir p. 212)*, Theodore Roosevelt, le président Grover Cleveland, Sir Winston Churchill et de nombreux gouverneurs de la Floride.

L'édifice de brique jaune du **Cuban Club** *(n° 2010 Republica de Cuba Ave.)*, bâti en 1917, comptait au plus fort de sa popularité une salle de bal, une

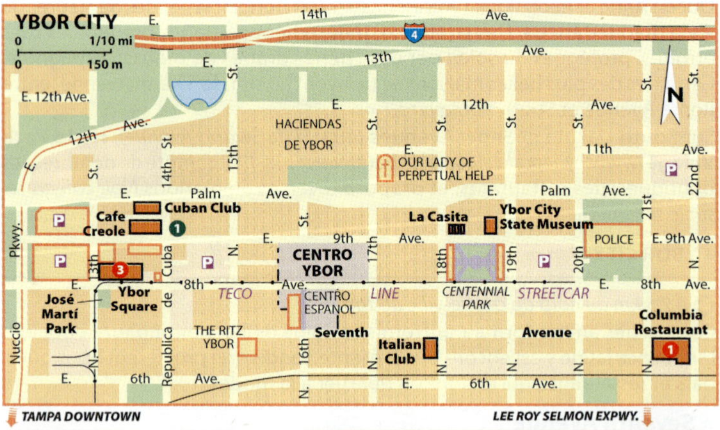

SE LOGER
Don Vicente de Ybor Historic Inn... 1

SE RESTAURER
Columbia... 1
Tampa Bay Brewing Company... 3

Un quartier tendance

LA CAPITALE MONDIALE DU CIGARE

Lorsque des problèmes syndicaux à Key West forcèrent le fabricant de cigares **Vicente Martínez Ybor** à trouver un nouveau site pour son usine, il choisit une parcelle de terrain infestée de moustiques, située à proximité de la toute jeune ville de Tampa, jugeant que la nouvelle voie ferrée, le port d'expédition et le climat doux en faisaient un emplacement idéal pour exploiter son entreprise. Ybor aménagea sa fabrique sur un lot acheté à la chambre de commerce de Tampa. Le complexe ouvrit en 1886 et devint rapidement la plus grande manufacture de cigares du monde, employant plus de 4 000 personnes. Au début du 20e s., Tampa comptait plus de 150 manufactures, dont la production annuelle se montait à quelque 100 millions de cigares roulés à la main. Une multitude de jeunes travailleurs, pour la plupart cubains, espagnols, italiens et allemands, affluèrent vers Ybor City. Au travail, la langue d'usage était l'espagnol. Des *lectores* lisaient tout haut des poèmes et des journaux, dans les salles où régnait une activité fébrile. Des commerces, des restaurants, des sociétés d'entraide et toutes sortes d'associations furent créés pour répondre aux besoins d'une population croissante. Vers la fin des années 1880, Ybor City devint une véritable base d'opération pour la révolution cubaine. Durant la guerre hispano-américaine, l'armée américaine posta des troupes ici, y compris le fameux contingent des **Rough Riders** (1er régiment de volontaires de la cavalerie américaine, organisé par Theodore Roosevelt). Un an après l'avènement de l'indépendance cubaine (1898), la première vague de grèves et d'agitation syndicale secoua Ybor City, opposant les nouveaux immigrants imprégnés de doctrines socialistes aux hommes d'affaires conservateurs de Tampa.

L'automatisation des usines, la popularité croissante des cigarettes et la crise économique des années 1930 annoncèrent le déclin de l'industrie du cigare à Ybor City. Après la Seconde Guerre mondiale, de nombreuses usines fermèrent, et la population abandonna le quartier. Beaucoup de maisons, de locaux industriels et commerciaux furent démolis lors de la rénovation urbaine des années 1960.

LA RENAISSANCE D'YBOR CITY

Le quartier connaît aujourd'hui un véritable renouveau. Ses édifices, ses rues pavées, ses réverbères à l'ancienne et ses balcons en fer forgé ont été restaurés avec soin. Depuis le début des années 1990, de nouveaux commerces ont ouvert leurs portes, tandis que la réfection des bâtiments historiques se poursuit. L'industrie du cigare, désormais automatisée, y est redevenue prospère. Ybor City fait partie du trio des villes floridiennes recherchées pour leur authenticité et leur caractère historique, aux côtés de St. Augustine et Pensacola. Le quartier attire toujours plus de visiteurs et de locaux qui apprécient son charme bohème. Galeries d'art, boutiques vintage, bars branchés et restaurants variés se succèdent sur 7th Avenue, l'artère principale d'Ybor City. Chaque fin de semaine *(jeudi-samedi soir)*, 7th Avenue se transforme en zone piétonnière entre 13th St. et 20th St. pour accueillir la foule venue écouter les musiciens qui se produisent dans les nombreux bars du voisinage.

bibliothèque, un gymnase, un théâtre et une clinique. Aujourd'hui, le club abrite une organisation de santé (Health Maintenance Organization) et propose des activités sociales.

Ybor City Museum

1818 9th Ave. - ✆ (813) 247 6323 - www.ybormuseum.org - ♿ - tlj 9h-17h - 4 $.
Logé dans le Ferlita Bakery Building, un immeuble de brique jaune construit en 1923, ce musée retrace l'histoire du quartier. Parmi les objets exposés, on note des outils servant à la fabrication des cigares, des photographies, deux fours à pain commerciaux et de belles boîtes à tabac.
À côté du musée se trouve une petite maison surnommée **La Casita** (1895), typique de celles qu'habitaient les employés des usines de cigares au début du 20e s. *(visite guidée ttes les 30mn, de 10h à 15h).*

NORTH TAMPA Carte de région (p. 300)

★★ Busch Gardens Tampa Bay B2-3

10165 N. McKinley Dr. - ✆ (888) 800 5447- www.buschgardens.com - ♿ P (12 $) - les horaires varient en fonction des mois et des jours de la semaine (renseignez-vous au préalable), mais le parc est ouvert tlj entre 9h-10h et 18h-21h - 95 $; 142 $ $ billet couplé avec Adventure Island (voir ci-après) ; 192 $ billet couplé avec SeaWorld Orlando (voir p. 276) ; tarifs réduits en réservant via *le site Internet. Voir encadré ci-dessous.*

Bon à savoir – Vous obtiendrez de très importantes réductions si vous acheter vos billets en ligne.

En 1959, la famille Busch fit construire une brasserie au sud de l'University of South Florida. La même année, August A. Busch, Jr. – président d'Anheuser-Busch, Inc., de 1946 à 1975 – ajouta un refuge d'oiseaux et un jardin sur le terrain entourant l'entreprise familiale. Trois ans plus tard, le site attirait déjà des milliers de visiteurs. Aujourd'hui, Busch Gardens est le plus grand **parc d'attractions** de la région. Les habitats naturels de l'Afrique, tels qu'ils existaient au début du 20e s., y ont été recréés sur 121 ha de jardins tropicaux, où vivent en liberté plus de 3 000 animaux. Le tout est complété par des manèges, des promenades en tram et en monorail, et des spectacles divers.
L'un des secteurs les plus authentiques du parc d'attractions est celui de **Serengeti Plain** qui recrée une savane des plaines du Serengeti (Tanzanie). Plus de 500 animaux d'Afrique circulent librement dans cette savane de 32 ha :

BUSCH GARDENS : MODE D'EMPLOI

Busch Gardens est particulièrement fréquenté de mars à août et en décembre, surtout du vendredi au dimanche. Arrivez tôt afin d'éviter de longues files d'attente *(le parking ouvre 30mn avant le parc).* Un tram conduit les visiteurs du parking jusqu'à l'entrée du parc (n'oubliez pas de noter l'emplacement exact de votre véhicule).
Busch Gardens comprend douze secteurs différents. Au moment d'acheter vos billets, vous recevrez un plan des lieux, ainsi qu'un guide donnant le programme et l'horaire des spectacles et divertissements du jour. Les montagnes russes et les manèges aquatiques étant fort appréciés du public, dirigez-vous y dès l'arrivée au parc. L'accès à certaines attractions est fonction de la taille, du poids et de la condition physique des visiteurs. Il est interdit d'apporter de la nourriture et des boissons sur le site, qui dispose de 15 snacks, cafés et restaurants où faire une pause.

Ybor City.
J. Coletti / Agency Jon Arnold Images / age fotostock

zèbres, antilopes, autruches, hippopotames, rhinocéros, girafes et bien d'autres encore. Des safaris en camion *(30 $)* permettent d'observer d'encore plus près la faune africaine. **The Congo** est l'une des zones les plus prisées par les amateurs de sensations fortes : essayez l'époustouflant *Kumba* qui atteint une vitesse de 97 km/h et fait sept inversions, le *Python* (64 m de long) et ses deux boucles de 360 degrés, le *Congo River Rapids*, un manège aquatique. Même ambiance dans la section **Egypt**, qui compte de nombreux manèges (dont le terrible *Montu*, montagne russe inversée) et la réplique de la tombe de Toutânkhamon, ou à **Timbuktu**, apprécié pour les vertigineuses montagnes russes du *Scorpion*, qui accomplit une descente de 19 m suivie d'une boucle de 360 degrés. L'ambiance est en revanche radicalement différente aux **Bird Gardens**, secteur dévolu aux oiseaux qui fut à l'origine du parc : vous y verrez la *Lory Landing*, une volière peuplée de perroquets, de loriquets, de calaos et de toutes sortes d'oiseaux exotiques aux couleurs vives évoluant dans une forêt dense miniature. Un spectacle inhabituel met par ailleurs en vedette rapaces et perroquets savants, dont beaucoup volent librement au-dessus de l'auditoire. Des gardiens expliquent comment les oiseaux vivent dans la nature, et décrivent les efforts de conservation visant à protéger les espèces en voie de disparition.

À côté de ces jardins s'étend **Land of the Dragons**, un terrain de jeux pour enfants situé à proximité de l'aire réservée aux varans de Komodo.

Les plus jeunes apprécieront **Sesame Street Safari of Fun**, où ils retrouveront les personnages de l'émission pour enfants « 1 rue Sésame » dans des jeux et des attractions nettement plus calmes.

5

Adventure Island B2-3

10001 N. McKinley Dr. - ✆ (888) 800 5447 - www.adventureisland.com - ♿ P (12 $) - les horaires varient en fonction des mois et des jours de la semaine (renseignez-vous au préalable), mais le parc est ouvert tlj entre 9h-10h et 18h-21h - 47 $; 142 $ billet couplé avec Busch Gardens *(voir p. 312)* *; tarifs réduits en réservant* via *le site Internet.*

Autre initiative de la famille Busch, ce **parc aquatique** situé de l'autre côté de la rue offre une pause rafraîchissante ! Plusieurs espaces thématiques y ont été aménagés (lagon, vagues, rapides, bayou...) et se découvrent en maillot de bain, pour la plupart par le biais de toboggans.

★★ Museum of Science & Industry (MOSI) B2

4801 E. Fowler Ave. (entrée principale dans l'aile ouest) - (813) 987 6100 - www.mosi.org - (5 $, gratuit pour l'IMAX uniquement) - lun.-vend. 10h-17h (sam.-dim. jusqu'à 18h) - 22,95 $, 6-12 ans 18, 95 $. IMAX Dome Theater : projection ttes les h. de 11h à 17h en juil.-août, jusqu'à 18h le vend. (programme disponible sur place et sur le site Internet, se rens. pour sept.-juin) - 10 $ (3-9 ans 8 $).

Ce musée des sciences – le plus grand du sud-est des États-Unis –, qui aborde de multiples sujets à travers un grand nombre d'expositions permanentes et quelques expositions temporaires, fera le bonheur des touche-à-tout. Car ici, on attend des visiteurs une participation active !

Science Center – *bâtiment principal*. Le premier niveau comporte une galerie réservée aux expositions temporaires. La principale aire d'exposition se trouve au second niveau, tout comme l'**IMAX Dome Theater** *(350 places assises)*, qui présente des films sur un écran de 25 m de haut. Plus loin, **Disasterville** plonge le visiteur dans différentes situations de catastrophes naturelles (séisme, ouragan, inondation...) grâce à des effets sonores et visuels assez réussis ; on lui explique également l'origine de ces phénomènes et les moyens mis en œuvre pour faire face à ce genre de situation.

Au troisième niveau, **The Amazing You** propose de découvrir le corps humain et d'explorer le domaine de la santé et du développement humain, de la naissance à la mort : on peut tester ses réflexes, son ouïe, ses connaissances en matière de nutrition...

Dr Gladys Shafran Kashdin Welcome Center – Situé en dehors du bâtiment principal, cet espace est dédié chaque année à une exposition temporaire.

The Children Science Center – Reliée à la précédente par un couloir, cette zone est un véritable terrain de jeux pour les enfants qui s'en donnent à cœur joie et peuvent tester leurs capacités, leurs connaissances, et comprendre, grâce à des exemples simples, des théories compliquées comme celle de la relativité...

À découvrir également dans le cadre du musée : le **Saunders Planetarium** *(se renseigner pour les horaires, qui varient tous les jours)* ; le **BioWorks Butterfly Garden**, où l'on peut observer des papillons ; le **Sky Trail Ropes Course** *(lun.-jeu. 12h-17h, vend. 12h-20h, sam. 10h-20h, dim. 10h-18h - 7 $ en sus du billet d'entrée)*, un parcours acrobatique à travers 36 structures métalliques reliées par des cordes à plus de 10 m du sol ; le **Back Woods Nature Preserve**, un sentier de découverte à travers plusieurs millieux naturels reconstitués.

Lowry Park Zoo B3

1101 W. Slight Ave. - (813) 932 8552 - www.lowryparkzoo.com - - tlj 9h30-17h - 24,95 $, 3-11 ans 19,95 $; billets familiaux à tarif spécial.

Idéal pour une sortie en famille, ce parc zoologique de 10 ha recrée l'habitat naturel de 1 500 animaux, dont des espèces en voie de disparition comme le puma de Floride et le tigre de Sumatra.

Des lamantins s'ébattent dans le **Pepsi Manatee and Aquatic Center**, où d'énormes réservoirs vitrés permettent aux visiteurs d'observer ces doux géants dans leur environnement. Le centre opère aussi une clinique d'urgence (la seule de ce genre aux États-Unis), destinée à secourir les lamantins en détresse.

Plusieurs manèges thématiques ont été aménagés à destination des plus jeunes. Il est également possible de participer à des expériences interactives avec les animaux : nourrir les girafes ou les rhinocéros, faire un tour à dos de chameau… *(calendrier à consulter sur place ou sur le site Internet).*

À proximité Carte de région (p. 300)

Hillsborough River State Park B2

À Thonotosassa, 32 km au nord-est de Tampa. Du centre-ville, prenez l'I-4 en direction de l'est ; faites 9,6 km jusqu'à l'US-301 N. (sortie 6) ; l'entrée du parc se trouve 22 km plus loin, au n° 15402 (sur la gauche). ✆ (813) 987 6771 - www.floridastateparks.org/hillsboroughriver/ - P - tlj de 8h au coucher du soleil - 6 $/véhicule. Possibilité de camper (✆ 800 326 3521 - http://floridastateparks.reserveamerica.com), de pique-niquer et de se restaurer ; piscine et location de vélos.

Bon à savoir – Munissez-vous d'un produit insectifuge en été !

Le plus grand parc de Tampa englobe près de 1 215 ha de marais, de bogues de cyprès et de forêts de pins. La rivière Hillsborough le traverse entre des affleurements de roche calcaire, formant des rapides *(possibilité de randonnée en canoë-kayak)*. Des pistes balisées *(13 km)* longent la rivière et serpentent à travers des bois de magnoliers, de palmiers ornementaux, de caryers et de chênes.

Fort Foster – *de l'autre côté de la route - visite guidée seult (1h) : sam. 14h et 16h, dim. 11h - 2 $.* Les *rangers* qui gèrent le parc proposent aussi une visite d'une réplique de ce fort, qui servit de dépôt d'approvisionnement de 1837 à 1838, durant la deuxième guerre séminole. Des soldats en costume d'époque recréent la vie dans ce fort de bois rudimentaire, dont le général Zachary Taylor assuma brièvement le commandement en 1838.

NOS ADRESSES À TAMPA

TRANSPORTS

Arriver

Avion – **Tampa International Airport** (TPA) - *à 14,5 km à l'ouest du centre-ville - ✆ (813) 870 8700 - www.tampaairport.com.* Transport à destination du centre-ville : navettes SuperShuttle *(✆ 800 282 6817 - www.supershuttle.com - à partir de 12 $ - réserv. possible)* ; navettes gratuites desservant les grands hôtels ; taxis *(25 $ env.)*. Sociétés de location de voitures *(voir p. 40)* à l'aéroport.

Sur place

HART (Hillsborough Area Regional Transit Authority) – *✆ (813) 254 4278 - www.gohart.org - 2/3 $.* L'organisme qui gère les transports de la région prend aussi en charge les **In Town Trolleys** *(lun.-vend. - ttes les 15mn env. de 6h à 8h30 et de 15h30 à 18h - 0,25 $)* et **TECO Line Streetcar System** *(✆ (813) 254-4278 - http://tecolinestreetcar.org - lun.-jeu. 12h-22h, vend.-sam. 11h-2h, dim. 12h-20h - ttes les 20mn, 30mn vend.-sam. de 1h à 2h - 2,50 $)*, un tramway à l'ancienne. Ces lignes desservent les centres d'intérêt touristique, dont Ybor City (TECO). Demandez un plan à l'office de tourisme.

Taxis – United Cab - *✆ (813) 777 7777* ; Yellow Cab - *✆ (813) 666 6666.*

HÉBERGEMENT

Bon à savoir – Le parc hôtelier ne présente pas vraiment de charme. Les hôtels du Downtown sont destinés à une clientèle d'affaires (Sheraton, Marriott, Westin…). Si vous disposez d'un véhicule, n'hésitez pas opter pour un motel : les chaînes sont présentes aux principales sorties des routes qui desservent la ville. On en trouve aussi autour de l'université *(sur E. Fowler Av.)* et des Busch Gardens *(sur E. Busch Blvd)*.

BUDGET MOYEN

Tahitian Inn – *601 S. Dale Mabry Hgwy (US-92) - ✆ 800 876 1397 - www.tahitianinn.com - ♿ 🏊 🅿 - 79 ch. à partir de 89 $.* Au sud de l'aéroport, cet hôtel familial à la décoration exotique possède des chambres très spacieuses et bien équipées, donnant pour certaines sur l'immense piscine. Restaurant *fusion*, spa et salle de fitness. Navette gratuite pour l'aéroport et le terminal des croisières.

POUR SE FAIRE PLAISIR

Don Vicente de Ybor Historic Inn – *11915 Republica de Cuba (9th Ave. et 14th St.) - Ybor City - ✆ (813) 241 4545 - www.donvicenteinn.com - ♿ 🅿 - 16 ch. à partir de 140 $* ☕. Située, à deux pas de l'animation de 7th Av., la demeure construite pour Ybor lui-même (1895) est devenue un hôtel de charme rempli d'objets anciens. Elle compte trois types de chambres, plus ou moins grandes, dont certaines avec des balcons. L'endroit est plaisant, mais peut se révéler bruyant, car des mariages y sont célébrés. Bar très agréable.

RESTAURATION

PREMIER PRIX

Skipper's Smokehouse Restaurant & Oyster Bar – *910 Skipper Rd - Village of Tampa (au nord de l'Université) - ✆ (813) 971 0666 - www.skipperssmokehouse.com - 🅿 - tlj sf lun. - 8/20 $.* Depuis plus de 30 ans, ce restaurant à l'atmosphère décontractée attire un public plutôt jeune en quête d'une nourriture « floribéenne » authentique. On y vient autant pour savourer des huîtres, des crevettes et du poisson grillé que pour écouter de la musique *live* (reggae, blues, rock, jazz ou zydeco). Le jardin sert de piste de danse, sous les étoiles !

Tampa Bay Brewing Company – *1600 E. 8th Av. - Ybor City - ✆ (813) 247 1422 - www.tampabaybrewingcompany.com - 8/23 $.* Située dans le complexe commercial de Centro Ybor, cette micro-brasserie fonctionne depuis 1996. Elle propose toutes sortes de bonnes choses : salades, *burgers*, ailes de poulet, pizzas, que l'on peut arroser de l'une des quelque dix mousses maison (stout, pale ale, porter…). Belle terrasse pour les beaux jours.

BUDGET MOYEN

Mise en Place – *442 W. Kennedy Blvd (quartier de l'Université) - ✆ (813) 254 5373 - www.miseonline.com - 🅿 - tlj sf dim. et lun. - 20/40 $.* Ce bistrot branché, à l'ambiance feutrée et chaleureuse, propose une cuisine américaine moderne, mâtinée d'influences méditerranéennes (escalopes de veau à l'italienne, tagine à la langouste, tapas et pizzas originales). La carte est renouvelée au fil des saisons. Produits bio et fromages artisanaux.

Columbia – *2117 E. 7th Av. - Ybor City - ✆ (813) 248 4961 - www.columbiarestaurant.com - 20/30 $.* Situé au cœur du quartier latino, ce restaurant familial (1905) est le plus ancien du genre en Floride. Tous les grands classiques espagnols sont à la carte, à commencer par des paellas réputées et des tapas, arrosés de sangria et de vins espagnols. L'ambiance est particulièrement animée en soirée, lors des spectacles de flamenco *(tlj sf dim.)*. Il fait bon dîner au frais dans le patio à l'atmosphère andalouse. Autres adresses à St. Augustine, Clearwater, St. Petersburg et Sarasota.

POUR SE FAIRE PLAISIR

Bern's Steak House – *1208 Howard Av. - Hyde Park - ✆ (813) 251 2421 - www.bernssteakhouse.com* - P - *dîner seult - à partir de 45 $ - réserv. conseillée.* Ce restaurant élégant *(pas de jeans, tee-shirt et baskets)* est une institution locale, surtout pour les carnivores : châteaubriand, côte de bœuf et autres morceaux choisis sont cuits à la perfection. Les amateurs de poisson ne sont pas en reste. Les légumes sont cultivés dans la ferme bio du restaurant. La carte des vins donne le vertige…

ACHATS

Les boutiques les plus intéressantes et les plus originales se trouvent à Ybor City.

La France – *1612 E. 7th Av. - Ybor City - ✆ (813) 248 1381.* Le paradis des amateurs de vêtements et accessoires vintage : pièces pour hommes et femmes en excellent état et à des prix raisonnables.

Metropolitan Cigars – *2014 E. 7th Av. - Ybor City - ✆ (813) 248 3304.* L'une des meilleures caves à cigares de la ville.

El Molino – *2012 E. 7th Av. - Ybor City - ✆ 800 531 9587 - fermé sam. et dim.* Ce torrefacteur (1921) est une affaire familiale, où l'on a érigé en art le café.

Centres commerciaux

Hyde Park Village – *W. Swann Ave. (à l'angle de Dakota St.) - www.hydeparkvillage.net (voir p. 309).*

International Plaza – *W. Shore Blvd (à l'angle de Spruce St.) - www.shopinternationalplaza.com - lun.-sam. 10h-21h, dim. 11h-18h.*

EN SOIRÉE

Chaque vendredi, consultez la section « Arts et Spectacles » du *Tampa Tribune (http://tbo.com). Travelhost (www.travelhost.com).* Disponible gratuitement dans les hôtels et restaurants, elle fournit aussi des infos sur les arts, les spectacles et les sports. Réservation sur **Ticketmaster** *(www.ticketmaster.com)*.

Bars et clubs

C'est à Ybor City que la fête bat son plein, surtout en fin de semaine. 7th et 8th Ave. comptent un grand nombre de bars plus ou moins animés, parmi lesquels **Double Decker** *(1721 E. 7th Av. - ✆ (813) 248 2099 - musique live sam. soir)*, un vrai pub avec une belle sélection de bières, un billard, des fléchettes, et **Centro Cantina** *(1600 8th St. - musique live mar.-dim. soirs)*, réputé pour ses margaritas.

The Ritz Ybor – *1503 E. 7th Ave. - ✆ (813) 247 2555 - http://ritzybor.com.* Cet ancien cinéma (1917), reconverti en boîte de nuit jusqu'en 2006, accueille désormais concerts et événements.

Spectacles

Straz Center for Performing the Arts – *1010 N. Macinnes Place - ✆ (813) 229 7827 - www.strazcenter.org.* Musique classique, concerts et spectacles musicaux.

Tampa Theatre – Un cinéma à l'ancienne *(voir p. 307)*.

Sports

Tampa Bay Buccaneers – *✆ (813) 879 2827 - www.buccaneers.com.* L'équipe de la National Football League joue au Raymond James Stadium entre août et déc.

Tampa Bay Lightning – *✆ (813) 301 6600 - http://lightning.nhl.com.* L'équipe de la National Hockey League joue au Tampa Bay Times Forum.

St. Petersburg

★★

249 688 habitants

Reliée par trois ponts routiers à Tampa, sa ville sœur, St. Petersburg n'a rien à envier à sa voisine en matière d'animation. Conçue dès le départ pour les vacanciers, elle est tout à la fois dynamique et décontractée. Son université et ses musées lui confèrent un attrait culturel indéniable, tandis que les magnifiques plages qui s'étirent à ses portes, le long du golfe du Mexique, attirent les amateurs de farniente.

NOS ADRESSES PAGE 325

S'INFORMER

St. Petersburg-Clearwater Area Convention & Visitors Bureau – *13 805 58th St. North (Suite 2200) – Clearwater – ✆ 727 464 7200 ou 877 352 3224 - www.visitstpeteclearwater.com.*

SE REPÉRER

Carte de région B3 (p. 300). L'US-275 traverse la baie, reliant Tampa à St. Petersburg. Les plages se trouvent à 16 km à l'ouest du centre-ville.

À NE PAS MANQUER

The Dalí (Salvador Dalí Museum).

ORGANISER SON TEMPS

Comptez une journée pour la ville et le musée Dalí, mais si vous avez envie de poser vos valises quelques jours, St. Pete Beach est une bonne option.

AVEC LES ENFANTS

Les plages ; l'aquarium ; les attractions du Pier.

Se promener Plan de ville (p. 319)

En 1888, le centre-ville de St. Petersburg, tracé par John Williams et Peter Demens, s'étendait de 7th Avenue South à 5th Avenue North, et de 9th Street jusqu'à la baie de Tampa. La ville se développa d'abord lentement, sa population atteignant à peine 2 000 habitants à la fin du 19e s. Puis, au début du 20e s., la renommée de St. Petersburg, fondée sur un climat sain et d'excellentes conditions de pêche, commença à grandir, suscitant une intense activité immobilière qui a légué à la ville certaines de ses plus belles réalisations architecturales.

Immeuble d'inspiration mauresque construit en 1928, le **Snell Arcade** *(405 Central Av.)* attire le regard avec ses tourelles et ses ornements d'allure fantaisiste.

Un peu plus au nord, un passage intérieur mène au **bureau de poste** *(400 1st Ave. N.)*, structure de style méditerranéen réalisée en 1917.

Notez aussi, à proximité du paisible lac Mirror, la **St. Petersburg Central High School** *(709 Mirror Lake Dr.)*, école secondaire qui date de 1919.

Bâti en 1924, le **Coliseum** *(535 4th Ave. N.)* attire, aujourd'hui encore, les amateurs de thés dansants. De l'autre côté de la rue, le jeu de palets est à l'honneur au **St. Petersburg Shuffleboard Club** (1924), le plus grand club de la sorte du

monde. Juste à côté se trouve le **St. Petersburg Lawn Bowling Club** (A), le plus ancien terrain de boules sur pelouse aux États-Unis (1926).
Enfin, la **Veillard House** *(262 4th Ave. N.)*, sorte de bungalow de pierre de style Queen Anne, fut construite en 1901 pour l'un des premiers résidents de la ville.
À l'ouest du centre-ville, remarquez l'énorme dôme du **Tropicana Field** *(1 Tropicana Dr. - accès par 10th St. S., à la hauteur de 3rd Ave. S.)*. Ce stade de base-ball, où se produit régulièrement l'équipe des Tampa Bay Devil Rays, peut accueillir 45 360 personnes.

Vinoy Renaissance Resort & Golf Club

501 5th Ave. N.E. - ✆ (813) 894 1000 - www.marriott.com - ♿ 🅿.
Une tour d'observation rose, d'allure extravagante, surmonte ce magnifique hôtel de style méditerranéen, considéré comme l'un des joyaux de St. Petersburg. Édifié en 1925 par Aymer Vinoy Laughner, richissime magnat du pétrole, l'hôtel s'appelait autrefois le Vinoy Park. Pendant une vingtaine d'années, ce fut le rendez-vous privilégié de l'élite de St. Petersburg. Les soldats de l'Army Air Corps (aviation légère de l'armée de terre) y logèrent pendant la Seconde Guerre mondiale. À compter des années 1970, l'hôtel tomba en décrépitude ; les chambres se louaient à raison de sept dollars la nuit, et des équipes de volley-ball disputaient des matchs dans la grande salle de bal. En 1974, le Vinoy ferma ses portes. Dix-huit ans et 93 millions de dollars plus tard, il ouvrait de nouveau, dévoilant un grand hall embelli de tuiles vernissées, des poutres de cyprès rehaussées de motifs peints et des plafonds ornés de fresques.

SE LOGER
The Pier Hotel........................ ❶

SE RESTAURER
Gratzzi's Ristorante........................ ❶

St. Petersburg Lawn Bowling Club...A

Un peu d'histoire : St. Petersburg

LA CONQUÊTE DU PARADIS

Brièvement explorée par les *conquistadores* espagnols au début du 16e s., cette région inhospitalière de mangroves impénétrables, rendue dangereuse avec l'arrivée des Séminoles dans la baie de Tampa, ne fut longtemps connue que des pirates et des pêcheurs. Après l'édification de Fort Brooke en 1824, des pionniers s'établirent peu à peu à l'emplacement actuel de Tampa, afin d'y pratiquer la culture des agrumes et des légumes. Dans les années 1840, Antonio Maximo Hernandez construisit un camp de pêche rudimentaire sur la pointe de la péninsule. D'autres pêcheurs et colons suivirent peu après, attirés, entre autres, par les sources minérales d'Espirito Santo, à Safety Harbor.

À la fin des années 1870, **John C. Williams**, un ancien général de l'armée unioniste, se retira dans ces lieux au climat clément. Les 648 ha dont il devint propriétaire devaient constituer le site embryonnaire de la future ville de St. Petersburg. La région attira bientôt l'attention d'un spéculateur russe, **Peter Demens**, originaire de Saint-Pétersbourg, qui légua à la ville son nom actuel. En 1888, il amena le chemin de fer (Orange Belt Railroad) jusqu'à la propriété de John Williams, sur laquelle furent dessinées les premières rues de la cité et fut bâti le premier hôtel des environs : le Detroit.

Au début du 20e s., la vocation touristique de St. Petersburg commença à s'affirmer avec l'arrivée de vacanciers en quête d'un climat doux et ensoleillé. Au début de la Première Guerre mondiale, une nouvelle voie ferrée reliait St. Petersburg à Tampa, et l'aménagement des plages était déjà amorcé. C'est également à cette époque que remonte la création des magnifiques parcs qui, aujourd'hui encore, constituent l'un des attraits majeurs de la ville. Le boom immobilier qui déferla sur la Floride dans les années 1920 éleva St. Petersburg au rang de station de villégiature : on y dénombrait 3 000 chambres d'hôtel et 60 000 habitants. Deux complexes hôteliers furent construits durant cette décennie : le Vinoy Park, dans le centre-ville, et le Don CeSar, sur la plage.

Peu après la fin de la dépression économique des années 1930, de nouveaux hôtels conçus pour une clientèle aisée apparurent, tandis que les années 1950 et 1960 furent marquées par un mouvement d'expansion urbaine et l'édification de plusieurs gratte-ciel.

UNE VILLE MODERNE

Quatrième ville de Floride par sa population, après Jacksonville, Miami et Tampa, St. Petersburg dépend largement du secteur touristique qui représente un revenu considérable, tout comme le secteur médical. Le centre-ville, dont l'architecture marie harmonieusement les styles Art déco, méditerranéen et contemporain, s'ouvre sur la baie de Tampa et jouit d'un superbe front de mer, bordé de parcs soigneusement paysagés s'échelonnant sur plus de 11 km. Vous pourrez vous promener le long de la jetée, profiter des musées et galeries d'art, ou vous prélasser au soleil, à moins que vous ne préfériez assister aux régates organisées par le St. Petersburg Yacht Club ou conduire le long de Gulf Boulevard, importante artère permettant de se rendre de St. Petersburg Beach à Clearwater, villégiature voisine.

★ Chihuly Collection

400 Beach Dr. - ✆ 727 896 4527 - ♿ - lun.-sam. 10h-17h, dim. 12h-17h - 15 $.

Le premier musée consacré exclusivement au travail du sculpteur sur verre **Dale Chihuly** (né en 1941) est une structure de près de 1 000 m² de verre et de métal conçue par Albert Alfonso, architecte ayant signé de nombreux projets en Floride. Tout a été pensé pour mettre en valeur les pièces monumentales et colorées de l'artiste emblématique du Studio Glass Mouvement, parmi lesquelles *Fire and Ice* (« Le Feu et la Glace »), *Floatting Boat* (« Bateau flottant »), la série *Ikebana*, évoquant l'art japonais des bouquets, ou encore *Mille Fiori*, composition spectaculaire figurant un champ de fleurs… Dans la boutique sont vendues des pièces originales, des reproductions de ses œuvres, et une foule d'objets qui feront de jolis cadeaux.

★★ Museum of Fine Arts

255 Beach Dr. N.E. - ✆ 727 896 2667 - http://fine-arts.org - ♿ P - lun.-sam. 10h-17h (jeu. 20h), dim. 12h-17h - 17 $.

Logé dans un bel édifice de style palladien (1965, John L. Volk), ce musée des Beaux-Arts réunit une impressionnante collection de chefs-d'œuvre provenant des quatre coins du monde.

Le musée a fait l'objet d'une rénovation qui a doublé sa surface d'exposition, mais les collections, particulièrement riches, sont toujours exposées par roulement. Plusieurs expositions temporaires sont présentées simultanément.

Les salles consacrées à l'**art européen** présentent des œuvres couvrant du 14ᵉ s. aux impressionnistes (Cézanne, Renoir, Morisot, Monet…). Particulièrement riche et intéressante, la section relative à l'**art américain** dresse un panorama des courants du milieu du 19ᵉ s. à nos jours. La magnifique collection de **photographies** permet de remonter aux débuts de cet art et présente notamment des travaux d'Alfred Stieglitz et Ansel Adams. Parmi les collections d'**antiquités grecques et romaines**, vous pourrez voir des sculptures de la période cycladique et une belle série de vases. D'autres salles sont consacrées à la **civilisation précolombienne** et aux arts de l'**Asie**, de l'Antiquité à nos jours.

À l'arrière, le musée s'ouvre sur deux jardins ombragés ponctués de bronzes d'Italie, d'où l'on accède à une salle réservée aux concerts et aux conférences.

St. Petersburg Museum of History

335 2nd Ave. N.E. - ✆ 727 894 1052 - http://spmoh.com - ♿ - mar.-sam. 10h-17h, dim. 12h-17h - 15 $.

Situé au pied de la jetée, ce musée abrite une réplique du célèbre **Benoist Airboat**, premier avion dans le monde à avoir assuré un service régulier de passagers. C'est dans un tel engin qu'en 1914 le pilote Tony Jannus transporta le maire de St. Petersburg à Tampa, soit un trajet de 34 km. La galerie **Time Line** retrace l'histoire de la région. On y voit notamment une pirogue de cyprès, la réplique d'un magasin général des années 1870, et la reconstitution d'une gare de l'Orange Belt Railway.

★★★ The Dalí (Salvador Dalí Museum)

1 Dalí Blvd - ✆ 727 823 3767 - http://thedali.org - ♿ P - lun.-sam. 10h-17h30 (jeu. 20h), dim. 12h-17h30 - visite guidée lun.-sam. de 10h30 à 15h30 à la demi de chaque heure, jeu. jusqu'à 18h30, dim. à partir de 12h30 - 21 $ (10 $ jeu. après 17h).

Inauguré le 1er janvier 2011 à 11h11 – ce qui aurait sans doute plu à Dalí, très porté sur les symboles et la numérologie –, ce superbe espace abrite la plus importante collection d'œuvres de l'artiste catalan hors d'Espagne.

Elle a été léguée par l'industriel A. Reynolds Morse et son épouse Eleanor, originaires de Cleveland, qui entretinrent une étroite amitié avec le peintre et sa femme Gala. C'est à juste titre l'un des musées d'art les plus fréquentés de la Floride.
Pour réaliser ce bâtiment, le cabinet HOK + Beck Group s'est inspiré du travail de Dalí et de l'esprit du surréalisme, mais les architectes ont dû aussi tenir compte des conditions climatiques et construire un édifice susceptible de résister aux ouragans tout en répondant aux normes écologiques.
Le résultat ? Une étonnante structure ouvrant sur la baie de Tampa, comprenant une **sphère d'acier et de verre** (1 062 fenêtres toutes légèrement différentes) ayant l'air de flotter...
À l'intérieur, un grand escalier hélicoïdal conduit au 3e niveau où débute la visite. Sur la gauche (Tom & Mary James Family Wing), les œuvres sont exposées par ordre chronologique, sur la droite (Hough Family Wing), on découvre des vidéos, des films, mais aussi des expositions temporaires.
La collection réunit **2 140 pièces** dont 96 huiles, des plus anciennes (*Vue de Cadaquès à l'ombre du mont Pani*, 1917) aux derniers chefs-d'œuvre (*Gala regardant la mer Méditerranée qui à vingt mètres se transforme en portrait d'Abraham Lincoln - Hommage à Rothko*, 1976). On retrouve, dans les œuvres de jeunesse, un fascinant mélange d'influences, allant des grands maîtres flamands du 17e s. aux impressionnistes et aux cubistes. Autres périodes représentées : l'anti-art ; le surréalisme, qui occupe la plus grande place et qu'illustre parfaitement une toile comme *Réminiscences archéologiques de l'Angelus de Millet* (1935) ; la mystique nucléaire ; les œuvres de la maturité.
Au 2e niveau se trouve une bibliothèque ouverte aux chercheurs, tandis que le 1er niveau abrite une salle de projection, des salles pédagogiques, ainsi qu'un excellent bar à tapas et une très belle boutique.
La visite se poursuit par la découverte des **jardins méditerranéens**, dans lesquels trône une roche léguée par la ville de Cadaquès, où vécut Dalí. Sur un ficus, les visiteurs accrochent des papiers sur lesquels ils ont formulé un vœu ; plus loin ils peuvent se perdre dans un labyrinthe végétal en forme de spirale...

UNE ICONOGRAPHIE DÉROUTANTE

Originaire du village catalan de Figueras, à 21 km de la frontière française, **Felipe Jacinto Salvador Dalí** (1904-1989) étudia à l'École des beaux-arts de Madrid et présenta sa première exposition solo à Barcelone en 1925, à l'âge de 21 ans. Arrivé en France en 1929, il se joignit au mouvement surréaliste conduit par André Breton et rencontra ainsi Gala Éluard, sa future épouse et sa plus grande source d'inspiration. Les surréalistes rejetaient les valeurs reçues, auxquelles ils opposaient le pouvoir des rêves, de l'inconscient et de l'automatisme. Dalí s'imposa rapidement comme l'une des personnalités les plus en vue du mouvement, peignant des toiles aux thèmes fantastiques, avec une richesse de détails quasi obsessionnelle. « La différence entre les surréalistes et moi, c'est que le surréalisme, c'est moi ! » déclarait-il. Vers 1940, Dalí entra dans sa période dite « classique », faisant une part grandissante à l'académisme. Il continua à exécuter des tableaux en trompe-l'œil empreints de symbolisme, et produisit à son apogée d'immenses toiles (18 au total) abordant, de façon très personnelle, divers sujets historiques, scientifiques et religieux. Son indéniable génie artistique et sa personnalité originale, voire provocatrice, en ont fait l'un des artistes les plus populaires du 20e s.

Salvador Dalí Museum.
J. Fuste Raga / age fotostock

À voir aussi Carte de région (p. 300)

Sunken Gardens B3

1825 4th St. N. - ☏ 727 551 3102 - www.stpete.org/sunken - ♿ P - lun.-sam. 10h-16h30, dim. 12h-16h30 - 8 $.

Ces jardins comptent parmi les plus anciennes attractions de la région. Ils furent aménagés en 1935, à l'emplacement d'un petit lac asséché au début du 20e s. On y planta 50 000 espèces de plantes exotiques et indigènes, notamment une impressionnante collection de palmiers, composant un paysage d'une grande beauté. Des allées piétonnières serpentent à travers 2 ha de végétation luxuriante, ponctués de cascades et de plans d'eau, où volettent à l'occasion des papillons.

Sawgrass Lake Park B3

7400 25th St. N. - ☏ 727 582 2100 - www.pinellascounty.org/park/16_sawgrass.htm - ♿ P - tlj de 7h au coucher du soleil ; centre d'interprétation : jeu.-sam. 9h-16h.

Près de 300 espèces d'oiseaux aquatiques et d'animaux vivent dans cette réserve naturelle de 162 ha, qui sert aussi à régulariser le niveau des eaux et à protéger les communautés avoisinantes des inondations. Trois kilomètres de promenades et sentiers mènent le visiteur à travers un marais d'érables rouges et un bois peuplé de chênes, de palmistes et de caryers. Pour les ornithologues amateurs, une plate-forme en bois, érigée en bordure du lac, offre un point d'observation idéal. Le parc possède également un centre d'interprétation, dont la visite constitue une bonne introduction au milieu naturel local.

St. Pete Beach AB3

Dotée d'une agréable plage baignée par les eaux calmes du golfe, la petite communauté balnéaire de St. Pete Beach se situe à l'extrémité sud de Gulf Boulevard. Cette importante artère, qui s'étire sur une distance de 29 km jusqu'à Clearwater, n'offre pas les attraits d'une route panoramique, mais présente un avantage certain : celui de passer devant de nombreux points d'accès

UN BÂTIMENT FAIT POUR DURER

Durant l'ouragan qui s'abattit sur la région en octobre 1944, le Don CeSar fut transformé en abri. Pour échapper à la furie des éléments, quelque 3 000 personnes vinrent y passer la nuit. Sage précaution, car si la tempête laissa derrière elle un véritable spectacle de désolation, l'hôtel s'en sortit indemne : mis à part d'inévitables dégâts dûs aux pluies torrentielles, et une hampe de drapeau brisée sous l'effet des vents, le vénérable bâtiment avait échappé au pire, preuve d'une construction à toute épreuve.

à la plage, dont la paisible **Pass-A-Grille**, à la pointe sud, où se succèdent de charmants petits motels. Un peu plus au nord se trouvent les grandes plages tranquilles de **Treasure Island**.

Don CeSar Hotel – *3400 Gulf Blvd - ✆ 727 360 1881 - www.loewshotels.com.*
Cet extravagant palais de stuc et de béton, tout de rose revêtu, emprunte aux styles mauresque et méditerranéen. Construit en 1928, c'est le chef-d'œuvre du promoteur immobilier Thomas Rowe. Ce dernier, qui s'était installé en Floride pour des raisons de santé, acheta un lopin de terre de 32 ha, sur lequel il fit bâtir un somptueux établissement de 10 étages. Il était fréquenté dans les années 1930 par une foule de célébrités, au nombre desquelles F. Scott Fitzgerald, Franklin D. Roosevelt et les New York Yankees, célèbrissime équipe de base-ball. L'hôtel servit d'hôpital durant la Seconde Guerre mondiale, puis fut négligé pendant plusieurs décennies, avant de rouvrir en 1973. N'hésitez pas à y pénétrer pour admirer son incroyable décor (hautes fenêtres cintrées, lustres en cristal, fontaines et halls en marbre de Carrare) ou pour y prendre un verre, attablé tel un nabab face aux flots bleus du golfe du Mexique.

À proximité Carte de région (p. 300)

★ Fort De Soto Park B3

À 13 km au sud de St. Pete Beach, sur Mullet Key. Suivez la route 682 en direction de l'est ; prenez à droite la route 679 (Pinellas Bayway) et continuez jusqu'aux bureaux du parc, à 10 km au sud ; le fort se trouve 3 km plus loin, à l'ouest. www.pinellascounty.org/park/05_Ft_DeSoto.htm - ✆ 727 582 2267 - tlj de 7h au coucher du soleil - ♿ P - 5 $/véhicule. Location de bicyclettes, de canoës et de kayaks ; jetée pour les pêcheurs. Restauration et possibilité de camper.

Robert E. Lee fut l'un des quatre ingénieurs de l'armée américaine qui, en 1849, recommandèrent la construction d'un poste militaire sur ce chapelet d'îles à l'embouchure de la baie de Tampa. Quelques années plus tard, les États unionistes édifièrent une ligne de défense sur Mullet Key et Egmont Key. La construction du fort commença en 1898, durant la guerre hispano-américaine, mais le conflit fut si bref qu'aucun combat n'y eut lieu. Désaffecté en 1929, le fort se dresse derrière une levée de terre de 9 m de hauteur, donnant sur la plage. On peut parcourir les ruines et visiter les salles de munition et les poudrières, dont les murs ont jusqu'à 3 m d'épaisseur.

Au loin, au-dessus des flots, se dresse l'élégante silhouette du **Sunshine Skyway** ; ce pont de 8,9 km, ainsi nommé en raison de ses câbles de suspension d'un jaune éclatant, relie St. Pertersburg à Bradenton.

Avec une superficie de quelque 364 ha, le parc offre par ailleurs toute une variété d'activités : randonnée, pêche, baignade, etc. Ses **plages** tranquilles, situées à 15mn à peine du « Suncoast Strip », secteur très urbanisé du littoral, sont régulièrement citées parmi les dix plus belles plages des États-Unis par la presse nationale.

NOS ADRESSES À ST. PETERSBURG

TRANSPORTS

Suncoast Beach Trolley – *727 530 1900 - www.psta.net/beachtrolley.php - tlj 5h-22h (vend.-sam. 0h) - ttes les 20-30mn - 2 $.* Le trolley circule entre St. Pete Beach et Clearwater.

HÉBERGEMENT

BUDGET MOYEN

À St. Pete Beach

Seahorse Cottages and Apartments – *10356 Gulf Blvd - Treasure Island - 727 565 4686 - www.theseahorsecottages.com - P - 9 cottages et appartements à partir de 80 $.* Petits bungalows et chambres donnent directement sur la plage. Tous sont équipés d'une kitchenette. L'ensemble mériterait toutefois un petit rafraîchissement. Chaises longues à disposition. Ambiance très décontractée.

Gulf Tides Inn – *600 68th Ave. - 727 367 2979 - www.gulftidesinn.com - P - 10 ch. à partir de 100 $.* Un motel à l'image du précédent, mais situé dans une zone plus animée. Chambres de tailles différentes, certaines avec kitchenette. Accueil sympathique.

Keystone Motel – *801 Gulf Way - 727 360 1313 ou 727 360 5907 - www.keystonemotel.com - P - 36 ch. 90/135 $.* Une petite construction au charme désuet, mais au confort moderne et à l'entretien impeccable. Plusieurs types de chambres, de la double traditionnelle au 2 pièces avec cuisine. Il suffit de traverser la rue pour rejoindre la plage de Pass-A-Grille.

POUR SE FAIRE PLAISIR

Downtown

The Pier Hotel – *253 2nd Ave. N. - 800 735 6607 - www.thepierhotel.com - P (6 $) - 31 ch. à partir de 130 $.* Pour ceux qui préfèrent loger dans le centre-ville, cet hôtel « historique » installé dans un bâtiment néo-Renaissance (1921) aux couleurs pastel est un bon choix. Les chambres sont toutes différentes et dotées d'un grand confort. Offres intéressantes sur Internet.

UNE FOLIE

Le **Vinoy Renaissance Resort & Golf Club** *(voir p. 319)* et le **Don CeSar Hotel** *(voir p. 324)* appartiennent aujourd'hui à des groupes hôteliers de luxe et offrent les prestations que l'on est en droit d'attendre dans ce genre d'établissement. Les offres des sites Internet, très variables selon les périodes, mettent le rêve (un peu plus) à portée de bourse…

RESTAURATION

Bon à savoir – Dans le centre-ville, l'animation se concentre autour de Central Ave., tandis qu'à St. Pete Beach, c'est sur Gulf Way et Gulf Blvd que vous trouverez un grand nombre de restaurants avec terrasse où déguster poisson et fruits de mer.

BUDGET MOYEN

Downtown

Gratzzi's Ristorante – *211 2nd St. S. - 727 623 9037 - www.gratzzigrille.com - P - fermé dim. midi - 15/30 $.* Un restaurant italien familial et authentique : *saltimbocca* de veau, aubergine *parmiggiana*, gnocchi… ainsi que pizzas et paninis pour le déjeuner. Le menu fixe *(14 $)* servi pour le dîner de 16h à 17h30 est d'un excellent rapport qualité-prix.

À St. Pete Beach

The Brass Monkey Bar & Grill – *709 Gulf Way - ✆ 727 367 7620 - www.thebrassmonkey.net - ♿ 🅿 - 9/30 $.* Le bastion floridien des Ravens de Baltimore (équipe de football américain) est l'endroit idéal pour suivre un match, mais c'est avant tout un excellent restaurant de poisson et de fruits de mer où l'on peut déguster les meilleurs *crab cakes* de la région. Les amateurs de viande ne sont pas en reste. La terrasse qui surplombe la mer est particulièrement agréable.

Snappers Sea Grill – *5895 Gulf Blvd - ✆ 727 367 3550 - www.snappersseagrill.com - ♿ 🅿 - dîner seult - 15/30 $.* Ambiance raffinée sans être guindée (on est sur la plage !) dans ce restaurant qui sert une cuisine originale aux influences méditerranéennes, préparée avec les produits de la pêche locale (risotto à la langouste, coquilles Saint-Jacques à la polenta). La carte des vins est excellente, tout comme celle des desserts, qui méritent qu'on leur réserve une place.

EN SOIRÉE

Consultez la section « Things to do » du *Tampa Bay Times (www.tampabay.com).* Réservation de billets sur **Ticketmaster** *(www.ticketmaster.com).*

Spectacles

Mahaffey Theatre – *400 1st St. - ✆ 727 893 7832 - www.themahaffey.com.* Musique classique, danse, concerts et spectacles musicaux type Broadway.

Bars et clubs

A Taste for Wine – *241 Central Ave. - ✆ 727 895 1623 - www.tasteforwine.net - fermé lun.* Le premier bar à vins de la ville est un endroit convivial, très animé en fin de semaine (musique *live* jazz, rock…). On y sert aussi des bières, notamment locales et bio. La salle aux murs en briques apparentes est décorée de tableaux qui sont à vendre. Le « balcon », qui n'est pas sans rappeler celui des établissements de La Nouvelle-Orléans, est un plus appréciable. Possibilité de dîner.

Green Bench Brewing Company – *1133 Baum Ave. N. - ✆ 727 800 9836 - http://greenbenchbrewing.com.* L'une des dernières-nées parmi les micro-brasseries que l'on affectionne tant aux États-Unis. Dans ce vaste édifice industriel réaménagé, on fabrique la bière que l'on peut déguster au frais, dans un jardin.

Clearwater

109 703 habitants

Clearwater ne présente guère d'intérêt et son centre-ville, à la différence de ceux de Tampa ou St. Petersburg, ne mérite pas vraiment qu'on s'y attarde; mais, comme ses voisines, elle se double d'une belle plage de sable blanc. île-barrière s'avançant dans le golfe du Mexique sur 6 km, Clearwater Beach constitue en effet une agréable station balnéaire.

NOS ADRESSES PAGE 330

S'INFORMER

St. Petersburg-Clearwater Area Convention & Visitors Bureau – *13 805 58th St. North (Suite 2 200) - Clearwater - ✆ 727 464 7200 ou 877 352 3224 - www.visitstpeteclearwater.com.*

SE REPÉRER

Carte de région A3 (p. 300). La région est facilement accessible par l'I-75 (nord-sud) et l'I-4 (est-ouest). Memorial Causeway longe la côte.

À NE PAS MANQUER

Les plages de Caladesi State Park ou de Sand Key Park.

ORGANISER SON TEMPS

On peut passer sans problème plusieurs jours dans la région pour profiter de la plage.

AVEC LES ENFANTS

Clearwater Marine Aquarium et sa vedette, le dauphin Winter.

Découvrir Carte de région (p. 300)

Seule construction du centre-ville méritant d'être mentionnée, le siège monumental de l'**église de scientologie** occupe un pâté de maisons *(entre Franklin St., S. Garden Ave., Pierce Ave. et S. Fort Harrison Ave.).*

★ Sand Key Park A3

1060 Gulf Blvd - ✆ (727) 588 4852 - www.pinellascounty.org/park/15_sand_key.htm - ♿ P (5 $) - tlj de 7h au coucher du soleil. Location de vélos, de kayaks, de parasols.

Située sur une langue de terre qui s'avance dans le golfe du Mexique, cette paisible parcelle naturelle de 26 ha contraste avec l'animation de Clearwater Beach. Elle appartint à une multitude de propriétaires avant d'être achetée par le comté de Pinellas et transformée en parc en 1984. Une plage de sable poudreux, bordée d'arbres et de graminées, en constitue l'attrait principal.

Clearwater Marine Aquarium A3

249 Windward Passage - Clearwater Beach - ✆ 727 441 1790 - www.seewinter.com - ♿ P - lun.-dim. 9h-18h - 21,95 $, 3-12 ans 16,95 $.

Ce centre de recherche privé cherche à sensibiliser le public à la faune marine et à secourir, soigner et relâcher des loutres, des tortues de mer et des mammifères marins blessés ou malades. Il a gagné en notoriété depuis l'arrivée du dauphin **Winter** en 2006, lequel a été amputé de sa queue et a

5

UNE CITÉ DEVENUE ESSENTIELLEMENT TOURISTIQUE

Bien avant l'arrivée des Européens, les Amérindiens avaient découvert des sources minérales le long des côtes de Clearwater. En 1528, l'Espagnol Pánfilo de Narváez découvrit à son tour ces eaux bienfaisantes, alors qu'il traversait Johns Pass (détroit de John) accompagné de 400 soldats.

Les premiers Occidentaux à s'établir dans la région arrivèrent au milieu des années 1830. La colonisation s'intensifia après l'adoption d'une loi fédérale qui ouvrait le territoire à tout individu disposé à prendre les armes contre les autochtones. Puis, en 1841, le gouvernement américain fit construire Fort Harrison sur une falaise surplombant le havre de Clearwater. L'année suivante, l'emplacement du fort, et la plus grande partie de ce qui forme aujourd'hui le centre-ville de Clearwater, furent concédés au premier colon de la région, James Stephens.

Avec la venue du chemin de fer et la construction de l'élégant Belleview Hotel à la fin du 19e s., Clearwater se découvrit une vocation commerciale. De cette période ne subsiste guère que la **Louis Ducros House** *(1324 S. Ft. Harrison Ave.)* ; cette demeure de style néogothique date d'environ 1898. Plus loin, on aperçoit **Pinellas County Courthouse** *(324 S. Ft. Harrison Ave.)*, palais de justice de style néoclassique construit à la va-vite en 1917, dans l'espoir de ravir à St. Petersburg le titre de chef-lieu du comté. Plus vieille école des environs, la **South Ward School** *(610 S. Ft. Harrison Ave.)* est un immeuble de brique d'allure plutôt massive, bâti en 1906.

Reliée au centre-ville par le Memorial Causeway, **Clearwater Beach** était autrefois connue sous le nom de Tate's Island, en souvenir d'un certain Ernest Tate qui en acheta les 81 ha en 1896, à raison de 3,12 dollars l'hectare. Il revendit le tout pour 450 dollars quelques années plus tard, et l'endroit se transforma peu à peu en centre de villégiature. Aujourd'hui, le tourisme constitue la principale source de revenus de la municipalité.

réussi à survivre malgré son handicap. Winter a été rendu célèbre par un film en 2011 et ses nombreux fans viennent de loin pour lui rendre visite. L'aquarium propose différents programmes (découverte des « coulisses », interaction avec les animaux) et des activités, comme des sorties en kayak et en bateau pour mieux connaître le milieu naturel de la région.

À proximité Carte de région (p. 300)

Safety Harbor Museum and Cultural Center B3

À Safety Harbor, 11 km à l'est de Clearwater. Suivez Gulf-To-Bay Blvd (route 60) en direction de l'est et prenez à gauche Bayshore Blvd. 329 Bayshore Blvd - ☏ 727 724 1562 - www.cityofsafetyharbor.com - lun.-vend. 9h-17h, fermé sam.-dim. - visites guidées sur réserv. - 4 $.

Construit face à la baie de Tampa, à l'emplacement d'un ancien amas coquillier, ce petit musée d'histoire et d'archéologie retrace le développement de la région depuis la présence amérindienne jusqu'au 20e s. Fossiles, pointes de flèche, outils préhistoriques et poteries illustrent l'histoire des Tocobaga (300 av. J.-C.-1500 apr. J.-C.), dernier peuple indigène à régner sur la côte ouest de la Floride. D'autres expositions portent sur Safety Harbor au début du siècle et sur les sources minérales situées à proximité du musée. On peut d'ailleurs profiter de ces eaux curatives au **Safety Harbor Spa Resort and Spa** *(voir p. 330)*.

★ Heritage Village A3

À Largo, 13 km au sud de Clearwater. Suivez l'US-19A en direction du sud, prenez à droite Ulmerton Rd, puis à gauche 125th St. 11909 125th St. - 727 582 2123 - www.pinellascounty.org/Heritage/location.htm - ♿ P - merc.-sam. 10h-16h, dim. 13h-16h.

Une vingtaine des plus anciens édifices du comté se trouvent réunis dans ce village-musée de 8,5 ha, qui recrée une communauté pionnière typique de la fin du 19e s. Le complexe abrite une église, une gare et des maisons de styles divers, mais aussi la réplique d'une petite école. La plus ancienne structure, **McMullen-Coachman Log House**, une cabane en rondins de style *cracker*, date de 1852. Notez aussi la **Plant-Sumner House**, modeste demeure à deux étages, construite par Henry Plant en 1896 pour loger la famille de son contremaître. Non loin de là se trouve la **Seven Gables House** (1907), jadis habitée par une riche famille de l'Illinois. Son extérieur tarabiscoté est typique de l'époque victorienne *(visite guidée seult - durée 20mn - ttes les 30mn)*.

Honeymoon Island State Park A3

À Dunedin, 14 km au nord de Clearwater. Suivez l'US-19A (qui devient Broadway Bayshore Blvd) vers le nord jusqu'à Dunedin, prenez à gauche Dunedin Causeway Blvd (route 586) et continuez jusqu'au parc. 727 469 5942 - www.floridastateparks.org/honeymoonisland - ♿ P - tlj de 8h au coucher du soleil - 8 $/véhicule. Location de canoës et de kayaks.

En 1921, un violent ouragan scinda cette île-barrière en deux, entraînant la création de Caladesi Island *(voir ci-dessous)*. Aujourd'hui, un pont routier relie Dunedin au parc récréatif de Honeymoon Island, dont les 156 ha englobent 208 espèces de plantes, ainsi qu'une plage rocheuse. Jadis appelée Hog Island (île aux cochons) pour la ferme porcine établie sur ses rives, l'île doit son nom actuel de « lune de miel » à un promoteur immobilier de New York qui, en 1939, y fit construire de charmants cottages aux toits de chaume. L'une des dernières forêts vierges de pins du sud de la Floride borde la piste de randonnée dans le nord de l'île. L'endroit est idéal pour la baignade.

★ Caladesi Island State Park A3

Sur Caladesi Island, 14 km au nord de Clearwater. Uniquement accessible par bateau, au dép. de Honeymoon Island - 727 734 5263 - ♿ P - dép. tlj à 10h, retour à 16h - 14 $ A/R. 727 469 5918 - www.floridastateparks.org/caladesiisland - ♿ - tlj de 8h au coucher du soleil - 6 $/bateau privé, 2 $/kayak. Possibilité de se restaurer.

Située dans le golfe du Mexique, au large de la côte de Dunedin, Caladesi Island jouit d'une longue plage de sable blanc (reconnue en 1998 par le journal *USA Today* comme l'une des cinq plus belles plages des États-Unis) qui invite à la baignade, à la pêche, aux promenades et aux pique-niques en famille ou entre amis. En raison de son inaccessibilité, l'île (243 ha) a échappé aux assauts de la modernité, conservant ainsi sa flore et sa faune naturelles. Un sentier pédestre *(4 km)* mène au centre de l'île, d'où l'on peut admirer une grande variété d'oiseaux.

NOS ADRESSES À CLEARWATER

TRANSPORTS

Suncoast Beach Trolley – *✆ 727 530 1900 - www.psta.net/beachtrolley.php - tlj 5h-22h (vend.-sam. 0h) - ttes les 20-30mn - 2 $.* Le trolley circule entre Clearwater et St. Pete Beach.

HÉBERGEMENT

Bon à savoir – Toutes les chaînes d'hôtels (Hilton, Hyatt, Holiday Inn) et de motels (Red Roof Inn, Econolodge, Days Inn, Travelodge) sont présents à Clearwater Beach. Aucun établissement n'est situé directement sur la plage, à laquelle on accède après avoir traversé Gulfview Blvd, qui concentre hébergements, restaurants et boutiques.

BUDGET MOYEN

À Clearwater Beach

Barefoot Bay Resort Motel & Marina – *401 E. Shore Dr. - ✆ 866 447 3316 - www.barefootbayresort.com - ♿ 🏊 🅿 - 30 ch. à partir de 90 $.* Un petit motel familial bien tenu, à quelques minutes à pied de la plage. Plusieurs types de chambres, de la double classique au 2 pièces avec kitchenette *(tarifs possibles à la semaine).*

POUR SE FAIRE PLAISIR

À Safety Harbour

Safety Harbor Resort and Spa – *105 N. Bayshore Dr. - ✆ 727 726 1161 - www.safetyharborspa.com - ♿ 🏊 🅿 - 174 ch. à partir de 120 $.* Construit en 1925 autour des sources découvertes par Narváez, ce véritable monument historique est l'un des plus anciens établissements de ce type aux États-Unis et le seul à exploiter une source naturelle en Floride. Les piscines, couvertes et découvertes, sont alimentées par les eaux bienfaisantes, et l'accent est mis sur les soins et la remise en forme *(accessibles aux non-résidents - nombreux forfaits).* Promotions intéressantes sur le site Internet.

RESTAURATION

PREMIER PRIX

À Clearwater Beach

Frenchy's Rockaway Grill – *7 Rockaway St. - ✆ 727 446 4844 - http://frenchysonline.com - ♿ 🅿 - 10/20 $.* La terrasse de ce restaurant donne directement sur les eaux du golfe du Mexique, cadre parfait pour assister au coucher de soleil ! L'ambiance est décontractée, la cuisine bonne et sans prétention (salades, poissons, *burgers*…). Musique *live* tous les soirs, ainsi que le sam. à 12h, 13h, 18h et 21h (ou 21h30) et le dim. à 13h, 15h et 19h30.

BUDGET MOYEN

À Clearwater Beach

Bobby's Bistrot & Wine Bar – *447 Mandalay Av. - ✆ 727 446 9463 - www.bobbysbistroflorida.com - ♿ 🏊 🅿 - dîner seult - fermé lun. - 10/30 $.* La carte est plutôt courte, mais on vient de loin pour goûter aux pizzas « gourmet », aux pâtes du jour ou au carré d'agneau. La carte des vins est impressionnante. L'endroit offre un bon rapport qualité-prix.

ACTIVITÉS

Les activités ont souvent trait à la mer et vous trouverez à Clearwater Beach beaucoup de prestataires : location de kayak, de jet-ski, pêche au gros, parasail, sorties en mer pour voir des dauphins (les plus intéressantes sont celles de l'aquarium).

Tarpon Springs

★

23 657 habitants

Sur la côte ouest de la Floride, la capitale américaine des éponges possède un cachet méditerranéen aussi inattendu que charmant. Elle le doit à la présence d'une communauté grecque très unie, qui habite près des quais aménagés sur la rivière Anclote, un estuaire du golfe du Mexique.

NOS ADRESSES PAGE 333

S'INFORMER
Tarpon Springs Chamber of Commerce – *11 E. Orange St. - ✆ 727 937 6109 - www.tarponspringschamber.com - lun.-vend. 9h-17h.*
Tarpon Springs Visitor's Center – *100 Dodecanese Blvd (Sponge Docks) - lun.-dim. 10h30-15h30.*

SE REPÉRER
Carte de région A2 (p. 300). Tarpon Springs se trouve à environ 24 km au nord de Clearwater par l'US-19A.

À NE PAS MANQUER
Une croisière à bord d'un bateau spécialisé dans la pêche aux éponges.

ORGANISER SON TEMPS
Comptez une demi-journée pour visiter la ville, vous balader sur les docks et découvrir les nombreuses brocantes… avant d'aller déjeuner dans un restaurant grec.

AVEC LES ENFANTS
L'aquarium.

Se promener

★ Dodecanese Boulevard

Au nord de Tarpon Ave. (accès par N. Pinellas Ave./US-19A) - www.spongedocks.net.
Principale artère commerçante de Tarpon Springs, ce pittoresque boulevard affiche de nombreux étals présentant toutes sortes d'éponges et de trésors

5

UNE SAVEUR MÉDITERRANÉENNE

La culture grecque est toujours très présente à Tarpon Springs. Depuis le début des années 1900, on y célèbre chaque année, au mois de janvier, le fameux **Festival de l'Épiphanie**. Une foule bigarrée d'enfants, de religieux et de spectateurs défilent autour du Spring Bayou après la bénédiction des eaux à la cathédrale orthodoxe grecque de St. Nicholas, afin de commémorer le baptême du Christ dans les eaux du Jourdain. Le point fort de la cérémonie survient lorsque l'archevêque lance à l'eau un crucifix, que doivent tenter de récupérer les adolescents de la ville. Celui qui y parvient connaîtra une année de bonheur. Une fois ce rituel accompli, la fête commence ! Danses, musique et mets grecs marquent les festivités.

LA PÊCHE À L'ÉPONGE

Espèce animale très primitive, l'éponge naturelle *(Phylum porifera)* vit en colonies jusqu'à des profondeurs de 850 m. Elle s'attache notamment aux roches et aux coraux qui reposent sur les fonds marins. On la trouve dans toutes les mers du monde, mais elle affectionne particulièrement les eaux tempérées et peu profondes, où on la pêche à l'aide de longues perches. Dans les eaux plus profondes, les plongeurs doivent récolter les éponges à la main, en avançant à contre-courant. Ceux de Tarpon Springs utilisent toujours le même type de combinaison de plongée en caoutchouc, de scaphandrier de cuivre et de bottes de fer, que les premiers plongeurs grecs qui arrivèrent ici en 1905. L'équipement pèse au total 78 kg.

Une fois récoltées, les éponges sont nettoyées et mises à sécher. C'est le squelette de l'animal, composé d'un fin réseau de spongine fibreuse, qui fournit la matière tant prisée pour son excellente capacité d'absorption. Une éponge peut en effet absorber 25 fois son poids en eau. Il en existe plus de 4 500 espèces, mais à peine quatre à usage commercial vivent dans le golfe du Mexique. On peut, bien sûr, les trouver dans les boutiques de Tarpon Springs, qui vendent aussi des éponges décoratives *(Haliclona oculata)* et des loofahs, éponges végétales appartenant à la famille des cucurbitacées.

marins. Touristes et résidents fréquentent ses sympathiques cafés et pâtisseries, où les *baklavas* débordants de miel parfument agréablement l'air. Mais n'oubliez pas d'explorer les rues avoisinantes, dont l'ambiance est peut-être plus authentique.

En remontant la rue, vous verrez, amarrés au quai principal, les bateaux qui servent à la pêche aux crevettes et aux éponges. Une **croisière★** à bord de l'un de ces bateaux permet de se familiariser avec les méthodes de récolte *(voir ci-dessus et « Nos adresses à Tarpon Springs »)*.

De l'autre côté de la rue, au nº 735, l'ancienne **Bourse des éponges** *(Sponge Exchange)* abrite des boutiques spécialisées et un bateau de pêche datant du début du siècle.

Tarpon Springs Aquarium – *850 Dodecanese Blvd (à l'extrémité ouest des quais) - ✆ 727 938 5378 - www.tarponspringsaquarium.com - ♿ P - lun.-vend. 10h-17h, dim. 12h-17h - 7,75 $ (3-11 ans 5,75 $).* On peut observer de près, voire toucher, des raies, des requins des sables et de nombreuses autres espèces de poissons. Plusieurs fois par jour, les visiteurs assistent au repas des requins *(11h30, 13h, 14h30, 16h)* et des alligators *(12h30, 15h30)*.

St. Nicholas Greek Orthodox Cathedral

36 N. Pinellas Ave. - ✆ 727 937 3540 - ♿ P.

Surmontée d'une **rotonde** centrale haute de trois étages et d'un élégant clocher, cette église de brique, de style néobyzantin, fut construite en 1943 pour la communauté orthodoxe grecque en pleine croissance. L'intérieur se distingue par un majestueux **dôme**, soutenu par quatre arches, qui rappelle un peu celui de la basilique Sainte-Sophie, à Istanbul. Vingt-trois vitraux, des chandeliers fabriqués en Tchécoslovaquie et un maître-autel taillé dans un bloc de marbre grec ornent le sanctuaire. Les peintures murales, réalisées par un certain George Saclarides, évoquent les saints et les apôtres.

C'est ici que se déroule l'un des plus somptueux rites de l'Épiphanie aux États-Unis. Chaque année, des milliers de pèlerins viennent se recueillir devant l'icône de saint Nicolas (exposée dans le narthex), des yeux de laquelle auraient coulé des larmes en 1970, puis en 1973.

Unitarian Universalist Church

57 Read St. - ✆ 727 937 4682 - www.uutarpon.org - P.

Cet édifice de pierre (1909), dominé par une tour crénelée, contient onze **toiles★** peintes par George Inness, Jr. (1854-1926), résident occasionnel de Tarpon Springs et fils du célèbre paysagiste américain du même nom. Caractérisées par des ombres et des perspectives dramatiques, par des verts éclatants, ses œuvres incluent un paysage de Spring Bayou et deux toiles à caractère religieux – héritage de ses études auprès des grands paysagistes français de l'école de Barbizon, près de Paris – qui lui valurent des médailles du Louvre.

Shrine of St. Michael Taxiarchis

113 Hope St. - ✆ 727 937 4942 - ♿ P.

Ce modeste lieu de pèlerinage, rempli de centaines d'icônes d'argent, a été construit en 1914 par Marie Tsalichis pour rendre hommage à saint Michel Taxiarchis, qui aurait guéri son fils d'une tumeur au cerveau. Des milliers de pèlerins s'y rendent pour allumer des cierges, assister à des messes ou invoquer un miracle.

NOS ADRESSES À TARPON SPRINGS

Bon à savoir – Passer la nuit à Tarpon Springs ne présente pas d'intérêt particulier et il n'y a d'ailleurs quasiment aucun hôtel. Les restaurants et les boutiques (éponges, souvenirs, brocante) se concentrent autour de Dodecanese Blvd (quartier des Sponge Docks) et autour de la cathédrale *(N. Pinellas Ave. et E. Tarpon Ave.)*.

RESTAURATION

PREMIER PRIX

Danny K Alley Café – *118 E. Tarpon Ave. - ✆ 727 938 9452 - ♿ - tlj jusqu'à 16h - 10/12 $.* Ce grand café ouvert sur la rue est idéal pour prendre un petit-déjeuner roboratif ou grignoter un sandwich. Le menu n'a rien de grec, ce qui n'empêche pas l'endroit d'être très populaire.

Mykonos – *628 Dodecanese Blvd - ✆ 727 934 4306 - ♿ - 10/12 $.* Un petit restaurant familial sans prétention, où l'on sert depuis de nombreuses années une cuisine authentique appréciée des locaux comme des touristes. Pita maison, tarama, feuilles de vigne farcies, *gyros*, feuilletés aux épinards et caviar d'aubergine, à déguster dans une salle aux couleurs de la Grèce.

ACTIVITÉS

St. Nicholas Boat Line – *693 Dodecanese Blvd - ✆ 727 942 6425 - http://stnicholasboatline.com - P - dép. des quais tlj, horaires se rens. - durée 30mn AR - 8 $, 6-12 ans 4 $ - Prévoyez un pull.* Croisière à bord d'un bateau de pêche à l'éponge.

Crystal River

3 055 habitants

La petite ville de Crystal River doit son nom à une rivière de 11 km qui, jusqu'au milieu du 19e s., s'appelait Weewahiiaca (« eau claire » dans le dialecte creek). Alimenté par 30 sources naturelles, dont 28 convergent à Kings Bay, ce pittoresque cours d'eau forme l'un des plus importants refuges de lamantins du pays. Chaque année, environ 200 de ces douces créatures viennent en effet hiverner dans ses eaux pures, rejoignant les quelque 70 individus de la colonie permanente, pour le plus grand plaisir des visiteurs qui pourront les approcher de très près.

NOS ADRESSES PAGE 337

S'INFORMER

Citrus County Visitors & Convention Bureau – *9225 W. Fishbowl Dr. - Homosassa - ✆ (352) 628 9305 - www.visitcitrus.com.*

SE REPÉRER

Carte de région A1 (p. 300). Crystal River se trouve à 92 km au sud-est de Cedar Key.

À NE PAS MANQUER

Approcher au plus près les lamantins.

ORGANISER SON TEMPS

C'est entre janvier et mars que vous verrez le plus grand nombre de lamantins.

AVEC LES ENFANTS

Ellie Schiller Homosassa Springs State Park; les jeux de Buccaneer Bay à Weeki Wachee Springs State Park.

Découvrir Carte de région (p. 300)

Crystal River Archaeological State Park A1

3400 N. Museum Point Rd (à 3,2 km au nord du centre-ville) - ✆ (352) 795 3817 - www.floridastateparks.org/crystalriverarchaeological/ - ♿ P - tlj de 8h au coucher du soleil; musée : jeu.-lun. 9h-17h - 3 $/véhicule.

Ce sont tout d'abord des Indiens de la culture Deptford (500 av. J.-C.-300 apr. J.-C.) qui utilisèrent ce site de 5,6 ha à des fins rituelles. Ces autochtones peuplaient alors les îles de la région et venaient sur le continent pour enterrer leurs morts. Plus tard (entre 300 et 1300 apr. J.-C.), des Indiens de la culture Weedon Island fréquentèrent à leur tour l'endroit.

Situé à l'entrée du parc, le **musée** abrite une impressionnante collection de pointes de flèches et d'outils anciens. Il propose aussi, en guise d'introduction à la visite, un documentaire de 10mn.

Dehors, un sentier mène à deux amas coquilliers, trois tertres funéraires, deux temples tumulaires et deux mystérieux **mégalithes** (vers 400 apr. J.-C.). Ceux-ci, très rares en Amérique du Nord, mais beaucoup plus fréquents en Amérique centrale, seraient associés au culte du soleil.

D'autres **sentiers** ont été tracés à travers le parc pour observer les nombreux oiseaux; il est également possible de pêcher dans les zones spécialement aménagées à cet effet.

Cabane de pêche dans le Crystal River Preserve State Park.
Ch. Heeb / hemis.fr

Crystal River Preserve State Park A1

3266 N. Sailboat Ave. (à deux pas du parc précédent) - ✆ (352) 563 0450 - www.floridastateparks.org/crystalriverpreserve - ♿ P - tlj de 8h au coucher du soleil - centre d'accueil fermé sam.-dim. - croisière (15 $) : dép. lun., merc., vend. à 10h30 et 13h30 en fonction de la météo (tél. pour confirmation des jours et des horaires).

Ce parc magnifique s'étend sur plus de 30 km le long du golfe du Mexique, entre les localités de Yankeetown et de Homosassa, couvrant une zone préservée de forêts, d'îles et d'îlots, de criques et de marigots.

C'est l'endroit idéal pour faire du kayak ou se promener *(6 sentiers faciles)* à la découverte de la faune et de la flore de la région.

L'exposition du **Visitor Center** qui évoque le milieu naturel et l'histoire locale constitue une bonne introduction au parc. Aussi instructive que distrayante, la **croisière éco-touristique** (1h30) à bord du *Monroe*, un bateau à fond plat de 24 passagers, complète idéalement la visite.

Crystal River National Wildlife Refuge A1

Uniquement accessible par bateau - ✆ (352) 563 2088 - www.fws.gov/crystalriver. Pour plus de renseignements, adressez-vous aux bureaux de la réserve (1502 S.E. Kings Bay Dr., à côté de la marina) ou aux magasins de location de bateaux et d'équipements de plongée. Ces derniers proposent des excursions sur la rivière et dans la baie.

Lieu idéal pour le bateau, la pêche, la plongée et la photographie sous-marine, Kings Bay fait aujourd'hui partie du Crystal River National Wildlife Refuge, une zone naturelle englobant neuf îlots à l'état sauvage, créée en 1983 pour veiller à la protection des lamantins, espèce menacée.

À proximité Carte de région (p. 300)

★ Ellie Schiller Homosassa Springs Wildlife State Park A1

▶ À Homosassa, 11 km au sud de Crystal River, sur l'US-19/98. 4150 S. Suncoast Blvd - ✆ (352) 628 5343 - www.homosassasprings.org - ♿ P - tlj 9h-17h30 - 13 $, 6-12 ans 5 $.

Bon à savoir – Ne manquez pas les rencontres éducatives *(à 10h30 et 14h30)* et celles consacrées spécialement aux lamantins *(à 11h30, 13h30 et 15h30)*.
Ce parc de 63 ha abrite une source naturelle de 134 m de profondeur, qui donne naissance à la rivière Homosassa et sert de refuge aux **lamantins** blessés dans des accidents de bateau.
Une fois rétablis, les animaux sont relâchés dans la nature. Incapables de survivre à l'état sauvage, les plus gravement atteints vivent à demeure dans la réserve.
Un observatoire sous-marin permet aux visiteurs de voir ces doux pensionnaires évoluer parmi de frétillants bancs de poissons. Le parc accueille aussi d'autres animaux en détresse : lynx roux, tortues, hippopotames, flamants roses, biches, alligators, loutres et oiseaux de proie en tous genres.
La visite commence par une exposition sur l'histoire mouvementée du parc et se poursuit par une petite croisière sur un bateau à fond plat, le long de canaux aménagés par les Indiens qui peuplaient autrefois la région. La végétation est très dense, mais tous les arbres ont moins de cent ans, car la déforestation a fait des ravages au début du 20e s.

Weeki Wachee Springs State Park B2

À Spring Hill, 34 km au sud de Crystal River, au croisement de la route 50 et de l'US-19. 6131 Commercial Way - (352) 592 5656 - www.weekiwachee.com - tlj 9h-17h30 - 13 $, 6-12 ans 8 $.
Créé autour d'une source d'eau douce, ce parc d'attractions est particulièrement renommé pour son théâtre sous l'eau où, depuis 1946, des « sirènes » évoluent dans des eaux limpides. Un spectacle d'oiseaux exotiques, une croisière d'observation de la nature *(30mn)* et un zoo pour enfants viennent compléter

LE DOUX GÉANT DE FLORIDE

Le **lamantin d'Amérique du Nord** (*Trichechus manatus ; manatee en anglais)* est un animal singulier au corps gris-brun malhabile, à la nature douce et à l'expression attendrissante. Affublé d'un museau ridé et moustachu, ce sympathique mammifère est un cousin éloigné… de l'éléphant ! Aucunement apparenté, comme on pourrait pourtant le croire, au phoque, à la baleine ou au dauphin, il se déplace sous l'eau à l'aide d'une puissante nageoire caudale, ses deux membres antérieurs lui servant de gouvernail. Animal herbivore, le lamantin broute chaque jour jusqu'à 45 kg de plantes aquatiques, d'où son surnom de « veau marin ». Adulte, il peut mesurer 4 m de long et peser plus de 1 300 kg. La femelle commence généralement à se reproduire vers l'âge de 7 ans. Au terme d'une gestation de 13 mois, elle donne naissance à un veau d'environ 30 kg. Les lamantins ne peuvent survivre longtemps dans des eaux de moins de 20 °C. Ils hivernent donc en Floride, attirés par la tiédeur de ses sources (dont la température demeure constante à 22 °C-23 °C). En été, ils remontent jusqu'en Louisiane, en Caroline du Nord et en Caroline du Sud.
Les lamantins n'ont pas d'ennemis naturels… exception faite de l'homme. Au cours des dernières décennies, du fait de la destruction de leur habitat, ils ont été peu à peu contraints à se réfugier dans des zones fréquentées par les bateaux, dont les dangereuses hélices leur infligent des blessures souvent mortelles. Les lamantins figurent depuis 1973 sur la liste des espèces en voie de disparition. Leur population, autrefois florissante, a désormais atteint un point critique : les États-Unis en compteraient à peine 2 000, peut-être même moins, concentrés dans le sud-est du pays.

la liste des activités au programme. Weeki Wachee gère également l'un des plus importants centres de rééducation pour oiseaux de proie de Floride. Chaque jour, à l'occasion d'un spectacle, les visiteurs pourront admirer les impressionnantes capacités de vol des aigles, faucons et autres rapaces. Avec ses toboggans à eau, ses bateaux tamponneurs, son terrain de volley-ball et ses aires de baignade alimentées par de l'eau de source naturelle, **Buccaneer Bay** promet d'agréables heures de loisirs.

NOS ADRESSES À CRYSTAL RIVER

HÉBERGEMENT

Vous trouverez plusieurs motels de chaîne sur l'US-19.

BUDGET MOYEN

Kings Bay Lodge – *506 N. W. 1st Ave. - ☏ (352) 795 2850 - www.kingsbaylodgefla.com - ♿ 🏊 🅿 - 18 ch. 80 $.* Situé en bordure de rivière, cet établissement dispose de vastes studios bien équipés. L'ensemble n'est pas neuf, mais demeure bien tenu. Idéal pour les amateurs de nature et de pêche, qui pourront en faire leur camp de base ; le lodge travaille avec différents prestataires qui viendront vous chercher directement en bateau ! Ambiance sympathique et décontractée.

RESTAURATION

PREMIER PRIX

Peck's Old Port Cove – *139 N. Ozello Trail - ☏ (352) 795 2806 - ♿ 🅿 - 10/15 $.* Une adresse sans prétention fréquentée de longue date par les locaux. Parfait pour déguster du poisson et des fruits de mer fraîchement pêchés et préparés simplement pour préserver toutes leurs saveurs.

BUDGET MOYEN

Vintage on 5th – *114 N.E. 5th St. - ☏ (352) 794 0004 - www.vintageon5th.com - ♿ - dîner seult - fermé dim. et lun. - 20/35 $.* Ce restaurant réputé est installé dans une ancienne église en bois blanc du centre de Clearwater. On y sert une cuisine savoureuse, préparée dans la mesure du possible avec des produits locaux. Certains plats rappellent que le Sud profond n'est pas loin : beignets de tomates vertes, *shrimps & grits* (crevettes et gruau de maïs). Également un menu tapas pour accompagner la belle sélection de vins. On dîne dans une salle à la décoration chaleureuse ou sous la véranda.

ACTIVITÉS

La plupart des loisirs tournent autour de l'eau, de la pêche, des rencontres avec les lamantins. Vous aurez l'embarras du choix en la matière et il est difficile de recommander un prestataire plutôt qu'un autre dans la mesure où l'offre est très similaire.
On vous proposera notamment de nager avec les lamantins ; résistez à la tentation, aussi forte soit-elle, car il ne ressort jamais rien de positif de telles interactions entre l'homme et un animal sauvage, même si vous avez alors l'impression de vivre quelque chose d'exceptionnel.
Si vous vous souciez de l'environnement et souhaitez découvrir les lieux en laissant le moins de « traces » possible, vous pouvez opter pour une sortie en kayak : **Crystal River Kayak Company** – *1420 S.E. US-19 - ☏ (352) 795 2255 - www.crystalriverkayakcompany.com.* L'agence loue du matériel et propose différentes sorties, dont une à la découverte des lamantins *(2/3h - 45 $/pers.).*

Cedar Key

698 habitants

Le pittoresque village de Cedar Key se trouve sur Way Key (2,4 km de long), le plus grand d'une centaine d'îlots ancrés à quelques kilomètres de la côte. Avec ses vérandas aux toits de tôle, ses quais battus par les vents et ses vues sur le bayou et la baie, cet endroit au charme bohème atypique attire un mélange éclectique de pêcheurs, d'artistes et de vacanciers venus pour beaucoup de Tallahassee et de Gainesville.

NOS ADRESSES PAGE 340

S'INFORMER

Cedar Key Chamber of Commerce – *618 2nd St. - ✆ (352) 543 5600 - www.cedarkey.org - lun., jeu.-dim. 10h-13h, fermé mar. et merc.*

SE REPÉRER

Carte de région A1 (p. 300). Cedar Key se trouve à 92 km au nord-ouest de Crystal River et à environ une heure de route de Gainesville.

À NE PAS MANQUER

Se balader dans le centre-ville pour découvrir les petites boutiques, déguster du poisson ou des fruits de mer fraîchement pêchés.

ORGANISER SON TEMPS

On peut passer une journée à flâner à Cedar Key, en déjeunant dans un restaurant de fruits de mer, ou s'y installer quelques jours, si on aime la pêche, le kayak ou le bateau.

AVEC LES ENFANTS

Manatee Springs State Park.

Se promener

Magasins de souvenirs, galeries d'art, brocantes et restaurants font de **2nd Street** (ou Main Street) et du « **Big Dock** » *(entre A St. et C St.)* des lieux particulièrement animés.

Cedar Key Historical Society Museum

609 2nd St. - ✆ (352) 543 5549 - www.cedarkeyhistoricalmuseum.org - ♿ - dim.-vend. 13h-16h, sam. 11h-17h - 2 $.

L'une des toutes premières résidences privées de l'île (1871) abrite aujourd'hui un petit musée dont les expositions, illustrées par une importante collection de **photographies** du 19e s., retracent l'histoire de Cedar Key, notamment à travers son économie. Au 20e s., le village était un port de pêche actif (poissons, fruits de mer et tortues), ainsi qu'un important centre du commerce d'éponges. Vous y verrez notamment des objets (crayons, brosses et balais) sortis des scieries d'Eagle Pencil Co. et d'Eberhart Faber.

Cedar Key Museum State Park

12231 S.W. 166th Court - www.floridastateparks.org/cedarkeymuseum/ - ✆ (352) 543 5350 - ♿ P - jeu.-lun. 10h-17h - 2 $.

Inauguré en 1962, ce bâtiment de brique abrite une remarquable collection de verrerie et de **coquillages** de Floride, assemblée par saint Clair Whitman,

DE LA FORÊT À L'AQUACULTURE

Peuplées à l'origine par des Amérindiens, les « îles aux cèdres » furent occupées de temps à autre par des soldats et des marchands espagnols au cours du 18e s. Dans les années 1840, l'archipel devint un important centre d'expédition du coton, du sucre, du tabac et de la térébenthine, produits qui arrivaient du continent par voie maritime avant d'être expédiés par bateau vers les marchés extérieurs. En 1860, la première ligne de chemin de fer transfloridienne entra en service. Reliant Fernandina Beach, sur la côte est, à Cedar Key, sur le golfe du Mexique, elle contribua à faire du petit village l'une des villes les plus actives de Floride ; il fallut cependant attendre 1886 pour qu'une route fût construite.

Dans les années 1860 et 1870 apparurent de nombreux hôtels et saloons en *tabby* (mortier à base de chaux et de coquillages) le long de 2nd Street. Durant cette période de prospérité, la pêche commerciale battait son plein, et des bateaux à vapeur assuraient la liaison régulière avec La Nouvelle-Orléans, Tampa, Key West et La Havane. L'exploitation forestière joua aussi un rôle important dans l'économie locale, les cèdres de la région entrant dans la fabrication des crayons de la marque Faber. L'ouragan qui dévasta la ville en 1896 et détruisit ses scieries mit fin à cette industrie lucrative et acheva de détruire les forêts déjà mises à mal par une exploitation abusive. Vers la même époque, les activités portuaires de Cedar Key commencèrent à décliner, car les bateaux lui préféraient des ports plus profonds. La petite ville entama alors une longue période de déclin. Depuis les années 1970, les touristes ont redécouvert Cedar Key, et la récolte des palourdes et des huîtres, dont les bancs étaient épuisés dans les années 1930, connaît, grâce à l'aquaculture, un certain renouveau.

originaire des environs. D'autres expositions retracent l'histoire de Cedar Key notamment à travers des objets amérindiens issus des fouilles réalisées localement.

À côté du musée, on remarque une maison de style victorien (fin 19e s.), coiffée d'un toit en bardeaux rouges. Il s'agit de l'ancienne demeure de Whitman, qui se situait sur Goose Cove avant d'être démontée, puis réassemblée ici même. Tout autour, on pourra observer des specimens de la végétation locale (cèdre rouge, différents types de palmiers, myrte, zamia…).

À voir aussi Carte de région (p. 300)

★ Cedar Keys National Wildlife Refuge A1

À environ 8 km au large - ✆ 352 493 0238 - www.fws.gov/cedarkeys/ - ♿ P - excursions en bateau au dép. de la marina, horaires variables selon la saison. Pas de possibilité de restauration sur place.

La douzaine d'îlots dont se compose cette réserve est peuplée de pélicans, de différentes espèces d'ibis, d'aigrettes et de hérons, de cormorans mais aussi d'aigles et de balbuzards. La réserve joue un rôle clé dans l'écosystème local. Chaque saison présente un intérêt : février est la période de pointe de nidification des aigles chauves et le début de celles des balbuzards, mars marque le début des migrations de printemps, avril celle des naissances, etc. L'une des petites îles abrite un phare occupé par des scientifiques qui ouvrent à l'occasion ses portes au public *(rens. sur le site Internet).*

À proximité Carte de région (p. 300)

Manatee Springs State Park A1 (en direction)

À Chiefland, 55 km au nord de Cedar Key. Empruntez la route 24 East sur 14 km, puis prenez à gauche la route 345. À Chiefland, prenez l'US-19/98 North, puis la route 320 West, et continuez jusqu'à l'entrée du parc.

11650 N.W. 115th St. - (352) 493 6072 - www.floridastateparks.org/manateesprings/ - - tlj de 8h au coucher du soleil - 6 $/véhicule. Possibilité de camper (20 $/empl. (plus taxes), 35 $/bung.) ; location de canoës et de kayaks (avr.-nov.) ; aires de pique-nique.

Les baigneurs pourront se tremper avec délice dans les eaux cristallines de Manatee Springs, au cœur d'une réserve de 809 ha. Un sentier de planches longe les rives de la source et traverse un luxuriant marais de cyprès, d'eucalyptus, de frênes et d'érables. Il n'est pas rare d'apercevoir en chemin quelques pygargues à tête blanche, des échassiers, des alligators et parfois même un lamantin. La promenade aboutit à une plate-forme d'observation sur la rivière Suwannee.

NOS ADRESSES À CEDAR KEY

HÉBERGEMENT

BUDGET MOYEN

Island Hotel & Restaurant – *373 2nd St. - (352) 543 5111 - www.islandhotel-cedarkey.com - - 10 ch. 90/135 $ - rest. : dîner seult (fermé dim.) - 18/28 $.* Cet hôtel a pour cadre l'une des demeures les plus anciennes du village (1859), une belle maison à galerie ayant résisté aux ouragans et qui se dresse fièrement dans la rue principale. Les murs en bois seraient d'origine… et les histoires de fantômes vont bon train. Les chambres sont toutes différentes, certaines possédant une baignoire à l'ancienne. Le restaurant est considéré comme l'un des meilleurs du coin. Pour un séjour un peu hors du temps.

POUR SE FAIRE PLAISIR

Harbour Master – *390 Dock St. - (352) 543 9320 - www.cedarkeyharbourmaster.com - 9 ch. 100/145 $.* Des balcons surplombant les flots, de vastes studios personnalisés et bien équipés : cet hôtel sur pilotis constitue une étape des plus agréables (tarifs dégressifs).

RESTAURATION

PREMIER PRIX

Kona Joe's Island Café – *4051 D St. - (352) 543 9898 - - 7h-16h (dim. 15h) - fermé lun.-mar. - 5/10 $.* Un café sympathique avec une jolie terrasse sur l'eau, parfaite pour les lève-tôt qui auraient envie de profiter des premières heures du jour ! Gaufres, omelettes, muffins, sandwichs… tout est fait maison.

Tony's Seafood Restaurant – *597 2nd St. - (352) 543 0022 - www.tonyschowder.com - - 11h-20h (vend.-sam. 21h) - 12/18 $.* La réputation de ce restaurant a dépassé les frontières de la Floride et on vient de loin pour déguster son *clam chowder* (soupe crémeuse aux coques, originaire de Nouvelle-Angleterre). Le succès est tel que le chef a mis sa soupe en conserve pour que les clients puissent en emporter ou en commander ! Il prépare aussi de savoureux plats de poisson

Promenade en bateau, à proximité de Cedar Key.
B. Limberger/Look/Photononstop

et fruits de mer issus de la pêche locale.

BUDGET MOYEN

Seabreeze on the Dock – *310 Dock St. - ✆ (352) 543 5738 - ♿ - tlj jusqu'à 22h - 12/25 $.* Un bon restaurant de poisson (qui prépare aussi des steaks) avec vue sur le golfe du Mexique. Ce qui le distingue avant tout de ses nombreux voisins ? La cuisine ferme à 22h et les portions sont énormes !

ACHATS

Vous trouverez plusieurs boutiques de souvenirs dans Dock St., et quelques brocanteurs dans 2nd St.

Cedar Keyhole Artist Co-Op & Gallery – *457 2nd St. - ✆ (352) 543 5801 - www.cedarkeyhole.com - tlj 10h-17h.* Créée par des artistes locaux à la fin des années 1970, cette galerie-coopérative présente le travail d'une cinquantaine d'entre eux : poterie, peinture, travail du bois, du métal, du verre…

ACTIVITÉS

Tidewater Tours & Boat Rentals – *4 Dock St. - ✆ (352) 543 9523 - www.tidewatertours.com.* Vous pouvez louer des bateaux à fond plat, très faciles à manœuvrer pour explorer les nombreux îlots de la région *(135 $/3h)*, ou embarquer pour l'une de leurs croisières thématiques *(26/45 $/pers)*. Vous pouvez aussi vous faire déposer sur l'une des petites îles grâce au service de bateau-taxi.

LE NORD-EST

LE NORD-EST
0 20 mi
0 30 km
ST. AUGUSTINE ★★★ Vaut le voyage
Fort Clinch SP ★★ Mérite un détour
Jacksonville ★ Intéressant
Daytona Beach À voir
GEORGIA
St. Marys
Cumberland Island NS
Fort Clinch SP
Fernandina Beach
Amelia Island
Anheuser-Busch Brewery
Kingsley Plantation
Little and Big Island SP
Fort George Island
Zoo
Jacksonville Beach
Jacksonville
OLUSTEE BATTLEFIELD HISTORIC SP
ATLANTIC OCEAN
World Golf Village and Hall of Fame
St. Johns
ST. AUGUSTINE
St. Augustine Lighthouse and Museum
Alligator Farm
Anastasia SP
Anastasia Island-St. Augustine Beach
Matanzas
Fort Matanzas NM
Faver-Dykes SP
GAINESVILLE
Oklawaha Lake
Crescent Lake
Bulow Creek SP
Lake George
Ormond Beach
Daytona Beach
Daytona Intl. Speedway
OCALA
Ocala National Forest
Ponce de León Inlet
Ponce de Leon Inlet
DeLand
ORLANDO
SPACE COAST
N
A
B
1
2
3

Le Nord-Est 6

Jacksonville

★

842 583 habitants

Située dans le coin nord-est de la Floride, Jacksonville est la plus grande commune du pays (2 176 km^2) et la ville la plus peuplée de l'état. Importante voie de commerce et de transport, la rivière St. Johns a joué un rôle essentiel dans son histoire et son développement. Ce vaste cours d'eau, qui possède la particularité de couler vers le nord, traverse le cœur de la ville et longe ce qu'elle a de mieux à offrir : plages immaculées, musées d'art et de science, gratte-ciel, quartiers historiques emplis de charme, zoo, zone riveraine nouvellement aménagée...

NOS ADRESSES PAGE 354

S'INFORMER

The Jacksonville Landing Visitor Center – *2 Independent Dr. - ✆ (904) 791 4305 - www.visitjacksonville.com.*

Jacksonville Beaches Visitor Center – *380 Pablo Ave. - ✆ (904) 242 0024 - www.visitjacksonville.com.*

Jacksonville International Airport – *Baggage Claim Area - ✆ (904) 741 3044 - www.visitjacksonville.com.*

SE REPÉRER

Carte de région A1 (p. 342). Jacksonville s'étend des deux côtés de la rivière St. Johns.

À NE PAS MANQUER

Le Cummer Museum of Art and Gardens ; une balade dans Riverside-Avondale Historic District.

ORGANISER SON TEMPS

On peut passer facilement trois jours dans la région pour visiter quelques musées, découvrir le centre-ville et profiter des plages.

AVEC LES ENFANTS

Le Museum of Science and History ; le zoo.

Se promener Plan de ville (p. 348-349)

Les quartiers les plus animés de Jacksonville se trouvent directement en bordure de la rivière St. Johns. Magasins, immeubles de bureaux et bâtiments historiques se concentrent surtout sur la rive nord, la rive sud étant dotée de plusieurs musées et d'une agréable promenade paysagée. Toute la journée, des bateaux-taxis font la navette d'une rive à l'autre.

RIVE NORD

★ Jacksonville Landing

2 Independent Dr. - ♿ P - www.jacksonvillelanding.com.

Ce centre commercial en forme de fer à cheval brille de tous ses feux au pied des immeubles de bureaux de la rive nord. Achevé en 1987 dans le cadre des projets de revitalisation du centre-ville, il séduit les acheteurs par un ensemble de boutiques haut de gamme et de restaurants. On peut, après avoir fait ses courses, déambuler sur l'ample esplanade en bordure de la rivière et profiter de la vue sur la rive opposée.

Florida Theatre

128 E. Forsyth St. - ✆ (904) 355 2787 - http://floridatheatre.com - ♿ - visite guidée sur RV seult 1er merc. de chaque mois à 18h, 19h et 20h.

Relique de l'époque des grands cinémas, ce bâtiment d'inspiration méditerranéenne (1927) abrite un centre des arts du spectacle (concerts, conférences, films, etc.). Le foyer, d'allure fantaisiste, évoque l'ambiance d'une cour mauresque la nuit.

Jacksonville Museum of Contemporary Art (MOCA)

333 N. Laura St. - ✆ (904) 366 6911 - www.mocajacksonville.org - mar.-sam. 10h-17h (21h le jeu.), dim. 12h-17h - 8 $.

Les réalisations d'artistes contemporains originaires de la Floride constituent l'âme de ce musée d'art, fondé en 1924. Occupant les cinq niveaux de l'ancien bâtiment Western Union (1931), il recèle un fonds permanent riche de 1 500 œuvres, une belle collection d'objets précolombiens, ainsi que des créations de Calder, d'Ellsworth Kelly et d'Helen Frankenthaler. Une bonne partie du bâtiment est consacrée à des expositions temporaires, tandis que les œuvres de la collection permanente sont présentées par roulement.

★★ Cummer Museum of Art and Gardens

829 Riverside Ave. (à hauteur de Post St.) - ✆ (904) 356 6857 - www.cummermuseum.org - ♿ P - mar.-sam. 10h-16h (21h le mar.), dim. 12h-16h - visite guidée du mar. au vend. de 10h à 15h (2 $ en sus) - 10 $, gratuit mar. de 16h à 21h et 1er sam. du mois.

Consacré aux arts décoratifs et aux arts européen et américain, cet élégant édifice occupe un site tout à fait charmant en bordure de la rivière St. Johns. Sa collection, relativement réduite mais très variée, et son remarquable centre d'éducation artistique, en font un musée très populaire.

Ce musée a pour origine les collections amassées dans la première moitié du 20e s. par Arthur Cummer, héritier d'un magnat du bois, et son épouse Ninah, passionnée d'art et d'horticulture. La demeure d'origine fut rasée dans les années 1960 pour faire place à un bâtiment moderne, mais les jardins ont été conservés, ainsi qu'une pièce Tudor lambrissée d'acajou. Considérablement enrichie au fil des ans, la collection compte désormais près de 5 000 œuvres.

Pour passer des œuvres de l'Antiquité à celles du 20e s., commencez la visite par la galerie d'accès, à gauche du hall d'entrée, et procédez dans le sens des aiguilles d'une montre.

Après avoir admiré l'art ancien de l'Égypte, de Rome et des civilisations précolombiennes, visitez les salles 1 à 4, où sont exposés des panneaux peints à l'huile et à la *tempera* (détrempe) de l'époque gothique et de la Renaissance, ainsi qu'un ensemble d'œuvres Renaissance, baroques et maniéristes. Ne manquez pas la très belle *Vierge à l'enfant* d'Agnolo Gaddi (vers 1400), ni les gravures sur bois d'Albrecht Dürer et les tableaux de Cranach l'Ancien, de Giorgio Vasari, de Van Ruysdael et de Rubens.

Les salles 5 et 6 sont réservées aux expositions temporaires. La salle 7 abrite une superbe collection d'objets en **porcelaine de Meissen★★**. Offerte au musée en 1965, elle comprend environ 750 pièces réalisées entre 1710 et 1750. Notez tout particulièrement deux services à thé complets du 18e s., ainsi qu'un service de table ayant appartenu à Élisabeth Petrovna, impératrice de Russie.

Axées sur l'art américain, les salles 8 et 9 contiennent des peintures de Winslow Homer, Benjamin West, Gilbert Stuart et George Inness.

Un peu d'histoire : Jacksonville

DES DÉBUTS DIFFICILES

Le point le plus étroit de la rivière St. Johns était prédestiné à l'implantation d'une ville. Les Indiens autochtones y avaient construit des huttes et y faisaient traverser leur bétail à la nage. Ils avaient baptisé l'endroit Wacca Pilatka, « lieu de passage des vaches », ou Cowford, comme l'appelèrent quelques colons britanniques qui établirent un petit poste et un embarcadère sur la rive nord dans les années 1770. L'agglomération s'étendit bientôt sur la rive sud et desservit les voyageurs empruntant Kings Road, route qui menait alors de St. Augustine à la rivière St. Marys, à la frontière entre la Géorgie et la Floride.

À l'époque où l'Espagne se défit de sa colonie de Floride, un propriétaire terrien entreprenant, Isaiah D. Hart, convainquit ses voisins de céder une portion de leurs terres de manière à créer une ville. Celle-ci, fondée en juin 1822, fut baptisée en l'honneur du général Andrew Jackson, alors gouverneur provisoire de Floride. Les décennies qui suivirent la création de Jacksonville furent marquées par une série de désastres : gelées dévastatrices, guerres séminoles, incendie, épidémie de fièvre jaune… Pendant la guerre de Sécession, la ville fut par ailleurs saccagée à plusieurs reprises par des troupes des deux camps.

LA CROISSANCE ET SES REVERS

La seconde moitié du 19e s. fut plus propice à la croissance de la ville. Des bateaux à vapeur acheminaient alors les agrumes produits par les plantations locales vers les marchés extérieurs. L'industrie du bois et des produits résineux était également en plein essor. Le centre-ville s'entoura de communautés résidentielles aménagées sur le site d'anciennes plantations, et une liaison ferroviaire fut établie avec Savannah en 1881. De superbes hôtels firent aussi leur apparition, destinés à une clientèle aisée venue du Nord, qui arrivait ici en bateau à vapeur ou en train. La romancière **Harriet Beecher Stowe**, auteur de *La Case de l'oncle Tom*, fut du nombre, achetant même en 1867 une maison au sud de Jacksonville. Mais, à la fin des années 1880, l'établissement de la voie ferrée de la Florida East Coast Railway, rendant accessibles des destinations comme St. Augustine et Palm Beach, mit un terme à ce tourisme florissant, sans pour autant stopper le développement de la ville. La construction d'un ensemble de jetées, jointe à des opérations de dragage à l'embouchure de la rivière, rendit plus tard la voie d'eau accessible aux navires à fort tirant d'eau et améliora le potentiel portuaire de la région.

LE GRAND INCENDIE : UN MAUVAIS SOUVENIR

L'après-midi du 3 mai 1901, un incendie se déclara dans la Cleveland Fibre Factory, une usine proche du centre-ville. Des étincelles, portées par de désastreuses rafales de vent, atteignirent le bois sec et les toits enduits de goudron des bâtiments voisins. En l'espace d'une heure, la ville était la proie de flammes qui consumèrent l'essentiel du centre et de nombreux quartiers résidentiels. Jacksonville se releva rapidement de ses cendres, sa population faisant plus que doubler dans la décennie qui suivit le désastre. En 1910, la ville devint le refuge hivernal de l'industrie balbutiante du cinéma. Plusieurs studios finirent d'ailleurs par opérer à plein-temps à Jacksonville… détrônée dans les années 1920 par Hollywood.

Vue générale sur le Downtown.
J. Stockshooter / age fotostock

La cité poursuivit néanmoins son développement. Quatre ponts sur la rivière St. Johns, bâtis entre 1921 et 1954, finirent par remplacer les bacs qui reliaient les deux rives.
La Seconde Guerre mondiale donna un véritable coup de fouet à l'industrie locale, notamment aux chantiers navals qui s'étaient installés le long de la rivière. Par la suite, ses **installations portuaires** firent de Jacksonville l'un des plus importants ports en eau profonde du sud-est des États-Unis. Parallèlement, les trois grandes compagnies ferroviaires de Floride y affirmèrent leur présence. La ville acquit peu à peu sa *skyline* distinctive, avec l'apparition, dans les années 1960 et 1970, des gratte-ciel du Downtown.

LA VILLE AUJOURD'HUI

Depuis sa fusion administrative, en 1968, avec le comté de Duval, Jacksonville constitue, en termes de superficie, la plus vaste zone urbaine des États-Unis. Certains de ses secteurs les plus défavorisés ont nécessité le lancement de projets de revitalisation, tant publics que privés. Ainsi, l'ancienne gare ferroviaire d'Union Station abrite aujourd'hui un palais des congrès : le **Prime F. Osborn Convention Center**. En 1993, la création d'une nouvelle équipe de football (américain) professionnel, les Jacksonville Jaguars *(www.jaguars.com)*, a par ailleurs conduit à la rénovation et à l'agrandissement du stade municipal, le **Jacksonville Municipal Stadium** (devenu aujourd'hui le EverBank Field), et des quartiers voisins.

Un lumineux trio d'œuvres de William Bouguereau constitue le principal point d'intérêt de la salle 10, consacrée à la peinture européenne du 19e s.

La salle 11 présente quant à elle une sélection d'œuvres impressionnistes européennes et américaines, et quelques exemples d'art contemporain.

Avant de sortir, admirez les **jardins** à l'anglaise et à l'italienne, faites un arrêt au centre d'éducation artistique, **Art Connections★**, dont les montages très réussis présentent l'évolution de l'art, les techniques employées dans les différentes disciplines, et l'utilisation de la couleur et de la matière.

★ Riverside-Avondale Historic District

Délimité par la rivière St. Johns au sud, et par les routes I-10 et I-95 au nord.

Les amateurs d'architecture apprécieront tout particulièrement ce quartier historique, dont les élégantes demeures, reconstruites à la suite de l'incendie de 1901, présentent un fascinant patchwork de styles. On les découvre en voiture, au détour d'une rue ombragée : néoméditerranéen, Art déco, Queen Anne, néocolonial, néo-Jacobin, néo-Tudor, Domestic Revival américain, style vernaculaire des Prairies, bungalows. Celles situées à proximité de la rivière St. Johns sont sans doute les plus grandioses.

Vers la fin du 19e s., des entrepreneurs venus du nord des États-Unis acquirent à l'ouest de la rivière de vastes terrains agricoles qu'ils lotirent et vendirent à de riches familles voulant passer l'hiver dans la région. Ainsi naquit l'élégant quartier de **Riverside**. Un second groupe d'investisseurs créa, dans les années 1920, un autre quartier chic à l'intérieur des limites de Riverside : **Avondale**. L'endroit se distinguait par une abondance de maisons d'inspiration méditerranéenne, et se créa au fil du temps une identité distincte de celle de Riverside. L'un et l'autre demeurèrent longtemps les adresses les plus cotées de Jacksonville et figurent, depuis 1985, à l'inventaire national des sites historiques américains.

La portion de Riverside Avenue située entre Memorial Park et Van Wert Street constitue l'épine dorsale du quartier historique. Les rues qui la relient à la rivière abritent les maisons les plus élégantes et les mieux conservées.

Memorial Park *(entre Margaret St. et Memorial Park Dr.)* avait été conçu par Frederick Law Olmsted, concepteur de Central Park à New York, en l'honneur des Floridiens ayant participé à la Première Guerre mondiale. De cet agréable îlot de verdure s'offrent de jolies vues de la rivière.

Non loin de là, **Five Points** *(Park St., Margaret St. et*

Lomax St.) abrite, dans un cadre pittoresque, des boutiques haut de gamme et quelques restaurants.

Parcourez en voiture **St. Johns Avenue**, qui s'enfonce sous le beau feuillage d'énormes chênes de Virginie, entre des édifices au décor recherché. L'artère longe aussi un ensemble de boutiques et de restaurants, **Shops of Historic Avondale** *(St. Johns Ave., à la hauteur d'Ingleside Ave.)*, établi dans les années 1920.

En remontant vers le nord-est, faites un arrêt par la **Riverside Baptist Church★** *(Park St. et King St.)*. Cet énorme édifice d'inspiration méditerranéenne fut conçu par un architecte floridien de renom, Addison Mizner *(voir p. 154)*.

RIVE SUD

Riverwalk

Rendez-vous des flâneurs, cette agréable promenade *(1,6 km)* offre de jolies vues sur la rivière St. Johns et la rive nord. Au loin se profile la silhouette distinctive du Jacksonville Landing, entouré de tours de bureaux dont les parois brillent au soleil.

À l'ouest du pont de Main Street, le **Friendship Park**, créé en 1965, possède une fontaine centrale dont les jets d'eau s'élancent à la façon d'un geyser.

★ Museum of Science and History (MOSH)

1025 Museum Cir. - ✆ (904) 396 7062 - www.themosh.org - ♿ P - lun.-vend. 10h-17h (20h le vend.), sam. 10h-18h, dim. 12h-18h - 10 $; 15 $ billet combiné avec le planétarium.

Dans ce musée touche-à-tout, l'histoire est une aventure et la science une distraction. Le complexe abrite des expositions permanentes et temporaires qui permettent aux visiteurs de tous âges d'explorer la physique, les sciences naturelles, et l'histoire naturelle et humaine de la Floride du Nord.
Parmi les sections les plus intéressantes : l'exposition **Atlantic Tails**, consacrée aux espèces locales en voie de disparition (baleines, dauphins et lamantins) ; **The Body Within**, qui permet de pénétrer dans un corps humain géant et d'explorer ses différentes fonctions ; **Currents of Time : A History of Jacksonville and Northeast Florida**, conçue comme une chronique de l'histoire de Jacksonville, des Indiens Timucua qui peuplaient la région des milliers d'années avant l'arrivée des Espagnols à l'incendie de 1901. Le musée contient par ailleurs l'épave du **Maple Leaf**, bateau à vapeur coulé par les sudistes en avril 1864, et qui sombra dans la rivière St. Johns à la hauteur de Mandarin Point. Remarquablement protégé par la vase dans laquelle il s'était embourbé, le navire (et sa cargaison) constitue le fascinant témoignage d'une époque mouvementée. Chaque jour, le **Planetarium** propose par ailleurs aux visiteurs des spectacles multimédia.

À voir aussi Carte de région (p. 342)

Jacksonville Zoo and Gardens A1

Du centre-ville, prenez l'I-95 vers le nord jusqu'à Hecksher Dr. (sortie 124) et tournez à droite ; le zoo se trouve 800 m plus loin. 8605 Zoo Pkwy - ✆ (904) 757 4463 - www.jacksonvillezoo.org - ♿ P - lun.-vend. 9h-17h, sam.-dim. et vac. scol. 9h-18h - 15,95 $ (3-12 ans 10,95 $) ou 24,95 $ (3-12 ans 17,95 $) selon les attractions comprises. Nombreuses visites guidées thématiques, dont « Behing the Scenes » qui permet de découvrir les coulisses du zoo, et des programmes originaux, dont « Zookeeper for a day », qui offre l'opportunité de passer une journée auprès de l'équipe du zoo (renseignements sur place et sur le site Internet ; réservation préalable parfois nécessaire).

Le zoo de Jacksonville abrite plus de 750 reptiles, oiseaux et mammifères dans un parc de 30 ha. Sa réputation n'est plus à faire : plus de six espèces menacées de disparition s'y sont reproduites en captivité au cours des dernières années.
L'espace est divisé en plusieurs sections géographiques et thématiques. Ne manquez pas d'emprunter la passerelle du **veld africain**, qui traverse une prairie de 6,4 ha où évoluent lions, autruches, gazelles et autres familiers de la plaine du Serengeti. Le **Seronera Overlook** est peuplé d'éléphants se rafraîchissant dans un énorme bassin. Un bâtiment adjacent abrite une collection de serpents venimeux. Dans la section **Great Apes of the World**, un mince panneau en plexiglas sépare gorilles de plaine, chimpanzés et autres primates du public. Les enfants peuvent caresser des chèvres naines, des chevaux miniatures, ainsi que d'autres animaux d'Afrique du Sud et du Botswana, dans l'**Okavango Village**, inspiré par les communautés de pêcheurs du sud-ouest de l'Afrique. Dans la section **Wild Florida,** vous aurez l'occasion de vous familiariser avec la faune locale.
Vous pouvez également parcourir sans effort une partie du zoo, en montant dans le **Zoo Train** *(dép. ttes les 30mn - durée : 1h - 4 $)*. Un magnifique jardin botanique complète la visite : on y découvre notamment une savane, une bambouseraie, un « jardin du futur »…

Anheuser-Busch Brewery A1

Du centre-ville, prenez l'I-95 vers le nord jusqu'à Busch Ave. (sortie 125) et dirigez-vous vers l'est en suivant les panneaux.

111 Busch Dr. - ✆ (904) 751 8117 - www.budweisertours.com - ♿ P - visite guidée seult - juin-août : lun.-sam. 10h-17h ; lun.-vend. 10h-16h (téléphonez ou consultez le site Internet pour les horaires précis) - 10 $. Les moins de 18 ans doivent être accompagnés d'un adulte.

Aux abords de l'énorme brasserie au nord de la ville, l'air est saturé d'effluves de levure fraîche. La visite avec le brasseur en chef (Beermaster Tour) permet de découvrir les procédés de brassage et d'embouteillage, ainsi que la longue histoire de la compagnie qui fabrique notamment aujourd'hui la Budweiser, l'une des bières les plus vendues dans le pays. Constituée en 1852, Anheuser-Busch dirige également plusieurs parcs à thèmes en Floride, dont SeaWorld *(voir p. 276)*, Busch Gardens *(voir p. 312)* et Cypress Gardens.

Jacksonville Beach A1

À l'est du centre-ville par la route 90/Beach Blvd.

Avec ses magasins de souvenirs et d'articles de plage, ses hôtels et sa grande artère qui longe l'océan, Jacksonville Beach offre l'aspect typique d'une bourgade de bord de mer. Une esplanade en béton longe le front de mer de 4th Avenue jusqu'au poste des maîtres-nageurs, et permet d'observer la foule de vacanciers et de gens du coin venus profiter des plaisirs de la plage. À hauteur de 5th Avenue South, une longue jetée de pêche s'avance dans l'océan.

Les îles Carte de région (p. 342)

★ FORT GEORGE ISLAND A1

À 32 km au nord-est de Jacksonville. Du centre-ville, prenez l'I-95 vers le nord jusqu'à Hecksher Dr. (sortie 124) ; continuez vers l'est sur 24 km et tournez à gauche dans Fort George Rd.

Les Indiens Timucua habitaient cette île située au nord de la rivière St. Johns quelque 3 500 ans avant que les premiers Européens ne s'emparent de la Floride. En 1587, des moines espagnols établirent ici la mission San Juan del Puerto, à laquelle la rivière doit d'ailleurs son nom. Au 18e s., le général James Oglethorpe en personne aurait bâti, dans la partie centrale de l'île, un ouvrage fortifié dont il ne reste aucune trace. Silencieux témoins d'une civilisation disparue, les amas coquilliers laissés par les Timucua reposent à présent sous la végétation envahissante, et la masse écrasante des résineux se presse contre les élégantes palmes des sabals bordant l'avenue d'accès à la plantation Kingsley.

★ Kingsley Plantation

11676 Palmetto Ave. (de Fort George Rd, prenez à gauche Palmetto Ave. et continuez sur 3,2 km) - ✆ (904) 251 3537 - www.nps.gov/foca - tlj 9h-17h - visite guidée sam.-dim. 11h et 15h (sur réservation) - gratuit. Munissez-vous d'un produit insectifuge. Bureau d'accueil installé dans la maison d'habitation.

On découvre, au bout d'un paisible tunnel de verdure, la plus vieille plantation de Floride, qui fait partie du **Timucuan Ecological and Historical Preserve**, domaine protégé de 18 616 ha. Elle se trouvait à l'origine sur les terres allouées par le roi d'Espagne à un certain John McQueen, qui érigea dans les années 1790 une imposante demeure aujourd'hui bordée par un paisible marais. Le domaine fut acquis en 1817 par Zephaniah Kingsley, un riche propriétaire terrien, membre de l'Assemblée législative du territoire de Floride. Convaincu de l'importance de l'esclavage dans l'économie rurale, Kingsley prônait envers ses esclaves un traitement humain. Avec un beau

6

mépris des mœurs de l'époque, il épousa lui-même une Noire dont il eut quatre enfants. Son exploitation agricole devint l'une des plus grosses plantations de coton de Floride. Elle changea par la suite plusieurs fois de propriétaire avant de revenir à l'État en 1955.

Dans la **maison d'habitation**, des expositions présentent l'histoire de la plantation et le développement de l'industrie du coton. Un bâtiment annexe, qui abritait autrefois les cuisines, évoque la vie des esclaves. À l'entrée de la propriété, on remarque les vestiges de 23 des anciennes cases en *tabby* (mélange de chaux et de coquillages) qu'ils occupaient.

En reprenant Fort George Road, on découvre **Fort George Island State Cultural Site** (*✆ 904 251 2320 ou 904 251 2802 - centre d'accueil sur le site de l'ancien terrain de golf Ribaud Club : merc.-dim. 9h-17h*), dont le circuit routier de 7 km autour de l'île est jalonné de panneaux d'interprétation indiquant des points d'intérêt historique.

★★ AMELIA ISLAND A1

À 68 km au nord-est de Jacksonville par Heckscher Dr. (direction est) et la route A1A (direction nord).

Amelia Island-Fernandina Beach-Yulee Chamber of Commerce and Welcome Center – *961687 Gateway Blvd - ✆ (904) 261 3248 - www.aifby.com.*

Avec ses plages immaculées, son marais littoral et sa riche végétation, mais aussi ses terrains de golf et de tennis et ses villégiatures de luxe, Amelia Island attire chaque année de nombreux visiteurs. Située dans le nord-est de la Floride, juste en dessous de Cumberland Island (Géorgie), cette superbe étendue de terre longue de 22 km fut baptisée par le général britannique James Oglethorpe en hommage à la princesse Amelia, fille de George II d'Angleterre. Destination touristique de choix, l'endroit a réussi, malgré sa grande popularité, à conserver un caractère sauvage.

★ Fernandina Beach

Sur la pointe nord d'Amelia Island. Prenez la route A1A vers le nord et tournez à gauche dans Atlantic Ave. (qui devient Centre St.).

Baptisée en l'honneur de Ferdinand II d'Aragon, cette petite communauté se développa grâce au trafic portuaire, en raison de sa position à la frontière de la Floride espagnole et des États-Unis. Vers la fin du 19e s., le développement du tourisme contribua aussi à la prospérité des lieux. D'imposantes demeures victoriennes firent leur apparition dans le quartier de Centre Street, et plusieurs hôtels de luxe furent alors bâtis. Au début du 20e s., l'invention et la mise en pratique, ici même, de nouvelles techniques de pêche, amenèrent la ville à se proclamer le « berceau de la pêche commerciale à la crevette ».

★ **Centre Street Historic District** – *Quartier délimité à l'est par 11th St., au sud par Elm St., à l'ouest par Front St., et au nord par Escambia St. Demandez un plan du centre historique à l'office de tourisme (voir ci-dessus).* Principale artère est-ouest de Fernandina Beach, Centre Street attire des foules de touristes venus admirer ses pittoresques façades et profiter des boutiques. La rue, qui s'achève sur les quais dominant la rivière Amelia, se trouve au cœur d'un remarquable secteur inscrit à l'inventaire national des quartiers historiques américains et qui compte plus de 450 édifices construits entre 1857 et 1910. North 6th Street, South 7th Street et Centre Street comptent le plus grand nombre de bâtiments intéressants. Remarquez tout particulièrement le **Nassau County Courthouse** (*Centre St. et 5th St.*), joli bâtiment victorien en brique rouge datant de 1891. Réalisée en 1885 à base d'un curieux mélange de pisé coquillier et de ciment

Portland, la **Tabby House** *(à l'angle nord-ouest de 7th St. et Ash St.)* vaut également le détour. Avec ses tourelles, ses murs extérieurs plaqués d'écailles de bois et son plan asymétrique, la **Bailey House** *(de l'autre côté de la rue)* représente quant à elle un exemple classique de style Queen Anne (1895). Érigée dix ans plus tôt par l'éditeur d'un journal local, la **Fairbanks House** *(S. 7th St. et Cedar St.)* est une époustouflante demeure de style italianisant. Construite en 1910, l'élégante **Villa Las Palmas** *(315 Alachua St.)* se distingue par des murs revêtus de bardeaux de cèdre, et par une architecture où se retrouve un mélange d'influences.

Amelia Island Museum of History – *233 S. 3rd St. - ✆ (904) 261 7378 - www.amelia museum.org - lun.-sam. 10h-16h, dim. 13h-16h - visites guidées tlj à 11h et 14h - 7 $.*
Ancienne prison restaurée avec soin, Nassau County Jail veille à présent sur l'histoire d'Amelia Island. Le musée fonctionne autour d'expositions temporaires, mais il organise surtout de passionnantes visites guidées thématiques à travers la ville *(rens. sur place et sur le site Internet).*

★★ Fort Clinch State Park

2601 Atlantic Ave. (à l'ouest de la route A1A) - ✆ (904) 277 7274 - www.florida stateparks.org/fortclinch/ - P - tlj de 8h au coucher du soleil ; 9h-17h pour le fort (2 $), le musée et le Visitor center - 6 $. Possibilité de camper (✆ 800 326 3521 - http://floridastateparks.reserveamerica.com).

Séparée de la Géorgie par le cours paresseux de la rivière St. Marys, cette étonnante relique de la guerre de Sécession s'élève fièrement à la pointe nord d'Amelia Island. Il s'agit d'un fort de brique en parfait état de conservation, bâti vers la fin des années 1840 pour défendre le Cumberland Sound, détroit d'accès au port de Fernandina. Son nom évoque le souvenir du général Duncan Lamont Clinch, héros des guerres séminoles.

La construction de Fort Clinch fut lente et laborieuse : au déclenchement de la guerre de Sécession, en 1861, l'ouvrage était toujours inachevé. Les troupes sudistes s'en emparèrent facilement et y installèrent des batteries de canons sans même poursuivre les travaux. L'année suivante, les îles de Géorgie et de Caroline du Sud tombaient aux mains de l'Union. La Floride étant de ce fait isolée, les confédérés se replièrent sans plus tarder. À la fin des années 1860, Fort Clinch était devenu obsolète, ses murs en brique et en maçonnerie n'étant plus à l'épreuve des boulets tirés par les nouveaux modèles de canons. Dans les années 1930, le Service des parcs de Floride se porta acquéreur des lieux, ouvrant en 1938 l'un des premiers parcs de l'État.

Dans le **centre d'accueil**, une exposition retrace l'histoire de la place forte. De là, un court chemin mène au fort même, de forme pentagonale, dont les murs massifs ne sont interrompus que par un pont-levis en bois. On peut explorer à son gré l'intérieur ou monter sur les remparts pour découvrir une vue sur Cumberland Island, de l'autre côté de la rivière St. Marys. Chaque jour, des guides en costume d'époque recréent la vie au fort, du temps où des troupes y étaient cantonnées. Le site offre également aux visiteurs une plage et une jetée de pêche, ainsi que des sentiers d'exploration de la nature.

NOS ADRESSES À JACKSONVILLE

TRANSPORTS

Arriver

Avion – Jacksonville International Airport (JIA) - *à 24 km au nord de la ville - ✆ (904) 741 4902 - www.flyjacksonville.com.* Transport vers le centre-ville : taxis *(35 $)*. Sociétés de location de voitures *(voir p. 40)* à l'aéroport.

Sur place

Jacksonville Transit Authority (JTA) *(✆ (904) 630 3100 ou (904) 630 3191 - www.jtafla.com)* exploite le réseau des transports en commun, dont le **Monorail Skyway Express** *(lun.-vend. 6h-21h - gratuit)* qui circule notamment entre le Convention Center, Jacksonville Landing et le Museum of Contemporary Art, ainsi que deux trolleys : **Riverside Trolley** *(lun.-vend. 10h30-2h30 - 0,75 $)*, qui relie le centre-ville au quartier de Riverside, et **Beaches Trolley** *(lun.-vend. 4h30-0h45, service réduit le w.-end - 1,50 $)*, qui dessert Atlantic Beach et Jacksonville Beach.

Bateaux-taxis

River Cruises – *✆ (904) 306 2200 - www.jaxrivercruises.com - 2h30 AR - dîner 45/50 $.* Promenades en bateau.

HÉBERGEMENT

Bon à savoir – La plupart des grandes chaînes (Hilton, Holiday Inn, Omni) sont présentes dans le **centre-ville** de Jacksonville. Vous n'aurez par ailleurs aucun mal à trouver un hôtel ou un motel à **Jacksonville Beach**, en particulier sur 1st St. et Beach Blvd.

POUR SE FAIRE PLAISIR

À Jacksonville

The Riverdale Inn – *1521 Riverside Ave. - ✆ (904) 354 5080 - www.riverdaleinn.com - P - 10 ch. 140/220 $* . Situé dans une belle maison ancienne (1901) du quartier historique de Riverdale, ce charmant *bed & breakfast* répond parfaitement aux critères du genre : chambres confortables et décorées avec goût, à l'ancienne, mais jouissant de tout le confort moderne. Le petit-déjeuner est excellent et le jardin qui entoure la demeure est un hâvre de verdure avec ses chênes centenaires. Bon accueil.

Sur Amelia Island

Amelia Oceanfront Bed & Breakfast – *584 S. Fletcher Rd - Fernandina Beach - ✆ (904) 430 0026 - http://ameliaoceanfrontbb.com - ♿ P - 6 ch. 179/209 $* . Un endroit de rêve, donnant directement sur la plage ! Cette magnifique résidence estivale bâtie dans les années 1930 abrite désormais un *bed & breakfast* que l'on n'a plus envie de quitter (tarifs à la semaine). Les chambres possèdent toutes une kitchenette.

UNE FOLIE

Sur Amelia Island

Amelia Island Williams House – *103 S. 9th St. - Fernandina Beach - ✆ (904) 277 2328 - www.williamshouse.com - ♿ P - 10 ch. 215/258 $* . Ce *bed & breakfast* occupe la maison la plus ancienne (1856) du quartier historique de Fernandina Beach. L'intérieur est décoré d'antiquités et les chambres, réparties dans trois bâtiments, adoptent chacune un thème ; certaines possèdent une cheminée, une baignoire à l'ancienne et/ou un Jacuzzi. Ambiance raffinée. Vélos à disposition.

Elizabeth Point Lodge – *98 S. Fletcher Ave. Amelia Island - Fernandina Beach - ✆ (904) 227 4851 - www.elizabethpointelodge.com - ♿ P - 24 ch. à partir de 245 $ ☕.* Un lieu magique, dans une station balnéaire qui en compte beaucoup. Cette maison en bardeaux de cèdre domine la plage et abrite des chambres toutes différentes, mais dotées du meilleur confort. Certaines donnent directement sur l'océan, et la grande véranda qui entoure la maison permet à tout le monde de profiter de la vue. Matériel de plage et vélos à disposition.

RESTAURATION

PREMIER PRIX

À Jacksonville

Clark's Fish Camp – *12903 Hood Landing Rd - Mandarin - ✆ (904) 268 3474 - www.clarksfishcamp.com - ♿ P - fermé à midi en sem. - autour de 16 $.* Un restaurant original et très fréquenté, installé dans un ancien magasin d'appâts en bordure de la rivière, au sud de Jacksonville. Fruits de mer et viandes grillées, classiques ou plus originales (autruche, kangourou, bison). Portions gargantuesques.

BUDGET MOYEN

À Jacksonville

Bb's – *1019 Hendricks Ave. - San Marco - ✆ (904) 306 0100 - www.bbsrestaurant.com - ♿ - fermé dim. - 15/30 $ - menu fixe 3 plats à 30 $ en sem.* Le décor est moderne (mêlant acier et béton), tout comme la cuisine qui revisite les classiques. La carte est fréquemment renouvelée et les desserts sont fameux. Bien aussi pour boire en verre en grignotant une petite pizza ou des tapas.

Marker 32 – *14594 Beach Blvd - ✆ (904) 223 1534 - www.marker32.com - ♿ P - dîner seult - fermé dim. - 20/35 $.* Situé en bordure de l'Intracoastal Waterway, ce restaurant « avec vue » propose une très bonne cuisine *fusion* : crevettes sautées au beurre de sauge et pignons, bœuf grillé et marscarpone à la truffe… Une bonne adresse.

Sur Amelia Island

Ciao Italian Bistro – *302 Centre St., Fernandina Beach - ✆ (904) 206 4311 - www.ciaobistro-luca.com - ♿ - dîner seult - 15/30 $.* Ciao Italian Bistro est considéré comme le meilleur restaurant italien du coin. La carte est courte, mais on y trouve de quoi satisfaire les amateurs de cuisine transalpine (viandes, poissons, *pasta*). Bonne carte des vins et excellents desserts.

EN SOIRÉE

Consultez les sections « *Entertainment* » et « *Sports* » du *Florida Times-Union (www.jacksonville.com)* ou *Travelhost* pour les manifestations culturelles. Réservation par l'intermédiaire de **Ticketmaster** *(www.ticketmaster.com).*

Florida Theatre *(voir p. 341).*

Times-Union Center – *300 Water St. - ✆ (904) 633 6110 - www.jaxevents.com.*

Jacksonville Symphony Orchestra – *300 Water St. - ✆ (904) 354 5479 - www.jaxsymphony.org.*

Jacksonville Landing Center Courtyard – *✆ (904) 353 1188.*

SPORT

Football américain – Jacksonville Jaguars (NFL) - *EverBank Field Stadium, 1 EverBank Field Dr. - ✆ (904) 633 2000 - www.jaguars.com.*

St. Augustine

★★★

13 407 habitants

La « plus ancienne cité de la nation » attire chaque année près de deux millions de visiteurs, séduits par son charme indéniable et ses ruelles pavées bordées de bâtiments datant pour certains du 18e s. Acquis par des associations ou des particuliers, beaucoup de ces édifices historiques ont été transformés en attractions touristiques dont l'authenticité, parfois discutable, ne diminue en rien l'intérêt général du site.

NOS ADRESSES PAGE 371

S'INFORMER
City of St. Augustine Visitor Information Center – *10 W. Castillo Dr. - (904) 825 1000 - www.floridashistoriccoast.com.*

SE REPÉRER
Carte de région A2 (p. 342). La ville la plus ancienne des États-Unis se trouve sur la côte est de la Floride, à environ 53 km au sud de Jacksonville, sur une étroite bande de terre s'avançant vers le sud entre deux cours d'eau : la rivière Matanzas à l'est, et la rivière San Sebastián à l'ouest.

SE GARER
Il existe plusieurs parkings payants en ville et toutes les places de stationnement sont payantes. Pour visiter le centre historique, laissez votre véhicule au parking du Visitor Information Center.

À NE PAS MANQUER
Castillo de San Marcos National Monument ; le Lightner Museum.

ORGANISER SON TEMPS
Entre la visite de la ville et la plage, on peut s'occuper pendant trois jours.

AVEC LES ENFANTS
St. Augustine Alligator Farm Zoological Park, pour découvrir l'univers des sauriens ; la plage de St. Anastasia State Park.

Se promener Plan de ville (p. 362)

Bon à savoir – Faites un premier arrêt au Visitor Information Center *(voir ci-dessus)*, où vous pourrez faire toutes sortes de réservations, vous procurer des billets à tarif réduit pour la plupart des attractions locales, et voir un excellent film sur l'histoire de St. Augustine, *Dream of Empire (50mn ; admission incluse dans les frais de parking : 10 $/voiture/j).*

QUARTIERS DU CASTILLO ET DE ST. GEORGE STREET

★★★ Castillo de San Marcos National Monument

1 Castillo Dr. S. (à l'angle d'Orange St.) - (904) 829 6506 - www.nps.gov/casa - P (1,50 $/h) - tlj 8h45-17h15 - 7 $ (valable 7 j.). Tir de canon et mises en scène : rens. sur place ou consultez le calendrier sur le site Internet.

Dressé face à la baie de Matanzas, au nord de la vieille ville, le plus vieux fort des États-Unis défend St. Augustine depuis le début du 18e s. Les attaques

ennemies ont toutes échoué devant ses murs qui constituent aujourd'hui l'un des plus beaux exemples de fortifications datant de la période coloniale espagnole au Nouveau Monde.
Les présentations données par les gardes du fort, ou les montages audiovisuels proposés plusieurs fois par jour *(à 10h30, 11h30, 13h30, 14h30 et 15h30 - durée 25mn)* dans l'un des anciens entrepôts bordant la cour intérieure, constituent une excellente introduction à la visite. Disséminées à travers le site, d'autres expositions retracent les différentes périodes d'occupation du fort, la vie qu'on y menait ou encore le matériel de guerre. Un escalier permet d'accéder à la **batterie** (canons d'origine), d'où la vue panoramique sur les environs démontre à quel point les sentinelles pouvaient suivre les moindres mouvements de l'ennemi.

Old City Gate

À l'extrémité nord de St. George St.
Ces deux piliers en calcaire coquillier (1808) marquent l'emplacement de l'ancienne porte de la ville, seule ouverture percée dans la Cubo Line, une ligne de fortifications en bois et en remblai mise en place après l'attaque de Moore en 1702, et qui allait du Castillo à la rivière San Sebastián.

St. George Street

Après la visite du Castillo, une balade s'impose le long de la principale artère de la vieille ville. Elle a su conserver son charme d'antan, malgré la présence

UN BASTION IMPRENABLE

Jusqu'au milieu du 17e s., la ligne de défense espagnole se composait d'une série de palissades en bois mal défendues, exposées aux termites, à la pourriture et au feu ennemi. Comme la menace d'une attaque anglaise, hollandaise ou française, se précisait, et qu'un raid de pirates en 1668 ne laissa de la ville qu'un tas de décombres fumants, la Couronne espagnole décida de doter St. Augustine de fortifications permanentes. Les travaux commencèrent en 1671 avec l'acheminement par radeau de blocs de calcaire coquillier extraits des carrières d'Anastasia Island. Le chantier se poursuivit par intermittence jusqu'à la fin du 17e s. Vers 1695, le plus gros du travail était accompli. Doté à chaque coin de bastions triangulaires pointus, le fort possédait des murs extérieurs d'une épaisseur de 3,6 m que n'interrompait qu'une grille de fer fermant l'entrée. Un énorme pont-levis en bois s'abaissait sur de larges douves. Au 19e s., des pièces voûtées vinrent combler l'espace entre l'enceinte intérieure et l'enceinte extérieure. Un poste de garde fut également ajouté, ainsi qu'un talus en pente douce vers l'extérieur.
Le Castillo eut deux fois l'occasion de faire ses preuves. En 1702, les citadins s'y réfugièrent, tandis que les troupes du général anglais Moore mettaient la ville à sac. En 1740, les navires de James Oglethorpe firent leur apparition dans le port, car l'Angleterre estimait que le fort espagnol constituait une menace pour ses possessions en Géorgie. L'ouvrage fut bombardé 27 jours durant, mais les boulets s'enfoncèrent dans les murs tendres en calcaire coquillier sans causer de dégâts majeurs.
Le 21 juillet 1763, lorsque la Grande-Bretagne prit officiellement possession de la Floride, le lieu fut rebaptisé Fort St. Mark, mais il arbora à nouveau le drapeau espagnol en 1783. Celui-ci fut définitivement abaissé en 1821, lorsque l'Espagne céda la Floride aux États-Unis. Baptisé cette fois Fort Marion en l'honneur du commandant des insurgés américains, le Castillo servit de prison militaire jusqu'au début du 20e s.

Un peu d'histoire : St. Augustine

AFFRONTEMENTS EUROPÉENS

Le 8 septembre 1565, cinq navires espagnols partis de Puerto Rico jetèrent l'ancre non loin de l'actuel port de St. Augustine, près du village Timucua de Seloy *(voir p. 367)*. À leur tête, **Pedro Menéndez de Avilés** – nommé *adelanto* ou seigneur de la Floride espagnole par Philippe II d'Espagne – était chargé d'une double mission : déloger ces « hérétiques » français qui avaient eu l'audace de violer la territorialité espagnole outre-Atlantique, et créer deux cités pour asseoir l'influence de l'Empire espagnol sur cet immense domaine nord-américain qui lui échappait.

Menéndez eut tôt fait de s'emparer de la minuscule place forte française et de passer les forces de Jean Ribault au fil de l'épée, à l'embouchure de la rivière Matanzas. Après quoi, il fit voile pour La Havane, laissant derrière lui une nouvelle colonie, qu'il baptisa San Augustin en l'honneur du saint patron de son village natal. Les 600 premiers colons sur la côte marécageuse entreprirent rapidement de construire une forteresse entre les rivières Matanzas et San Sebastián.

PREMIÈRE PÉRIODE ESPAGNOLE

Malgré l'indéniable importance stratégique de son implantation en Floride, l'Espagne tarda à expédier aux colons approvisionnements, renforts et subsides. Mal équipés pour se tailler une vie dans le Nouveau Monde, les Espagnols pillèrent bientôt les moissons engrangées par les Indiens. Ces derniers les contraignirent à se réfugier à l'abri tout relatif de leur pauvre fort en bois.

Les relations avec les autochtones finirent par s'améliorer, et les efforts d'évangélisation menés par les franciscains remportèrent quelques succès. Fondée en 1565 à St. Augustine, la mission de Nombre de Dios *(voir p. 367)* allait être le premier jalon d'une chaîne de missions catholiques destinées à faciliter la colonisation du pays par l'Espagne. Durant la première moitié du 17e s., les Indiens avaient été décimés par les maladies venues d'Europe avec les Espagnols. Au début du 18e s., la plupart des missions avaient disparu, victimes des éléments et des raids britanniques.

Les autres puissances européennes contestaient en effet la tentative espagnole de mainmise sur la Floride. Dès 1586, le corsaire anglais **Francis Drake** avait effectué sur St. Augustine un raid, détruisant tout sur son passage. La menace s'accentua, plus tard, avec l'apparition de nouvelles implantations françaises et britanniques sur la côte, plus au nord. Elle se précisa en 1670 avec la fondation par l'Angleterre de la colonie de Caroline, dont la capitale, Charles Town, aaujourd'hui Charleston, se situait à peine à 442 km au nord de St. Augustine.

Le gouverneur de la place entreprit donc la construction d'un énorme fort de pierre, le Castillo de San Marcos, en exploitant les carrières de **calcaire coquillier** situées sur Anastasia Island. La roche sédimentaire due à l'accumulation de coquillages marins était tendre, saturée d'eau, mais durcissait en séchant. Les remparts du fort, dressés toujours plus haut au-dessus de la baie de Matanzas, conférèrent à la ville, au cours des dernières années du 17e s., un nouvel air de solidité.

La marina de St. Augustine.
Ch. Heeb / hemis.fr

Un assouplissement de la loi réservant le calcaire coquillier aux seules constructions officielles permit aux citadins de remplacer leurs précaires maisons de bois par des demeures plus solides.
En 1702, à la suite d'une nouvelle alliance conclue entre la France et l'Espagne, **James Moore**, gouverneur de la colonie de Caroline, voulut envahir St. Augustine. Les colons espagnols se réfugièrent dans le Castillo inachevé et résistèrent à un siège de deux mois. L'arrivée de renforts espagnols en provenance de Cuba poussa les Britanniques à se retirer, après avoir incendié la ville.
Les Espagnols renforcèrent leurs positions, construisant une ligne de défense avancée qui allait de la rivière San Sebastián à la baie de Matanzas, et qui joua un rôle crucial lorsque les forces du général britannique **James Oglethorpe** marchèrent à leur tour sur St. Augustine en 1739, un an après la déclaration de guerre entre l'Angleterre et l'Espagne. Oglethorpe, fondateur de la colonie de Savannah (1733), installa ses troupes sur Anastasia Island et dans les forêts au nord de la ville. Une nouvelle fois, les habitants de la ville se réfugièrent dans le Castillo sous une pluie de boulets britanniques ; et ce furent à nouveau des renforts venus de Cuba qui forcèrent les Britanniques à battre en retraite.
En 1763, par le premier **traité de Paris**, l'Espagne cédait la Floride à l'Angleterre en échange de Cuba, tombée aux mains des Britanniques. L'encre gagna aux Anglais ce que le fer et le feu leur avaient refusé.

PÉRIODE BRITANNIQUE

La plupart des résidents espagnols de Floride refusèrent de prêter serment d'allégeance à la Couronne britannique et près de 3 000 d'entre eux choisirent de partir pour Cuba et les Antilles.
Les soldats et colons britanniques qui arrivèrent à St. Augustine découvrirent une ville abandonnée, dont les infrastructures laissaient beaucoup à désirer. Le premier gouverneur britannique de Floride, le général James Grant, se pencha

sur l'exploitation du sol fertile, ce que n'avaient jamais fait les Espagnols. Pour encourager la création de plantations, il accorda de grandes étendues de terres à des citoyens britanniques fortunés qui mirent leurs esclaves au travail, défrichant des forêts, asséchant des marais et se lançant dans des cultures d'exportation comme le riz et l'indigo. Les colons britanniques créèrent des écoles publiques, constituèrent une loge de francs-maçons et construisirent de nombreux bâtiments. Un réseau routier permit également de relier St. Augustine aux colonies britanniques plus au nord.

Pendant la guerre d'Indépendance, la ville accueillit des réfugiés loyaux à la Couronne britannique. Arrivés de Savannah et de Charleston, des soldats britanniques et des rebelles américains faits prisonniers sont aussi venus grossir les rangs de la population. En 1783, le gouverneur britannique fut avisé des termes d'un second traité de Paris, par lequel la Grande-Bretagne reconnaissait l'indépendance américaine et rétrocédait la Floride à l'Espagne. Cette dernière faisait donc un retour inattendu sur la scène floridienne…

DEUXIÈME PÉRIODE ESPAGNOLE ET AMÉRICANISATION

Le nouveau gouverneur de St. Augustine s'efforça de repeupler la ville avec des Espagnols, mais rares furent les familles parties vingt ans plus tôt à vouloir revenir. C'est donc une population cosmopolite qui s'installa à St. Augustine durant cette période : Espagnols, Américains, Minorquins, Italiens, Grecs, Suisses, Allemands, Français, Écossais, avec, pour bonne mesure, des Séminoles, des Noirs libres et des esclaves, attirés par la politique libérale de l'Espagne. Il restait aussi un nombre non négligeable de résidents britanniques, notamment des propriétaires terriens qui avaient décidé de prêter serment d'allégeance à l'Espagne, plutôt que d'abandonner leurs plantations et de quitter la Floride avec la majorité de leurs concitoyens, en 1784. Le commerce et l'industrie des produits résineux se développèrent, avec l'exploitation des forêts de pins de la région. Mais le durcissement des visées expansionnistes américaines, combiné au déclin progressif du pouvoir espagnol dans le monde, aboutit en 1819 à la ratification d'un traité par lequel l'Espagne cédait la Floride aux États-Unis. Bientôt, le drapeau américain flotta sur le Castillo.

Les Américains qui arrivèrent trouvèrent la ville en piteux état. Malgré une épidémie de fièvre jaune à la fin de 1821 et le transfert à Tallahassee de la capitale du territoire de Floride en 1824, la population de la ville connut toutefois une augmentation progressive. Les soldats cantonnés à St. Augustine pour défendre le nouveau territoire américain durant la deuxième guerre séminole arrivèrent en masse, accompagnés de nouveaux résidents et de touristes venant l'hiver profiter du climat bénéfique de la Floride. Durant la guerre de Sécession, St. Augustine resta en marge des opérations militaires. La fin des hostilités devait s'accompagner d'une fabuleuse reprise du tourisme et de l'économie.

Au début du siècle, sans être devenue la Côte d'Azur américaine dont avait rêvé Flagler *(voir p. 364)*, St. Augustine avait appris à tirer parti de sa longue histoire, de son cachet particulier et de ses étendues de plages immaculées. Le 20e s. fut marqué par une vague de constructions nouvelles en ville comme sur Anastasia Island, et par une prise de conscience de l'importance historique des lieux, entraînant des efforts de préservation et de restauration. La cité attire désormais des millions de visiteurs, séduits par son passé, ses monuments historiques et sa qualité de vie.

d'un grand nombre de boutiques et de restaurants très touristiques, souvent installés dans des bâtiments du 18e s. très (trop ?) bien restaurés.
St. George Street est fermée à la circulation automobile entre l'Old City Gate et la **Plaza de la Constitución**, place d'armes créée par le gouverneur Méndez de Canzo vers 1600 *(délimitée par St. George St., King St., Charlotte St. et Cathedral Pl.).*

★ St. Photios Greek Orthodox National Shrine

41 st. George St. - ☏ (904) 829 8205 - www.stphotios.com - ♿ - lun.-sam. 9h-17h, dim. 12h-18h.
L'unique chapelle nationale de l'Archevêché orthodoxe grec d'Amérique du Nord et du Sud se trouve dans la résidence Avero, située du côté est de St. George Street. Dédiée en 1971 aux premiers colons grecs du Nouveau Monde, elle honore saint Photios, patriarche œcuménique de l'Église orthodoxe grecque.
En 1768, Andrew Turnbull – un médecin londonien qui s'intéressait de près à la colonisation de la Floride – convainquit près de 2 000 Grecs, Minorquins, Corses et Italiens de tenter leur chance outre-Atlantique. Ces derniers fondèrent ainsi la colonie de New Smyrna, qu'ils abandonnèrent toutefois en 1777 en raison de conditions de vie trop dures. Les survivants s'installèrent à St. Augustine, à 121 km plus au nord, et établirent leur lieu de culte dans cet édifice, qui revint à l'Église orthodoxe grecque en 1966 et fut restauré en 1982.
À l'intérieur, une exposition retrace les mésaventures des colons de New Smyrna et le rôle qu'ils jouèrent dans le développement de St. Augustine. Dans la chapelle, on peut admirer, à la lueur des bougies, une trentaine d'**icônes** réalisées dans le style byzantin grec par le peintre contemporain George Filippakis. Rehaussées à la feuille d'or, elles représentent des saints chrétiens et des scènes de la vie du Christ.

★ Colonial Quarter

33 St. George St. - ☏ (904) 825 6830 - http://colonialquarter.com - tlj 10h-18h - 12,99 $.
Ce musée d'histoire vivante abritant différentes structures recrée l'ambiance de la ville du 16e au 18e s. Tour à tour, petits et grands pourront découvrir un forgeron au travail dans la forge restaurée, assister à un combat au mousquet, participer à des fouilles archéologiques, découvrir la construction d'un bateau au 16e s. ou encore grimper au sommet de la tour de guet du 17e s.
De Mesa-Sanchez House (A) – *Visite guidée seult (rens. au Spanish Quarter Village pour connaître les horaires).* Cette jolie demeure était à l'origine une modeste maison d'une pièce en calcaire coquillier, construite pour la famille d'Antonio de Mesa, affecté au Castillo durant la première période espagnole. Des guides en costume d'époque évoquent l'évolution de l'édifice au fil du temps, ses agrandissements et ses changements de fonction : pension de famille, échoppe de barbier, magasin et restaurant. Ne manquez pas l'exposition d'ustensiles de cuisine, belle illustration de l'inventivité des premiers résidents de St. Augustine.
★ **Peña-Peck House** – *143 St. George St. - ☏ (904) 829 5064 - www.penapeckhouse.com - visite guidée seult : lun.-sam. 10h30-17h, dim. 12h30-17h - participation libre.* Cet élégant bâtiment construit dans les années 1740 abritait la résidence du trésorier royal. Le plan en U, d'une grande simplicité, est caractéristique de la première période espagnole. À la fin des années 1830, le docteur Seth Peck, natif de la Nouvelle-Angleterre, y fit ajouter un étage de manière à loger sa famille au-dessus de son cabinet. Les Peck conservèrent la maison jusqu'en 1931. La petite-fille de Seth Peck, Anna Gardner Burt, la légua alors

SE LOGER

- Beach Front Bed & Breakfast 1
- Casa Monica Hotel 3
- La Fiesta Inn and Suites 5
- St. Francis Inn 7

SE RESTAURER

- A1A Ale Works 1
- Collage 3
- Creekside Dinery 7
- Denoel French Pastry 9
- FA Café 11
- Playa Chac Mool 13

De Mesa-Sanchez A

Government House Museum B

à la ville, avec son mobilier. Ce sont des volontaires du Women's Exchange qui guident la visite.

★★ Cathedral-Basilica of St. Augustine

38 Cathedral Place (sur le côté nord de la Plaza de la Constitución) - ✆ (904) 824 2806 - www.thefirstparish.org - ♿ - tlj 7h-17h.

Derrière cette façade festonnée et ce gracieux clocher se cache la plus vieille paroisse catholique des États-Unis. Sa création remonterait à la première messe qui fut célébrée en 1565 par les troupes de Pedro Menéndez de Avilés, débarquant sur ces rivages inconnus. St. Augustine fut rapidement dotée d'une église et d'un monastère franciscain, que les Britanniques détruisirent entre 1586 et 1599. La paroisse déménagea plusieurs fois d'endroit au cours du 18e s., et ce n'est qu'en 1793 que les autorités du diocèse allouèrent des fonds à la construction d'une structure permanente. Celle-ci, de forme rectangulaire, fut bâtie en calcaire coquillier au nord de la Plaza de la Constitución, mais l'incendie de 1887 n'en laissa que les murs et la façade. L'architecte de renom James Renwick, de passage dans la région, aida à la reconstruction de l'édifice qu'il agrandit et auquel il ajouta un transept et un clocher. D'autres rénovations et modifications furent effectuées dans les années 1960. En 1976, la cathédrale fut élevée au rang de basilique mineure.

À l'intérieur, une charpente massive ornée de décorations étaie un haut plafond. Le sol de couleurs vives est en carrelage cubain. Au cœur du sanctuaire se trouve un grand retable en bois blanc et or, auquel s'intègre la pierre d'autel en marbre provenant de l'église d'origine.

★★ Government House Museum (B)

48 King St. - ✆ (904) 825 6830 - ♿ - tlj 10h-17h - 8 $.

Voilà plus de 400 ans que ce bâtiment de belle allure domine la Plaza de la Constitución, comme en attestent certains pans de mur ainsi que les fondations d'origine. Le premier édifice érigé sur ce site fut bâti en 1599 selon la volonté du gouverneur de St. Augustine, Gonzalo Méndez de Canzo, qui avait décidé de la création d'une place d'armes entourée de divers bâtiments gouvernementaux, dont sa propre demeure. Sa maison en bois devint plus tard résidence officielle du gouverneur et centre des activités administratives. Un bâtiment en calcaire coquillier remplaça en 1687 l'original, mais il dut être reconstruit en 1713 après avoir été la proie des flammes lors du siège britannique de 1702. En 1821, le gouvernement américain le transforma en palais de justice, doublé d'une poste et d'un centre municipal. L'édifice, qui a retrouvé son aspect d'origine dans les années 1930, abrite aujourd'hui les bureaux de l'Association de sauvegarde du vieux St. Augustine. On y trouve également un petit **musée**, dont les expositions offrent un aperçu complet de l'histoire de la ville et de ses habitants.

QUARTIER DE KING STREET

★★ Flagler College

74 King St. - ✆ (904) 829 6481 - www.flagler.edu - ♿ - visite guidée sur réservation.

Somptueux édifice d'inspiration Renaissance espagnole, l'ancien Ponce de León Hotel abrite aujourd'hui les salles de classe, les dortoirs et le restaurant scolaire d'un établissement d'enseignement supérieur privé.

Seule une visite guidée permet de voir l'intérieur. L'entrée principale, dominée par une statue en bronze d'Henry Flagler, mène à une cour intérieure

UN BÂTIMENT FAIT POUR DURER

Quand **Henry Flagler** vint à St. Augustine pour la première fois, au cours de l'hiver 1876-1877, les touristes logeaient dans des hôtels en bois particulièrement vulnérables aux incendies. Flagler décida de bâtir un établissement de luxe à l'épreuve du temps, qui refléterait l'héritage architectural espagnol de la ville. Prenant pour modèle la villa Zorayda, il fit appel, pour la réalisation du projet, à deux architectes alors inconnus, John M. Carrère et Thomas Hastings. L'équipe du **Ponce de León** comprenait un autre architecte, Bernard Maybeck, alors au début de sa carrière, ainsi que Louis Comfort Tiffany, dont ce fut le premier gros contrat de décoration intérieure. Ainsi fut élaboré le plus grand édifice en béton coulé de l'époque. Enrichi d'éléments médiévaux, mauresques, méditerranéens et victoriens, avec une dominante Renaissance, ce bâtiment massif possédait des murs de béton gris rehaussés de nombreux ornements en terre cuite, auxquels répondaient dans les jardins les courbes des palmiers. Ses deux tourelles constituèrent très vite l'élément le plus distinctif du paysage urbain.

Le Ponce de León, qui ouvrit ses portes sans fanfare en janvier 1888, rivalisait en luxe et en élégance avec les hôtels les plus courus de l'époque. Mais le succès escompté fut de courte durée en raison de la crise économique, puis du succès que rencontrèrent des villégiatures plus méridionales comme Palm Beach. Au début de la Seconde Guerre mondiale, l'édifice fut loué quelque temps à la garde côtière comme centre d'entraînement. À la fin du conflit, il reprit ses fonctions hôtelières, puis fut converti en établissement universitaire privé en 1967. De nos jours, ses étudiants suivent leurs cours dans les anciens salons de réception et prennent leurs repas dans l'élégante salle à manger, à la lumière chamarrée des vitraux de Tiffany.

dotée de gracieuses arcades. La visite même commence par le **Grand Hall** (Main Hall), sous une rotonde de 26 m de hauteur, richement décorée de peintures murales de George W. Maynard. L'élégante salle à manger, où dînèrent plusieurs présidents américains du début du 20e s., a conservé sa décoration d'origine : lambris de chêne, vitraux et lampes fantaisistes en forme de tête de lion.

★★ Lightner Museum

75 King St. - ✆ (904) 824 2874 - www.lightnermuseum.org - ♿ - tlj 9h-17h - 10 $.

L'imposante silhouette de l'Alcazar Hotel (1888) fait écho, de l'autre côté de King Street, aux tonalités espagnoles du Flagler College. Pour répondre aux besoins d'une clientèle moins huppée que celle du Ponce de León, Flagler commanda aux architectes John M. Carrère et Thomas Hastings un hôtel de confort plus modeste : l'Alcazar. Le bâtiment, en béton coulé, offrait tout un choix de divertissements : boutiques, casino, piscine, salle de bal, club de bowling, salle de billard, gymnase, bains de vapeur et bains turcs. À la surprise de Flagler, les clients préférèrent l'atmosphère détendue de l'Alcazar au faste du Ponce de León. Mais la conjoncture économique affecta pareillement les deux hôtels, et l'Alcazar ferma ses portes en 1937. Chambres et couloirs abritent depuis 1948 un ensemble hétéroclite d'objets de collection.

L'édifice fut racheté en 1946 par un éditeur de Chicago, Otto C. Lightner. Grand collectionneur, il avait amassé toutes sortes de trésors durant la crise des années 1930. Il décida d'exposer ses collections et fit don de l'ensemble

Flager College.
R. Kord / Photononstop

à la ville. L'espace de la piscine est aujourd'hui occupé par des boutiques d'antiquaires et un café.

1er niveau – Une galerie d'exposition au charme victorien sert de cadre à une collection de minéraux, de poids et balances et de matériel de traçage. Remarquez tout particulièrement un moteur à pistons, entièrement fait en verre soufflé pour l'Exposition universelle de 1893. Orchestrion, phonographes à sous (ancêtres du juke-box), électrophones et instruments divers peuplent la salle de musique. Une section évoquant un village de l'époque victorienne abrite une exposition d'objets de la vie quotidienne au 19e s.

2e niveau – Au cœur de l'ancien établissement thermal se trouve l'attraction principale du musée : l'importante collection de **verrerie d'art★★** de Lightner. Des regroupements par type, style et fabricant, orchestrent un fascinant voyage dans un monde de beauté : Louis Comfort Tiffany, Wedgwood, Meissen, barbotines, poteries lustrées…

3e niveau – Dans cette section consacrée aux arts décoratifs figurent du mobilier du 19e s. et des broderies du 18e s., ainsi qu'un beau salon Art nouveau.

Villa Zorayda

83 King St. - ✆ (904) 829 9887 - www.villazorayda.com - ♿ P - lun.-sam. 10h-17h, dim. 11h-16h - 10 $ visite libre avec audioguide (en français) ; 15 $ visite guidée (sur réservation).

Avec cette villa, l'entrepreneur de Boston Franklin W. Smith entendait reproduire au dixième une aile de l'Alhambra de Grenade pour lequel il s'était pris d'admiration. Il s'agissait, en 1883, du premier édifice en béton coulé de St. Augustine, où l'on prisait plutôt l'emploi du calcaire coquillier et du bois. Flagler s'en inspira pour construire son Ponce de León Hotel. L'ancien consul d'Égypte Abraham Mussallem s'en porta acquéreur en 1913 et y exposa sa collection de meubles et d'arts décoratifs d'Égypte et du Moyen-Orient. Ses descendants ont fait de la villa une attraction touristique qui apporte au centre-ville comme un parfum de l'Espagne mauresque.

★ Memorial Presbyterian Church

32 Sevilla St. - ✆ (904) 829 6451 - www.memorialpcusa.org - ♿ - lun.-sam. 9h-15h45.

Henry Flagler fit ériger cette luxueuse église d'inspiration Renaissance à la mémoire de sa fille, Jennie Louise Benedict, décédée en 1889. Conçu par le cabinet d'architectes Carrère & Hastings, l'édifice fut bâti en l'espace d'un an. Des vitraux en lancette illuminent le sanctuaire embelli d'acajou et de marbre, près du mausolée où reposent Flagler, sa fille et sa première épouse, Mary Harkness.

AU SUD DE LA PLAZA DE LA CONSTITUCIÓN

Spanish Military Hospital Museum

3 Aviles St. - ✆ (904) 342 7730 - www.spanishmilitaryhospital.com - tlj 10h-18h - 7 $.

Ce bâtiment aux murs rosés est une reconstitution de l'aile des apothicaires de l'hôpital militaire de St. Augustine vers la fin du 18e s. Le gouvernement espagnol, qui avait acquis l'édifice en 1791, en fit l'hôpital principal de la ville après 1818. Rasé en 1880, le bâtiment fut reconstruit en 1967 par l'Association de sauvegarde du vieux St. Augustine. Celle-ci y établit un musée fonctionnant en conjonction avec le Spanish Quarter Village. Avec sa salle commune, ses

L'ÉPOQUE DE FLAGLER

Fils d'un pasteur presbytérien, **Henry Morrison Flagler** (1830-1913) naquit à Hopewell, dans l'État de New York. À l'âge de 14 ans, le jeune Henry partit faire fortune dans l'Ohio. Il trouva, à raison de cinq dollars par mois, un petit emploi dans un bazar où il fit ses armes de vendeur. Après quoi, il tâta de l'industrie alimentaire, avant de s'associer à son ami, le riche industriel John D. Rockefeller, en 1867. Une raffinerie de pétrole, constituée en société anonyme en 1870 sous le nom de Standard Oil Company, assit la fortune des deux hommes.

Flagler découvrit la Floride en 1877, lors d'un long séjour d'hiver recommandé par les médecins pour la santé de sa femme. Il y revint en voyage de noces en 1883, après son mariage avec l'ancienne infirmière de sa défunte épouse. Lors de cette seconde visite à St. Augustine, l'homme d'affaires avisé constata le manque d'aménagements et de distractions dans un endroit où se pressaient des foules d'hivernants attirés par le climat. Séduit par l'idée de faire de St. Augustine une ville de villégiature digne de la Côte d'Azur, il élabora un plan prévoyant l'érection d'un grand hôtel de luxe et la modernisation des infrastructures de la ville. La construction d'un pont sur la rivière St. Johns au nord, combinée au rachat et à l'amélioration de la voie ferrée entre le pont et St. Augustine, devait permettre de relier la ville aux gros centres urbains de la côte est.

L'énorme établissement hôtelier de Flagler, le Ponce de León, et sa contrepartie plus modeste, l'Alcazar, attirèrent à St. Augustine de véritables hordes de visiteurs. En 1889, Flagler leur adjoignit le Casa Monica, et cette prestigieuse trinité fit quelque temps de la ville la destination touristique la plus courue de la Floride. L'ancien magnat du pétrole parvint par la suite à acquérir et à consolider plusieurs voies ferrées, pour former la Florida East Coast Railway, et passa le reste de sa vie à promouvoir des zones de villégiature dans le sud de la Floride. Sa dépouille repose à St. Augustine, dans la Memorial Presbyterian Church.

instruments chirurgicaux rudimentaires et sa collection de plantes médicinales, l'intérieur recrée l'ambiance d'un hôpital de l'époque.

★★ Ximenez-Fatio House

20 Aviles St. - ✆ (904) 829 3575 - www.ximenezfatiohouse.org - visite guidée seult : mar.-sam. 11h-16h (dép. ttes les 30mn) - 7 $.

Ce joli bâtiment en calcaire coquillier fut construit en 1798 par le marchand espagnol Andrés Ximenez, qui y établit sa boutique et ses appartements privés. Il fut acquis, dans la première moitié du 19e s., par une veuve originaire de Charleston, qui ajouta un étage et un balcon aux ailes servant d'entrepôt et installa au rez-de-chaussée des chambres à louer (tenir une pension de famille étant, à l'époque, l'une des rares manières par laquelle une femme respectable pouvait subvenir seule à ses besoins). Durant la seconde moitié du 19e s., l'établissement devint, sous la tutelle de Miss Louisa Fatio, l'une des auberges les plus courues de St. Augustine, avant que les hôtels d'Henry Flagler ne lui fassent concurrence.

Des travaux de restauration ont rendu à la demeure l'aspect qu'elle avait entre 1830 et 1850. Chaque chambre individuelle, minutieusement reconstituée, est meublée pour un locataire du 19e s. : un artiste itinérant, un soldat, une famille, une femme d'un certain âge… Divers objets, découverts sur place, viennent compléter le décor. On découvre aussi la cuisine, située dans un bâtiment voisin et remarquablement conservée, avec son four à l'ancienne et son évier sans eau courante.

★★ González-Alvarez House

14 St. Francis St. - ✆ (904) 824 2872 - www.staugustinehistoricalsociety.org - visite guidée seult : tlj 9h-17h - 8 $.

Situé du côté nord de St. Francis Street, ce bâtiment classé serait le plus vieil édifice résidentiel existant à St. Augustine. Il s'agissait au départ d'une maison rectangulaire en calcaire coquillier, au toit en terrasse, construite au début du 18e s. pour Tomás González y Hernández, colon originaire des Canaries. Durant la période britannique, Joseph et Mary Peavett en firent une taverne, qu'ils dotèrent d'un étage, d'une cheminée et d'un balcon. En 1790, un Espagnol du nom de Gerónimo Alvarez acheta l'édifice qui resta dans sa famille jusqu'en 1882. Au 19e s., les divers propriétaires de la maison y apportèrent des améliorations au goût du jour (lambris intérieurs, tour d'angle, etc.). La St. Augustine Historical Society, qui s'en porta acquéreur en 1918, a restauré la demeure selon son aspect du 18e s.

Les pièces de l'intérieur ont été aménagées de manière à illustrer les différentes phases d'occupation de St. Augustine, de l'époque coloniale espagnole à la période territoriale américaine, en passant par le bref interlude britannique. Ainsi, le rez-de-chaussée, à la fois sombre et d'une grande rusticité, recrée l'humble logis de la famille González, tandis que l'étage évoque le confort tout relatif dont jouissaient les Peavett et les Alvarez. Typique du style d'ameublement en vogue à l'époque des guerres séminoles, une chambre dotée d'un beau lit à baldaquin tendu d'une moustiquaire, d'un broc et d'une cuvette en porcelaine, vient compléter ce tableau historique.

SAN MARCO AVENUE

★ Mission de Nombre de Dios

27 Ocean Ave. - ✆ (904) 824 2809 - www.missionandshrine.org - P - musée ouv. mar.-sam. 10h-16h, dim. 12h-16h.

Dressée en 1965 à l'occasion du 400e anniversaire de la fondation de St. Augustine, une croix de 63 m de haut domine un paisible marais littoral bordé d'une forêt de cyprès et de palmiers, et marque l'endroit approximatif où Pedro Menéndez de Avilés et ses hommes débarquèrent en 1565 pour prendre possession de la Floride au nom du roi Philippe II d'Espagne. L'aumônier de l'expédition, qui avait alors béni l'événement en célébrant une messe, établit ainsi la première mission catholique des États-Unis, dont il ne reste malheureusement aucun bâtiment d'origine. Des allées sinueuses mènent à un petit sanctuaire aux murs couverts de lierre, **Shrine of Our Lady of La Leche**. Il s'agit de la quatrième chapelle érigée en ces lieux, la première ayant été bâtie en 1613.

Fountain of Youth Archaeological Park

11 Magnolia Ave. - ✆ (904) 829 3168 - www.fountainofyouthflorida.com - ♿ P - tlj 9h-18h - 12 $.

Qui veut connaître une éternelle jeunesse peut boire à la source de ce parc privé, bien que l'eau en soit aussi anodine (et plus sulfureuse) qu'ailleurs en Floride. Selon certains récits, Ponce de León aurait découvert ici même la mythique fontaine de Jouvence qu'il recherchait avec ardeur. Si cette dernière reste du domaine de la légende, l'intérêt du **site archéologique** n'en demeure pas moins réel. Des équipes de chercheurs de la prestigieuse Smithsonian Institution (Washington) et de l'université de Floride ont en effet excavé, au cours des dernières décennies, vestiges et objets divers suggérant le passage de Pedro Menéndez de Avilés, et ont localisé l'emplacement probable du village de Seloy, dont les habitants Timucua accueillirent l'*adelanto* et ses troupes en 1565. La position des squelettes dans les tombes indiennes suggère un enterrement chrétien, dû à la proximité de la Mission de Nombre de Dios. Des figurants en costume font revivre la rencontre entre les Indiens et les premiers visiteurs européens, tandis que le **planétarium** permet de comprendre comment les navigateurs du 16e s. s'orientaient grâce aux étoiles.

★ Old Jail

167 San Marco Ave. - ✆ (904) 829 3800 - tlj 8h30-16h30 - 10 $.

Ce grand édifice rouge foncé de style victorien fut bâti en 1892 comme prison du comté et résidence du shérif. Désaffecté en 1953, il offre aujourd'hui un intérieur entièrement restauré, décoré de meubles d'époque. En visitant l'ancienne prison, on constate à quel point la vie du constable et de sa famille tournait autour du soin des prisonniers. On explore d'abord les appartements du shérif : chambres, séjour, bureau et cuisine. Son épouse y préparait deux repas par jour pour tous les prisonniers ; envoyés à l'étage par monte-plats, ils étaient distribués par les gardiens. La prison proprement dite était divisée en quartiers : pour les Blancs, pour les Noirs, pour les femmes et pour les prisonniers dangereux. Aux murs sont accrochés des menottes, des fers de prisonnier et une collection de pistolets anciens. Derrière le bâtiment se dresse le gibet qui fonctionna jusqu'au début du 20e s.

Florida Heritage Museum

167 San Marco Ave. - P - mêmes horaires que Old Jail - 10 $.

Trois petites pièces remplies d'objets de la vie quotidienne évoquent l'histoire de la Floride et de St. Augustine. La collection permanente comporte des pièces de monnaie anciennes, des armes, des meubles de la période espagnole, ainsi que des poupées, des jouets, des courtepointes et des objets datant de la guerre de Sécession. Notez la section sur Henry Flagler, qui explore son arbre généalogique et comporte une maquette du chemin de fer de la Florida East Coast Railway.

À voir aussi Carte de région (p. 342)

ANASTASIA ISLAND - ST. AUGUSTINE BEACH

★★ St. Augustine Alligator Farm A2

999 Anastasia Blvd (route A1A, à 1,6 km au sud du Bridge of Lions) - ✆ (904) 824 3337 - www.alligatorfarm.com - ♿ P - tlj 9h-17h (18h juin-août) - 22,95 $ (3-11 ans 11,95 $) ; billets à tarif réduit sur le site Internet.

Le premier parc animalier de Floride fut créé en 1893 par deux entrepreneurs de St. Augustine qui avaient investi dans la ligne de tramway menant du centre-ville à St. Augustine Beach. Ils entendaient ainsi créer, à la station terminus, une attraction susceptible d'attirer plus de passagers. Au début du 20e s., les alligators faisaient recette et constituaient un atout majeur dans le développement du tourisme local. En 1922, lorsque des orages rasèrent les bâtiments en bois d'origine, l'ensemble fut reconstruit à 3,2 km plus au nord. On y adjoignit un pavillon d'accueil de style méditerranéen en 1937.

Quelque 2 500 reptiles aux mâchoires redoutables et à la peau cuirassée résident dans ce site plaisamment aménagé, parcouru de passerelles. On se demande parfois si les alligators qui paressent au soleil dans l'**enclos principal** sont bien vivants, tant ils aiment à rester longtemps immobiles. Véritable star locale jusqu'à sa mort en 1997, aujourd'hui tristement empaillé, **Gomek★** fait désormais l'objet d'une exposition spéciale ; originaire de Nouvelle-Guinée, ce crocodile marin pesait 771 kg et, à la saison chaude, consommait chaque semaine 45 kg de viande (ragondin et poulet). Originaire d'Australie, **Maximo** est quant à lui bien vivant et c'est, avec ses 5 m de long, le plus grand crocodile du parc.

On peut admirer des spécimens de chacune des 22 espèces connues de crocodiliens dans la section intitulée **Land of Crocodiles★** et assister au repas des animaux *(à 12h et 15h)* ou à des démonstrations faites par les animateurs *(à 11h et 16h)*.

Le parc compte aussi parmi ses pensionnaires de nombreux animaux d'Afrique, d'Amérique du Sud et d'Asie, parmi lesquels de nombreux perroquets *(démonstration à 14h)* et des varans de Komodo. Durant la saison de nidification, il sert de refuge à une colonie d'échassiers.

St. Augustine Lighthouse and Museum A2

81 Lighthouse Ave. (prenez la route A1A vers le sud et tournez à gauche dans Old Beach Rd) - ✆ (904) 829 0745 - www.staugustinelighthouse.com - P - tlj 9h-18h - 9,95 $; billet à tarif réduit sur le site Internet.

Mélange de brique et de métal, ce phare peint d'une spirale noire et blanche se détache sur la pointe nord d'Anastasia Island depuis 1874. Il fut construit pour remplacer un premier phare en bois et en calcaire coquillier qui avait basculé dans l'océan. Après avoir gravi 219 marches, les plus courageux bénéficieront au sommet d'une **vue** panoramique et pourront admirer une superbe lentille de Fresnel. La **résidence** du gardien de phare est un bel édifice victorien meublé selon le goût de l'époque. On y découvre quelle était la vie des gardiens de phare, qui assurèrent l'entretien et le fonctionnement du site jusqu'à son automatisation en 1955.

Anastasia State Park A2

1340-A SR A1A South (au sud du Lighthouse Museum) - ✆ (904) 461 2033 - www.floridastateparks.org/anastasia - ♿ P - tlj de 8h au coucher du soleil - 8 $/voiture.

Possibilité de camper et de se restaurer (800 326 3521 - http://floridastateparks.reserveamerica.com) ; location de kayaks.

Bon à savoir – Il n'est pas nécessaire d'entrer dans le parc pour profiter de la plage, qui est accessible à plusieurs endroits de l'A1A sur Anastasia Island *(parking gratuit).*

Cette superbe **plage** qui borde 604 ha d'une nature protégée est parfaite pour profiter des joies de la mer. Un lagon bien abrité fournit aux amateurs de canoë et de planche à voile l'occasion de pratiquer leur sport favori.

Le parc englobe des dunes que sillonne par endroits un sentier de randonnée, des marais salants, des maquis côtiers et des îlots boisés, ainsi que les carrières dont furent extraits les blocs de calcaire coquillier ayant servi à la construction du Castillo de San Marcos.

À proximité Carte de région (p. 342)

★ World Golf Village and Hall of Fame A2

À 19 km au nord de St. Augustine par l'I-95 (sortie 95-A). (904) 940 4123 - www.wgv.com - - lun.-sam. 10h-18h, dim. 12h-18h - 19,50 $ (Hall of Fame) ; 8,50/13 $ (IMAX).

UN AFFREUX MASSACRE

En 1564, 300 huguenots venus de France sous le commandement de **René de Laudonnière** établirent, à environ 8 km de l'embouchure de la rivière St. Johns, un fort triangulaire qu'ils baptisèrent La Caroline en l'honneur du roi Charles IX. Parmi les membres de l'expédition se trouvait un artiste, **Jacques Le Moyne**, dont les remarquables dessins devaient constituer un étonnant documentaire sur la Floride d'alors. Au bout d'un an, victime de la faim et de mutineries, le petit groupe s'apprêtait à abandonner la colonie quand arriva, en août 1565, le capitaine **Jean Ribault**. Celui-ci, muni de renforts en hommes et en provisions, amenait d'inquiétantes nouvelles : Philippe II d'Espagne avait dépêché **Pedro Menéndez de Avilés**, alors l'un des meilleurs chefs militaires de la puissante armée ibérique, avec pour mission d'expulser les Français de Floride. La Couronne espagnole, inquiète de l'accroissement des effectifs français en Amérique, avait en effet décidé de se débarrasser de la petite enclave protestante dans le Nouveau Monde.

Une semaine à peine après l'arrivée de Ribault à Fort Caroline eut lieu la première confrontation franco-espagnole. Plus légers et mieux équipés, les vaisseaux français forcèrent les navires espagnols à se réfugier dans le port de St. Augustine. Conscient de n'avoir évité le pire que de justesse, Ribault ordonna à tout homme valide de s'embarquer pour aller déloger les Espagnols avant qu'ils ne reçoivent des renforts. Mais un violent ouragan dispersa sa flotte et la fit échouer plus au sud, entre Cape Canaveral et Anastasia Island. Menéndez profita de cette occasion inespérée pour s'emparer du fort français, faiblement défendu, et massacrer environ 150 de ses occupants. Une cinquantaine d'hommes, dont Laudonnière et Le Moyne, réussirent à s'enfuir en bateau et regagnèrent la France sains et saufs. Laissant une garnison espagnole au fort, qu'il rebaptisa San Matéo, Menéndez partit sans tarder à la recherche des troupes de Ribault, et les trouva disséminées le long du littoral. En quelques jours, plus de 330 Français, parmi lesquels Ribault, périrent ainsi sous les dagues espagnoles, à la hauteur du Matanzas Inlet, dont le nom même (*matanzas*, « massacres ») évoque, aujourd'hui encore, le sanglant épisode.

Musée à la gloire des plus grands joueurs de golf, le **World Golf Hall of Fame** a ouvert ses portes en 1998. Vous saurez tout de la carrière sportive des plus grands golfeurs et pourrez admirer toutes sortes de matériels de golf. Les amateurs pourront par ailleurs travailler leur swing sur un green aménagé comme à la fin du 19e s., analyser leur performance par le biais d'un ordinateur, ou visionner des séquences filmées consacrées aux grands moments du golf. Occupant un terrain de 182 ha, le World Golf Village comprend également un grand hôtel doté d'un parcours à 18 trous, ainsi qu'une salle de cinéma proposant au public un film en IMAX sur le thème du golf.

★★ Fort Matanzas National Monument A2

À 24 km au sud de St. Augustine par la route A1A (entrée sur le côté droit de la route). Le fort même se trouve sur une île de la rivière Matanzas, au sud de Crescent Beach : ferry de 9h30 à 16h30 (dép. à la demie de chaque heure). 8635 A1A South - ✆ (904) 471 0116 - www.nps.gov/foma - P - tlj 9h-17h30.

Un parc de 121 ha entoure ce fortin en calcaire coquillier (1742) édifié à la suite du premier siège britannique, pour servir d'avant-poste au Castillo de San Marcos. Sa construction fut lente et difficile, car il s'agissait d'ancrer des piliers dans un sol marécageux. L'ouvrage succédait à une tour de guet en bois de laquelle les soldats espagnols surveillaient depuis 1569 l'embouchure de la rivière Matanzas. Quand des navires apparaissaient à l'horizon, un messager partait, à pied ou en canoë, en informer St. Augustine. Mais l'histoire des lieux est encore plus ancienne : en 1565, les troupes de Pedro Menéndez de Avilés passèrent par les armes plus de 330 huguenots français, changeant à jamais la destinée de la Floride.

Le **centre d'accueil**, situé sur Anastasia Island, propose un bref documentaire décrivant l'histoire mouvementée du site. De l'embarcadère, un ferry permet de gagner l'île sur laquelle se trouve l'ancien poste d'observation espagnol. Escaliers et échelles mènent au chemin d'artillerie, d'où l'on accède aux quartiers des officiers et des soldats, ainsi qu'au chemin de ronde supérieur.

Une fois revenu sur la rive opposée, on emprunte un joli sentier de nature menant jusqu'à une plaque érigée à la mémoire des huguenots français.

NOS ADRESSES À ST. AUGUSTINE

TRANSPORTS

Arriver

Avion – Jacksonville International Airport - *Voir p. 354.* Transport à destination du centre-ville : **AirportExpress** (*✆ 904 824 9400 - www.airportexpressstaugustine.net*) ou **Dial-a-Ride** (*✆ 904 829 0880*) ; comptez 80 $/pers. Sociétés de location de voitures *(voir p. 40)* à l'aéroport.

VISITES

Trusted Tours – *✆ 800 844 7601 - www.trustedtours.com - tlj 8h30-16h30 - ttes les 15-20mn - à partir de 23 $ selon la formule choisie.* Visite du quartier historique en trolley et nombreuses visites thématiques, excursions en bateau…

Ancient City Tours – *✆ (904) 827 0807 - www.ancientcitytours.net.* Différentes visites guidées, dont une nocturne (*tlj à 20h et à 21h30 vend.-sam. - 15 $*).

HÉBERGEMENT

La route A1A Beach Blvd qui longe l'océan à **St. Augustine Beach** est bordée de nombreux hôtels et motels de chaînes. Le centre historique abrite surtout des *bed & breakfast*, mais on trouve des hôtels et motels de toutes catégories sur San Marco Ave., au nord, et sur Anastasia Blvd, à l'est du Bridge of Lions.

POUR SE FAIRE PLAISIR

La Fiesta Inn and Suites – *810 A1A Beach Blvd - St. Augustine Beach - ✆ (904) 471 2220 - www.lafiestainn.com - ♿ 🏊 🅿 - 45 ch. à partir de 149 $.* Idéalement situé sur la plage, ce motel compte de vastes chambres confortables, dotées d'un micro-ondes et d'un réfrigérateur. Certaines donnent sur l'océan et la piscine. Service de navettes gratuites pour la vieille ville. Bon rapport qualité-prix.

UNE FOLIE

St. Francis Inn – *279 St. George St. - ✆ (904) 824 6068 - www.stfrancisinn.com - ♿ 🏊 🅿 - 17 ch. à partir de 159 $.* Nichée dans une petite allée de la vieille ville, cette belle demeure construite en 1791 abrite un ravissant *bed & breakfast* aux chambres bien aménagées et décorées avec goût. Le jardin est un havre de paix avec ses chaises en fer forgé, sa fontaine et sa petite piscine. Excellent petit-déjeuner et brunch dominical, ouvert aux non résidents. Vélos à disposition.

Beach Front Bed & Breakfast – *1 F St. - St. Augustine Beach - ✆ (904) 461 8727 - www.beachfrontbandb.com - ♿ 🏊 🅿 - 8 ch. à partir de 180 $ ☕.* Cette grande maison en bois se trouve directement sur la plage, un peu à l'écart des autres hôtels de la station, mais proche de plusieurs restaurants et boutiques. Les chambres sont claires et spacieuses, toutes équipées d'un réfrigérateur, d'un micro-ondes et d'une cheminée… dont vous ne devriez pas avoir besoin ! Vélos et matériel de plage à disposition.

Casa Monica Hotel – *95 Cordova St. - ✆ (904) 827 1888 - www.casamonica.com - ♿ 🏊 🅿 (24 $/j) - 138 ch. à partir de 198 $.* Dernier des hôtels de Flagler à être encore en service à St. Augustine, cet établissement de luxe fait désormais partie du groupe Kessler Collection. Il a conservé son décor pastiche mi-médiéval mi-mauresque, ses lustres et ses tapisseries cramoisies, et ses chambres satisfont les plus exigeants. Il possède un excellent restaurant et un bar, le **Cobalt Lounge** (jazz *live* en fin de semaine).

RESTAURATION

PREMIER PRIX

Denoel French Pastry – *212 Charlotte St. - ✆ (904) 829 3974 - 💳̸ - 10h-16h - fermé lun.-mar.* Cette pâtisserie qui régale les gourmands depuis 1966 est aussi un excellent endroit pour déjeuner : soupes, salades, sandwichs… tout est fait maison, frais et savoureux.

FA Café – *303 A1A Beach Blvd - St. Augustine Beach - ✆ (904) 471 2006 - ♿ 🅿 - fermé lun. - autour de 12 $.* Situé face à la plage, ce petit café est une institution locale. Parfait pour déjeuner d'un taco au poisson ou d'un burger, ou pour dîner d'huîtres et de crevettes pêchées localement. On peut s'installer dehors, sur une petite terrasse. Accueil charmant.

Playa Chac Mool – *105 D St. - St. Augustine Beach - ✆ (904) 471 1131 - ♿ 🅿 - fermé lun., jusqu'à 21h mar.-sam., 20h dim. - autour de 15 $.* Un restaurant mexicain familial très authentique où l'on déguste dans un décor sans prétention tous les grands classiques du genre : tacos, *enchiladas*, *quesadillas* et autres plats plus élaborés, arrosés d'une Corona ou d'une Dos Equis glacées. Très frais et portions généreuses.

BUDGET MOYEN

Creekside Dinery – *160 Nix Boatyard Rd - ✆ (904) 829 6113 - www.creeksidedinery.com - ♿ P - dîner seult - 15/25 $.* Difficile d'imaginer un tel endroit à deux pas de l'autoroute (US-1/Dixie Hwy) ! Cette maison en bois rustique donnant sur une petite zone marécageuse, entourée de grands chênes, abrite un très bon restaurant de poisson et de fruits de mer locaux. Le grand porche protégé par une moustiquaire permet de manger au frais, sur l'eau, à l'abri des insectes. Musique *live* du jeudi au dimanche.

A1A Ale Works – *1 King St. - ✆ (904) 829 2977 - www.a1aaleworks.com - ♿ - 15/30 $.* La micro-brasserie locale compte un excellent restaurant de cuisine *fusion*, où tout le monde trouvera son bonheur. La carte privilégie toutefois poisson et fruits de mer. Les cinq bières maison, récompensées par plusieurs prix, sont évidemment au menu : on vous aidera à choisir selon vos goûts. Musique *live* certains soirs.

POUR SE FAIRE PLAISIR

Collage – *60 Hypolita St. - ✆ (904) 829 0055 - www.collagestaug.com - ♿ - dîner seult - 28/45 $ - réservation conseillée.* Un restaurant pour les grandes occasions et les dîners romantiques. Décor et cuisine raffinés, à base de produits frais locaux. La carte est fréquemment renouvelée, mais propose souvent les raviolis maison au homard ou le poulet cordon bleu. Une douzaine de tables seulement.

ACHATS

Les rues piétonnes de la vieille ville, notamment **St. George St.**, regorgent de boutiques en tous genres, dont plusieurs galeries d'art et antiquaires intéressants.

San Sebastian Winery – *157 King St. - ✆ (904) 826 1594 - www.sansebastianwinery.com.* St. Augustine s'enorgueillit de posséder un vignoble produisant des vins de table et des vins doux. On peut visiter les installations et participer à une dégustation *(gratuit)*. Vente sur place.

Whetstone Chocolate – *139 King St. - ✆ (904) 217 0275 - www.whetstonechocolates.com - lun.-vend. 11h, 13h, 14h15, 15h30, sam. 10h, 11h15, 13h, 14h15, 15h30, dim. 13h, 14h15, 15h30 - 8 $.* Fondée en 1966, cette chocolaterie se visite, avec dégustation à la clé. C'est une entreprise familiale réputée, notamment pour son *fudge*, confiserie chocolatée très sucrée dont raffolent les Américains. Plusieurs autres boutiques en ville.

St. Augustine Premium Outlets – *2700 Rd 16 - www.premiumoutlets.com.* Plus de 90 magasins d'usine.

EN SOIRÉE

St. Augustine Amphitheatre – *1340C A1A South - ✆ (904) 209 3759 - www.staugamphitheatre.com.* Un amphithéâtre en plein air de près de 4 000 pers., pour écouter des concerts au clair de lune.

The Cellar Upstairs – *St Sebastian Winery (voir plus haut) - vend., sam., dim. (consultez le programme sur le site Internet).* Concerts de jazz et blues dans une belle salle avec terrasse. Ambiance club, tapas et, bien sûr, vins San Sebastian.

Daytona Beach

62 316 habitants

Si vous aimez le soleil et les sports motorisés, Daytona fera votre bonheur ! Mondialement connue pour ses épreuves automobiles et ses courses de motos, la ville possède une impressionnante plage de sable blanc qui s'étire sur une distance de 37 km. De février à avril, coureurs automobiles, motards et spectateurs investissent les lieux, sans parler des milliers de jeunes qui envahissent traditionnellement Daytona à la période des vacances de printemps. Le reste de l'année, l'atmosphère est nettement plus calme et familiale. Les visteurs peuvent goûter aux plaisirs de la plage et découvrir l'histoire locale à travers plusieurs musées.

NOS ADRESSES PAGE 378

S'INFORMER

Daytona Beach Area Convention & Visitors Bureau – *126 East Orange Ave. - (386) 255 0415 - www.daytonabeach.com.*

SE REPÉRER

Carte de région B3 (p. 342). Daytona Beach est située à 94 km au sud de St. Augustine par la SR 207.

SE GARER

Il y a un grand parking sur Earl St. Attention à la circulation, très dense les week-ends de course.

À NE PAS MANQUER

Le Daytona International Speedway… pour les amateurs qui souhaitent visiter le lieu des courses.

ORGANISER SON TEMPS

On peux facilement passer deux ou trois jours à Daytona, même si on n'est pas fan de plage. Attention au calendrier : lors des courses ou du *Spring Break*, l'ambiance est à son comble, mais les hôtels sont pleins à des kilomètres à la ronde et les prix montent en flèche.

AVEC LES ENFANTS

Le Boardwalk et Main Street Pier.

Se promener Plan de ville (p. 375)

Commencez la visite en bordure de l'océan et dirigez-vous vers l'ouest.

Boardwalk et Main Street Pier

Le Boardwalk s'étend de Main St. à Ora St. - www.daytonabeachboardwalk.com.

Vaste esplanade en béton ponctuée de bancs et de longues vues, le Boardwalk fut construit entre 1936 et 1938 dans le cadre du New Deal, tout comme le kiosque de musique en calcaire coquillier. La jetée (305 m) date quant à elle de 1925 et remplace une structure de 1900 détruite par un incendie. Avec ses attractions, ses salles de jeux électroniques et ses boutiques, l'endroit attire toute l'année un grand nombre de touristes. Dans le ciel se dessine l'imposante silhouette en gradins de l'Adam's Mark Daytona Beach Resort (1989).

Halifax Historical Society and Museum

252 S. Beach St. - ✆ (386) 255 6976 - www.halifaxhistorical.org - ♿ P - mar.-vend. 10h30-16h30, sam. 10h-16h, fermé dim.-lun. - 5 $.

Conçu en 1910 par un architecte de Jacksonville, l'immeuble de la Merchants Bank, de style Beaux-Arts, abrite un musée d'histoire (collections sur l'histoire locale et expositions temporaires). On y voit une maquette du Boardwalk (1938), et des peintures murales représentant des curiosités locales, dont la plantation Bullow et le phare de Ponce de León Inlet. Ces dernières furent réalisées en 1947 par Don J. Emery, peintre paysagiste à qui l'on doit aussi la curieuse **Tarragona Arch**, de style espagnol *(W. International Speedway Blvd et Tarragona Way)*.

SE LOGER
- Lotus Inn & Suites.......1
- Sun Deck Motel.......5
- Shoreline All Suites Inn and Cabana Colony Cottages.......3

SE RESTAURER
- Aunt Catfish's on the River.......1
- La Fiesta.......5
- Daytona Pig Stand.......3
- Malibu Beach Grill.......7

United States Post Office

220 N. Beach St. - ✆ (386) 258 9352 - ♿ P - lun.-vend. 8h30-17h, sam. 10h-12h.
Ce bureau de poste occupe un bâtiment d'inspiration espagnole, coiffé d'un toit terminé par une rangée de gargouilles. Sa construction, en 1932, s'inscrit dans le cadre des grands travaux publics lancés par F. D. Roosevelt pour combattre les effets de la crise économique.
Église construite en 1930 dans le style des missions espagnoles, la **Seabreeze United Church** *(501 N. Wild Olive Ave.)* doit sa conception au même architecte : Harry M. Griffin.

★ Museum of Arts and Sciences

352 S. Nova Rd - ✆ (386) 255 0285 - www.moas.org - ♿ P - mar.-sam. 9h-17h, dim. 11h-17h - 12,95 $ (5 $ en sus pour l'accès au planétarium), gratuit (sf planétarium) 1er mar. du mois.
Situé sur une réserve naturelle de 24 ha, ce musée possède une superbe collection d'**art américain★★**, composée de mobilier et de tableaux allant de l'époque coloniale au début du 20e s. Elle est installée dans l'aile Helene B. Roberson Visible Storage, avec la collection de mobilier et d'arts décoratifs européens. Les autres trésors du musée sont présentés dans le cadre d'expositions temporaires (art cubain, art africain, cartes d'astronomie, photographies…). L'aile consacrée à la préhistoire s'enorgueillit à juste titre d'un **squelette★** de gravigrade (ou paresseux marcheur) vieux d'environ 150 000 ans. Découvert en 1975 à quelques kilomètres du musée, ce spécimen de 3,9 m de long est exceptionnellement complet.
Le musée compte aussi un **planétarium** *(programme des projections sur place ou sur le site Internet)* et un jardin de sculptures.

AU ROYAUME DE LA VITESSE

Les premières courses automobiles de Daytona Beach eurent lieu en 1902. Elles se déroulaient alors sur la plage et s'y poursuivirent pendant 47 ans. Des pilotes comme Barney Oldfield, Sir Malcolm Campbell et Sir Henry Segrave établirent ainsi, sur le sable damé, de nombreux records de vitesse : 92 km/h en 1902, 444 km/h en 1935 ! En 1959, pour assurer la sécurité des pilotes et celle des spectateurs toujours plus nombreux, on construisit le circuit de Daytona qui accueille chaque année plusieurs épreuves d'endurance et courses de stock-cars, dont le célèbre **Daytona 500**, au mois de février. Chaque année, début mars, c'est le retour des motocyclistes à Daytona Beach. Ils sont environ 350 000 à se réunir sur leur Harley ou leur Honda, pour dix jours de courses, de troc et de réjouissances. La plage de Daytona est alors ouverte à la circulation automobile. Pour un droit d'accès de quelques dollars, on peut y rouler à une vitesse maximum de 16 km/h, s'y garer à quelques mètres des vagues, y planter un parasol, et se faire bronzer à proximité des endroits les plus populaires : Main Street Pier et Boardwalk. Les festivités culminent avec le **Daytona 200**, qui attire des spectateurs venus des quatre coins du monde. Courue pour la première fois en 1942 sur la plage de Daytona, cette prestigieuse épreuve se déroule aujourd'hui sur le circuit de l'International Speedway *(voir p. 377)*. Disponible auprès du Daytona Beach Area Convention & Visitors Bureau *(voir p. 374)*, le *Bike Week Pocket Guide* fournit toutes sortes de renseignements utiles. *Consultez aussi le site www.officialbikeweek.com.*

Surfeurs sur la plage de Daytona Beach.
M. et A. Gibson / Stock Connection / age fotostock

★ Daytona International Speedway

1801 W. International Speedway Blvd - ✆ (386) 947 6800 - www.daytonainternationalspeedway.com - ♿ 🅿 - visite guidée (90mn) : tlj 10h-15h (dép. ttes les h) - 23 $.

Construit en 1959, ce circuit de vitesse accueille chaque année plusieurs courses automobiles en NASCAR, dont le Daytona 500 (l'une des plus prestigieuses), mais aussi des compétitions de moto et de kart. D'une capacité de près de 168 000 spectateurs, le circuit de forme « tri-ovale » totalise 4 000 km de pistes.

À proximité Plan de ville (p. 375)

★ The Casements

▶ À Ormond Beach, 10 km au nord de Daytona Beach par l'US-1 ou la route A1A (qui devient N. Atlantic Ave.). 25 Riverside Dr. (à hauteur de Granada Blvd, au sud-est du pont) - ✆ (386) 676 3216 - www.thecasements.net - ♿ 🅿 - lun.-vend. 10h-15h30, sam. 10h-13h30.

Construite en 1912, cette élégante demeure aux multiples fenêtres à battants *(casement windows)* abrite désormais un centre communautaire. Elle servit durant près de 20 ans de résidence d'hiver au magnat du pétrole John D. Rockefeller (1839-1937). Dans les années qui suivirent sa mort, la maison fut tour à tour transformée en université pour filles, en maison de retraite et en résidence hôtelière. Vandalisée au début des années 1970, elle fut finalement acquise par la municipalité qui entreprit la restauration du site. Le somptueux édifice se prête aujourd'hui à toutes sortes de conférences, de concerts, d'expositions temporaires et à des visites guidées.

Dans les anciens appartements de Rockefeller, au premier étage, on voit le bureau du milliardaire et son miroir en pied. L'étage supérieur, d'où un vitrail octogonal filtre la lumière du jour, contient une collection d'objets relatifs au scoutisme. Les jardins, situés de l'autre côté de la rue, offrent d'agréables points de vue sur la rivière Halifax.

★ Ponce de León Inlet Lighthouse Hors plan

À Ponce Inlet, 18 km au sud de l'US-95. Prenez la route A1A (qui devient Atlantic Ave.) en direction du sud ; tournez à droite dans Beach St. et, environ 400 m plus loin, prenez à gauche Peninsula Ave. 4931 S. Peninsula Dr. - (386) 761 1821 - www.ponceinlet.org - P - de fin mai à déb. sept. : 10h-21h ; reste de l'année : 10h-18h - 5 $.
Ce phare de 53 m de hauteur, le plus haut de Floride, fonctionna sans interruption de 1887 à 1970, date à laquelle des contraintes d'ordre budgétaire entraînèrent la fermeture du site. Mais en 1982, après quelques années de travaux de restauration, son fanal brillait à nouveau, et la station ouvrit ses portes au public. Les visiteurs y verront plusieurs dépendances et la maison du gardien, où sont exposés des souvenirs nautiques : cartes, photographies, modèles réduits de navires…
Les plus courageux graviront les 203 marches de la vieille tour de phare pour profiter d'une **vue**★★ panoramique sur l'océan et l'Intracoastal Waterway. Dans un bâtiment spécialement conçu à cet effet est exposée une superbe lentille de Fresnel (1860) provenant du phare de Cape Canaveral.

NOS ADRESSES À DAYTONA BEACH

HÉBERGEMENT

De nombreux hôtels et motels se trouvent le long de la côte, sur l'A1A (Atlantic Ave.) qui rejoint Ormond Beach, commune limitrophe au nord.

PREMIER PRIX

À Ormond Beach
Sun Deck Motel – *1285 Ocean Shore Blvd - (386) 441 0377 - www.sundeckmoteldaytonabeach.com - P - 20 ch. 55/75 $.* Ce motel calme et bien tenu, sur la plage, compte différentes catégories de chambres, certaines équipées d'une cuisine pour un séjour prolongé. Bon accueil et excellent rapport qualité-prix.

POUR SE FAIRE PLAISIR

À Daytona Beach
Shoreline All Suites Inn and Cabana Colony Cottages – *2435 S. Atlantic Ave. - (386) 252 1692 - www.daytonashoreline.com - P - 3 cottages et 27 ch. à partir de 110 $.* Cet ensemble construit sur la plage à la fin des années 1920 se compose de chambres classiques pouvant accueillir jusqu'à 4 pers. ainsi que de cottages dotés d'une cuisine (jusqu'à 6 pers.). Laverie. Une excellente adresse.

À Ormond Beach
Lotus Inn & Suites – *505 S. Atlantic Ave. - (386) 310 7966 - www.lotusinnandsuites.com - 42 ch. à partir de 129 $.* Cet hôtel-boutique donnant sur la plage dispose de chambres plus ou moins spacieuses, différemment équipées (cuisine, Jacuzzi, balcons sur l'océan), mais toutes dotées d'une décoration moderne et dépouillée. L'endroit, très calme, est propice à la détente.

RESTAURATION

PREMIER PRIX

À Ormond Beach
Daytona Pig Stand – *1633 N. US-1 - (386) 898 0360 - P - 5/15 $.* Du porc sous toutes ses formes (sandwichs, grillades, plats, etc.). Simple, copieux et savoureux. Ambiance décontractée.

La Fiesta – *348 N. Nova Rd - ✆ (386) 256 4829/4830 - www. lafiestaormondbeach.com -* ♿ 🅿 *- 10/15 $.* Une cuisine mexicaine d'assez bonne qualité, avec une grande sélection de plats végétariens. Copieuses portions et musique *live* certains soirs.

À Port Orange

Aunt Catfish's on the River – *4009 Halifax Dr. - ✆ (386) 767 4768 -* ♿ 🅿 *- autour de 18 $.* Ce restaurant avec vue sur l'Intracoastal Waterway s'est fait une spécialité des poissons et fruits de mer préparés à la mode du sud des États-Unis, c'est-à-dire souvent frits et servis avec *hush puppies* et *gritts*. L'endroit est très populaire : le soir, préparez-vous à attendre.

BUDGET MOYEN

Malibu Beach Grill – *5543 S. Williamson Blvd - ✆ (386) 492 2968 - www.malibubeachgrill.net -* ♿ 🅿 *- ouv. à partir de 16h du lun. au jeu., à partir de 11h30 pour le brunch du vend. au dim. - 15/25 $.* Ambiance raffinée mais décontractée pour ce restaurant à la carte généreuse, propre à satisfaire tous les goûts : fruits de mer et poissons frais, viandes grillées, pâtes… On peut aussi se contenter d'un verre accompagné de tapas si on ne souhaite pas faire un repas complet. Menu *Early Dinning Specials* à partir de 12,99 $ *(lun.-jeu. 16h-18h).*

Ocala

★

57 468 habitants

Ville équestre réputée dans tout le pays, Ocala occupe un joli site de paysages vallonnés. Elle abrite au total 400 haras destinés à l'élevage et au dressage des chevaux arabes, clydesdales, pur-sang et « quarter horses » (chevaux américains sélectionnés pour leur vitesse sur une distance d'un quart de mile). Toute l'année, la petite ville accueille différentes manifestations sportives qui attirent de nombreux visiteurs (Horse Shows in the Park, Stride Dressage en octobre). L'agriculture, l'élevage du bétail – le plus important de Floride – et l'afflux constant de retraités venus du Nord, font d'Ocala et du comté de Marion une région en pleine évolution.

S'INFORMER

Ocala/Marion County Chamber of Commerce – *310 S. E. 3rd St. - ✆ (352) 629 8051 - http://ocalacep.com.*

SE REPÉRER

Carte de région A3 en direction (p. 342).

À NE PAS MANQUER

Silver Springs ravira petits et grands.

ORGANISER SON TEMPS

Comptez une journée pour Silver Springs, plus si vous voulez profiter des possibilités de randonnées d'Ocala National Forest ou si vous voulez camper.

Se promener

★ Appleton Museum of Art

4333 N.E. Silver Springs Blvd - ☏ (352) 291 4455 - www.appletonmuseum.org - ♿ P - mar.-sam. 10h-17h, dim. 12h-17h - 8 $.

Une imposante fontaine orne le devant de cet élégant bâtiment néoclassique en travertin, fondé en 1986 grâce à la générosité d'un certain Arthur I. Appleton (propriétaire d'un centre d'élevage et d'entraînement de pur-sang à Ocala) sur un terrain de 18 ha offert par la ville.

Les galeries du rez-de-chaussée, qui encadrent une cour centrale, abritent des antiquités grecques, romaines et égyptiennes, des sculptures d'Afrique occidentale, des poteries précolombiennes, et une importante exposition d'**art oriental**, dont des jades, des porcelaines et des bronzes tibétains de toute beauté. Le niveau supérieur est essentiellement consacré à la peinture et aux arts décoratifs anglais et européens des 18e et 19e s.

Une autre aile accueille les expositions temporaires, une salle de classe interactive, une bibliothèque et un atelier d'art.

★ Silver Springs River

5656 E. Silver Springs Blvd/route 40 (à 2,4 km à l'est du musée Appleton) - ☏ (352) 438 2800 - http://silversprings.com/glass-bottom-boats/ - ♿ P (8 $) - 10h-17h - 11 $ (5-17 ans 10 $) pour le tour de 30mn à bord du glass-bottom water boat, 25 $ (5-17 ans 20 $) pour 90mn (vend.-lun. à 10h30, 13h et 15h).

Sur le site du Silver Springs State Park, ces **croisières** en bateau à fond de verre *(glass-bottom boat rides)* offrent une vue sans pareille de la source principale et de plusieurs grottes (la plus remarquable fait 25 m de profondeur), où ont été retrouvés des restes fossilisés d'animaux du Pléistocène. Une autre croisière (Fort King River Cruise) permet de retracer l'histoire de l'occupation des lieux.

LE ROYAUME DES PUR-SANG

Il ne reste aucune trace du village Timucua d'Ocali (« au bord de l'eau »), qui se situait probablement à proximité de Silver Springs. Pourtant, lors de son passage dans la région en 1539, Hernando de Soto y aurait découvert 600 maisons amérindiennes, mais, contrairement à ses espoirs, pas la moindre trace d'or, d'argent ou de perles. Un avant-poste militaire, utilisé par les troupes américaines durant les guerres séminoles, fut établi en ces lieux en 1827. Les premiers colons arrivèrent dans les années 1840 et, vers la fin du 19e s., Ocala était devenue un important carrefour commercial pour le phosphate et les agrumes. Quartier historique bien conservé, l'**Ocala Historic District** *(Fort King St., entre Watula Ave. et 13th St.)* compte plusieurs maisons de style victorien ou Queen Anne.

Grâce à ses verts pâturages, dus à la présence dans le sol d'une couche calcaire aquifère, le comté de Marion abrite à lui seul plus de 75 % des centres d'élevage, de dressage et d'entraînement de pur-sang de Floride, des écuries desquels sont sortis de célèbres chevaux de course. Pour admirer de beaux paysages de ranchs et de prairies clôturées, plantées de vénérables chênes de Virginie, prenez la S.W. 27th Ave. (route 475A) ou la S.E. 3rd Ave. (route 475) au sud d'Ocala. Certains haras sont ouverts au public *(rens. à l'office de tourisme et sur www.ocalahorse.org).*

À proximité Carte de région (p. 342)

★ Ocala National Forest A3

À 18 km à l'est d'Ocala. Entrez par le centre d'accueil principal (3199 N. E. US-315, à Ocala - ✆ (352) 236 0288), à 4 km à l'est de Silver Springs. Autres points d'accès : centre d'accueil de Salt Springs (14100 N. US-19, à Salt Springs - ✆ (352) 685 2048) et centre d'accueil de Pittman (45621 SR 19, à Altoona - ✆ (352) 669 7495). www.fs.usda.gov/ocala/ - P - 8h-17h - chaque centre d'accueil met à la disposition des visiteurs des cartes du site, des expositions d'interprétation, une librairie.

Plusieurs sentiers de nature sillonnent ce domaine fédéral, créé en 1908, qui englobe l'une des plus anciennes forêts nationales à l'est du Mississippi. Ses 174 019 ha de pins albicaules et de végétation arbustive, de marais, de lacs et de sources d'eau douce s'étalent sur environ 97 km depuis le sud du comté de Marion jusqu'au lac Oklawaha, entre la rivière Oklawaha à l'ouest, et la rivière St. Johns et le lac George à l'est.

Sources naturelles – *De mi-mai à mi-sept. : 8h-20h ; reste de l'année : de 8h au coucher du soleil - 5,50 $/source. Possibilité de camper (✆ 877 444 6777 - www.recreation.gov).* Le parc compte parmi les plus belles sources naturelles de la Floride centrale. La pittoresque **Juniper Springs** *(à 27 km à l'est du centre d'accueil, sur la route 40 - location de kayaks)* offre aux visiteurs un bassin bordé de palmiers dans lequel on peut se baigner, ainsi qu'un court sentier de nature qui se faufile à travers une végétation subtropicale et longe les eaux vives de la source. Notez aussi une agréable excursion en canoë *(11 km)* sur Juniper Creek.

Les eaux si pures d'**Alexander Springs** *(à 16 km au sud-est de Juniper Springs, sur la route 445)* attirent les amateurs de bateau et de plongée sous-marine.

À **Salt Springs** *(croisement des routes 19 et 314 - location de kayaks)* coule un mélange d'eau douce et d'eau salée ; la teneur en sel variant selon la profondeur, les objets immergés semblent particulièrement déformés.

Située parmi d'anciens amas coquilliers amérindiens, **Silver Glen Springs** *(à 13 km au nord du croisement des routes 19 et 40)* fera le bonheur des amateurs de plongée libre.

Florida National Scenic Trail – *Principaux points d'accès : Clearwater Lake Recreation Area (route 42), Alexander Springs (route 445), Farles Lake (route 595-1), Juniper Springs (route 40), Hopkins Prairie (route 88-C), Lake Delancy (route 75-2) et Rodman Recreation Area (sur le lac Oklawaha). Renseignements : Florida Trail Association - ✆ (352) 378 8823 - www.florida-trail.org.* Ce sentier national permet aux amateurs de randonnée de traverser la Floride de part en part. À l'heure actuelle, plus de 1 609 km de piste ont été aménagés, dont 108 km traversent la forêt d'Ocala. Le sentier, clairement balisé et bien entretenu, serpente à travers des bosquets de pins albicaules, de chênes de Virginie et de genévriers, longe lacs et sources, et sillonne des marais de cyprès et d'eucalyptus.

Gainesville

127 488 habitants

Situé en majeure partie à l'ouest de l'US-441, principal axe nord-sud des environs, le campus de l'université de Floride (809 ha) donne à Gainesville une agréable atmosphère estudiantine. C'est dans la partie est de la ville qu'on trouve un secteur historique digne d'intérêt et de calmes quartiers résidentiels plantés de pins blancs et de chênes de Virginie.

NOS ADRESSES PAGE 385

S'INFORMER

Alachua County Visitors & Convention Bureau – *30 East University Ave. - ☎ (352) 374 5260 - www.visitgainesville.com.*

SE REPÉRER

Carte de région A2 en direction (p. 342).

À NE PAS MANQUER

Un bain de nature à Devil's Millhopper Geological State Park ou à Paynes Prairie Preserve State Park, où vous aurez peut-être la chance d'apercevoir un bison…

ORGANISER SON TEMPS

C'est pendant l'année scolaire que la ville est la plus animée.

AVEC LES ENFANTS

Florida Museum of Natural History, pour ses collections de fossiles et ses explications vivantes sur les milieux naturels de la Floride.

Se promener Plan de ville (ci-contre)

Northeast Historic District

Des rues pavées de briques, de grands boulevards et des bâtiments commerciaux du début du 20e s. – convertis pour certains en cafés – donnent au centre-ville un cachet pittoresque.

Silhouette la plus distinctive des abords de **Courthouse Square** *(S.E. 1st St. et University Ave.)*, la **Clock Tower** *(E. University Ave. et N.E. 1st St.)* contient l'horloge d'origine du second palais de justice de Gainesville (1885), démoli en 1959.

Bâtie en 1909 dans le style Beaux-Arts, l'ancienne poste *(25 S.E. 2nd Pl.)* est un imposant édifice doté d'un remarquable portique corinthien ; elle abrite aujourd'hui l'**Hippodrome State Theatre**.

Parmi les élégants bâtiments du quartier, notez aussi le **Thomas Center** *(302 N.E. 6th Ave.)*. Transformée en hôtel en 1928, cette jolie demeure de style néoméditerranéen (1910) sert désormais de centre culturel.

University of Florida

S.W. 13th St. (entre University Ave. et S.W. Archer Rd). Guichet d'accueil (entrée principale), situé au croisement de la route US-441/S.W. 13th St. et S.W. 2nd Ave. - www.ufl.edu.

Né en 1906 de la fusion de plusieurs institutions, ce campus animé abrite à la fois la plus vieille et la plus grande université de Floride. Ses 53 000 élèves, ses 16 facultés et ses quatre écoles de cycle supérieur en font à présent l'un des dix plus grands établissements d'enseignement universitaire du pays. Le campus compte plusieurs bâtiments néogothiques du début du 20e s., un centre hospitalier, un énorme stade de football américain (84 000 places), deux musées et une réserve de 33 ha (Lake Alice Wildlife Preserve).

★ **Samuel P. Harn Museum of Art** – *S.W. 34th St. et Hull Rd (sur le campus) - ✆ (352) 392 9826 - www.harn.ufl.edu - ♿ 🅿 - mar.-vend. 11h-17h, sam. 10h-17h, dim. 13h-17h - gratuit.* Inauguré en 1990, ce musée d'art occupe un remarquable bâtiment de style postmoderne, reconnaissable aux pyramides de son toit et à son atrium de verre.

Des expositions temporaires présentent des objets issus de la collection permanente (35 000 pièces), particulièrement riche en **art américain** du début du 20e s., mais aussi en **art tribal** d'Afrique occidentale et de Papouasie, en sculptures et peintures orientales, en poteries précolombiennes. Le musée présente également les œuvres d'artistes contemporains.

★ **Florida Museum of Natural History** – *3215 Hull Rd (près de Harn Museum of Art) - ✆ (352) 846 2000 - www.flmnh.ufl.edu - ♿ 🅿 (4 $ lun.-vend., gratuit sam.-dim. et vac. universitaires) - lun.-sam. 10h-17h, dim. 13h-17h - entrée gratuite pour les collections permanentes, prix des expositions temporaires à consulter sur le site Internet.* Ce musée, qui met avant tout l'accent sur l'histoire naturelle de la Floride et des Caraïbes, contient la plus grande **collection de recherche** de fossiles, d'invertébrés, de vertébrés et de plantes du sud des États-Unis. Des expositions sur les écosystèmes floridiens présentent divers environnements naturels : un récif de corail, une savane… On découvre un jardin de papillons, une grotte de calcaire grandeur nature, une impressionnante collection de squelettes, de roches, de minéraux et de fossiles. Plusieurs expositions thématiques ont également lieu simultanément. À l'extérieur, deux jardins présentent des échantillons de la flore locale et de celle qui couvrait la Floride à l'époque préhistorique. Une visite très intéressante et didactique.

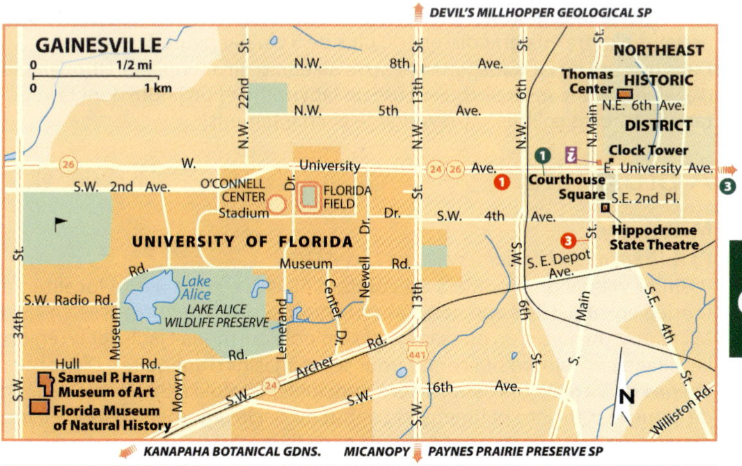

SE LOGER		SE RESTAURER	
Gainesville Lodge... 1	The Magnolia Plantation Bed & Breakfast... 3	Reggae Shack Café... 1	The Warehouse Restaurant & Lounge... 3

À voir aussi Plan de ville (p. 383)

★ Devil's Millhopper Geological State Park

4732 Millhopper Rd (accès par N.W. 53rd Ave./route 232) - ✆ (352) 955 2008 - www.floridastateparks.org/devilsmillhopper/ - P - merc.-dim. 9h-17h - visite guidée sam. 10h sur réservation (plus de rens. au (386) 462 7905) - 4 $/voiture (il faut avoir l'appoint). Munissez-vous d'un produit insectifuge.

Après avoir visionné une petite vidéo *(5mn)* au centre d'accueil, on emprunte un escalier en colimaçon qui s'enfonce dans cette remarquable **cuvette d'effondrement**, profonde de 37 m et large de 152 m.

Selon une légende amérindienne, le diable en personne aurait précipité ses malheureuses victimes dans l'impressionnant abîme, d'où son nom imagé. Dans cet environnement à la fois frais et humide, bercé par le doux murmure des cascades, croît une végétation similaire à celle des Appalaches. En retenant l'humidité ambiante, mousses et bryopsidées permettent à des plantes plus grandes (comme le yucca filamenteux) de pousser en toute quiétude.

Les dépressions karstiques résultent d'un lent travail d'érosion pluviale : en s'infiltrant dans les substrats calcaires, les eaux de ruissellement créent peu à peu une caverne souterraine dont le toit finit par s'effondrer, laissant dans le sol une profonde cavité. Dans le cas bien particulier du Devil's Millhopper, un premier effondrement eut lieu il y a environ 14 000 ans, suivi d'un second 13 000 ans plus tard, d'où sa forme d'entonnoir.

Kanapaha Botanical Gardens

4700 S.W. 58 Dr. (accès par S.W. Archer Rd/route 24, à 2,4 km à l'ouest de l'I-75) - ✆ (352) 372 4981 - www.kanapaha.org - ♿ P - lun.-merc. et vend. 9h-17h, sam.-dim. de 9h au coucher du soleil, fermé jeu. - visite guidée (2h) le 1er sam. du mois à 10h - 7 $.

Ce jardin de 25 ha donne une impression de gaieté presque sauvage. Un sentier aménagé *(2,4 km)* serpente à travers des fougères et des îlots de palmiers, longe des parterres de fleurs et un jardin d'herbes aromatiques, et passe sous de charmants treillages sur lesquels s'enlacent des plantes grimpantes. On trouve ici la plus grande collection de **bambous** de Floride (au printemps, certains d'entre eux grandissent de plus de 5 cm par heure !).

Dans un repli du lac Kanapaha se cache un étang de nénuphars. Ici, un jardin d'azalées, là une roseraie, ou encore un labyrinthe et un jardin dont la végétation attire les colibris… Un véritable enchantement !

À proximité

Micanopy

▶ *À 16 km au sud de Gainesville, sur l'US-441.*

Premier village de pionniers du comté d'Alachua, cette petite localité fut fondée en 1821. Elle s'appelait d'abord Wanton, mais fut rebaptisée en 1834 Micanopy, du nom d'un puissant chef séminole qui régnait jadis sur la région. Le village est aujourd'hui connu pour ses magasins d'antiquités. D'énormes chênes de Virginie bordent l'artère principale, Cholokka Boulevard, le long de laquelle d'anciens bâtiments du début du siècle regorgent de porcelaine, d'objets de collections, de vêtements et de livres rares.

★ **Paynes Prairie Preserve State Park** – *100 Savannah Blvd - ✆ (352) 466 3397 - www.floridastateparks.org/paynesprairie/ - ♿ P - tlj de 8h au coucher du soleil - 6 $/voiture. Possibilité de camper (✆ 800 326 3521 - http://floridastateparks.reserveamerica.com).* Nommée en l'honneur d'un chef séminole du 18e s., cette réserve de 8 903 ha est sans doute l'un des sites naturels les plus importants de l'État. Il s'agit d'un bassin de forme irrégulière, mesurant 14 km à son point le plus large, qui apparut lorsque le terrain se tassa sur une table calcaire affaissée, périodiquement remplie d'eau. Le **centre d'accueil** *(à 3,2 km de l'entrée, au bout de Park Dr.)* et la tour d'observation toute proche *(suivez le court sentier depuis le centre d'accueil)* offrent une vue d'ensemble du site. Vers la fin du 17e s., Paynes Prairie abritait le plus important ranch d'élevage de bétail en Floride. Des périodes d'humidité permirent au bassin de se remplir et de se transformer en lac. À la fin du 19e s. y circulaient d'ailleurs de nombreux bateaux à vapeur. Mais le lac s'assécha brusquement, l'abaissement de ses eaux causant même la perte d'un bateau. Paynes Prairie est aujourd'hui un marais où errent en toute liberté quelque 70 bisons, venus d'Oklahoma et réintroduits dans les années 1970. La réserve abrite toute une gamme d'écosystèmes (étangs, îlots de pins, etc.) sillonnés par environ 40 km de sentiers de randonnée *(8 sentiers de 800 m à 25 km - accès payant pour certains - cartes au centre d'accueil)*.

NOS ADRESSES À GAINESVILLE

HÉBERGEMENT

Avec la présence de l'université, Gainesville compte un grand nombre de motels et d'hôtels. À certaines périodes (rentrée des classes, remise des diplômes, grands matchs), il est très difficile de trouver une chambre.

BUDGET MOYEN

Gainesville Lodge – *413 W. University Ave. - ✆ (352) 376 1224 - www.gainesvillelodgefl.net - ♿ 🏊 🅿 - 34 ch. 95 $.* Un motel des plus classique, sur deux étages, avec ses chambres dotées de deux grands lits équipés de couvre-lits en nylon et pourvues d'un petit réfrigérateur. Un peu vieillot, mais bien situé et vraiment pas cher.

POUR SE FAIRE PLAISIR

The Magnolia Plantation Bed & Breakfast – *309 S.E. 7th St. - ✆ (352) 375 6653 - www.magnoliabnb.com - 5 ch. et 7 cottages à partir de 145 $ ☕.* Cette ravissante maison victorienne (1885) abrite un *bed & breaskfast* douillet et accueillant, dont les chambres sont meublées avec du mobilier et des objets anciens. Dans le grand parc qui l'entoure, plusieurs cottages ont été aménagés en appartements (2-4 pers.), certains avec cheminée et Jacuzzi. Une adresse pleine de charme.

RESTAURATION

PREMIER PRIX

Reggae Shack Café – *619 W. University Ave. - ✆ (352) 377 5464 - www.reggaeshackcafe.com - ♿ - fermé dim. - 10/15 $.* Cette « cantine » très populaire aux couleurs de la Jamaïque s'est fait une spécialité de la cuisine des îles et des plats végétariens : crevettes à la mode créole, poulet épicé, riz et haricots noirs, grosses salades… Savoureux et copieux.

BUDGET MOYEN

The Warehouse Restaurant & Lounge – *502 S. Main St. - ✆ (352) 240 6432 - http://warehousedining.com - ♿ 🅿 - fermé midi et dim. soir - 12/30 $.* Dans un ancien entrepôt (architecture industrielle, briques apparentes), ce restaurant propose une cuisine *fusion* raffinée : canard au poivre vert, gnocchis au bleu, curry au lait de coco… Les plats changent régulièrement. Bien aussi pour prendre un verre en grignotant des tapas.

Le Nord-Ouest 7

Maison de plage dans les Panhandle.

Jon Arnold / hemis.fr

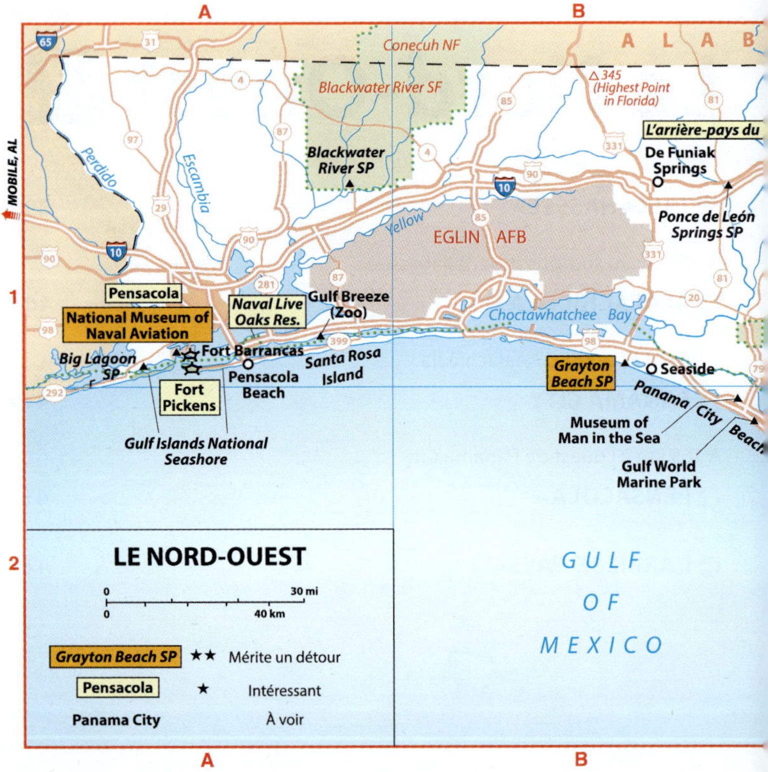
A
B
A L A B
Conecuh NF
Blackwater River SF
△ 345 (Highest Point in Florida)
L'arrière-pays du
Blackwater River SP
De Funiak Springs
MOBILE, AL
Perdido
Escambia
Yellow
EGLIN AFB
Ponce de León Springs SP
1
Pensacola
Naval Live Oaks Res.
Gulf Breeze (Zoo)
National Museum of Naval Aviation
Choctawhatchee Bay
Big Lagoon SP
Fort Barrancas
Santa Rosa Island
Grayton Beach SP
Seaside
Pensacola Beach
Fort Pickens
Panama City Beach
Museum of Man in the Sea
Gulf Islands National Seashore
Gulf World Marine Park
2
LE NORD-OUEST
0 30 mi
0 40 km
Grayton Beach SP ★★ Mérite un détour
Pensacola ★ Intéressant
Panama City À voir
GULF OF MEXICO

C
D
AMA
GEORGIA
Florida Caverns SP
Panhandle
Falling Waters SP
Torreya SP
Lake Seminole
Ochlockonee
Chipola
Apalachicola
L. Talquin
Tallahassee
JACKSONVILLE
Wakulla Springs SP
West Bay
Panama City
Shell I.
St. Andrews SP
Apalachicola National Forest
St. Marks NWR
Apalachee Bay
Tyndall AFB
St. James Island
St. Joseph Peninsula SP
Port St. Joe
Dog Island
Apalachicola
Dr. Julian G. Bruce St. George Island SP
Apalachicola Bay
Cape San Blas
St. Vincent Island
St. George Island
Cape St. George
N
1
2

Tallahassee

★

186 411 habitants

À la fois proche du golfe du Mexique (32 km) et de la frontière avec la Géorgie (19 km), la capitale de la Floride (« vieux champs » en dialecte séminole) occupe un joli site boisé, où le moutonnement des collines vient ajouter à la douceur du paysage. Malgré le boom immobilier de ces dernières années, la ville a su conserver son charme très « Vieux Sud », avec ses gracieuses demeures historiques, ses chênes de Virginie drapés de mousse espagnole, et ses véritables cascades d'azalées qui se parent, au printemps, de couleurs resplendissantes. Ce n'est cependant pas une ville-musée : la présence d'une importante population étudiante issue de plusieurs institutions universitaires locales en font une cité très animée.

NOS ADRESSES PAGE 399

S'INFORMER

Tallahassee Area Visitor Information Center – *106 E. Jefferson St. - ✆ (850) 606 2305 ou 800 628 2866 - www.visittallahassee.com.*

SE REPÉRER

Carte de région D1 (p. 388-389). On accède facilement à la ville par l'I-10 et l'US-90 (est-ouest) et les US-27 et US-319 (nord-sud).

À NE PAS MANQUER

Une balade dans Park Avenue Historic District, couplée avec la visite des vieux cimetières.

ORGANISER SON TEMPS

Consacrez une journée à la visite du centre-ville, puis une autre journée au moins à la découverte d'un parc des environs et des Canopy Roads.

AVEC LES ENFANTS

Le Museum of History and Natural Science ; une promenade en bateau à fond de verre à Wakulla Springs State Park.

Se promener Plan de ville (p. 394)

Bon à savoir – Une brochure conçue pour guider votre promenade est disponible auprès du Visitor Information Center *(voir plus haut).*

CENTRE-VILLE

Le centre-ville, qui s'organise autour de Capitol Square, est délimité au nord par Park Avenue.

L'ancienne zone qui servait à protéger Tallahassee contre les attaques indiennes a aujourd'hui fait place à un parc. La ville a conservé en partie son apparence de 1843, époque à laquelle les fragiles structures en bois d'origine, détruites par un incendie, furent remplacées par des édifices en brique. Les limites du centre-ville n'ont pas changé depuis son origine, mais l'essentiel de l'activité commerciale s'est peu à peu déplacé vers les banlieues.

Maclay Gardens State Park.
Danita Delimont Stock/Danita Delimont Agency/age fotostock

★ Capitol Complex

400 S. Monroe St., à la hauteur d'Apalachee Parkway.

Depuis la fondation de Tallahassee, la silhouette du Capitole a toujours dominé le centre-ville. L'ensemble se compose de deux édifices, celui de 1845, aujourd'hui restauré, et celui de 1978.

★ **Old Capitol** – *℘ (850) 487 1902 - www.flhistoriccapitol.gov - ♿ - lun.-vend. 9h-16h30, sam. 10h-16h30, dim. et jours fériés 12h-16h30 - possibilité de visite guidée sur réservation, MP3 téléchargable sur votre smartphone ou IPhone pour une visite en toute autonomie - fermé Thanksgiving et 25 déc. - gratuit.* Avec son élégant portique à colonnes et son fronton bordé de gris, cet édifice en stuc blanc de style néoclassique contraste avec les lignes de béton du nouveau Capitole situé en arrière-plan. En 1824, la première séance législative de l'État se tint dans trois cabanes rudimentaires en rondins sur le site desquelles allait être érigé le premier Capitole. Au fil du temps, le bâtiment subit d'importantes transformations. Un dôme en cuivre fut ajouté en 1902, et des chantiers ultérieurs (1923, 1936, 1947) permirent de doubler la surface du bâtiment et d'y ajouter quatre ailes. Quand le Parlement de Floride approuva le projet de construction d'un nouvel édifice en 1969, l'avenir du vieux Capitole fit l'objet de vives discussions. Les partisans de sa préservation gagnèrent finalement la partie. En 1979, ils s'engagèrent à restaurer l'édifice pour lui redonner son aspect du début du siècle, ce qui impliquait la destruction de 80 % de la structure. Aujourd'hui, un élégant lanternon coiffe le dôme (œuvre de Frank P. Milburn), tandis que sur les frontons antérieur et postérieur, des bas-reliefs représentent le sceau de la Floride. Conformes aux plans d'origine, les auvents rayés de rouge protègent l'intérieur du bâtiment de la trop vive lumière du soleil d'été. Un grand escalier central, surmonté d'une **coupole en verre** multicolore, divise la rotonde en deux.

S'il contient toujours quelques bureaux administratifs, l'ancien Capitole, restauré avec tant de minutie, sert essentiellement de musée depuis 1982. On

Un peu d'histoire : Tallahassee

DES TEMPLES TUMULAIRES AUX MISSIONS FRANCISCAINES

Les rives du lac Jackson furent colonisées par des Indiens originaires de la région du Mississippi dès la fin du premier millénaire de notre ère. Quand les premiers navigateurs européens atteignirent la région au 16e s., elle était dominée par les Apalachee, une tribu sédentaire pratiquant l'agriculture, et dont les villages étaient disséminés dans tout le nord-ouest de la Floride.

Au milieu du 16e s., les Espagnols se mirent à explorer cette riche terre découverte par Juan Ponce de León en 1528. Sept ans plus tard, à la recherche d'or, Pánfilo de Narváez mena une expédition dans le territoire apalachee, mais sans succès. En 1539, Hernando de Soto célébra la première messe chrétienne du Nouveau Monde sur un site proche de l'actuel centre-ville de Tallahassee, mais aucun monument n'en marque le lieu exact.

Face à l'hostilité des Apalachee, les Espagnols délaissèrent la région pendant près d'un siècle. Ils devaient par la suite y envoyer des moines franciscains dont la présence fut généralement bien tolérée par les autochtones. En 1675, les frères avaient déjà établi sept missions dans les environs de la capitale actuelle de la Floride. La plus importante, **San Luis de Talimali** *(voir p. 59)*, servit même de siège provincial à plus de 40 villages apalachee. Les missions se maintinrent jusqu'au 18e s., mais furent détruites par les soldats britanniques et par les Indiens séminoles durant la guerre de Succession d'Espagne (1702-1713). Les Apalachee ayant survécu au conflit fuirent vers d'autres régions, laissant le terrain libre à des groupes de Séminoles venus de Géorgie.

NAISSANCE D'UNE CAPITALE

Sous la domination espagnole, la Floride était divisée en deux provinces, avec chacune sa capitale, Pensacola et St. Augustine. Plus de 650 km séparaient alors les deux villes, qui étaient reliées par des pistes sommaires, le plus souvent tracées par les Indiens. Après la vente de la Floride aux États-Unis en 1821, les autorités chargèrent deux commissaires de choisir, entre les rivières Ochlockonee et Suwannee, un site destiné à accueillir le siège permanent du gouvernement. À l'automne 1823, ils portèrent leur choix sur un endroit « élevé, entouré de collines et bien alimenté en eau », situé à mi-chemin entre les deux anciennes capitales : Tallahassee.

Officiellement déclarée capitale de la Floride en mars 1824, Tallahassee vit bientôt arriver les premiers colons, qui se mirent à bâtir des cabanes en rondins pour abriter le Conseil législatif. Peu après, le Congrès affecta un terrain pour l'érection d'un capitole, et le plan de la ville fut conçu autour d'un jardin, Capitol Square, lui-même entouré de quatre autres squares publics. Dès 1825, Tallahassee était devenue une petite ville administrative, comptant une cinquantaine de maisons, une école, une église et quelques boutiques. La construction d'un premier capitole commença en 1826, mais des problèmes financiers surgirent, et l'édifice ne fut jamais achevé. Treize ans plus tard, le Congrès alloua 20 000 dollars, et un bâtiment en briques et en mortier *(voir p. 391)* vit finalement le jour en 1845, l'année même où la Floride devenait un État à part entière.

La majorité des premiers colons étaient des entrepreneurs, des marchands et des planteurs de coton. Leurs relations avec les Séminoles se détériorèrent au fil des ans, et les hostilités durèrent jusqu'en 1858, époque à laquelle commença la déportation de la plupart des Indiens. Quand la guerre de Sécession éclata en 1861, Tallahassee était une ville prospère, dont l'essor reposait en grande partie sur l'industrie du coton. Forte d'environ 2 000 habitants, elle était devenue un important nœud commercial, relié au port de St. Marks, à 26 km au sud, par la première ligne de chemin de fer de l'État.

Durant le conflit, la ville se distingua en demeurant la seule capitale sudiste libre à l'est du Mississippi. Les troupes nordistes tentèrent de la conquérir en mars 1865, mais leurs assauts furent repoussés à Natural Bridge, à 23 km au sud de la ville, par la milice locale. La victoire fut de courte durée : deux mois plus tard, la guerre civile se terminait, et la Bannière étoilée flottait sur le Capitole.

TALLAHASSEE AUJOURD'HUI

Durant les 35 années qui suivirent la guerre de Sécession, la population de la ville ne s'accrût guère que d'un millier d'habitants. En 1947, elle comptait à peine 22 000 personnes, et acquit peu à peu la réputation d'une ville somnolente, malgré la présence de deux institutions d'enseignement supérieur, Florida State University (1851) et Florida Agricultural and Mechanical University. Mais la Floride devait connaître un fulgurant essor dans les années 1970 et 1980, les comtés de Tallahassee et de Leon enregistrant alors une hausse démographique de 370 %. Face à cette évolution, les autorités furent amenées à développer les services publics, et l'importance d'une capitale d'État se fit plus grande.

Aujourd'hui, Tallahassee est avant tout une ville gouvernementale, et l'administration (universités incluses) emploie plus de 40 % de la population active ; l'agriculture tient cependant toujours un rôle important dans l'économie locale. La capitale bénéficie d'un climat comparable à celui du sud de l'État, avec des étés chauds et humides, mais ici la vie est bien différente de celle des métropoles à la mode du reste de la péninsule : la ville vit au rythme de l'année universitaire (FSU compte plus de 40 000 étudiants) et des sessions parlementaires. Les activités familiales de plein air et les événements sportifs dominent les loisirs de cette cité où sont prises les décisions les plus importantes de la Floride.

verra, au rez-de-chaussée, l'**Old Supreme Court Chamber★** (ancienne salle de la Cour suprême) et les bureaux du gouverneur William Jennings, qui remplit cette fonction au début du 20e s. L'ancien **Sénat** et l'ancienne **Chambre des représentants** se trouvent quant à eux au premier étage. Entre ces deux salles d'assemblée, plusieurs pièces ont été réservées à l'exposition d'objets historiques, dont une collection de fac-similés des différentes Constitutions successives de la Floride.

En face de l'ancien Capitole, de l'autre côté de Monroe Street, remarquez les deux colonnes en marbre du **Vietnam Memorial** *(Apalachee Pkwy et S. Monroe St.)*, monument commémoratif dédié aux 300 000 Floridiens qui participèrent au conflit du Viêtnam.

New Capitol – *(850) 488 6167 - ♿ - lun.-vend. 8h-17h - possibilité de visite guidée (se renseigner pour les horaires).* Flanquée de deux ailes de trois étages couronnées chacune d'un dôme, cette imposante tour en béton (21 étages) surplombe de 94 m l'ancien Capitole. Conçu par l'architecte Edward Durell Stone (qui construisit aussi le Kennedy Center de Washington) et bâti en 1978 pour accueillir le Parlement de Floride et les administrations gouvernementales, le nouveau Capitole est l'édifice le plus élevé de Tallahassee. On peut prendre part aux visites guidées de la **chapelle** (Heritage Chapel), dont le retable bleu est décoré d'une saisissante illustration de la Création, de la **Chambre des représentants** et du **Sénat** *(ouv. au public durant les sessions de fév. et mars)*, et de la **rotonde** qui abrite le Grand Sceau de la Floride, en marbre et en bronze. Dominant le dernier étage, une terrasse d'observation offre une **vue★** panoramique de la ville et de ses environs. Des œuvres d'art originales sont exposées dans l'édifice, notamment deux peintures murales symbolisant la nature en Floride *(niveau Plaza)*, ainsi qu'une collection permanente d'œuvres d'artistes régionaux *(devant la Chambre des représentants)*.

Union Bank Building

219 Apalachee Pkwy (à la hauteur de Calhoun St.) - (850) 561 2603 - ♿ - lun.-vend. 9h-16h - gratuit.

Ce ravissant petit bâtiment (vers 1841) abrita l'un des premiers établissements financiers de Tallahassee, l'Union Bank. En 1843, deux ans à peine après son ouverture, la banque fit faillite, pour des raisons d'ailleurs inconnues. Située à l'origine sur South Adams Street, la structure en stuc bleu se distingue par les trois impostes de sa façade.

Au fil des ans, l'édifice servit de banque pour esclaves affranchis, de fabrique de chaussures et de studio de danse, avant d'être déplacé en 1971 sur son site actuel. Restauré dans son allure d'origine et meublé selon le goût de l'époque, il abrite depuis 1984 un musée consacré à l'histoire des Noirs américains.

★ Museum of Florida History (M)

500 S. Bronough St. (dans le R.A. Gray Building, deux rues à l'ouest du Capitol Complex) - (850) 245 6400 - www.museumoffloridahistory.com - ♿ P - lun.-vend. 9h-16h30, sam. 10h-16h30, dim. et jours fériés 12h-16h30 - gratuit.

Situé au rez-de-chaussée du bâtiment des archives de l'État, ce musée retrace l'histoire de la Floride à travers plusieurs expositions permanentes.

La première évoque plus particulièrement la période allant de la colonisation espagnole à la création de l'État, une autre la période de la guerre de Sécession, une troisième celle de la Seconde Guerre mondiale, tandis que la dernière est consacrée aux bateaux baptisés « Florida ».

Des expositions temporaires apportent un éclairage supplémentaire sur l'histoire et la culture régionale.

Adams Street Commons

Une partie pavée en briques d'Adams Street *(entre Pensacola St. et College Ave.)*, demeure l'un des pôles les plus vivants de Tallahassee. Cette artère sinueuse, bordée de restaurants et de bureaux, est un endroit plaisant qu'employés et hommes d'affaires fréquentent volontiers à l'heure du déjeuner.

Situé à l'angle de Pensacola Street et d'Adams Street, l'ancien **Gallie's Hall** – bâtiment en brique orné de décorations en fer – fut le premier opéra de la ville (vers 1874).

★ PARK AVENUE HISTORIC DISTRICT

Délimité par Macomb St., Meridian Rd et Call St.
À la fois résidentiel et commerçant, Park Avenue Historic District compte de nombreux parcs et édifices religieux. En 1830, ce quartier formait la partie nord de Tallahassee. Les colons prospères construisirent de grandes demeures le long de la zone déboisée qui servait alors à protéger la ville contre d'éventuelles attaques indiennes.
Park Avenue, qui s'appela McCarthy Street jusqu'en 1905, devint l'une des adresses les plus cotées de la ville. Beaucoup de constructions sont de style néogrec, mais on en trouve aussi d'allure victorienne et néoclassique.
Délimité à l'ouest par les deux plus vieux cimetières de la ville, le quartier s'étend vers l'est jusqu'à la Meginniss-Munroe House.

Meginniss-Munroe House

125 N. Gadsden St. - ✆ (850) 222 8800 - www.lemoyne.org - mar.-sam. 10h-17h - 2 $.
Cette construction de 1854 abrite désormais le LeMoyne Center for Visual Arts, qui présente des expositions temporaires.

★ Knott House Museum

301 E. Park Ave. - ✆ (850) 922 2459 - www.museumoffloridahistory.com - ♿ - visite guidée seult (1h) - merc.-vend. à 13h, 14h et 15h, sam. ttes les h. de 10h à 15h - visite guidée 1 $.
Cette maison en bois de style néoclassique (vers 1843) servit, durant les derniers mois de la guerre de Sécession, de poste de commandement au général nordiste Edward McCook.
C'est de son perron que, le 20 mai 1865, cet officier lut la fameuse **Emancipation Proclamation**, déclaration d'affranchissement des esclaves.
Entre 1928 et 1985, la demeure fut la résidence de William Knott, ancien secrétaire des Finances de l'État, et de sa famille. Comme Mme Knott aimait écrire des poèmes, qu'elle attachait ensuite avec des rubans en satin aux meubles et aux objets d'art, l'endroit fut vite surnommé « The House That Rhymes » (la maison des alexandrins).
Aujourd'hui transformée en musée, la demeure a été restaurée selon son aspect de 1928, date à laquelle la famille Knott décida d'y ajouter un imposant portique. L'intérieur contient une collection éclectique de meubles et objets victoriens. Un escalier en acajou sculpté conduit à l'étage, dont l'une des pièces a été convertie en salle d'expositions sur l'histoire locale.
Dans les jardins, eux aussi remis en état, fleurissent en été de délicates hémérocalles.

Federal Courthouse

110 W. Park Ave. (à l'angle de Monroe St.) - ♿ - lun.-vend. 8h30-17h.
Imposant édifice de style néoclassique, ce tribunal fédéral (1936, Eric Kebbon) fut inauguré en 1939 par Henry Morgenthau, alors ministre américain des Finances. Le bâtiment servit aussi quelque temps de poste centrale. Il est décoré de peintures murales évoquant des événements marquants de l'histoire de la Floride.
Ces œuvres constituent un excellent exemple du programme de commandes publiques de la WPA (Works Progress Administration), lancé par l'administration américaine durant la crise des années 1930 pour aider les artistes à survivre. En 1998, le tribunal s'est doté d'une annexe.

First Presbyterian Church

110 N. Adams St. - ✆ (850) 222 4504 - www.oldfirstchurch.org - ♿ 🅿 - culte à 10h45 - adressez-vous au bureau paroissial voisin pour les visites.

Construite en 1838 dans le style néogrec, cette église blanche et coquette servit aux premiers colons d'abri contre les attaques des Indiens. Au fil des siècles, l'édifice fut rénové à quatre reprises, les plus récents travaux de restauration remontant à 1986. L'intérieur est décoré de lambris et d'une simple table de communion en bois.

The Columns

100 N. Duval St.

La plus ancienne maison de la ville fut celle bâtie en 1830 par le banquier William « Money » Williams. Cette imposante structure en brique de style néogrec, avec son haut portique à fronton, lui servit à la fois de domicile et de bureau pour sa Bank of Florida. L'édifice, déplacé en 1975 sur son site actuel, abrite aujourd'hui les bureaux du James Madison Institute, organisation à but non lucratif. Les parquets en pin, les plaques de façade des portes et les fenêtres d'origine ont été conservés, et l'extérieur (restauré) a retrouvé son aspect d'antan.

Old City Cemetery

Entrée sur M.L. King Jr. Blvd (entre Park Ave. et Call St.) - ✆ (850) 891 8711 - une brochure, conçue pour guider la visite du site, est disponible à l'entrée du cimetière.

Chênes de Virginie, azalées et camélias parsèment ce cimetière public, le plus vieux de Tallahassee, qui fut annexé à la ville en 1840. D'une superficie de 4,5 ha, il contient un mélange de monuments funéraires élaborés et de simples pierres tombales en marbre, qui remontent aux premiers temps de la capitale. Esclaves et hommes libres, soldats sudistes et nordistes reposent aux côtés de victimes de l'épidémie de fièvre jaune de 1841.

St. John's Cemetery

Entrée sur Call St. entre Macomb St. et M.L. King Jr. Blvd - ✆ (850) 891 8711.

Ce cimetière, planté de palmiers nains, de chênes et de fleurs, fut créé en 1840 dans le prolongement de l'Old City Cemetery, pour la paroisse de St. John's Episcopal Church. Deux obélisques en pierre marquent les tombes du prince Achille Murat *(voir p. 399)*, neveu de Napoléon Bonaparte, et de son épouse, la princesse Catherine. Ont également été inhumés en ces lieux deux anciens gouverneurs de la Floride : David S. Walker (1865-1868) et William Bloxham (1881-1885 ; 1897-1901).

CALHOUN STREET HISTORIC DISTRICT

Délimité par Tennessee St., Georgia St. et Meridian St.

Tracé en 1827 au nord de la ville, ce secteur comptait tant de résidents aisés vers le milieu du 19e s., que Calhoun Street reçut le surnom de « Gold Dust Street » (rue de la Poussière d'Or). L'élégante artère comptent plusieurs témoignages architecturaux de cette époque, parmi lesquels des demeures néogrecques et victoriennes, ainsi que des bungalows.

Remarquez notamment **Brokaw-McDougall House** *(329 N. Meridian)*, construction de couleur ocre (v. 1856), embellie d'un portique et couronnée d'un petit dôme de style italianisant, qui appartenait à l'origine au propriétaire d'une écurie de louage de la région.

À voir aussi Plan de ville (p. 394)

Florida Governor's Mansion

700 N. Adams St. - ✆ (850) 488 4661 - www.floridagovernorsmansion.com - ♿ P - visite guidée seult (30mn) - de mars à mi-mai : merc. et vend. 10h et 12h - renseignez-vous pour la période des congés scolaires de déc.

Cette imposante demeure en briques rouges de style néoclassique (Wyeth, King & Johnson) sert, depuis 1957, de résidence aux gouverneurs de la Floride. Elle fut conçue sur le modèle de l'« Hermitage », maison d'Andrew Jackson (premier gouverneur du territoire et septième président des États-Unis) construite près de Nashville, dans le Tennessee.

Flanquée de six colonnes corinthiennes, l'entrée est remarquable par la vitre biseautée décorée du sceau de l'État qui surmonte sa porte. Des visites guidées permettent de découvrir plusieurs pièces (salle à manger officielle, salon de réception, chambre d'invité, etc.), ainsi que les jardins. Le hall d'entrée est orné de corniches dentelées, et son sol est en marbre d'Italie. Les salons particuliers contiennent des objets anglais du 18e s. Certaines des œuvres d'art exposées, dont deux aquatintes du célèbre naturaliste John James Audubon, font partie de la collection Ringling *(voir p. 230)*. Notez aussi la pendule en laiton autrichienne (vers 1820) offerte par le neveu du marquis de La Fayette à une famille de Tallahassee. La salle à manger contient par ailleurs une étonnante collection d'argenterie provenant de l'ancien navire de guerre *Florida*.

Dans la propriété voisine, que masquent en partie des massifs d'arbustes, vous pourrez apercevoir **The Grove**. Cette impressionnante demeure de brique, dotée d'un portique dorique, fut construite en 1825 pour Richard Keith Call, alors gouverneur du territoire. La maison appartient toujours à la famille Call.

★ Maclay Gardens State Park

3540 Thomasville Rd - ✆ (850) 487 4556 - www.floridastateparks.org/maclaygardens/ - ♿ P - parc : tlj de 8h au coucher du soleil ; maison et jardins : tlj 9h-17h - 6 $/voiture pour le parc ; 6 $/pers. pour la maison et les jardins (janv.-avr.). Location de kayaks.

Ces jardins de 12 ha furent créés en 1923 par un financier de New York, Alfred B. Maclay. Trente ans plus tard, sa veuve les léguait à l'État de Floride. En hiver, plus de 100 variétés de **camélias** offrent un spectacle multicolore, tandis qu'au printemps c'est au tour des azalées, des cornouillers, des glycines, des lauriers de montagne et des magnoliers d'embellir le site. L'été, riche de toute une palette de tons verts, les jardins constituent une véritable oasis de fraîcheur.

Maclay House – Ancienne demeure d'hiver des maîtres des lieux, elle domine une belle pelouse qui se déroule en pente douce vers le **lac Hall**. Cette construction de plain-pied, de couleur pêche, est un ancien pavillon de chasse datant du début du 20e s. Au sud de la maison, un jardin de fleurs, d'aspect classique, comprend une charmante allée *(150 m)* ainsi qu'un bassin-miroir dont l'eau parfaitement lisse projette de jolis reflets. De là s'offre une **vue** inattendue du lac Hall à l'horizon. Au-delà du lac se trouve la partie la plus sauvage du parc. On y trouve un autre plan d'eau, le **lac Overstreet**, et de nombreuses possibilités de loisirs de plein air (sentiers de découverte, vélo, kayak, baignade, pêche…).

★ Mission San Luis

▶ Du centre-ville, prenez Tennessee St. vers l'ouest, passez devant la Florida State University, tournez à droite sur White Dr., puis encore à droite sur Tennessee St.

2100 W. Tennessee St. - (850) 245 6406 - www.missionsanluis.org - - mar.-dim. 10h-16h - 5 $.

C'est sur ce site élevé, proche d'un point d'eau potable et de terres cultivables, que les franciscains implantèrent vers 1656 une importante mission espagnole ainsi qu'un fort (vers 1696). San Luis était alors la capitale occidentale du réseau de missions développé en Floride par les frères mineurs. Les Indiens Apalachee, qui vivaient déjà dans la région, choisirent de s'allier aux Espagnols pour mieux résister à leurs ennemis. Les deux communautés vécurent ainsi en paix pendant un demi-siècle. À son apogée, en 1675, San Luis comptait quelque 1 400 habitants. Le site comprenait une grande place centrale, une salle de conseil Apalachee, une église et plusieurs résidences. En 1704, sous la menace d'une attaque britannique, les habitants de San Luis abandonnèrent le village et le fort après y avoir mis le feu.

Une maison des années 1930 abrite aujourd'hui le **centre d'accueil** où l'on verra des maquettes du fort et de la salle de conseil, des monnaies espagnoles, des pointes de flèches indiennes et des fragments de majolique trouvés sur les lieux. Le site compte aussi des chemins de randonnée ainsi qu'un laboratoire, dans lequel les objets retrouvés lors des fouilles sont nettoyés et inventoriés. Un village espagnol du Nouveau Monde a été reconstitué, avec sa maison de colon, sa forge, sa tannerie et son église, décorée de meubles et d'objets d'époque (l'église d'origine fut bâtie vers 1680).

★ Tallahassee Museum of History and Natural Science

Prenez Capitol Circle S.W. vers Orange Ave., tournez à droite sur Rankin Ave. et continuez sur 0,5 km ; l'avenue aboutit sur Museum Dr. 3945 Museum Dr. - (850) 575 8684 - www.tallahasseemuseum.org - - lun.-sam. 9h-17h, dim. 11h-17h - 9 $ (4-15 ans 6 $).

Situé près de l'aéroport sur un site boisé de 21 ha, ce musée est consacré à l'histoire et à la faune du nord de la Floride. Un sentier de planches vous conduira à travers un marais de cyprès vers un zoo où évoluent toutes sortes d'animaux : aigles, loutres de rivière, cerfs de Virginie et pumas de Floride. L'ensemble de **Big Bend Farm** regroupe trois bâtiments d'époque : une ferme *cracker* du 19e s., une église et une école.

À côté du centre d'accueil se trouve **Bellevue**, la modeste résidence de Catherine Murat, veuve du prince Achille Murat. Ce neveu de Napoléon Bonaparte s'était réfugié en Amérique après la chute du Premier Empire. Il exploita une plantation près de Tallahassee, où il rencontra sa future épouse Catherine Daingerfield Willis, arrière-petite-nièce de George Washington. Après la mort de Murat, Catherine acheta cette maison (1841), dont les murs rustiques et les hauts plafonds à poutres sont typiques de l'architecture des pionniers de la région. La demeure fut transplantée sur ce site en 1967.

★ Canopy Roads

Carte routière disponible auprès du Tallahassee Area Visitor Information Center.

Sous le couvert des branches de chênes de Virginie drapés de mousse espagnole, cinq routes historiques rayonnent autour du centre-ville. Durant les années 1980, les défenseurs de l'environnement s'inquiétèrent de l'avenir de ces voies ombragées qui sont aujourd'hui protégées par le comté. Si la plupart d'entre elles ont conservé le caractère rural du Vieux Sud, certains des terrains en bordure ont été achetés par des promoteurs, et la circulation routière est devenue plus importante.

Old St. Augustine Road – Le plus ancien de ces chemins date du 17e s. Il s'appelait alors Royal Road et reliait St. Augustine aux missions catholiques du comté de Leon. Durant l'occupation britannique, il prit le nom de King's Highway, avant d'être rebaptisé Bellamy Road, du nom d'un propriétaire terrien local dont les esclaves, dans les années 1820, participèrent à la reconstruction et au prolongement de la route jusqu'à Pensacola. De nos jours, Old St. Augustine Road est protégée du soleil par de denses tunnels de végétation entre Capitol Circle et Williams Road.

Old Bainbridge Road (route 361) – Ancienne piste indienne, Old Bainbridge fut une importante voie de communication pour les premiers colons espagnols du comté de Leon. Au croisement d'Old Bainbridge et de la route I-10 s'élevaient jadis une mission et des ranches espagnols.

Miccosukee Road (route 146) – Au 18e s., ce sentier pédestre conduisait à Miccosukee, village autochtone dont le nom a subsisté. Dans les années 1850, les planteurs empruntaient cette voie pour expédier par charrette leurs balles de coton vers les marchés de Tallahassee. Aujourd'hui, la pittoresque route est toujours bordée de vastes propriétés arborées.

Meridian Road (route 155) – Cette voie commence au niveau de la ligne de premier méridien *(Meridian Rd et Bloxham St.)*, axe à partir duquel furent effectués tous les arpentages en Floride à compter de 1824. Elle part vers le nord, croise la route I-10, et mène à l'US-319 (dans le comté de Grady, en Géorgie).

Centerville Road (route 151) – Probablement tracée dans les années 1820 pour relier la capitale aux nombreuses plantations de la région, Centerville Road se faufile sur plus de 27 km à travers un véritable tunnel de verdure, traverse la petite localité de Chemonie Crossing et aboutit à Miccosukee. Sur le trajet, vous pourrez voir l'**Old Pisgah United Methodist Church** *(Old Pisgah Church Rd)*, modeste église en bois (1858) dont le style illustre fort bien l'architecture religieuse du temps des pionniers.

À proximité Carte de région (p. 388-389)

★★ Wakulla Springs State Park D2

À Wakulla Springs, 26 km au sud de Tallahassee. Suivez la route 61/319 vers le sud à partir de Capitol Cir. ; tournez à gauche à la bifurcation et faites 13 km sur la route 61 ; prenez à gauche la route 267 ; l'entrée du parc se trouve sur la droite. 465 Wakulla Park Dr. - (850) 561 7276 - www.floridastateparks.org/wakulla springs/ - - tlj de 8h au coucher du soleil - 6 $/voiture. Croisière d'observation de la nature : dép. du quai 9h40-16h30 (heure d'hiver) ou 17h (heure d'été)- 45mn AR - 8 $ (3-12 ans 5 $). Promenade en bateau à fond de verre (si le temps le permet) : dép. du quai 12h, 13h, 14h - 30mn AR - 8 $ (3-12 ans 5 $). Possibilité de restauration et de logement (voir « Nos adresses à Tallahassee »).

Le parc de Wakulla (« eau mystérieuse » dans la langue autochtone) couvre 1 189 ha de végétation luxuriante au sein d'un comté rural. Il recèle l'une des plus grandes et des plus profondes sources du monde. Celle-ci aurait été découverte vers 1521 par l'explorateur espagnol Ponce de León, mais les Amérindiens en connaissaient déjà l'existence il y a plus de 10 000 ans. En 1934, la source et ses environs immédiats furent achetés par Ed Ball, héritier de la fortune DuPont. Après sa mort, au début des années 1980, l'État acquit la propriété pour en faire un parc qui ouvrit au public en 1986.

La source souterraine déverse dans la rivière Wakulla quelque 1 500 m^3/mn d'une eau limpide comme du cristal, dont la température se maintient toute l'année à 21 °C. Malgré de nombreux sondages tentés par des plongeurs à près de 110 m de profondeur, l'endroit précis d'où elle jaillit reste un mystère.

Un **tour en bateau** sur la rivière constitue un véritable voyage dans le temps. Le cours d'eau est bordé de pins des marais, de hêtres américains et de cyprès drapés de mousse espagnole. Ses rives sont habitées par des alligators, des tortues et de nombreux oiseaux aquatiques. Ces paysages primitifs servirent de décor pour plusieurs films, dont certains *Tarzan* (de la fin des années 1930 au début des années 1940). Le parc est sillonné de **sentiers de découverte** qui se faufilent à travers une végétation luxuriante. Il est également possible de se baigner dans une partie de la source.

★ St. Marks Lighthouse and National Wildlife Refuge D2

À Newport, 37 km au sud de Tallahassee. Prenez la route 363 vers le sud (direction Wakulla), tournez à gauche sur la route 26, puis encore à gauche sur l'US-98 ; suivez-la sur 4,8 km, puis prenez à droite la route 59 jusqu'à l'entrée du parc. ✆ (850) 925 6121 - www.fws.gov/saintmarks/ - ♿ P - parc : tlj du lever au coucher du soleil ; centre d'accueil : lun.-vend. 8h-16h, sam.-dim. 10h-17h - 5 $/voiture.

Cette réserve de 27 470 ha abrite l'un des plus anciens phares de Floride, mais aussi un musée, une réserve faunique et une aire de détente. Au **centre d'accueil**, un film vidéo *(15mn)* constitue une excellente introduction à la visite, tandis que des expositions présentent l'histoire et la faune de la région.

Construit en 1832, le **phare** *(à 11 km au sud du centre d'accueil)* est toujours en service. Juste à côté, une **tour d'observation** permet d'admirer de nombreux oiseaux (on en recense ici 300 espèces) et vers la fin du mois d'octobre, des papillons migrateurs, les fameux monarques.

NOS ADRESSES À TALLAHASSEE

TRANSPORTS

Arriver

Avion – Tallahassee Regional Airport (TLH) - *à 8 km au sud-ouest de la ville - ✆ (850) 891 7802 - www.talgov.com/airport.* Transports pour le centre-ville : taxis *(20 $)* ; navettes gratuites desservant les grands hôtels. Sociétés de location de voitures *(voir p. 40)* à l'aéroport.

Sur place

Star Metro (*www.talgov.com/starmetro - 1,25 $ - 6h-19h, sam. 8h-19h, trafic limité le dim.)* gère 8 lignes de bus qui desservent le centre-ville, mais surtout la banlieue.

Taxi – City Taxi - *✆ (850) 575 7575 ;* **Yellow Cab** - *✆ (850) 999 9999.*

HÉBERGEMENT

Bon à savoir – Il n'y a pas de haute ou de basse saison à Tallahassee, mais l'occupation du parc hôtelier est liée à la vie de l'université : rentrée scolaire, remise des diplômes, matchs des équipes sportives *(w.-ends de sept. à nov., puis mai)*. Les sessions du Parlement de l'État *(mars-avr.)* attirent aussi du monde.

Vous trouverez de nombreux hôtels de chaîne autour de N. Monroe St. (sortie 199 sur l'I-10).

POUR SE FAIRE PLAISIR

À Wakulla Springs

Wakulla Springs Lodge – *550 Wakulla Park Dr. - ✆ (850) 421 2000 - www.wakullaspringslodge.com - ♿ P - 27 ch. à partir de 115 $.* Installé dans un bâtiment (1937) construit en bordure de rivière, cet hôtel d'une autre époque (il n'y a pas de télé dans les chambres ni d'accès Internet) rappelle, par son style, les anciennes missions espagnoles. Le plafond en cyprès peint à la main, les carrelages importés d'Espagne et le sol en marbre du Tennessee sont d'origine. Le restaurant propose une cuisine du Sud étasunien. Toutes les activités du parc sont à deux pas !

Downtown

Governors Inn – *209 S. Adams St. - ✆ (850) 681 6855 - www.thegovinn.com - ♿ P (12 $) - 41 ch. à partir de 129 $.* Bien situé, cet hôtel élégant est un bon choix pour explorer le vieux Tallahassee. Toutes les chambres sont meublées différemment et recréent une ambiance « Vieux Sud » pleine de charme. L'un des rares établissements indépendants de la ville. Promotions et packages sur le site Internet.

Aloft Tallahassee Downtown – *200 N. Monroe St. - ✆ (850) 513 0313 - www.alofttallahassee.com - ♿ 🏊 P (5 $) - 243 ch. à partir de 170 $.* L'un des derniers nés parmi les établissements du centre-ville : un hôtel design et branché avec des chambres très bien équipées. Deux bars-lounge, où il est très agréable de faire une pause. Promotions intéressantes sur le site Internet.

RESTAURATION

PREMIER PRIX

Gordos – *1907 W. Pensacola St. - ✆ (850) 576 5767 - www.gordoscubanfood.com - ♿ P - 10/12 $.* Un petit restaurant cubain sans prétention et très populaire. Grand choix de sandwichs et quelques plats typiques comme le *arroz con pollo* (riz au poulet) ou *lechon asado* (rôti de porc).

Harry's Seafood Bar – *301 S. Bronough St. - ✆ (850) 222 3976 - www.hookedonharrys.com - ♿ - 14/20 $.* Un restaurant dans le style et l'esprit de La Nouvelle-Orléans. L'ambiance est chaleureuse et les plats sont copieux : *po-boys* (sandwichs typiques du Sud), beignets de tomates vertes, *jambalaya*, étouffée d'écrevisses... Menu *Early Dining* servi de 16h à 18h. Autres adresses à St. Augustine, Ocala, Lakeland et Gainesville.

Kool Beanz Cafe – *921 Thomasville Rd - ✆ (850) 224 2466 - www.kool-beanz.com - ♿ P - fermé dim. soir - 18/24 $.* Un restaurant animé où l'on se régale d'une cuisine *fusion* aux influences asiatiques et caribéennes. La cuisine est ouverte sur la salle et l'ambiance est décontractée. Brunch le dimanche.

ACHATS

Les amateurs de shopping trouveront leur bonheur dans le quartier historique de Tallahassee *(E. Park Ave. et Capitole).*

Tallahassee Mall – *2415 N. Monroe St. - ✆ (850) 385 7145 - www.shoptallahasseemall.com.* Ce grand complexe commercial compte par ailleurs plusieurs restaurants.

Downtown Marketplace – *115 E. Park Ave. - ✆ (850) 224 3252 - www.downtownmarket.com - sam. 9h-14h.* De mars à novembre, artistes et artisans rejoignent les rangs des vendeurs de ce marché pas comme les autres.

Bon à savoir – La ville de Havana *(sur l'US-27, à 19 km au nord de Tallahassee)* est réputée pour ses magasins d'antiquités, concentrés autour de 2nd St.

EN SOIRÉE

Chaque vendredi, la section « Arts et Spectacles » du *Tallahassee Democrat (www.tallahassee.com)* ou le site *www.visittallahassee.com/things-to-do* présentent les manifestations culturelles au programme et les adresses des théâtres et salles de concert.

Spectacles

Florida State University – *540 W. Call St. - ✆ (850) 644 6500 - www.tickets.fsu.edu.* Concerts, récitals, opéras, comédies musicales. Les spectacles se déroulent dans huit lieux différents.

Donald L. Tucker Civic Center – *5505 W. Pensacola St. - ✆ (850) 222 0400 - www.tlccc.org.* Concerts, comédies musicales, événements sportifs…

Tallahassee Symphony Orchestra – *✆ (850) 224 0461 - www.tallahasseesymphony.org.* Tallahassee Symphony Orchestra organise des concerts de musique classique au Ruby Diamond Concert Hall (*222 S. Copeland St.*).

Bars et clubs

Bradfordville Blues Club – *7152 Moses Lane - ✆ (850) 906 0766 - www.bradfordvilleblues.com* - ♿ 🅿. Le meilleur endroit pour écouter du blues.

Coliseum – *1833 W. Tennessee St. - ✆ (850) 727 4555 - www.facebook.com/ColiseumTallahassee.* Cette boîte de nuit propose des concerts *live* plusieurs fois par mois.

ACTIVITÉS

Golf

La ville compte plusieurs parcours publics et semi-privés, ouverts aux visiteurs de passage à des tarifs abordables.

Hilaman Golf Course – *2737 Blair Stone Rd - ✆ (850) 891 2560 - www.hilamangolfcourse.com.* Un 18 trous tout proche du centre.

Sports universitaires

Les **Florida State Seminoles**, membres des équipes de la Florida State University (FSU), sont très populaires, en particulier pour le football américain et le base-ball.

Reportez-vous au site Internet www.seminoles.com pour connaître le calendrier des rencontres.

Apalachicola

★

2 260 habitants

Cette petite communauté de pêcheurs occupe l'une des extrémités de l'embouchure de la rivière Apalachicola (« le pays au-delà » en dialecte creek), qui se déverse ici dans le golfe du Mexique. Elle fait partie de la « Forgotten Coast » (« côte oubliée »), petite portion du littoral floridien qui porte bien son nom. On y découvre, dans un cadre serein et très verdoyant, des demeures bien conservées datant de l'époque victorienne et d'avant la guerre de Sécession (1861-1865). C'est aussi un rendez-vous privilégié des pêcheurs et des amateurs d'huîtres, puisqu'on trouve ici les meilleures du pays selon les connaisseurs !

NOS ADRESSES PAGE 408

S'INFORMER
Apalachicola Bay Chamber of Commerce – *122 Commerce St. - ✆ (850) 653 9419 - www.apalachicolabay.org.*

SE REPÉRER
Carte de région C2 (p. 388-389). La ville se trouve sur l'US-98 à environ 130 km au sud-ouest de Tallahassee.

SE GARER
Garez-vous au bord de la rivière et partez à pied à la découverte de la ville à partir de Water Street.

À NE PAS MANQUER
Un repas d'huîtres dans la capitale floridienne en la matière ; une journée à Dr. Julian G. Bruce St. George Island State Park.

ORGANISER SON TEMPS
Consacrez deux heures à la découverte de la ville, puis partez vous détendre sur l'une des îles voisines.

AVEC LES ENFANTS
Une sortie en bateau jusqu'à St. Vincent National Wildlife Refuge pour observer tortues et dauphins.

Se promener

★ Historic Downtown

Bon à savoir – Des brochures informatives, disponibles auprès de la chambre de commerce *(voir ci-dessus)*, guideront votre promenade dans le quartier historique.

Dans les années 1830, **Water Street** était au cœur du quartier des affaires. De cette époque ont subsisté quelques vestiges. La ville comptait jadis 43 **entrepôts de coton**, imposants bâtiments de brique rouge à la façade invariablement ornée de piliers et linteaux en granit. On en trouve un exemple délabré au carrefour de Water Street et d'Avenue E. Un peu plus loin, au 76 Water Street, un autre bâtiment en brique, **Grady Building**, a été joliment restauré :

La rivière Apalachicola.
E. Bocci/Marka/age fotostock

COTON, BOIS ET HUÎTRES

Du fait de l'accès unique qu'il offrait aux voies navigables, Apalachicola était au 19e s. le troisième port le plus actif du golfe du Mexique, derrière La Nouvelle-Orléans (Louisiane) et Mobile (Alabama). Dans les années 1830 et 1840, les **récoltes de coton** des riches planteurs du nord de la Floride et du sud de la Géorgie transitaient par là pour être vendues à des courtiers, avant d'être expédiées vers New York, Boston ou les grands ports d'Europe. Les rues aujourd'hui calmes d'Apalachicola sont encore bordées d'imposantes demeures construites à cette époque de prospérité. Devenue municipalité en 1831, Apalachicola fut, malgré sa taille modeste, un port commercial si important que la France et la Belgique y établirent chacune un consulat. Après la guerre de Sécession, l'**industrie du bois** prit le relais. Plusieurs scieries furent implantées pour la découpe de cyprès destinés à l'exportation. Une autre génération de magnats apparut et, à nouveau, d'extravagantes maisons sortirent de terre. Mais, dans les années 1920, le destin de la ville bascula : les liaisons s'effectuaient désormais en train et, laissé à l'écart des lignes ferroviaires, le port périclita.

De part sa situation, Apalachicola s'est naturellement tournée vers la mer pour en tirer ses ressources : **pêche** et **ostréiculture** constituent depuis longtemps des activités importantes. Son bassin est l'un des plus grands réservoirs de parcs à huîtres des États-Unis. Très endommagés par l'ouragan Kate en 1985, les bancs sont aujourd'hui reconstitués et fournissent 1 500 t par an (soit environ les trois quarts de la production annuelle totale de la Floride). Depuis les années 2000, l'économie de la ville a pu se diversifier grâce au **tourisme**. Les vacanciers ont en effet commencé à découvrir cet endroit encore isolé, dont ils apprécient à la fois l'ambiance détendue et les richesses naturelles.

ancien magasin d'articles pour bateau puis consulat de France, il abrite aujourd'hui un hôtel *(voir « Nos adresses à Apalachicola »)* et des boutiques de souvenirs.

À l'angle d'Avenue E et Commerce Street, on peut également voir le **Sponge Exchange** (vers 1838), ancienne bourse des éponges où se déroulaient le nettoyage et le négoce des éponges marines. Bien que les volumes traités ici n'aient jamais approché ceux de Tarpon Springs, l'industrie de l'éponge employait tout de même en son temps plus de 10 % de la population locale.

Excellent exemple d'architecture néogrecque d'avant la guerre de Sécession, la **Raney House** *(128 Market St.)* est une maison blanche à portique qui fut construite en 1838 pour un commerçant, David Raney.

Datant de l'ère victorienne et aujourd'hui restaurée, la **Gibson Inn** *(Ave. C et Market St.)* offre quant à elle une large véranda avec vue sur la baie, et accueille aujourd'hui encore des hôtes *(voir « Nos adresses à Apalachicola »)*.

D'autres demeures anciennes, comme celles le long de Chestnut Street *(Ave. E)*, illustrent différents styles d'architecture, notamment néogrec et victorien.

John Gorrie State Museum

46 6th St. - ☏ (850) 653 9347 - http://floridastateparks.org/johngorriemuseum/ - ♿ P - jeu.-lun. 9h-17h - 2 $.

Ce modeste bâtiment est consacré à **John Gorrie** (1803-1855), un médecin d'Apalachicola qui mit au point l'ancêtre de nos climatiseurs. La terrible épidémie de fièvre jaune de 1841, qui décima 10 % de la population de Tallahassee lui inspira son invention. C'est en cherchant à soulager ses malades brûlants de fièvre que Gorrie eut l'idée de créer une machine capable de rafraîchir l'air ambiant (en évitant le recours à la glace naturelle, alors importée des États du Nord). Le musée contient une réplique de ce climatiseur dont la saumure, refroidie par air, servait elle-même à congeler de l'eau. La tombe de l'ingénieux médecin se trouve de l'autre côté de la rue, sur Gorrie Square.

Trinity Episcopal Church

6th St. et Ave. D (sur Gorrie Square) - ☏ (850) 653 9550 - www.trinityapalachicola.org - ♿ - lun.-jeu. 8h-15h.

Bon à savoir – Chaque année au printemps, l'église organise un week-end à la découverte du patrimoine architectural de la ville, permettant d'accéder à des maisons habituellement fermées au public *(rens. sur www.apalachicolahistorichometour.org)*.

Le Dr Gorrie *(voir ci-dessus)* participa à la fondation de Trinity, l'une des paroisses les plus anciennes du Nord de la Floride (1835). De style néogrec, l'église en pin blanc date de 1839. Elle fut construite dans le nord de l'État de New York, avant d'être démontée, puis transportée jusqu'à Apalachicola, où la communauté la remonta avec des chevilles en bois. À l'intérieur, remarquez l'orgue et les bancs d'origine (vers 1840), ainsi que les décorations au pochoir du plafond et les planches avec couvre-joints des murs.

FUSEAUX HORAIRES

Si le reste de la Floride est compris dans le fuseau horaire EST (Eastern Standard Time), la région située à l'ouest de la rivière Apalachicola appartient au fuseau horaire CST (Central Standard Time), en avance d'une heure sur le précédent. Lorsqu'il est 15h dans la capitale, Tallahassee, il est par conséquent 14h à Pensacola.

Chestnut Street Cemetery

Ave. E, entre 6th St. et 8th St.

Planté de chênes de Virginie drapés de mousse espagnole, ce pittoresque cimetière est antérieur à 1831. Il contient les tombes de nombreuses victimes de la fièvre jaune, de quelques soldats sudistes (sept d'entre eux participèrent à la bataille de Gettysburg), de marins morts dans des naufrages et de simples citoyens. Le fameux botaniste Alvin Wentworth Chapman, venu à Apalachicola pour étudier la flore méridionale, est également inhumé ici.

Lafayette Park

À l'extrémité ouest d'Ave. A (qui devient Walnut St.).

Rempli d'azalées et de chênes noueux, ce ravissant parc ombragé est perché au sommet d'une haute falaise surplombant la baie d'Apalachicola. Des chemins pavés ont été aménagés et conduisent vers la réplique d'un pavillon du début du siècle. Dans la partie sud du parc, une promenade de planches descend vers un point dégagé, d'où l'on jouit d'une vue panoramique sur la baie.

À proximité Carte de région (p. 388-389)

St. George Island CD2

À 9,7 km à l'est d'Apalachicola. Prenez l'US-98 vers l'est et faites 6,5 km jusqu'à Eastpoint ; prenez à droite le Causeway (route 300) jusqu'à l'île.

Longue de 40 km, St. George est la plus grande des trois îles au large du comté de Franklin, et la seule reliée à la côte par un pont routier. Encore peu développée, elle ne fut longtemps accessible que par bateau. L'île-barrière servit à la fois de cache aux pirates et de terrain de campement aux Indiens avant d'être découverte par les vacanciers au début du 20e s. Sa forêt fut exploitée pour la production de térébenthine *(voir p. 56)*, et les cicatrices infligées par cette industrie sont encore visibles sur certains troncs de pins d'Elliott.

Jusqu'en 1965, St. George ne comptait que quelques rares habitants qui y menaient une vie très rustique. L'ouverture du pont s'accompagna de la construction de résidences secondaires dans le centre et dans la partie ouest de l'île. Les extrémités est et ouest (cape St. George) ont été déclarées zones protégées. Aujourd'hui, l'île et ses belles plages de sable blanc sont surtout fréquentées en fin de semaine par les habitants de la région. L'activité commerciale se résume à de petites épiceries, deux hôtels et quelques restaurants *(voir « Nos adresses à Apalachicola »)*.

★★ **Dr. Julian G. Bruce St. George Island State Park** – *1900 E. Gulf Beach Dr. (à l'extrémité est de St. George Island ; prenez la route 300 et suivez la jusqu'à l'entrée du parc) - ✆ (850) 927 2111 - www.floridastateparks.org/stgeorgeisland/ - ♿ P - tlj de 8h au coucher du soleil - 6 $/voiture. Possibilité de camper (✆ 800 326 3521 - http://floridastateparks.reserveamerica.com).* Avec plus de 780 ha de superficie, ce parc offre un paysage de hautes dunes parsemées d'avoine marine et d'étincelantes plages de sable blanc s'étirant le long de 15 km de rivage immaculé. En grande partie inhabitée jusqu'à la fin du 19e s., l'île perdit une surface importante de forêt de pins, alors exploitée pour la production de térébenthine. Le terrain fut acquis dès 1963, mais le parc n'ouvrit au public qu'en 1980. Promenades en bois et chemins de randonnée traversent des marais, des forêts de pins et des îlots de chênes, peuplés d'une abondante faune d'oiseaux migrateurs, de balbuzards pêcheurs, de pluviers neigeux et de tortues diamantées. Les eaux du golfe et de la baie sont riches en flets, en truites, en perches de mer et en mollusques.

Deux autres îles-barrières protègent la côte du comté de Franklin de la violence des vents et des ouragans : **Dog Island**, située à l'est d'Apalachicola, et **St. Vincent Island**, à 15 km à l'ouest. En 1948, deux frères millionnaires achetèrent St. Vincent et la peuplèrent d'animaux exotiques. L'île appartient désormais à l'administration américaine (US Fish and Wildlife Service), et ses rivages immaculés abritent plusieurs espèces végétales ou animales menacées, dont plus de 180 types d'oiseaux.

Port St. Joe C2

À 25,6 km au nord-ouest d'Apalachicola par l'US-98.

Les quelques kilomètres séparant Port St. Joe d'Apalachicola ou de Panama City semblent comme autant d'années isolant ce somnolent rivage (on l'appelle ici la « côte oubliée ») du reste de la Floride. En arrivant par l'US-98, vous verrez émerger, à l'ouest de la ville, une importante usine à papier, dont la silhouette rompt la bande continue de palmiers et de pins bordant si joliment la baie St. Josephs et le cape San Blas. C'est à Port St. Joe que fut rédigée l'ébauche de la Constitution de l'État de Floride. Cette petite ville agréable possède un port en eau profonde et une baie où abondent les coquilles Saint-Jacques.

NOS ADRESSES À APALACHICOLA

HÉBERGEMENT

POUR SE FAIRE PLAISIR

Gibson Inn – *51 Ave. C - (850) 653 2191 - www.gibsoninn.com - - 31 ch. 130/150 $ - rest. : merc.-dim., dîner seult.* Caractéristique de l'architecture *cracker* floridienne, cette belle demeure en bois classée abrite des chambres toutes différentes, certaines avec baignoires à l'ancienne et lits à baldaquin. L'ambiance est sympathique et il fait bon s'attarder sur les rocking-chairs disposés sous le porche.

À St. George Island

St. George Inn – *135 Franklin Blvd - (850) 927 2903 - www.stgeorgeinn.com - - 17 ch. 155/170 $.* De grandes chambres bien équipées (réfrigérateur, micro-ondes, machines à café) à deux pas de la plage, dans une belle maison ancienne donnant sur la baie. Plus calme que l'autre hôtel de l'île, le *Buccaneer Inn*. Tarifs intéressants pour les séjours de plus de 3 jours.

UNE FOLIE

Consulate Suites – *76 Water St. - (850) 653 1515 - www.consulatesuites.com - 4 appart. à partir de 185 $.* Idéalement situés dans le Grady Building, face à la rivière, ces quatre appartements, très joliment décorés, sont équipés d'une cuisine, d'un balcon-terrasse, et peuvent accueillir jusqu'à 6 personnes. Tarifs intéressants à la semaine.

RESTAURATION

PREMIER PRIX

Boss Oyster – *123 Water St. - (850) 653 9364 - www.apalachicolariverinn.com - - 12/20 $.* Ce bar à huîtres situé juste en bordure de rivière sert lesdits mollusques crus, frits, grillés ou cuits à la vapeur… soit plus de 20 façons différentes ! Propose aussi quelques plats de viande et de poisson.

BUDGET MOYEN

Caroline's River Dining – *Water St. (juste à côté du*

précédent) - ✆ (850) 653 8139 - www.apalachicolariverinn.com - ♿ *- 20/30 $.* L'adresse appartient aux mêmes propriétaires que le précédent. Les repas sont servis sur une terrasse surplombant la rivière et la cuisine est plus recherchée.

Owl Cafe – *15 Ave. D - ✆ (850) 653 9888 - www.owlcafeflorida.com -* ♿ *- 15/25 $.* Dans une belle maison ancienne du centre historique, ce restaurant avec terrasse en hauteur est l'une des meilleures tables de la ville. On y sert une cuisine simple et raffinée à base de fruits de mer et de poisson.

Son extension, le **Owl Cafe Tap Room**, est idéale pour boire un verre en grignotant.

À St. George Island

Blue Parrot – *68 West Gorrie Dr. - ✆ (850) 927 2987 - www.blueparrotsgi.com -* ♿ 🅿 *- 15/25 $.* Face à la plage, ce restaurant dispose d'une belle terrasse en hauteur. Sa carte fait la part belle aux produits issus de la pêche locale : huîtres, coquilles Saint-Jacques, crevettes… Quelques plats de viande pour les irréductibles. Le restaurant organise différentes manifestations et festivités au cours de l'année.

ACHATS

La ville regorge de boutiques de souvenirs, de galeries d'art et de brocanteurs.

Richard Bickel Photography – *81 Market St. - ✆ (850) 653 2828 - www.richardbickelphotography.com.* Ce photographe globe trotteur s'est passionné pour Apalachicola et sa région. Il a réalisé plusieurs ouvrages et de superbes clichés des lieux et de leurs habitants, et a ouvert une belle galerie dans la ville.

EN SOIRÉE

Dixie Theatre – *21 Ave. E - ✆ (850) 653 3200 - www.dixietheatre.com.* Un ancien théâtre (1912) reconverti en cinéma et qui a rouvert en 2004 après des décennies d'abandon. L'endroit a retrouvé aujourd'hui ses deux vocations d'origine.

ACTIVITÉS

Plusieurs agences proposent des sorties de pêche et des balades en bateau parmi lesquels :

Captain Brownie Parkman – *✆ (850) 653 5529 - http://apalachicolaguide.com.*

Backwater Guide Service – *✆ (850) 899 0063 - www.backwaterguideservice.com.*

Panama City

36 167 habitants

Entourée de trois baies, Panama City est, après Pensacola, le second port le plus important du nord-ouest de la Floride. Si les navigateurs espagnols explorèrent ces lieux au début du 16e s., ce fut aux Anglais que revint l'initiative d'y établir un village en 1765. De nos jours, les visiteurs ignorent les mornes zones industrielles de la ville et filent directement vers Panama City Beach. Longue de 32 km, cette plage de sable blanc borde le golfe du Mexique et ses eaux d'un bleu turquoise.

NOS ADRESSES PAGE 412

S'INFORMER
Visitors'Information Center – *17001 Panama City Beach Parkway - (850) 233 6503 ou 800 722 3224 - www.visitpanamacitybeach.com.*

SE REPÉRER
Carte de région C2 (p. 388-389). Trois rues traversent la ville d'est en ouest : Front, Middle et Back Streets. Si vous voulez vous rendre quelque part rapidement, évitez Front Street, toujours très encombrée.

À NE PAS MANQUER
Grayton Beach State Park.

ORGANISER SON TEMPS
Attention, Panama City est une destination prisée lors du *Spring Break* universitaire (au printemps). Évitez cette période si vous aimez le calme !

AVEC LES ENFANTS
Gulf World Marine Park.

Se promener

PANAMA CITY BEACH

Des deux côtés de la rue principale s'étendent des kilomètres d'immeubles pour vacanciers, de motels bon marché, de terrains de golf miniatures à l'architecture extravagante et de points de vente de hot-dogs et de glaces. Des échoppes délabrées côtoient boutiques et restaurants flambant neufs. Malgré l'ampleur des constructions immobilières qui ont changé le visage de Panama City Beach au cours des dernières décennies, la beauté naturelle de l'endroit a subsisté.

Gulf World Marine Park

15412 Front Beach Rd - (850) 234 5271 - - juin-août : 9h30-18h ; reste de l'année : 9h30-16h30, fermé en déc. - 30 $ (5-11 ans 20 $).

Fort apprécié du public, ce complexe propose une série d'attractions marines : démonstrations de plongée sous-marine, spectacles avec des reptiles ou des perroquets, numéros acrobatiques avec otaries et dauphins, repas des requins et des tortues… Vous pourrez même toucher des raies pastenagues et des dauphins, voire nager avec eux.

DES PLAGES DE SABLE BLANC

Les plages du nord-ouest de la Floride doivent leur couleur et leur texture si particulières à un sable incroyablement pur, presque exclusivement composé de quartz. Ce silicate provient de l'érosion ancienne de la chaîne des Appalaches dont les sédiments – emportés par les eaux de pluie – aboutirent dans le golfe du Mexique. Sous l'action répétée des vagues, les dépôts minéraux disparurent, à l'exception d'une fine poudre quartzeuse. Avant de déboucher dans le golfe, les rivières de la région traversent des zones calcaires, non sédimentaires, et aucune impureté ne vient contaminer le sable immaculé de ces plages.

★ St. Andrews State Park

4607 State Park Ln (à l'extrémité est de Panama City Beach) - ✆ (850) 233 5140 - www.floridastateparks.org/standrews/ - ♿ P - tlj de 8h au coucher du soleil - 8 $/voiture. Possibilité de camper (✆ 800 326 3521 - http ://floridastateparks.reserveamerica.com) et de se restaurer; location de kayaks.

Ce parc occupe les deux berges du chenal d'accès à la baie de St. Andrews. Avec ses belles plages de sable fin, ses marais d'eau douce et ses étendues de pins, il constitue un agréable but de promenade. Des jetées s'avancent dans la lagune et dans le golfe du Mexique, dont les eaux regorgent de flets, de truites de mer, de dorades, de bonites rayées… L'endroit se prête particulièrement bien à la baignade et à la plongée libre.

Un sentier *(1 km)* passe le long d'une station de distillation de térébenthine. Reconstruit, ce bâtiment de bois et de brique est représentatif de ceux exploités jusqu'aux années 1930 dans le comté de Bay. Des panneaux expliquent le processus.

Shell Island – *Uniquement accessible par bateau - ✆ (850) 233 0504 - www.shellislandshuttle.com - été : 9h-17h, printemps et automne : mar.-sam. 10h-16h (horaires sujets à changement en fonction des conditions météorologiques) - dép. ttes les 30mn (ttes les h en basse saison) - 5mn AR - 16,95 $; 24,95 $ avec location de masque et de tuba ; 55 $ avec location de kayak à la journée. Attention, l'île n'est équipée d'aucune installation et n'offre aucun abri à l'ombre.* Créée dans les années 1930 par le creusement du chenal, cette terre vierge de 11 km par 0,8 km est, pour l'essentiel, une extension du parc, le reste de sa superficie appartenant à la base aérienne de Tyndall et à quelques propriétaires privés. Sable blanc immaculé et eau d'une limpidité d'aigue-marine s'offrent au visiteur le long d'un cordon de dunes garni de buissons. Pour trouver les meilleurs coquillages, éloignez-vous de la pointe de l'île, où les touristes tendent à s'agglutiner, et faites quelques pas dans l'eau.

Museum of Man in the Sea

17314 Panama City Beach Pkwy (sur l'US-98, à 0,4 km à l'ouest de la route 79) - ✆ (850) 235 4101 - www.maninthesea.org - ♿ P - merc.-sam. 10h-17h - 5 $.

Repérable depuis la route grâce aux submersibles et aux véhicules d'exploration exposés à l'extérieur, ce petit musée est dédié à l'histoire de la plongée sous les mers. Géré par l'Institute of Diving, il offre une série de tableaux organisés par ordre chronologique. Des dioramas mettent en scène des plongeurs du 17e s. utilisant des cloches d'immersion pour atteindre les vaisseaux naufragés. La collection se compose aussi de scaphandres, d'aquariums, de photographies, ainsi que d'objets retrouvés dans l'épave du *Maple Leaf*, un navire de transport nordiste qui, en 1864, durant la guerre de Sécession, sombra près de Jacksonville. Photos et vidéos montrent le travail accompli non loin de la côte de la Floride, sur les sites archéologiques sous-marins d'épaves comme celles de l'*Urca de Lima* (1715) et de *l'Atocha*.

À proximité Carte de région (p. 388-389)

Seaside B1

À 56 km à l'ouest de Panama City par l'US-98A, le long de la route 30A.
www.seasidefl.com.

Récompensée par de nombreux prix et applaudie par de prestigieuses associations telles que l'American Institute of Architects et Progressive Architecture, la petite ville de Seaside, située sur la route entre Panama City Beach et Pensacola, est à l'image de son promoteur, **Robert S. Davis**, un homme nostalgique qui a voulu conserver à l'endroit sa simplicité d'antan. Conçue en 1981 par deux architectes de Miami (Andres Duany et Elizabeth Plater-Zyberk), cette communauté se compose de quelques centaines de cottages, boutiques et restaurants aux tons pastel blottis les uns contre les autres. Le souci de préservation des traits de l'architecture régionale se retrouve dans les palissades en bois, les balcons avec treillage, les parapets ouvragés et les toits à forte pente. Si les propriétaires sont libres de choisir leur propre architecte, ils sont tenus de n'employer ici que des matériaux d'avant la Seconde Guerre mondiale (comme la tôle pour les toits ou le bois pour les façades). Ces choix traditionnels auraient pu donner à l'ensemble le cachet pittoresque d'une ville comme Key West, mais un aspect trop neuf lui confère plutôt l'atmosphère d'un décor de cinéma (en 1998, Seaside a d'ailleurs servi de cadre au film *The Truman Show*, avec Jim Carrey).

★★ Grayton Beach State Park B1

À Santa Rosa, 2,4 km à l'ouest de Seaside, sur la route 30A. 357 Main Park Rd - (850) 231 4210 - www.floridastateparks.org/graytonbeach/ - - tlj de 8h au coucher du soleil - 5 $/voiture. Possibilité de camper ou de louer un cottage (800 326 3521 - http ://floridastateparks.reserveamerica.com - comptez 110/130 $ pour un logement de 6 pers.).

Malgré sa modeste superficie, ce parc compte près de 2 km de rivage superbe. Le faible nombre de constructions et la présence de hautes dunes ont valu à sa plage de figurer parmi les dix meilleures des États-Unis par le laboratoire de recherche sur le littoral de l'université du Maryland. Un ravissant **sentier de nature** *(1,6 km)* pénètre dans un véritable tunnel de chênes de Virginie nains, et émerge au-delà des dunes et des pineraies sur un sentier longé de marguerites sauvages, de gerbes d'or et de palmistes nains.

NOS ADRESSES À PANAMA CITY

HÉBERGEMENT

Tous les établissements de la station se concentrent le long de Front Beach Rd et de St. Thomas Dr. (dans le prolongement de la première). Toutes les chaînes de motels et d'hôtels (ou presque) y sont représentées.

BUDGET MOYEN

The Driftwood Lodge – *15811 Front Beach Rd - (850) 234 6601 - www.driftwoodpcb.com - - 46 ch. à partir* *de 100 $ - réserv. conseillée en haute saison.* Ce motel ouvert en 1957 est sans doute l'un des plus anciens de la plage mais, rassurez-vous, son entretien ne laisse absolument pas à désirer. Les chambres sont spacieuses et modernes, équipées d'une kitchenette (ou d'un micro-ondes et d'un réfrigérateur pour les plus petites) et d'un balcon ou d'un accès à la terrasse. Activités et jeux variés. Parfait pour un séjour en famille.

POUR SE FAIRE PLAISIR

À Panama City Beach

Wisteria Inn – *20404 Front Beach Rd - ✆ (850) 234 0557 - www.wisteria-inn.com - ♿ 🏊 🅿 - 10 ch. 119/159 $ - séjour de deux nuits minimum. certains week-ends.* Situé un peu à l'écart des autres hôtels et à deux pas de la plage, cet établissement est un bon choix pour ceux qui recherchent le calme. Les chambres sont, pour la plupart, de bonne taille et bien équipées ; la piscine, entourée d'une végétation abondante, est charmante.

RESTAURATION

Restaurants, fast-foods et stands variés se succèdent auprès des hôtels. Voici quelques adresses qui sortent de l'ordinaire :

BUDGET MOYEN

À Panama City Beach

Capt. Anderson's Restaurant – *5551 N. Lagoon Dr. - ✆ (850) 234 2225 - www.captandersons.com - ♿ 🅿 - dîner seult - fermé dim. - 20/35 $.* Fondé par des pêcheurs, les frères Patronis, qui ont longtemps assuré son approvisionnement, cet immense restaurant familial est l'une des meilleures tables de la ville depuis 1967 et demeure régulièrement classé parmi les 50 meilleurs restaurants de poisson du pays. L'établissement donne sur un petit port où l'on peut assister au retour des chalutiers en fin de journée. Parmi ses spécialités : homards, langoustes, soupe au crabe…

Saltwater Grill – *11040 Hutchison Blvd - ✆ (850) 230 2739 - www.saltwatergrillpcb.com - ♿ 🅿 - dîner seult - 15/35 $ - Early Dining Menu à 14,99 $ servi de 16h à 17h30.* Un restaurant raffiné qui change de la plupart des autres établissements de la plage. Au menu, spécialités de poisson et steaks. Les plats sont originaux et délicieux : rouleaux de printemps à la langouste, étouffée de vivaneau, flet farci au crabe. Les deux salles sont organisées autour d'un immense aquarium et le décor est très réussi. Piano *live* certains soirs.

POUR SE FAIRE PLAISIR

À Seaside

Bud & Alley's – *2236 E. US-30A - ✆ (850) 231 5900 - www.budandalleys.com - ♿ - 25/40 $.* Une bonne adresse pour grignoter des tapas en sirotant un *long drink*… la terrasse qui surplombe la mer s'y prête parfaitement ! On passe aux choses « sérieuses » dans une salle lumineuse et sobrement décorée. La cuisine est succulente, préparée avec des produits locaux essentiellement bio. Les plats ont souvent un parfum de Louisiane : *gumbo* d'andouille et d'écrevisses, poisson aux épices cajuns… Ambiance animée et sympathique, musique *live* en soirée pendant la haute saison. Il y a aussi un **Taco Bar** (menu mexicain) et un **Pizza Bar**, nettement plus abordables.

Pensacola

★

52 703 habitants

Abrité dans la baie de Pensacola à l'extrémité nord-ouest de la Floride, bien protégé par les îles de Santa Rosa et de Perdido, ce port de mer fut longtemps un enjeu convoité, comme en témoigne sa riche histoire. Depuis sa fondation en 1698, cinq nations se sont battues pour la conquête de Pensacola, et la place a changé 13 fois de mains. Tout comme ses voisines plus à l'ouest, La Nouvelle-Orléans et Mobile, cette ville du Sud a su préserver ses quartiers anciens à l'architecture si variée, où le style régional créole côtoie celui de l'époque victorienne. Les îles du cordon littoral, à quelques minutes à peine de la côte, attirent les amateurs de soleil sur les plages tranquilles du golfe du Mexique.

NOS ADRESSES PAGE 422

S'INFORMER

Pensacola Bay Area Convention and Visitors Bureau – *1401 E. Gregory St. - ✆ (850) 434 1234 ou 800 874 1234 - www.visitpensacola.com.*

Pensacola Beach Chamber of Commerce – *735 Pensacola Beach Blvd - ✆ (850) 932 1500 ou 800 635 4803 - www.visitpensacola.com.*

SE REPÉRER

Carte de région A1 (p. 388-389). Plusieurs grandes routes permettent d'accéder à la ville, dont les I-90, I-98, I-10 (est-ouest) et I-110 (nord-sud).

À NE PAS MANQUER

Les quartiers historiques; une balade à Naval Live Oaks Reservation.

ORGANISER SON TEMPS

Prévoyez une journée pour visiter les quartiers historiques de Pensacola, puis profiter de la plage de Gulf Islands National Seashore.

AVEC LES ENFANTS

Gulf Breeze Zoo et le National Museum of Naval Aviation.

Se promener Plan de ville (p. 418)

★ SEVILLE HISTORIC DISTRICT (PENSACOLA HISTORIC DISTRICT)

Le billet d'entrée pour l'Historic Pensacola Village (qui inclut la visite guidée de Old Christ Church, Lavalle House, Dorr House et Lear-Rocheblave House, ainsi que l'accès au Museum of Commerce, au Museum of Industry, au Wentworth Museum, au Julee Cottage et au T.T. Wentworth Jr. Florida State Museum) s'achète à la Tivoli House (205 E. Zaragoza St.) - ✆ (850) 595 5993 - www.historicpensacola.org - P - village : mar.-sam. 10h-16h - visite guidée (de 1h à 1h30) à 11h, 13h et 14h30 - 6 $.

Limité à l'ouest et à l'est par Tarragona Street et Florida Blanca Street, au nord et au sud par Garden Street et Main Street, Seville est le plus ancien des trois quartiers historiques de la ville. Ses rues, tracées en 1765 par l'ingénieur-géomètre anglais Elias Durnford, furent rebaptisées plus tard par les Espagnols.

Seville Historic District.
J. Coletti/Agency Jon Arnold Images/age fotostock

Aujourd'hui restauré, l'endroit compte de nombreux témoignages d'architectures vernaculaire, créole ou victorienne. Un bon nombre de ces demeures ont été converties en bureaux, en restaurants et en boutiques, mais certaines d'entre elles sont ouvertes au public.

Museum of Commerce

Tarragona St. et Zaragoza St.

Une rue du début du 20e s., avec ses trottoirs en bois et ses réverbères, a été reconstituée dans cet ancien entrepôt. On y voit plusieurs commerces « à l'ancienne », notamment un salon de barbier-coiffeur, une boutique de sellerie et un magasin de musique.

Museum of Industry

200 E. Zaragoza St. (en face du Museum of Commerce).

On y découvre une exposition consacrée aux activités qui firent la première prospérité de Pensacola : briqueteries, exploitation forestière, transport maritime et pêche. L'argile de la région fut utilisée pour la fabrication de briques destinées notamment à la construction des forts. On abattit de vastes forêts de pins, de chênes, de cèdres et de cyprès pour la production de bois d'œuvre, de colophane, de poix et de térébenthine. Et la pêche était à l'époque si fructueuse que l'endroit fut alors surnommé « capitale mondiale du vivaneau ».

Julee Cottage (A)

210 E. Zaragoza St. (à côté du Museum of Industry).

Cette modeste construction (1805) est l'une des plus anciennes structures de la ville. Elle appartenait jadis à une femme noire libre, Julee Panton, et se situait cinq rues plus à l'ouest.

L'essentiel de l'ossature originale en cyprès a disparu, à l'exception de certaines poutres de plafond et de pièces de bois assemblées avec des chevilles. Dans cet intérieur aujourd'hui moderne, des panneaux évoquent la place de la population noire dans l'histoire locale.

Lavalle House (B)

205 E. Church St. (en face du Julee Cottage).

Cette maison de style créole français (caractérisé par l'utilisation de couleurs vives à l'intérieur comme à l'extérieur) fut construite en 1805 par l'entrepreneur et fabricant de briques Charles Lavalle.

La structure reposait sur des piliers en brique, et de nombreuses fenêtres permettaient une bonne ventilation. La demeure comprend quatre pièces meublées d'objets des années 1820, les couleurs ocre et jaune des murs imitant celles des glaises de la région.

Old Christ Church

Adams St. et Zaragoza St.

Construite en 1832, cette charmante église – l'une des plus anciennes de Floride – fut transformée en caserne et en hôpital par les nordistes durant la guerre de Sécession. Elle servit par la suite de bibliothèque municipale, et abrita pendant plusieurs années le Pensacola Historical Museum.

Dorr House

Church St. et Adams St. (en face de l'église).

Cette demeure de style néogrec fut bâtie en 1871 pour Clara Barkley Dorr, fille du négociant George Barkley et veuve du baron du bois Eben Dorr. L'élégance discrète des façades jaune pâle laisse place à un intérieur plus luxueux, meublé d'objets d'époque.

De larges baies en saillie, habillées de rideaux en dentelle, et de curieuses **fenêtres** dont la partie inférieure s'ouvre sur l'extérieur comme une porte, donnent à l'ensemble une atmosphère éthérée. Les planchers en pin, les portes coulissantes séparant le salon de la salle à manger et la spacieuse cuisine témoignent de la vie raffinée de la bourgeoisie américaine au siècle dernier. Elle fait face au ravissant parc de **Seville Square**, planté de beaux chênes. C'est à cet emplacement qu'un avant-poste fortifié fut construit par les Espagnols dans les années 1750.

Quina House

204 S. Alcaniz St. - mar.-sam. 12h-16h - gratuit.

Ce simple cottage de style créole date du début des années 1800. Il fut bâti par des esclaves pour un certain Desiderio Quina, d'origine italienne. Reposant sur des piliers en brique, la structure fut construite en bois de pin, de cyprès et de chêne de la région. L'intérieur contient notamment un buffet en placage d'acajou (1840), un lit en érable, un meuble de rangement de style Chippendale chinois (milieu du 19e s.), et un beau plancher de cuisine en pin.

St. Michael's Cemetery

Alcaniz St. et Chase St.

Ce cimetière fut créé sur une parcelle donnée par le roi d'Espagne en 1806. Il contient de remarquables exemples de sculptures monumentales. Premiers colons, prêtres, dirigeants et esclaves sont enterrés ici dans quelque 3 000 tombes. Comme à La Nouvelle-Orléans, de nombreux caveaux sont surélevés.

Barkley House

Florida Blanca St. et Zaragoza St. - ne se viste pas.

Cette grande demeure fut construite dans les années 1820 pour la famille de George Barkley, un riche marchand de Pensacola, qui y éleva neuf enfants. La large véranda et les fenêtres de lucarne sont d'influence créole, mais le

UN PETIT GOÛT D'ESPAGNE

Les conquistadores espagnols découvrirent la baie de Pensacola dès 1516, mais les premiers colons ne s'y installèrent qu'en 1698. Français et Espagnols se disputèrent la place pendant plus de 50 ans, jusqu'à ce que la ville soit à demi détruite par un ouragan en 1761. Peu après, les Anglais s'emparèrent à leur tour du port. Ils tracèrent un nouveau plan des rues et développèrent la cité dont ils voulaient faire une place commerciale majeure pour les échanges entre l'Amérique, le Mexique et les Antilles.

En 1781, alors que les troupes anglaises étaient occupées à combattre les indépendantistes américains, les Espagnols reprirent Pensacola. Ils rebaptisèrent les rues, dont les noms à consonnance hispanique sont pour beaucoup demeurés malgré la vente de la Floride aux États-Unis en 1821.

Trois mois avant le déclenchement de la guerre de Sécession, les confédérés s'emparèrent de plusieurs forts de Pensacola. Les fédéraux se retranchèrent dans Fort Pickens *(voir p. 421)*, d'où ils échangèrent à travers la baie des tirs avec les sudistes. Dès 1862, la place était conquise par les troupes nordistes. Depuis ce conflit, seul le drapeau des États-Unis a flotté au vent de la cité aux cinq bannières.

Port le plus important du nord-ouest de la Floride, Pensacola compte depuis 1914 une base aéronavale, la **Pensacola Naval Air Station**, qui a contribué de manière significative à la prospérité de l'économie locale. À l'autre extrémité de la ville, l'**University of West Florida** a aussi apporté un regain de vitalité. La cité doit également beaucoup au tourisme, et des endroits tels que la plage voisine de Pensacola Beach ou le Gulf Islands National Seashore *(voir p. 420)*, parc-littoral situé sur les îles de Santa Rosa et de Perdido, attirent de nombreux visiteurs.

plan de la maison, avec son vestibule central, est dans la tradition architecturale américaine. Avec son rez-de-chaussée surélevé, la maison offre une **vue** splendide sur la baie de Pensacola.

★ PALAFOX HISTORIC DISTRICT

À l'ouest du Seville Historic District, le long de Palafox St., entre Garden St. et Pine St.

Principale artère commerciale de Pensacola depuis la fin du 19e s., **Palafox Street** a conservé son aspect d'autrefois. Si certains immeubles anciens ont été détruits par les incendies ou les ouragans, beaucoup ont survécu, intacts ou restaurés.

Le **Blount Building** *(Garden St. et Palafox St.)*, un bâtiment de style Beaux-Arts datant de 1907, possède de remarquables arcades et des corniches en cuivre. Une rue plus au sud, la structure de style baroque espagnol du **Saenger Theatre** (1925) fut le lieu de spectacles de variétés. On y présente aujourd'hui des pièces de Broadway et des concerts.

Plus au sud, sur Palafox Street se trouve l'imposant **Escambia County Courthouse** *(Government St.)*, bâtiment de style néo-Renaissance (1887) abritant le tribunal du comté. En face (côté est) trône l'**Empire Building** (1909), aussi appelé Seville Tower.

De l'autre côté de Government Street, un parc paisible planté de chênes de Virginie et de magnoliers, la **Plaza Ferdinand VII**, fut par sa position centrale le lieu d'événements importants. C'est là qu'en 1821 le gouverneur Callava abandonna à Andrew Jackson la souveraineté de l'Espagne sur la partie ouest de la Floride.

Face à Palafox Street, les balcons en fer peint et les arcades ornées du **Bear Block** (1892) décoraient autrefois l'épicerie en gros de la Lewis Bear Company. Au sud de Main Street, vers les docks, se trouvait le quartier des marins, des débardeurs et des prostituées.

T.T. Wentworth Jr. Florida State Museum

330 S. Jefferson St. - ✆ (850) 595 5993 - www.historicpensacola.org - ♿ - mar.-sam. 10h-16h - 6 $, billet combiné avec l'Historic Pensacola Village.

Achevé en 1908 pour servir de mairie, ce bâtiment d'allure massive abrite désormais un musée. Construit dans le goût de la Renaissance, il se caractérise notamment par une entrée à triple voûte, quatre tours et toute une série d'arcades. La collection Theodore Thomas Wentworth occupe les deux premiers niveaux. Dès 1906, à l'âge de huit ans, cet agent immobilier de la région commença à faire preuve d'éclectisme : animaux empaillés, bois de cervidés, plaques d'immatriculation, vieux postes de radio et anciens distributeurs de Coca-Cola font aujourd'hui partie de l'inventaire du musée.

Derrière le musée se trouve le **Colonial Archaeological Trail (C)**, un site archéologique en cours d'excavation, où l'on a retrouvé les vestiges de forts espagnols, anglais et américains construits entre 1752 et 1821.

Pensacola Historical Museum

115 E. Zaragoza St. - (850) 595 1559 - ♿ - mar.-sam. 10h-16h - 12 $.

Le musée d'Histoire de Pensacola occupe l'Arbona Building, construit vers 1882 pour un certain Eugene Arbona. Cet immigrant d'origine espagnole y tenait jadis un saloon au rez-de-chaussée, l'étage servant à sa famille de résidence privée.

Géré depuis 1960 par la Pensacola Historical Society, le musée retrace l'histoire de la ville à travers ses expositions thématiques *(trois par an)*.

Pensacola Museum of Art

407 S. Jefferson St. - (850) 432 6247 - www.pensacolamuseum.org - ♿ P - mar.-sam. 10h-17h - 7 $.

Ce bâtiment d'un étage en stuc jaune, de style néoméditerranéen (1908), servit de prison municipale jusqu'aux années 1950. Les portes des cellules s'ouvrent aujourd'hui sur des classes d'enseignement artistique.

Présentée par roulement, la collection permanente compte principalement des œuvres d'artistes du 20e et du 21e s. (Picasso, Calder…), des objets en verre (Tiffany, Steuben), de l'art africain. Le musée accueille également chaque année plusieurs expositions temporaires.

À voir aussi Plan de ville (ci-contre)

North Hill Preservation District

Délimité par Blount St., Wright St., Palafox St. et A St. Renseignements sur le site http://historicnorthhill.com.

Juste au nord-ouest du Palafox Historic District se trouve le quartier de North Hill, construit au début du 20e s. pour les classes aisées de Pensacola. Ses demeures victoriennes présentent un mélange hétéroclite de styles : Queen Anne, néoclassique, néo-Tudor et néoméditerranéen. Bon nombre de maisons de Palafox Street ont été converties en bureaux et commerces.

Au carrefour de Palafox Street et de Wright Street, **Christ Episcopal Church** (1902), une imposante église de style colonial espagnol, possède un dôme en cuivre et de beaux vitraux provenant de l'Old Christ Church *(voir p. 416)*.

Le coin de Palafox Street et de LaRua Street était jadis occupé par **Fort George**, le plus important des trois forts bâtis par les Britanniques en 1778. Dans un petit jardin, une partie de son rempart a été reconstituée. Une rue plus au nord, dans **Lee Square**, se dresse un obélisque (15 m) honorant la Confédération sudiste.

À proximité Carte de région (p. 388-389)

★★ National Museum of Naval Aviation A1

Sur la base aéronavale, à 14 km du centre-ville. Prenez Garden St. (US-98), qui devient Navy Blvd (route 295) vers l'ouest et suivez les panneaux indiquant le musée. 1750 Radford Blvd - (850) 452 3604 - www.navalaviationmuseum.org - ♿ P - 9h-17h - gratuit (donation appréciée).

Avec plus de 100 avions exposés sur près de 28 000 m², ce musée est l'un des plus grands du monde en son genre. Le visiteur pourra notamment y voir une formation de Blue Angels'A-4 Skyhawks, suspendus en losange dans un atrium de verre et d'acier d'une hauteur de sept étages ; il s'agit du prestigieux corps de pilotes d'élite de la Marine, dont les meetings aériens sont très populaires. Notez aussi la réplique grandeur nature d'un porte-avions de la Seconde Guerre mondiale équipé d'appareils de combat (Corsair, Hellcat, Avenger), celle d'un dirigeable de la même époque, des cockpits d'entraînement, un biplan Stearman ayant été piloté par le président George Bush, et un **simulateur de vol** MaxFlight 360° Simulator *(20 $)*.

Films, équipements de vol et expositions à l'extérieur viennent compléter les attractions offertes par le musée. Dans la salle de projection **IMAX**, trois films sont montrés en alternance *(8,75 $)*.

Fort Barrancas A1

À 3 km au nord-est de la base aéronavale. 3182 Taylor Rd - (850) 455 5167 - www.nps.gov/guis/index.htm - ♿ P - mars-oct. : 9h30-16h45 ; reste de l'année : 8h30-15h45 - visite guidée sam. à 14h - gratuit.

Fort Barrancas fait partie des quatre places fortes construites durant la première moitié du 19e s. pour protéger la baie de Pensacola. Il est perché au sommet d'une falaise (*barranca* en espagnol) et offre une vue dégagée de la baie et des îles du cordon littoral. Les Espagnols reconnurent tôt l'importance stratégique du site, qu'ils fortifièrent dès 1698. Le fort actuel fut construit par une soixantaine d'esclaves entre 1839 et 1844. Il ne connut aucune action militaire, sauf de manière brève durant la guerre de Sécession, et jusqu'en 1947, servit de terrain de manœuvres. Les visiteurs découvriront les passages caverneux du fort, et noteront le travail de maçonnerie des voûtes en brique. Une redoute avancée, l'**Advanced Redoubt** *(à 0,3 km au nord - visite guidée sam. à 11h)*, fut bâtie pour protéger le chantier naval contre d'éventuelles attaques de l'intérieur. Avec ses parapets, sa douve sèche et son pont mobile, la place était fort bien défendue, et toute tentative d'assaut eut été risquée. De nos jours, seuls quelques *sand spurs* (sortes de chardons très piquants disséminés un peu partout dans le sol sablonneux) opposent, aux pieds des visiteurs, une résistance bien réelle *(équipez-vous de chaussures montantes !)*.

★ Naval Live Oaks Reservation A1

1801 Gulf Breeze Pkwy, à 13 km au sud-est de Pensacola par l'US-98. Traversez le pont de Three-Mile Bridge vers Gulf Breeze (à 9,7 km du centre-ville), et continuez sur 3,2 km en direction de l'est. (850) 934 2605 - www.nps.gov/guis/index.htm - ♿ P - parc : tlj de 8h au coucher du soleil ; Visitor Center : tlj 8h30-16h30.

Au 19e s., sous la présidence de John Quincy Adams, les chênes de Virginie *(live oaks)* de cette réserve naturelle de 533 ha servirent à la production de bois d'œuvre pour les chantiers navals. Résistant aux maladies et poussant facilement sur le littoral, ils fournissaient en effet un bois dense, idéal pour la construction des vaisseaux de guerre.

Le centre d'accueil montre aux visiteurs les techniques et les matériaux alors employés. À l'extérieur, des sentiers d'interprétation serpentent vers la baie de Pensacola et le détroit de Santa Rosa à travers une paisible forêt de pins et de chênes majestueux drapés de mousse espagnole.

Naval Live Oaks abrite les bureaux du **Gulf Islands National Seashore**. Ce parc-littoral national s'étend sur plus de 240 km de Fort Walton Beach (Floride) jusqu'à Gulfort (Mississippi), et inclut plusieurs plages (parmi lesquelles Rosamond Johnson Beach sur Perdido Key, au sud-ouest de Pensacola, et **Santa Rosa Island Beach**, au sud-est), ainsi que des sites historiques (Fort Pickens, Fort Barrancas et sa redoute avancée, et quelques vestiges militaires sur Perdido Key).

Big Lagoon State Park A1

À 21 km au sud-ouest de Pensacola, au carrefour des routes 293 et 292A. Suivez l'US-98 vers l'ouest jusqu'à Gulf Beach Hwy (route 292) ; prenez la route 293 *(direction sud) et suivez les panneaux. 12301 Gulf Beach Hwy - ✆ (850) 492 1595 - www.floridastateparks.org/biglagoon/ - ♿ P - tlj de 8h au coucher du soleil - 6 $/voiture. Possibilité de camper (✆ 800 326 3521 - http://floridastateparks.reserveamerica.com).*

Enveloppé des senteurs de pin, de romarin, de chêne vert et de palmiste nain, ce parc (286 ha) est le refuge de nombreux mammifères et oiseaux aquatiques, comme le héron. Des sentiers circulaires longent un marais côtier et mènent à **Big Lagoon**, une agréable lagune. La route du parc traverse une forêt de pins ouverte sur la mer, et se termine 4 km plus loin par une promenade en planches parsemée de pavillons de pique-nique. Un court chemin conduit à une tour d'observation de 9 m de haut d'où s'offrent d'excellentes vues sur Perdido Key et les eaux scintillantes du golfe et de la lagune.

★ Fort Pickens A1

Sur Santa Rosa Island, à 29 km au sud-ouest de Pensacola. Traversez le pont de Three-Mile Bridge vers Gulf Breeze et continuez sur la route 399 en direction de Santa Rosa. Prenez à droite Fort Pickens Rd et continuez sur 15 km avant d'atteindre le fort, à la pointe ouest de l'île. ✆ (850) 934 2600 - www.nps.gov/guis/index.htm - ♿ P - parc : tlj de 7h au coucher du soleil - Visitor Center et musée : mars-oct. : 9h-17h ; reste de l'année : 9h-16h30 (horaires sujets à modification, se rens.) - visite guidée (50mn) à 14h (et à 11h de mi-août à déb. sept.).

Fort Pickens fut le plus important des quatre bastions construits pour la protection de la baie de Pensacola et de son chantier naval. Bâti en l'espace de cinq ans, il demanda un travail colossal et l'emploi de 21,5 millions de briques. Achevé en 1834, il était alors considéré comme un parfait modèle de défense côtière… Courte gloire, car vers la fin de la guerre de Sécession – seul conflit dans lequel Fort Pickens fut engagé –, de nouvelles techniques (canon rayé, blindage des navires de guerre, etc.) avaient déjà rendu les forts en brique vulnérables. Le site comprend aujourd'hui un centre d'accueil, un musée, un auditorium, un terrain de camping, un quai de pêche et deux sentiers de nature. Les visiteurs auront l'occasion de découvrir l'évolution de Fort Pickens au cours de ses 118 années de service : mur dynamité, batterie de tir en béton (1898) divisant le terrain de parade, douve aujourd'hui comblée et quartiers où fut détenu le fameux chef apache **Geronimo**.

Gulf Breeze Zoo A1

À Gulf Breeze, 28 km à l'est de Pensacola. Prenez l'US-98 (direction est) et suivez-la jusqu'à l'entrée côté sud. 5701 Gulf Breeze Pkwy - ✆ (850) 932 2229 - www.gulfbreezezoo.org - ♿ P - oct.-fév. : 9h-16h ; mars-mai et sept. : 9h-17h ; juin-août : 9h-18h - 14,95 $ (2-12 ans 10,95 $).

Ce zoo abrite quelque 700 animaux, dont certaines espèces menacées comme le gibbon, le maki de Madagascar et l'oryx algazelle. L'enclos des **gorilles de plaine**, le zoo pour enfants, et la promenade en train *(15mn)* à travers un espace de 12 ha où vivent plus de 100 animaux, sont les attractions favorites du public. Le zoo propose également des spectacles animaliers.

NOS ADRESSES À PENSACOLA

HÉBERGEMENT

Vous trouverez des motels au nord de la ville, autour de l'I-10, situation qui ne présente pas vraiment d'intérêt, mais les tarifs sont attractifs. Il n'y a pas beaucoup d'hôtels à Pensacola Beach (par le pont de la route 98) et ils appartiennent généralement à des chaînes.

BUDGET MOYEN

À Pensacola

New World Inn – *600 S. Palafox St. - ✆ (850) 432 4111 - www.newworldlanding.com - ♿ P - 15 ch. à partir de 99 $* ☕. Récemment rénové, cet hôtel occupe un ancien entrepôt entre le centre historique et le front de mer. Les vastes chambres, toutes différentes, sont décorées avec goût. Joli bar avec menu tapas.

POUR SE FAIRE PLAISIR

À Pensacola Beach

Paradise Inn – *21 Via De Luna Dr. - ✆ (850) 932 2319 - www.paradiseinn-pb.com - ♿ P - 55 ch. à partir de 119 $*. Un motel indépendant, très classique, dont les chambres, simples et de différentes tailles, sont bien équipées (réfrigérateur, micro-ondes). L'ambiance est décontractée et il y a souvent de la musique *live* au **Paradise Bar & Grill**, où l'on sert sandwichs, salades, burgers… Il faut traverser la rue pour rejoindre la plage.

RESTAURATION

PREMIER PRIX

À Pensacola Beach

Native Cafe – *45A Via De Luna Dr. - ✆ (850) 934 4848 - www.thenativecafe.com - ♿ P - tlj jusqu'à 15h - 10/12 $*. Sur le front de mer, l'endroit parfait pour prendre un petit-déjeuner ou déguster à midi la spécialité maison : les *fish tacos* (tortillas au poisson et crudités).

À Pensacola

Five Sisters Blues Café – *421 W. Belmont St. - ✆ (850) 912 4856 - www.fivesistersbluescafe.com - ♿ - fermé lun. - 8/18 $*. Les « cinq sœurs » sont la mère et les tantes du patron, une famille orignaire du Kentucky où l'on prépare la *soul food* chère aux Américains, c'est-à-dire une cuisine « réconfortante » typique du Sud ; beaucoup de choses sont frites, à commencer par le poulet, particulièrement savoureux ici. La carte affiche aussi des préparations plus diététiques. Musique *live* en semaine.

BUDGET MOYEN

À Pensacola

McGuire's Irish Pub – *600 E. Gregory St. - ✆ (850) 433 6789 - www.mcguiresirishpub.com - ♿ - 20/35 $*. Ce restaurant réputé a pour cadre une ancienne caserne de pompiers (1927). La carte est suffisamment vaste pour satisfaire toutes les envies, mais l'endroit est avant tout réputé pour sa viande et ses bières, dont plusieurs sont « maison ». La décoration comme l'ambiance est chaleureuse. Musique *live* certains samedis soirs.

The Fish House – *600 S. Barracks St. - ✆ (850) 470 0003 - http://fishhousepensacola.com - ♿ P - 15/28 $*. Une cuisine éclectique préparée dans la mesure du possible avec des produits locaux. Parmi les spécialités, d'excellents sushis et des plats du sud du pays. Très belle vue sur la baie de Pensacola.

ACHATS

Seville Historic District et Palafox Historic Distict regorgent de galeries d'art et de boutiques à la mode.

EN SOIRÉE

Chaque vendredi, consultez la section « Arts et Spectacles » du *Pensacola News Journal (www.pnj.com)* pour connaître la liste des manifestations culturelles au programme. Réservation de billets pour les événements culturels et sportifs par l'intermédiaire de **Ticketmaster** *(www.ticketmaster.com).*

Principaux théâtres et salles de concert :

Pensacola Civic Center – *201 E. Gregory St. - ✆ (850) 432 0800 - www.pensacolaciviccenter.com.* Concerts, comédies musicales, patinage artistique, événements sportifs…

Saenger Theatre – *118 S. Palafox Place - ✆ (850) 595 3880 - www.pensacolasaenger.com.* Concerts en tous genres et comédies musicales de Broadway dans un lieu historique à l'architecture baroque impressionnante (1925).

The Pensacola Symphony Orchestra – *205 E. Zaragoza St. - ✆ (850) 435 2533 - www.pensacolasymphony.com.* L'un des plus réputés de Floride. Très beau programme classique.

Seville Quarter – *130 E. Government St. - ✆ (850) 434 6211 - www.sevillequarter.com.* Un complexe de sept bars à l'atmosphère différente, installés dans de petits bâtiments en brique ornés de balcons en fer forgé, qui ne sont pas sans évoquer La Nouvelle-Orléans. Il s'y passe toujours quelque chose !

ACTIVITÉS

Lost Key Golf Club – *625 Lost Key Dr. - ✆ (850) 549 2160 - www.lostkey.com.* Un 18 trous conçu par Ian Thompson dans un cadre naturel préservé.

L'arrière-pays

★

Région relativement peu connue, l'arrière-pays du Panhandle a été comme oublié par la Floride du tourisme et de la modernité. Pourtant, de plus en plus de visiteurs choisissent aujourd'hui d'aller explorer les petites routes de l'intérieur, où les attendent des parcs naturels peu fréquentés, de belles forêts et des rivières propices à la baignade, à la pêche et aux balades en kayak. Des plages des environs, il ne faut qu'une ou deux heures pour atteindre la frontière de l'Alabama ou de la Géorgie. Comme ses voisines du Grand Sud, cette partie reculée de la Floride fut mise en valeur par les propriétaires des grandes plantations. Coton, sucre et tabac étaient alors expédiés vers le golfe du Mexique par la rivière Apalachicola.

NOS ADRESSES PAGE 427

SE REPÉRER

Carte de région ABCD1 (p. 388-389). Les sites que nous avons sélectionnés sont présentés d'ouest en est au départ de Pensacola et s'égrennent le long de l'I-10.

À NE PAS MANQUER

Florida Caverns State Park ; Falling Waters State Park.

ORGANISER SON TEMPS

Pour bien profiter de la balade et des activités proposées par chacun des sites décrits, choisissez deux, voire trois, visites au maximum et prenez le temps de vous détendre.

AVEC LES ENFANTS

Il y a des activités pour eux partout !

Découvrir Carte de région (p. 388-389)

Blackwater River State Park A1

à Holt, à environ 56 km de Pensacola. Prenez l'I-10 vers l'est (sortie 10), puis la route 87 en direction du nord jusqu'à l'US-90 ; suivez-la vers l'est sur 9 km, puis tournez à gauche au panneau ; le parc se trouve 4,8 km plus loin. 7720 Bridge Rd - (850) 983 5363 - www.floridastateparks.org/blackwaterriver/ - ♿ P - tlj de 8h au coucher du soleil - 4 $/voiture (il faut avoir la somme exacte). Possibilité de camper (800 326 3521 - http ://floridastateparks.reserveamerica.com).

Ce parc de 242 ha est traversé sur 3,2 km par la rivière Blackwater, dont les jolis bancs de sable blanc invitent à la relaxation (baignade dans certaines zones).

Le pittoresque cours d'eau, qui fait partie du fameux **Florida Canoe Trail** *(voir p. 35)*, coule le long de forêts de chênes, d'érables rouges et de tupélos, entrecoupées de prairies de pied de poule et de houx glabres. Le cerf de Virginie, le dindon sauvage et le lynx roux peuplent le parc. Plusieurs sentiers de randonnée le sillonnent.

De retour sur l'I-10 (direction est), empruntez la sortie 13, puis la route 331 (direction nord). Prenez ensuite à droite Live Oak St. qui se termine en cul-de-sac sur Circle Dr.

De Funiak Springs B1

à environ 121 km de Pensacola.

Chamber of Commerce – *Circle Dr. et West Ave. (juste à côté de la bibliothèque) - www.defuniaksprings.net. Vous y trouverez des brochures pour guider vos promenades à pied ou en voiture autour de Circle Dr.*

Cette ville tire son nom du vice-président de la Louisville and Nashville Railroad, société de chemin de fer qui contribua au développement de la région. La petite villégiature gagna en importance lorsque la prestigieuse New York Chautauqua Association (société philanthropique pour l'éducation des adultes) décida d'y tenir l'hiver ses réunions culturelles et éducatives. Ce parrainage se termina en 1928, mais la ville continue de nos jours à encourager diverses manifestations. Ses gracieuses demeures attestent des jours heureux que De Funiak Springs connut au début du 20e s.

★ **Circle Drive** – Bordée de vieux chênes de Virginie et de magnoliers, cette voie circulaire *(1,6 km)* longe le lac de la ville, alimenté par une source, et permet de découvrir plusieurs bâtiments d'intérêt historique et architectural. Construite en 1886, la **Walton-De Funiak Library** *(3 Circle Dr. - (850) 892 3624 - lun.-vend. 9h-17h, mar. 9h-20h)* contient une petite collection d'armes anciennes. Lorsque Frederick De Funiak resta sourd à une demande de contribution en faveur de cette bibliothèque, la Ladies'Library Association fit effacer son nom alors apposé au-dessus de l'entrée du bâtiment… La chambre de commerce du comté de Walton est installée dans la maison voisine : le **Chautauqua Hall of Brotherhood**.

De l'autre côté de la rue, la **St. Agatha's Episcopal Church** (1896) possède des vitraux remarquablement conservés. Au n° 219 se trouve l'une des plus charmantes demeures de l'endroit : de couleur bleu clair, cette maison se distingue par ses tourelles jumelles et par ses finitions élaborées. Avec ses grandes vérandas, la **Tharpe House** (1904), au n° 262, compte aussi parmi les plus remarquables propriétés. Vous découvrirez également le superbe portique à balcon du n° 402 (datant de 1907) et, au n° 404, le cottage construit vers 1888 pour Wallace Bruce, ancien ambassadeur des États-Unis en Écosse.

Prenez l'I-10 (sortie 15), puis la route 81 (direction nord), et tournez à droite sur l'US-90 ; le parc se trouve à 0,8 km au sud sur la route 181 A.

Ponce de Leon Springs State Park B1

à Ponce de Leon, à environ 144 km de Pensacola. 2860 Ponce de Leon Springs Road - (850) 836 4281 - www.floridastateparks.org/poncedeleonsprings/ - P - tlj de 8h au coucher du soleil - 4 $/voiture (il faut avoir la somme exacte).

Alimentée par une source d'eau limpide d'un vert émeraude, une **piscine★** en pierre et en béton constitue l'attraction principale de ce parc (182 ha), qui porte le nom de l'explorateur espagnol lié à la légendaire fontaine de Jouvence *(voir St. Augustine, p. 367).*

La température fraîche de l'eau (20 °C) est idéale pour y nager les jours de forte chaleur. On peut se promener le long de deux chemins *(1,3 km)* serpentant à travers une plaine inondable couverte de cyprès drapés de mousse espagnole. Les pêcheurs pourront tenter d'attraper poissons-chats, brochets maillés, crapets et achigans.

Prenez l'I-10 (sortie 18), puis la route 77 (direction sud). Après 1,6 km, prenez à gauche la route 77A et poursuivez sur 1,6 km jusqu'au parc.

★ Falling Waters State Park C1

à Chipley, à environ 185 km de Pensacola. 1130 State Park Rd - (850) 638 6130 - www.floridastateparks.org/fallingwaters/ - P - tlj de 8h au coucher du soleil - 5 $/voiture. Possibilité de camper (800 326 3521 - http ://floridastate parks. reserveamerica.com).

Ce parc recèle l'une des plus grandes curiosités géologiques de la Floride : une rare **chute d'eau** alimentée par un ruisseau, et qui se jette dans un gouffre de 30 m de profondeur. Une plate-forme en bois permet d'avoir une vue plongeante sur cet abîme. On ignore toujours où débouche l'eau qui disparaît ainsi dans le sol. Une courte promenade sur planches entoure une série d'autres dépressions, dont la formation très ancienne est due à l'écoulement d'eaux de pluie à travers une roche calcaire perméable.

Durant la guerre de Sécession, la chute d'eau servit à actionner un moulin à grains. Ce fut ensuite au tour d'une distillerie de whisky de s'installer sur le site vers 1880. Et en 1919, un forage d'exploration de près de 1 200 m de profondeur fut entrepris dans l'espoir de trouver du pétrole. De nos jours, trois courts **sentiers** *(1,3 km)* passent le long de ces sites en traversant un bois de pins parsemé de fleurs sauvages. Il est possible de se baigner et de pêcher dans des aires aménagées.

Prenez l'I-10 E, puis la route 276 E (sortie 136). Tournez à gauche sur la route 276 E-167 N. Après 2,7 km, prenez à droite South St., puis à gauche Jefferson St. (route 73), laquelle devient Caverns Rd ; l'entrée du parc est sur la gauche.

★★ Florida Caverns State Park C1

à Marianna, à environ 198 km de Pensacola et 57 km de Tallahassee. 3345 Caverns Rd - (850) 482 9598 - www.floridastateparks.org/floridacaverns/ - P - tlj de 8h au coucher du soleil - 5 $/voiture - visite guidée des cavernes (40mn ; 8 $) : tlj sf mar. et merc. 9h-16h (se rens. sur la fréquence au Visitor Center). Les guides vous demanderont de ne pas toucher la pierre, car ces sculptures naturelles sont très fragiles. Possibilité de camper (800 326 3521 - http ://floridastateparks. reserveamerica.com) et de se restaurer ; location de kayaks.

Ces grottes calcaires, creusées il y a 40 à 60 millions d'années, sont le résultat de la baisse du niveau d'un cours d'eau souterrain qui, en se retirant, laissa derrière lui une cavité dans le sol. Le lent goutte-à-goutte d'une eau acide a peu à peu entraîné la formation d'étranges sculptures naturelles. La visite du site débute par un film *(15mn)* au **centre d'accueil** et se poursuit par la descente dans une caverne dont l'accès fut aménagé en 1938 par le Civilian Conservation Corps. Un éclairage met en évidence stalagmites, stalactites, « macaronis », piliers et concrétions calcaires diverses.

L'intérêt du parc ne se limite pas aux grottes : on peut aussi randonner (2 sentiers), faire du kayak, du vélo, pêcher…

Prenez l'I-10 (sortie 5), puis la route 12 (direction sud). Après 18 km, prenez à droite la route 1641 et continuer sur 11 km jusqu'au parc.

★ Torreya State Park C1

à Bristol, à environ 281 km de Pensacola et 101 km de Tallahassee. 2576 N.W. Torreya Park Rd - (850) 643 2674 - www.floridastateparks.org/torreya/ - P - tlj de 8h au coucher du soleil - 3 $/voiture (il faut avoir la somme exacte). Possibilité de camper (800 326 3521 - http ://floridastateparks.reserveamerica. com).

Du haut de ces **falaises** (45 m), on a une belle vue sur la rivière Apalachicola et les épaisses forêts qui s'étendent au-delà. Une espèce rare de conifère, le torreya de Floride ou torreya à feuilles d'if *(Torreya taxifolia)*, ne pousse qu'ici.

Un sentier *(11 km)* sillonne à travers les arbres et le long de la corniche. Plus de cent espèces d'oiseaux ont été recensées dans le parc.
Gregory House – *visite guidée seult (1h) - lun.-vend. à 10h, sam.-dim. et j. fériés à 10h, 14h et 16h - 3 $*. Perchée au bord de la corniche, cette maison blanche aux murs revêtus de bardeaux fut bâtie par le planteur Jason Gregory en 1849. De la maison, la vue sur la rivière est particulièrement belle, notamment l'automne au coucher du soleil.

NOS ADRESSES DANS L'ARRIÈRE-PAYS

RESTAURATION

Toutes les petites localités que vous traverserez comptent généralement quelques fast-foods ou chaînes de restaurants. Vous pouvez aussi prévoir de pique-niquer dans un parc.

BUDGET MOYEN

À De Funiak Springs

Bogey's Bar & Restaurant – *400 US Hwy 90 E., De Funiak Springs - ✆ (850) 951 2233 - www.bogeysrestaurant.net - ♿ P - fermé dim. et lun. - 15/35 $*. Un endroit assez inattendu, placé sous le patronage de… Humphrey Bogart ! La cuisine est recherchée et très bonne (plats de poisson originaux, viande). Musique *live* le samedi soir et soirées gourmandes thématiques.

À Marianna

Madison's Warehouse Restaurant – *2881 Madison St., Marianna - ✆ (850) 526 4000 - www.madisonswarehouse.com - ♿ P - fermé dim. - 15/20 $*. Un restaurant américain classique : grandes salades, viandes, pâtes…

ACTIVITÉS

Adventures Unlimited – *8974 Tomahawk Landing Rd - Milton (à 35 km au nord-est de Pensacola) - ✆ (850) 623 6197 - www.adventuresunlimited.com*. Multiples activités : kayak, pêche, observation des oiseaux, accrobranches… Périple de plusieurs jours en kayak et possibilité de logement sur place.
Black Water Canoe Rental and Outpost – *juste avant d'arriver à Blackwater River State Park (voir p. 422) - ✆ (850) 623 0235 - www.blackwatercanoe.com*. Différentes propositions pour découvrir des portions de la Blackwater River : de quelques heures à une journée ou plus avec nuit en camping sauvage.

Parce que le monde est mobile, **Michelin** améliore notre mobilité.

Par tous les moyens et sur toutes les routes.

Depuis l'avènement de l'entreprise – il y a plus d'un siècle ! – Michelin n'a eu qu'un objectif : aider l'homme à toujours mieux avancer. Un défi technologique, d'abord, avec des pneumatiques toujours plus performants, mais aussi un engagement constant vis-à-vis du voyageur, pour l'aider à se déplacer dans les meilleures conditions. Voilà pourquoi Michelin développe, en parallèle, toute une collection de produits et de services : cartes, atlas, guides de voyage, accessoires automobiles, mais aussi applications mobiles, itinéraires et assistance en ligne : Michelin met tout en œuvre pour que bouger soit un plaisir !

Michelin Apps

Parce que le confort et la sécurité sont des notions essentielles, pour vous comme pour nous, Michelin a créé un bouquet de 6 applications mobiles gratuites. Un équipement complet pour que la route soit un plaisir !

- ***MICHELIN MyCar*** • *Pour obtenir le meilleur de vos pneus, des services et des infos pour préparer sereinement vos trajets.*

- ***MICHELIN Navigation*** • *Une nouvelle approche de la navigation : le trafic en temps réel avec une nouvelle fonctionnalité de guidage connecté.*

- ***ViaMICHELIN*** • *Calcul d'itinéraires et données cartographiques : un incontournable pour se déplacer sans perdre de temps.*

- ***MICHELIN Restaurants*** • *Parce que la route doit être un plaisir, retrouvez un très large choix de restaurants, en France et en Allemagne, dont la sélection complète du guide MICHELIN.*

- ***MICHELIN Hôtels*** • *Pour réserver votre chambre d'hôtel au meilleur tarif, partout dans le monde !*

- ***MICHELIN Voyage*** • *85 pays et 30 000 sites touristiques sélectionnés par le Guide Vert Michelin et un outil pour réaliser votre propre carnet de route.*

Un pneu
→ *c'est quoi ?*

Rond, noir, à la fois souple et solide, le pneumatique est à la roue ce que le pied est à la course. Mais de quoi est-il fait ? Avant tout de gomme, mais aussi de divers matériaux textiles et / ou métalliques... et d'air ! Ce sont les savants assemblages de tous ces composants qui assurent aux pneumatiques leurs qualités : adhérence à la route, amortissement des chocs, en deux mots : confort et sécurité du voyageur.

1 *BANDE DE ROULEMENT*
Une épaisse couche de gomme assure le contact avec le sol. Elle doit évacuer l'eau et durer très longtemps.

2 *ARMATURE DE SOMMET*
Cette double ou triple ceinture armée est à la fois souple verticalement et très rigide transversalement. Elle procure la puissance de guidage.

3 *FLANCS*
Ils recouvrent et protègent la carcasse textile dont le rôle est de relier la bande de roulement du pneu à la jante.

4 *TALONS D'ACCROCHAGE À LA JANTE*
Grâce aux tringles internes, ils serrent solidement le pneu à la jante pour les rendre solidaires.

5 *GOMME INTÉRIEURE D'ÉTANCHÉITÉ*
Elle procure au pneu l'étanchéité qui maintient le gonflage à la bonne pression.

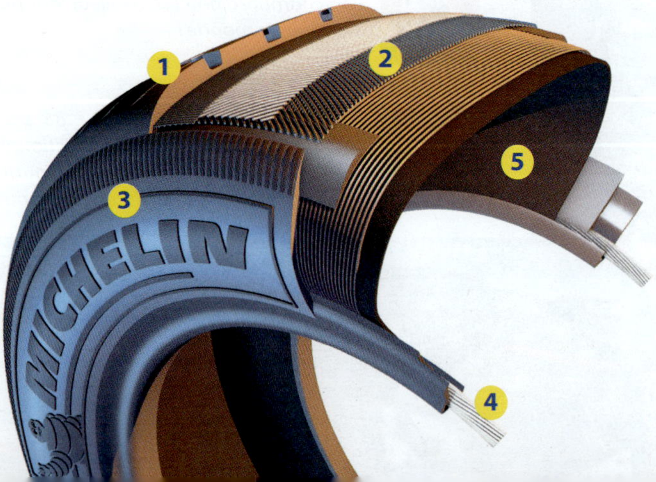

Michelin

→ *l'innovation en mouvement*

Créé et breveté par Michelin en 1946, le pneu radial ceinturé a révolutionné le monde du pneumatique. Mais Michelin ne s'est pas arrêté là : au fil des ans, d'autres solutions nouvelles et originales ont vu le jour, confirmant Michelin dans sa position de leader en matière de recherche et d'innovations, pour répondre sans cesse aux exigences des nouvelles technologies des véhicules.

→ *la juste pression !*

L'une des priorités de Michelin, c'est une mobilité plus sûre. En bref, innover pour avancer mieux. C'est tout l'enjeu des chercheurs, qui travaillent à mettre au point des pneumatiques capables de "freiner plus court" et d'offrir la meilleure adhérence possible à la route. Aussi, pour accompagner les automobilistes, Michelin organise, partout dans le monde, des campagnes de sensibilisation à la sécurité routière : les opérations "Faites le plein d'air" rappellent à tous que la juste pression des pneumatiques est un facteur essentiel de sécurité.

La stratégie Michelin : → *des pneumatiques multiperformances*

Qui dit Michelin dit sécurité, économie de carburant et capacité à parcourir des milliers de kilomètres. Un pneumatique MICHELIN, c'est tout cela à la fois.

Comment ? Grâce à des ingénieurs au service de l'innovation et de la technologie de pointe. Leur challenge : doter tout pneumatique – quel que soit le véhicule (automobile, camion, tracteur, engin de chantier, avion, moto, vélo et métro !) – de la meilleure combinaison possible de qualités, pour une **performance globale optimale**.

Ralentir l'usure, réduire la dépense énergétique (et donc l'émission de CO^2), améliorer la sécurité par une tenue de route et un freinage renforcés : autant de qualités dans un seul pneu, c'est cela Michelin Total Performance.

MICHELIN
Total Performance

Chaque jour, **Michelin** innove en faveur de la mobilité durable.

DANS LE TEMPS ET LE RESPECT DE LA PLANÈTE.

La mobilité durable
→ *c'est une mobilité propre... et pour tous*

La mobilité durable c'est permettre aux hommes de se déplacer d'une façon plus propre, plus sûre, plus économique et plus accessible à tous, quel que soit le lieu où ils vivent.

Tous les jours, les 113 000 collaborateurs que Michelin compte dans le monde innovent :

• en créant des pneus et des services qui répondent aux nouveaux besoins de la société,

• en sensibilisant les jeunes à la sécurité routière,

• en inventant de nouvelles solutions de transport qui consomment moins d'énergie et émettent moins de CO^2.

→ *Michelin Challenge Bibendum*

La mobilité durable, c'est permettre la pérennité du transport des biens et des personnes, afin d'assurer un développement économique, social et sociétal responsable. Face à la raréfaction des matières premières et au réchauffement climatique, Michelin s'engage pour le respect de l'environnement et de la santé publique. De manière régulière, Michelin organise ainsi le Michelin Challenge Bibendum, le seul événement mondial axé sur la **mobilité routière durable.**

MICHELIN CHALLENGE BIBENDUM

Notes

INDEX GÉNÉRAL

Miami : villes, curiosités et régions touristiques.
Flager, Henry : noms historiques ou termes faisant l'objet d'une explication.
Les sites isolés (fort, église, parc...) sont répertoriés à leur propre nom.

A

B

C

N

CARTES ET PLANS

CARTE GÉNÉRALE

CARTES DES RÉGIONS

PLANS DE VILLE

CARTES THÉMATIQUES

LÉGENDE DES CARTES ET PLANS

Curiosités et repères

- Itinéraire décrit, départ de la visite
- Église
- Mosquée
- Synagogue
- Monastère - Phare
- Fontaine
- Point de vue
- Château - Ruine ou site archéologique
- Barrage - Grotte
- Monument mégalithique
- Tour génoise - Moulin
- Temple - Vestiges gréco-romains
- Temple : bouddhique - hindou
- Autre lieu d'intérêt, sommet
- Distillerie
- Palais, villa, habitation
- Cimetière : chrétien - musulman - israélite
- Oliveraie - Orangeraie
- Mangrove
- Auberge de jeunesse
- Gravure rupestre
- Pierre runique
- Église en bois
- Église en bois debout
- Parc ou réserve national
- Bastide

Sports et loisirs

- Piscine : de plein air - couverte
- Plage - Stade
- Port de plaisance - Voile
- Plongée - Surf
- Refuge - Promenade à pied
- Randonnée équestre
- Golf - Base de loisirs
- Parc d'attractions
- Parc animalier, zoo
- Parc floral, arboretum
- Parc ornithologique, réserve d'oiseaux
- Planche à voile, kitesurf
- Pêche en mer ou sportive
- Canyoning, rafting
- Aire de camping - Auberge
- Arènes
- Base de loisirs, base nautique ou canoë-kayak
- Canoë-kayak
- Promenade en bateau

Informations pratiques

- Information touristique
- Parking - Parking - relais
- Gare : ferroviaire - routière
- Voie ferrée
- Ligne de tramway
- Départ de fiacre
- Métro - RER
- Station de métro (Calgary, ...) (Montréal)
- Téléphérique, télécabine
- Funiculaire, voie à crémaillère
- Chemin de fer touristique
- Transport de voitures et passagers
- Transport de passagers
- File d'attente
- Observatoire
- Station-service - Magasin
- Poste - Téléphone
- Internet
- H — Hôtel de ville - Banque, bureau de change
- J POL — Palais de justice - Police
- GNR — Gendarmerie
- T U M — Théâtre - Université - Musée
- Musée de plein air
- Hôpital
- Marché couvert
- Aéroport
- Parador, Pousada (Établissement hôtelier géré par l'État)
- A — Chambre d'agriculture
- D — Conseil provincial
- G — Gouvernement du district, Délégation du Gouvernement Police cantonale
- L — Gouvernement provincial (Landhaus)
- P — Chef-lieu de province
- Station thermale
- Source thermale

Axes routiers, voirie

- Autoroute ou assimilée
- Échangeur : complet - partiel
- Route
- Rue piétonne
- Escalier - Sentier, piste

Topographie, limites

- Volcan actif - Récif corallien
- Marais - Désert
- Frontière - Parc naturel

Comprendre les symboles utilisés dans le guide

LES ÉTOILES

★★★ **Vaut le voyage** ★★ **Mérite un détour** ★ **Intéressant**

HÔTELS ET RESTAURANTS

9 ch.	Nombre de chambres		Piscine
7,5 €	Prix du petit-déjeuner en sus	CC	Paiement par cartes de crédit
50 €	Prix de la chambre double, petit-déjeuner compris		Carte de crédit non acceptée
bc	Menu boisson comprise	P	Parking réservé à la clientèle
	Air conditionné dans les chambres	Tram	Station de tramway la plus proche
	Restaurant dans l'hôtel	M	Station de métro la plus proche
	Établissement servant de l'alcool (à l'étranger)		

SYMBOLES DANS LE TEXTE

	À faire en famille		Randonnée à vélo
	Pour aller au-delà		Facilité d'accès pour les handicapés
	Promenade à pied	A2 B	Repère sur le plan

Note au lecteur

Michelin a apporté le plus grand soin à la rédaction de ce guide et à sa vérification. Toutefois, les informations pratiques (formalités administratives, prix, adresses, numéros de téléphone, adresses Internet, etc.) doivent être considérées comme des indications du fait de l'évolution constante de ces données.

Il n'est pas totalement exclu que certaines d'entre elles ne soient plus, à la date de parution du guide, tout à fait exactes ou exhaustives. N'hésitez pas à nous signaler toute omission ou inexactitude que vous pourriez constater, ainsi qu'à nous faire part de vos avis et suggestions sur les adresses contenues dans ce guide.

Avant d'entamer toute démarche, formalités administratives ou douanières notamment, vous êtes invité à vous renseigner auprès des organismes officiels. Ces informations ne sauraient, de ce fait, engager notre responsabilité.

Collection Le Guide Vert sous la responsabilité de Philippe Orain

Édition
Luc Decoudin, Aude Gandiol

Rédaction
Mathilde Piton, Catherine Zerdoun, Luc Decoudin, Pamela Wright, Diane Blair, Paul Murphy

Cartographie
Thierry Lemasson, Peter Wrenn, Denis Rasse, Michèle Cana, Claire Chaudat

Relecture
Capucine Jahan

Remerciements
Didier Broussard, Maria Gaspar, Marie Simonet, Pascal Grougon, Hervé Dubois

Conception graphique
Christelle Le Déan

Régie publicitaire et partenariats
business-solutions@tp.michelin.com
Le contenu des pages de publicité insérées dans ce guide n'engage que la responsabilité des annonceurs.

QR Codes
QR Code est une marque déposée de Denso Wave Incorporated.

Contacts
Michelin
Guides Touristiques
27 cours de l'Île Seguin, 92105 Boulogne-Billancourt
Service consommateurs : tourisme@tp.michelin.com
Boutique en ligne : www.michelin-boutique.com
www.voyage-michelin.fr

Écrivez-nous

Parution 2015

Michelin Travel Partner
Société par actions simplifiées au capital de 11 288 880 EUR
27 Cours de l'Ile Seguin - 92100 Boulogne-Billancourt (France)
R.C.S. Nanterre 433 677 721

Dépôt légal : 01-2015 – ISSN 0293-9436
Compograveur : Michelin Travel Partner, Boulogne-Billancourt
Imprimeur : Chirat, St-Just-la-Pendue - N° 201412.0144
Imprimé en France : 01-2015
Sur du papier issu de forêts gérées durablement